熊本大学文学部附属永青文庫研究センター編

永青文庫叢書

細川家文書 中世編

吉川弘文館

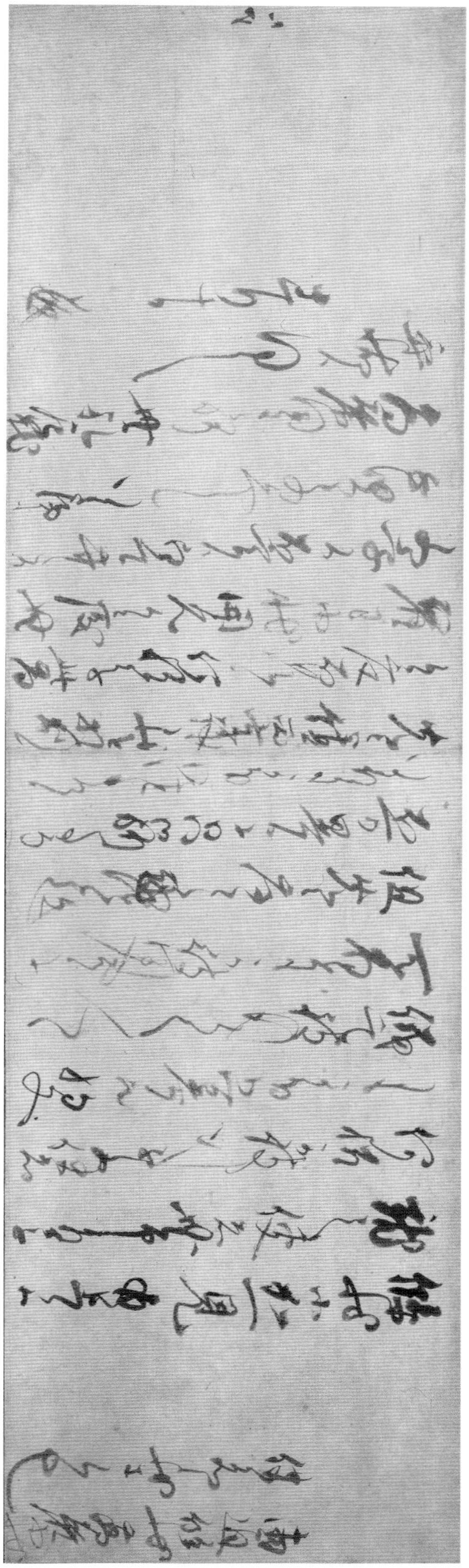

後深草上皇宸翰　（正応5年）12月10日

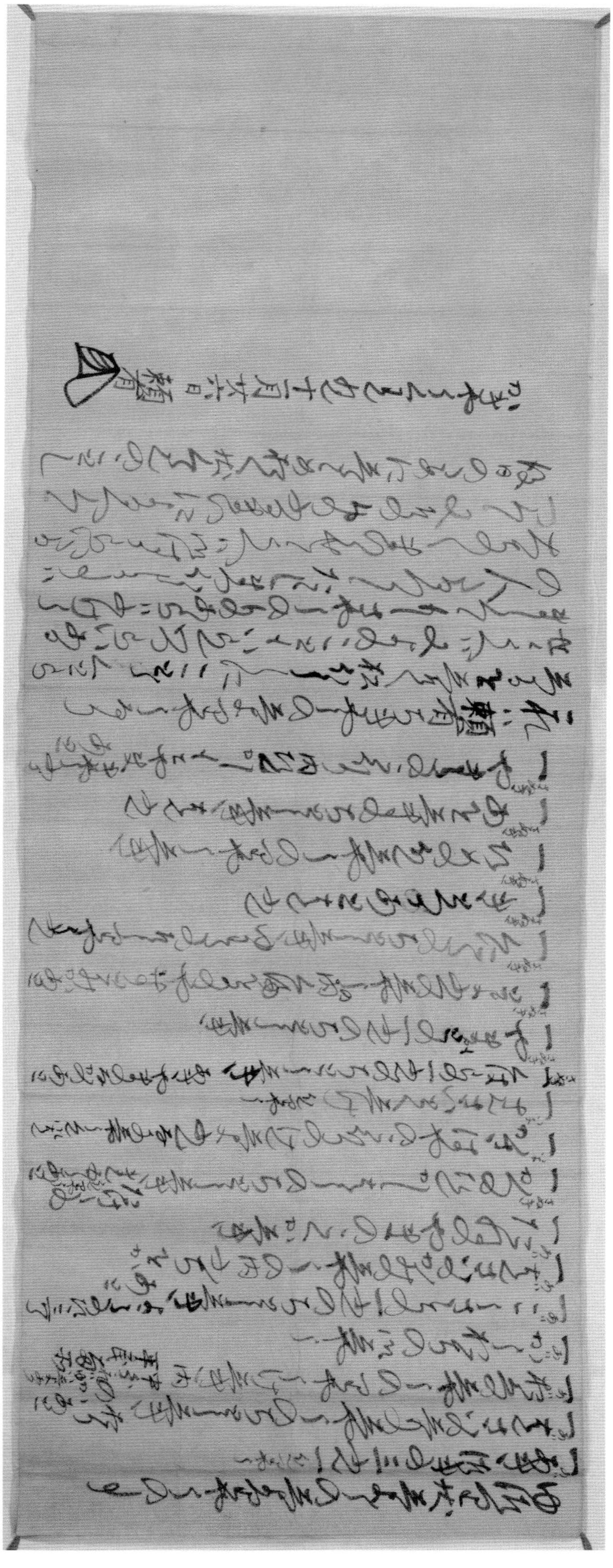

細川頼有譲状　嘉慶元年11月26日

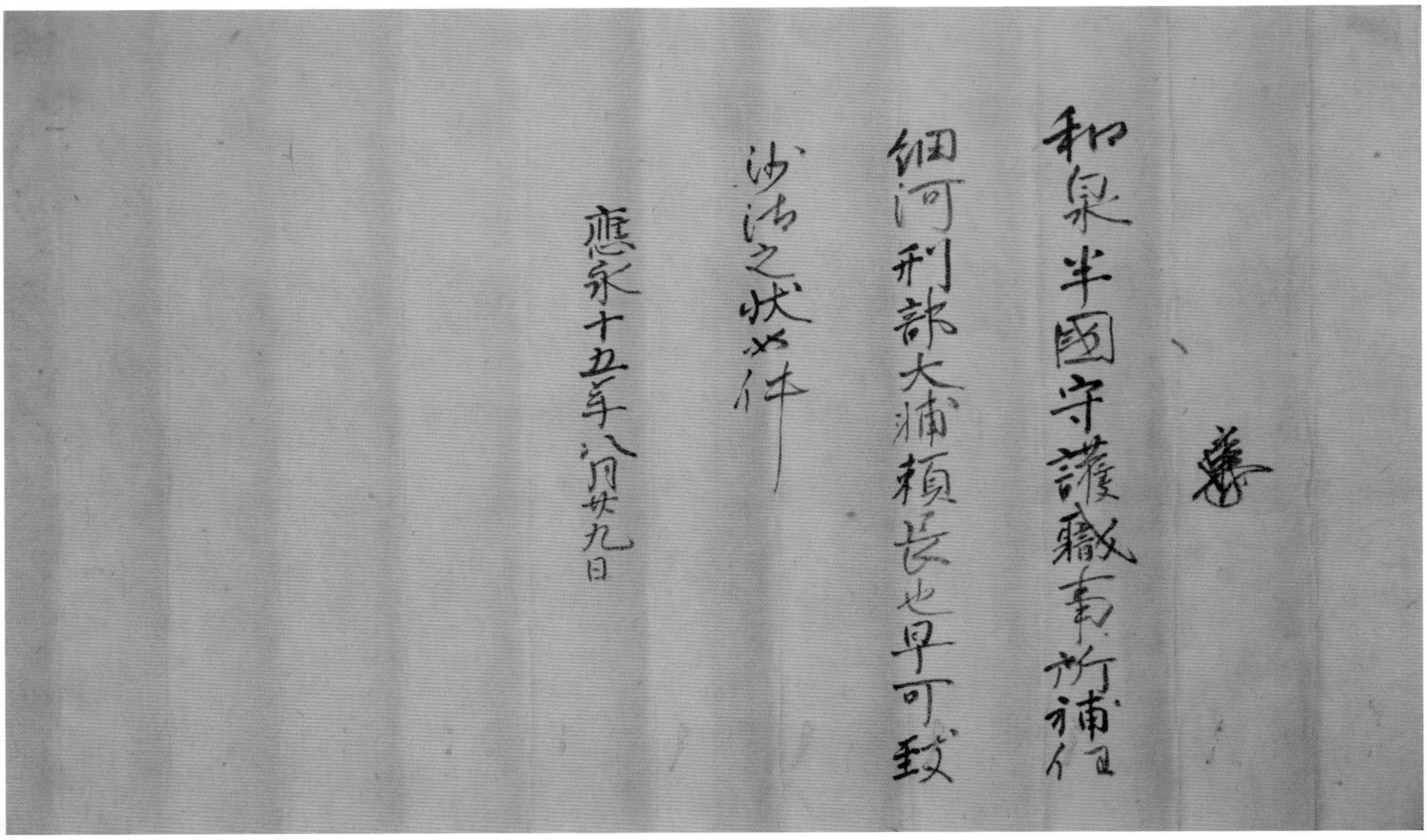

和泉半國守護職事、所補任
細河刑部大輔頼長也、早可致
沙汰之状如件
應永十五年八月廿九日

室町将軍家袖判御教書　応永 15 年 8 月 29 日

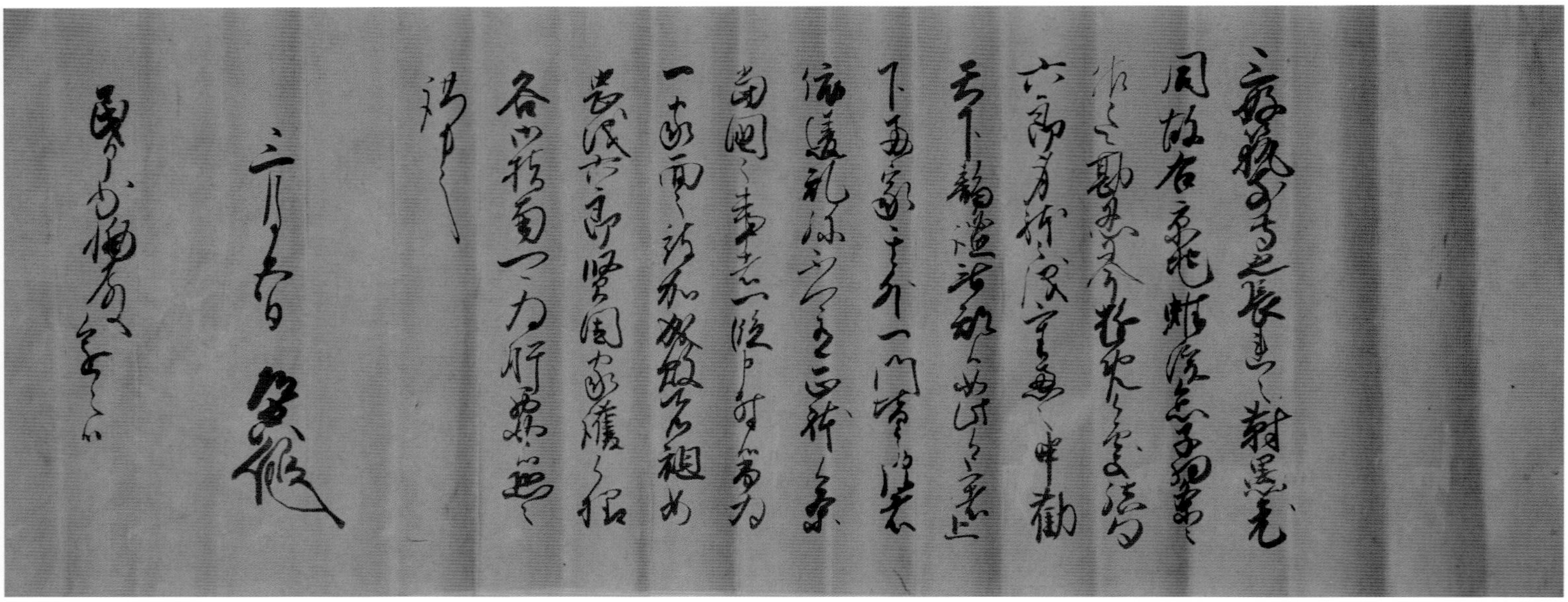

細川成之書状　（永正 5 年）3 月 5 日

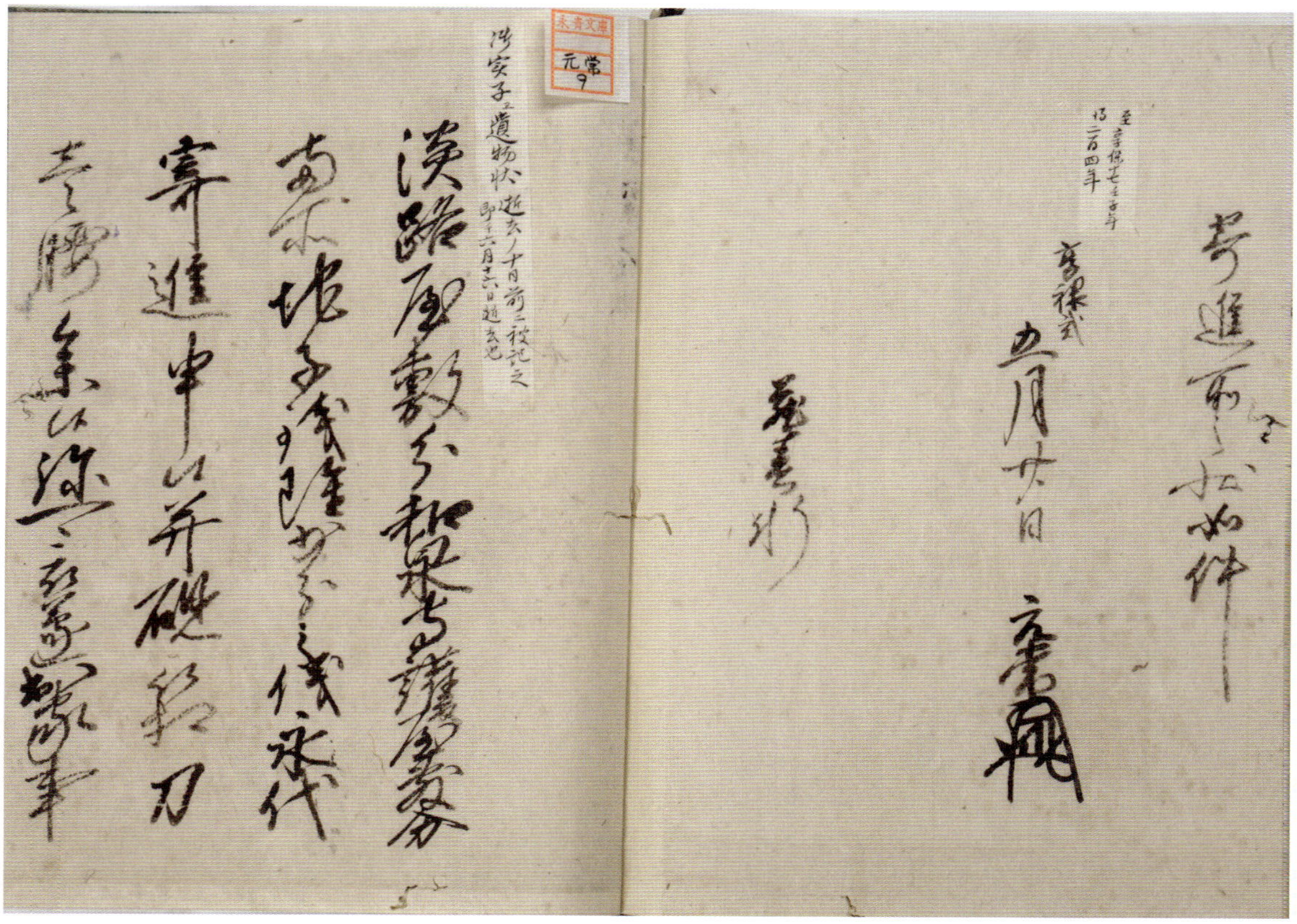

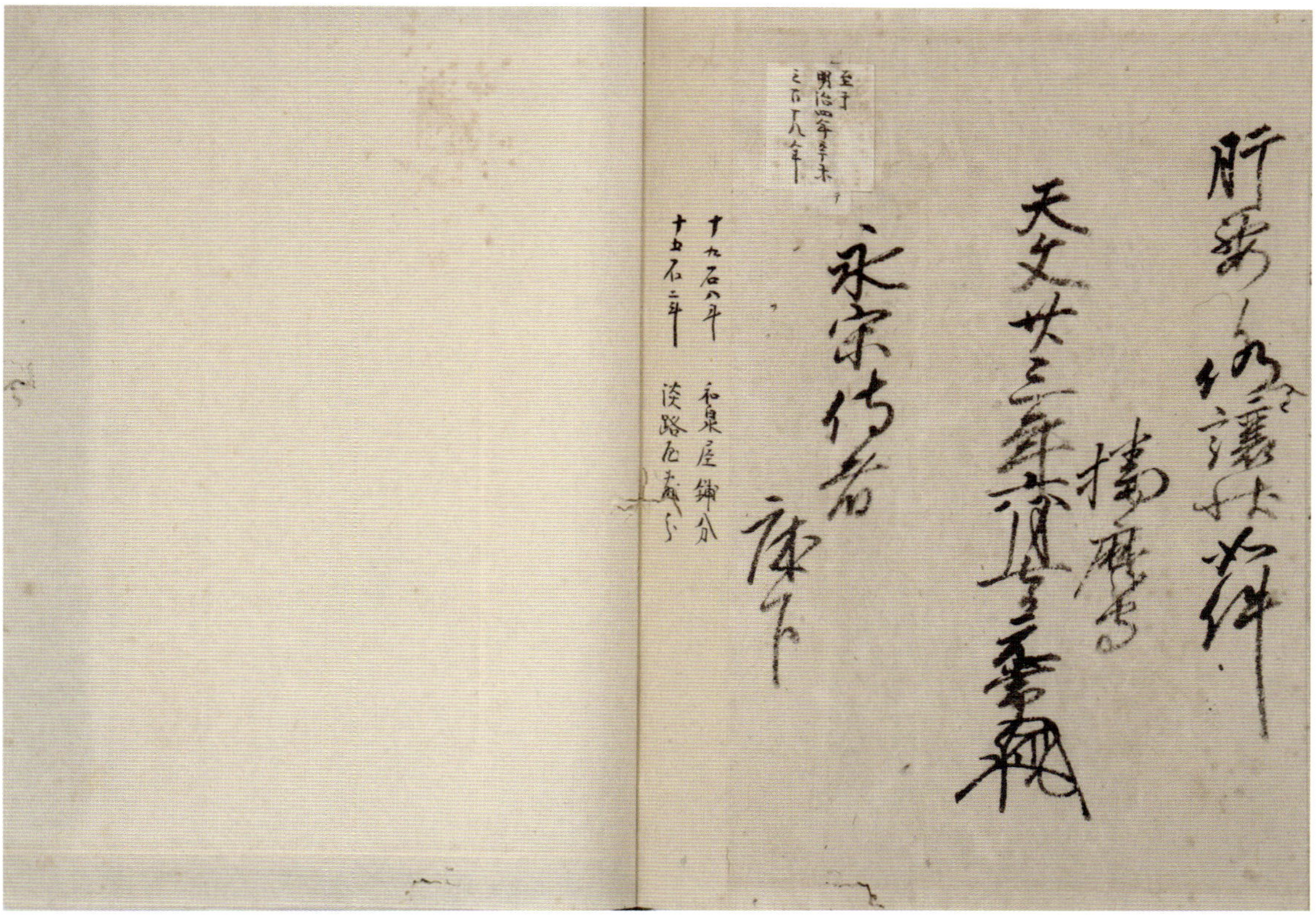

細川元常寄進状（永源庵宛寄進状のうち）　天文23年6月7日

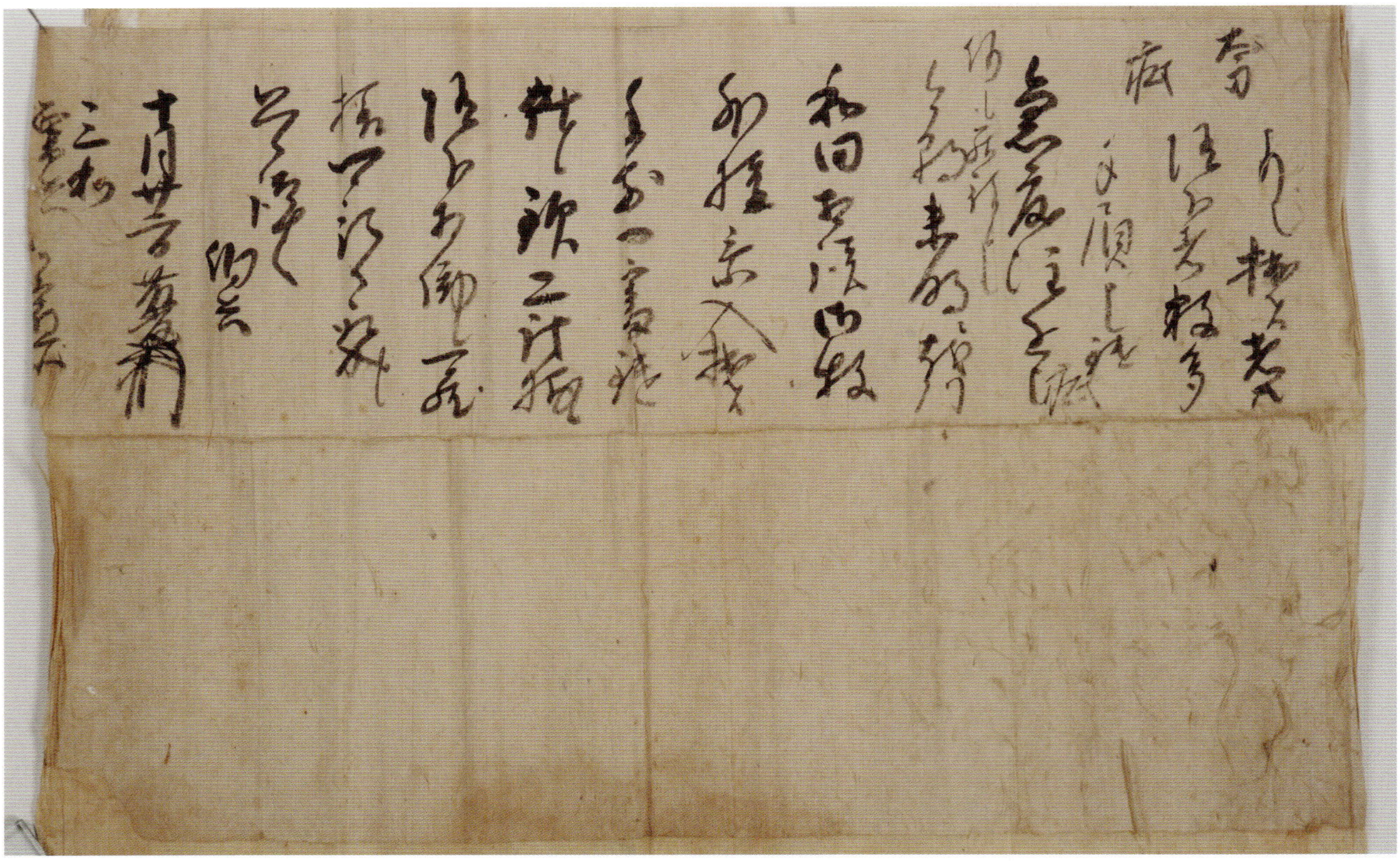

細川藤孝書状　（元亀元年）10 月 22 日

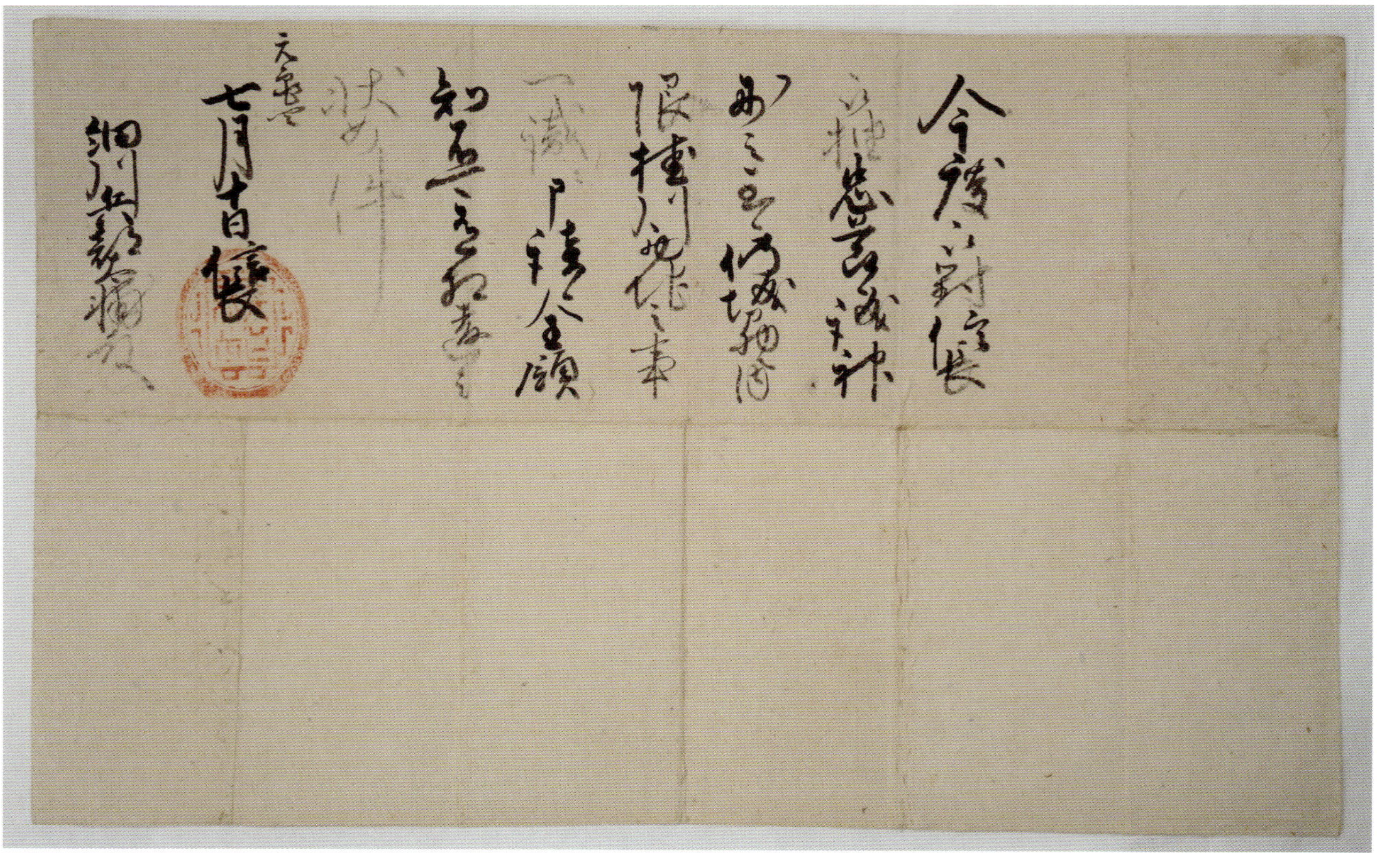

織田信長朱印状　元亀 4 年 7 月 10 日

織田信長自筆感状　（天正５年）10 月２日

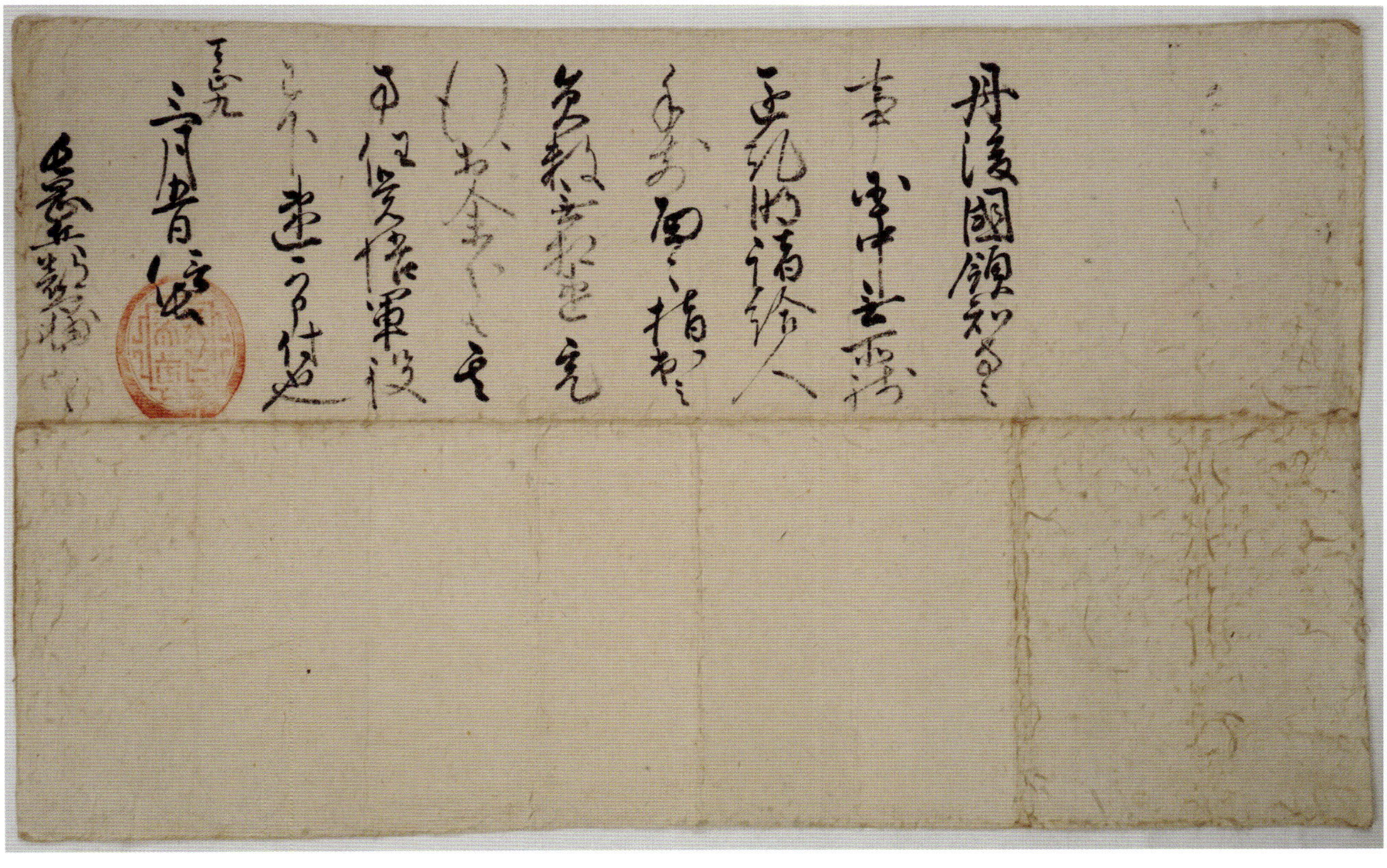

織田信長朱印状　天正９年３月５日

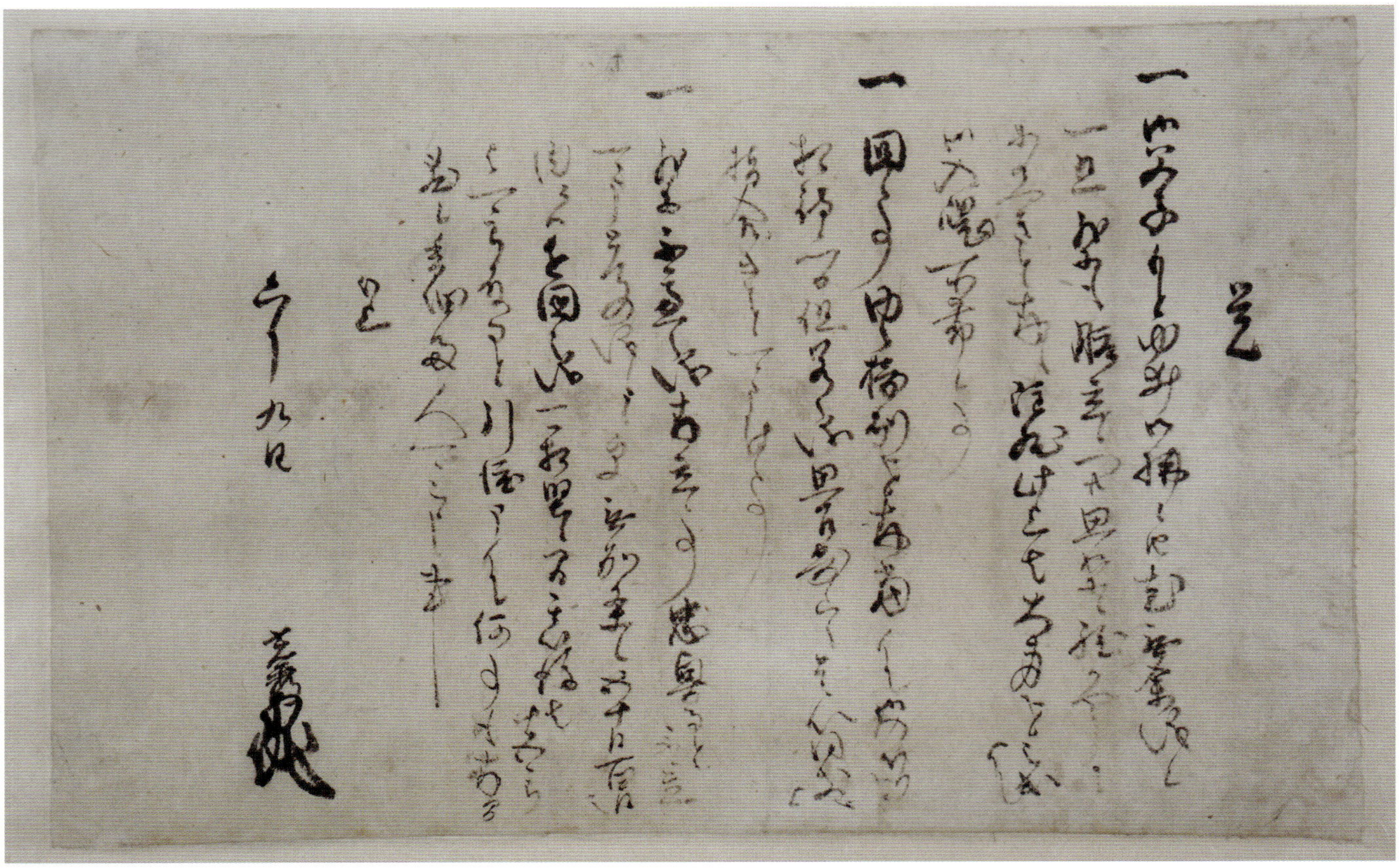

明智光秀覚条々　（天正 10 年）6 月 9 日

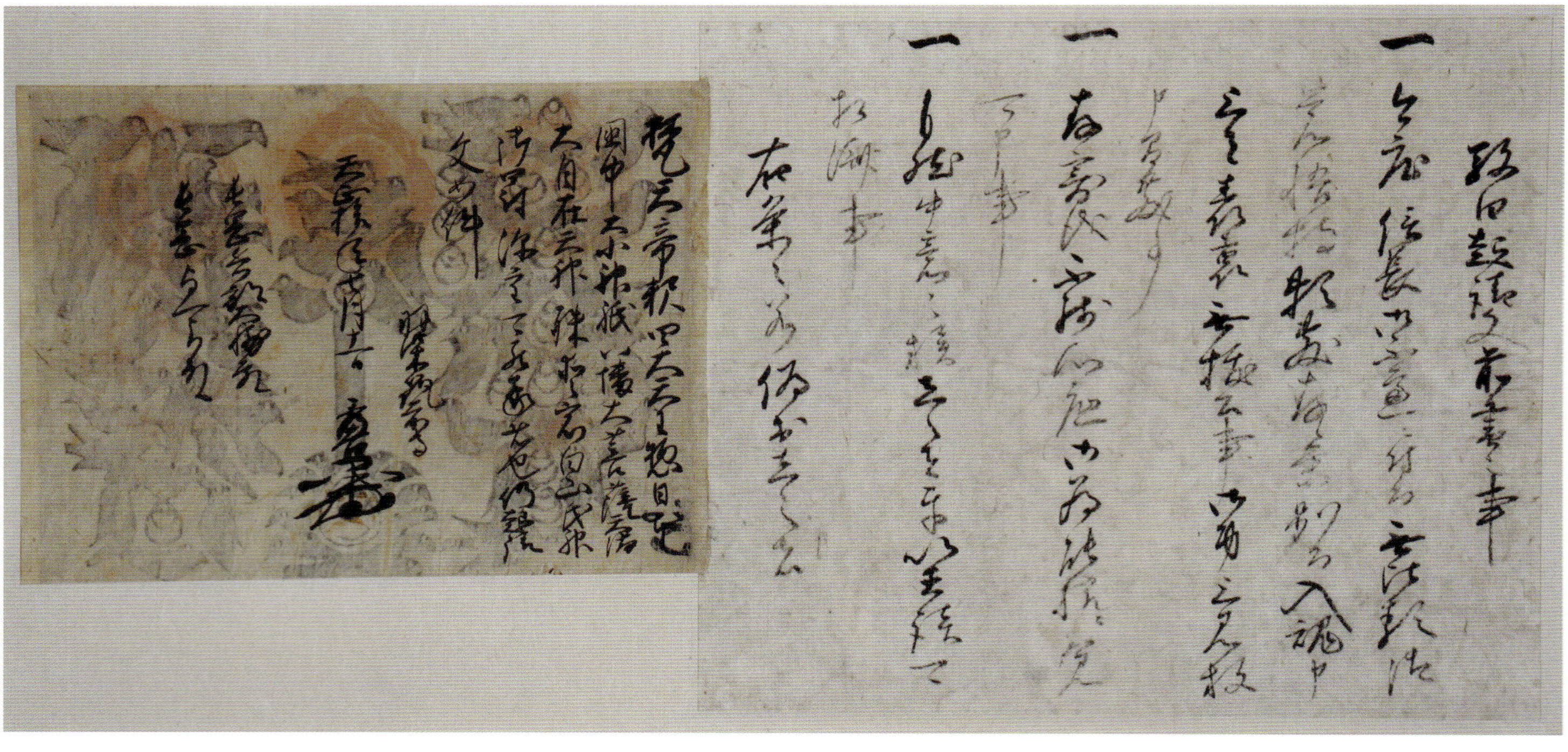

羽柴秀吉血判起請文　天正 10 年 7 月 11 日

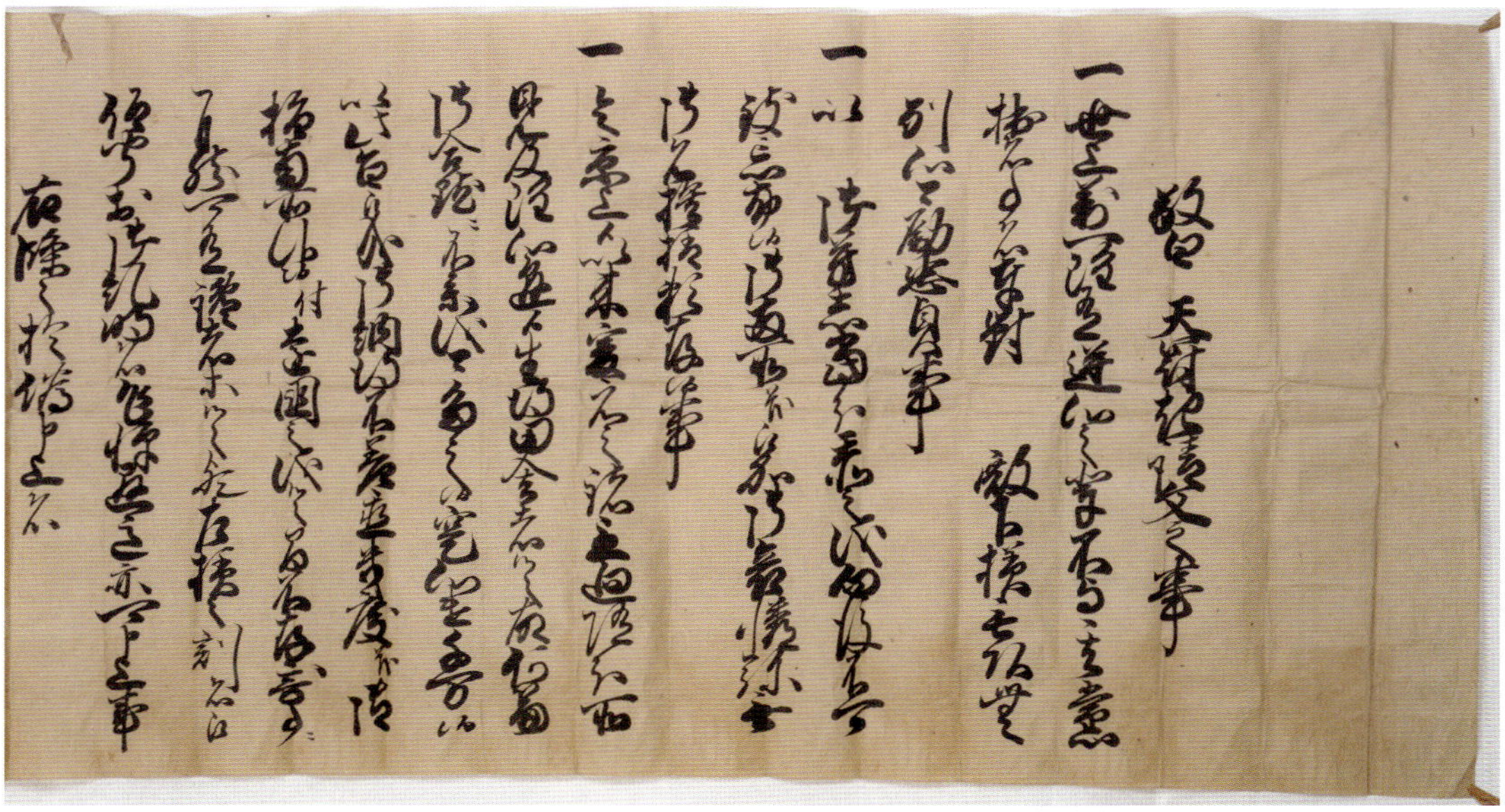

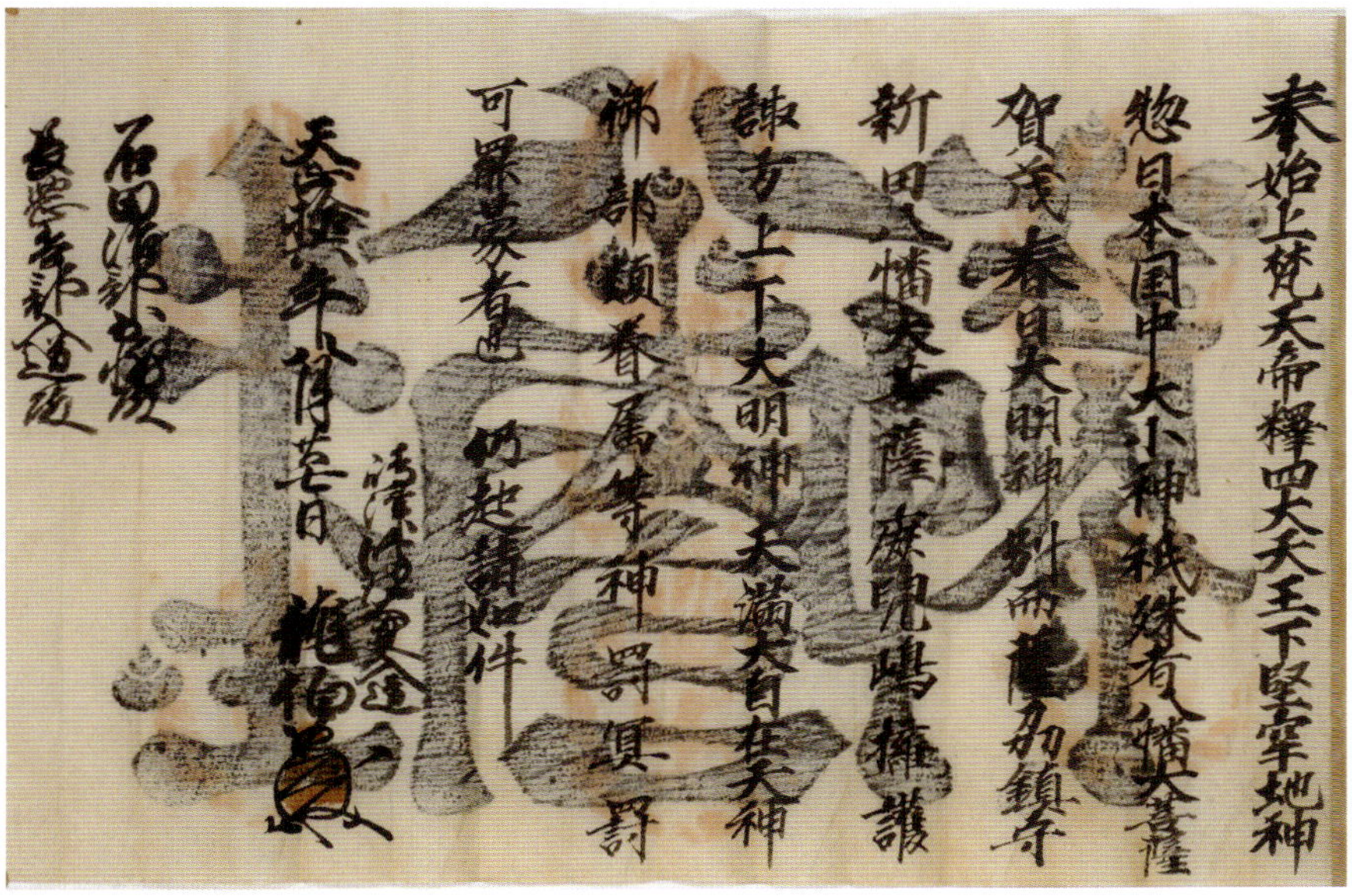

島津龍伯血判起請文
天正 16 年 8 月 27 日

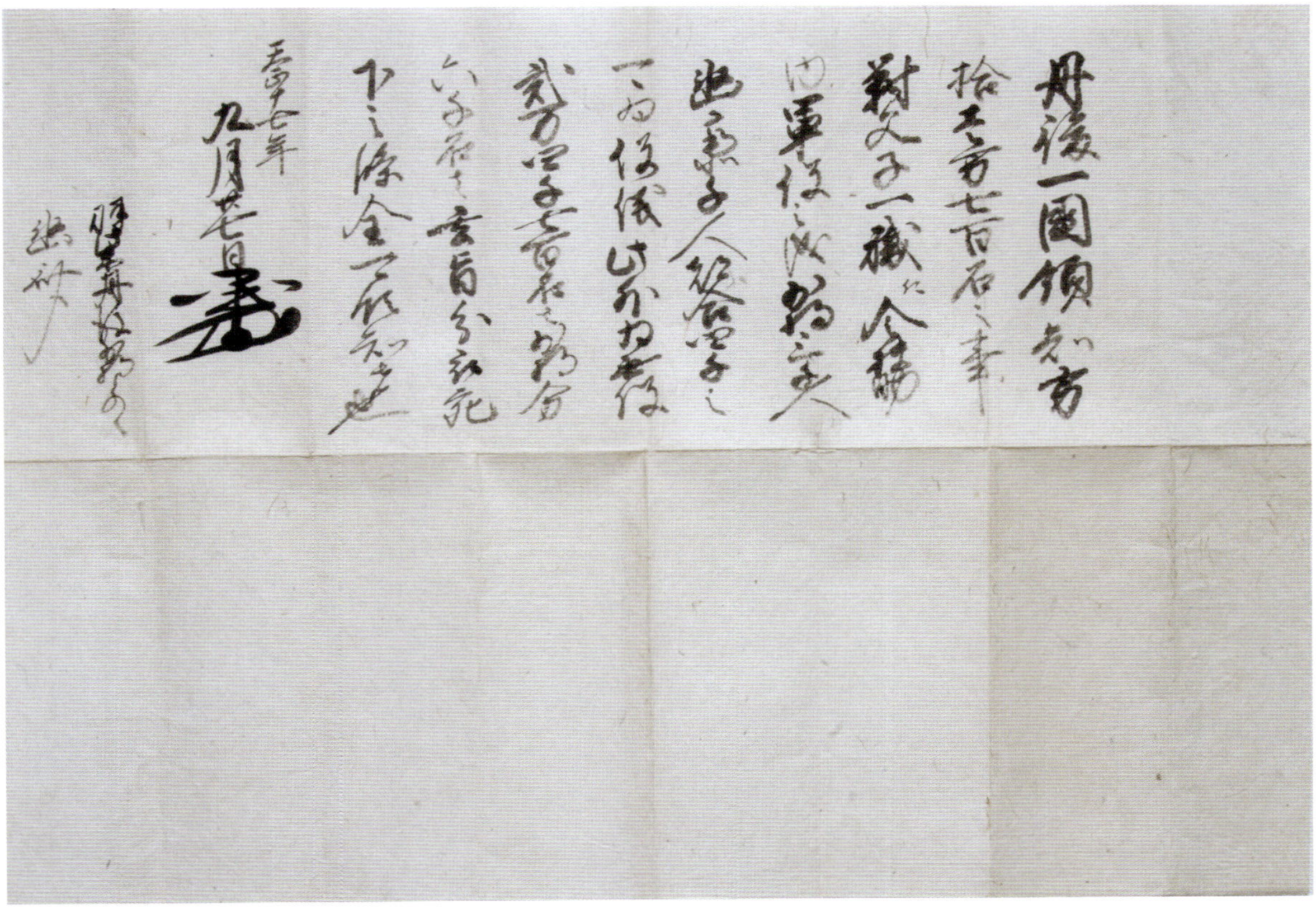

豊臣秀吉知行宛行状　天正 17 年 9 月 27 日

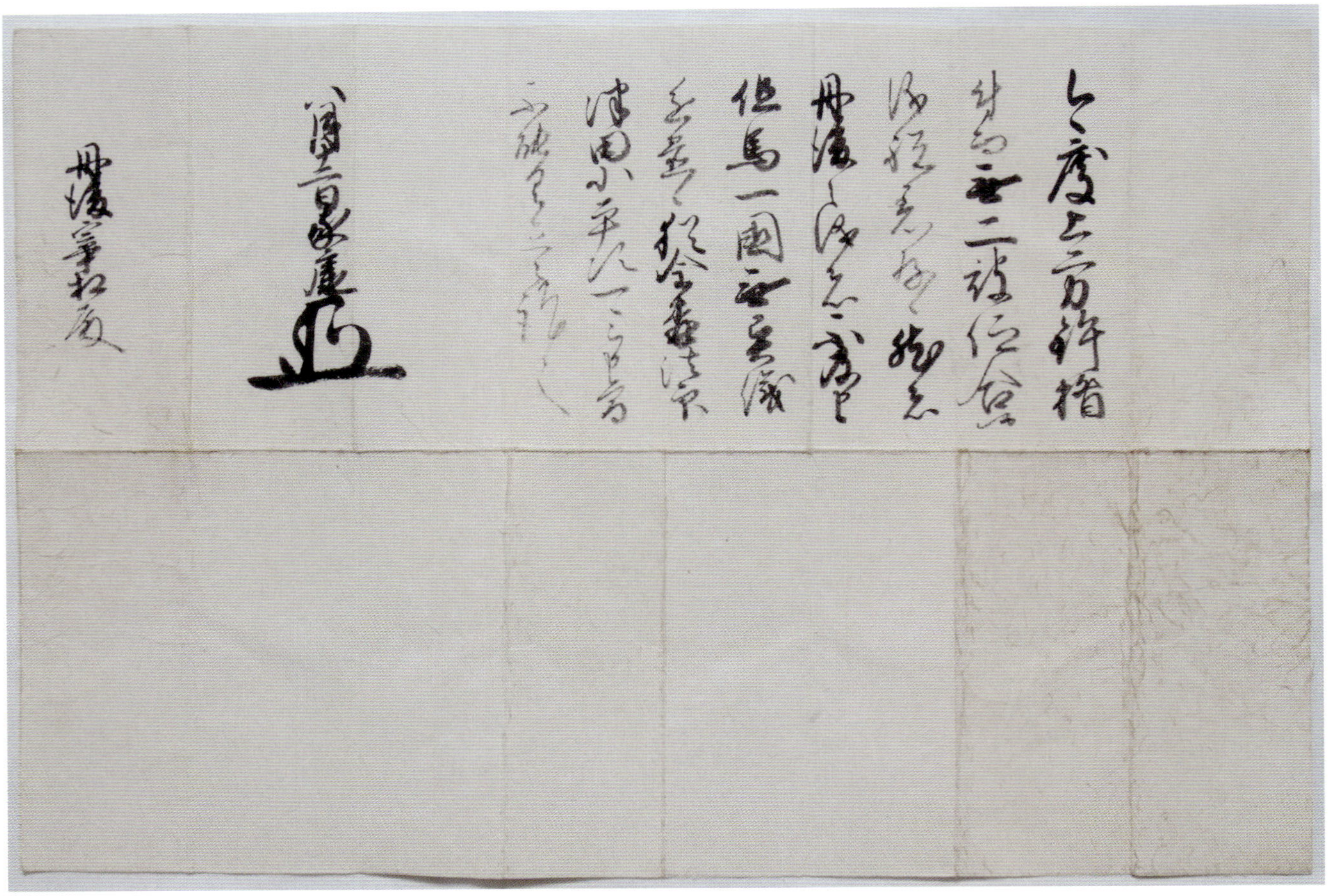

徳川家康書状　（慶長５年）８月 12 日

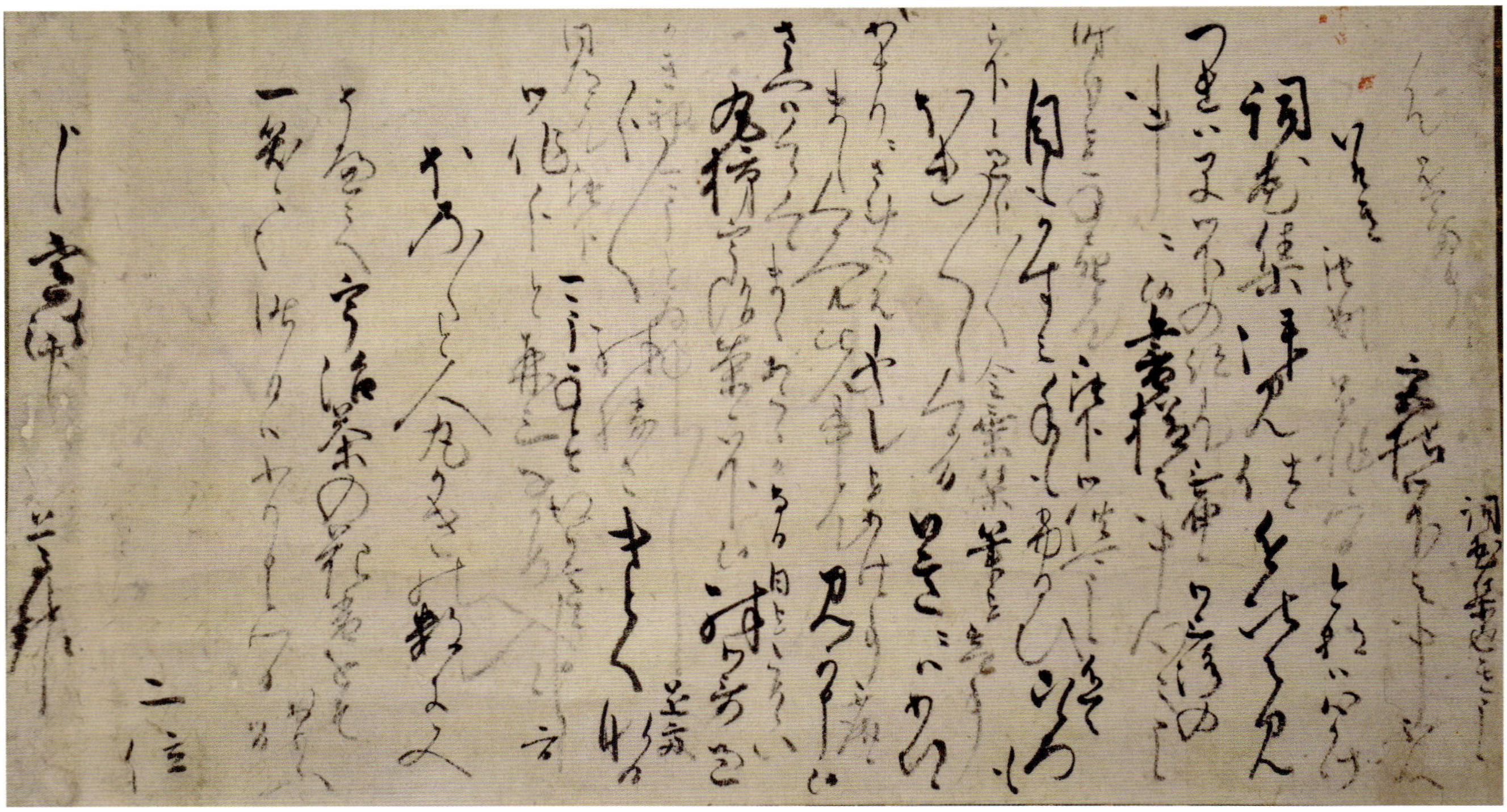

細川幽斎書状　（年月未詳）２日

序　文

このたび、熊本大学文学部附属永青文庫研究センターのご尽力によって、公益財団法人永青文庫が所蔵する資料のうち、鎌倉時代の文書から近世細川家の初代である細川幽斎が発給した文書まで、総計二六〇点が『永青文庫叢書　細川家文書 中世編』として一冊にまとめられ、刊行されることとなりました。その中で特筆すべきは、信長研究の追い風となる資料が多数含まれていることです。

九万点に及ぶ永青文庫の所蔵品のなかで、四万数千点の大部を占めるのは、南北朝時代の細川頼有を始祖とする大名家としての細川家史料です。細川家史料は熊本大学附属図書館に寄託されており、これまでも日本史や文学のさまざまな研究に活用されてきましたが、平成二十一年四月には、細川家史料の調査研究を目的として熊本大学文学部附属の永青文庫研究センターが開設されました。本書は、同研究センターから発信された最初の成果物となるものです。

本書に収められた文書には、頼有以来の、中世の細川家の文書がありますが、この文書は室町幕府の守護大名家の家文書としては、貴重な伝存例といえるものです。また、織田信長の文書は幽斎宛四九通を含む五九通が伝来しています。信長の文書は他にも現存しますが、一人の人物に宛てられた書状としては最も多く、信長研究にとって大変興味あるものです。足利義昭を将軍位に就けるべく幽斎が尽力していた様子や、義昭と信長の確執をうけて幽斎が信長を選んだ経過、そして信長の麾下にあっての幽斎の活躍ぶりなど、実証的な信長研究の材料となるものです。すべての文書に、翻刻に加え、図版が具えられていることで、日本中世史研究の必須の文献として役立てられるものと思います。

研究センターは、本書に続けて永青文庫所蔵の絵図・絵図面類を公刊すべく、引き続き調査を進めていると伺っていますが、今後の同研究センターの調査活動に大いに期待しているところです。

最後に、所蔵資料の調査と本書刊行の資となった、熊本県永青文庫常設展示振興基金（熊本県教育庁文化課所管）の運営委員会、熊本放送文化振興財団、小堀富夫氏、熊本大学の皆様のご理解とご助力に改めて感謝の意を表する次第です。

平成二十二年二月吉日

公益財団法人永青文庫

理事長　細　川　護　熙

例言

一　本書は、近世大名肥後細川家のもとに伝来し、現在、公益財団法人永青文庫が所有する歴史資料のうち、中世の作成・発給にかかる古文書の原本および写を二六〇通収録した。

一　収録史料の年代は、細川家の丹後国から豊前国への転封の契機となった、いわゆる「関ヶ原合戦」が起きた慶長五年（西暦一六〇〇年）までとした。ただし、肥後細川家の藩祖である細川藤孝（幽斎）の発給文書については、それ以後の作成とみられるもの（巻末編年目録248～258号）も採録した。

一　史料編は、「鎌倉・室町期文書」、「永源庵宛寄進状」、「織豊期文書」の三部構成で収録した。このうち、和泉上守護細川家歴代から建仁寺永源庵に発給された寄進状等三八通は、袋綴じ冊子装に仕立てられて伝来している。これらについては、一通ごとに分離・接合して編年配列するよりも、文書の現状を示すことが重要だと判断し原形態のまま一括して掲載することとした（「永源庵宛寄進状」）。

一　目次とは別に収録史料編年目録を作成し巻末に収録した。発給年次が比定不可能な文書については、原則として、当該文書の発給者の没年にあたる箇所に配列した。なお、解説編への収録史料の引用は編年目録の番号によった。

一　写真図版は、収録文書の本紙を掲載した。

一　翻刻文は以下の原則によって収録した。

㈠　原則として当用漢字を用い、虫損・破損・汚損等の理由によって判読困難な文字は□で示し、推測可能な場合は括弧書で注記した。

㈡　翻刻文には本紙の内容、本紙発給時の包紙の上書等、および本紙に付属する貼紙等の内容を採録した。なお、文書によっては近世に作成された包紙が付属している場合があるが、それらの上書等は採録しなかった。

㈢　人名・地名等については、必要な範囲で括弧書の注記を加えた。

㈣　翻刻文の後に編年目録番号を注記した。

㈤　本書収録文書の大半には、一九七四～七七年に熊本県教育委員会が国庫補助を受けて実施した「古文書等緊急調査」事業の際に、例えば「信長1」のごとく、発給者名ごとに一連番号を付した文書番号が付与され、文書本紙や包紙にラベルが貼付されている。翻刻文の後にその番号を（　）付で示した。

㈥　翻刻文の後に文書の形態を注記した。また紙質が楮紙以外の文書については、その旨を注記した。

㈦　同じく文書の法量をミリメートル単位、縦×横で示した。

一　解説編は、室町期までの文書（編年目録1～130号文書）を山田貴司（熊本県立美術館）が、織田信長上洛以降の文書等（同131号文書以下）を稲葉継陽（熊本大学文学部附属永青文庫研究センター）が、それぞれ担当・執筆した。

一　藤孝（幽斎）・忠興らは、天正元年から元和元年までは細川の苗字を使用していないが、本書における文書名称や注記は、適宜慣例に従って「細川幽斎」「細川忠興」等と表記した。

目次

序文　細川護熙
例言

史料編

鎌倉・室町期文書

1 北条時頼書状案 （年未詳）五月七日……4
2 後深草上皇宸翰 （正応五年）十二月十日……5
3 某左兵衛少尉等連署契状 正安三年七月日……6
4 沙弥孝忍奉書 正安三年七月二十一日……7
5 尼れんあ譲状 応長元年六月十九日……8
6 某譲状 建武二年十一月二十三日……9
7 足利義詮感状 正平六年十二月十五日……10
8 足利直義軍勢催促状写 観応二年十二月二十五日……11
9 足利義詮軍勢催促状 観応三年三月二十四日……12
10 足利義詮感状 観応三年四月二十日……13
11 足利義詮感状 観応三年四月二十日……14
12 足利義詮感状 観応三年四月二十日……15
13 足利義詮感状 観応三年四月二十日……16

14 足利義詮感状　観応三年四月二十日……17
15 足利義詮感状　観応三年四月二十日……18
16 足利義詮感状　観応三年五月六日……19
17 足利義詮感状　観応三年六月二十日……20
18 足利義詮軍勢催促状　観応三年六月二十七日……21
19 足利義詮軍勢催促状　文和三年八月二十五日……22
20 室町将軍家御判御教書　文和五年三月十日……23
21 細川頼之奉書　延文二年五月十八日……24
22 道挺譲状　貞治三年八月五日……25
23 室町将軍家御判御教書写　貞治四年七月十日……26
24 沙弥遵行状写　貞治四年八月七日……27
25 室町将軍家御判御教書　貞治四年十二月十三日……28
26 室町将軍家御教書　永和三年九月六日……29
27 細川頼有譲状　嘉慶元年十一月二十六日……30
28 細川頼有置文　嘉慶元年十一月二十六日……32
29 細川頼之書状　(明徳元年) 三月十六日……33
30 細川頼之書状　(年未詳) 卯月二十二日……37
31 足利義満御内書　(明徳三年) 後十月十四日……38
32 某書状断簡　□(明カ)徳□□正□(月カ)□□……39
33 備後国御料所分注文　明徳四年卯月七日……40
34 室町将軍家袖判御教書　応永七年三月二十三日……41
35 室町将軍家御教書　応永七年八月二十四日……42
36 室町将軍家御教書　応永七年八月二十四日……43
37 室町将軍家御教書　応永七年八月二十四日……44
38 室町将軍家袖判御教書　応永十五年八月二十九日……45
39 足利義満御内書　(年未詳) 四月二十日……46
40 足利義満御内書　(年未詳) 五月二十四日……47
41 足利義満御内書　(年未詳) 十月十五日……48
42 足利義満御内書　(年未詳) 十一月八日……49

43 室町将軍家袖判御教書 応永十八年八月二十一日……50
44 室町将軍家袖判御教書 応永二十二年十一月十日……51
45 細川持之書状 （年未詳）十一月十一日……52
46 室町将軍家袖判御教書 永享十年九月十七日……53
47 室町将軍家袖判御教書 永享十年九月十七日……54
48 細川持之書状 （嘉吉元年）七月二十日……55
49 細川持之書状 （嘉吉元年）八月十二日……56
50 細川持之書状 （嘉吉元年）八月十九日……58
51 室町将軍家御教書 嘉吉元年九月五日……59
52 細川持之書状 （嘉吉元年）九月六日……60
53 細川持之書状 （嘉吉元年）九月十四日……61
54 細川持之書状 （嘉吉元年）壬九月一日……62
55 細川持之書状 （嘉吉元年）後九月五日……63
56 室町幕府管領下知状 嘉吉元年閏九月十六日……64
57 細川持之書状 （嘉吉元年）後九月十八日……65
58 細川持之書状 （嘉吉元年）後九月十八日……66
59 細川持之遵行状 嘉吉元年十月五日……67
60 室町将軍家御教書 嘉吉元年十月五日……68
61 室町将軍家御教書 文安四年十二月六日……69
62 足利義教御内書 （年未詳）三月十六日……70
63 足利義教御内書 （年未詳）四月十日……71
64 室町幕府管領下知状 宝徳二年四月二十九日……72
65 室町将軍家御教書 宝徳二年四月二十九日……73
66 室町将軍家御教書 享徳二年五月七日……74
67 室町幕府奉行人連署奉書 享徳二年九月十四日……75
68 足利義政御内書 （享徳三年）十一月三日……76
69 細川勝元書状 （年未詳）五月二十五日……77
70 細川持久書状写 （年未詳）六月二十九日……78
71 足利義政御内書 （文明九年）十月三日……80

72 細川常有書状 (年未詳)六月二十八日 …… 81
73 細川勝元書状 (年未詳)六月二十六日 …… 82
74 足利義政御内書 (年未詳)六月二十七日 …… 83
75 足利義政御内書 (文明十四年)六月十九日 …… 84
76 足利義政御内書 (文明十四年)六月二十一日 …… 85
77 室町将軍家御判御教書 文明十四年十月二十日 …… 86
78 足利義政御内書 (文明十五年カ)八月二十三日 …… 87
79 足利義政御内書 (文明十五年カ)八月三十日 …… 88
80 足利義政御内書 (文明十五年)九月二十三日 …… 89
81 室町幕府奉行人連署奉書 延徳三年四月二十一日 …… 90
82 室町将軍家御判御教書断簡 明応六年十二月二日 …… 91
83 足利義政御内書 (年未詳)三月十八日 …… 92
84 細川成之書状 (永正五年)三月五日 …… 93
85 細川成之書状 (永正五年)三月五日 …… 94
86 足利義澄御内書写 (年未詳)七月二十一日 …… 95
87 室町幕府奉行人連署奉書写 永正九年八月十二日 …… 96
88 室町幕府奉行人連署奉書写 永正九年八月二十五日 …… 97
89 大内義隆書状 (天文九年)九月三十日 …… 98
90 某頼定書状 (年未詳)正月二十四日 …… 99
91 某通門書状 (年未詳)八月二十五日 …… 100
92 某頼定書状 (年未詳)極月二十九日 …… 101

永源庵宛寄進状

1 細川頼有寄進状 嘉慶二年八月五日 …… 104
2 細川頼長寄進状 明徳五年二月十三日 …… 105
3 細川頼長寄進状 応永七年二月九日 …… 106
4 細川頼長寄進状 応永七年二月九日 …… 107
5 細川頼長寄進状 応永十七年九月九日 …… 108

6 細川持有寄進状 応永二十四年十月二十三日……109
7 細川持有書下 応永二十七年十二月二十一日……110
8 細川持有安堵状 正長元年十月二十八日……111
9 細川持有寄進状 永享二年五月二十五日……112
10 細川教春書状 （年未詳）十二月二日……113
11 細川教春遵行状 文安四年十二月六日……114
12 細川教春遵行状 文安六年卯月二十日……115
13 細川常有書状 （享徳二年）六月十二日……116
14 細川常有書下 宝徳二年九月十五日……117
15 細川常有寄進状 宝徳二年九月十五日……118
16 細川常有寄進状 享徳二年六月十二日……119
17 細川常有寄進状 寛正二年七月十日……120
18 細川常有書状 （年未詳）五月二十一日……121
19 細川常有書状 文明元年十一月十一日……122
20 細川元有書状 （年未詳）七月十九日……123
21 細川元有寄進状 文明十九年四月十九日……124
22 細川元有寄進状 文明十九年四月二十二日……125
23 細川元有書状 （文明十九年）十一月十八日……126
24 細川元有書状 （延徳三年）十一月二十八日……127
25 細川元有書状 （年未詳）五月十三日……128
26 細川元有書状 （明応四年）五月七日……129
27 細川元有寄進状 （明応七年）三月十六日……130
28 細川元有書状 （明応七年）三月二十八日……131
29 細川元常書状 （年未詳）十一月九日……132
30 細川元常書状 （永正元年）九月三日……133
31 細川元常書状 （年未詳）九月十二日……134
32 細川晴貞書状 （年未詳）九月九日……134
33 細川元常寄進状 文亀二年八月十二日……135
34 細川元常寄進状 永正元年卯月三日……136

35 細川元常書状 （永正元年）九月三日 …… 137
36 細川元常書状 （年未詳）七月二十日 …… 138
37 細川元常寄進状 （享禄二年）五月二十日 …… 139
38 細川元常寄進状 天文二十三年六月七日 …… 140

織豊期文書

1 沙弥道楽書状写 （永禄十一年ヵ）十一月晦日 …… 144
2 長尾景長書状写 （永禄十一年）十二月二十三日 …… 145
3 北条氏邦書状写 （永禄十二年）三月十七日 …… 146
4 可直斎長純書状写 （永禄十二年ヵ）卯月朔日 …… 147
5 某書状追而書写 （年月日未詳） …… 148
6 細川藤賢書状 （永禄十二年ヵ）十月三日 …… 149
7 細川藤孝書状 （元亀元年）十月二十二日 …… 150
8 木下秀吉書状写 （元亀二年）十一月十九日 …… 151
9 明智光秀書状写 元亀二年十二月二十日 …… 152
10 明智光秀書状写 （元亀三年）五月十九日 …… 153
11 山岡景祐書状写 （元亀三年ヵ）七月十八日 …… 154
12 上杉謙信書状写 （年未詳）八月朔日 …… 155
13 織田信長黒印状 （元亀四年）二月二十三日 …… 156
14 織田信長朱印状 （元亀四年）二月二十六日 …… 160
15 織田信長書状 （元亀四年）二月二十九日 …… 161
16 織田信長黒印状 （元亀四年）三月七日 …… 163
17 織田信長朱印状 元亀四年七月十日 …… 171
18 織田信長黒印状 （天正元年ヵ）十一月十六日 …… 172
19 織田信長黒印状 （天正二年）七月二十九日 …… 173
20 織田信長黒印状 （天正二年）八月三日 …… 177
21 織田信長朱印状 （天正二年）八月五日 …… 178
22 織田信長黒印状 （天正二年）八月十七日 …… 179

23　織田信長黒印状　（天正二年）九月二十二日……180
24　織田信長黒印状　（天正二年）九月二十四日……181
25　長岡藤孝書状　（天正二年）九月二十九日……182
26　織田信長朱印状　天正三年三月二十二日……185
27　織田信長黒印状　（天正三年）五月十五日……186
28　織田信長黒印状　（天正三年）五月二十日……187
29　織田信長朱印状　（天正三年）（五）月二十一日……188
30　織田信長黒印状　（天正三年）五月二十六日……189
31　織田信長黒印状　（天正三年）八月二十九日……190
32　織田信長黒印状　（天正三年）十月八日……191
33　織田信長黒印状　（天正三年）十月九日……192
34　織田信長朱印状　（天正四年）四月三日……193
35　織田信長黒印状　（天正四年）六月二十八日……194
36　織田信長黒印状　（天正四年）七月二十九日……195
37　織田信長黒印状　（天正四年）八月二十二日……196
38　織田信長朱印状　（天正五年）二月十日……197
39　織田信長朱印状　（天正五年）二月十一日……198
40　織田信長黒印状　（天正五年）二月二十三日……199
41　堀秀政添状　（天正五年）二月二十三日……200
42　織田信長黒印状　（天正五年）三月十五日……201
43　織田信長黒印状　（天正五年ヵ）六月五日……202
44　織田信忠起請文　（天正五年）壬七月十一日……203
45　織田信長自筆感状　（天正五年）十月二日……204
46　堀秀政添状　（天正五年）十月二日……205
47　織田信長黒印状　（天正五年）十月三日……206
48　織田信長朱印状　（天正六年）三月四日……207
49　織田信長黒印状　（天正六年）十月二十五日……208
50　織田信長黒印状　（天正六年）十一月二十日……209
51　織田信長朱印状　（天正六年）十二月十六日……210

52 織田信長黒印状 （天正七年）正月十二日……211
53 織田信長黒印状 （天正七年）正月十二日……212
54 織田信長黒印状 （天正八年）八月十三日……213
55 織田信長黒印状 （天正八年）八月二十一日……214
56 織田信長黒印状 （天正八年）八月二十二日……215
57 織田信長朱印状 天正九年三月五日……216
58 織田信長黒印状 （天正九年）六月一日……217
59 織田信長黒印状 （天正九年）七月二十八日……221
60 織田信長黒印状 （天正九年）八月二十三日……222
61 織田信長朱印状 （天正九年）九月四日……223
62 織田信長朱印状 天正九年九月四日……224
63 織田信長朱印状 天正九年九月七日……225
64 織田信長朱印状 （天正九年）九月十日……226
65 織田信長黒印状 （天正九年）九月十六日……227
66 織田信長黒印状 （天正九年）九月十六日……228
67 織田信忠書状 （天正十年）三月二十五日……229
68 織田信長黒印状 （天正十年）四月十五日……230
69 織田信長朱印状 （天正十年）四月二十四日……231
70 織田信長黒印状 （年未詳）二月十七日……232
71 織田信長黒印状 （年未詳）五月三日……233
72 織田信長黒印状 （年未詳）五月四日……234
73 織田信長黒印状 （年未詳）五月四日……235
74 織田信長黒印状 （年未詳）七月六日……236
75 織田信長黒印状 （年未詳）九月九日……237
76 織田信長黒印状 （年未詳）十一月二十日……238
77 明智光秀覚条々 （天正十年）六月九日……239
78 羽柴秀吉血判起請文 天正十年七月十一日……240
79 羽柴秀吉書状 （天正十年）七月十一日……241
80 羽柴秀吉書状 （天正十年）八月八日……243

81 羽柴秀吉知行宛行状 天正十四年四月一日……244
82 羽柴秀吉知行目録 天正十四年四月一日……245
83 豊臣秀吉朱印状 （天正十五年）五月二十一日……246
84 島津龍伯血判起請文 天正十六年八月二十七日……247
85 豊臣秀次血判起請文 天正十七年二月二十三日……249
86 豊臣秀吉知行宛行状 天正十七年九月二十七日……250
87 豊臣秀吉朱印状 （天正十八年）六月二日……251
88 豊臣秀次宛行状 天正十八年九月二十四日……252
89 千利休書状 （年未詳）三月二十三日……253
90 千利休書状 （年月日未詳）……254
91 豊臣秀吉朱印状 （文禄二年）二月九日……255
92 豊臣秀吉朱印状 （天正二十年）三月十三日……256
93 豊臣秀吉朱印状 （天正二十年）卯月二十二日……261
94 豊臣秀吉朱印状 （天正二十年）卯月二十四日……263
95 豊臣秀吉朱印状 （天正二十年）卯月二十八日……264
96 豊臣秀吉朱印状 天正二十年六月三日……266
97 徳川家康・前田利家連署状 （天正二十年）六月四日……267
98 織田常真書状写 （天正二十年カ）六月二十七日……269
99 徳川家康書状 （天正二十年）八月二日……270
100 豊臣秀吉朱印状 （天正二十年）九月二十二日……272
101 豊臣秀吉朱印状 （天正二十年）十一月十日……273
102 豊臣秀次朱印状 （天正二十年）十一月二十三日……275
103 豊臣秀次朱印状 （年未詳）九月八日……277
104 豊臣秀吉朱印状写 （天正二十年）極月六日……279
105 豊臣家大老連署書状 （慶長三年）九月五日……281
106 島津義弘・龍伯連署知行宛行目録 文禄四年七月四日……284
107 豊臣五大老連署知行宛行状 慶長四年正月二十五日……285
108 忠興夫人玉消息 （年月未詳）二十四日……286
109 忠興夫人玉消息 （年月日未詳）……287

史料編

鎌倉・室町期文書

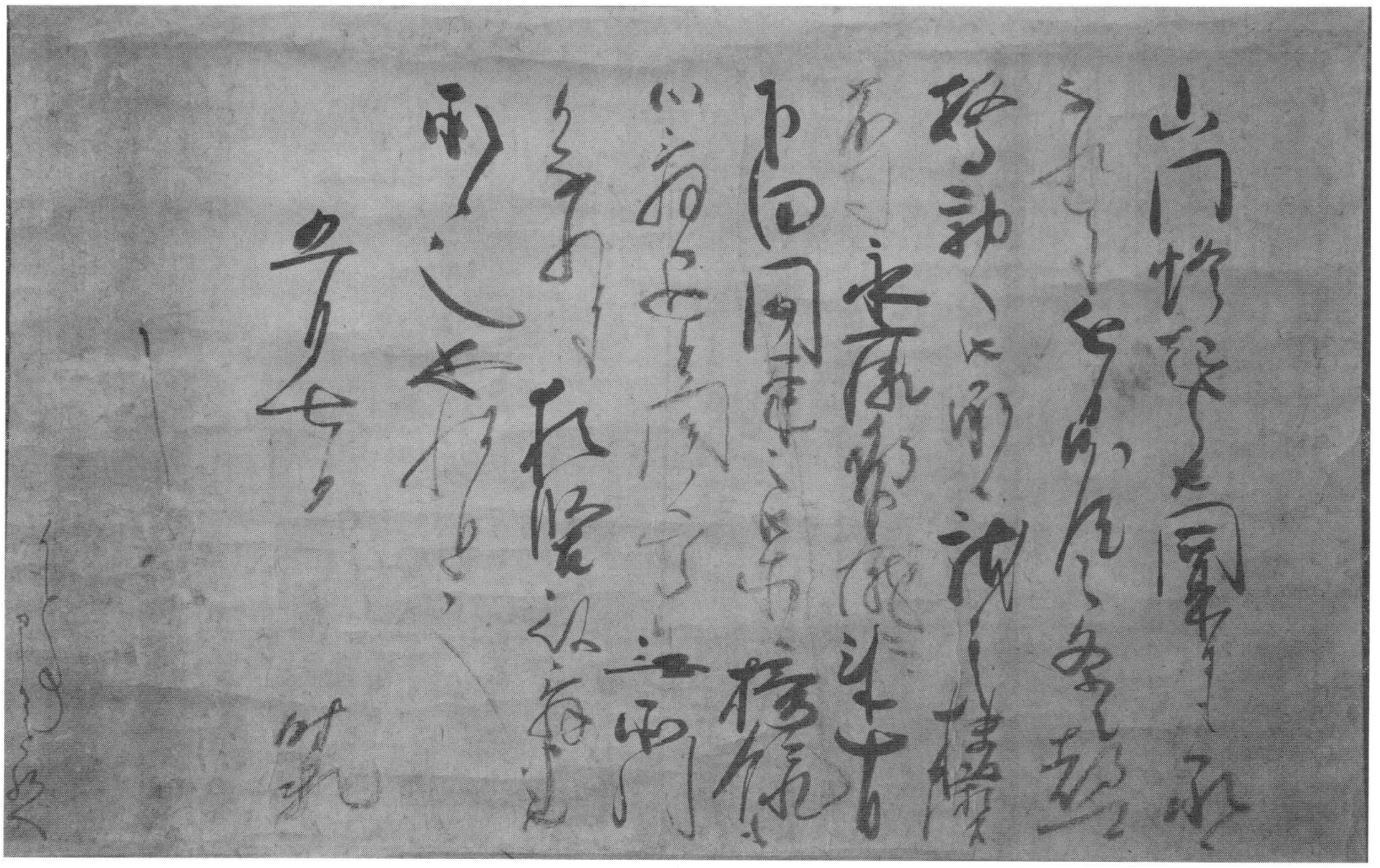

1　北条時頼書状案

山門蜂起之由、関東にも承候、
なれとも近日沙汰之条々、都可
驚動之由承候、就其播磨
前司永康承分儀ニ、来十日
下向関東之由承候、摂録も
御辞退と聞候、定無承引
候なれとも、猶堅被辞申之由
承候也、恐惶謹言、

(年未詳)五月七日　(北条)時頼

（墨引）

御返事

申之進給へ

1号文書（時頼1）
竪紙　掛幅装
三一三×四七〇

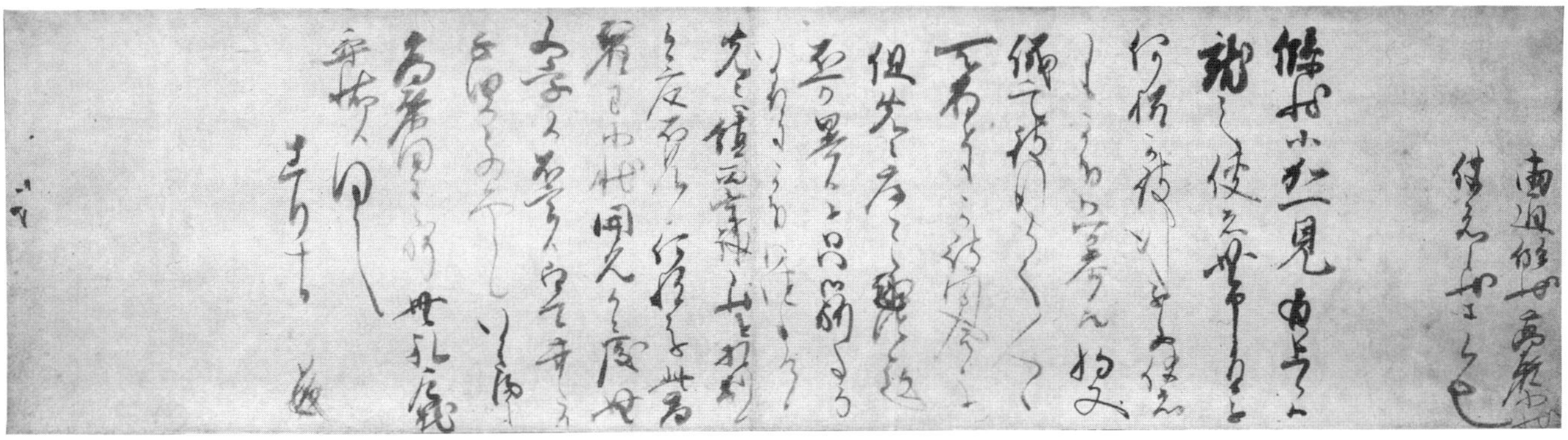

2 後深草上皇宸翰

両通牒状・高麗等状・
　使者之状等候也、
牒状等加一見、返上之候、
就之使者無申旨候乎、
何様可被行候乎由、使者
にも可有御問答候歟、将又
儀定被行候て、人々
所存をも可被聞食候乎、
但先々度々之沙汰之趣
不可異候乎、只御祈事そ
いかほとも可有沙汰事にて候、
先々ハ鎮西守護之状を相副候、
今度不見候、何様候乎、此高
麗王等状開見候処、無
文字候、不審候、定て書たる
子細なとの候やらん、いかさまも
高麗国王之躰、無礼尾籠
奇怪候、謹言、
　(正応五年)十二月十日　(花押)

(墨引)

2号文書(後深草1)
継紙(二紙)　掛幅装
二七二×九六三

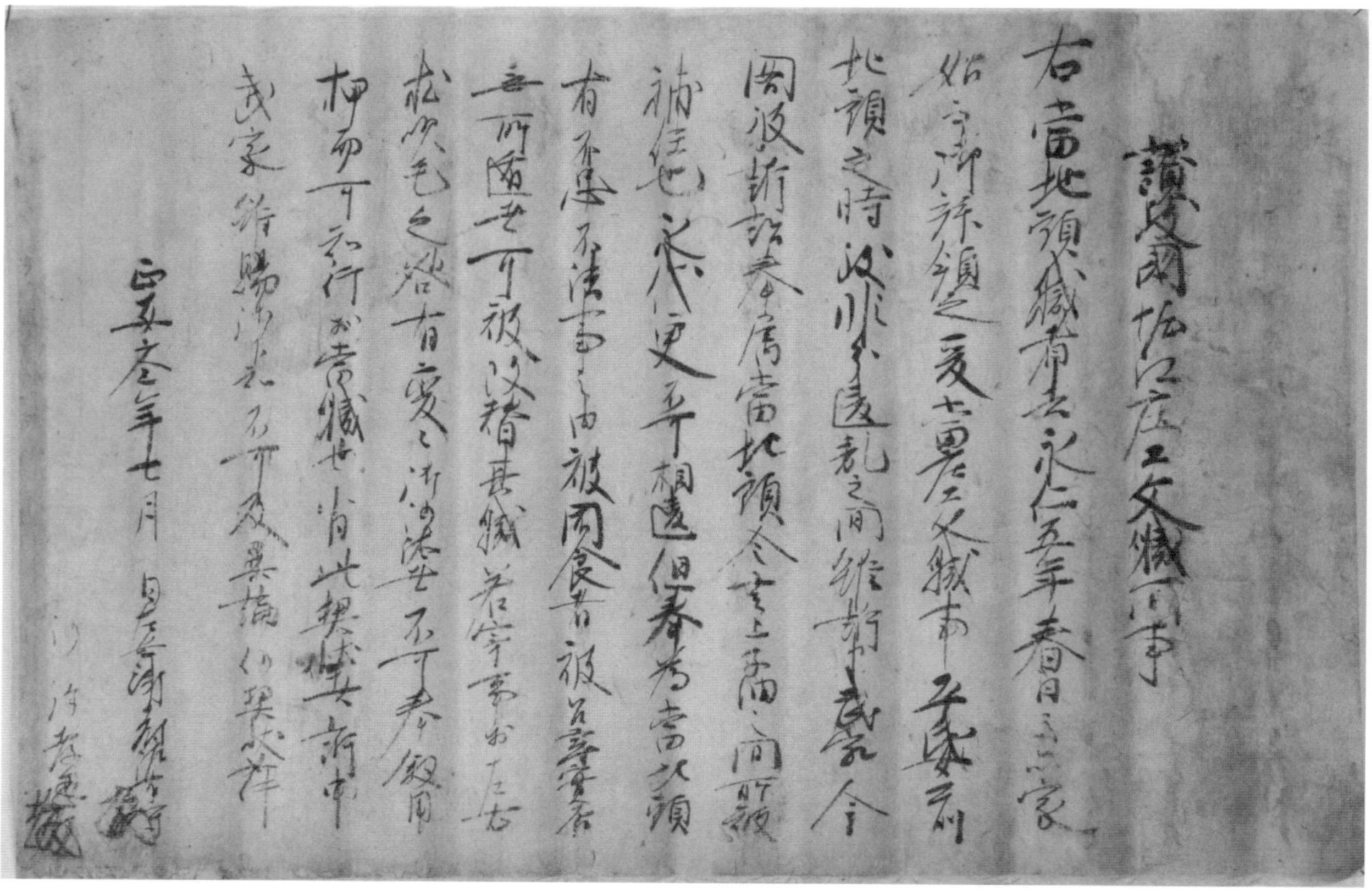

3　某左兵衛少尉等連署契状

讃岐国堀江庄公文職間事

右当地頭職者、去永仁五年春日兼家
始而御拝領之、爰当庄公文職事、平氏女前
地頭之時、致非分違乱之間、雖訴申武家、令
閣彼訴訟、奉属当地頭、令言上子細之間、所被
補任也、永代更不可相違、但奉為当地頭、
有不忠不法事之由被聞食者、被召尋実否、
無所遁者可被改替其職、若寄事於左右
求吹毛之咎、有変々御沙汰者、不可奉叙用、
押而可知行於当職也、背此契状者、訴申
武家、雖賜御下知、不可及異論、仍契状如件、

正安参年七月　日　左兵衛少尉源(カ)存守
（花押）
沙弥孝忍（花押）

3号文書（古細川2）
竪紙
三四〇×五二七

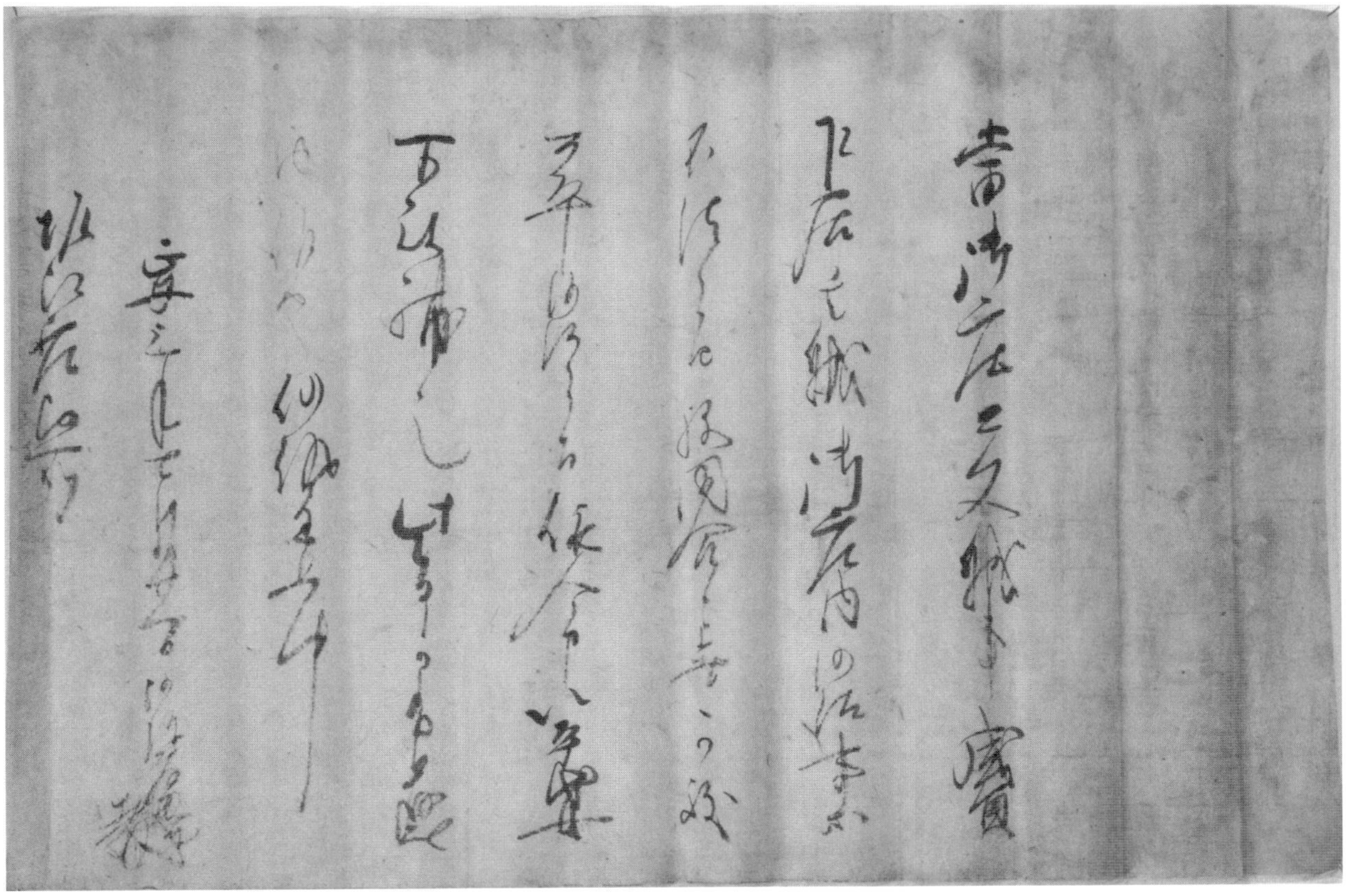

4　沙弥孝忍奉書

当御庄公文職事、成貝
乍居其職、御庄内沙汰事等
不法之由被聞食候上者、可致
公平沙汰之旨依令申、以平氏女
所被補也、此旨可有存知
由候也、仍執達如件、

正安三年七月廿一日　沙弥孝忍奉（花押）

堀江《（讃岐）》庄政所

4号文書（古細川5）
竪紙
三四七×五三六

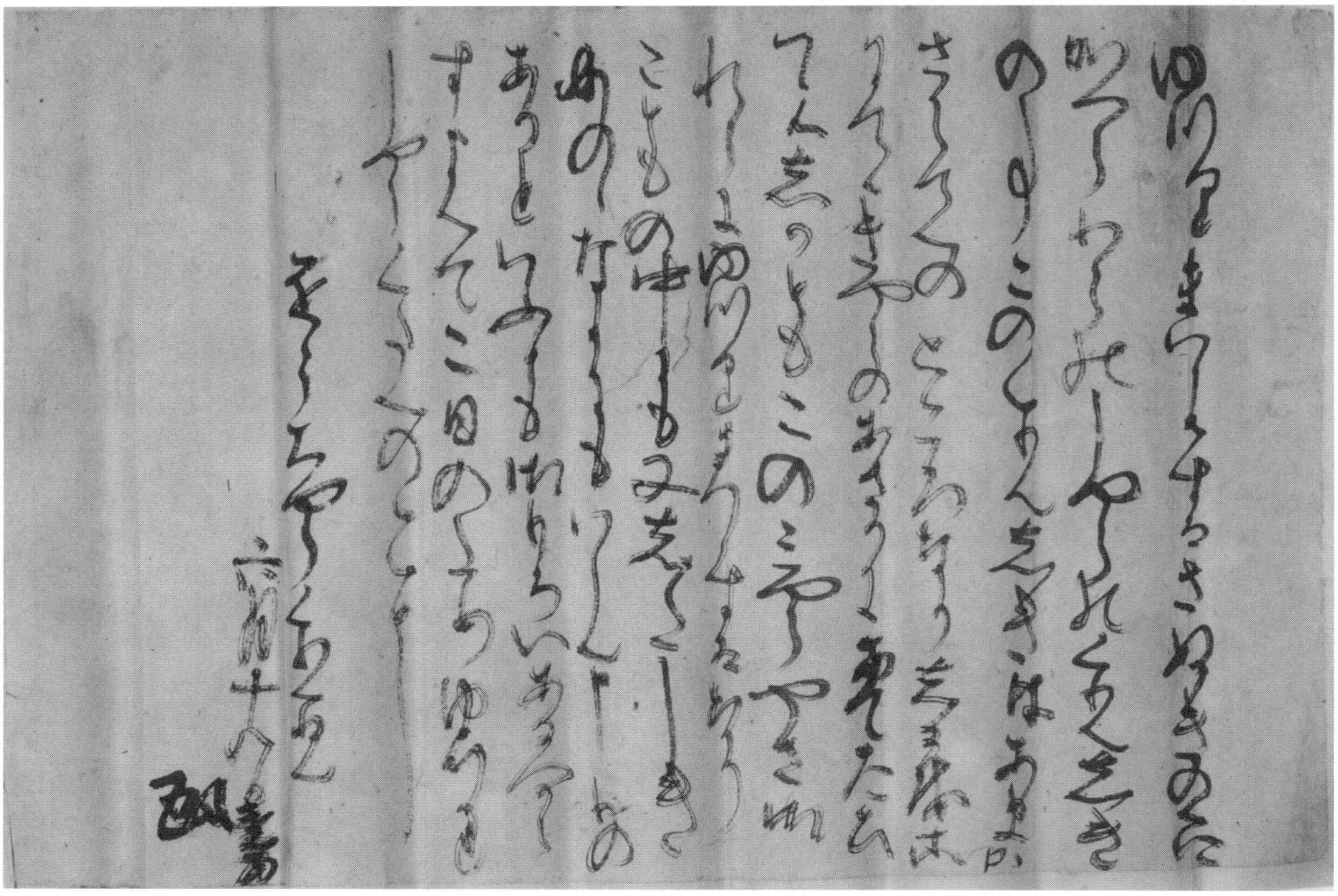

5　尼れんあ譲状

ゆつり《譲》まいり候する、さぬき《讃岐》のくに《国》
かつらわら《葛原》のしやう《庄》のくもんしき《公文職》
の事、このくもんしき《公文職》は、あま《尼》かこ《子》
さうてん《相伝》のところなりしかを、こ
にて候きやうのあさり《阿闍梨》にあてたひ
て候しかとも、このミやうやさ御
れうにゆつり《譲》まいらするなり、
こども《子供》の中にも、又したし《親》き
ものゝなかにも、いらん《違乱》申もの
ありといふとも、御もちいあるへから
す、よつてこ《後》日のため、ゆつり《譲》
しやう《状》くたんのことし、

をうちやう《応長》くわんねん《元年》
六月十九日　れんあ
（花押）

5号文書（古細川1）
竪紙
二七〇×四〇八

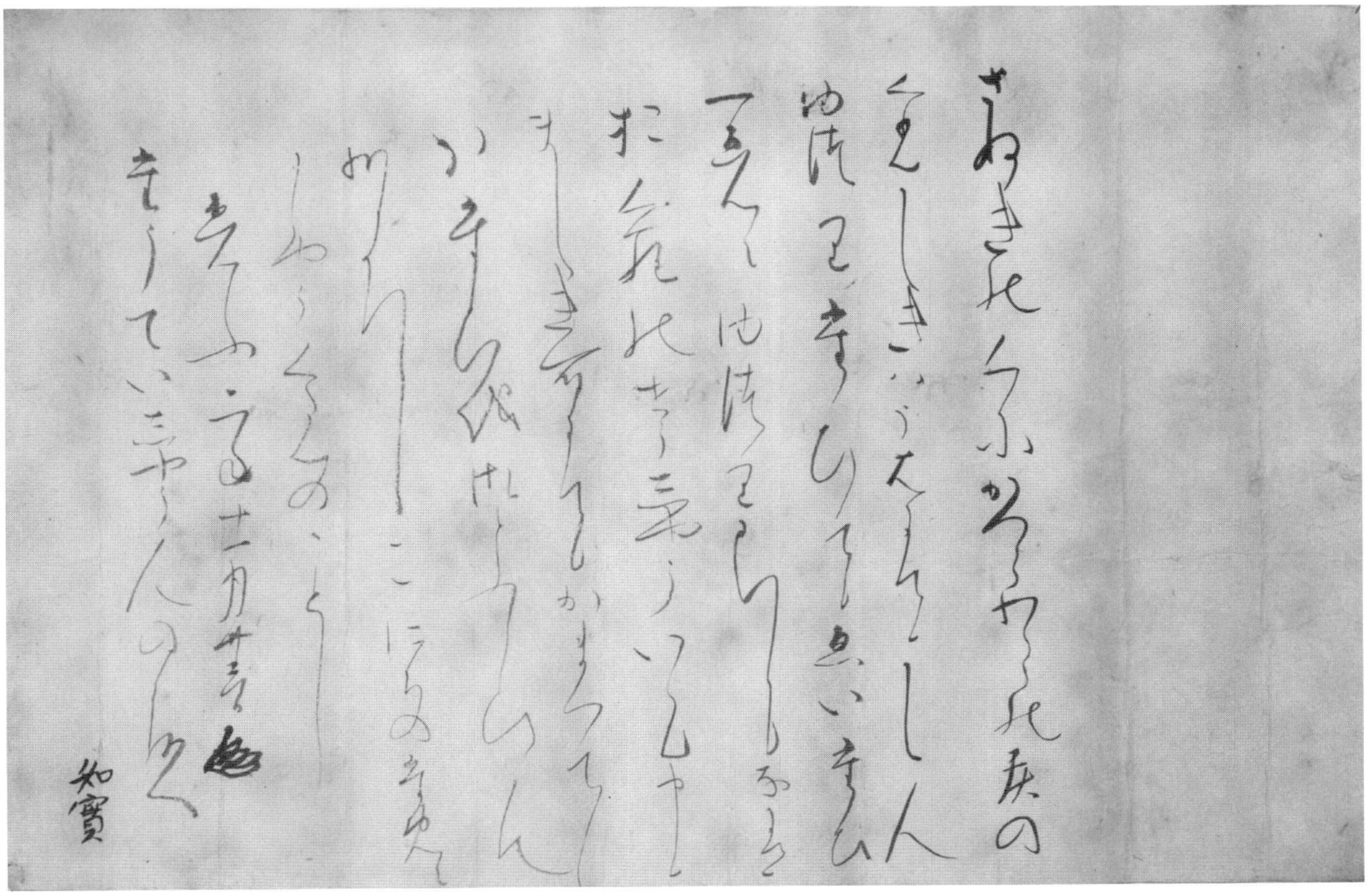

6 某譲状

さぬき《(讃岐)》のくに《(国)》かつらわら《(葛原)》の庄の
くもんしき《(公文職)》ハ、うは《(姥)》にて候し人
ゆつり《(譲)》たひて候、ゑいたひ《(永代)》
一ゑん《(円)》にゆつり《(譲)》候へく候、なにて候
おくらのせうしやういらん《(違乱)》申候
ましき所にて候、かまへて〳〵
ほたひ《(菩提)》を御とふらひ《(弔)》候て
給候へく候、こにち《(後日)》のために
しやう《(状)》くたんのことし、
　けんふ《(建武)》二年十一月廿三日　(花押)
たうてい《(道挺)》しやう《(上)》人の御房へ
「如実《(異筆)》」

6号文書(古細川3)
竪紙
三三〇×四九一

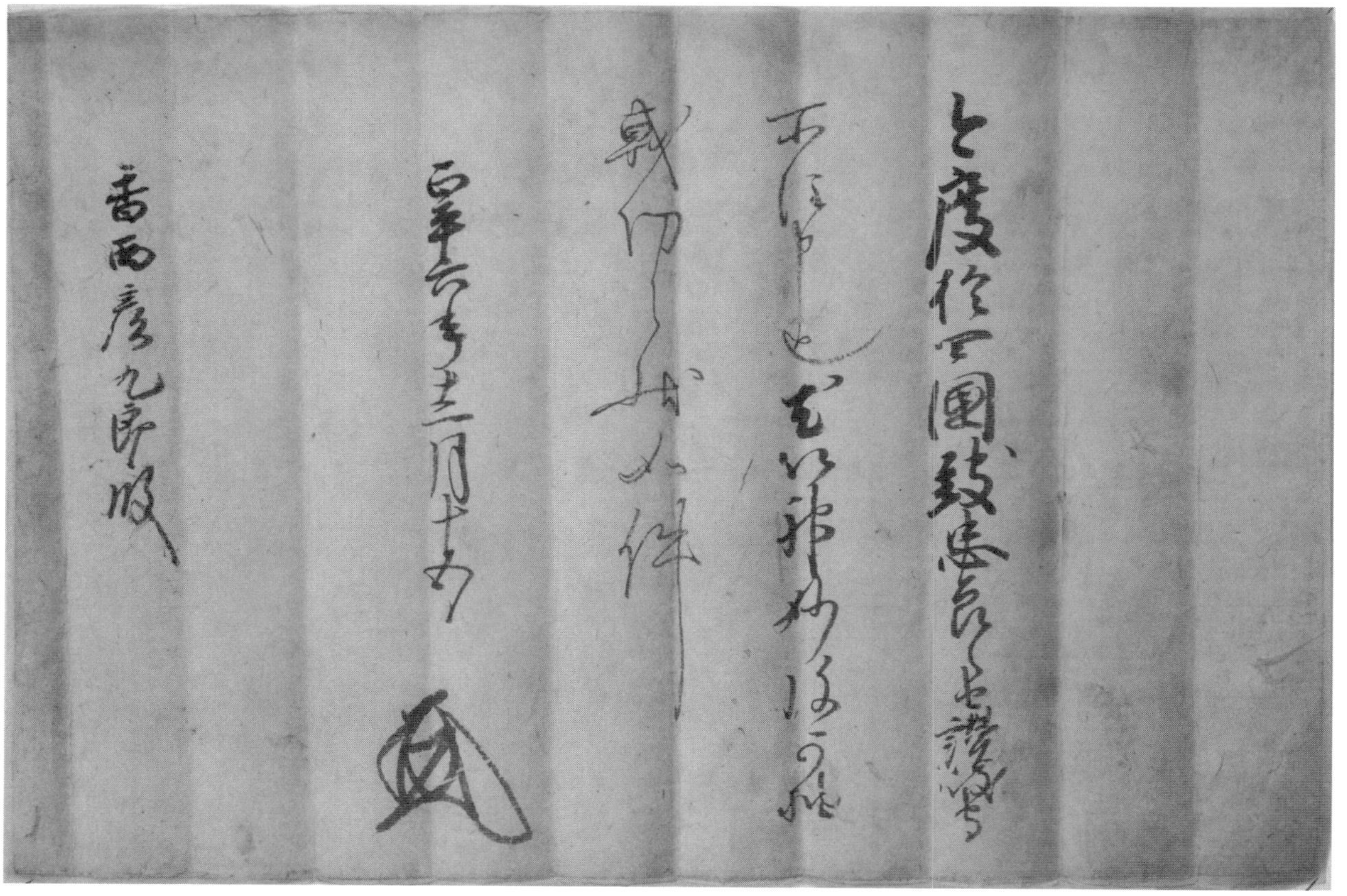

7　足利義詮感状

今度於四国致忠節之由、讃岐守（細川頼春）
所注申也、尤以神妙、弥可抽
戦功之状如件、

正平六年十二月十五日　（花押）（足利義詮）

香西彦九郎殿

7号文書（義詮10）
竪紙
三三〇×五〇〇

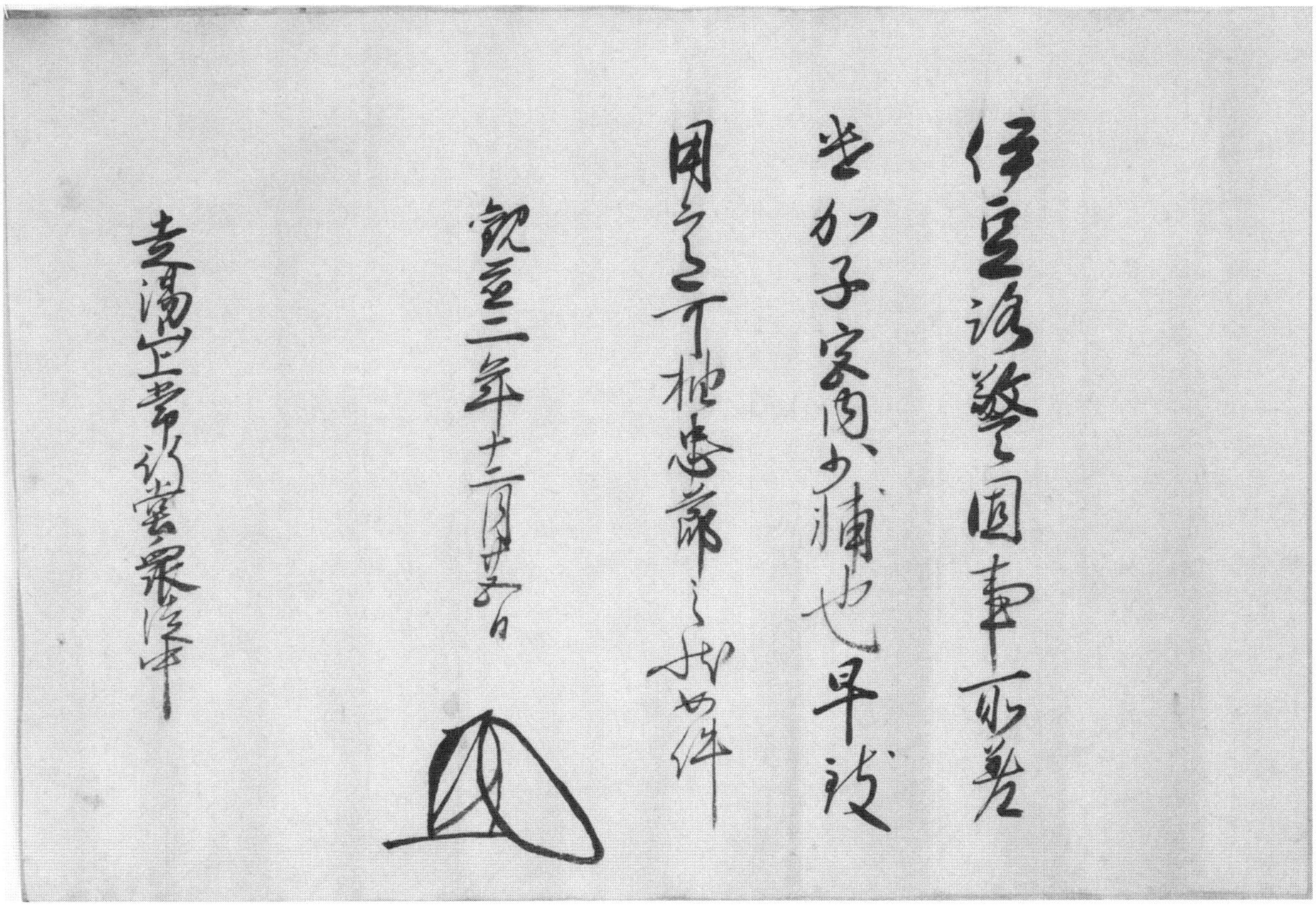

8　足利直義軍勢催促状写

伊豆路警固事、所差
遣加子宮内少輔也、早致
用意、可抽忠節之状如件、

観応二年十二月廿五日　（足利直義）（花押影）

走湯山上常行堂衆徒中

8号文書（直義1）
竪紙
三一五×四四〇

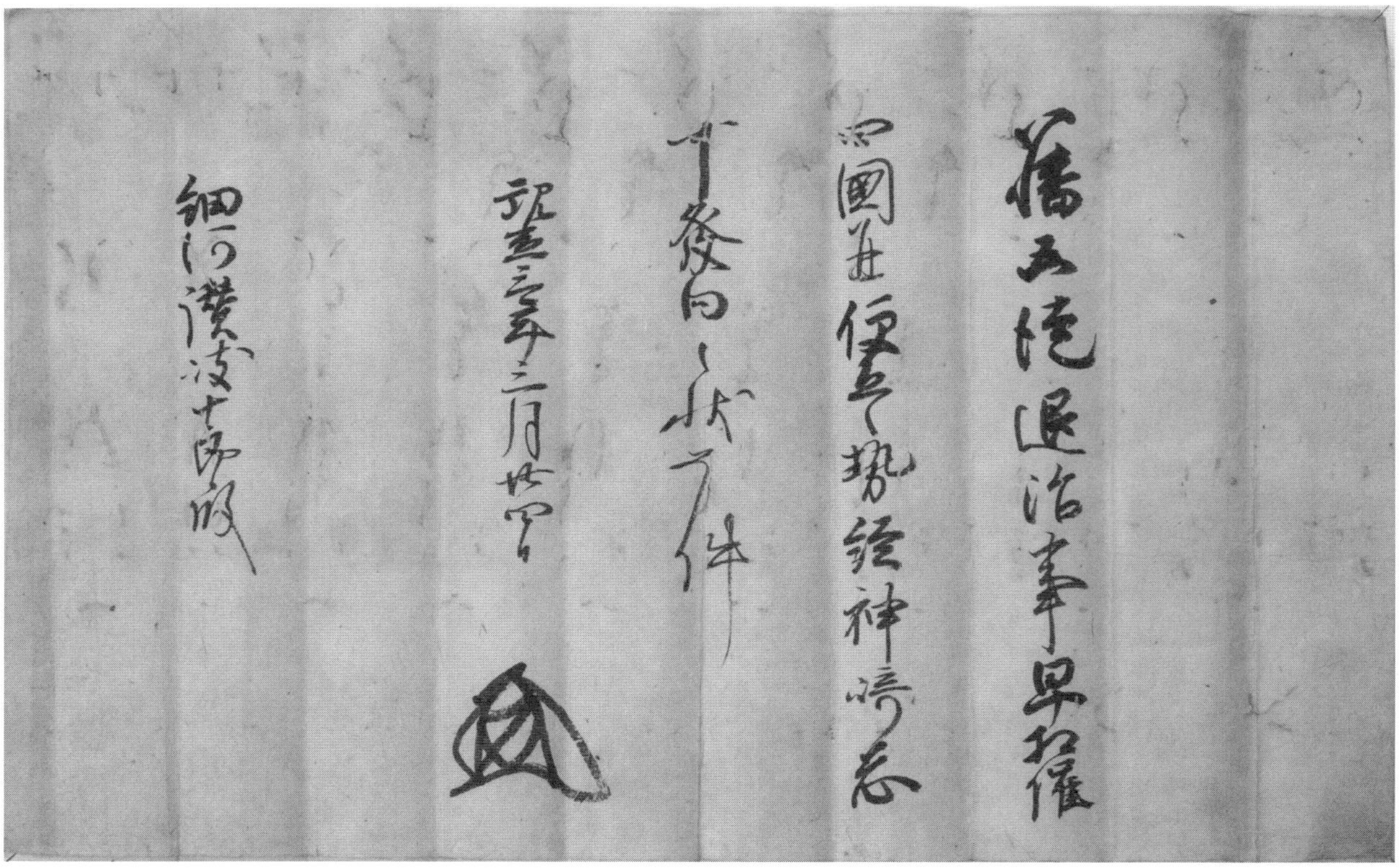

9　足利義詮軍勢催促状

（包紙上書）「細河讃岐十郎殿　義詮」

（山城）八幡凶徒退治事、早相催
四国并便宜之勢、経神崎忩
可発向之状如件、

観応三年三月廿四日　（足利義詮）（花押）

細河讃岐（頼有）十郎殿

9号文書（義詮1）
竪紙　包紙あり
三二七×五二〇

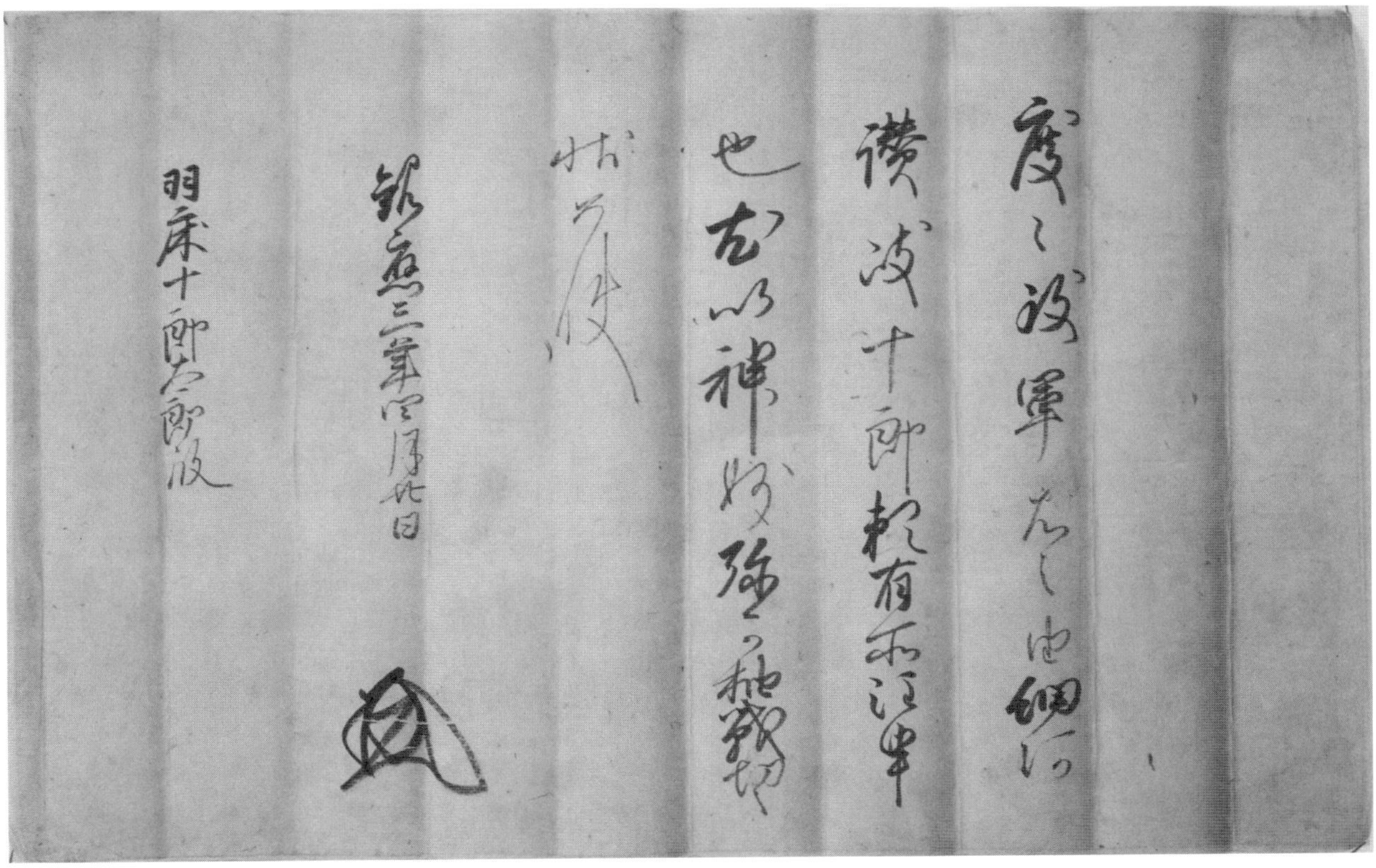

10　足利義詮感状

度々致軍忠之由、細河
讃岐十郎頼有所注申
也、尤以神妙、弥可抽戦功之
状如件、

観応三年四月廿日　（花押）《足利義詮》

羽床十郎太郎殿

10号文書（義詮8）
竪紙
三二〇×五〇五

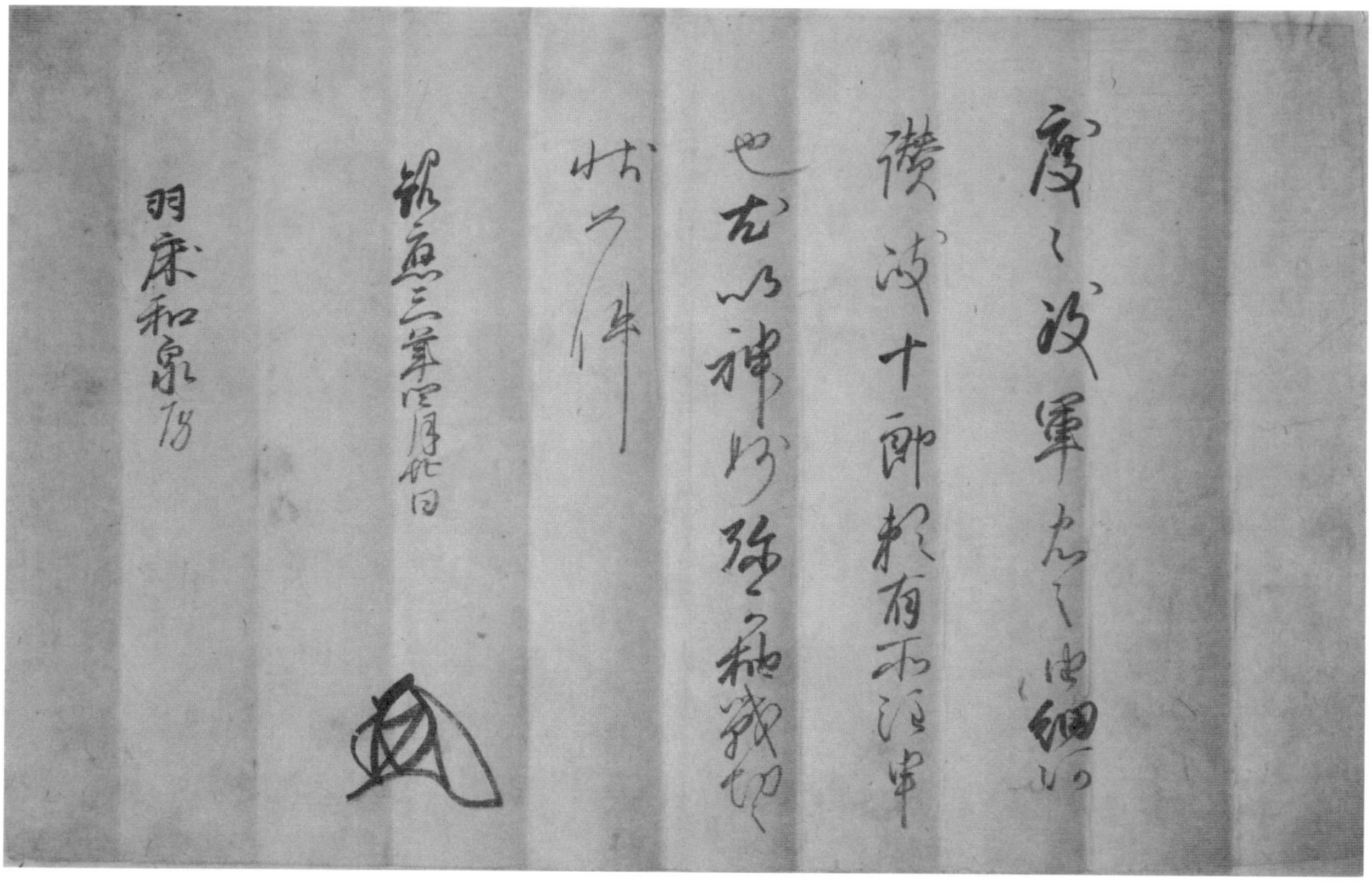

11　足利義詮感状

度々致軍忠之由、細河
讃岐十郎頼有所注申
也、尤以神妙、弥可抽戦功之
状如件、

観応三年四月廿日　(足利義詮)(花押)

羽床和泉殿

11号文書(義詮11)
竪紙
三二〇×五〇五

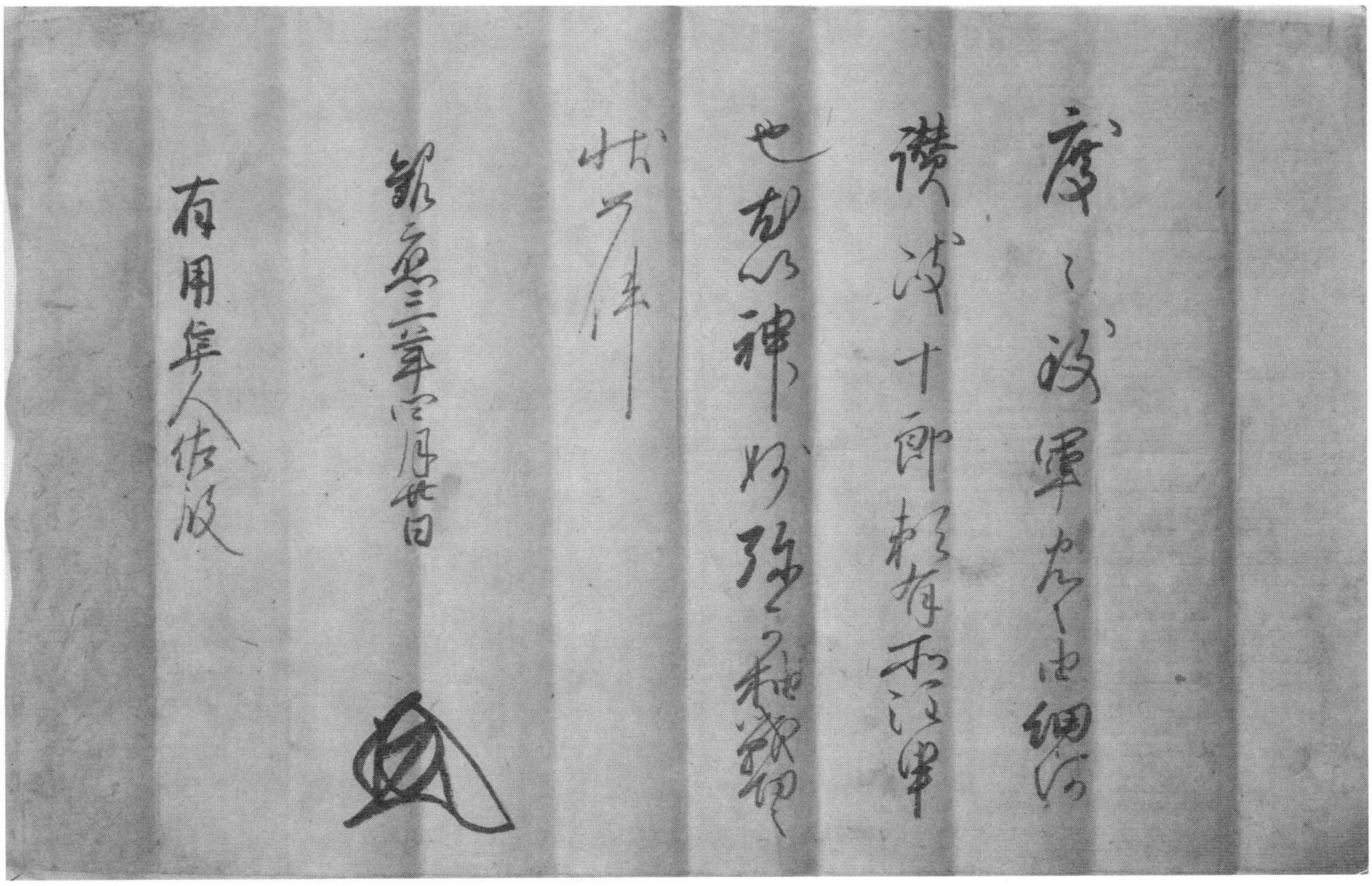

12　足利義詮感状

度々致軍忠之由、細河
讃岐十郎頼有所注申
也、尤以神妙、弥可抽戦功之
状如件、

観応三年四月廿日　(足利義詮)(花押)

有用隼人佐殿

12号文書(義詮7)
竪紙
三二〇×五一〇

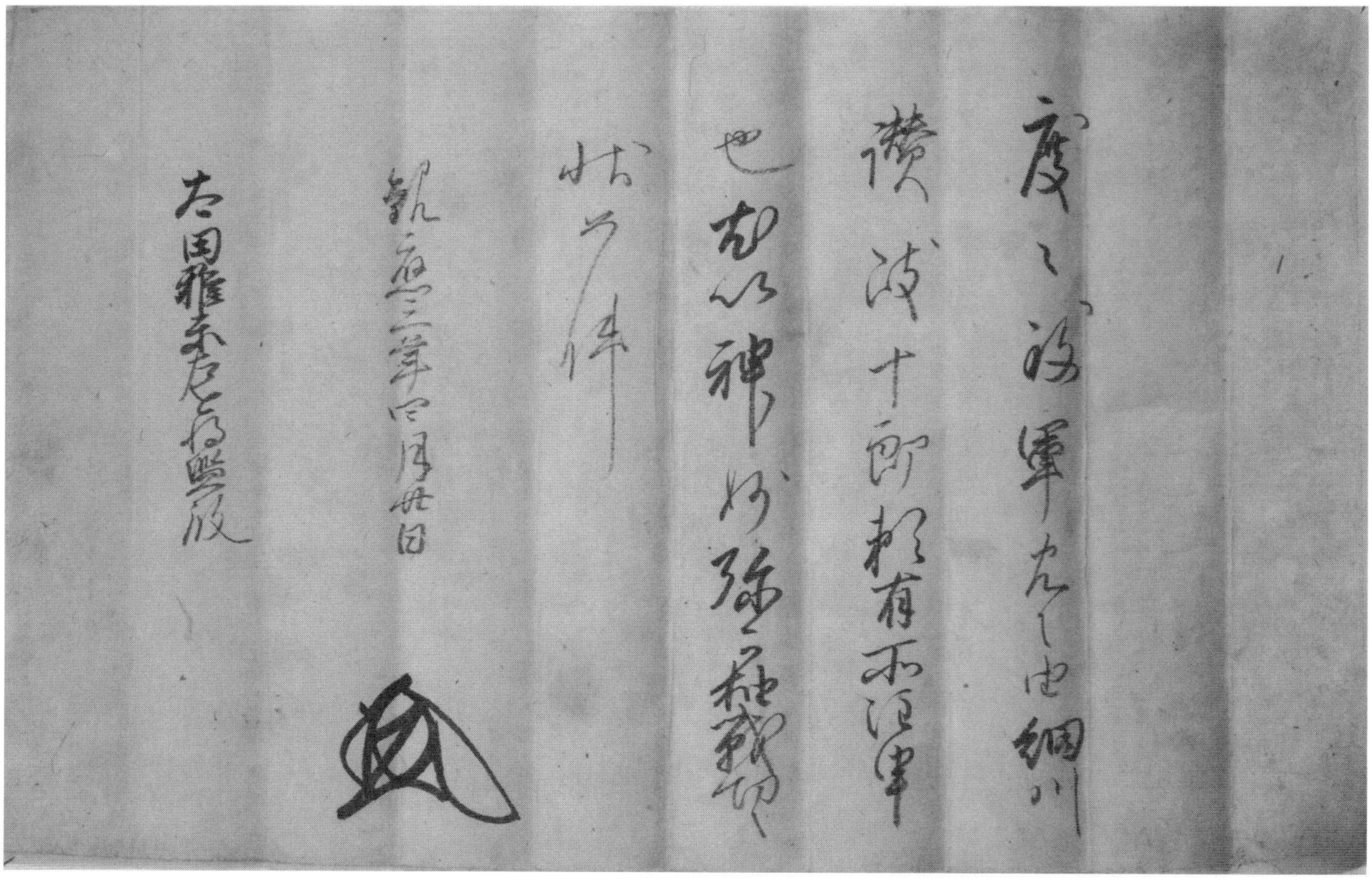

13　足利義詮感状

度々致軍忠之由、細川
讃岐十郎頼有所注申
也、尤以神妙、弥可抽戦功之
状如件、

観応三年四月廿日　（足利義詮）（花押）

太田雅楽左近将監殿

13号文書（義詮12）
竪紙
三二〇×五〇五

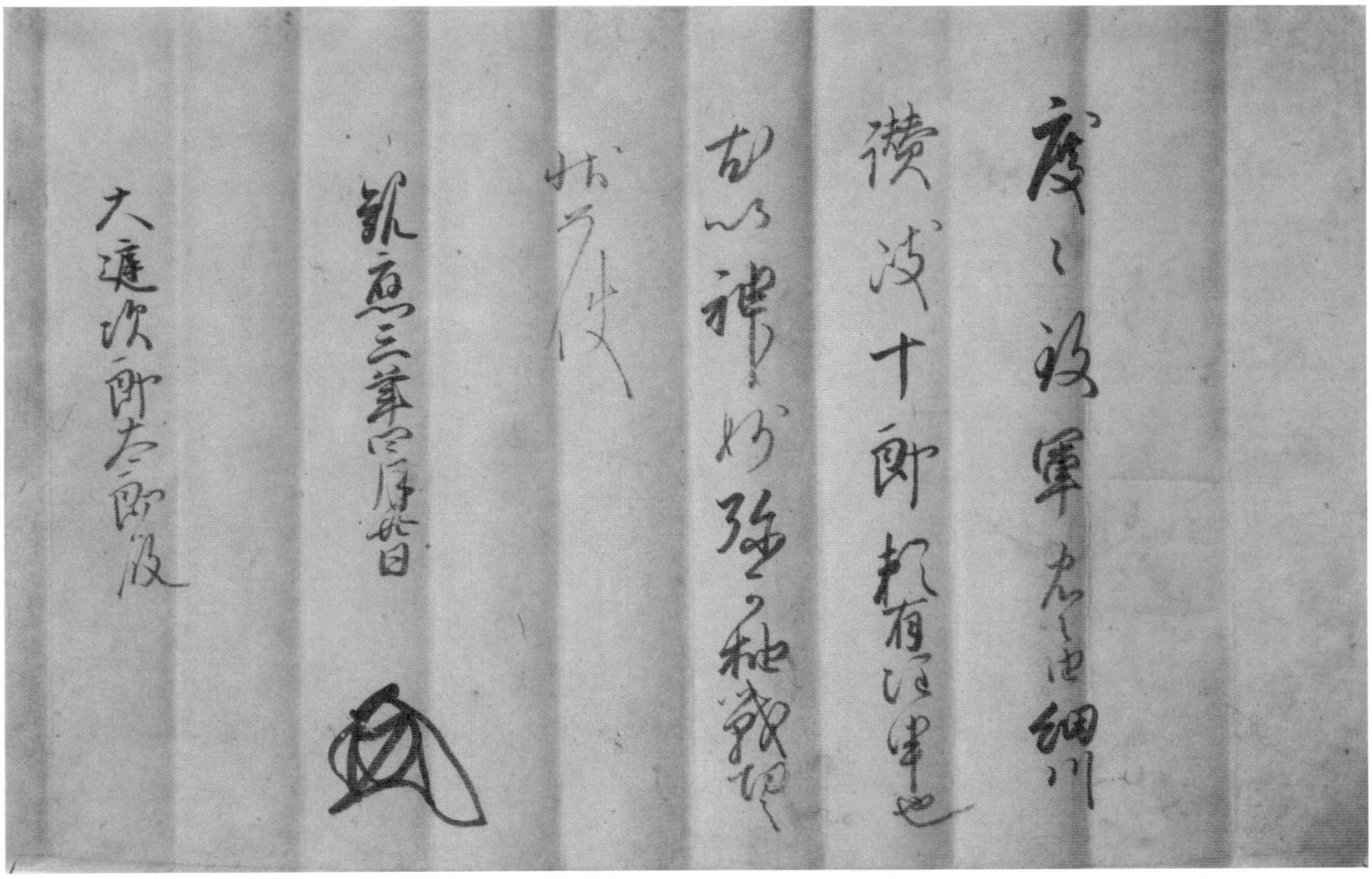

14　足利義詮感状

度々致軍忠之由、細川
讃岐十郎頼有注（所脱カ）申也、
尤以神妙、弥可抽戦功之
状如件、

観応三年四月廿日　（足利義詮）（花押）

大庭次郎太郎殿

14号文書（義詮14）
竪紙
三二三×五〇〇

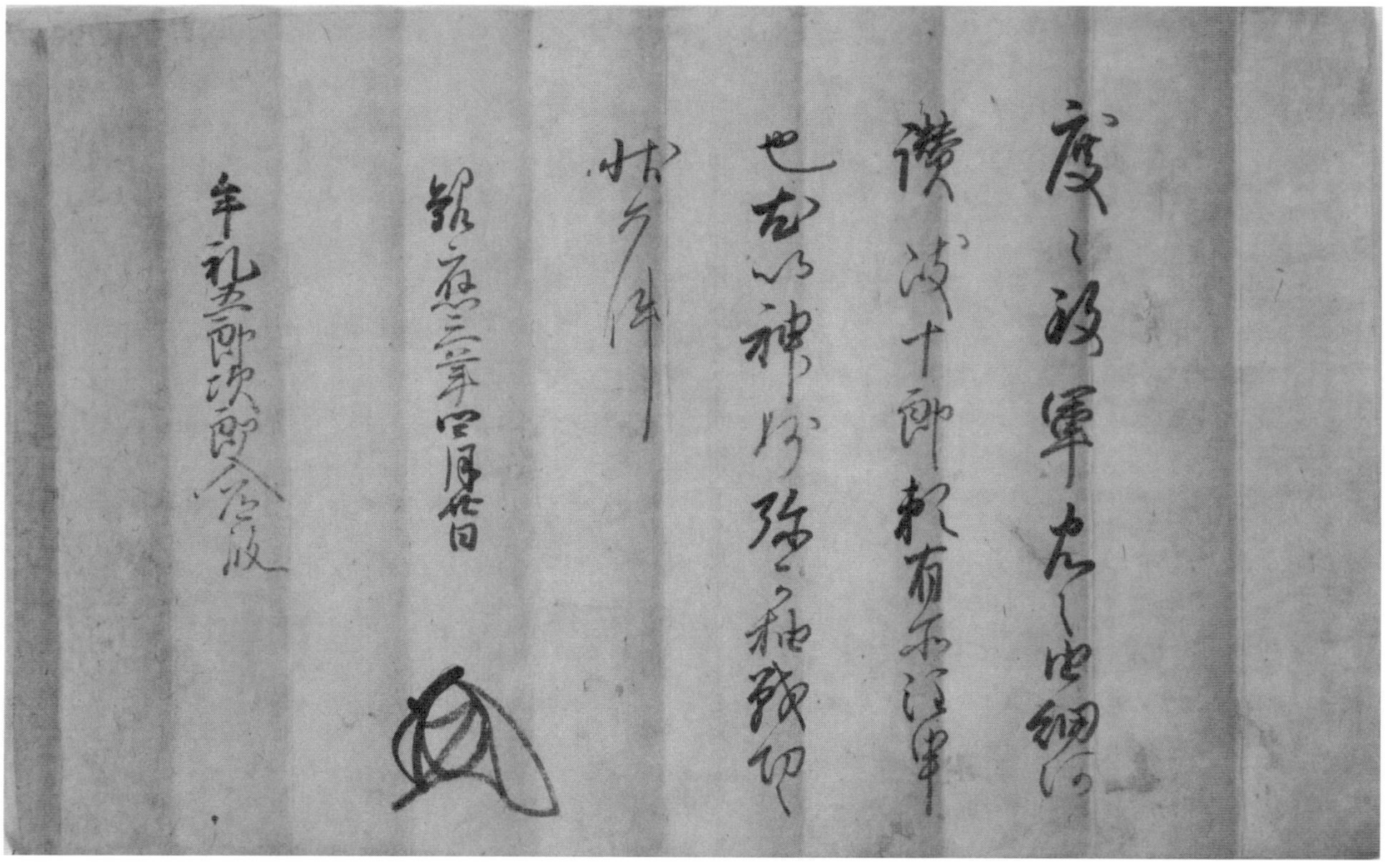

15　足利義詮感状

度々致軍忠之由、細河
讃岐十郎頼有所注申
也、尤以神妙、弥可抽戦功之
状如件、

観応三年四月廿日　（足利義詮）（花押）

牟礼五郎次郎入道殿

15号文書（義詮13）
竪紙
三二〇×五〇二

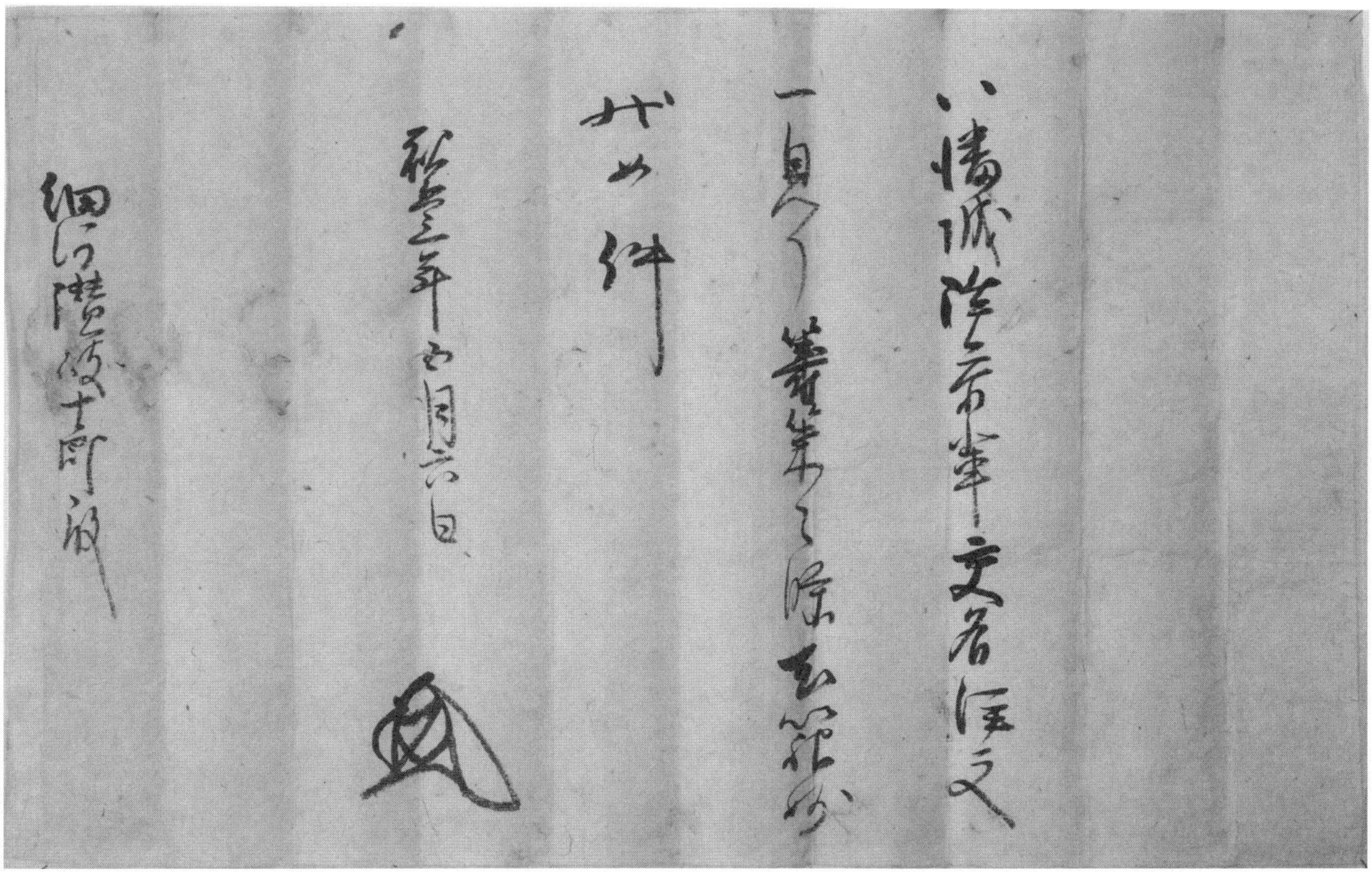

16　足利義詮感状

八幡（山城）城降参輩交名注文
一見了、籌策之条、尤以神妙
状如件、

観応三年五月六日　（花押）（足利義詮）

細河讃岐十郎（頼有）殿

16号文書（義詮6）
竪紙
三三〇×五一〇

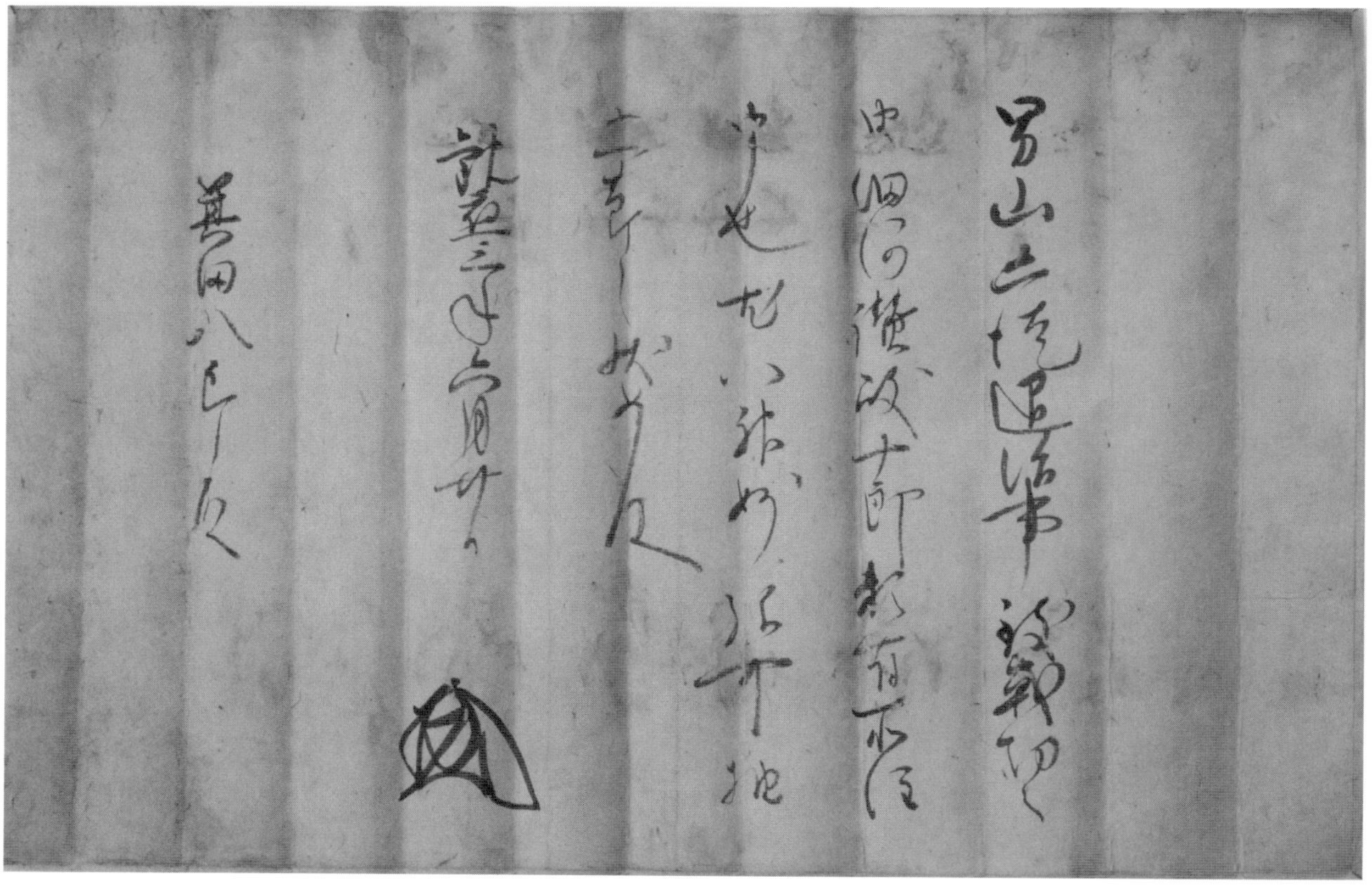

17　足利義詮感状

男山（山城）凶徒退治事、致戦功之
由、細河讃岐十郎頼有所注
申也、尤以神妙、弥可抽
忠節之状如件、

観応三年六月廿日　（花押）（足利義詮）

箕田八郎殿

17号文書（義詮9）
竪紙
三二六×五〇七

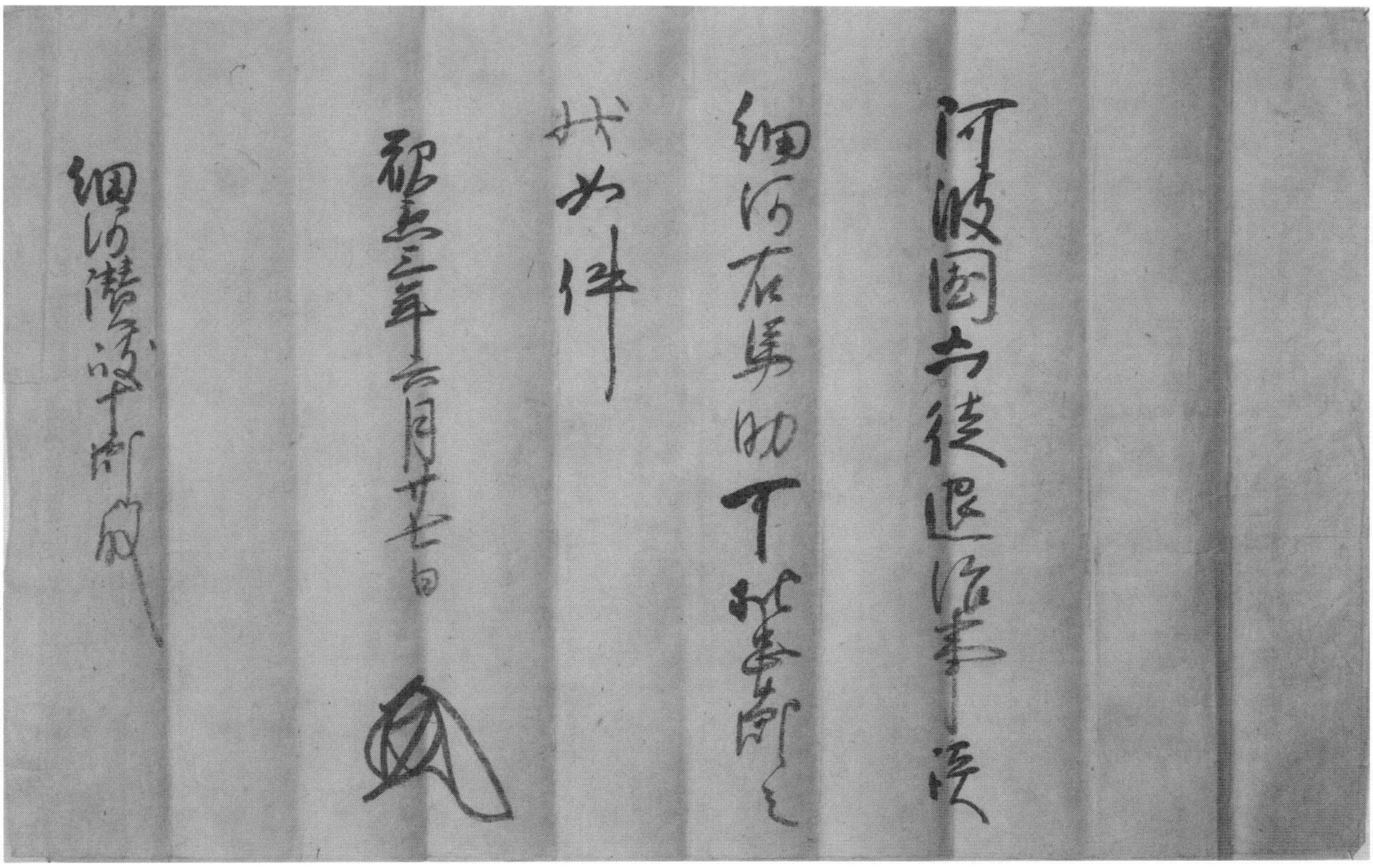

18　足利義詮軍勢催促状

（包紙上書）「細河讃岐十郎殿　義詮」

阿波国凶徒退治事、談
細河右馬助（頼之）、可抽忠節之
状如件、

観応三年六月廿七日　（足利義詮）（花押）

細河讃岐十郎（頼有）殿

18号文書（義詮3）
竪紙　包紙あり
三一二×五〇七

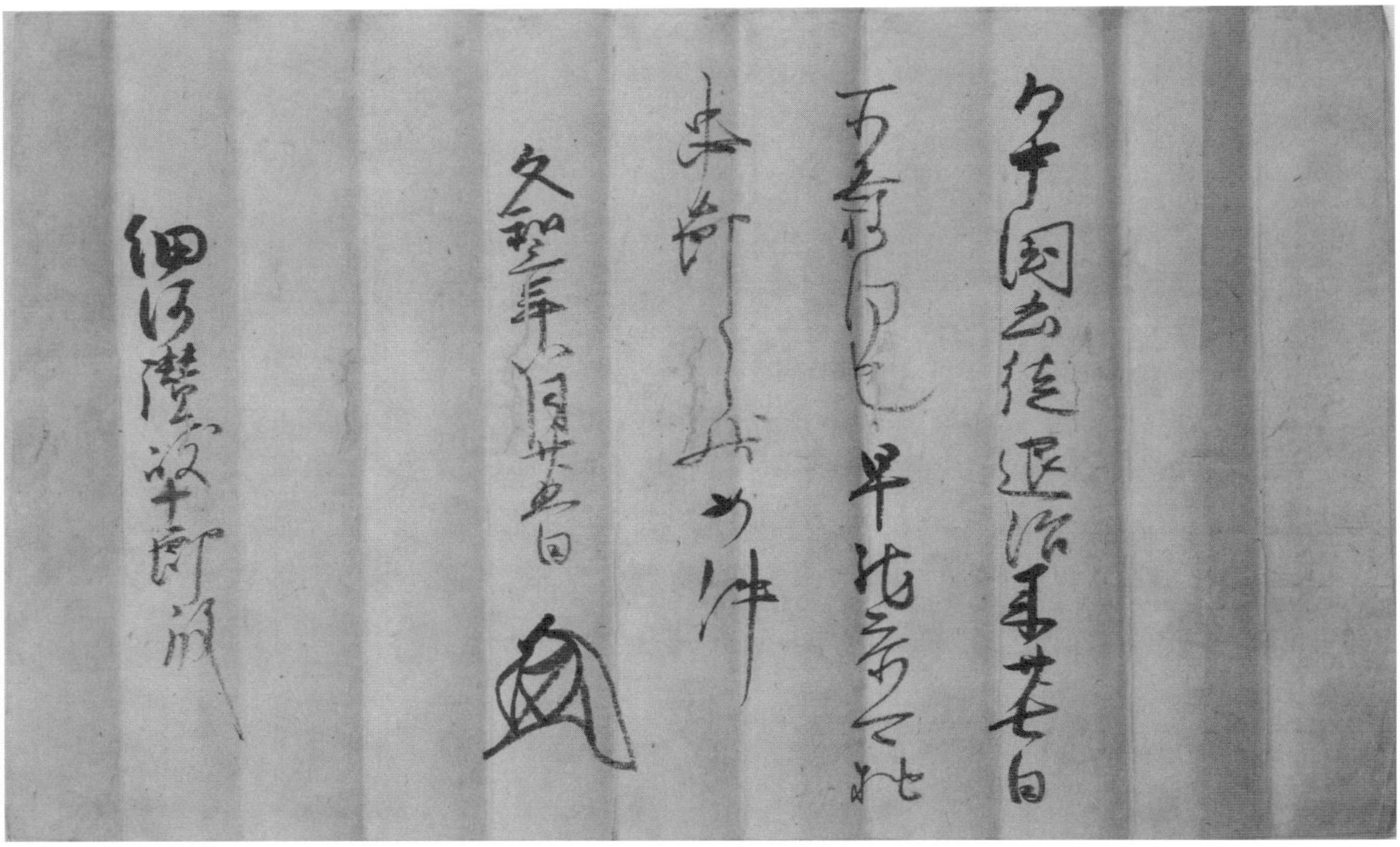

19 足利義詮軍勢催促状

(包紙上書)「細河讃岐十郎殿　義詮」

為中国凶徒退治、来廿七日
所発向也、早馳参可抽
忠節之状如件、

文和三年八月廿五日　(足利義詮)(花押)

細河讃岐十郎殿(頼有)

19号文書(義詮2)
竪紙　包紙あり
三二二×五二〇

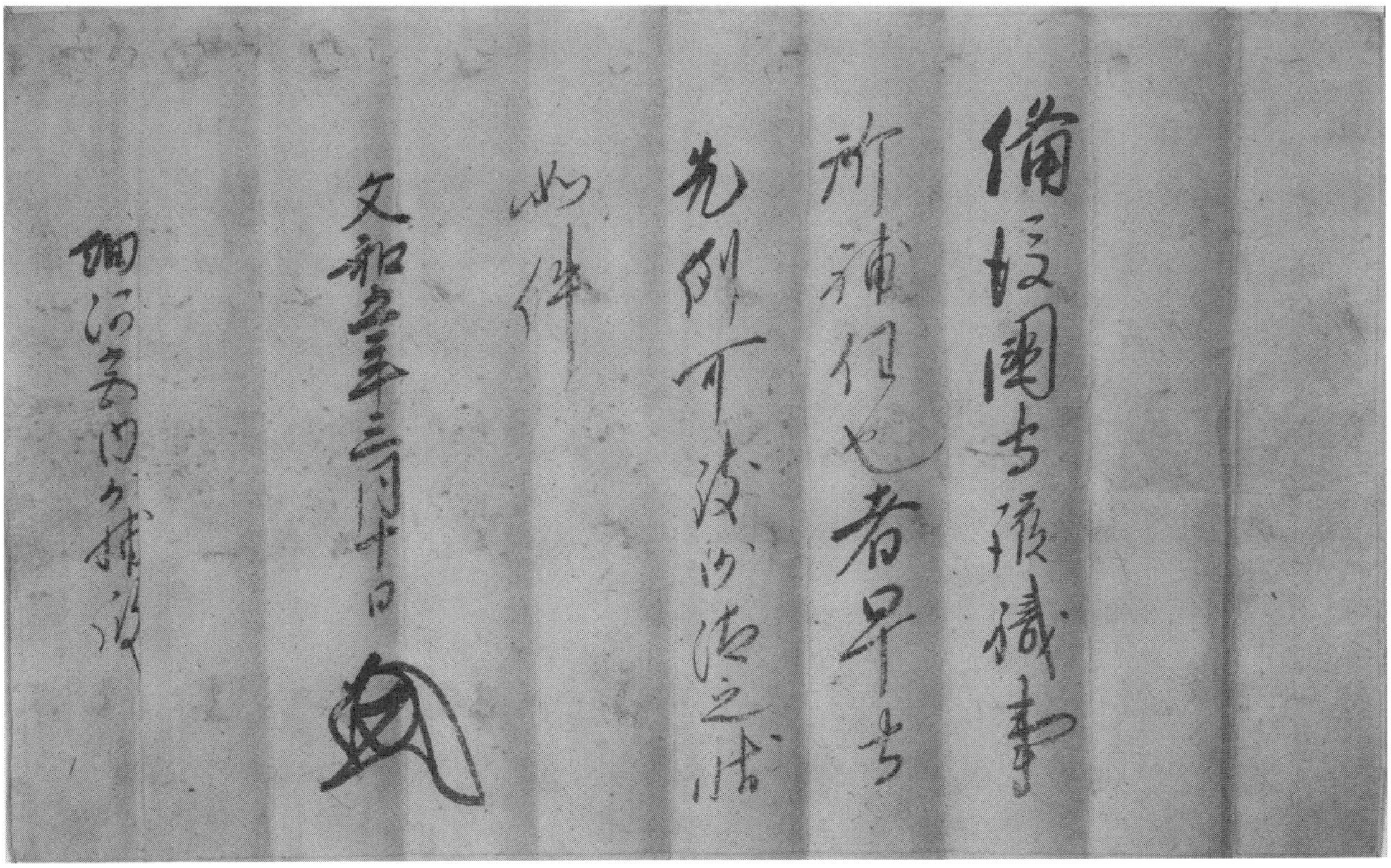

20　室町将軍家御判御教書

（包紙上書）
「宮内少輔殿」

備後国守護職事、
所補任也、者早守
先例可致沙汰之状
如件、

文和五年三月十日　（足利義詮）（花押）

細河（頼有）宮内少輔殿

20号文書（義詮4）
竪紙　包紙あり
三二〇×五〇三

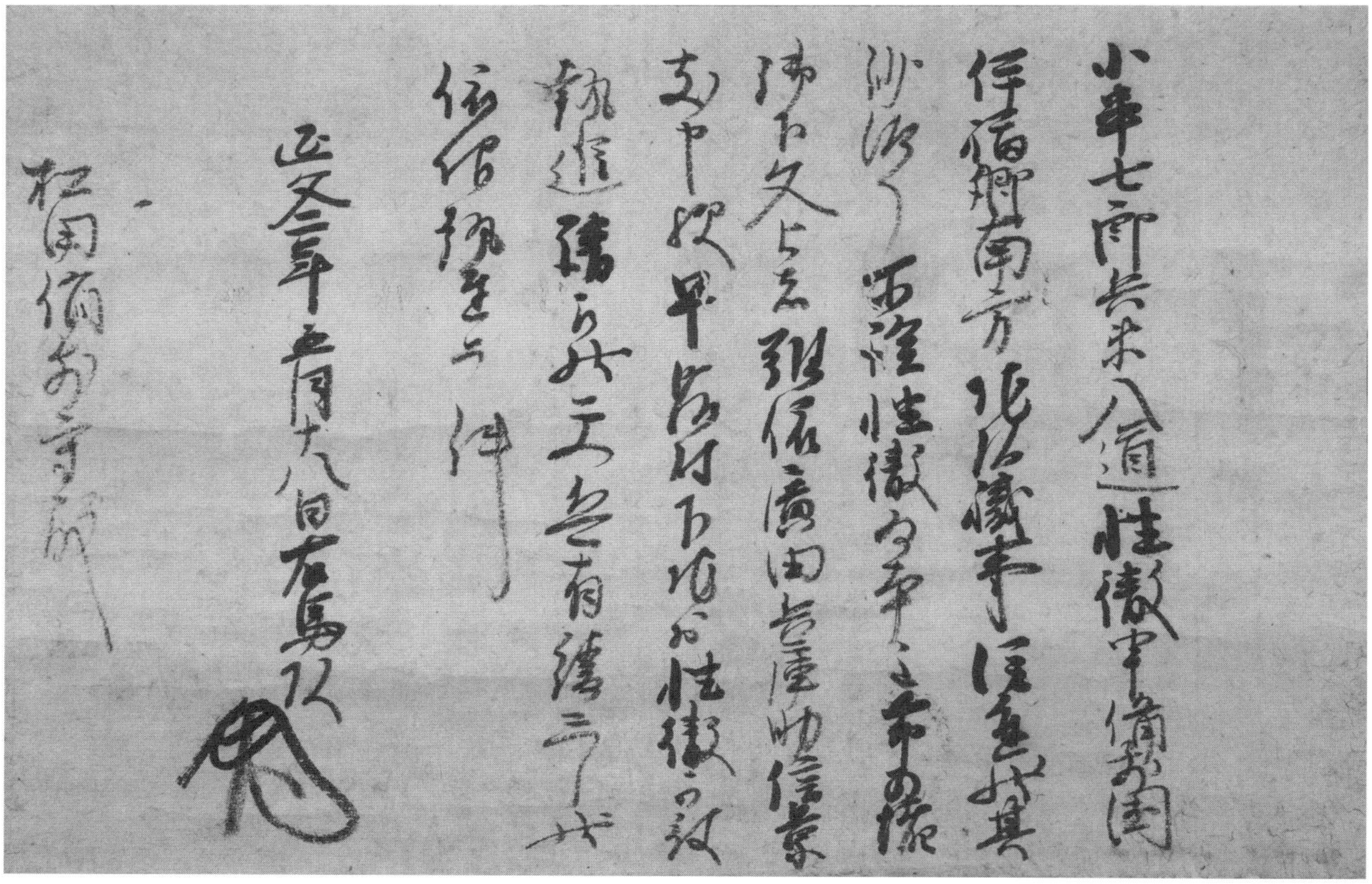

21　細川頼之奉書

小串七郎兵衛入道性儆申、備前国
伊福郷南方地頭職事、注進状其
沙汰了、所詮性儆為本主帯安堵
御下文上者、難依広田兵庫助信景
支申歟、早沙汰付下地於性儆、可致
執進請取状、更不可有緩怠之状、
依仰執達如件、

延文二年五月十八日　右馬頭(細川頼之)（花押）

松田備前(信重カ)守殿

21号文書（頼之3）
竪紙　掛幅装
三〇五×四五五

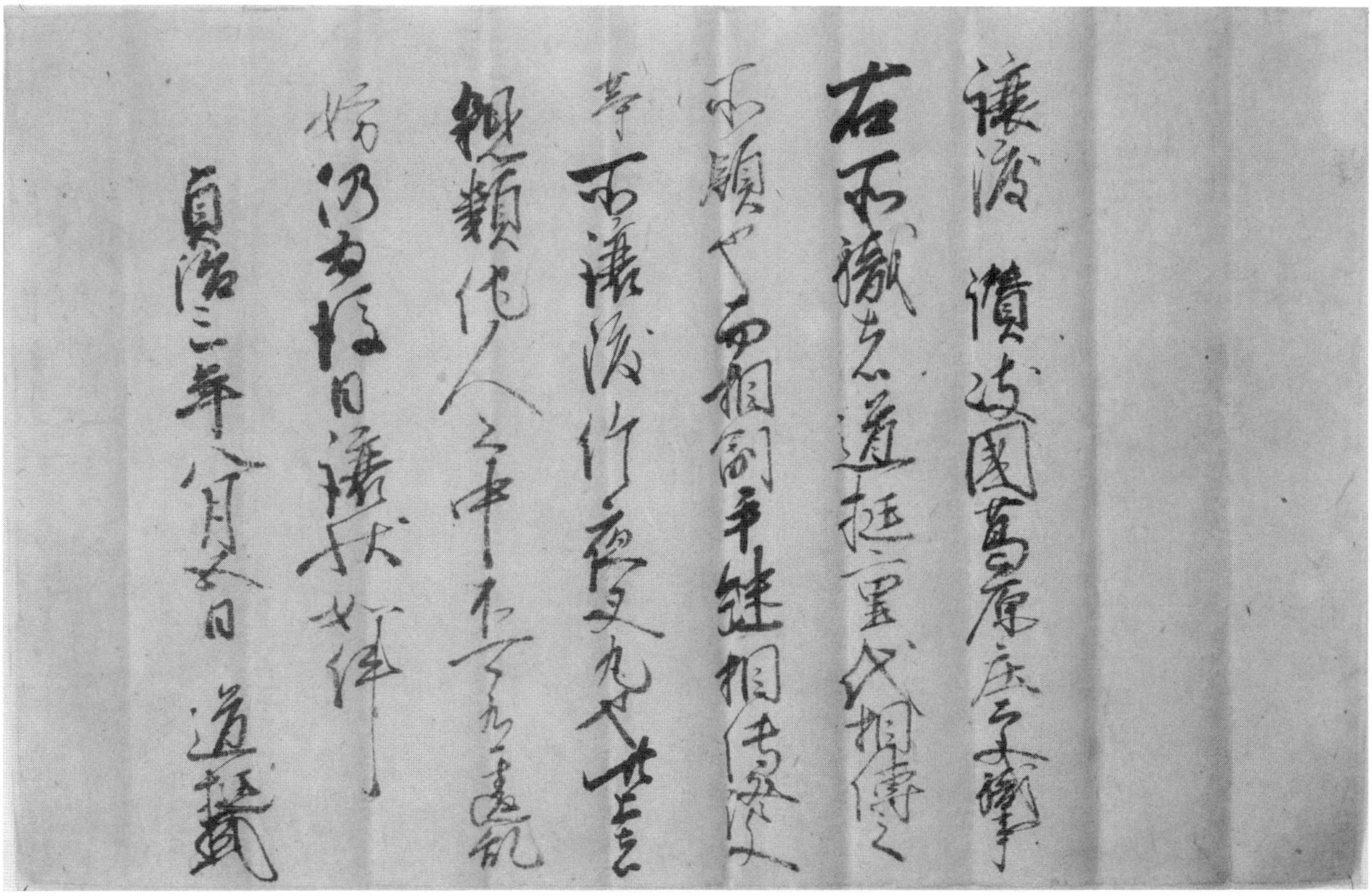

22　道挺譲状

譲渡讃岐国葛原庄公文職事、
右所職者、道挺重代相伝之
所領也、而相副手継相伝証文
等、所譲渡竹夜叉丸也、此上者
親類他人之中不可有違乱
妨、仍為後日譲状如件、

貞治三年八月五日　道挺（花押）

22号文書（古細川4）
竪紙
三一五×四八三

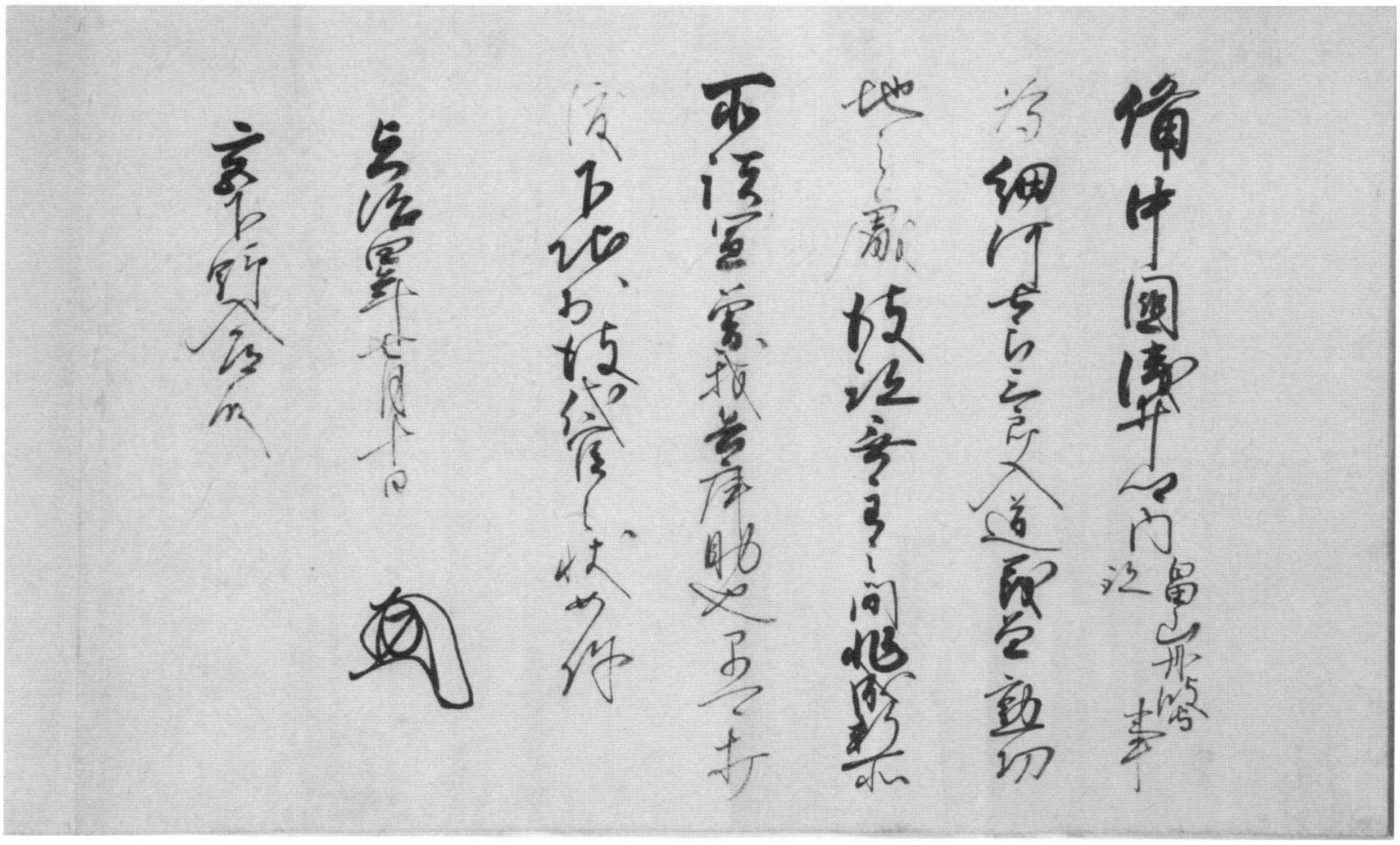

23　室町将軍家御判御教書写

備中国浅井郷内畠山丹波守跡事、
為細河七郎三郎入道義兼勲功
地之処、彼跡無主之間、非成料所、
所諸（預カ）置會我兵庫助也、早可打
渡下地於彼代官之状如件、

貞治四年七月十日（足利義詮）（花押影）

宮（氏信）下野入道殿

23号文書（義詮15）
竪紙
三〇九×四六六

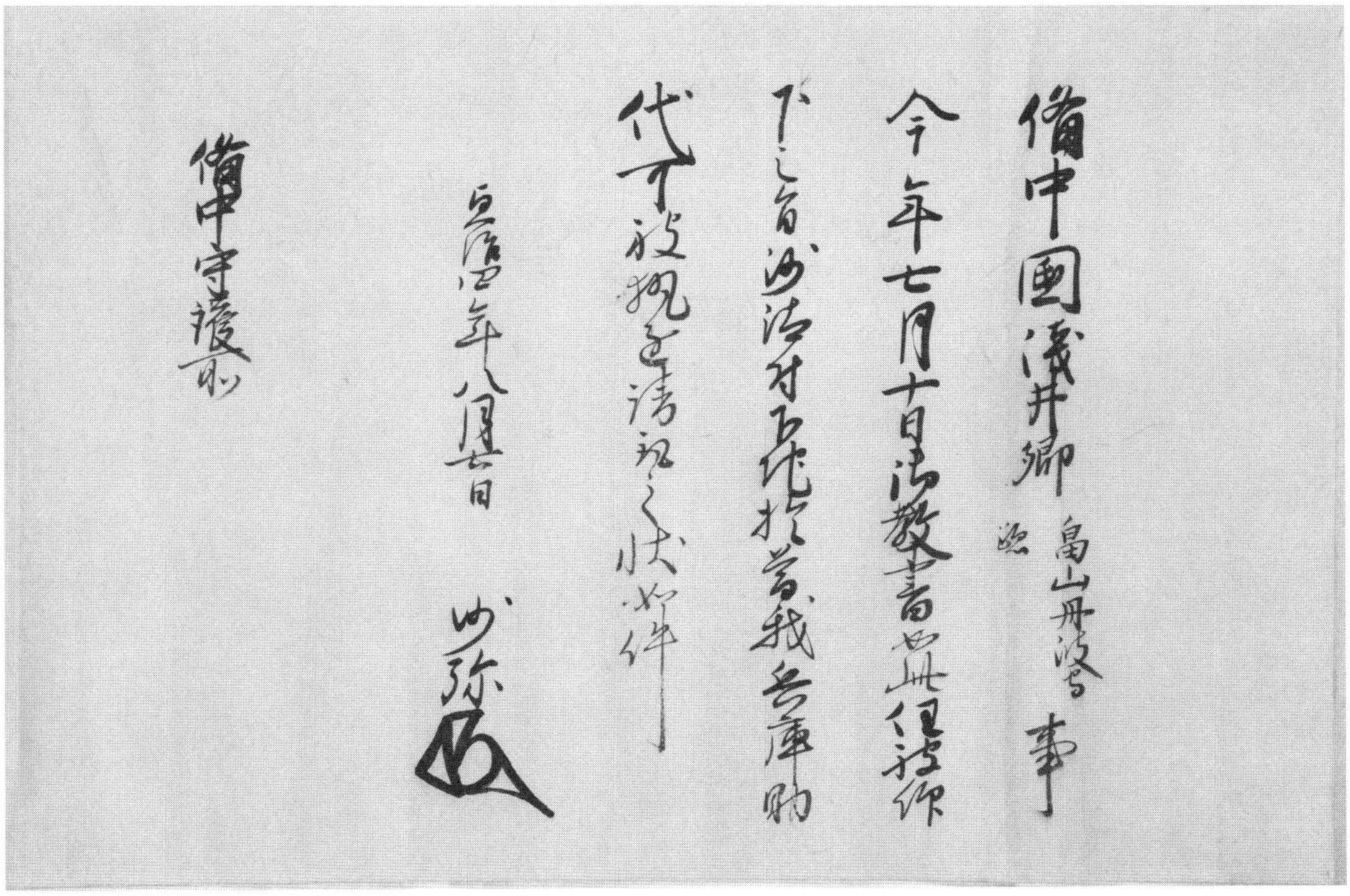

24　沙弥遵行状写

備中国浅井郷畠山丹波守跡事、
今年七月十日御教書如此、任被仰
下之旨、沙汰付下地於曾我兵庫助
代、可被執進請取之状如件、

貞治四年八月七日　沙弥（宮氏信カ）（花押影）

備中守護所

24号文書（室町幕府８）
竪紙
三一四×四五〇

25　室町将軍家御判御教書

「(包紙上書)細川右馬頭殿　義詮」

讃岐国葛原庄・堀江津両所
公文職事、退地下并諸方之
違乱、任相伝之旨、被打渡下地
竹夜刄(叉)丸、可執進請取之状、若有
子細(者脱カ)可被注申之状如件、

貞治四年十二月十三日　(花押)(足利義詮)

細川右馬頭(頼之)殿

25号文書（義詮5）
竪紙　包紙あり
三二七×五〇五

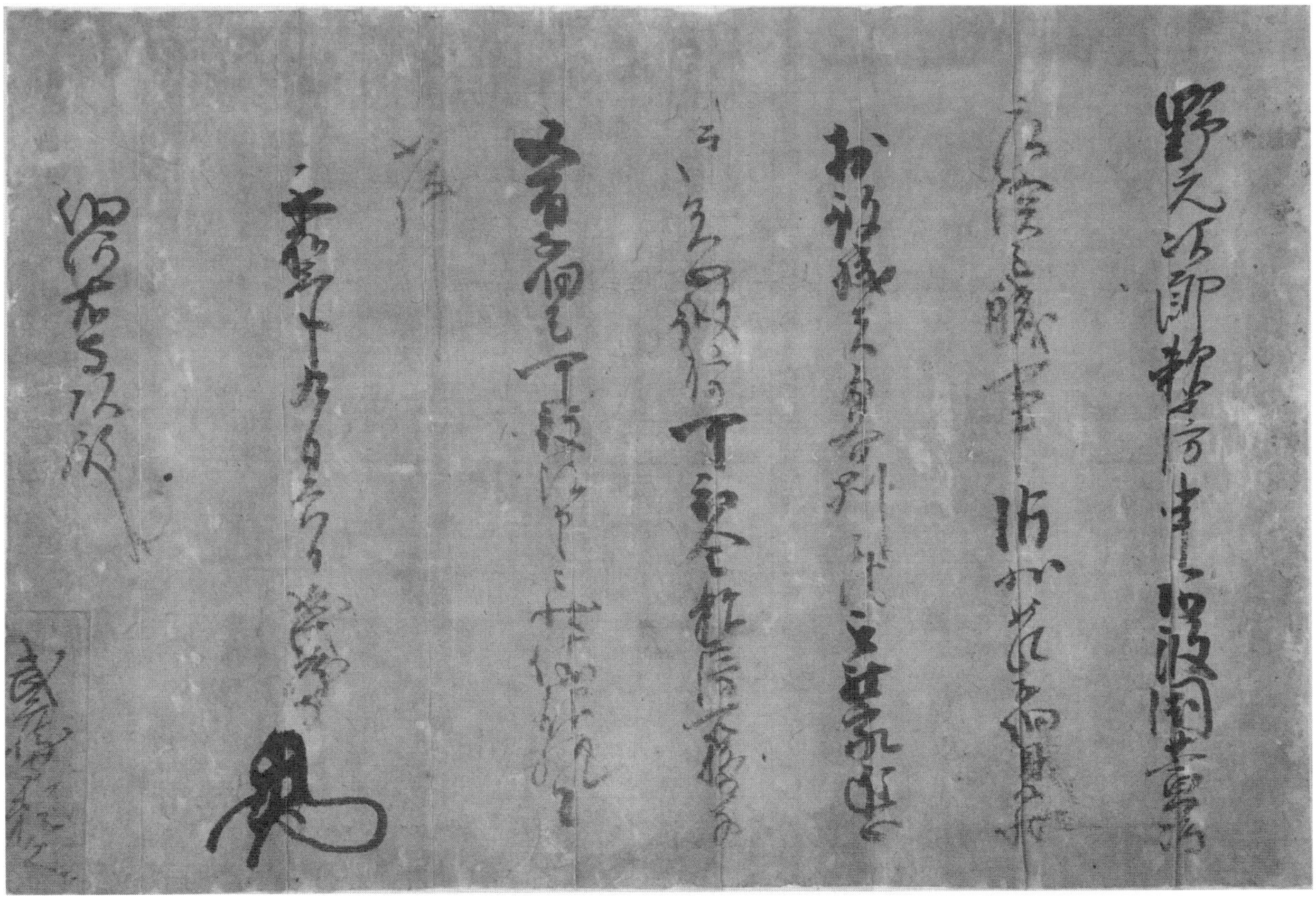

26　室町将軍家御教書

野元次郎頼房申、阿波国萱嶋庄院主職事、訴状如此、子細見状、於彼職者、為各別之由、被社家進止云々、者止彼妨、可被全頼房所務、若又有子細者、可被注申之状、依仰執達如件、

永和三年九月六日　武蔵守（細川頼之）（花押）

細河右馬頭（頼有）殿

（貼紙）「武蔵守頼之」

26号文書（頼之2）
竪紙
二九〇×四二〇

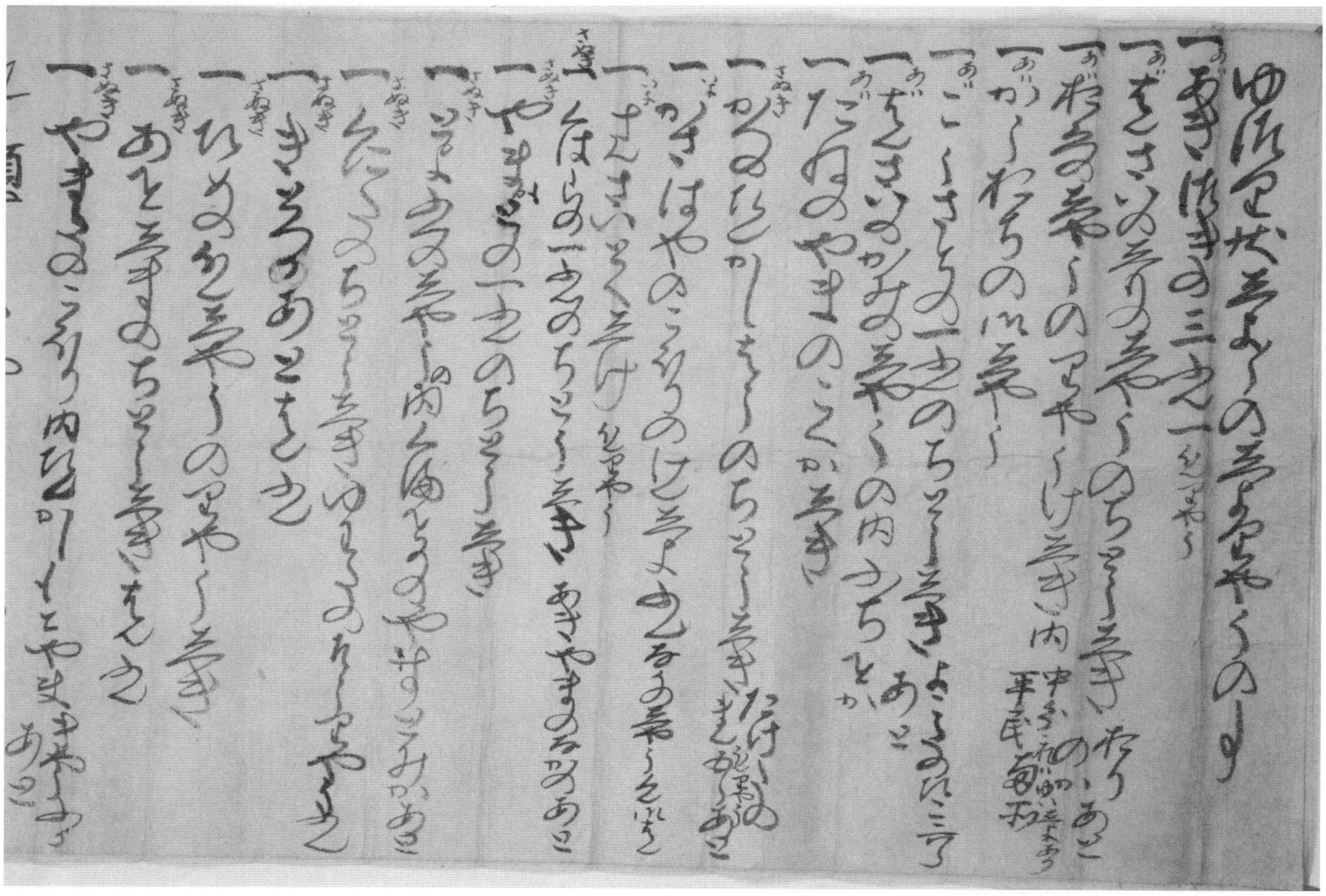

27 細川頼有譲状

一、ゆつり《（譲）》状、しよ〳〵《（所々）》のしよりやう《（所領）》の事
一、あハ《（阿波）》あきつき《（秋月）》の三ふん一ほんりやう《（本領）》
一、あハはんさい《（板西）》のしもの《（下庄）》しやうのちとうしき《（地頭職）》おか《のか》あと《（跡）》
一、あハおゐ《（麻殖）》のしやう《（庄）》のりやうけしき《（領家職）》内中分平民両所これハゆいしよ《（由緒）》あり
一、あハかうおち《（高越）》の御しやう
一、あハこうさと《（郡里）》の一ふんのちとうしきよこたのひこ六郎あと
一、あハはんさい《（板西）》のかみのしやう《（上庄）》の内ふちをか
一、あハたねのやま《（種野山）》のこくかしき《（国衙職）》
一、さぬき《（讃岐）》かへのひんかしはう《（鴨部東方）》のちとうしきたけたのほんりやうまん五郎あと
一、いよ《（伊予）》かさはや《（風早）》のこほり《（郡）》のけんしよふん《（闕所分）》なか《（中）》のしやうくん《（将軍）》御はん《（判）》
一、いよさんさい《（敬在）》とくしけ《（徳重）》ほんりやう
さぬき
一、くはら《（柞原）》の一ふんのちとうしきあきやまのなかのあと
一、さぬきやま゜もと《（山本）》の一ふんのちとうしき
一、さぬきとよふく《（豊福）》のしやう゜の内くまをか《（熊岡）》のやすとみかあと
一、さぬきくにた《（柞田）》のちとうしきゆわたのそうりやう《（惣領）》ふん
一、さぬききとく《（木徳）》かあとはんふん《（半分）》
一、さぬきひめのほんしやう《（本庄）》のりやうしき
一、さぬきあをしま《（粟嶋）》のちとうしきはんふん
一、さぬきやまた《（山田）》のこほり内ひんかしもとやま《（本山）》きやうふ《（刑部）》かあと

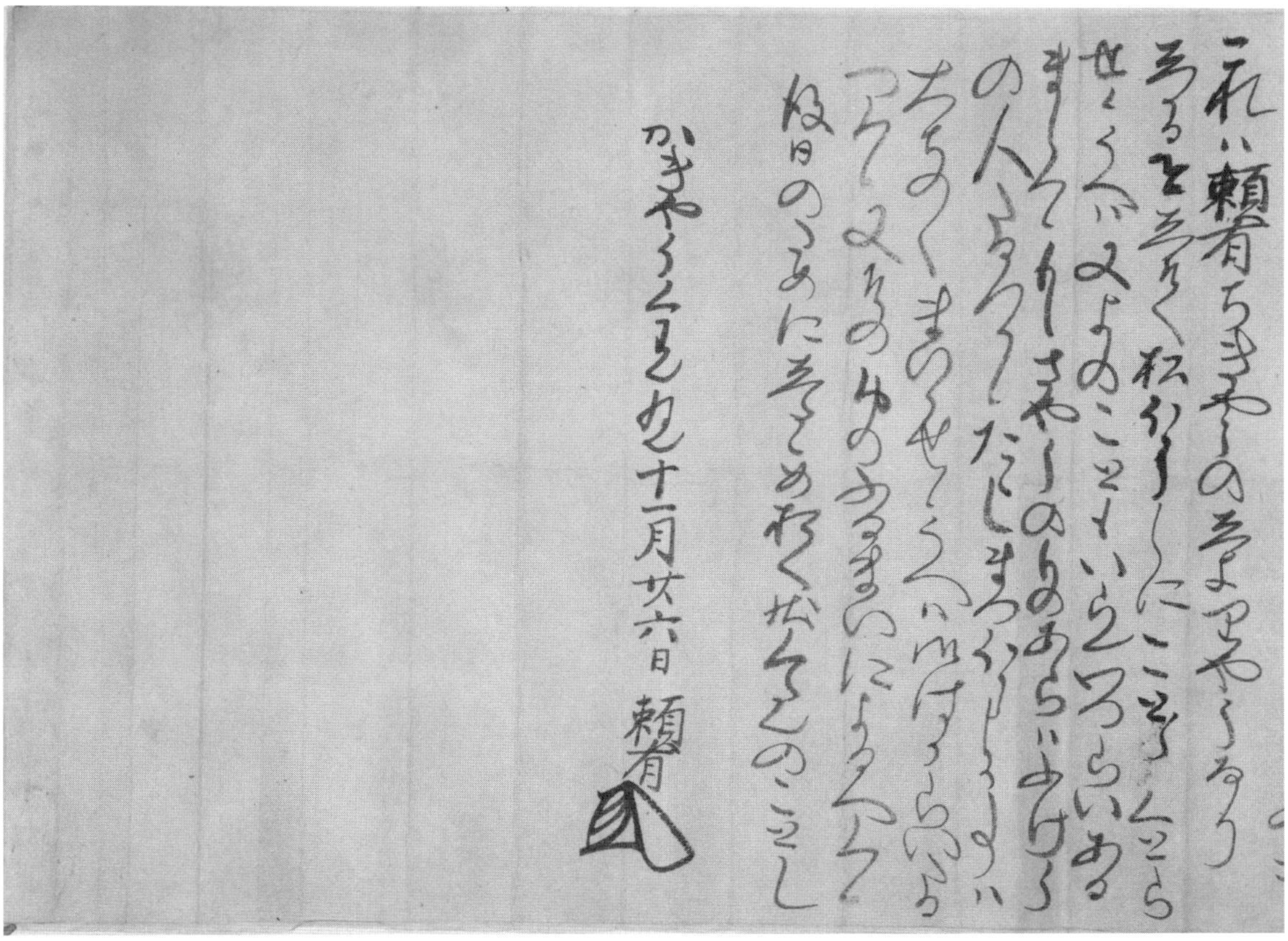

これハ頼有《細川》ちきやう《知行》のしよりやう《所領》なり、
しかるを、しそく《子息》松《頼長》ほうしにことく〳〵くとら
せ候うへハ、又よのこともいらんわつらい《違乱煩》ある
ましく候、もしさやうのものあらハ、ふけう《不孝》
の人たるへく候、たゝし、まつほうしか事ハ、
大との《細川頼之》へまいらせ候うへハ、御はからい《計》たる
へく候、又その身のふるまい《振舞》によるへく候、
後日のためにしたゝめ《認》おく状くたんのことし、

かきやう《嘉慶》くわんねん《元年》十一月廿六日　頼有《細川》（花押）

27号文書（頼有1）
継紙（二紙）
三三五×九四〇

28　細川頼有置文

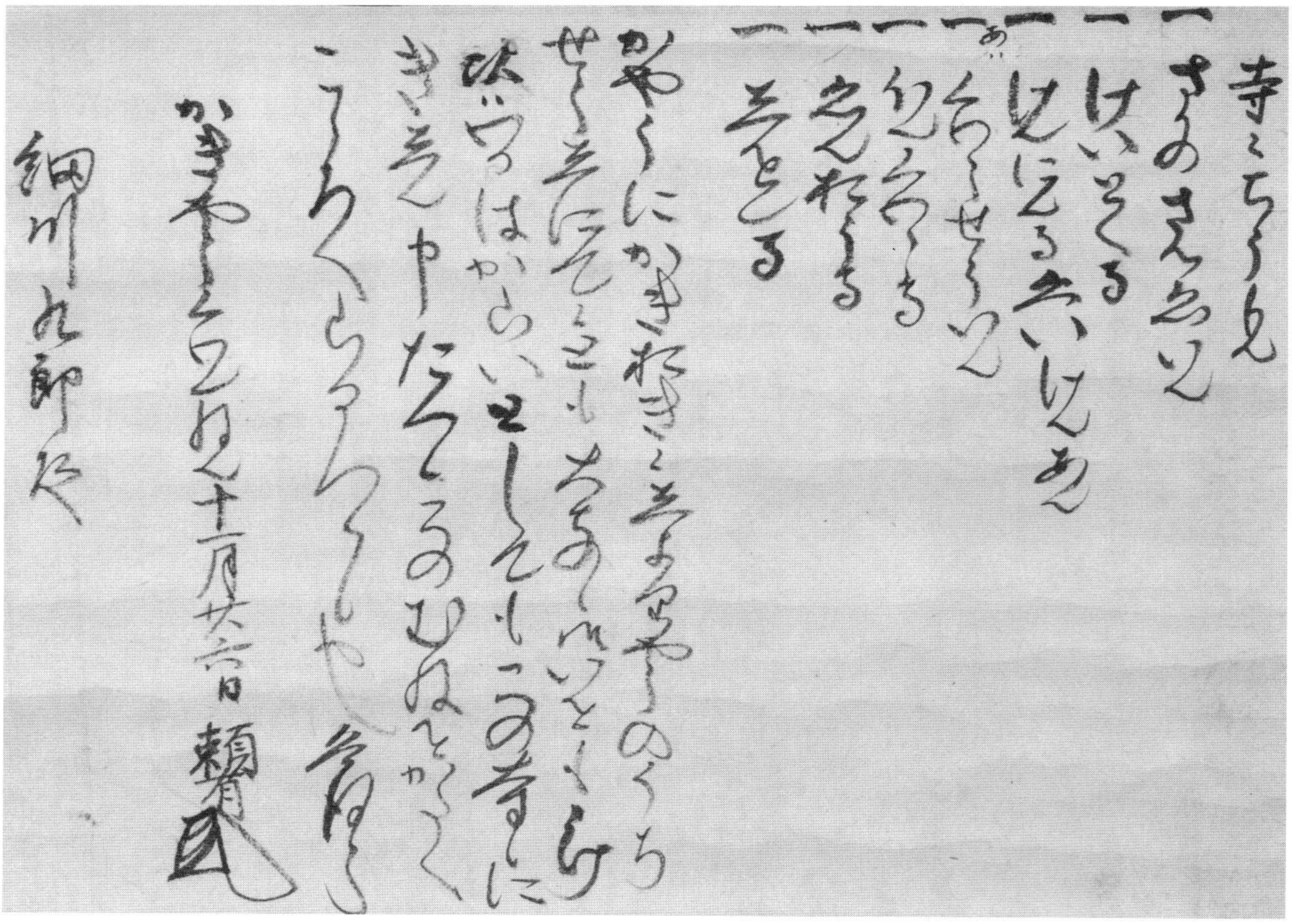

寺々ちうもん（注文）
一、さか（嵯峨）のさんゑいん
一、けいとく（景徳）寺
一、けんにん（建仁）寺ゑいけんあん（永源庵）
一、あハ（阿波）くわうせういん
一、ほんくわう寺
一、ゑんおう寺
一、しをん寺
かやうにかきおき候しよりやう（所領）のうち、
せうしにて候とも、大との（細川頼之）ゝ御いをもうけ
候ハヽ、わかはからい（計）としても、この寺々に
きしん（寄進）申たく候、このむねをかたく
こゝろへ（心得）らるへく候也、恐々謹言、
かきやう（嘉慶）くわんねん（元年）十一月廿六日　（細川）頼有（花押）

細川九郎（頼長）殿

28号文書（頼有2）
竪紙　掛幅装
三三〇×四五〇

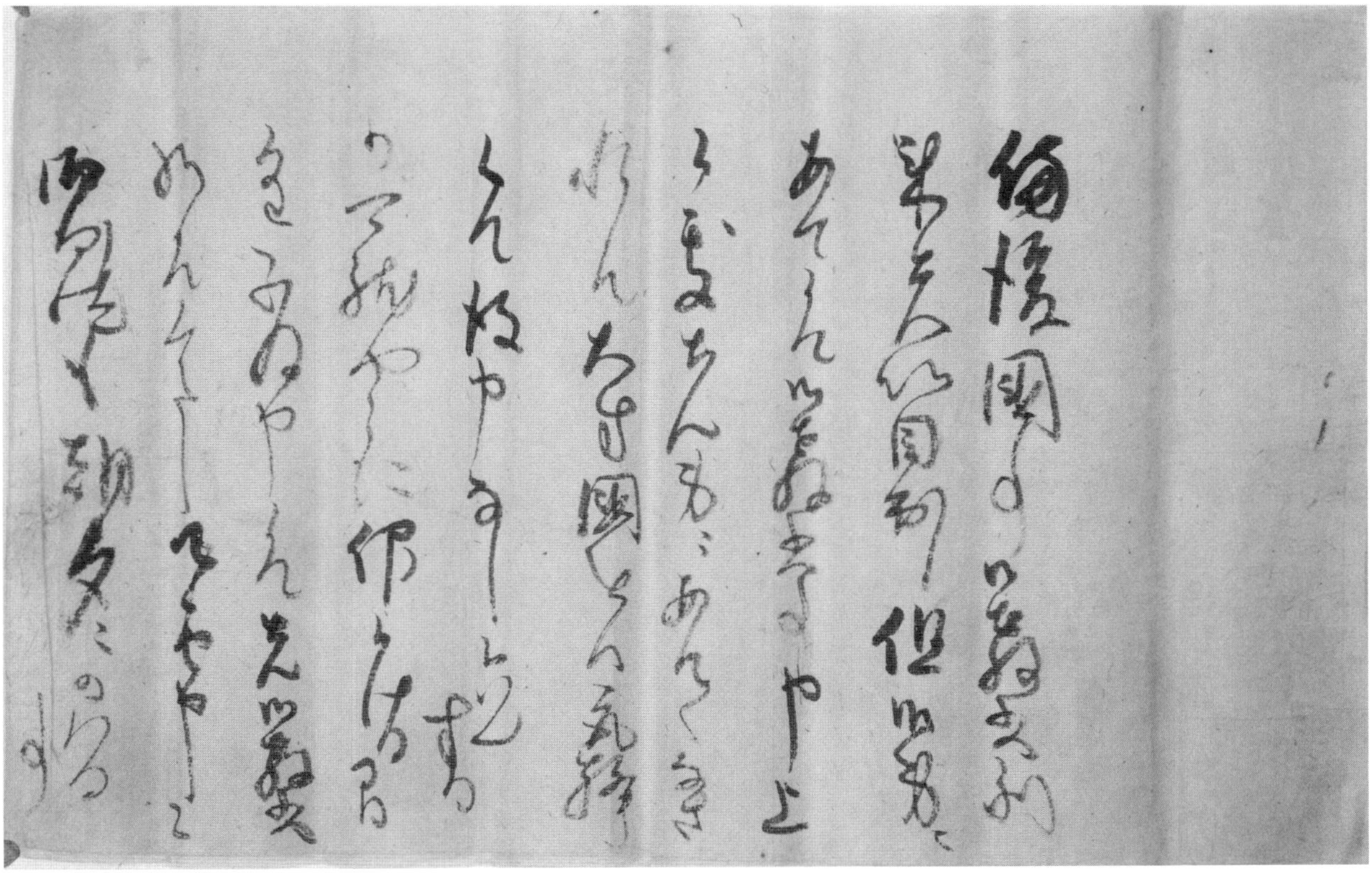

29 細川頼之書状

（包紙上書）「こ殿之御ふミ」

（端裏墨引）

備後国事、御教書到
来、先以目出候、但御身ニ
あて候て御教書事申上
候処、先身ニあてゝなさ
れ候て、大方国をハ取静
候て後、申なし候ハんする
か可然やうに仰候ける間、
重不及申候て、先御教書
給候てくたして候由申候、
御沙汰も朝夕ニかハる事

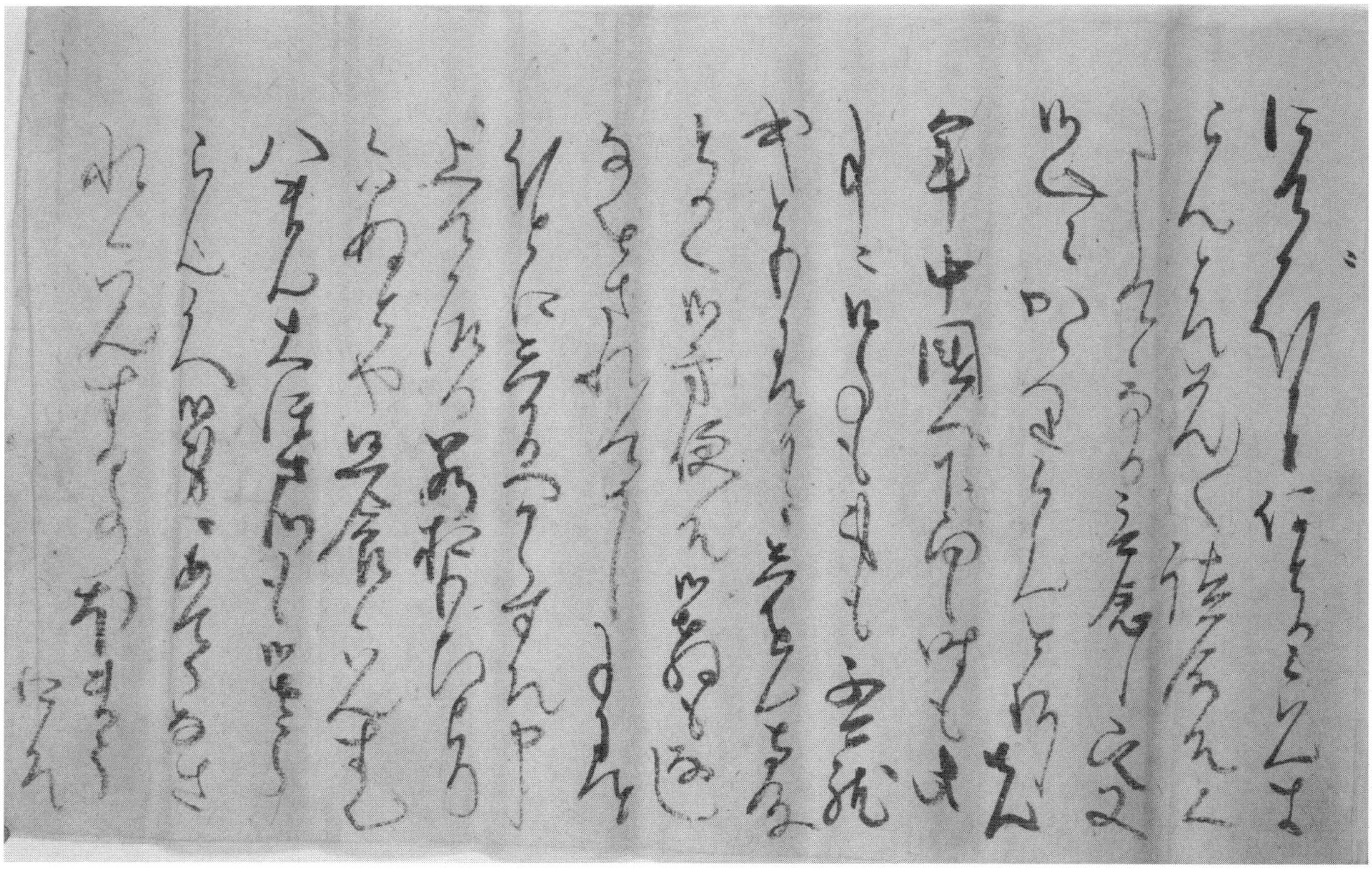

「二」

にて候ほとに、何とか候ハんす
らんとて、めん〳〵談合候て、く
たして候なり、無念候、定又
御心ニかゝり候ハんと存候、先
年中国へ下向候時も、此
事ニ御事も身も不可然
式ともにて候し、しをん寺殿
とかく御方便候て、御教(書脱カ)もなし
なをされて候し事にて候
ほとに、しかるへからす候て、申
上て候つる、若おもひより
候ハぬとや思食候ハんすん(ら脱カ)、
八まん大ほさつも御せう
らん候へ、御身ニあてゝなさ
れ候ハんする事、本まうに候て

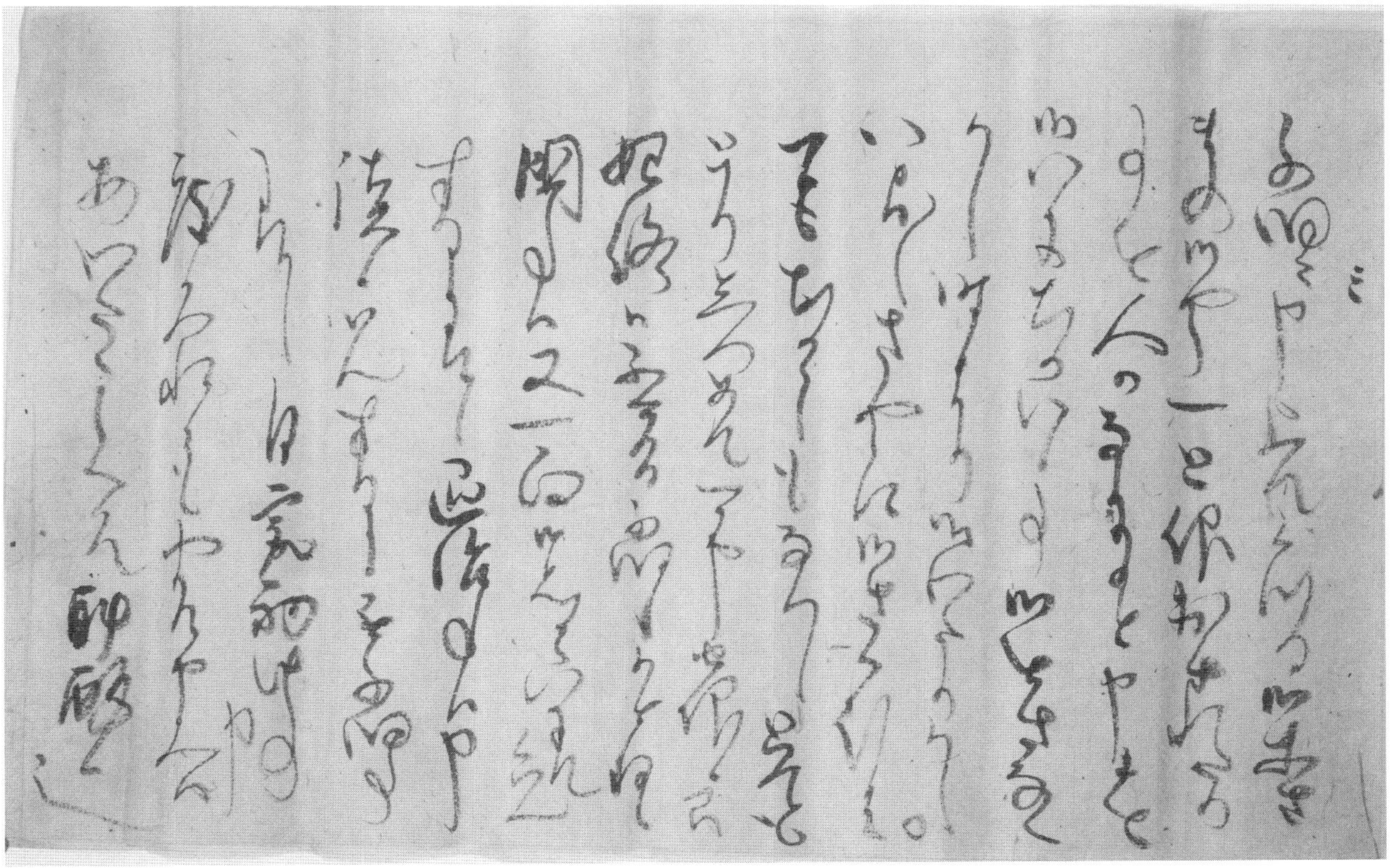

「三」

子細ニ申上て候つる、御所（足利義満）さ
まの御やう、一と仰出されたる
事を、人かなに事と申候を
御いにちかい候事、御をさなく
候し時より御わたり候しか、
いよ／＼さやうに御さ候ほとニ、
てもちからもなく候、とても
とりしつめて可申由仰候間、
始終ハ不可有子細候かと存候、
国事ハ、又一向御は（か脱カ）らいにて候ハん
するにて候、退治事ハ申
談候ハんするに、無子細事
にて候、自最初此事申
度候つれとも、やかて申候へハ、
あわたゝしく候て、斟酌候也、

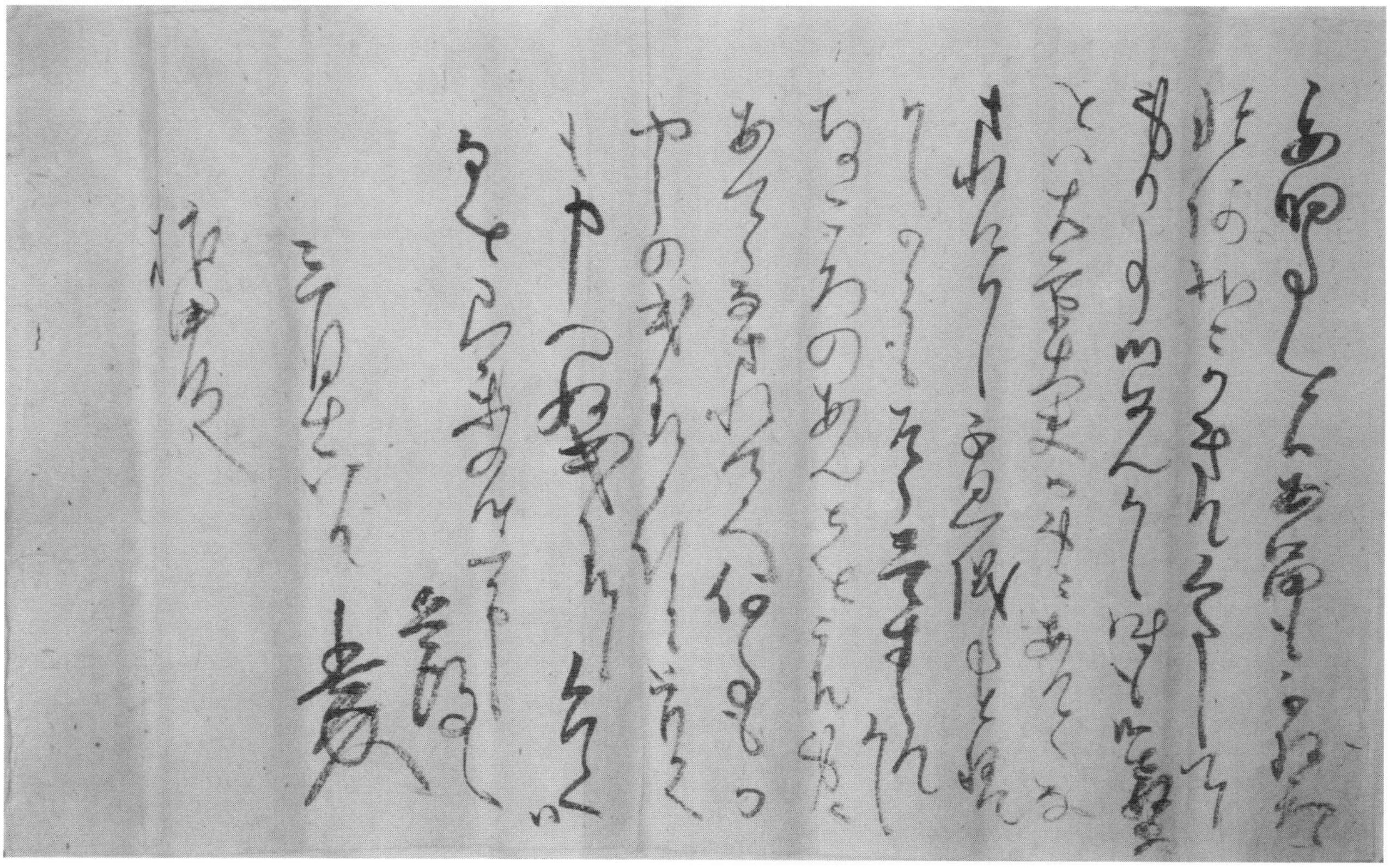

委細事をハ安富も被存知候、
性阿状ニかきてくたして候、
身か事御めん候し時も、御教書
をハ右京大夫(細川頼元)か身ニあてゝな
されて候、不思議事と存て
候しかとも、そう(左右)しらすして候し、
ちかころのあんと(安堵)をこそ身ニ
あてゝなされて候へ、何事もか
やうの式にて候ほとニ、ともかく
も申へぬ義にて候、くハしくハ、
なを見参の時可申候、恐々謹言、
(明徳元年)三月十六日　常久(細川頼之)
(細川頼有)柞田殿

30号文書(頼之1)
竪紙(四紙)　包紙あり
三〇六×一九八九

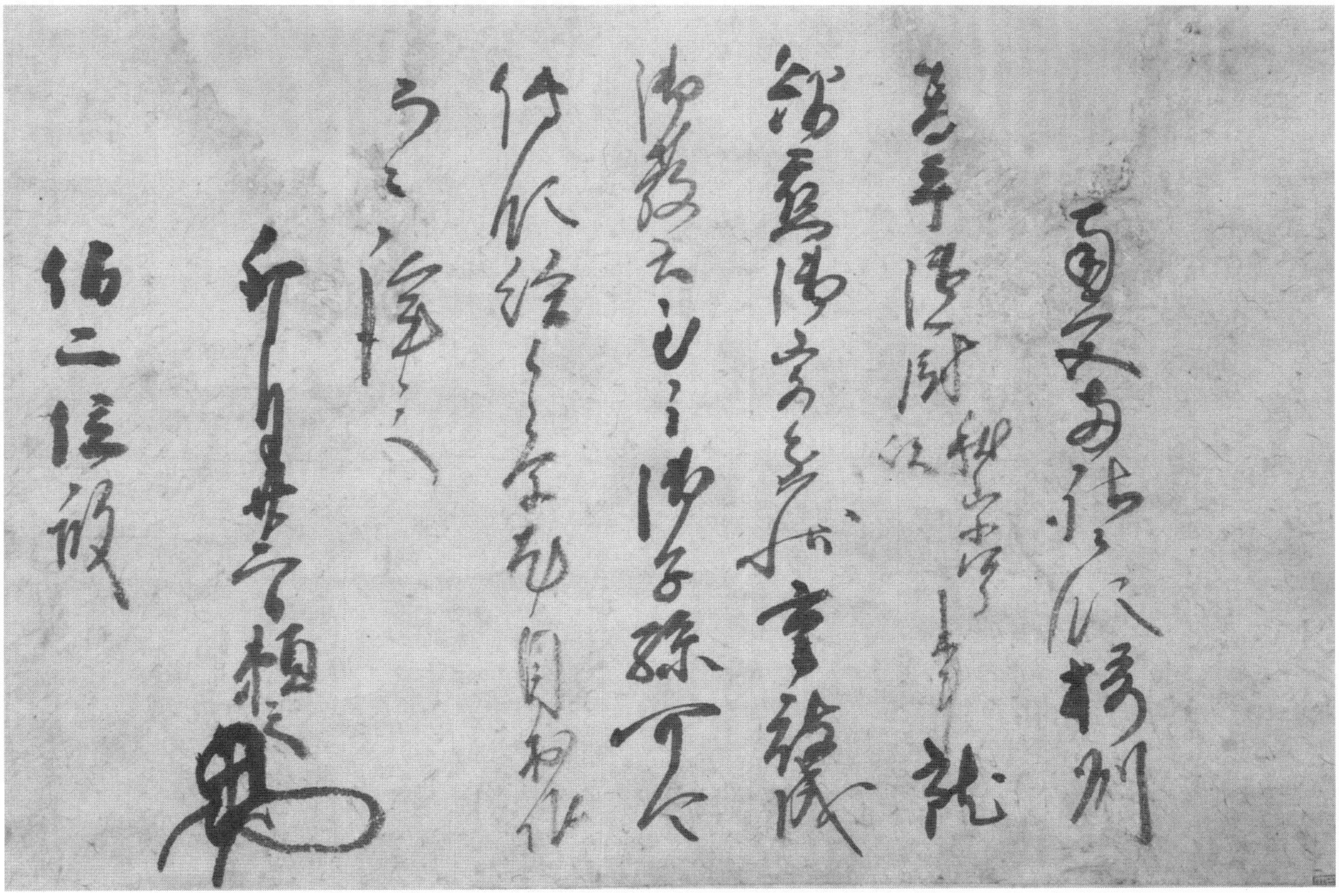

30　細川頼之書状

□南宮両社々領摂州
葛平御厨秋山小次郎跡事、就
観応御寄進状、重被成
御教書、至于御子孫可令
伝領給之条、尤目出候、
恐々謹言、
（年未詳）卯月廿二日　（細川）頼之（花押）

伯二位殿

31号文書（頼之4）
竪紙　掛幅装
二八三×四一〇

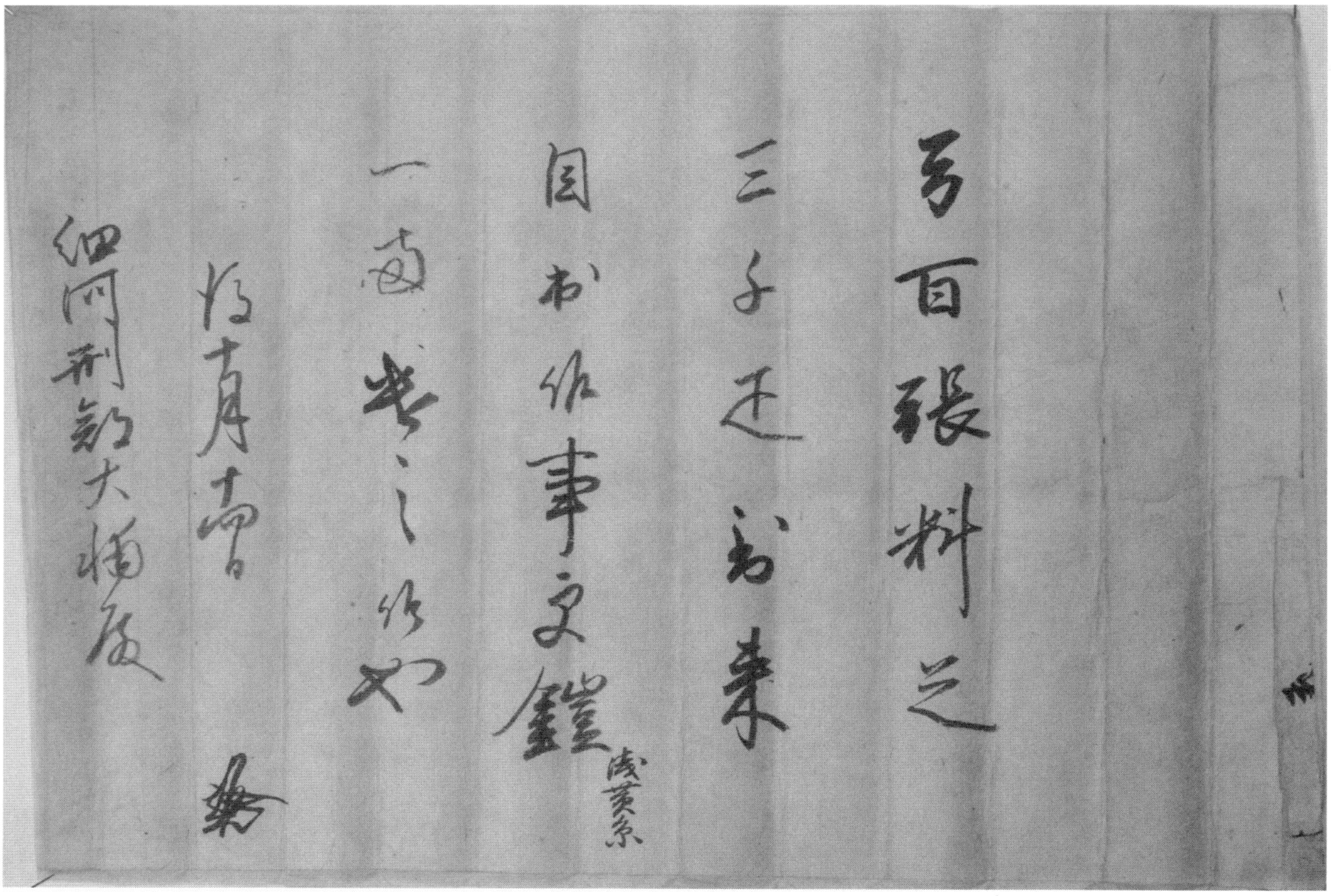

31　足利義満御内書

（切封墨引）

弓百張料足

三千足到来、

目出候、事更（殊）鎧浅黄糸

一両遣之候也、

（明徳三年）後十月十四日　（花押）（足利義満）

（頼長）細河刑部大輔殿

32号文書（義満6）

竪紙

三三八×四七六

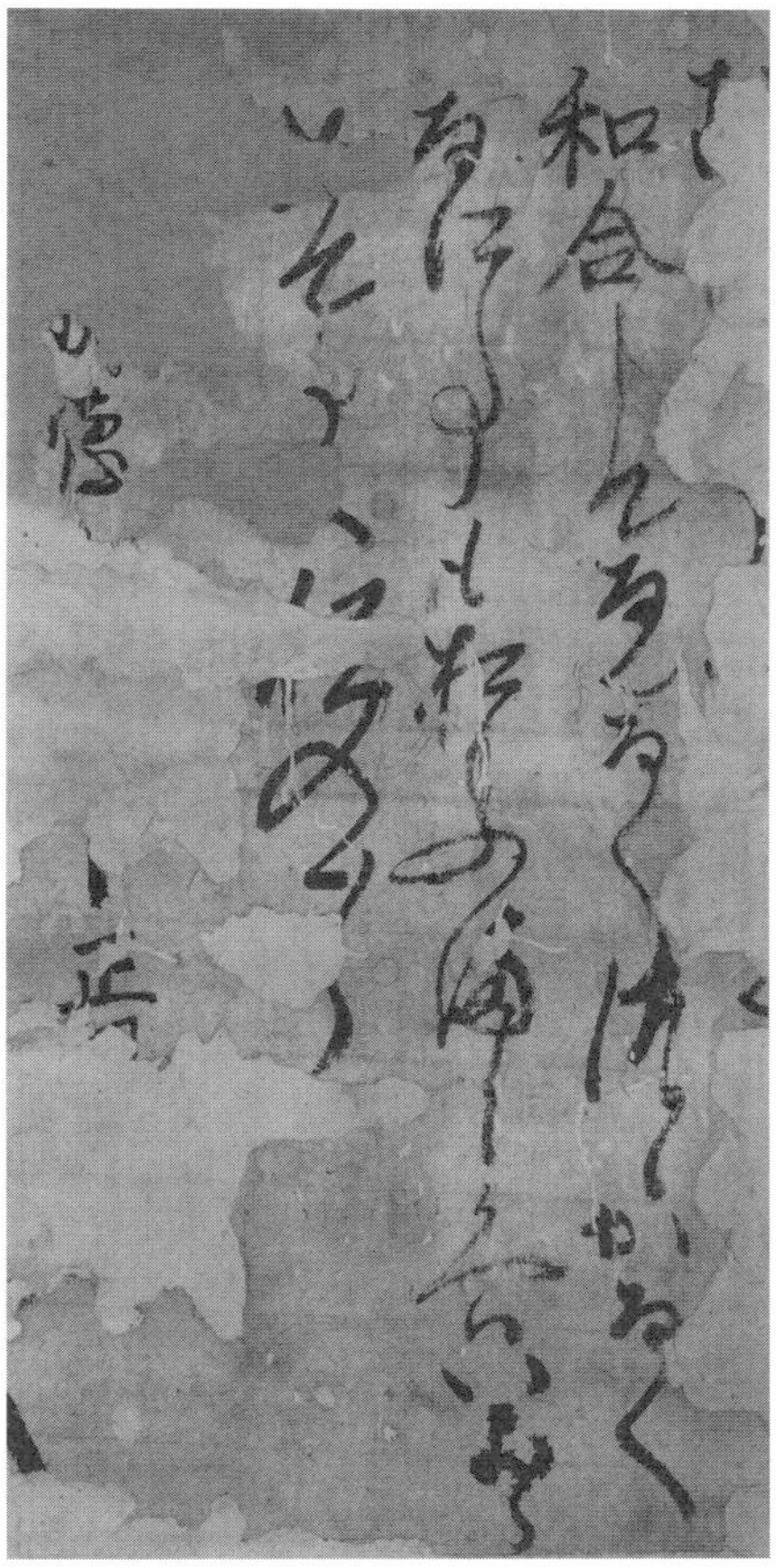

32 某書状断簡

（前欠）

和合して、なんなくつゝかなく、
なに事もおもふまゝ候へハ、いよ〳〵
めてたく□入候了、

□（明カ）徳□□正□（月カ）□□

□（花押カ）

33号文書（頼有3）
竪紙　掛幅装
三〇四×四五五

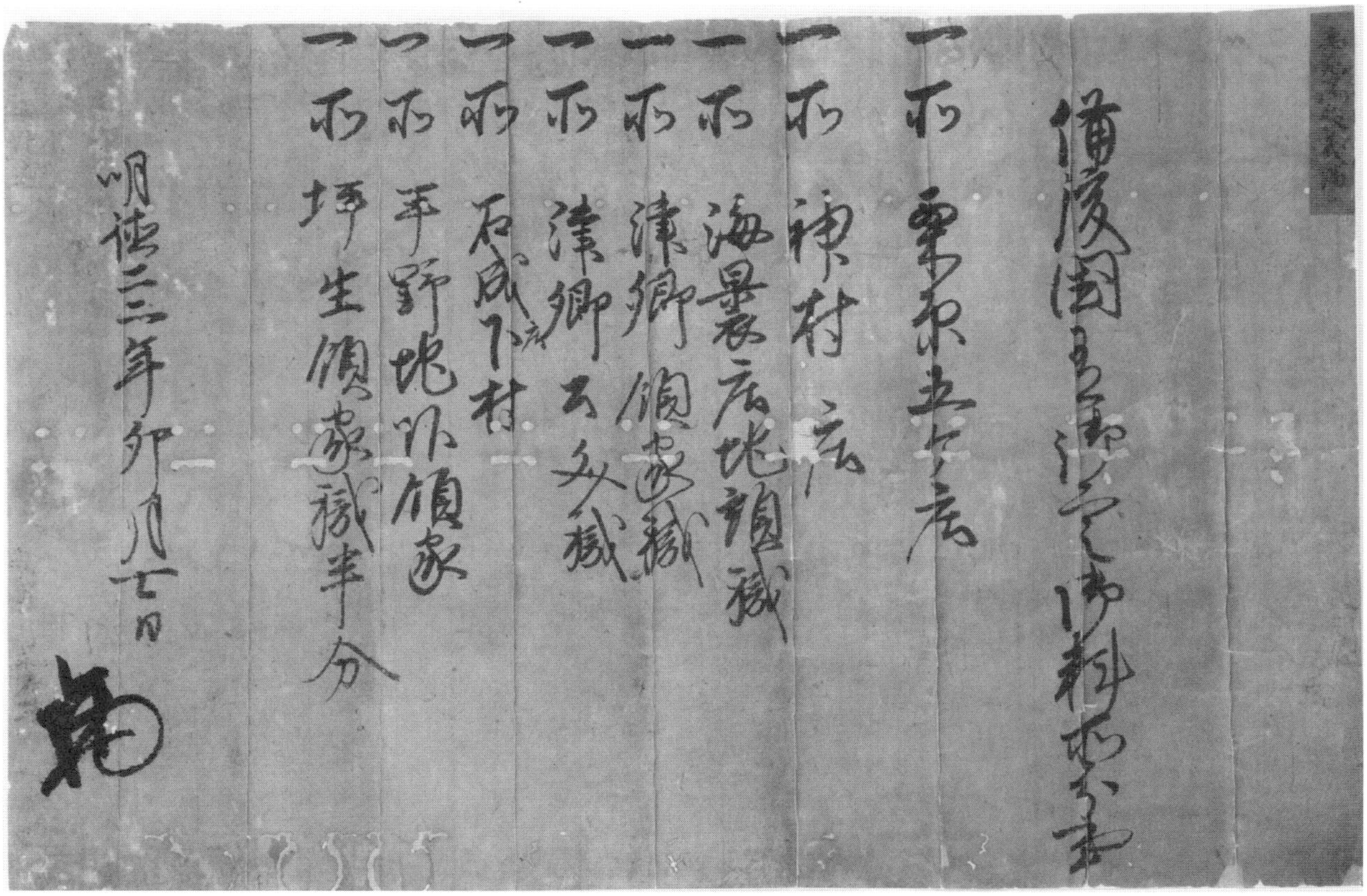

33　備後国御料所分注文

(貼紙)「鹿苑院殿義満」

備後国有御定御料所分事、

一所　栗原五ヶ庄

一所　神村庄

一所　海裏庄地頭職

一所　津郷領家職

一所　津郷公文職

一所　石成〔庄〕下村

一所　平野地頭領家

一所　坪生領家職半分

明徳二二年卯月七日　(細川頼長カ)(花押)

34号文書(義満2)
竪紙
三〇四×四五五

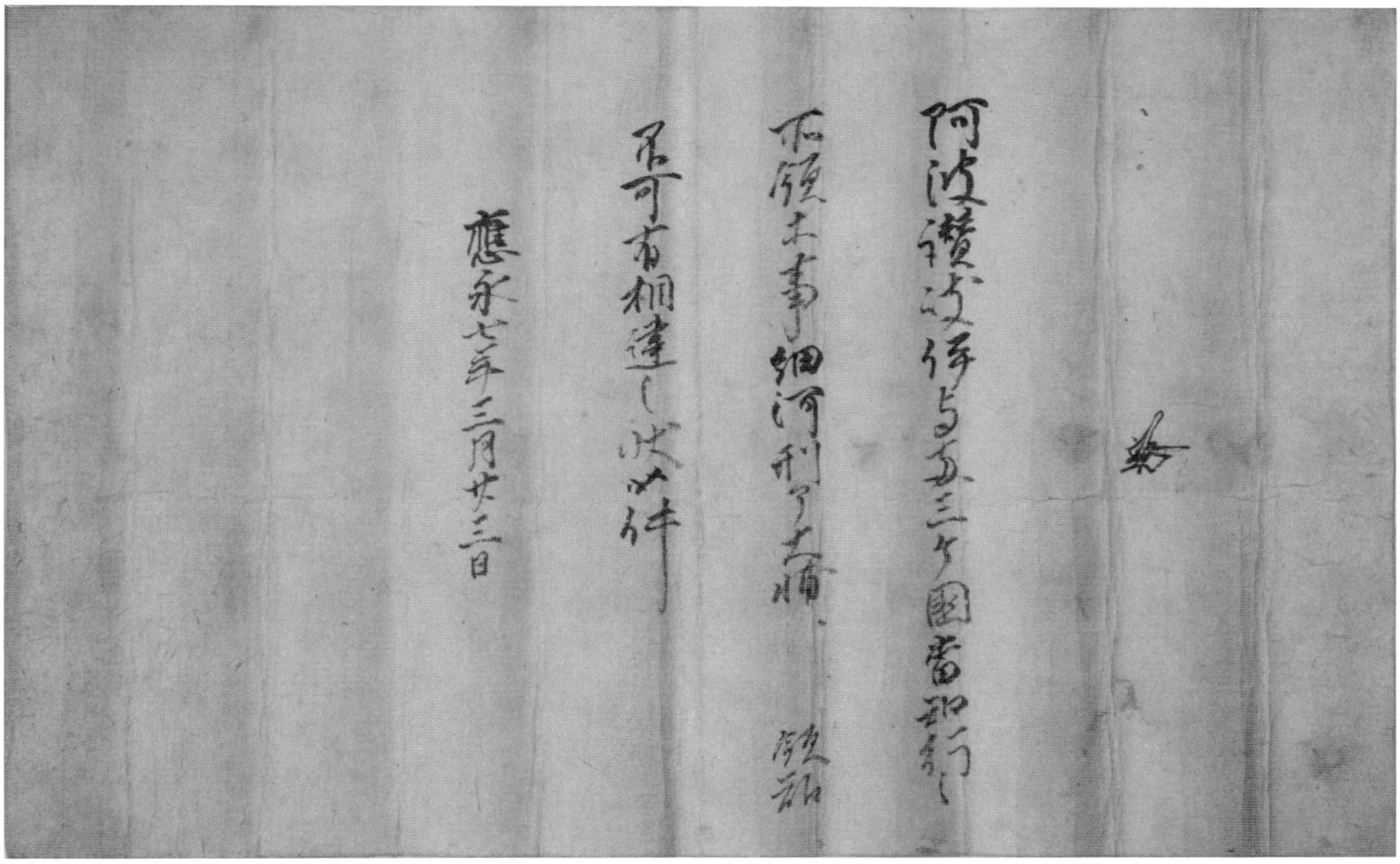

34　室町将軍家袖判御教書

(包紙上書)「(墨引)細河刑部大輔殿」

(足利義満)(花押)

阿波・讃岐・伊与(予)両三ケ国当知行之
所領等事、細河(頼長)刑部大輔　領知
不可有相違之状如件、

応永七年三月廿三日

38号文書(義満3)
竪紙　包紙あり
三五〇×五五〇

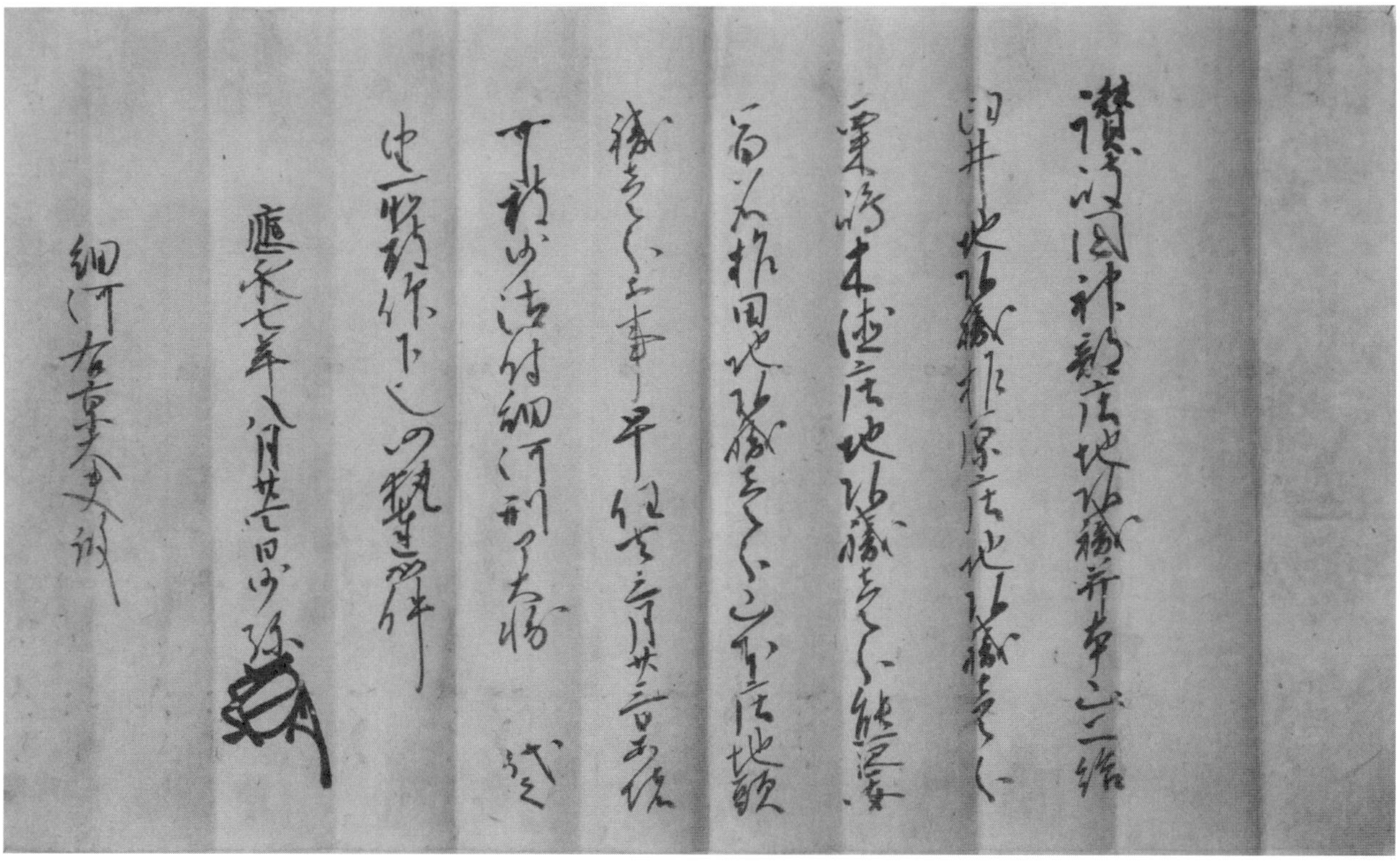

35　室町将軍家御教書

讃岐国神部庄地頭職并本山二給・
臼井地頭職・柞原庄地頭職壱分・
粟嶋木徳庄地頭職壱分・熊沢安
富名・柞田地頭職壱分・山本庄地頭
職壱分等事、早任去三月廿三日安堵、
可被沙汰付細河（頼長）刑部大輔　代之
由、所被仰下也、仍執達如件、

応永七年八月廿四日　沙弥（畠山基国）（花押）

細河（満元）右京大夫殿

39号文書（室町幕府2）
竪紙
三〇〇×四九〇

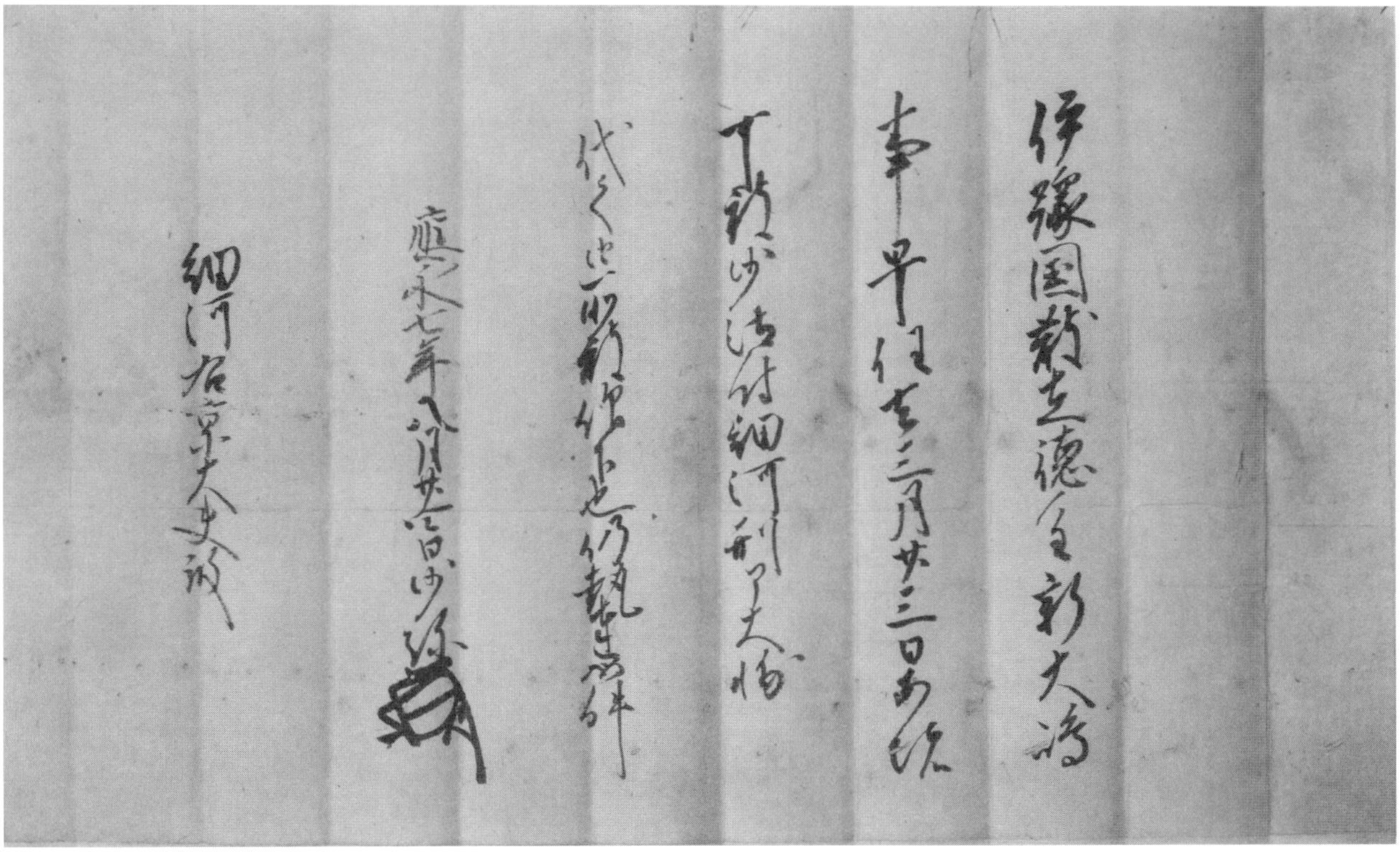

36　室町将軍家御教書

伊予国散在徳重・新大嶋
事、早任去三月廿三日安堵、
可被沙汰付細河（頼長）刑部大輔
代之由、所被仰下也、仍執達如件、

応永七年八月廿四日　沙弥（畠山基国）（花押）

細河（満元）右京大夫殿

40号文書（室町幕府3）
竪紙
二九七×四九〇

37　室町将軍家御教書

阿波国高落(越)御庄并種野山庄
穴吹山半分・苻里(国脱カ)壱分地頭職・麻殖
庄平氏太庭分・秋月庄参分壱・坂西下庄地頭
職・別宮嶋院主職等事、早任去三月
廿三日安堵、可被沙汰付細河刑部大輔(頼長)
代之由、所被仰下也、仍執達如件、

応永七年八月廿四日　沙弥(畠山基国)（花押）

細河讃岐入道(義之)殿

41号文書（室町幕府1）
竪紙
二九三×四七〇

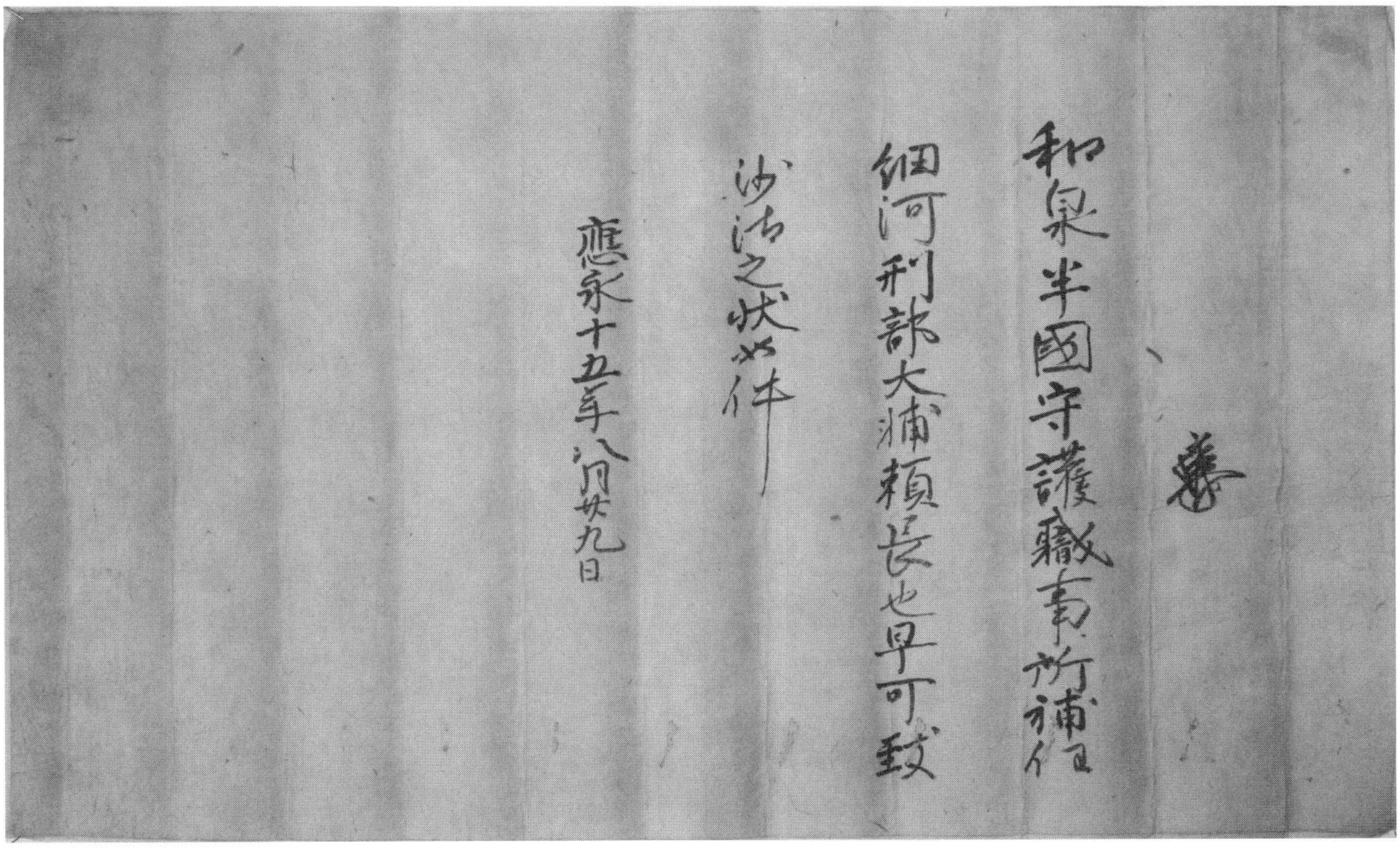
和泉半國守護職事所補任
細河刑部大輔頼長也早可致
沙汰之状如件
應永十五年八月廿九日

38　室町将軍家袖判御教書

（包紙上書）
「細河刑部大輔とのへ」

（足利義持）
（花押）

和泉半国守護職事、所補任
細河刑部大輔頼長也、早可致
沙汰之状如件、

応永十五年八月廿九日

42号文書（義持1）
竪紙　包紙あり
三四〇×五五六

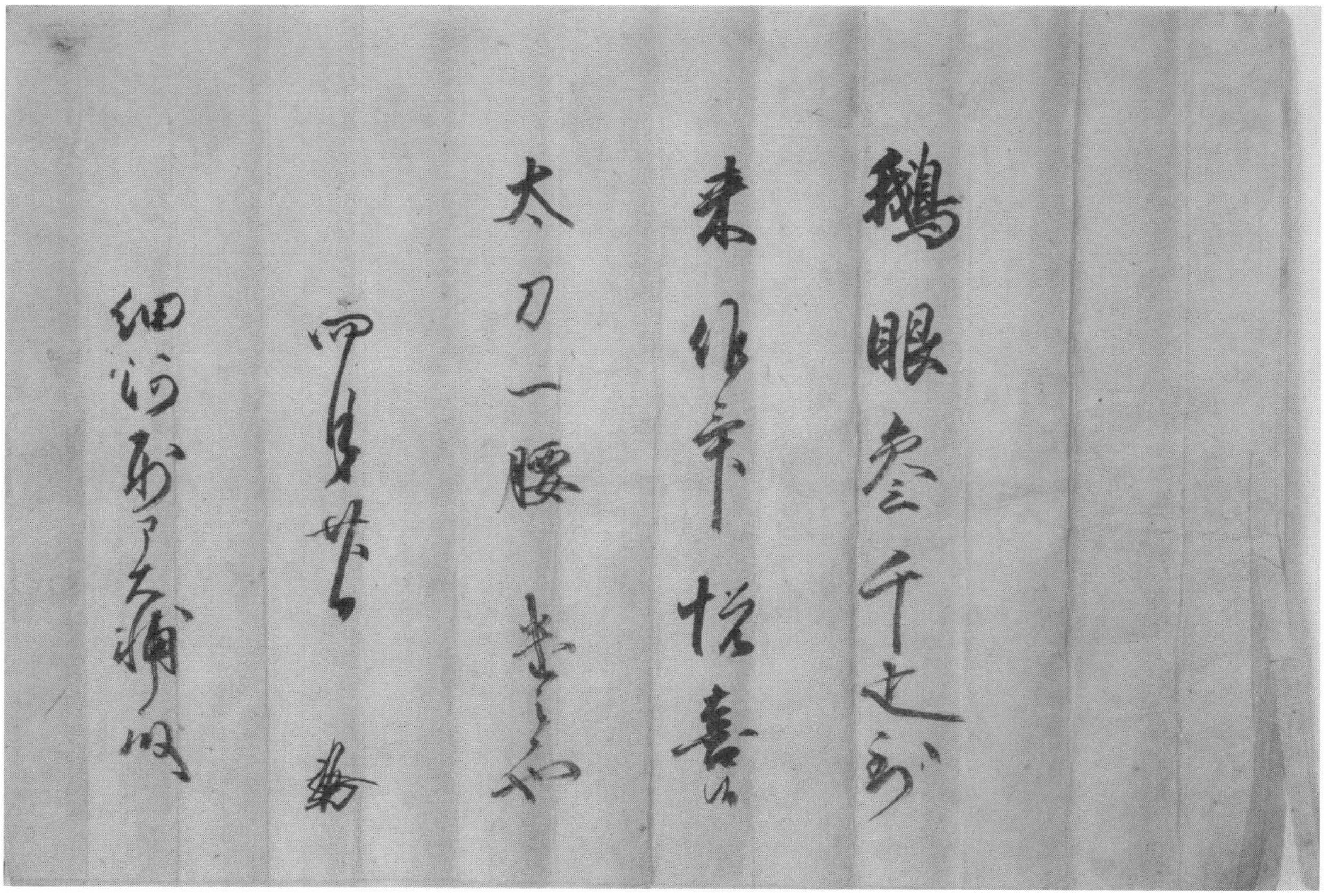

39　足利義満御内書

（切封墨引）

鵝眼参千疋到
来候畢、悦喜候、
太刀一腰遣之候也、
（年未詳）四月廿日　（足利義満）（花押）
細河（頼長）刑部大輔殿

44号文書（義満7）
竪紙
三二八×四六〇

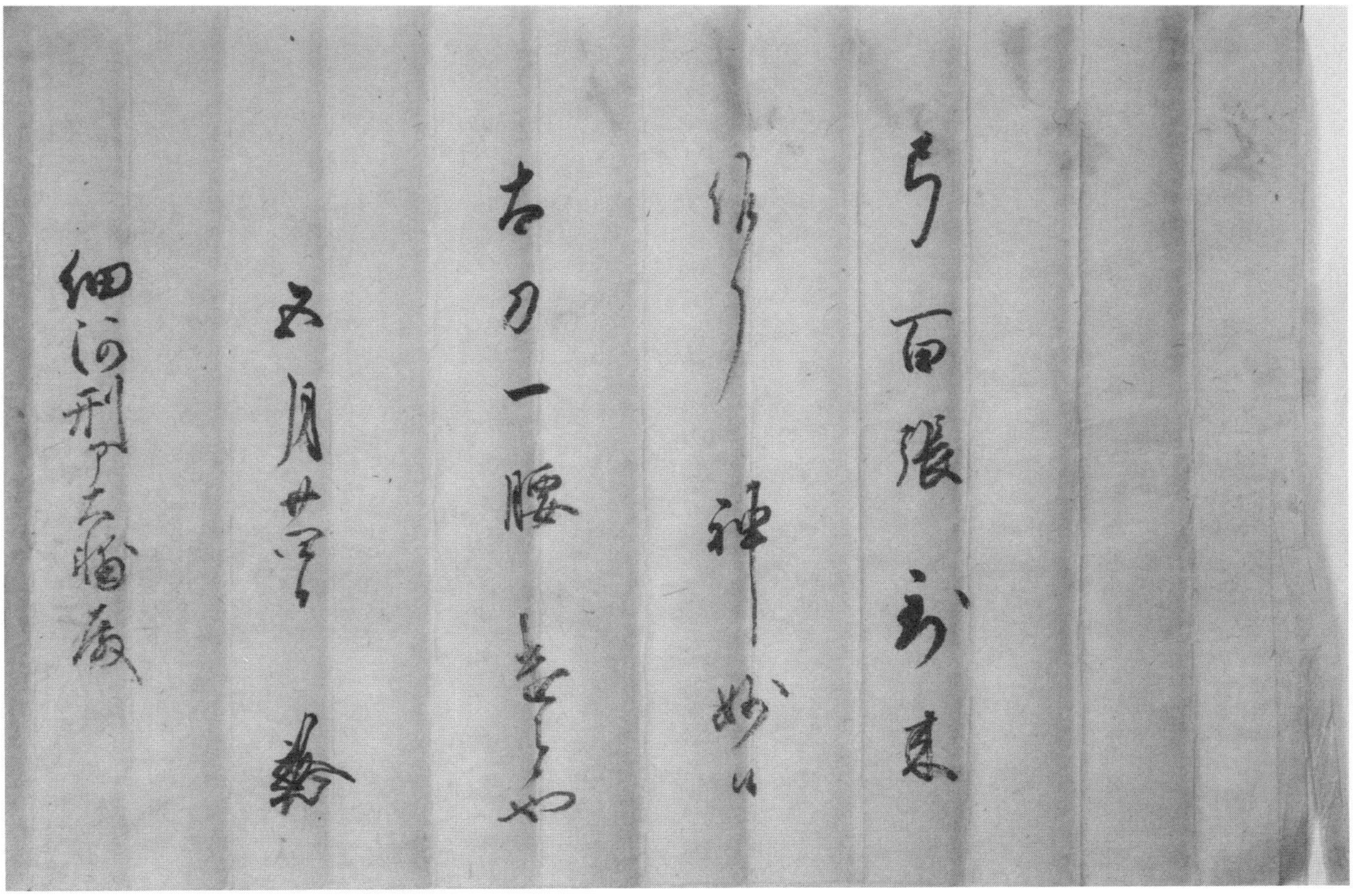

40　足利義満御内書

（切封墨引）

弓百張到来
候了、神妙候、
太刀一腰遣之候也、
（年未詳）五月廿四日　（足利義満）（花押）
細河（頼長）刑部大輔殿

45号文書（義満5）
竪紙
三四一×四八二

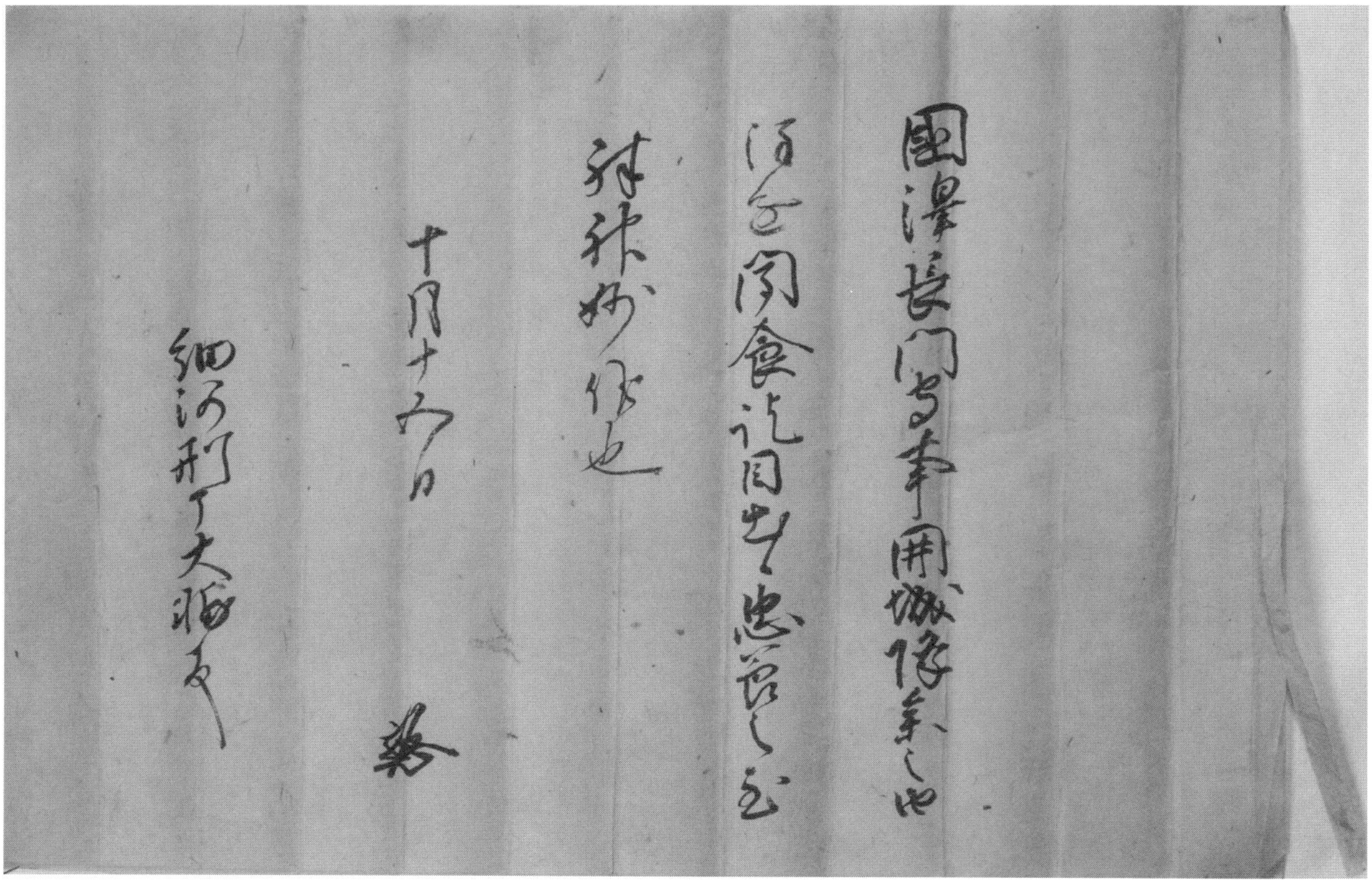

41　足利義満御内書

（切封墨引）

国澤長門守事、開城降参之由
注進聞食訖、目出候、忠節之至、
殊神妙候也、

十月十五日（年未詳）　（花押）（足利義満）

細河（頼長）刑部大輔殿

46号文書（義満4）
竪紙
三二〇×四五三

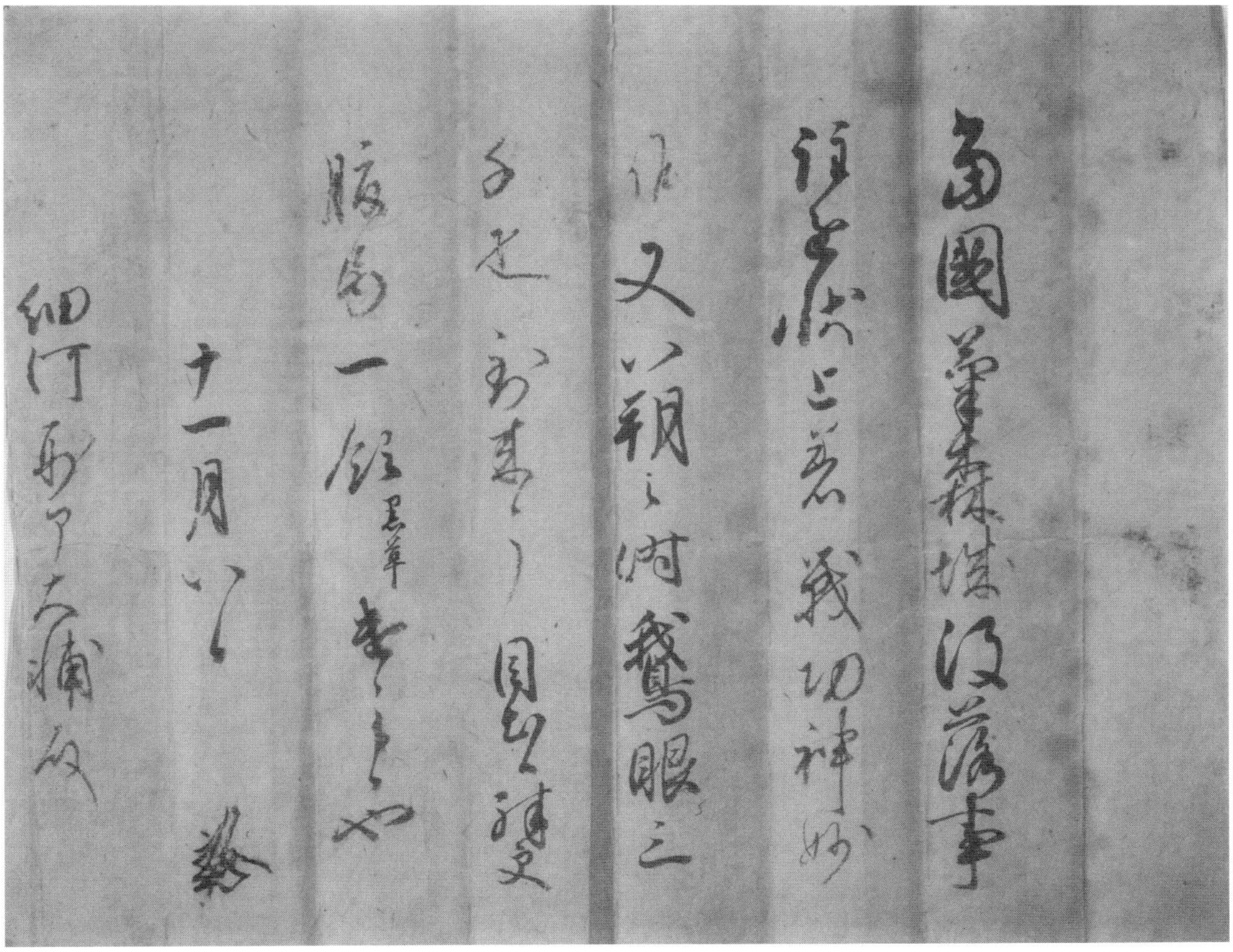

42　足利義満御内書

（包紙上書）「（墨引）細河刑部大輔殿」

当国菊森城没落事、
注進状上着、戦功神妙
候、又八朔之時鵞眼三
千疋到来了、目出候、殊更
腹巻一領黒革遣之候也、

（年未詳）十一月八日　（足利義満）（花押）

（頼長）細河刑部大輔殿

47号文書（義満1）
竪紙　包紙あり
三三三×四一五

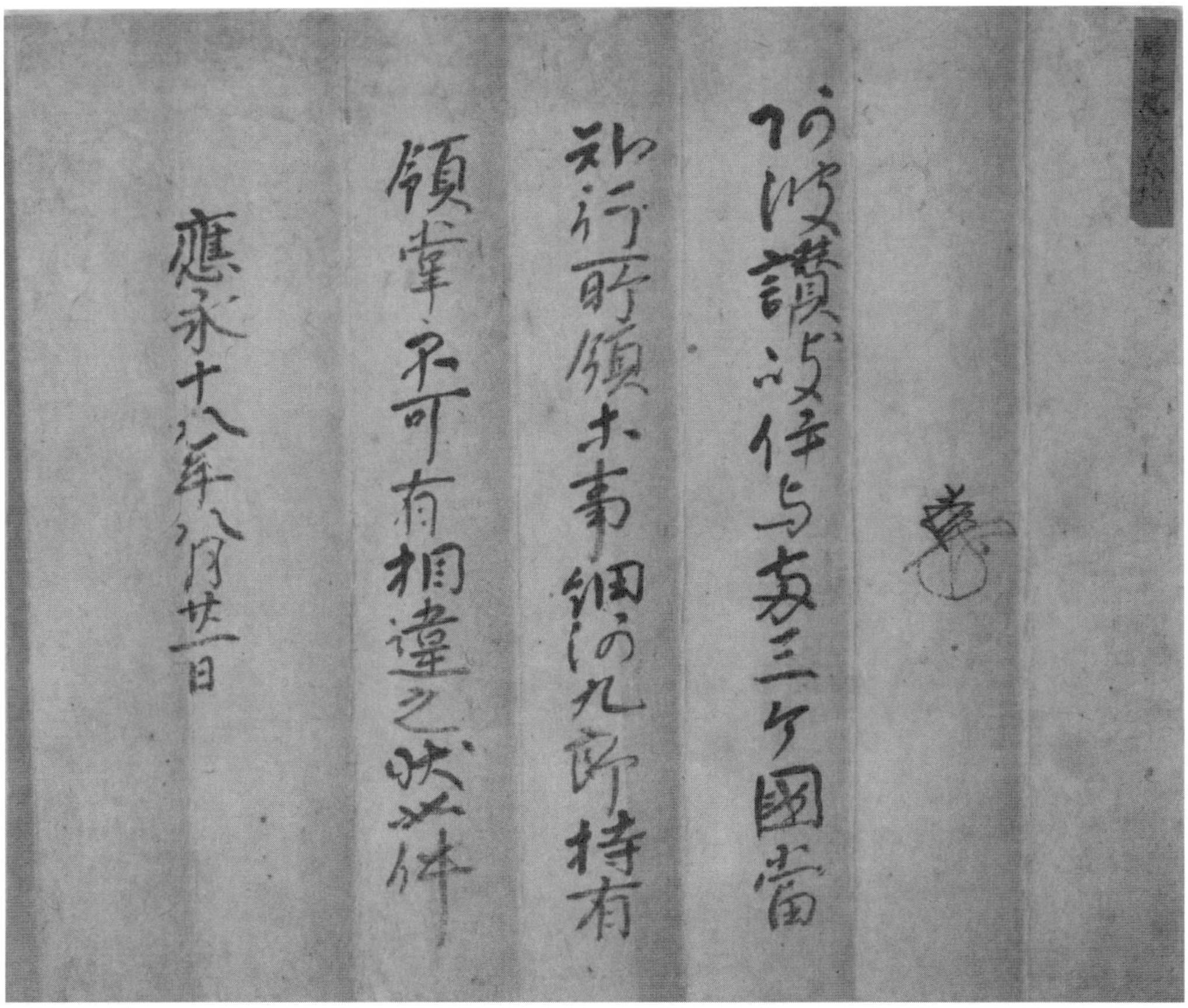

43　室町将軍家袖判御教書

（貼紙）「勝定院殿義持」

（足利義持）（花押）

阿波・讃岐・伊与（予）両三ヶ国当
知行所領等事、細河九郎持有
領掌不可有相違之状如件、

応永十八年八月廿一日

48号文書（義持2）
竪紙
三二〇×三七五

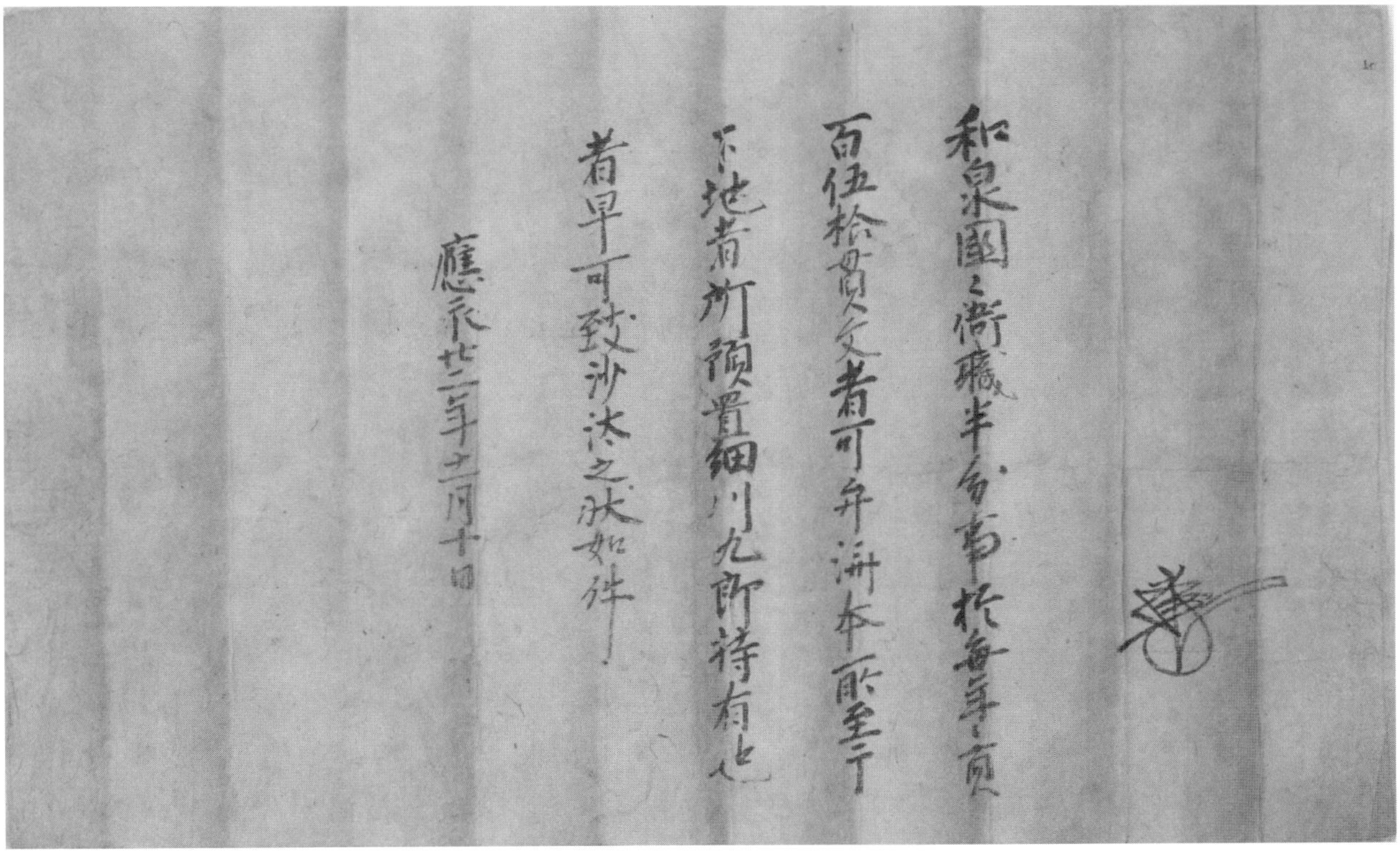
和泉國々衙職半分事、於毎年々貢
百伍拾貫文者可弁済本所、至于
下地者所預置細川九郎持有也
者早可致沙汰之状如件
應永廿二年十一月十日

44　室町将軍家袖判御教書

（足利義持）（花押）

和泉国々衙職半分事、於毎年々貢
百伍拾貫文者可弁済本所、至于
下地者、所預置細川九郎持有也、
者早可致沙汰之状如件、

応永廿二年十一月十日

49号文書（義持３）
竪紙
三五〇×五五五

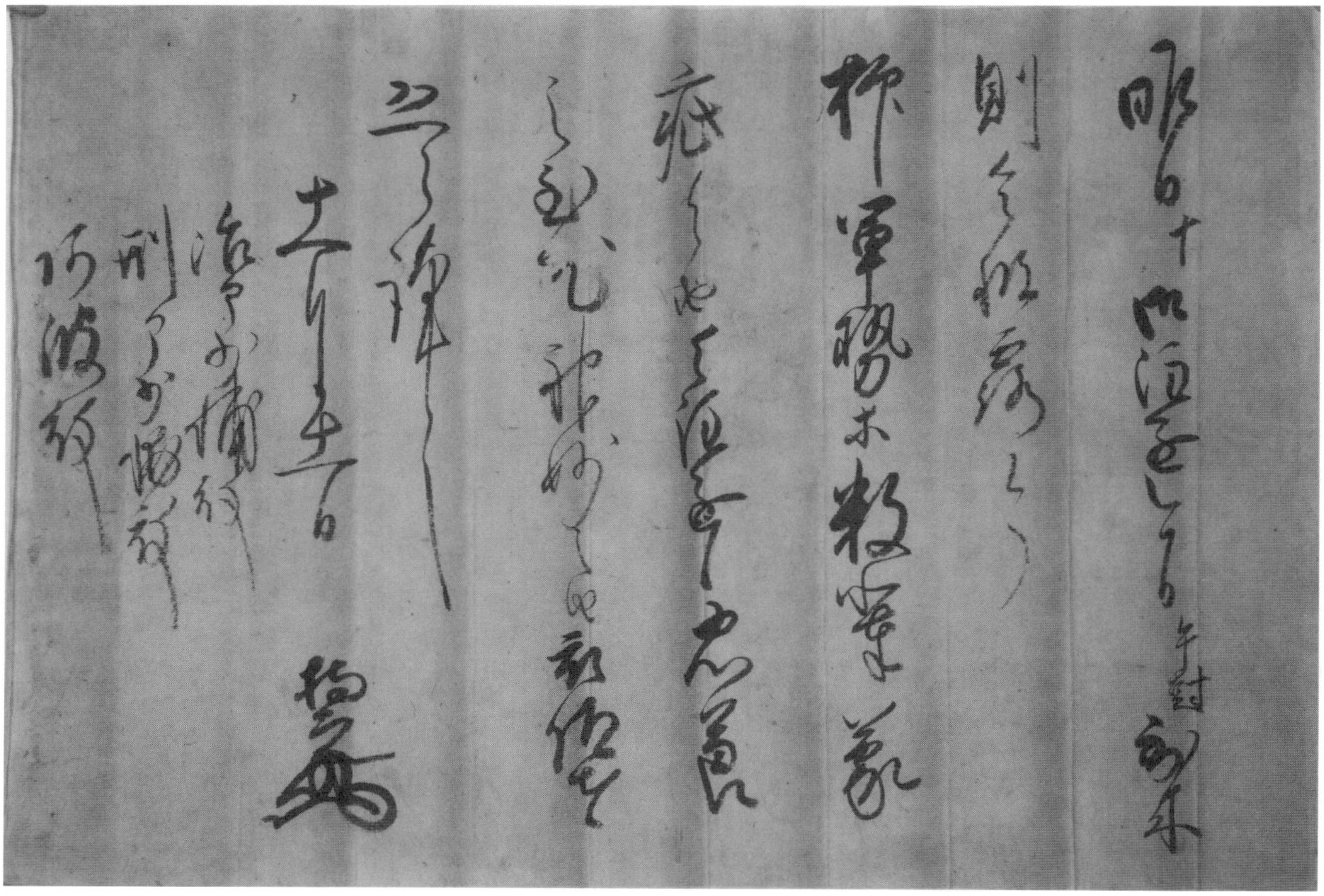

45　細川持之書状

「(包紙上書)治部少輔殿
刑部少輔殿　持之
阿波殿
」

昨日十御注進、今日午尅到来、
則令披露候了、
抑軍勢等数輩蒙
疵之由令注進候、忠節
之至、尤神妙之由被仰出候、
恐々謹言、
(年未詳)十一月十一日　(細川)持之（花押）
(細川頼敦カ)治部少輔殿
(細川持有)刑部少輔殿
(細川基之)阿波殿

54号文書(持之11)
竪紙　包紙あり
二九〇×四一七

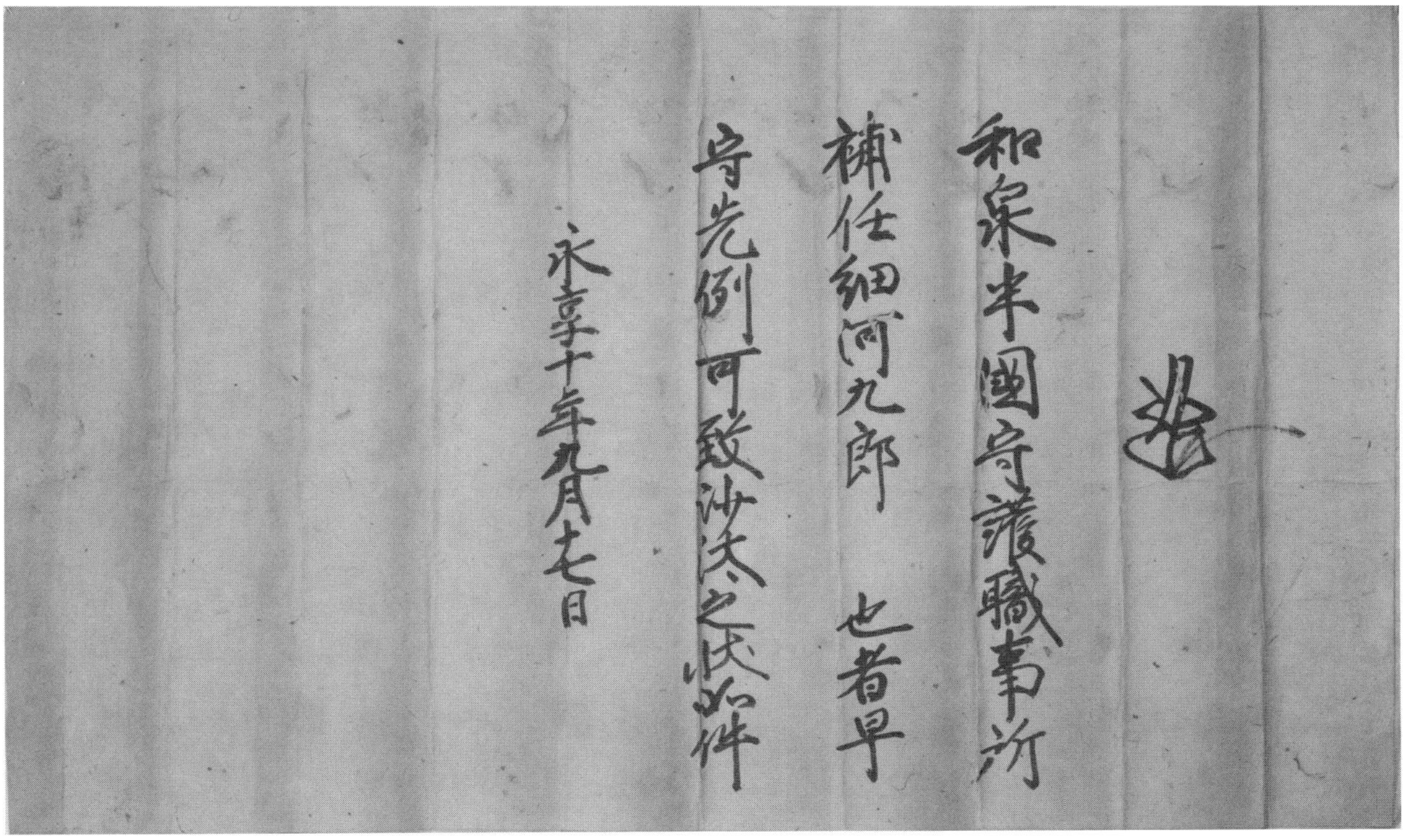

和泉半国守護職事所
補任細河九郎　也者早
守先例可致沙汰之状如件
永享十年九月十七日

46　室町将軍家袖判御教書

「(墨引)《包紙上書》　細河九郎とのへ」

(花押)《足利義教》

和泉半国守護職事、所
補任細河九郎《教春》　也、者早
守先例、可致沙汰之状如件、

永享十年九月十七日

55号文書(義教2)
竪紙　包紙あり
三三八×五五〇

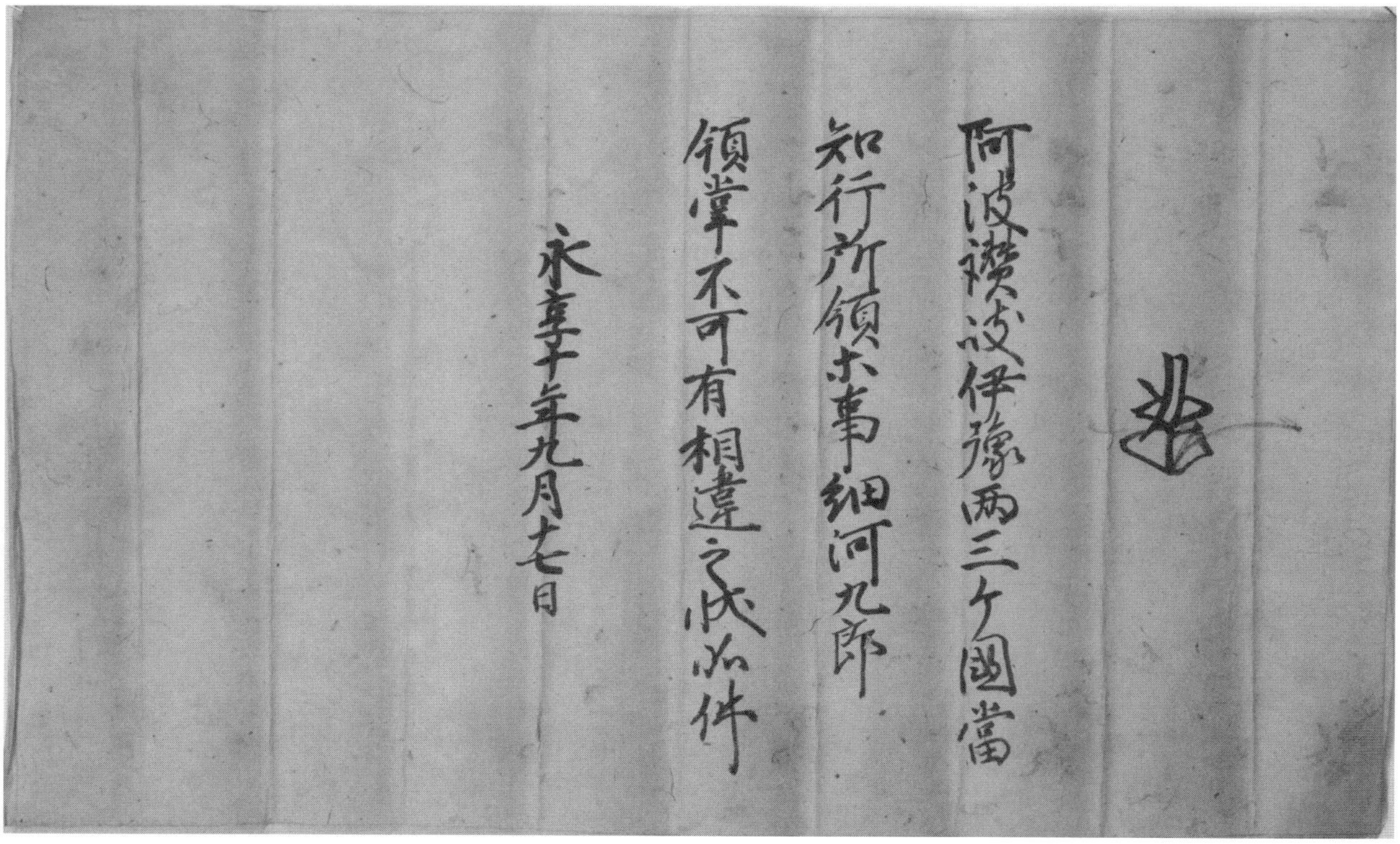
阿波讃岐伊豫両三ヶ國當
知行所領等事細河九郎
領掌不可有相違之状如件
永享十年九月十七日

47　室町将軍家袖判御教書

「（墨引）《包紙上書》細川九郎とのへ」

（花押）《足利義教》

阿波・讃岐・伊予両三ヶ国当
知行所領等事、細河九郎《教春》
領掌不可有相違之状如件、

永享十年九月十七日

56号文書（義教1）
竪紙　包紙あり
三三五×五五〇

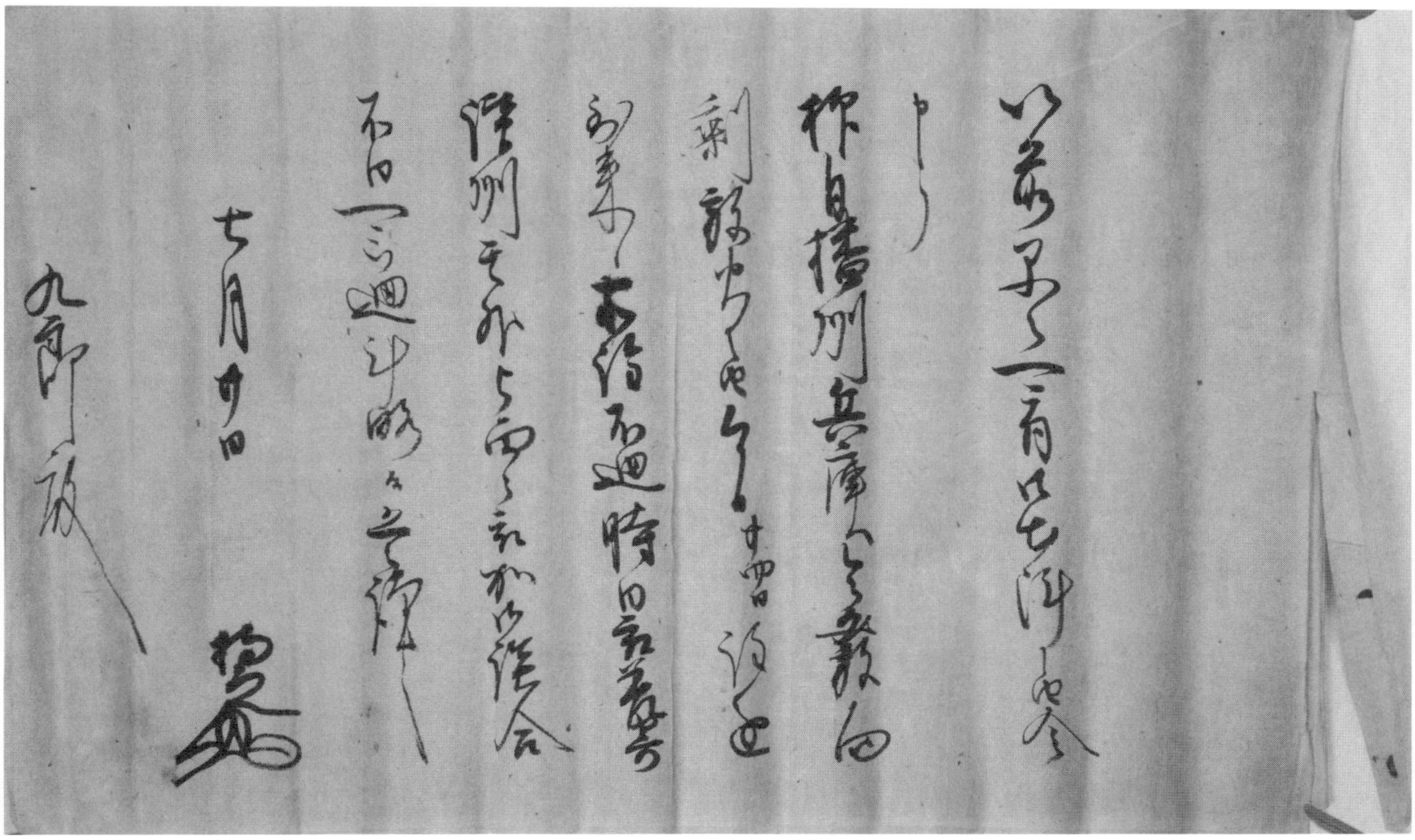

48　細川持之書状

（切封墨引）

（包紙上書）「九郎殿　持之」

以前早々可有御出陣之由令
申了、
抑自播州兵庫（摂津）へ令発向、
剰放火之由、今日廿四日注進
到来候、所詮不廻時日被差寄、
讃州（細川持常）其外与面々被加御談合、
不日可被廻計略候、恐々謹言、

七月廿日（嘉吉元年）　持之（細川）（花押）

九郎殿（細川教春）

57号文書（持之2）
竪紙　包紙・礼紙あり
二八九×三八三

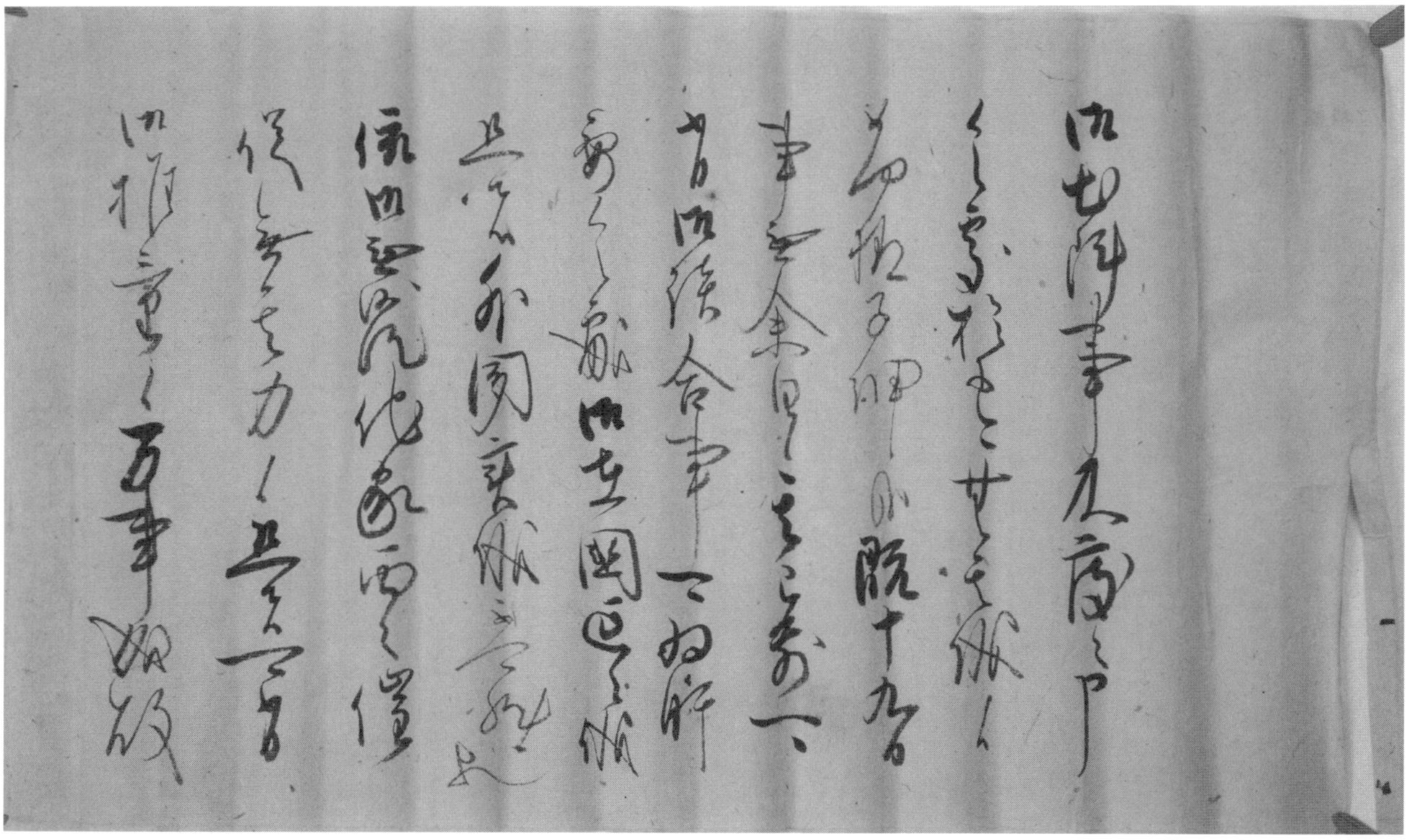

49　細川持之書状

（包紙上書）「九郎殿　持之」

（切封墨引）

御出陣事、及度々申
候之処、於于今無其儀候、
如何様子細候哉、既十九日
事無余日候、其已前可
有御談合事可為肝
要候之処、御在国延候儀、
且者外聞実儀不可然候歟、
依御無沙汰、他家面々催
促無其力候、且者可有
御推量候、万事成敗

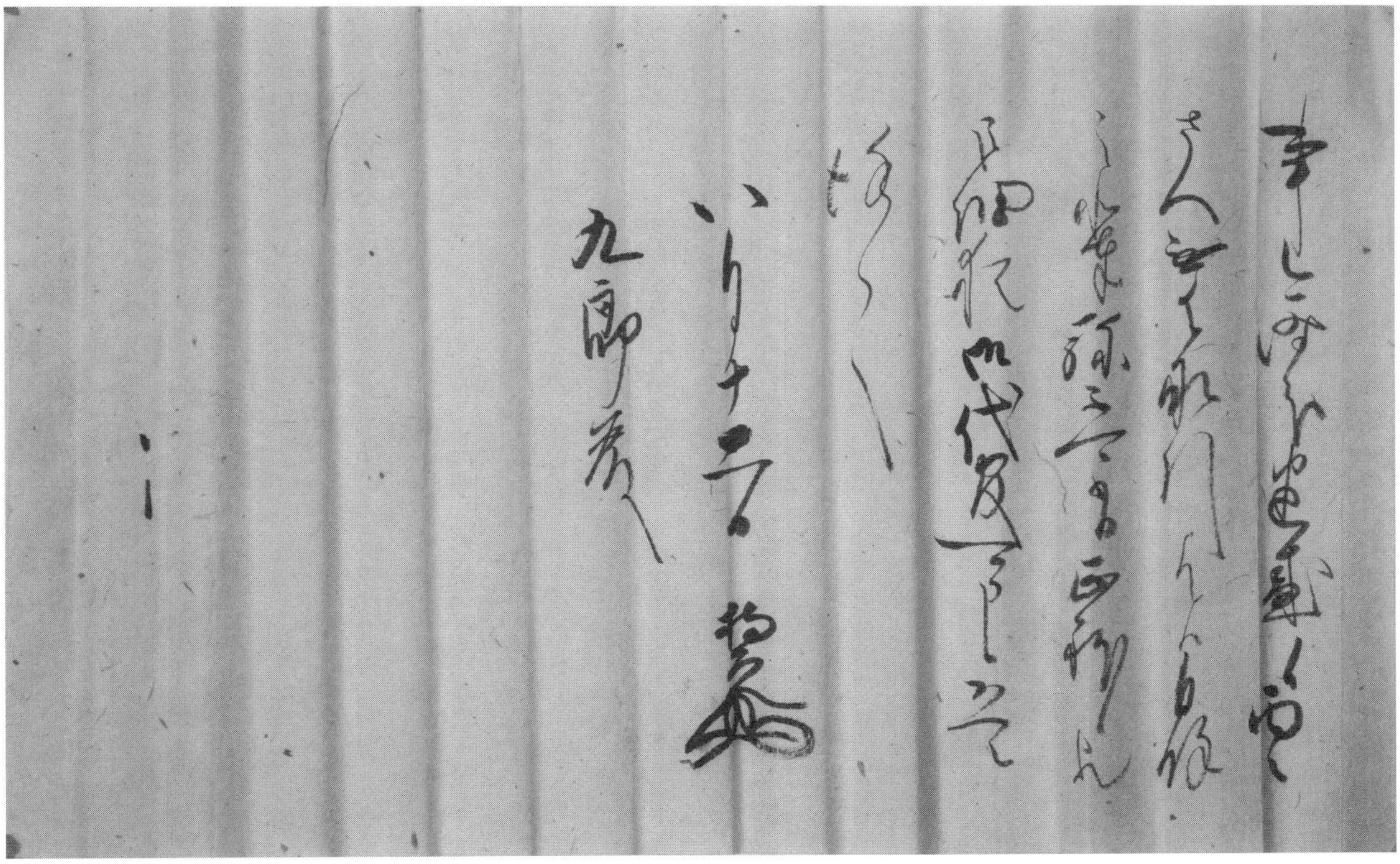

事、今時分迷惑候、面々
さへ無御承引候てハ、自余
之輩弥不可有正躰候歟、
巨細猶御代官可申候、恐々
謹言、

（嘉吉元年）八月十二日　（細川）持之（花押）

（細川教春）九郎殿

（墨引）

58号文書（持之5）
竪紙（二紙）　二紙目礼紙書
包紙あり
二九二×九六六

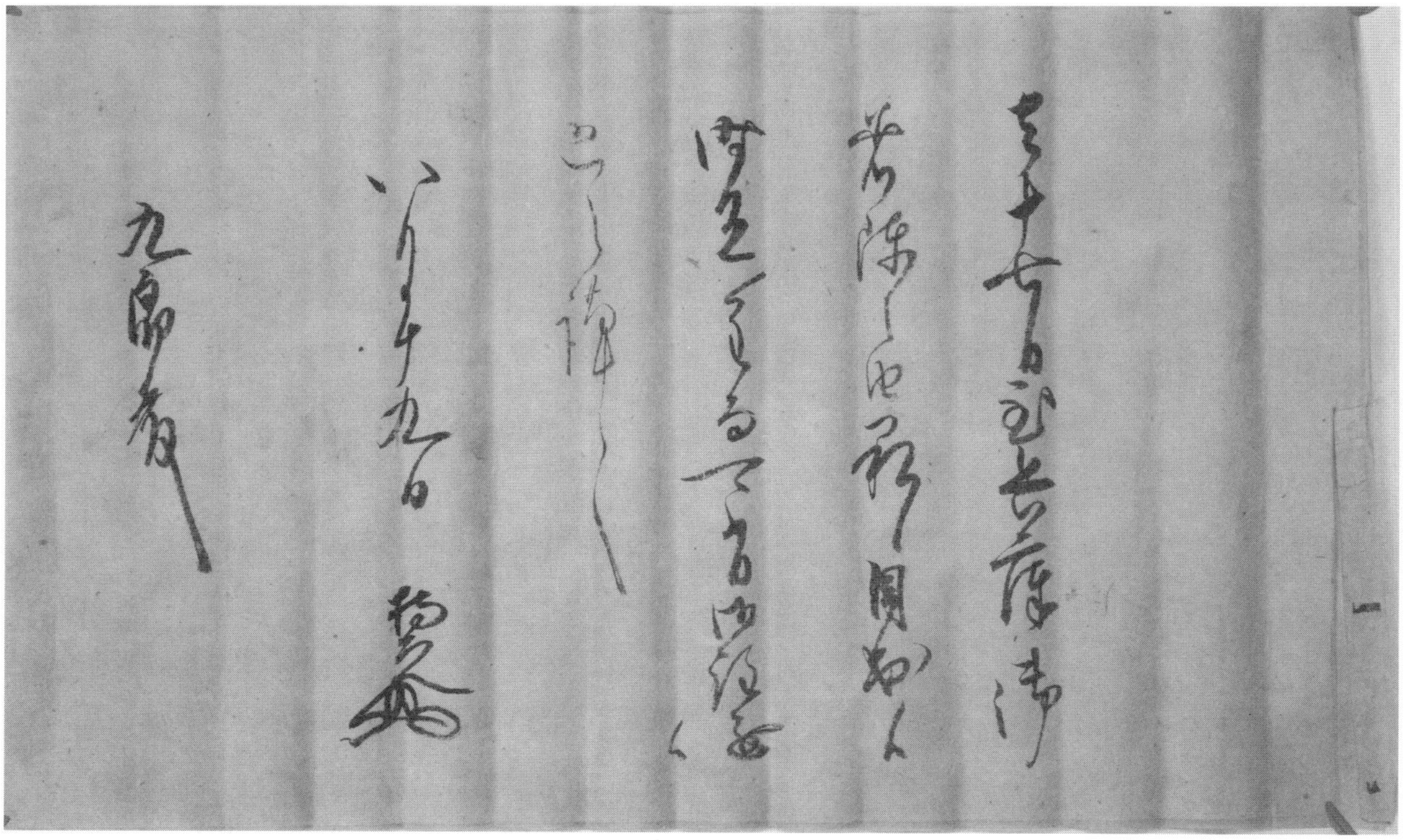

50　細川持之書状

（包紙上書）
「九郎殿　持之」

（切封墨引）

去十七日、至兵庫（摂津）御
着陣之由承候、目出候、
時宜重而可有御注進候、
恐々謹言、

（嘉吉元年）八月十九日　（細川）持之（花押）

（細川教春）九郎殿

59号文書（持之6）
竪紙　包紙・礼紙あり
二九九×四八七

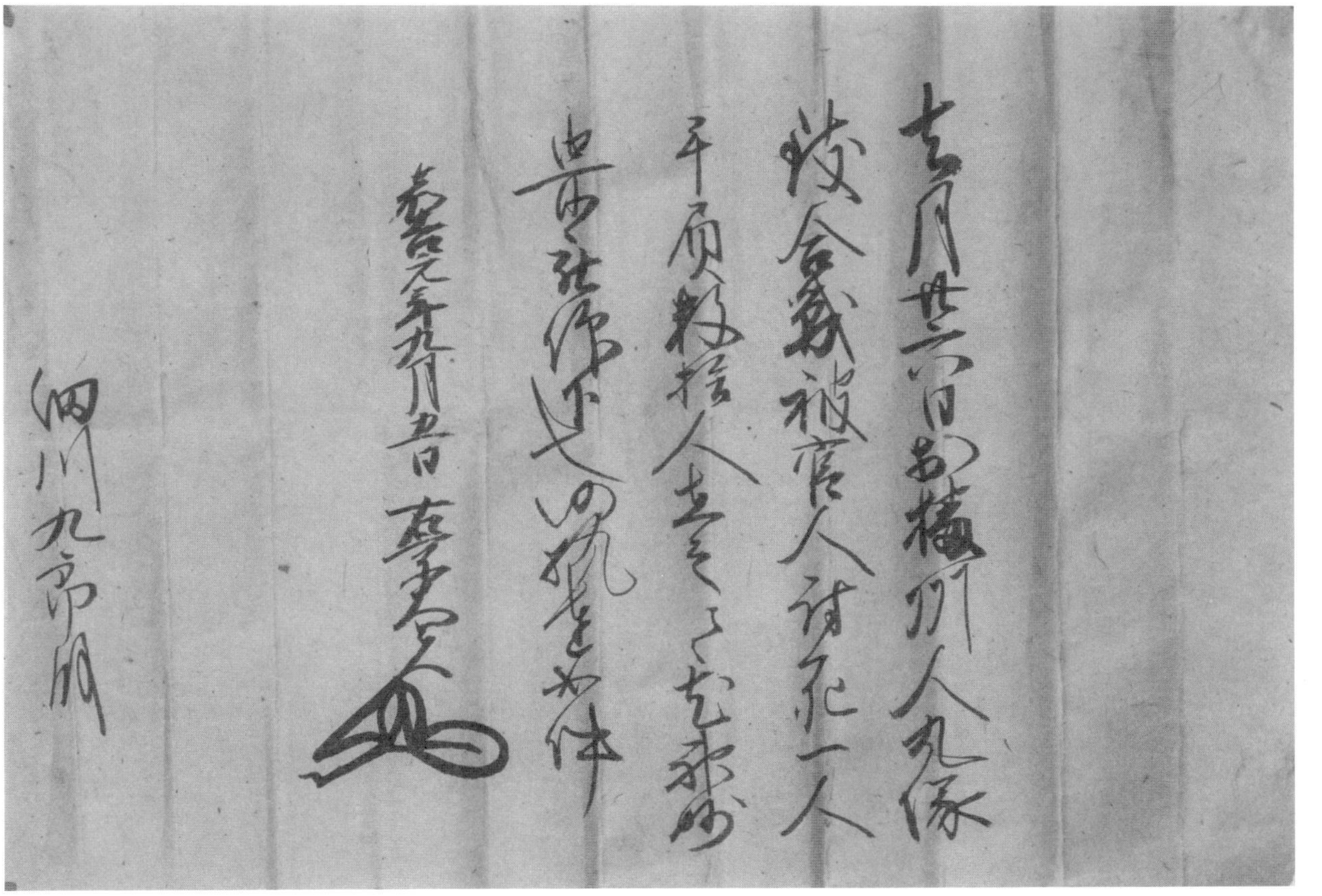

51　室町将軍家御教書

（包紙上書）
「細川九郎殿　右京大夫持之」

去月廿六日於播州人丸塚
致合戦、被官人討死一人・
手負数拾人在之云々、尤神妙
由所被仰下也、仍執達如件、

嘉吉元年九月五日　右京大夫（細川持之）（花押）

細川九郎殿（教春）

60号文書(持之10)
切紙　包紙あり　斐紙
一七一×二三九

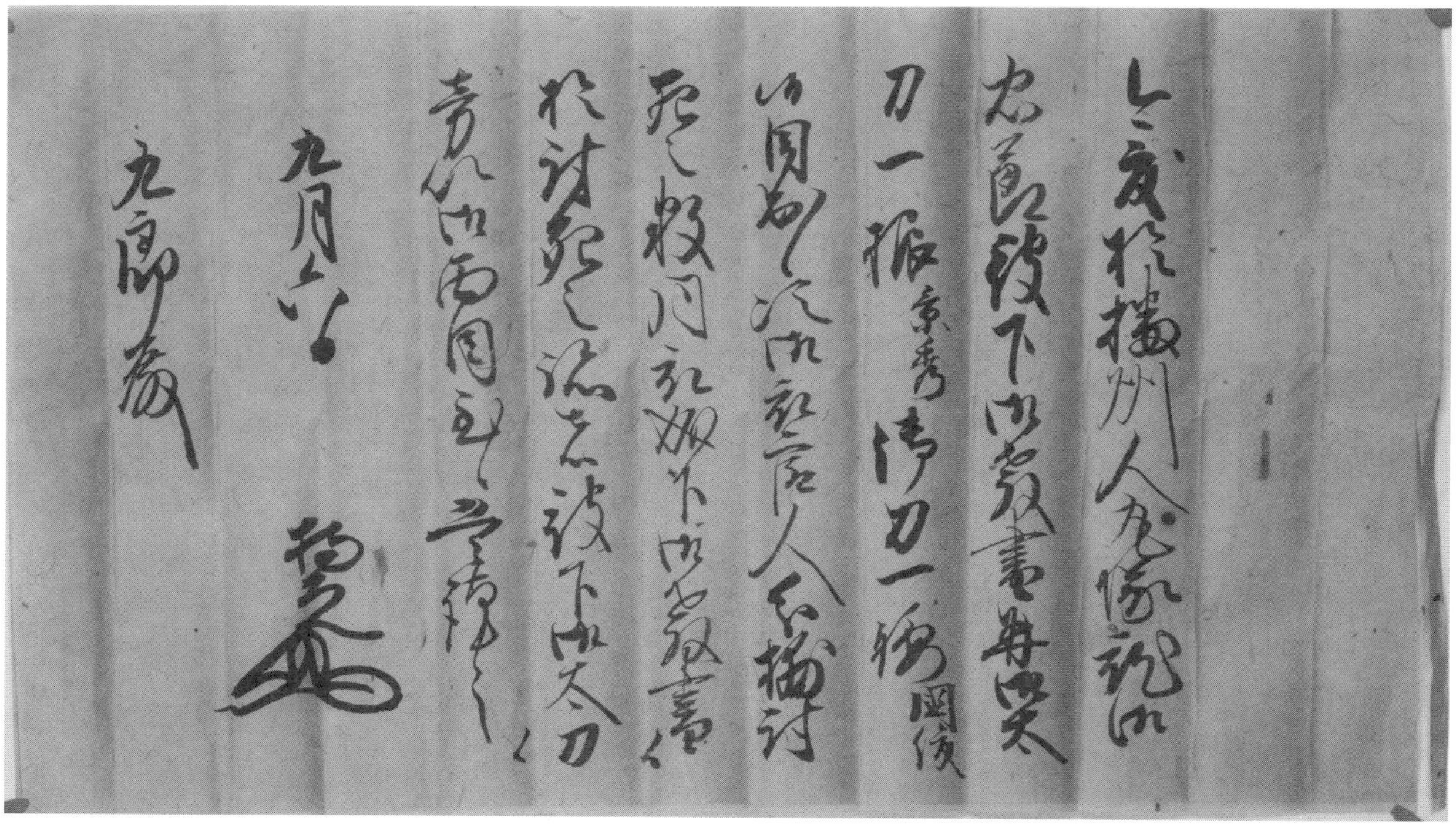

52　細川持之書状

（包紙上書）
「九郎殿　持之」

（端裏切封墨引）

今度於播州人丸塚就御
忠節、被下御教書并御太
刀一振（景秀）・御刀一腰（国俊）
候、目出候、次御被官人分捕討
死之数、同被成下御教書候、
於討死之跡者、被下御太刀候、
旁以御面目至候、恐々謹言、

（嘉吉元年）
九月六日　（細川）持之（花押）

（細川教春）
九郎殿

61号文書（持之8）
切紙　包紙あり　斐紙
一六二×二六五

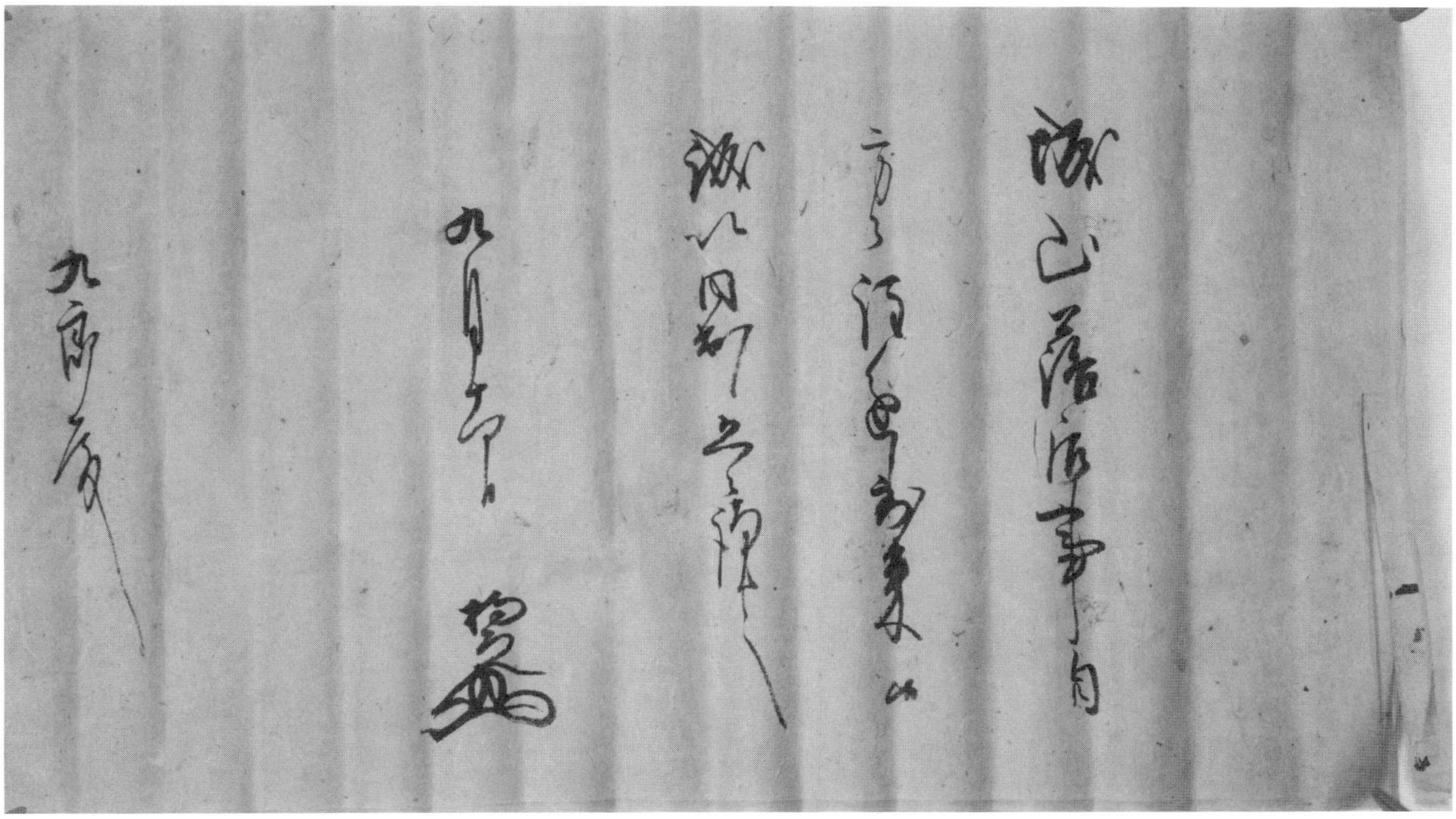

53　細川持之書状

（包紙上書）「九郎殿　持之」

（切封墨引）

（播磨）城山落居事、自
方々注進到来候、
誠以目出候、恐々謹言、
（嘉吉元年）九月十四日　（細川）持之（花押）
（細川教春）九郎殿

62号文書（持之3）
竪紙　包紙・礼紙あり
二八〇×四七五

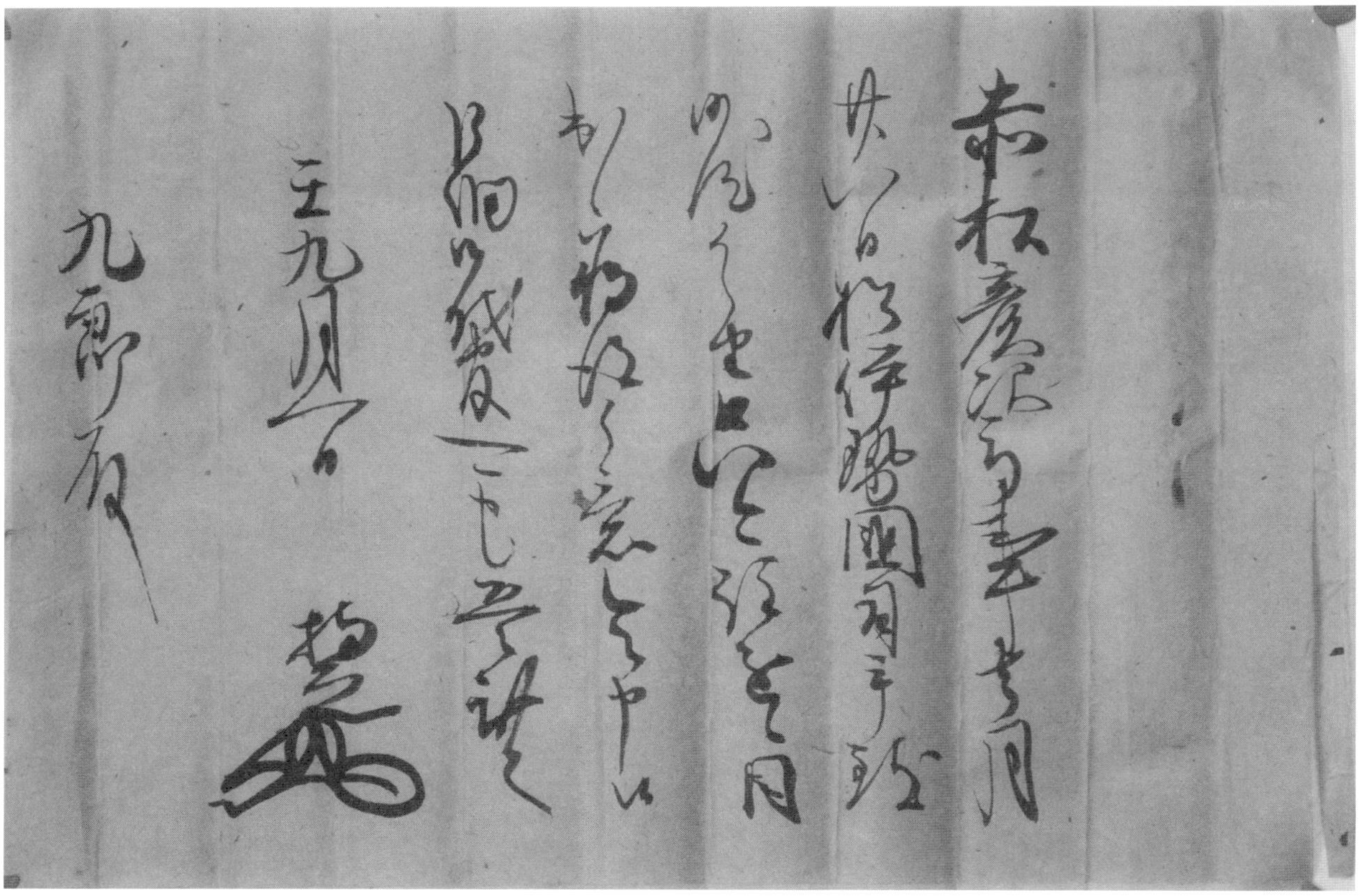

54　細川持之書状

(包紙上書)「九郎殿　持之」

（端裏切封墨引）

赤松彦次郎(教康)事、去月
廿八日於伊勢国司(北畠教顕)手致
沙汰候之由、只今注進候、目
出候、為得御意令申候、
巨細御代官可申候、恐々謹言、

壬(嘉吉元年)九月一日　持之(細川)（花押）

九郎殿(細川教春)

63号文書（持之7）
切紙　包紙あり　斐紙
一六七×二四五

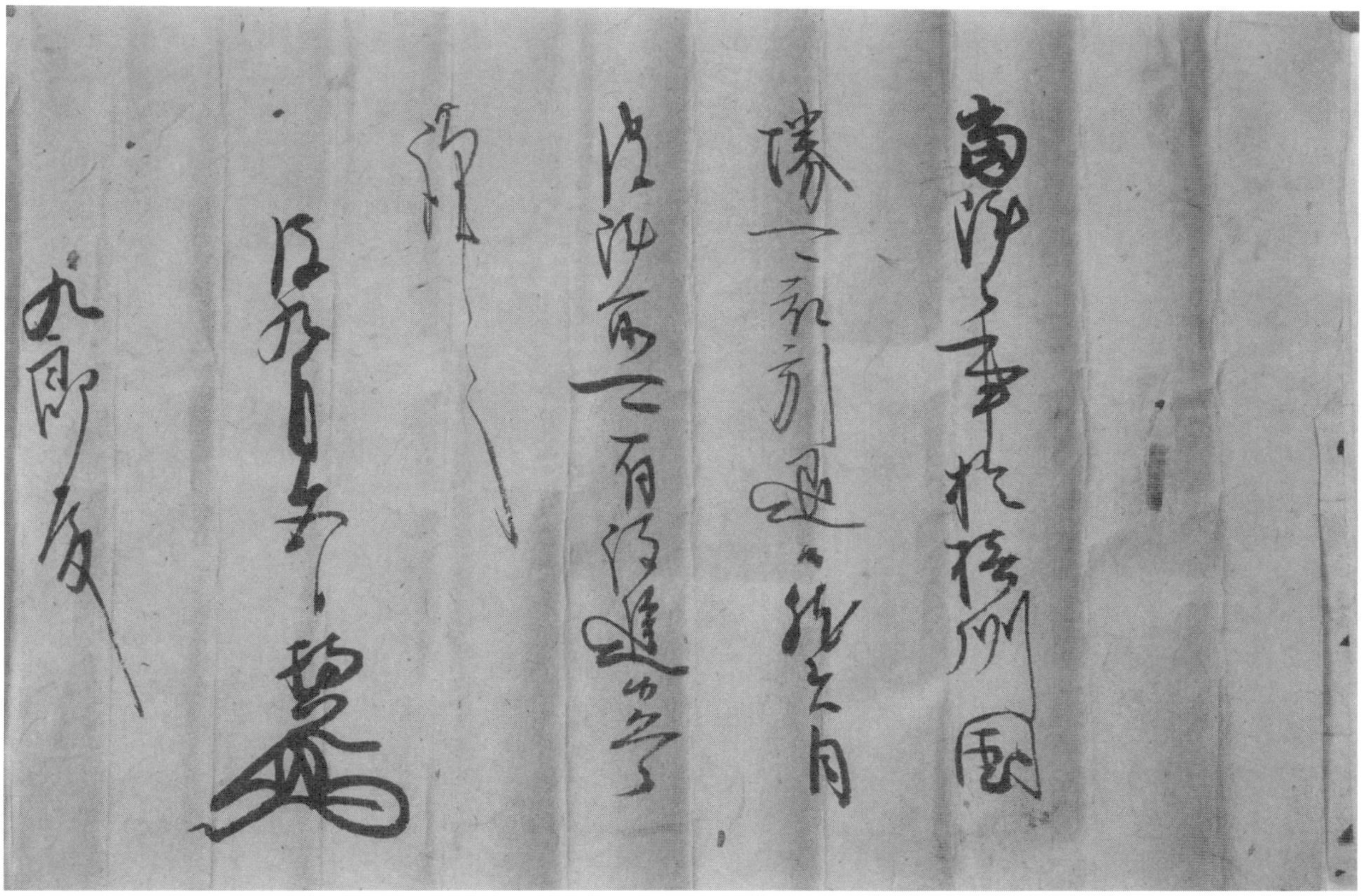

55　細川持之書状

（包紙上書）
「九郎殿　持之」

（端裏切封墨引）

当陣之事、於摂州国
堺可被引退候、然者自
彼陣所可有注進候、恐々
謹言、

（嘉吉元年）
後九月五日　（細川）持之（花押）

（細川教春）
九郎殿

64号文書（持之9）
切紙　包紙あり　斐紙
一五五×二四三

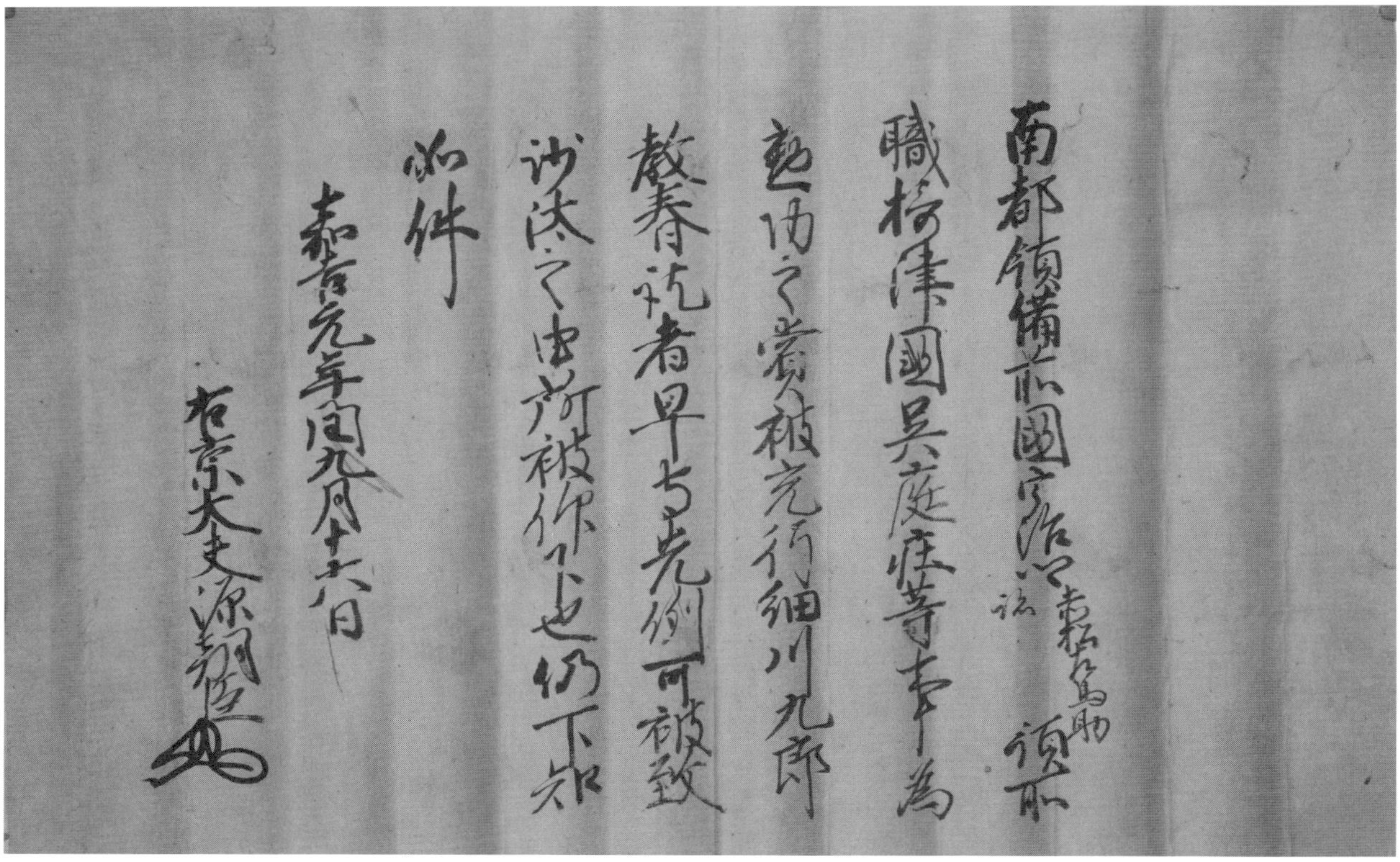

56　室町幕府管領下知状

南都領備前国宇治郷赤松左馬助（則繁）跡預所
職・摂津国呉庭荘等事、為
勲功之賞、被充行細川九郎
教春訖、者早守先例、可被致
沙汰之由所被仰下也、仍下知
如件、

嘉吉元年閏九月十六日

右京大夫源朝臣（細川持之）（花押）

65号文書（持之14）
竪紙
三四七×四五三

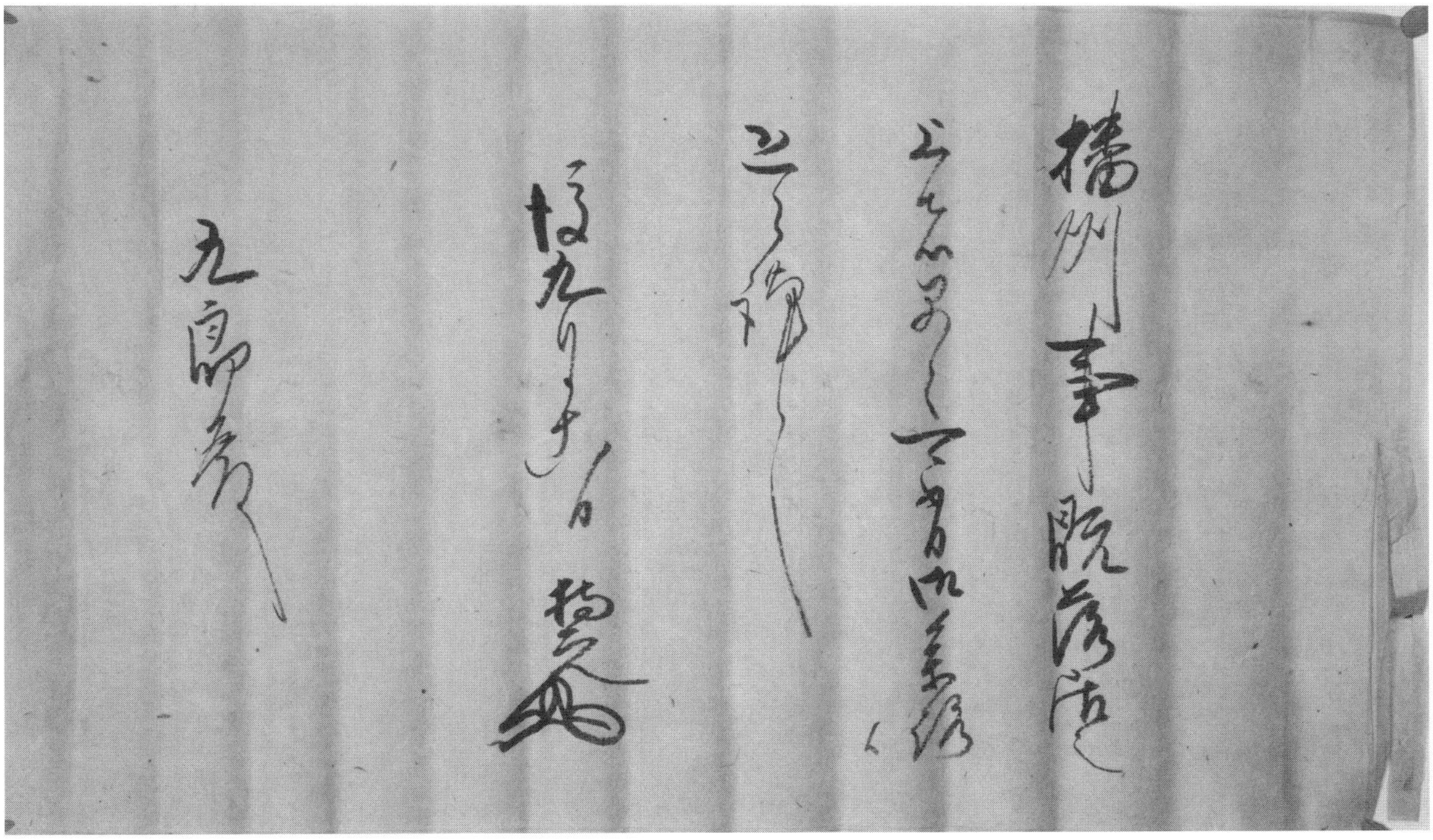

57　細川持之書状

（包紙上書）「九郎殿　持之」

（切封墨引）

播州事、既落居之
上者、早々可有御参洛候、
恐々謹言、

（嘉吉元年）後九月十八日　（細川）持之（花押）

（細川教春）九郎殿

66号文書（持之4）
竪紙　包紙・礼紙あり
二八八×四七五

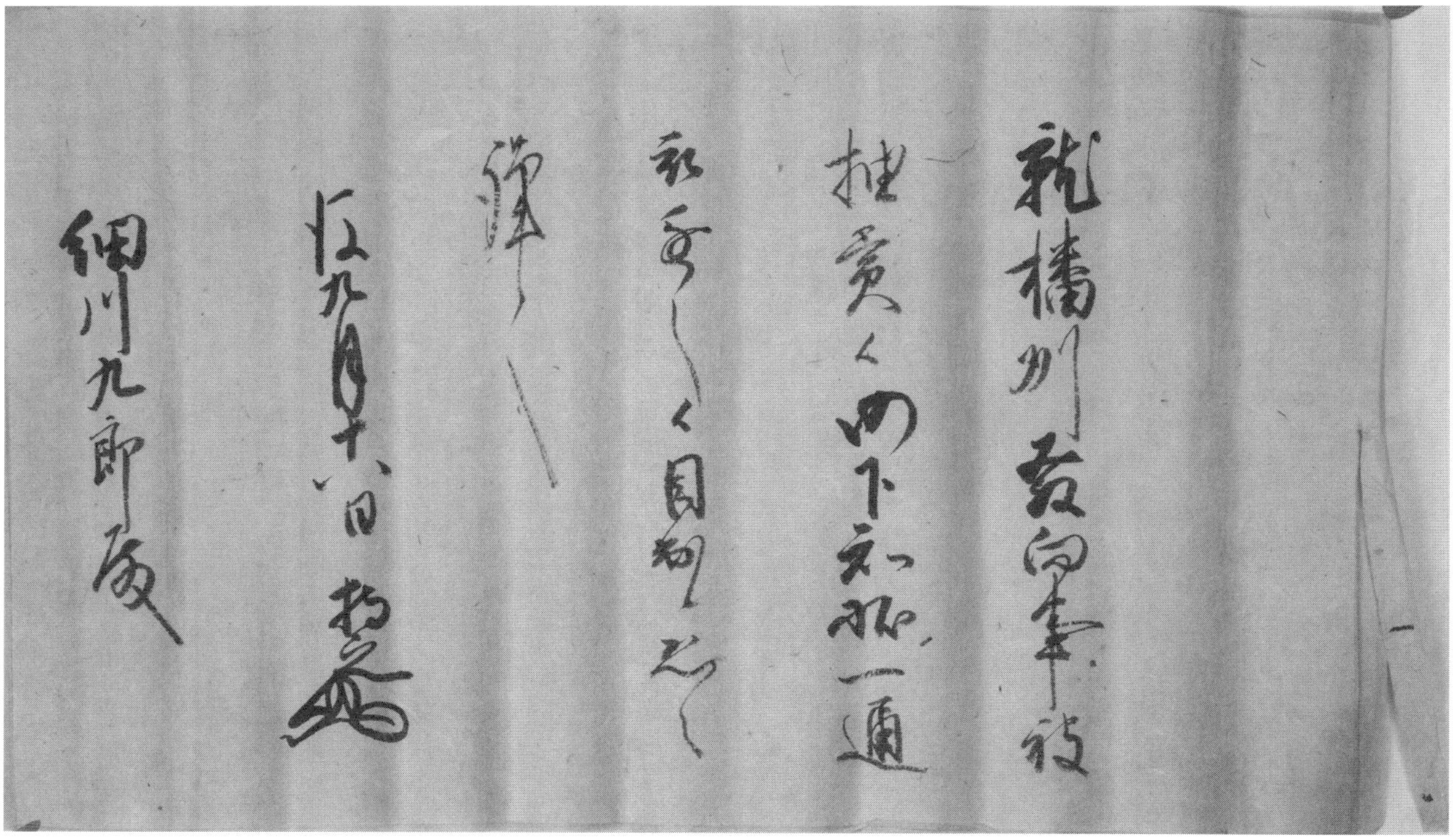

58　細川持之書状

（包紙上書）「細川九郎殿　持之」

（切封墨引）

就播州発向事、被
抽賞候、仍下知状一通
被進之候、目出候、恐々
謹言、

（嘉吉元年）後九月十八日　（細川）持之（花押）

（教春）細川九郎殿

67号文書（持之1）
竪紙　包紙・礼紙あり
二八九×三八三

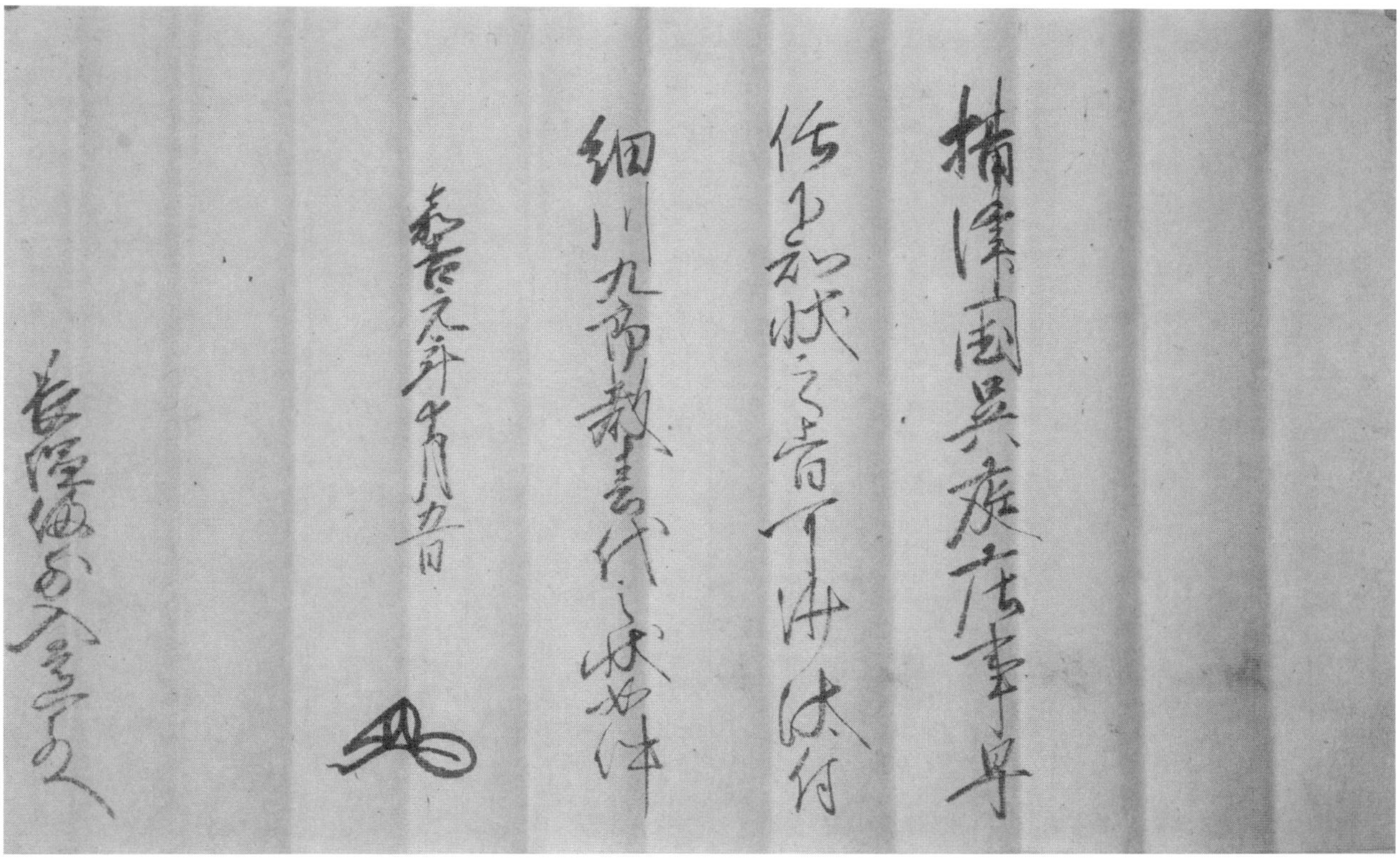

59　細川持之遵行状

摂津国呉庭庄事、早
任下知状之旨、可沙汰付
細川九郎教春代之状如件、
嘉吉元年十月五日　（花押）（細川持之）
長塩（宗永）備前入道とのへ

68号文書（持之13）
竪紙
二九七×四八〇

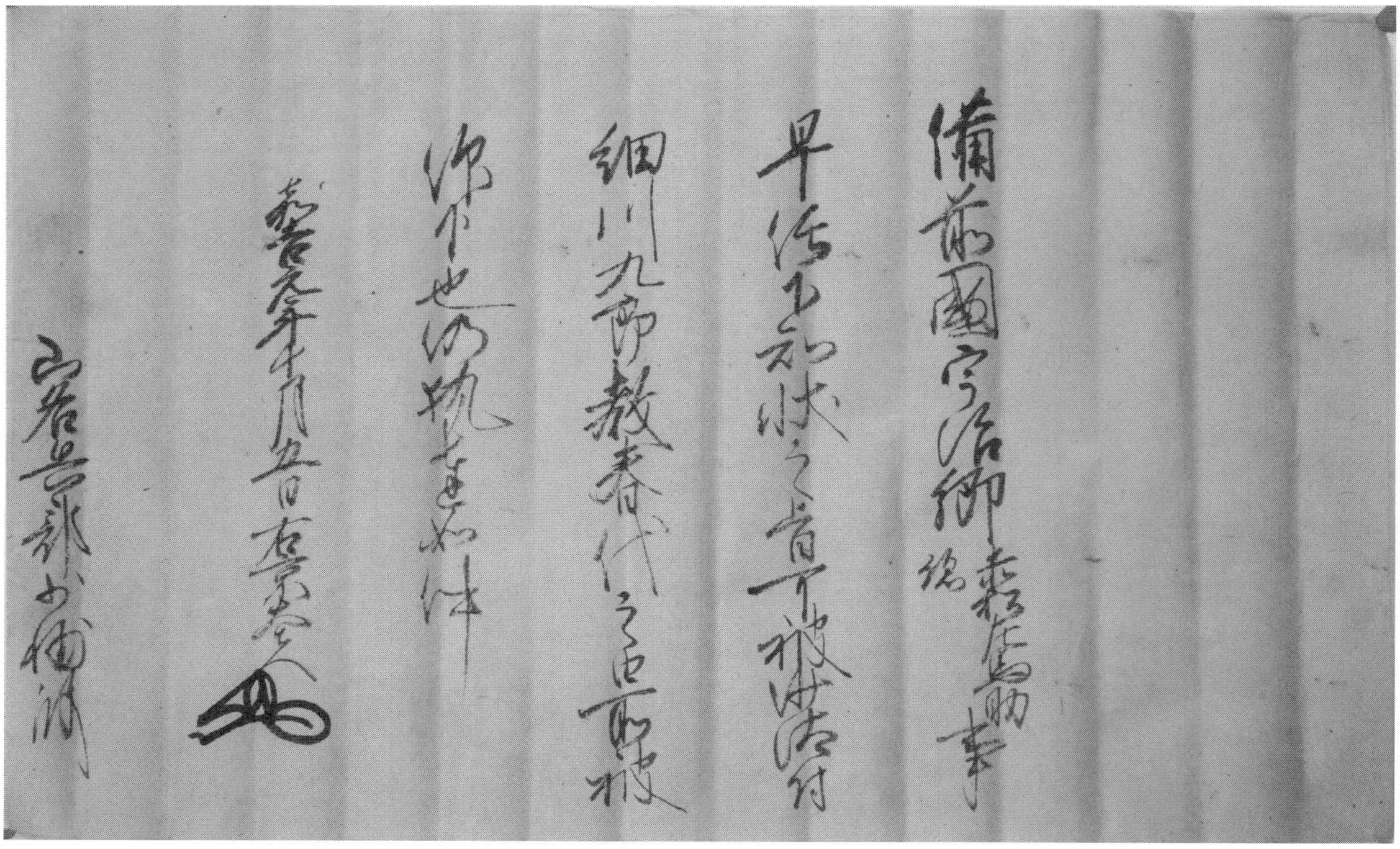

60　室町将軍家御教書

（包紙上書）
「山名兵部少輔殿　右京大夫持之」

備前国宇治郷赤松左馬助（則繁）跡事、
早任下知状之旨、可被沙汰付
細川九郎教春代之由、所被
仰下也、仍執達如件、

嘉吉元年十月五日　右京大夫（細川持之）（花押）

山名兵部少輔（教之）殿

69号文書（持之12）
竪紙　包紙あり
三〇一×四八五

61　室町将軍家御教書

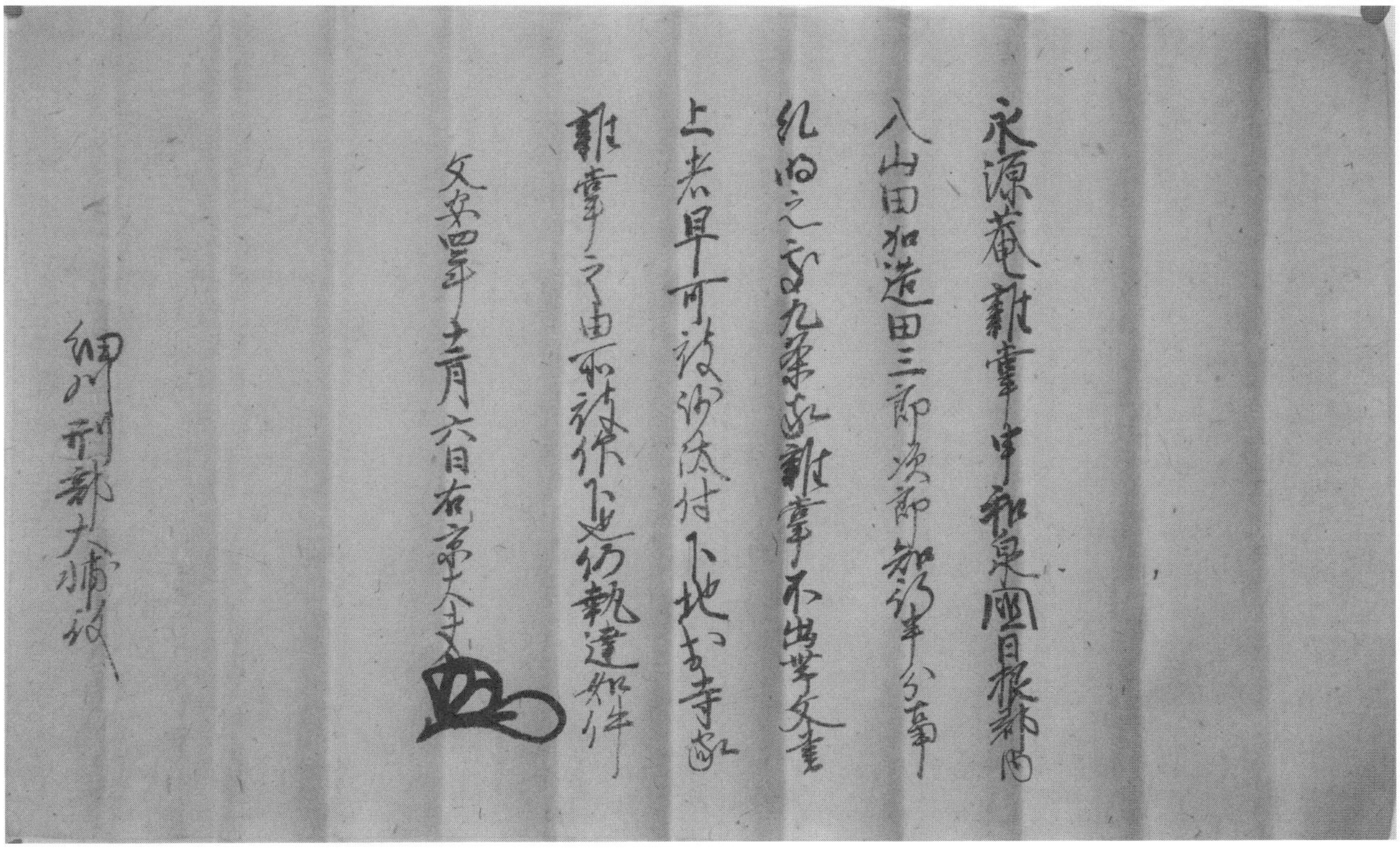

（包紙上書）「細川刑部大輔殿　右京大夫勝元」

永源菴雑掌申、和泉国日根郡内
入山田加造田三郎次郎知行半分事、
糺明之処、九条家雑掌不出帯文書
上者、早可被沙汰付下地於寺家
雑掌之由、所被仰下也、仍執達如件、

文安四年十二月六日　右京大夫（細川勝元）（花押）

細川刑部（教春）大輔殿

71号文書（勝元1）
竪紙　包紙あり
三〇四×四九五

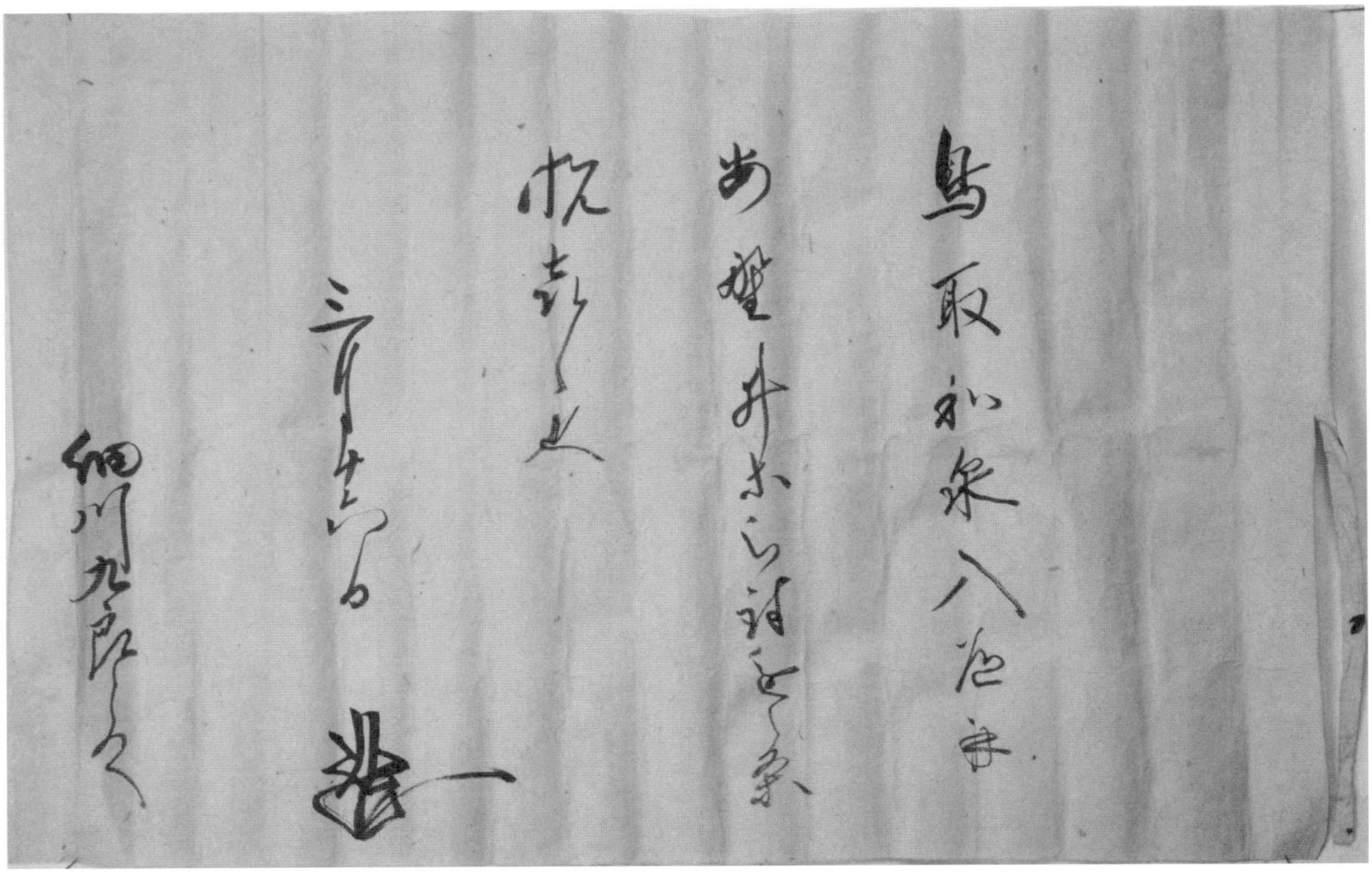

62　足利義教御内書

（切封墨引）

鳥取和泉入道并
安野井等被討進之条、
悦喜候也、
（年未詳）三月十六日　（足利義教）（花押）
細川九郎（教春）とのへ

73号文書（義教4）
竪紙
三四〇×五二〇

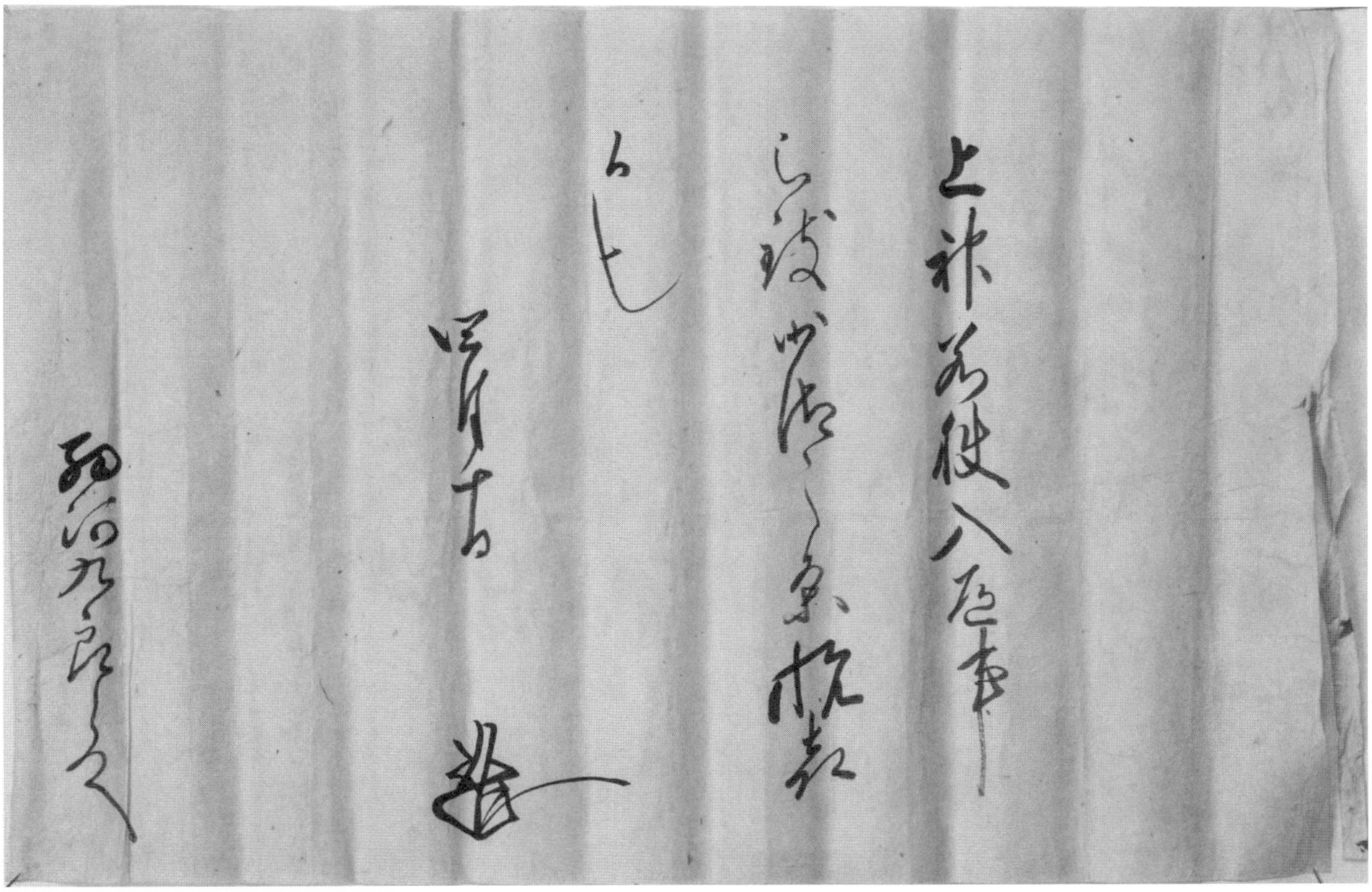

63　足利義教御内書

（切封墨引）

上神若狭入道事、
被致沙汰之条、悦喜
候也、
四月《（年未詳）》十日　（花押）《（足利義教）》
細河九郎《（教春）》とのへ

74号文書（義教3）
竪紙
三四〇×五二〇

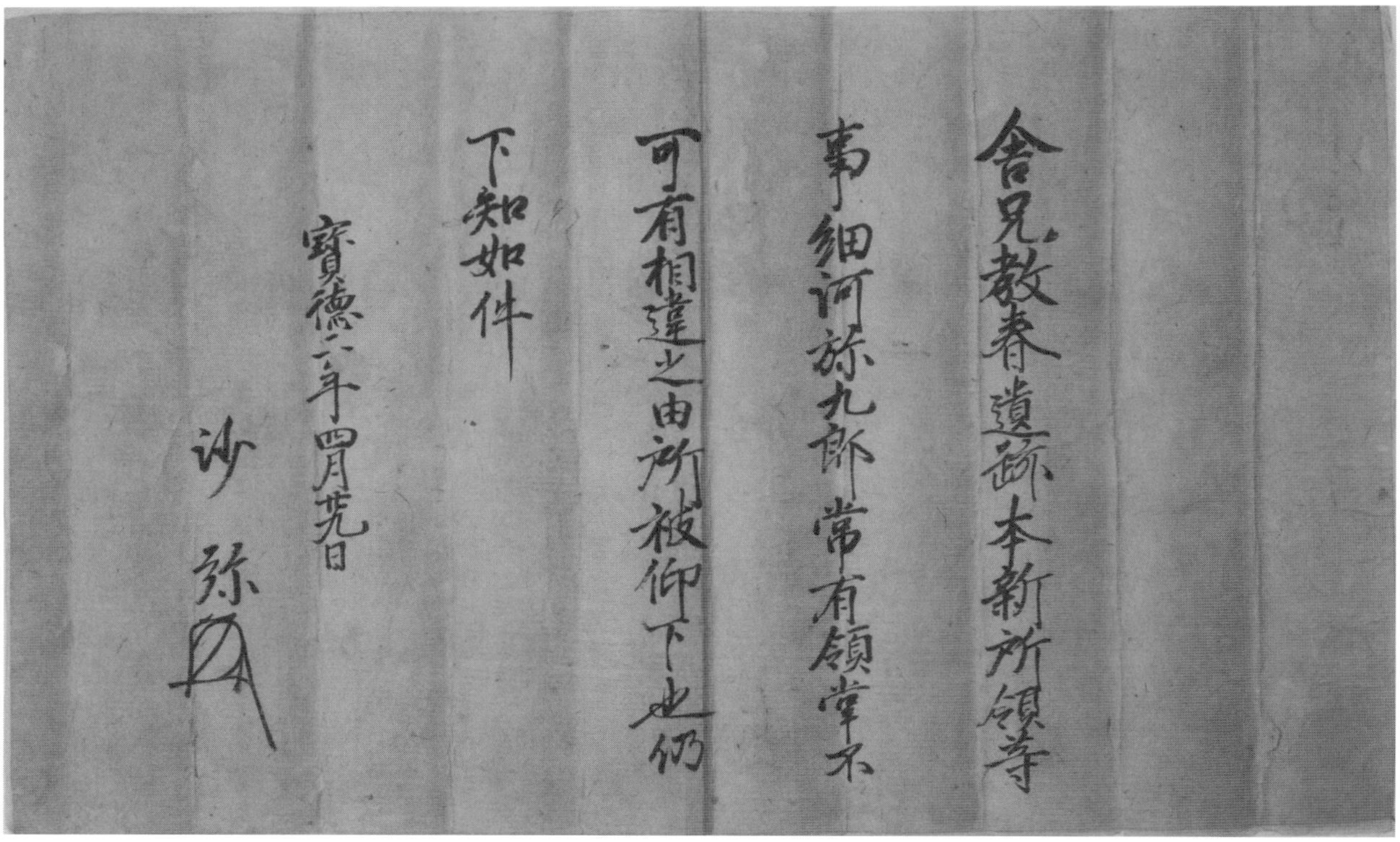

舎兄教春遺跡本新所領等
事細河弥九郎常有領掌不
可有相違之由所被仰下也仍
下知如件
寳徳二年四月廿九日
沙弥（花押）

64　室町幕府管領下知状

舎兄教春（細川）遺跡本新所領等
事、細河弥九郎常有領掌不
可有相違之由、所被仰下也、仍
下知如件、

宝徳二年四月廿九日
沙弥（畠山持国）（花押）

76号文書（室町幕府5）
竪紙
三三五×五五五

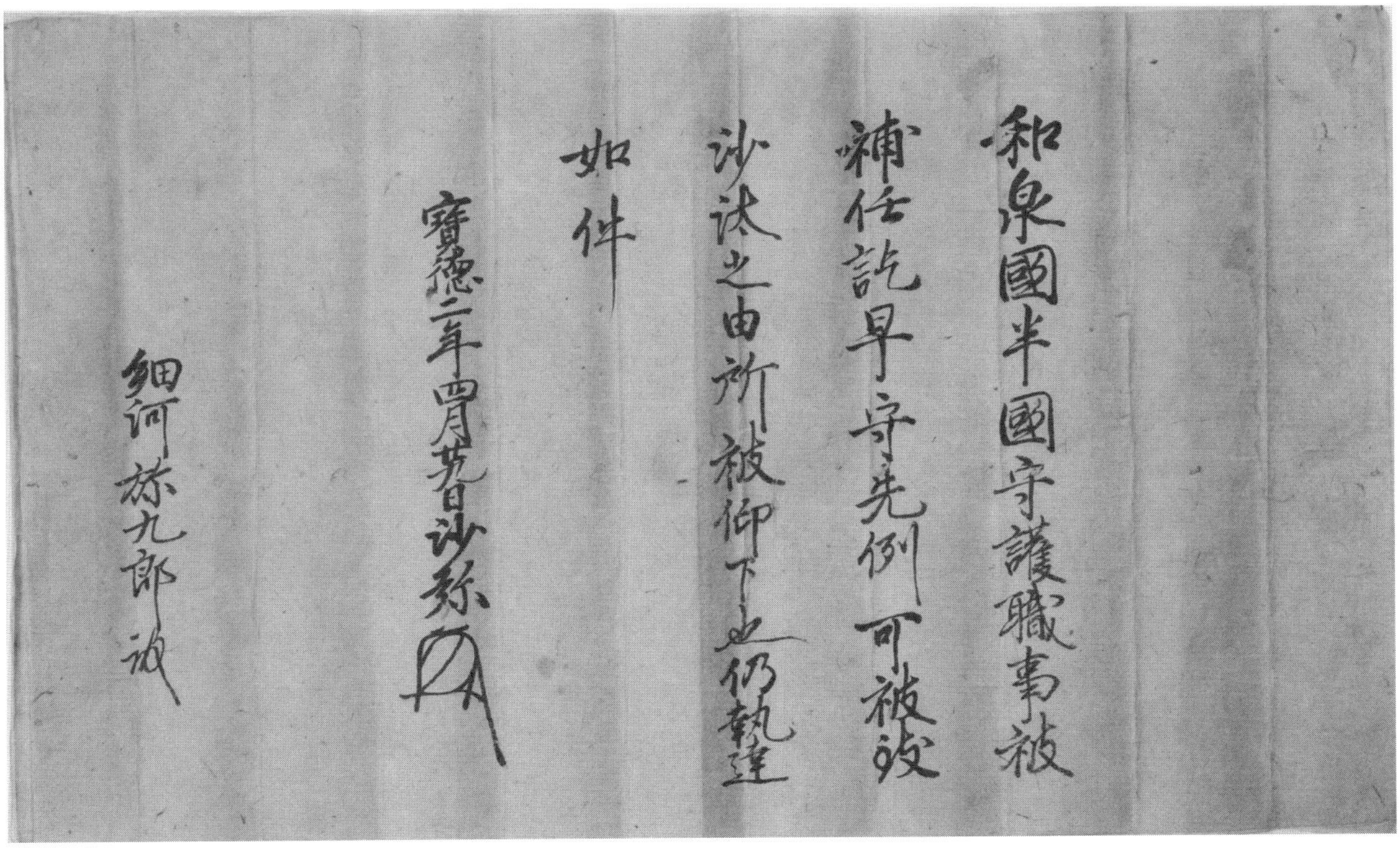
和泉國半國守護職事被
補任訖早守先例可被致
沙汰之由所被仰下也仍執達
如件
寶徳二年四月廿九日沙弥（花押）
細河弥九郎殿

65　室町将軍家御教書

和泉国半国守護職事、被
補任訖、早守先例可被致
沙汰之由、所被仰下也、仍執達
如件、
宝徳二年四月廿九日　沙弥（畠山持国）（花押）
細河弥九郎（常有）殿

77号文書（室町幕府４）
竪紙
三四〇×五五五

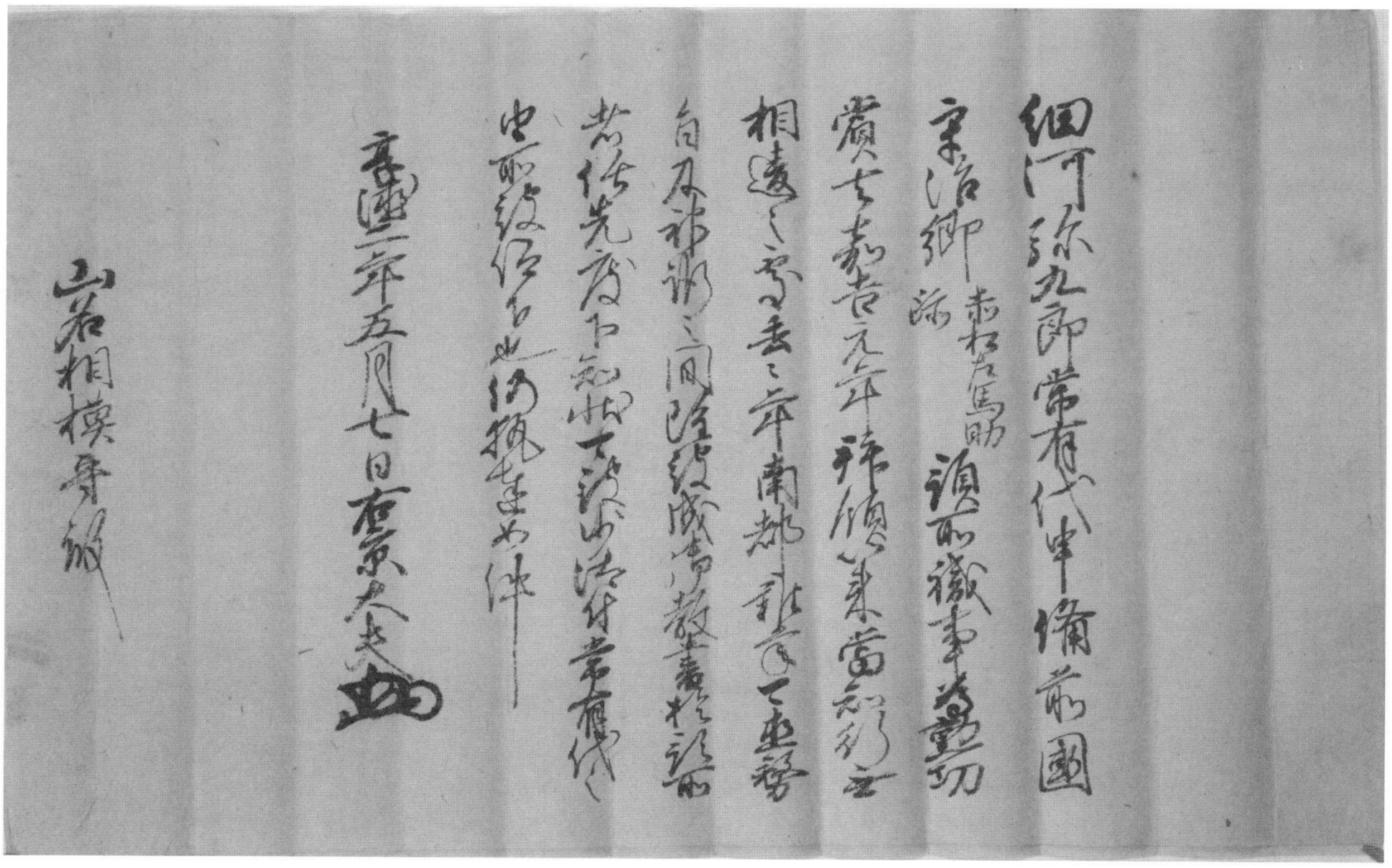

66　室町将軍家御教書

(包紙上書)「山名相模守殿　右京大夫勝元」

細河弥九郎常有代申、備前国
宇治郷赤松(則繁)左馬助跡預所職事、為勲功
賞、去嘉吉元年拝領以来、当知行無
相違之処、去々年南都雑掌可直務
旨、及神訴之間、雖被成御教書、於預所
者、任先度下知状、可被沙汰付常有代之
由、所被仰下也、仍執達如件、

享徳二年五月七日　右京大夫(細川勝元)（花押）

山名相模守殿(教之)

80号文書(勝元3)
竪紙　包紙あり
三一三×三九六

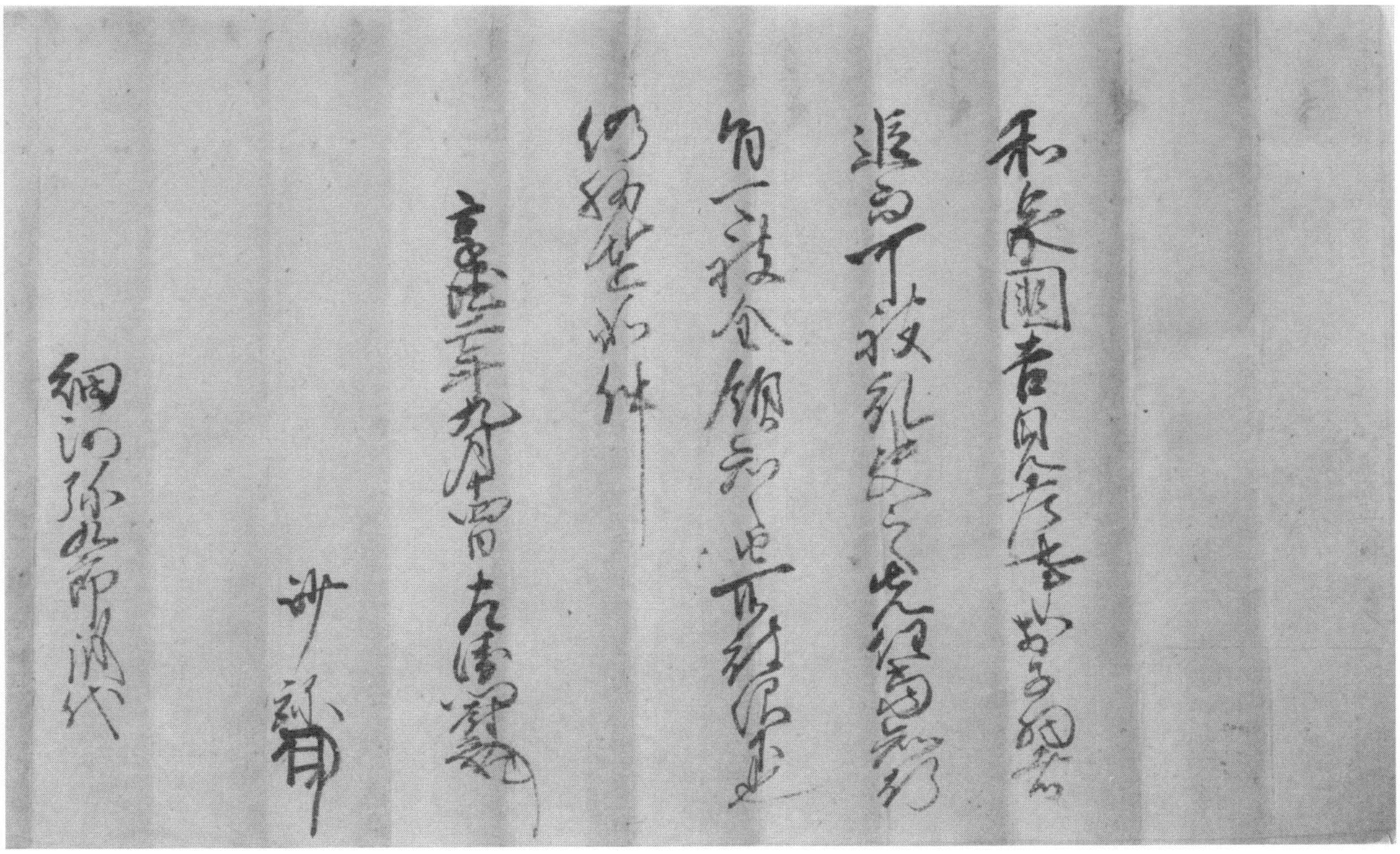

67　室町幕府奉行人連署奉書

(包紙上書)「細河弥九郎殿代沙弥性迴」

和泉国吉見庄事、於子細者
追而可被糺決之、先任当知行
旨、可被全領知之由所被仰下也、
仍執達如件、

享徳二年九月十四日　左衛門尉(飯尾之種)（花押）
沙弥(飯尾貞連)（花押）

細河弥九郎(常有)殿代

83号文書（室町幕府7）
竪紙　包紙あり
三〇八×四九七

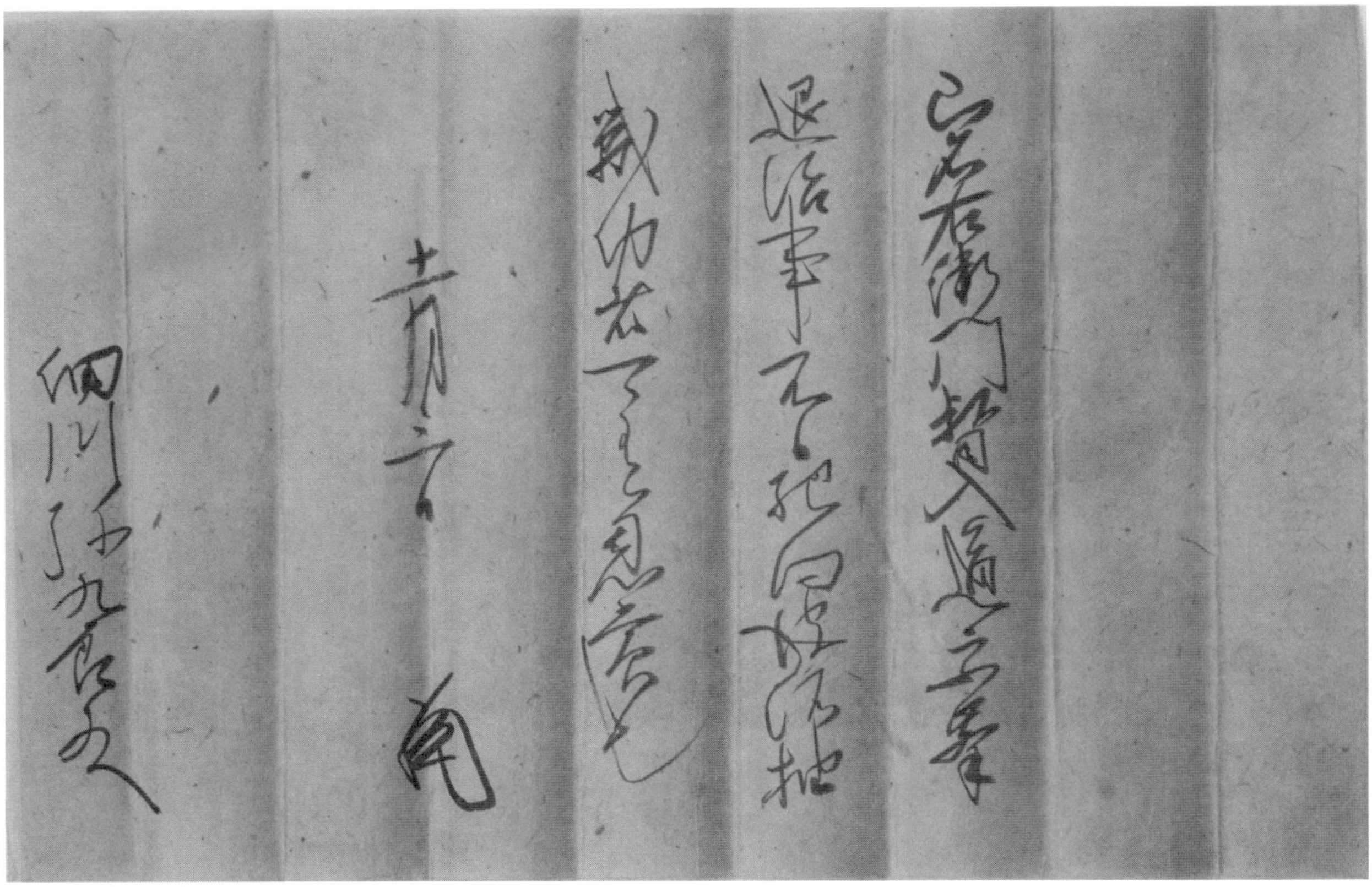

68　足利義政御内書

(包紙上書)「細川弥九郎殿　義政」

山名右衛門督入道宗峯(宗全)

退治事、不日馳向彼所、抽

戦功者、可有恩賞也、

(享徳三年)十一月三日　(足利義政)(花押)

細川弥九郎(常有)殿

84号文書(義政9)
切紙　包紙あり　斐紙
一六五×二五〇

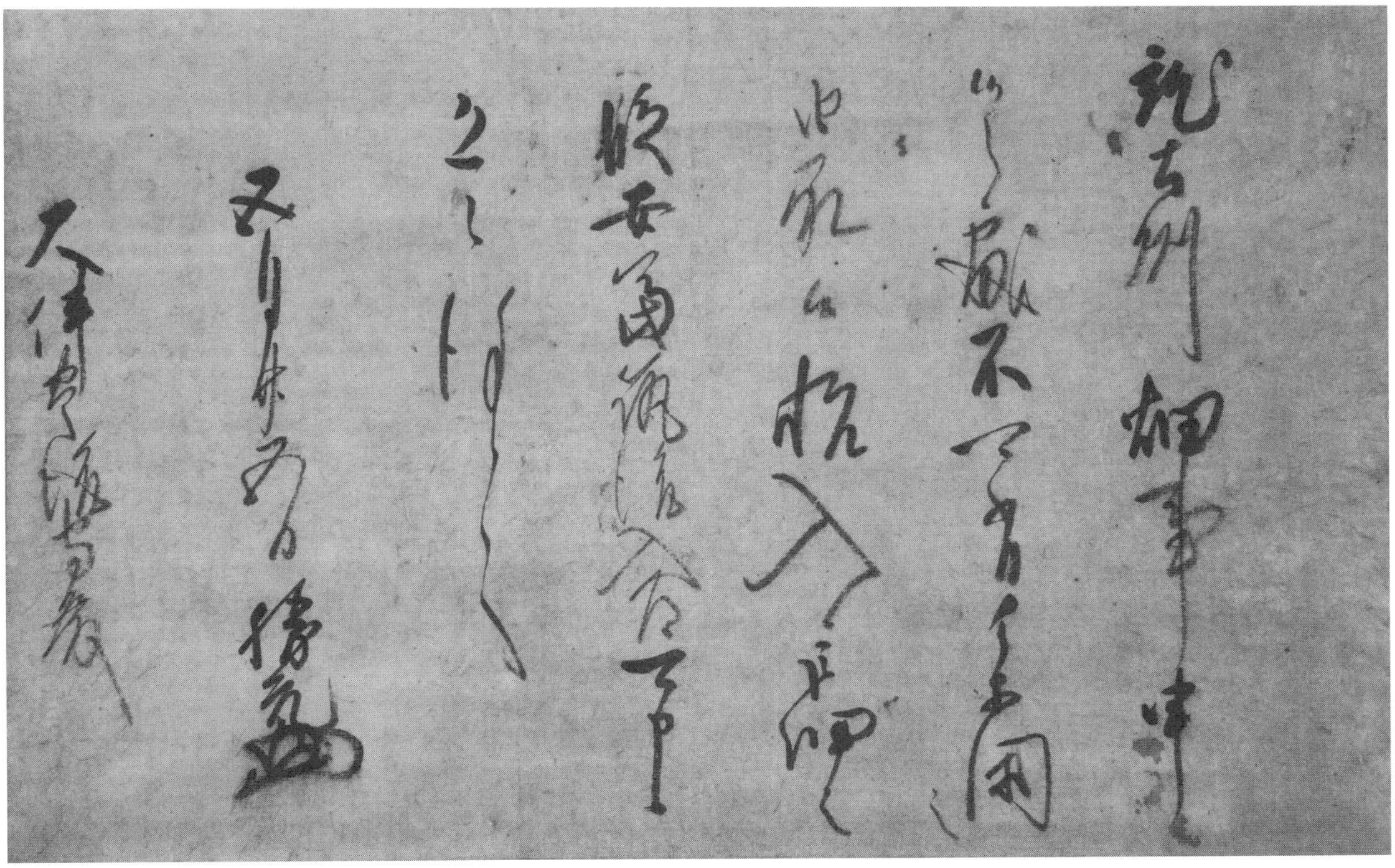

69　細川勝元書状

就土州畑事申
候之処、不可有御等閑之
由承候、悦入候、巨細之
段安富筑後入道（智安）可申候、
恐々謹言、
（年未詳）五月廿五日　（細川）勝元（花押）
（大友親繁）大伴豊後守殿

87号文書
竪紙　掛幅装
二六二×四〇四

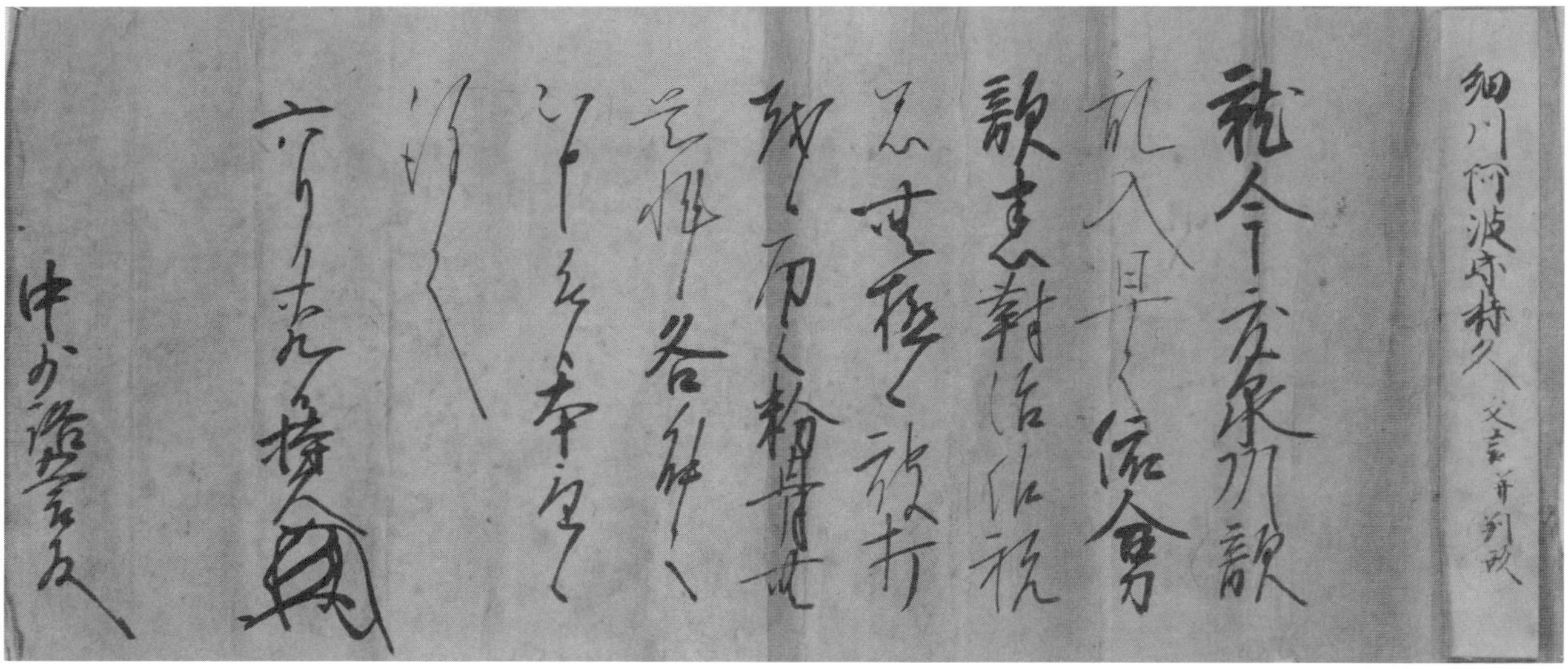

70　細川持久書状写

（貼紙）「細川阿波守持久文言并判形」

就今度泉州敵
乱入、早々依合力、
敵悉対治候、祝
着無極候、被打
越候面々粉骨無
是非候、各能々
被申候者、本望候、
謹言、

（年未詳）六月廿九日　（細川）持久（花押影）

中少路五郎殿

88号文書（持久1）
切紙
一五〇×三四五

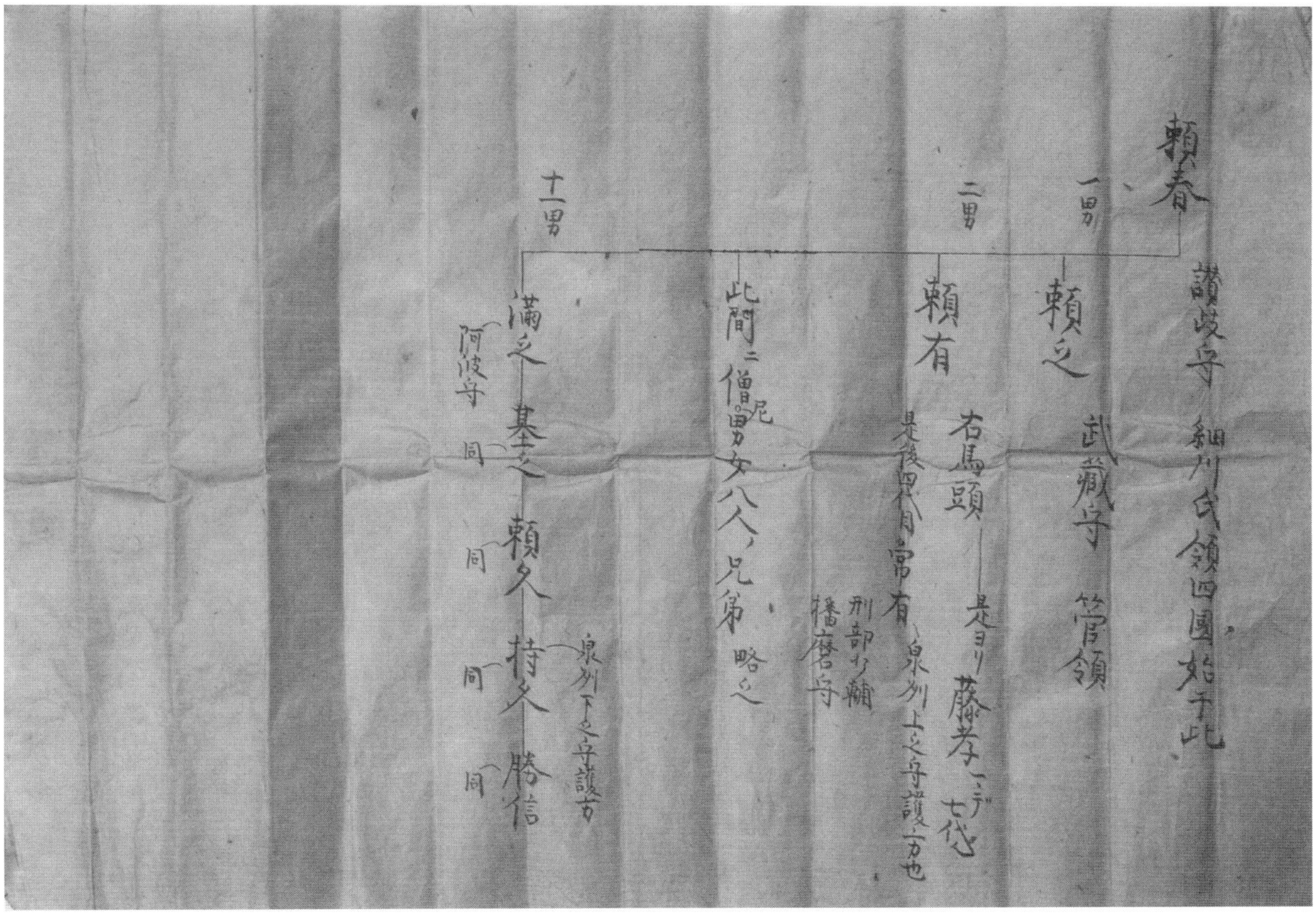

70付　細川氏系図

頼春
讃岐守　細川氏領四国始于此
一男 頼之　武蔵守　管領
二男 頼有　右馬頭──是ヨリ藤孝マデ七代也
是後四代目常有──泉州上之守護方也
刑部少輔
播磨守
此間ニ僧・尼男女八人ノ兄弟略之
十一男 満之　阿波守
基之　同
頼久　同
持久　同　泉州下之守護方
勝信　同

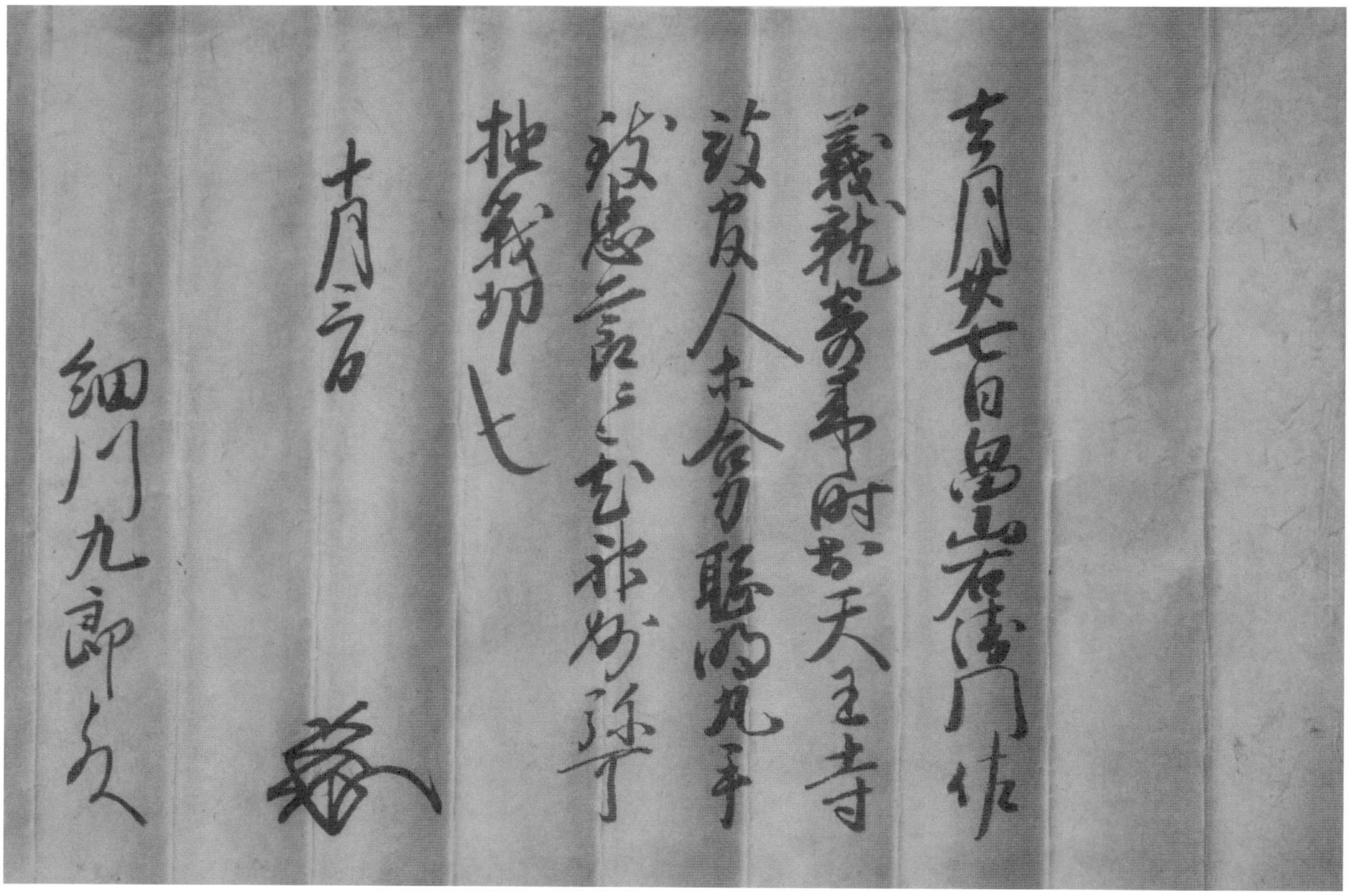

71　足利義政御内書

（包紙上書）
「細川九郎とのへ」

去月廿七日畠山右衛門佐
義就寄来之時、於天王寺
被官人等合力聡明丸（細川政元）手、
致忠節云々、尤神妙、弥可
抽戦功候也、

（文明九年）
十月三日　（花押）（足利義政）

細川九郎とのへ

89号文書（義政2）
切紙　包紙あり　斐紙
一八〇×二七〇

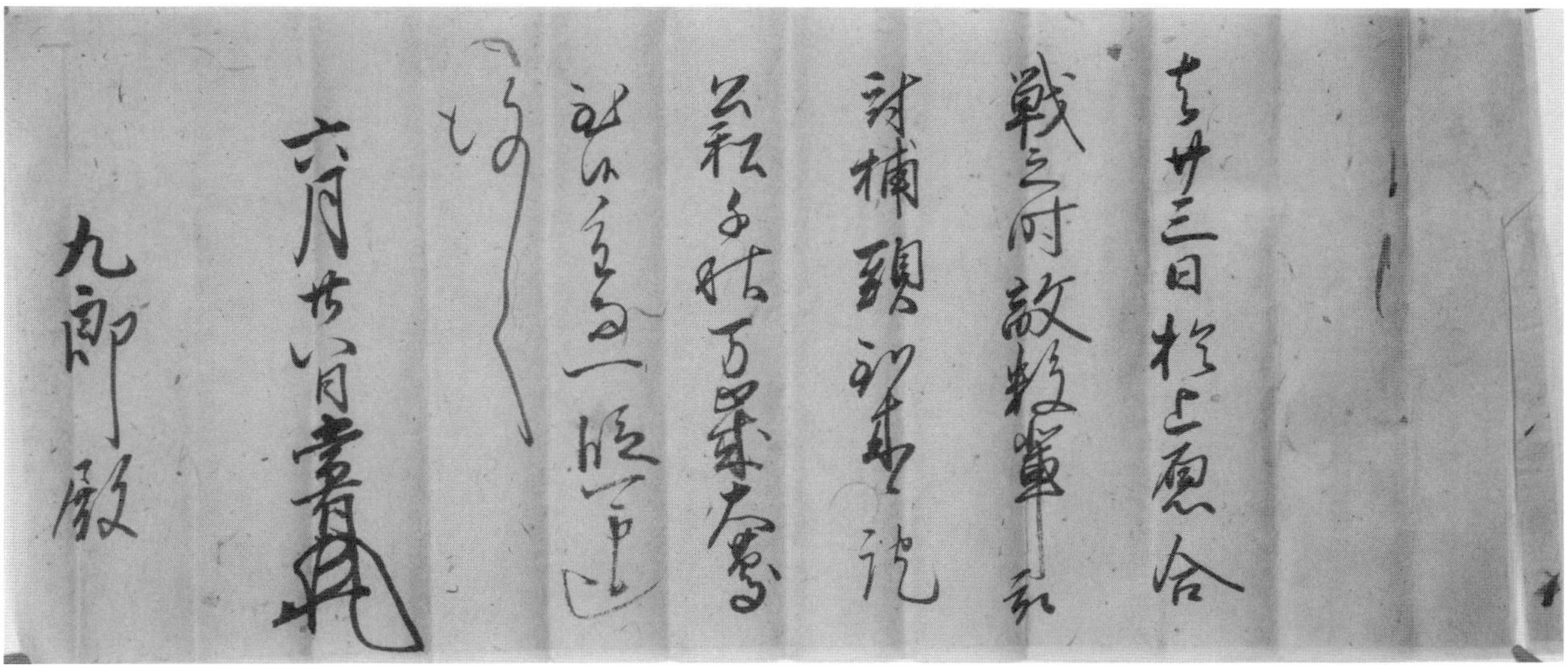

72　細川常有書状

（包紙上書）「九郎殿　常有」

（端裏切封墨引）

去廿三日於上原合
戦之時、敵数輩被
討捕頸到来候訖、
公私千秋万歳大慶
至候、重而一段可申候也、
謹言、

（年未詳）六月廿八日　（細川）常有（花押）

（細川）九郎殿

91号文書（常有1）
切紙　包紙あり　斐紙
一五七×三六〇

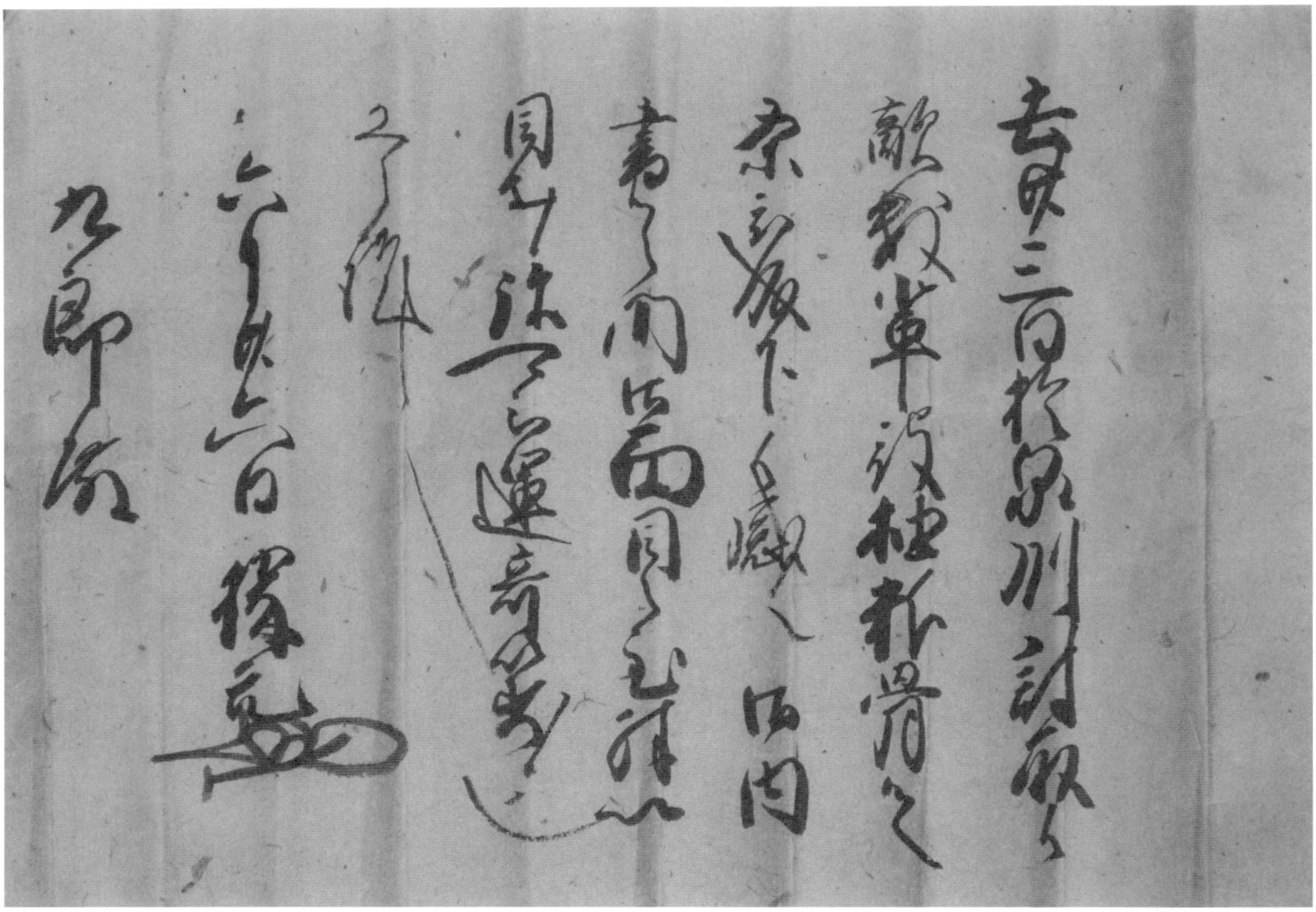

73　細川勝元書状

(包紙上書)「九郎殿　勝元」

去廿三日、於泉州討取御
敵数輩、被抽粉骨候之
条、被成下御感之　御内
書候之間、御面目之至、殊以
目出候、弥可被運奇籌候也、
恐々謹言、

(年未詳)六月廿六日　(細川)勝元（花押）

(細川)九郎殿

92号文書(勝元2)
切紙　包紙あり
一七〇×二三八

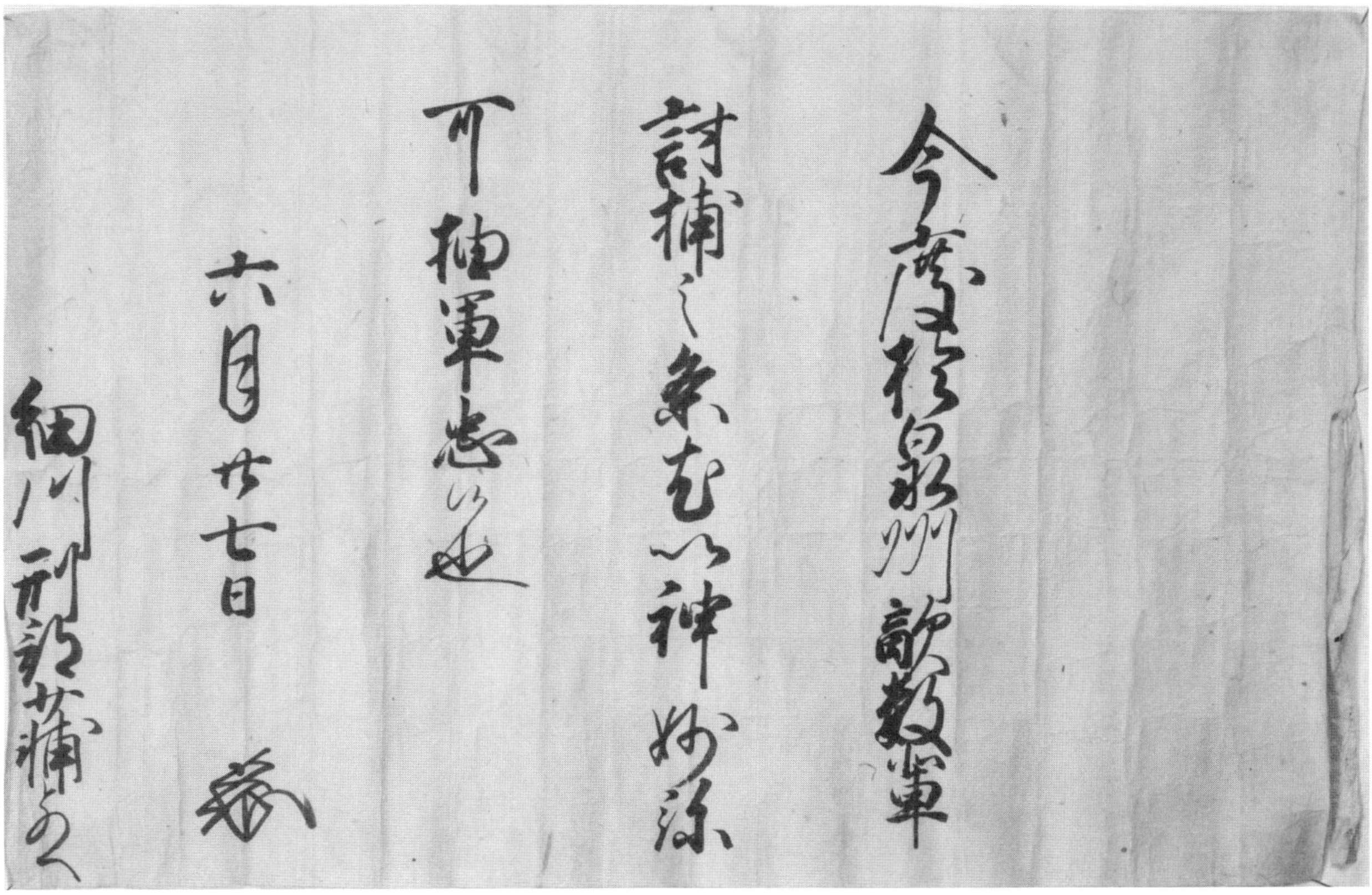

74　足利義政御内書

(切封墨引)

(包紙上書)「(墨引)細川刑部少輔とのへ」

今度於泉州敵数輩
討捕之条、尤以神妙、弥
可抽軍忠候也、

六月廿七日(年未詳)　(花押)(足利義政)

細川刑部少輔(常有)とのへ

93号文書(義政10)
竪紙　包紙あり
三五五×五三〇

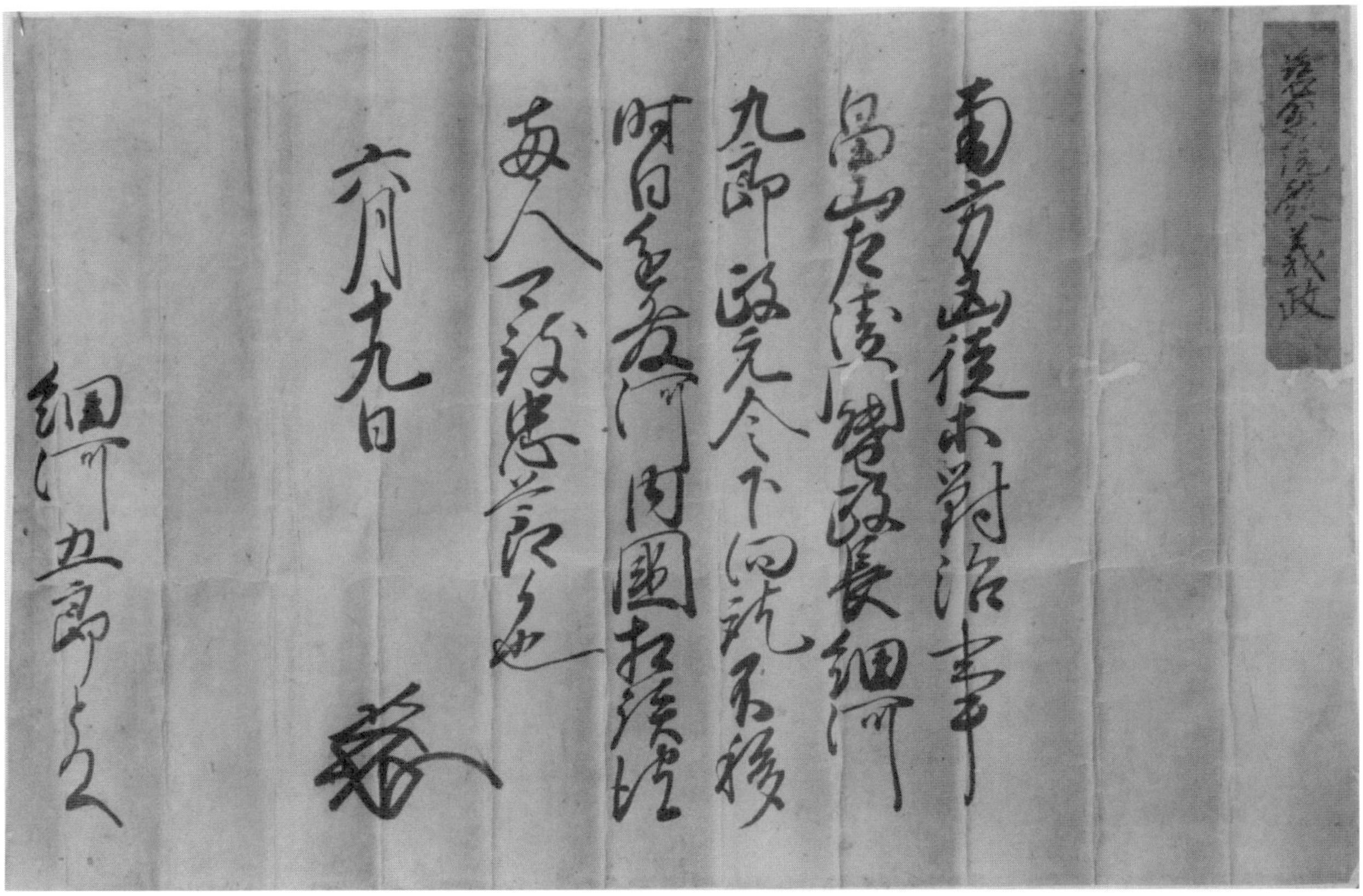

75　足利義政御内書

（包紙上書）「細川五郎とのへ」

（貼紙）「慈照院殿義政」

南方凶徒等対治事、
畠山左衛門督政長・細河
九郎政元令下向訖、不移
時日進発河内国、相談彼
両人、可致忠節候也、

（文明十四年）六月十九日　（足利義政）（花押）

細河五郎（元有）とのへ

94号文書（義政6）
切紙　包紙あり　斐紙
一七五×二六二

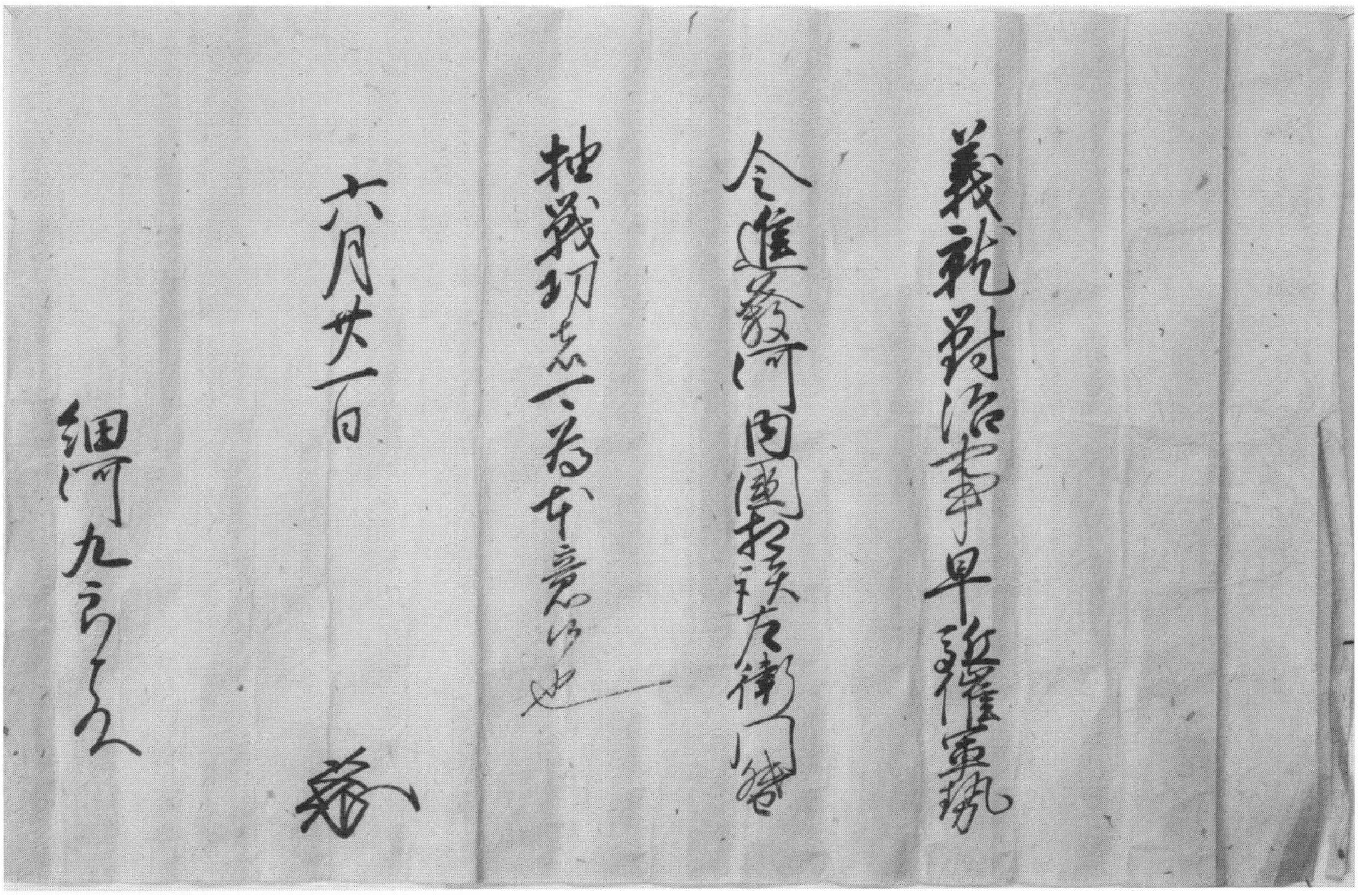

76　足利義政御内書

（包紙上書）「（墨引）　細川九郎とのへ」

（切封墨引）

義就（畠山）対治事、早駈催軍勢、
令進発河内国、相談左衛門督（畠山政長）、
抽戦功者、可為本意候也、
六月廿一日（文明十四年）　（花押）（足利義政）
細河九郎（政元）とのへ

95号文書（義政１）
竪紙　包紙あり
三五五×五三〇

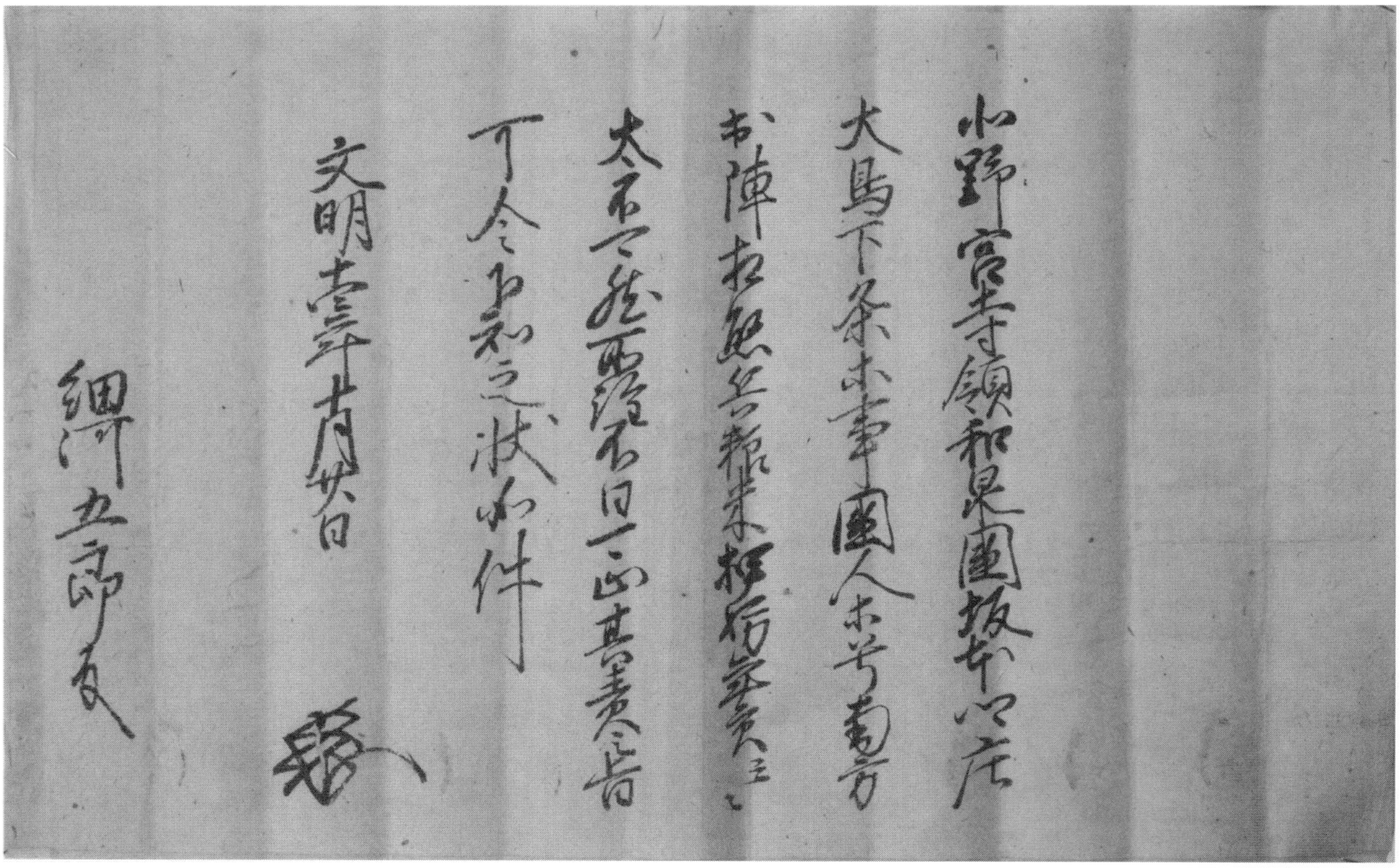

77　室町将軍家御判御教書

（包紙上書）「（墨引）細河五郎とのへ」

北野宮寺領和泉国坂本郷庄
大鳥下条等事、国人等号南方
出陣、相懸兵粮米、押妨年貢云々、
太不可然、所詮不日可止其責之旨、
可令下知之状如件、

文明十四年十月廿日　（足利義政）（花押）

細河五郎（元有）殿

96号文書（義政4）
竪紙　包紙あり
三〇二×三九〇

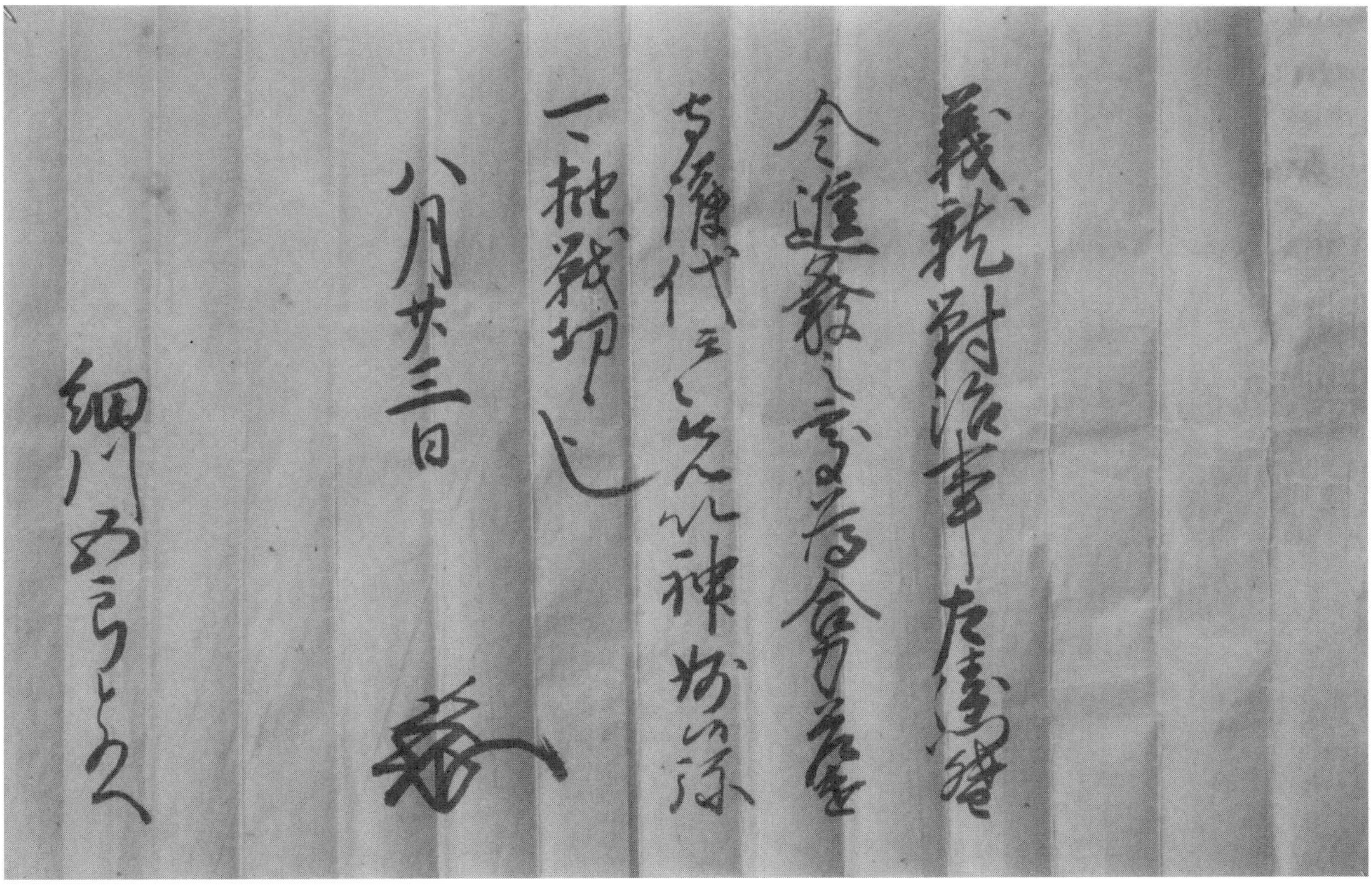

78　足利義政御内書

(包紙上書)「細河五郎とのへ」

義就(畠山)対治事、左衛門督(畠山政長)
令進発之処、為合力差遣
守護代云々、先以神妙候、弥
可抽戦功候也、

八月廿三日(文明十五年カ)　(花押)(足利義政)

細川五郎(元有)とのへ

97号文書(義政8)
切紙　包紙あり　斐紙
一七〇×二六〇

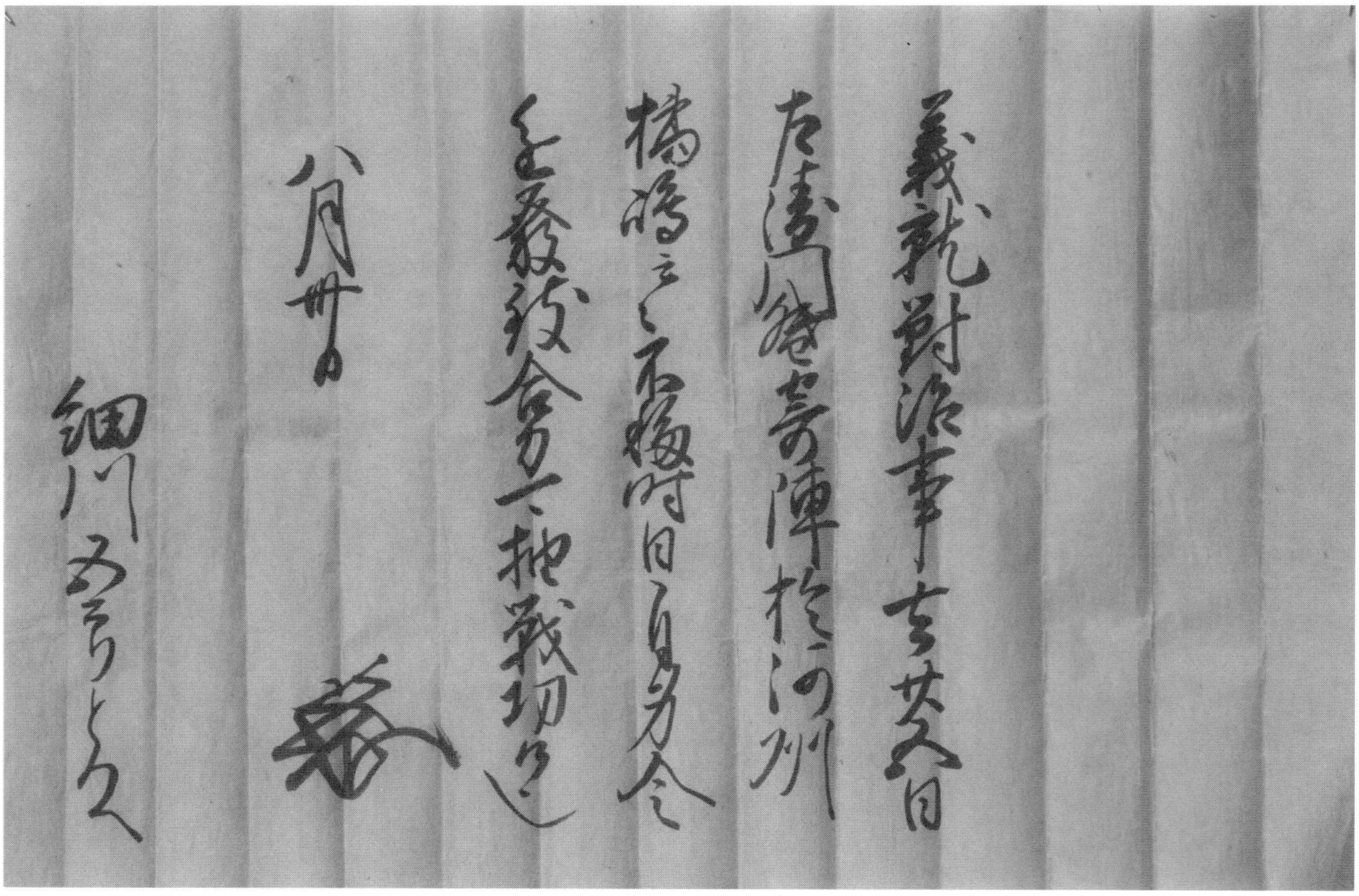

79　足利義政御内書

(包紙上書)「細川五郎とのへ」

義就(畠山)対治事、去廿五日
左衛門督(畠山政長)寄陣於河州
橘嶋云々、不移時日自身令
進発、致合力、可抽戦功候也、

八月卅日(文明十五年カ)　(花押)(足利義政)

細川五郎(元有)とのへ

98号文書（義政7）
切紙　包紙あり　斐紙
一七三×二六〇

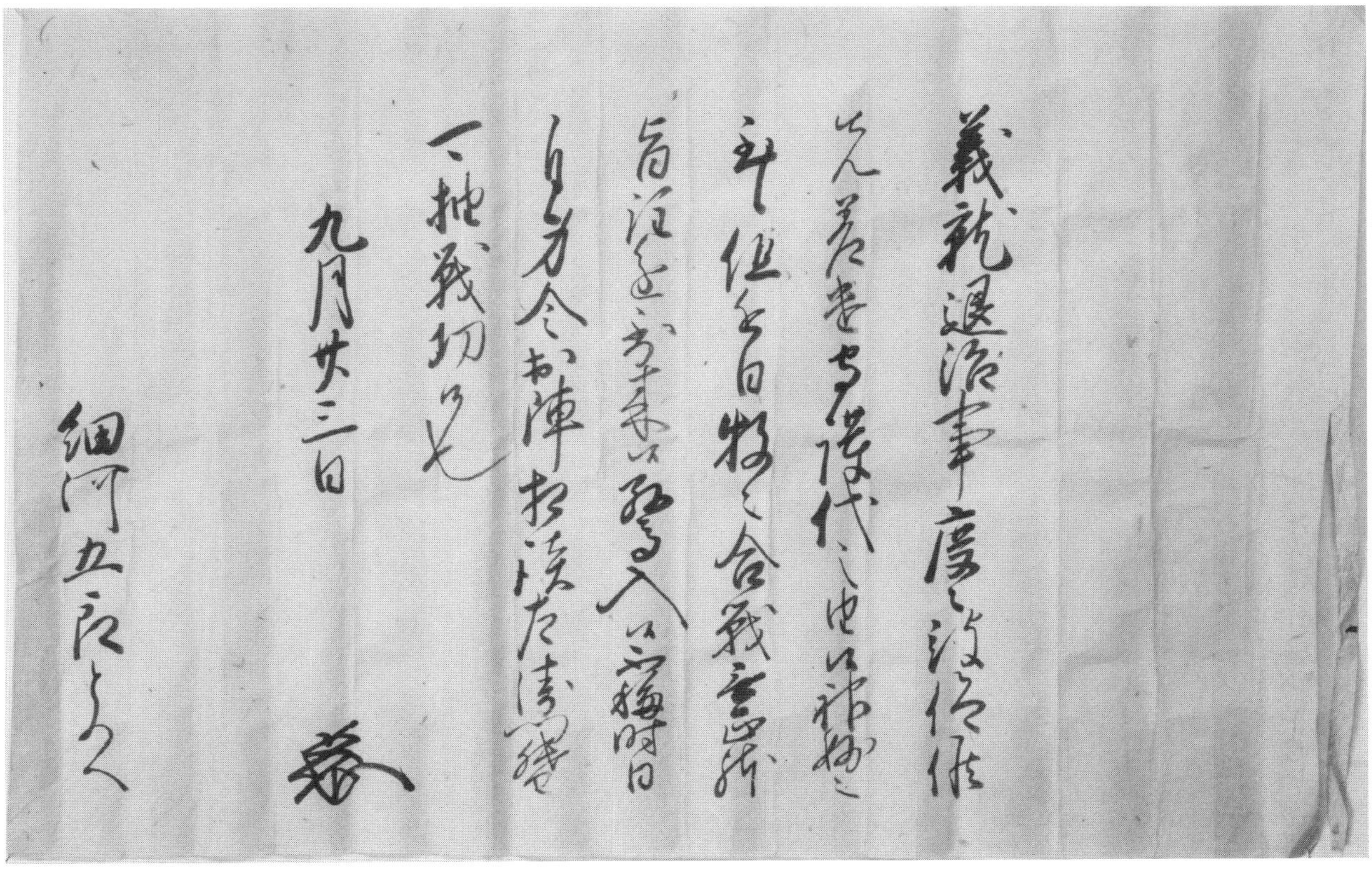

80　足利義政御内書

「(墨引)《(包紙上書)》　細河五郎とのへ」

(切封墨引)

義就《(畠山)》退治事、度々被仰候、
先差遣守護代之由候、神妙之
至候、但近日牧《(河内)》之合戦無正躰
旨注進到来候、驚入候、不移時日
自身令出陣、相談左衛門督《(畠山政長)》、
可抽戦功候也、

九月廿三日《(文明十五年)》　(花押《(足利義政)》)

細河五郎《(元有)》とのへ

99号文書(義政5)
竪紙　包紙あり
三五六×五四〇

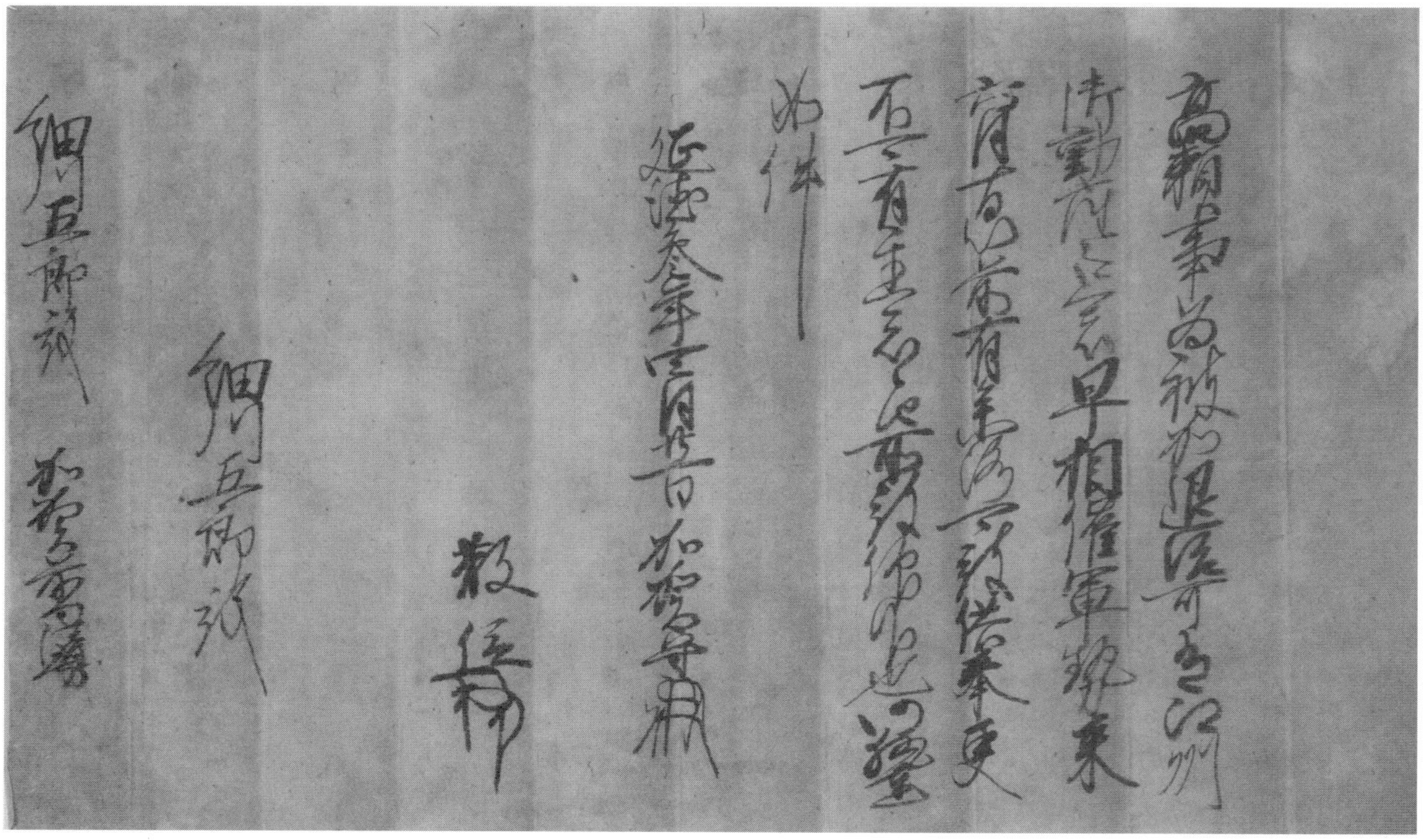

81　室町幕府奉行人連署奉書

（六角）高頼事為被加退治、可有江州
御動座之上者、早相催軍勢、来
六月十日以前有参洛、可被供奉、更
不可有遅怠之由、所被仰下也、仍執達
如件、

延徳参年四月廿一日　（飯尾清房）加賀守（花押）
（飯尾為規）散位（花押）

細川五郎（元有）殿

（もと包紙上書カ）「細川五郎殿　加賀前司清房」

103号文書（室町幕府6）
竪紙
二八〇×四六五

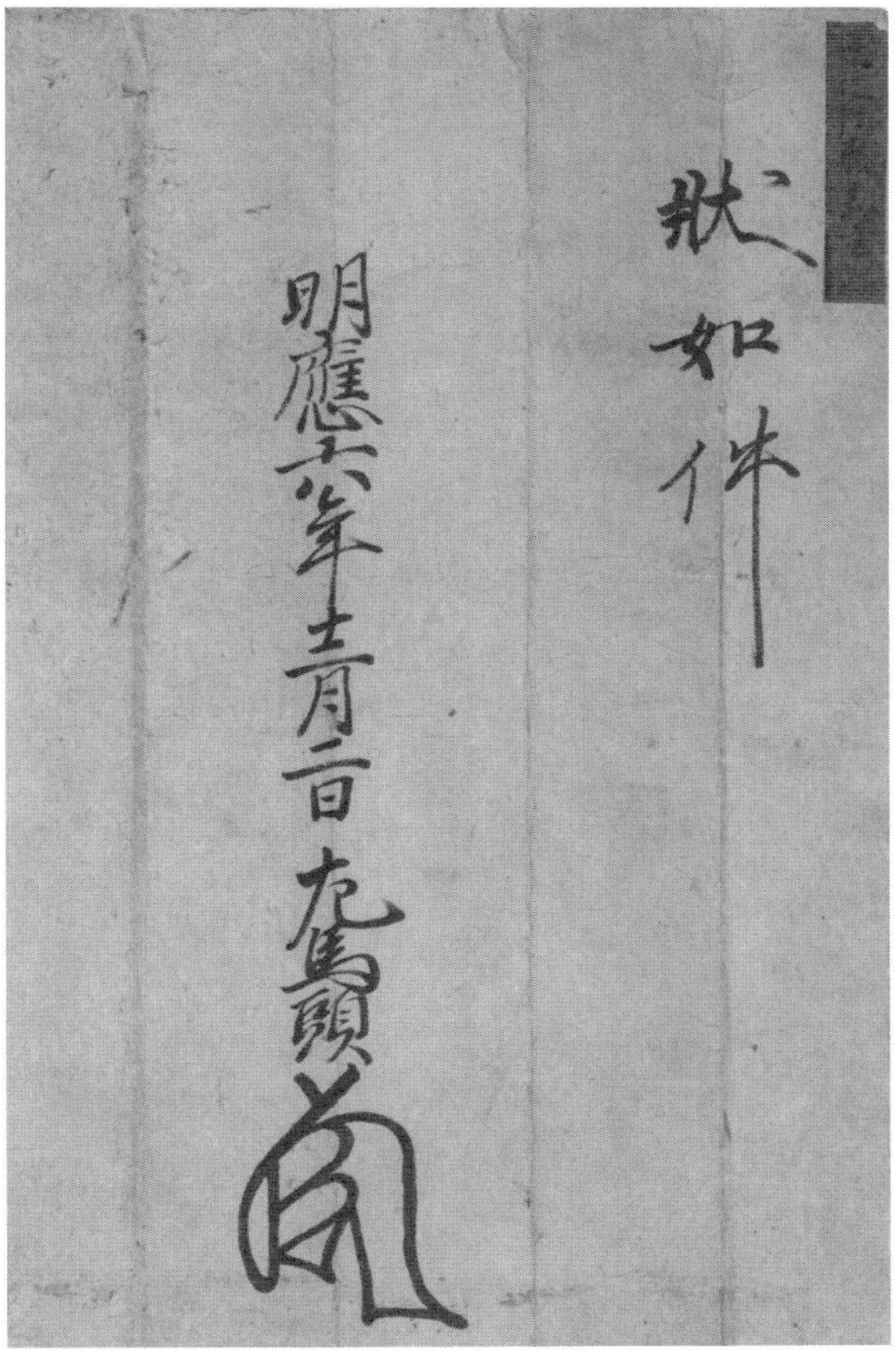
状如件
明應六年十二月二日　左馬頭

82　室町将軍家御判御教書断簡

（貼紙）「法住院殿義澄」

（前欠）

状如件、

明応六年十二月二日　左馬頭（足利義澄）（花押）

106号文書（義澄1）

竪紙

三三三×二一〇

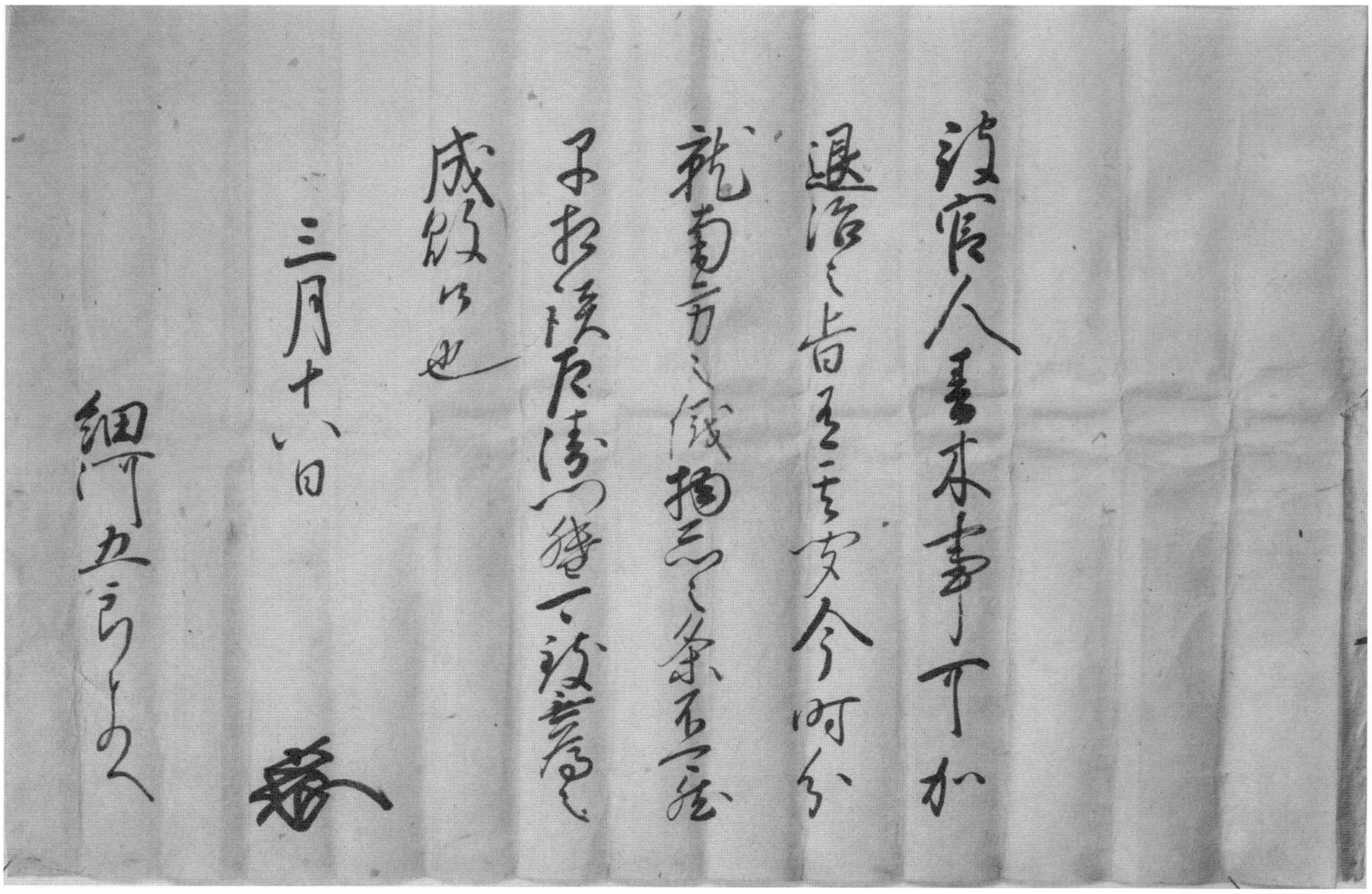

83　足利義政御内書

（包紙上書）「細川五郎殿」

（切封墨引）

被官人春木事、可加
退治之旨有其聞、今時分
就南方之儀、物忩之条不可然、
早相談左衛門督（畠山政長）、可致無為之
成敗候也、

三月十八日（年未詳）　（花押）（足利義政）

細河五郎（元有）とのへ

109号文書（義政3）
竪紙　包紙あり
三五三×五四〇

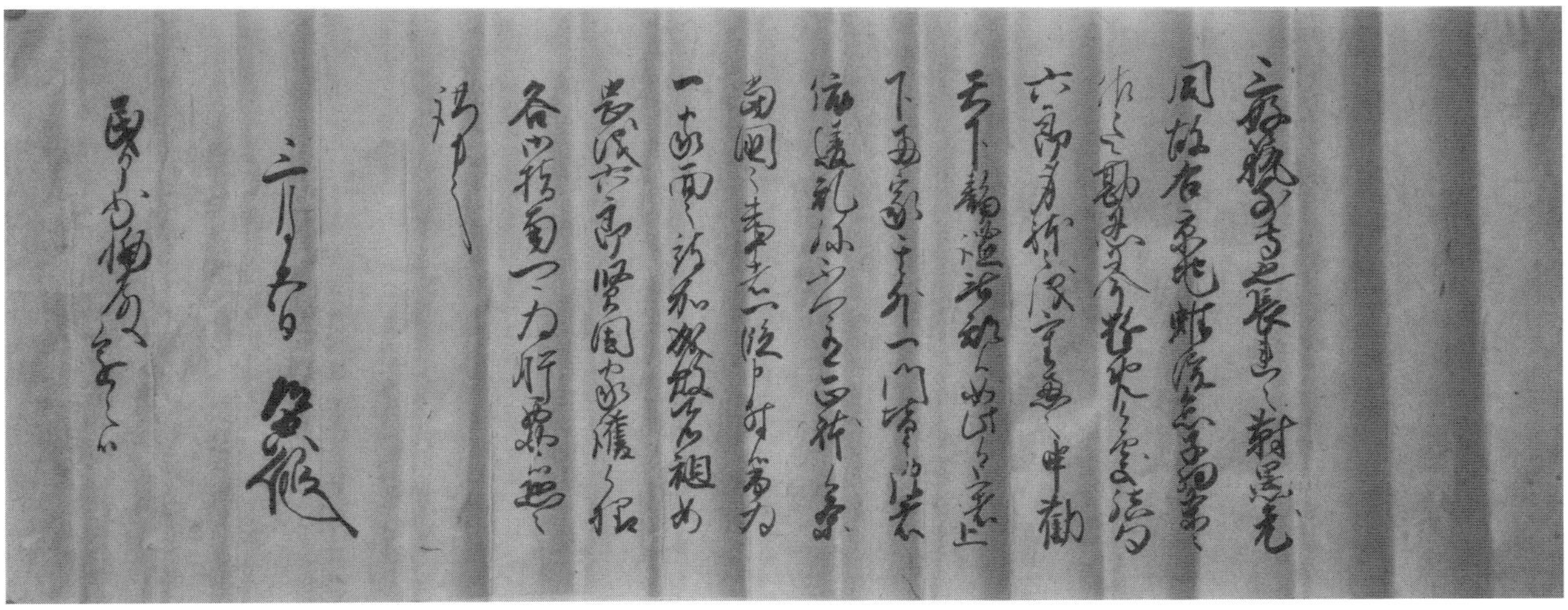

84　細川成之書状

「民部少輔殿進之候《(包紙上書)》　道空」

（端裏切封墨引）

三好筑前守之長連々対愚老《(細川成之)》・
同故右京兆《(細川政元)》、雖緩怠子細条々
候、令堪忍于今遊《(宥)》免候処、結句
六郎《(細川澄元)》身躰之儀、重悪之申勧、
天下静謐無期候、如此候上者、上
下両家其外一門、皆々彼者
依違乱、弥不可有正躰候条、
当国之事者一段申付候、尚為
一家、面々被加成敗、先祖如
忠儀、六郎堅固家護候様、
各御指南可為肝要候、恐々
謹言、
三月五日《(永正五年)》　道空《(細川成之)》（花押）
民部少輔殿《(細川高国)》進之候

116号文書（成之1）
切紙　包紙あり　斐紙
一九八×五一〇

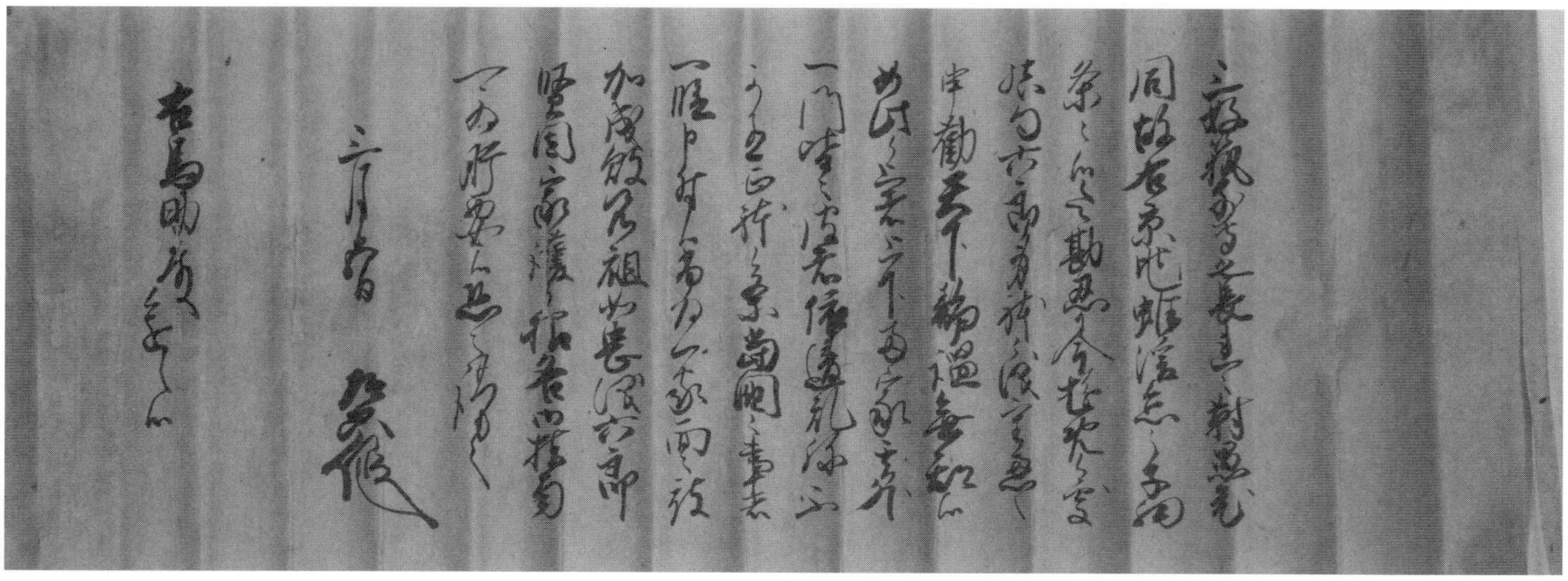

85　細川成之書状

(包紙上書)「右馬助殿進之候　道空」

(端裏切封墨引)

三好筑前守之長連々対愚老(細川成之)・
同故右京兆(細川政元)、雖緩怠之子細
条々候、令堪忍于今遊(有)免候処、
結句六郎(細川澄元)身躰之儀、重悪之
申勧、天下静謐無期候、
如此候上者、上下両家其外
一門、皆々彼者依違乱、弥不
可有正躰候条、当国之事者
一段申付候、尚為一家、面々被
加成敗、先祖如忠儀、六郎
堅固家護候様、各御指南
可為肝要候、恐々謹言、
(永正五年)三月五日　道空(細川成之)(花押)
右馬助殿(細川政賢)進之候

117号文書(成之2)
切紙　包紙あり　斐紙
一九六×五一二

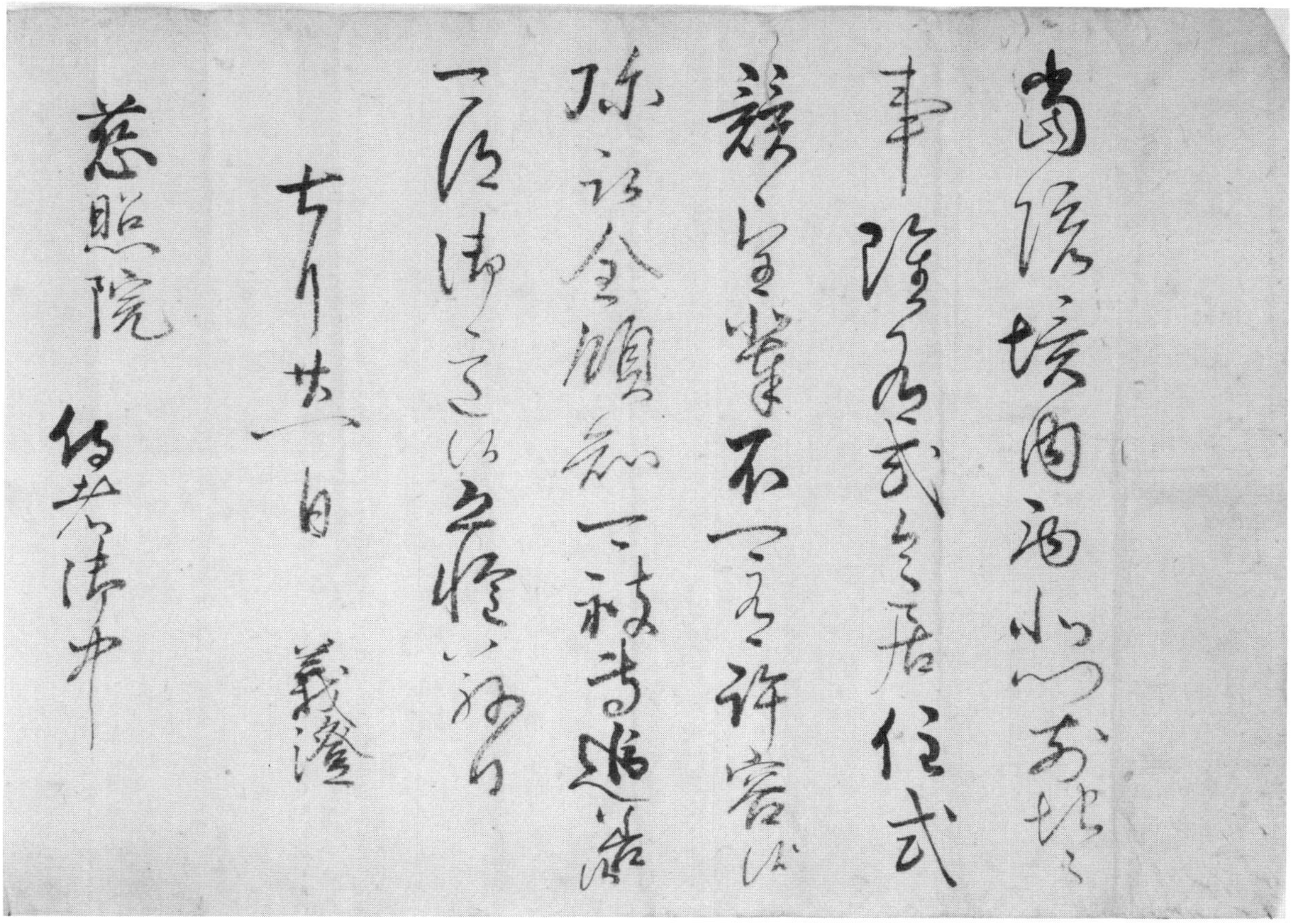

86　足利義澄御内書写

当院境内西北門前地之
事、雖有式（或）令居住、式（或）
競望輩、不可有許容候、
弥被全領知、可被専追善候、
可得御意候、恐惶敬白、
（年未詳）七月廿一日　（足利）義澄
慈照院
侍者御中

118号文書（義澄２）
竪紙
三五六×四八八

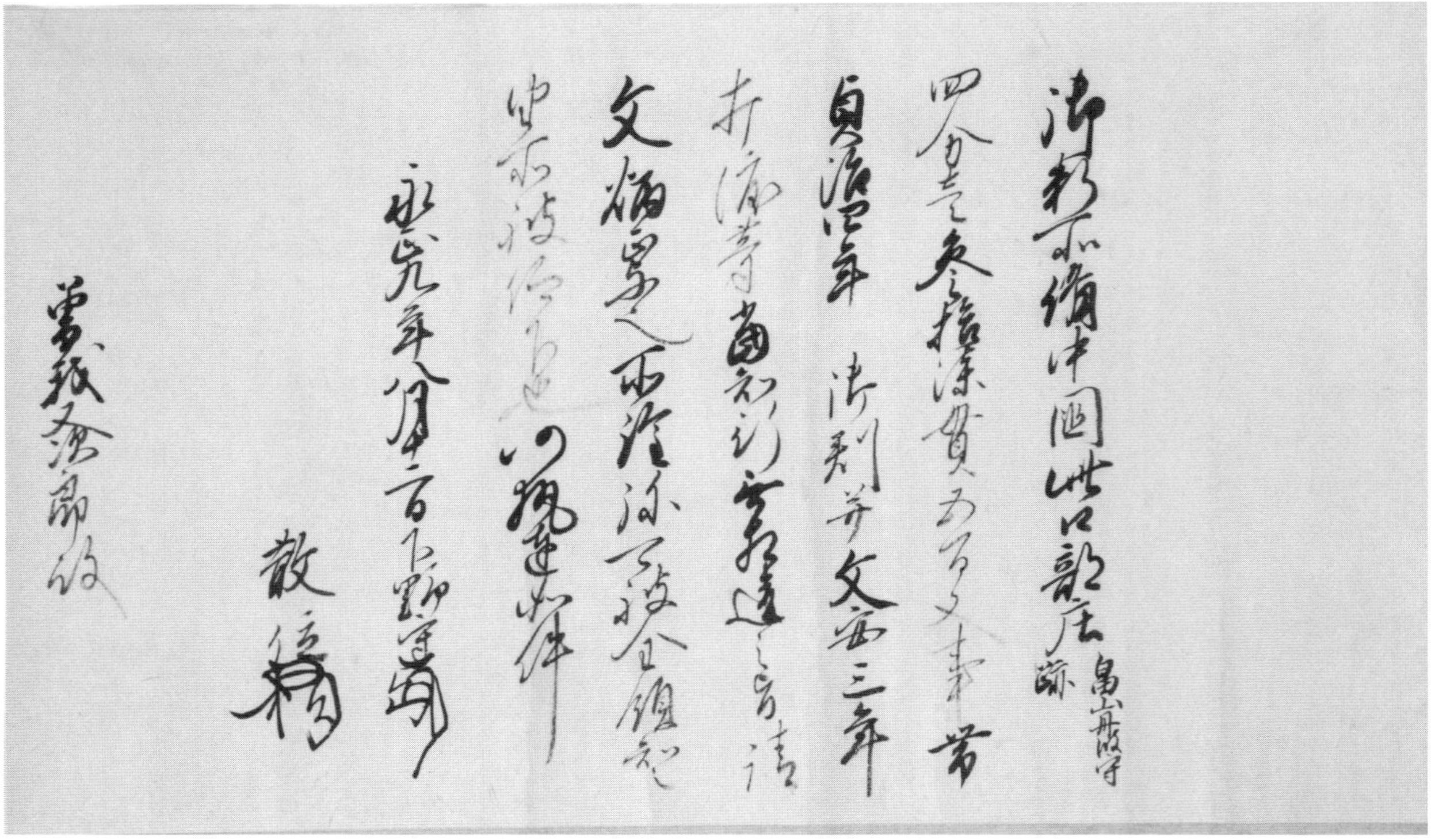

87　室町幕府奉行人連署奉書写

御料所備中国呰部庄畠山丹波守跡四分壱参拾柒貫五百文事、帯
貞治四年　御判并文安三年
打渡等、当知行無相違之旨、請
文炳焉也、所詮弥可被全領知之
由所被仰下也、仍執達如件、
永正九年八月十二日　下野守(飯尾之秀)（花押影）
散位(諏訪長俊)（花押影）
曾我又次郎殿

119号文書（室町幕府9）
竪紙
二六六×四四六

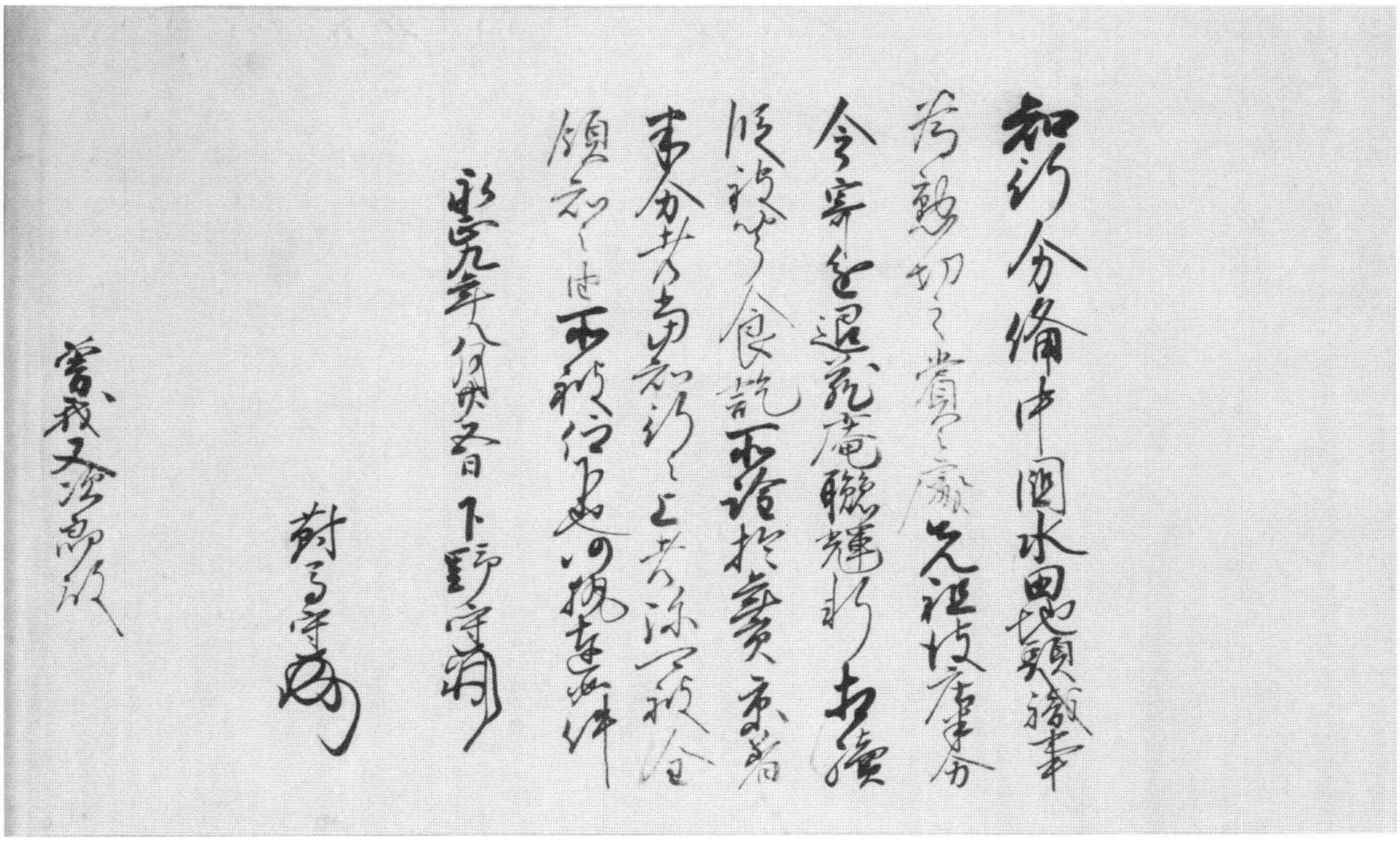

88　室町幕府奉行人連署奉書写

知行分備中国水田地頭職事、
為勲功之賞之処、先祖彼庄半分
令寄進退蔵庵、聯輝軒相続
段被聞食訖、所詮於年貢京着
半分者、当知行之上者、弥可被全
領知之由、所被仰下也、仍執達如件、

永正九年八月廿五日　下野守（飯尾之秀）（花押影）
対馬守（松田秀致）（花押影）

曾我又次郎殿

120号文書（室町幕府10）
竪紙
二六七×四三五

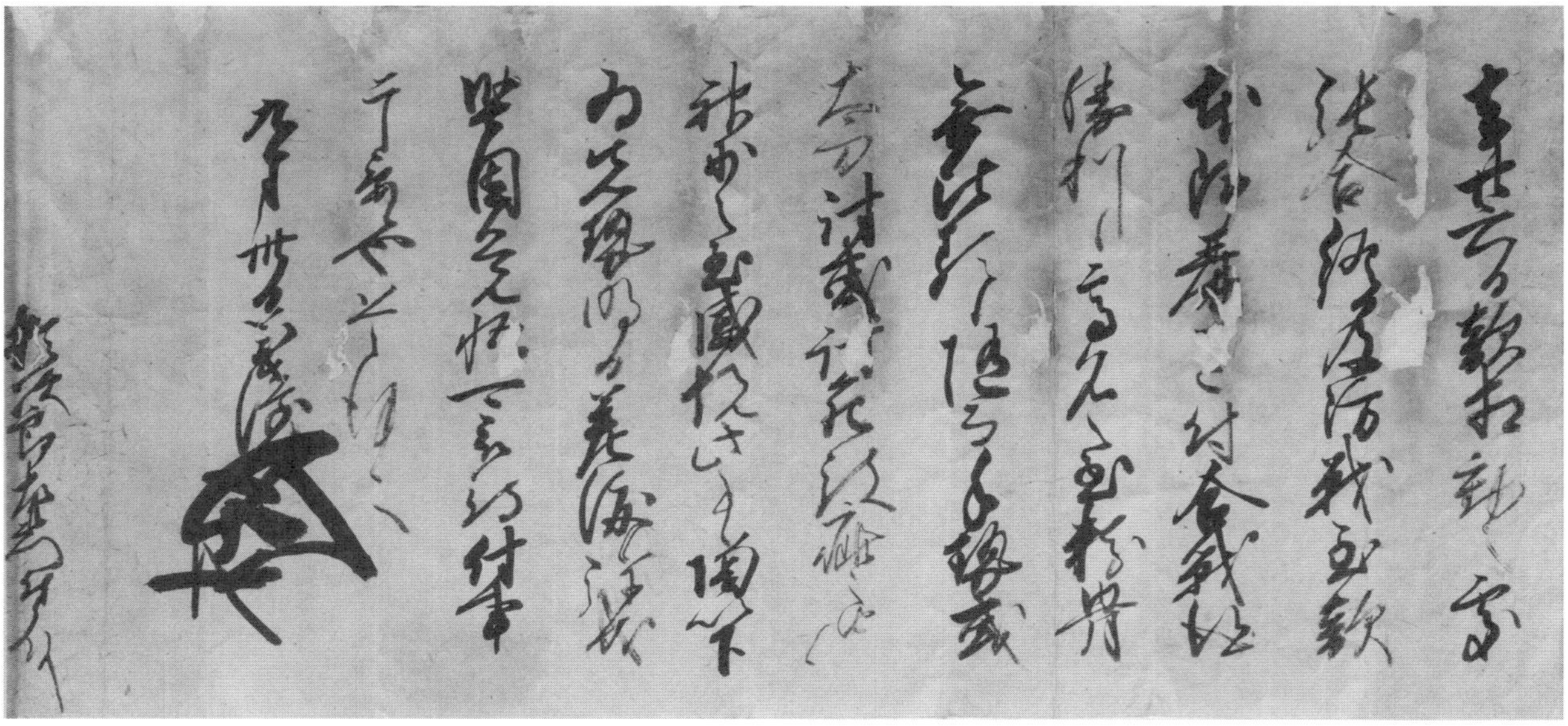

89　大内義隆書状

「（包紙上書）杉次郎左衛門尉殿　義隆」

去廿六日敵相動之処、
張合終日及防戦、至敵
本陣麓迄、付合戦得
勝利候、高名之至、粉骨
無比類候、随而手勢或
太刀討、或討死被疵之由候、
神妙之至感悦此事候、陶（隆房）以下
為先勢明日差渡候、弥成
堅固覚悟、可被仰付事
干要候也、恐々謹言、
（天文九年）九月卅日　（大内）義隆（花押）

杉（隆宣）次郎左衛門尉殿

122号文書
切紙　包紙あり
二〇四×四三二

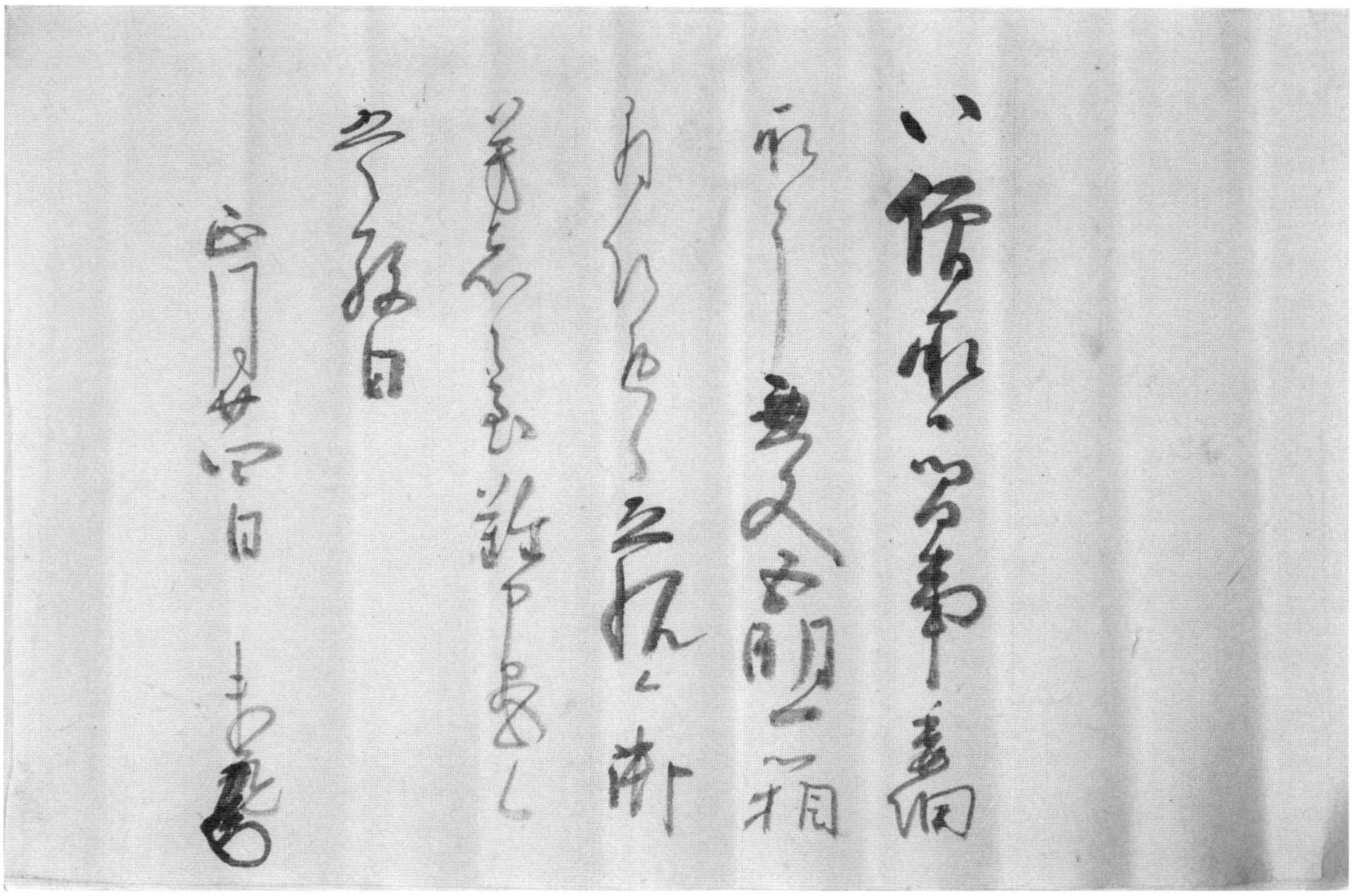

90　某頼定書状

（切封）

以仰承候間事、委細
承候了、兼又五明一箱
尋被返了、恐悦候、御
芳志之至難申尽候、
恐々敬白、

（年未詳）正月廿四日　頼定（花押）

128号文書（頼定２）
竪紙　礼紙あり
三三〇×五〇九

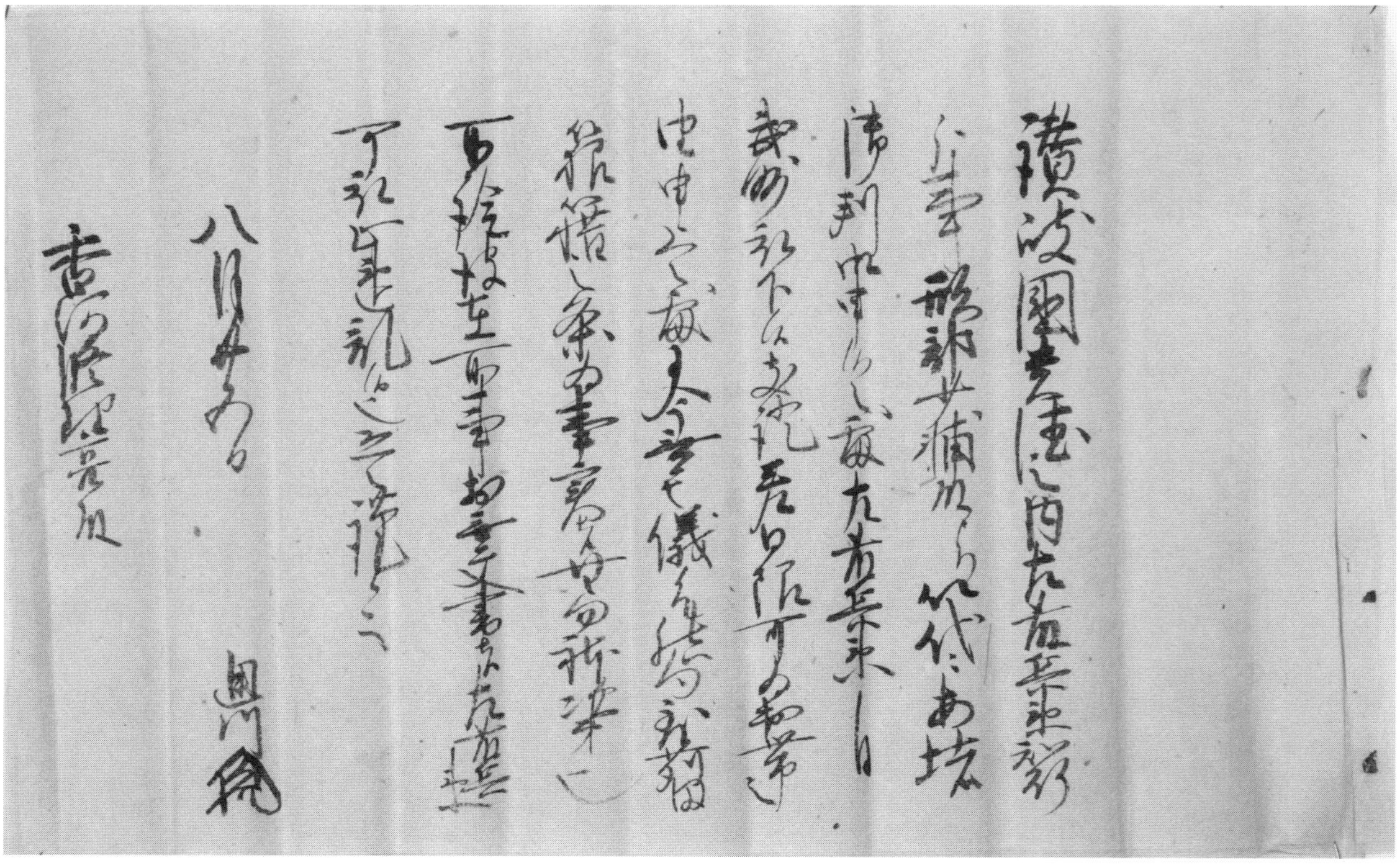

91　某通門書状

（包紙上書）「香河修理亮入道殿　通門」

（端裏切封墨引）

讃岐国貴徳之内左藤兵衛知行
分事、（細川）刑部少輔殿より以代々安堵
御判御申候之処、左藤兵衛自
（細川）武州被下候支証、差日限可為出帯之
由申上之処、于今無其儀候て、結句致苅田
狼籍之条、為事実者無勿躰次第也、
所詮彼在所事、於無文書者、左藤兵衛
可被止違乱候也、恐々謹言、

（年未詳）八月廿五日　通門（花押）

香河修理亮殿

129号文書（室町諸将1）
竪紙　包紙・礼紙あり
三〇五×四九〇

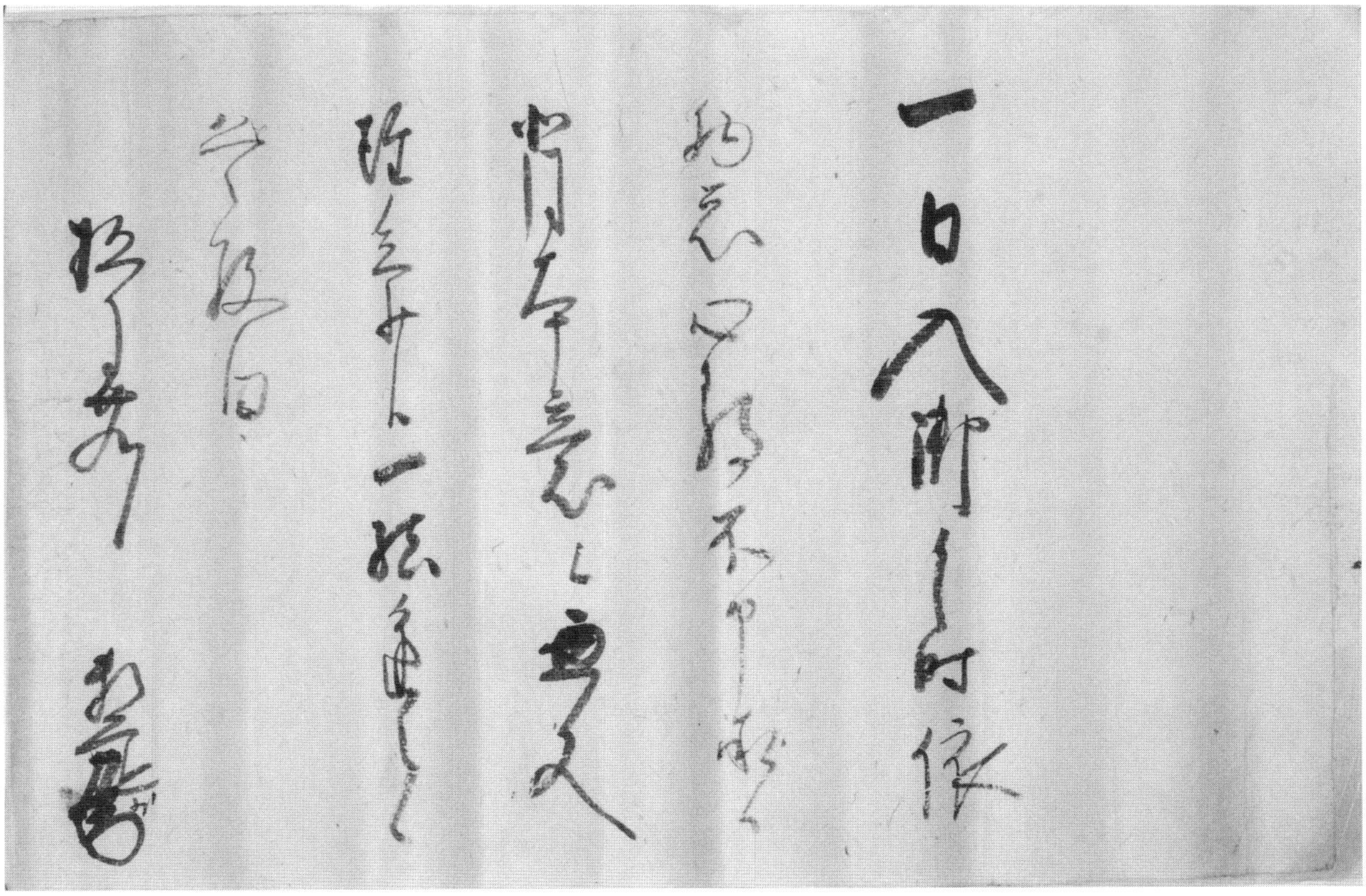

92　某頼定書状

「（礼紙上書）進之候　頼定
（墨引）」

（切封墨引）

一日入御之時、依
物忩心静不申承候、
背本意候、兼又
雖乏少候、一結進之候、
恐々敬白、
（年未詳）極月廿九日　頼定少（花押）

130号文書（頼定1）
竪紙　礼紙あり
三三八×五二六

永源庵宛寄進状

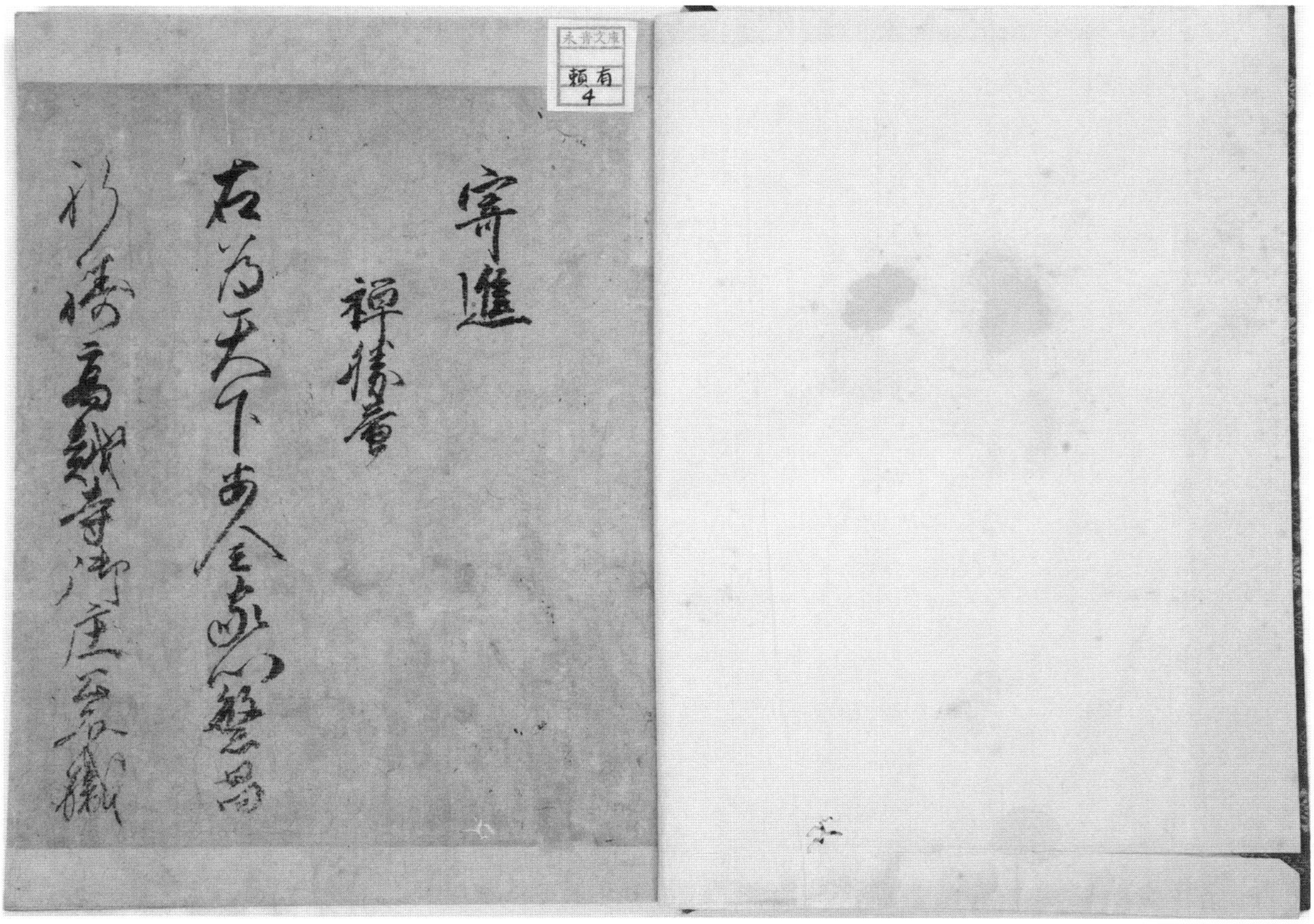

1　細川頼有寄進状

寄進
　禅勝庵
右、為天下安全・家門繁昌
祈禱、（阿波）高越寺御庄公文職

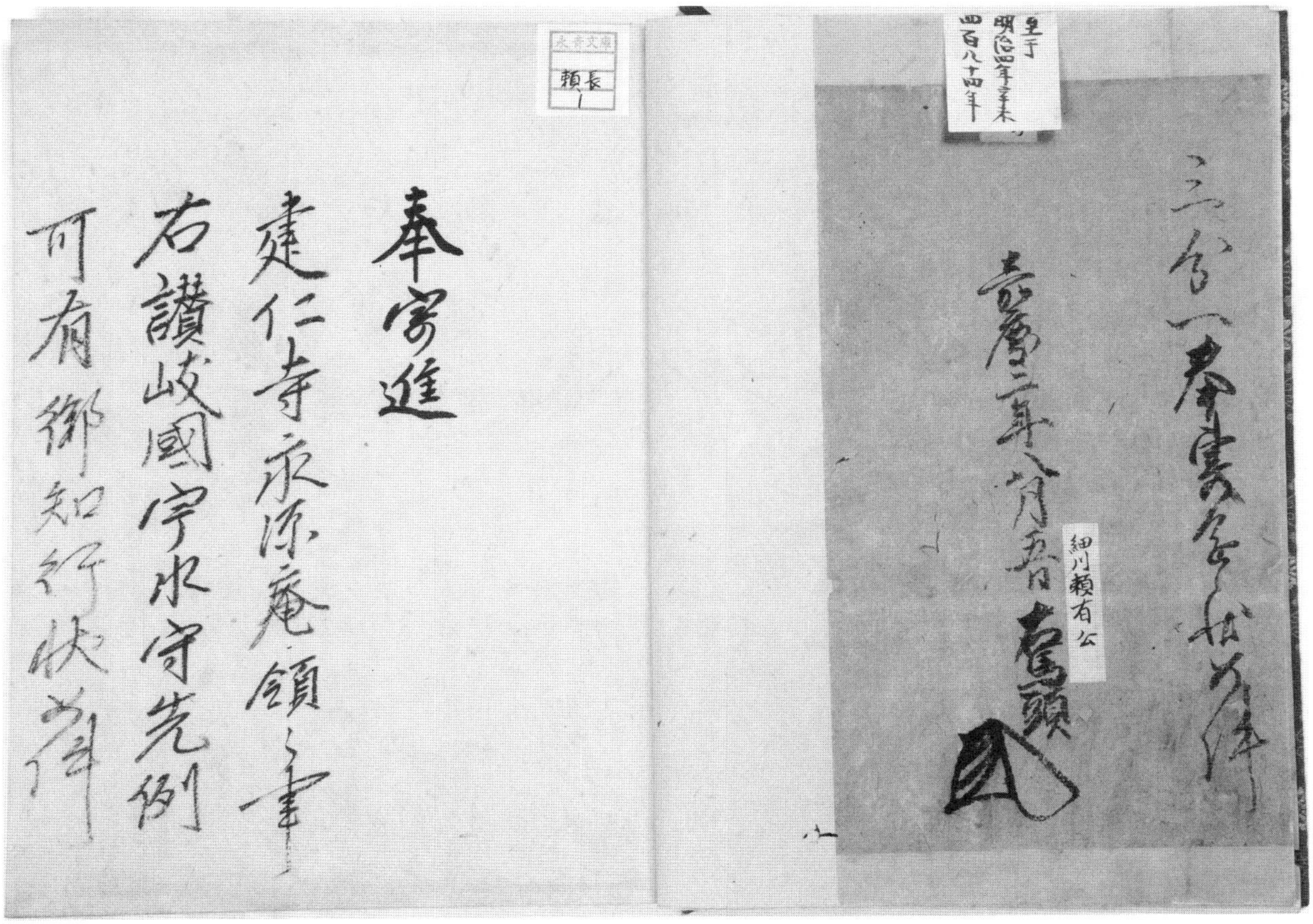

三分一、奉寄進之状如件、

嘉慶二年八月五日（貼紙）「細川頼有公」　右馬頭（細川頼有）（花押）

（天部貼紙）
「至享保十七壬子年
得三百四十五年　」
「至于
明治四年辛未
四百八十四年」

29号文書（頼有4）
竪紙
二九三×四一〇

2　細川頼長寄進状

奉寄進
建仁寺永源庵領之事、
右、讃岐国宇水、守先例
可有御知行状如件、

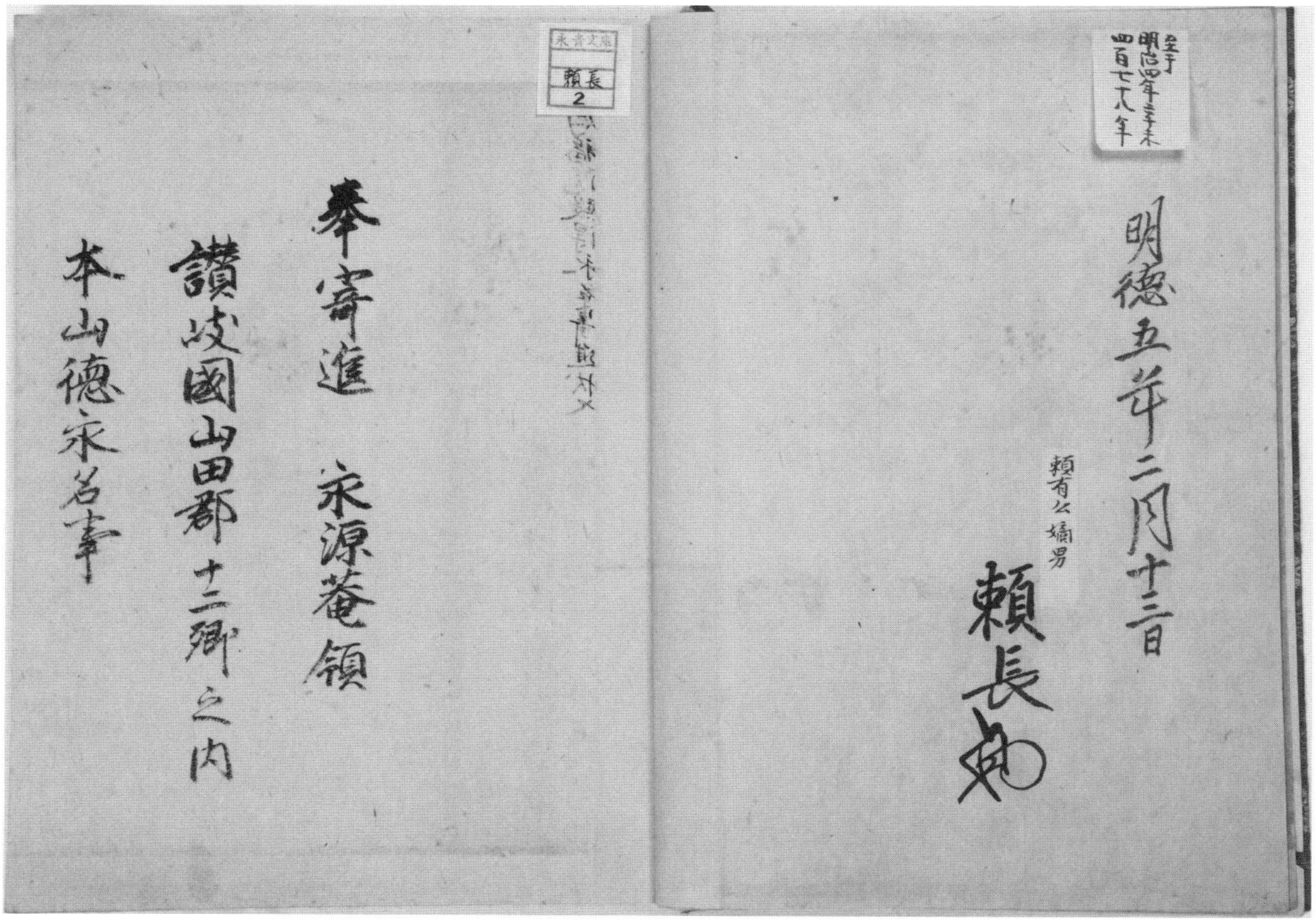

明徳五年二月十三日

（貼紙）「頼有公嫡男」
頼長（細川）（花押）

（天部貼紙）
「至享保十七壬子年
得三百卅九年　」
「至于
明治四年辛未
四百七十八年」

35号文書（頼長1）
竪紙
三二七×四六五

3　細川頼長寄進状

（端裏書）
「薦福院殿得永名寄進状也」

奉寄進　永源菴領

讃岐国山田郡十二郷之内

本山徳永名事、

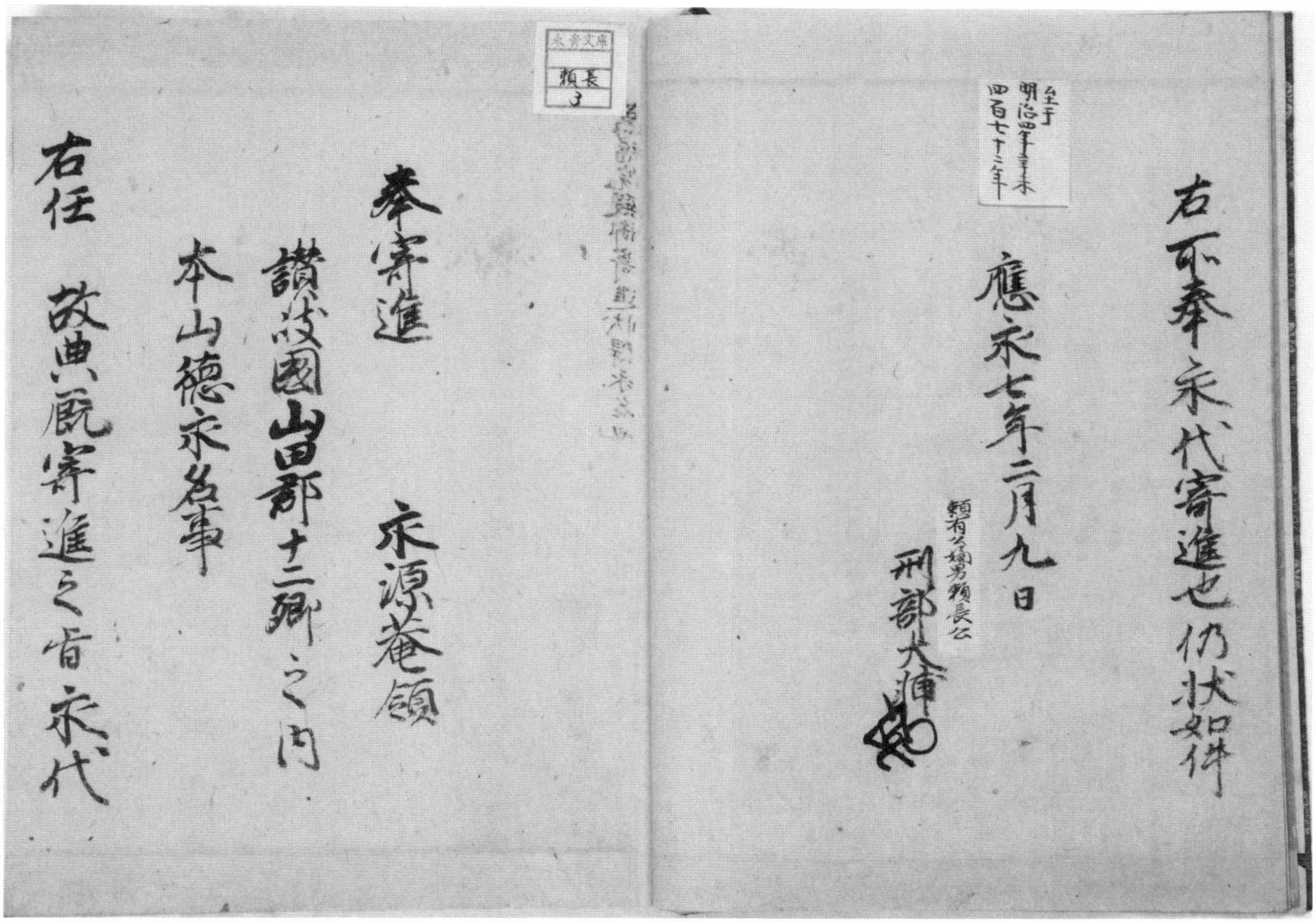

右、所奉永代寄進也、仍状如件、

応永七年二月九日

(貼紙)「頼有公嫡男頼長公」刑部大輔(細川頼長)(花押)

(天部貼紙)「至于
明治四年辛未
四百七十二年」

37号文書(頼長2)
竪紙
二九八×四六〇

4 細川頼長寄進状

(端裏書)「蕙福院殿御寄進状得永名也」

奉寄進 永源菴領
讃岐国山田郡十二郷之内
本山徳永名事、
右、任 故典廐(細川頼有)寄進之旨、永代

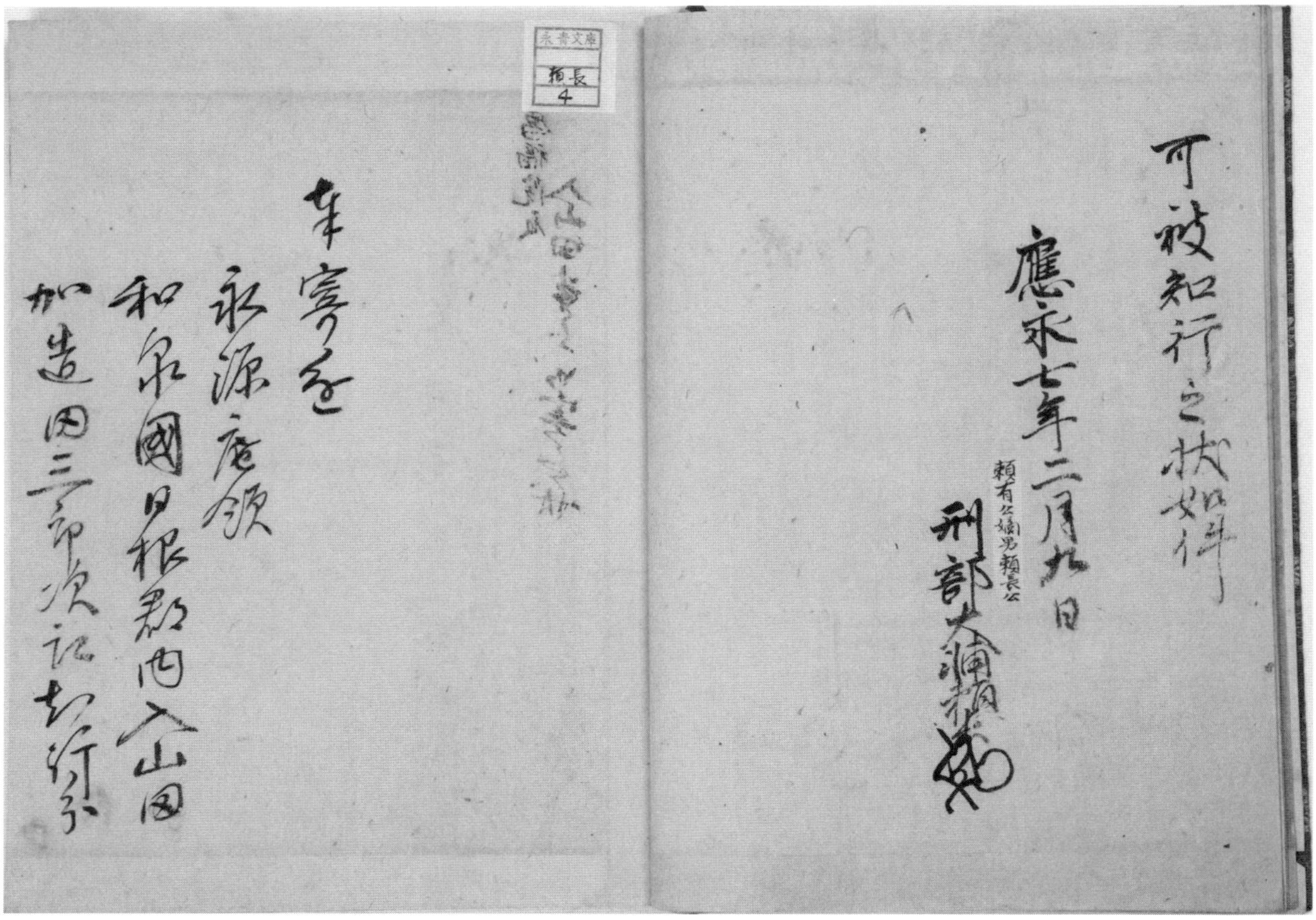

可被知行之状如件、

応永七年二月九日

（貼紙）「頼有公嫡男頼長公」

刑部大輔（細川）頼長（花押）

36号文書（頼長3）

竪紙

二九〇×四七〇

5 細川頼長寄進状

（端裏書）「薦福院殿

入山田半分御寄進状」

奉寄進

永源庵領

和泉国日根郡内入山田

加造田三郎次郎知行分

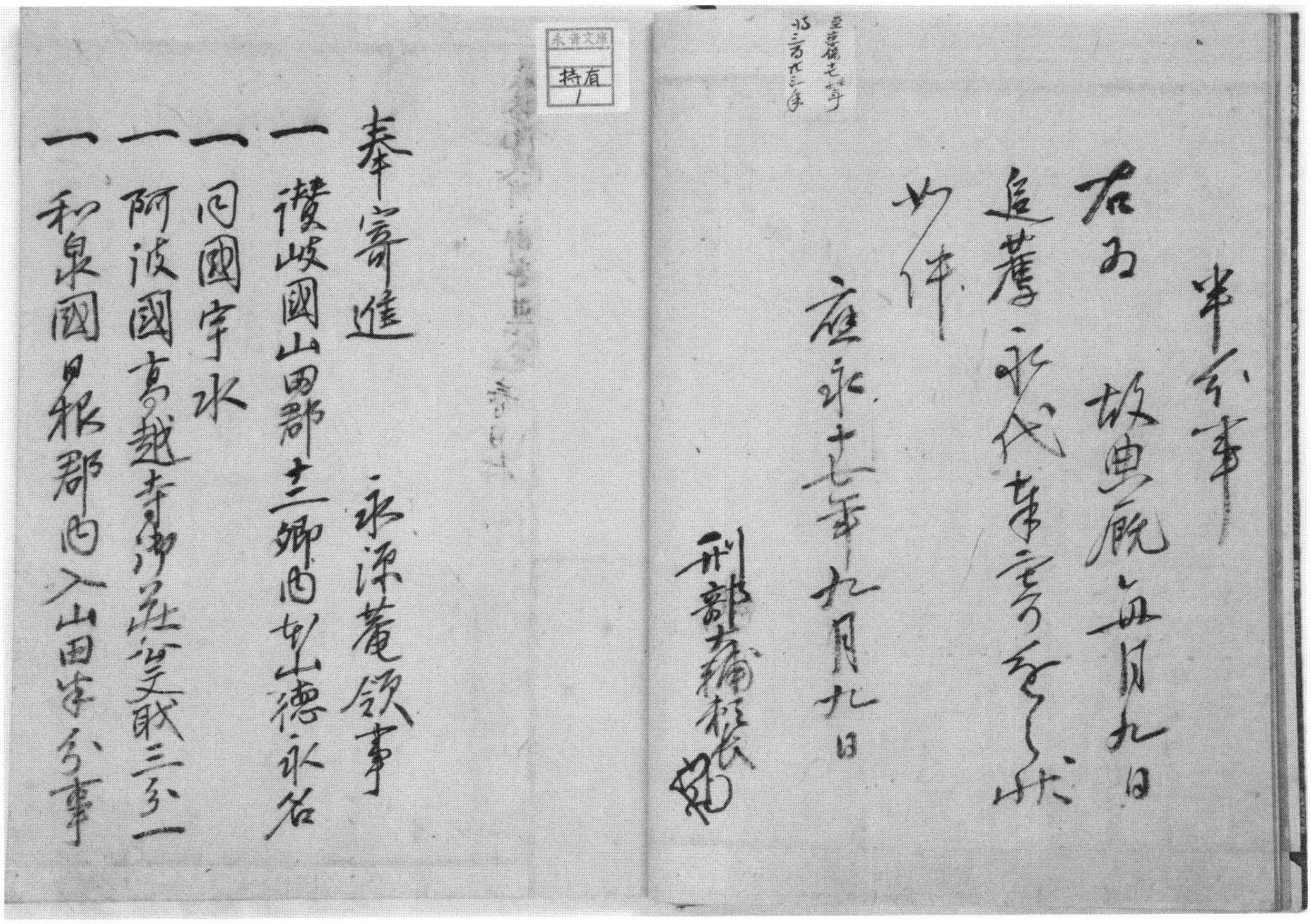

半分事、
右、為　故典厩（細川頼有）毎月九日
追薦（善カ）、永代奉寄進之状
如件、
　応永十七年九月九日
　　刑部大輔（細川）頼長（花押）

（天部貼紙）「至享保十七壬子年
得三百廿三年　」

43号文書（頼長4）
竪紙
二九〇×四六〇

6　細川持有寄進状

（端裏書）「最勝院殿所々御寄進状也　春日村」

奉寄進　永源菴領事
一、讃岐国山田郡十二郷内本山徳永名
一、同国宇水
一、阿波国高越寺御荘公文職三分一
一、和泉国日根郡内入山田半分事

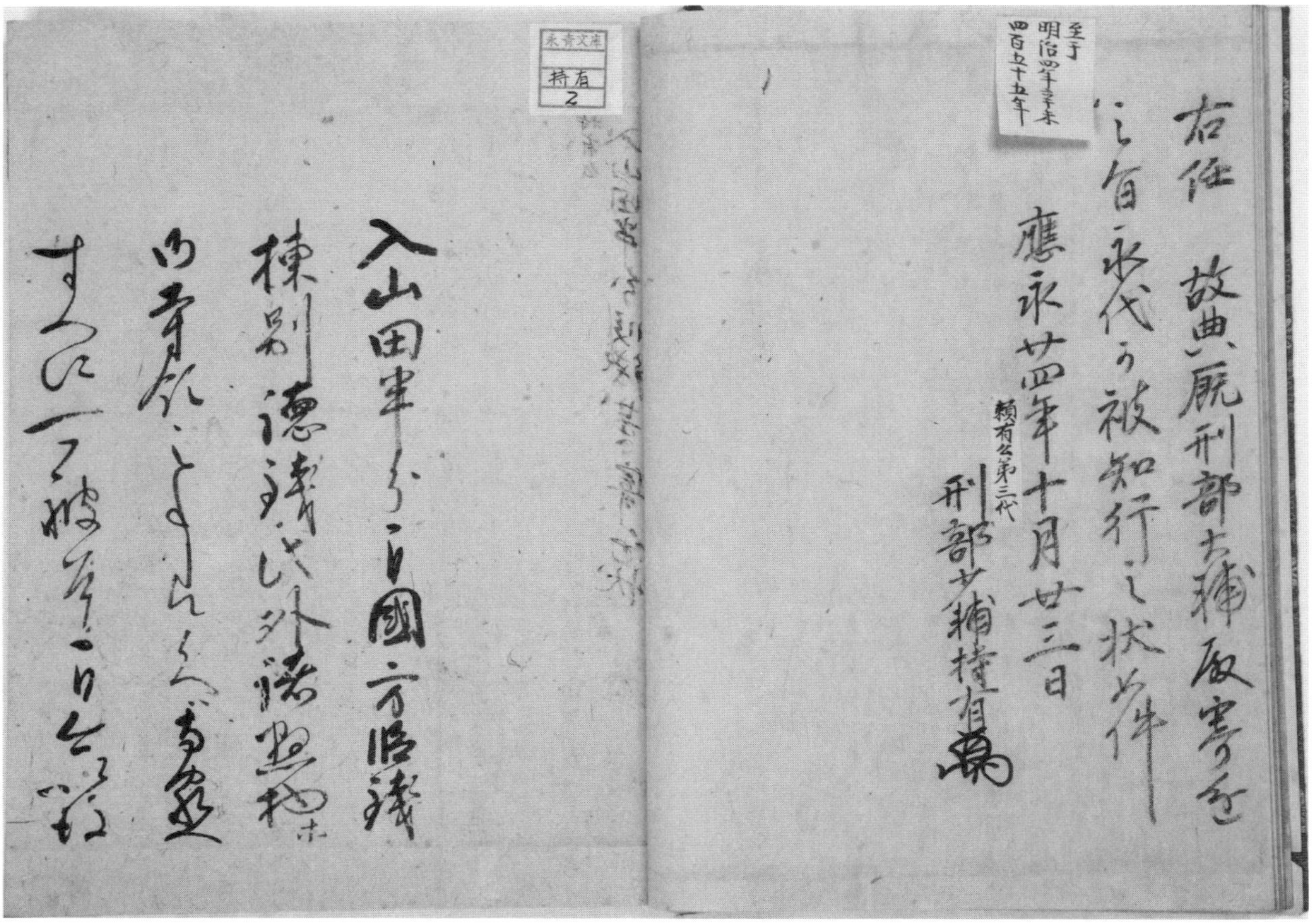

右、任　故典(細川頼有)厩・刑部大輔(細川頼長)殿寄進
之旨、永代可被知行之状如件、

応永廿四年十月廿三日

(貼紙)「頼有公第三代」
(細川)刑部少輔持有（花押）

(天部貼紙)「至享保十七壬子年
得三百十六年　」

「至于
明治四年辛未
四百五十五年」

50号文書(持有1)
竪紙
三一五×四三〇

7　細川持有書下

(端裏書)「持有公
入山田半分段銭等寄進状」

(和泉)入山田半分、自国方段銭・
棟別徳銭此外諸懸物等、
御寺領之事にて候へハ、寺家へ
すくに可被召候、自今以後

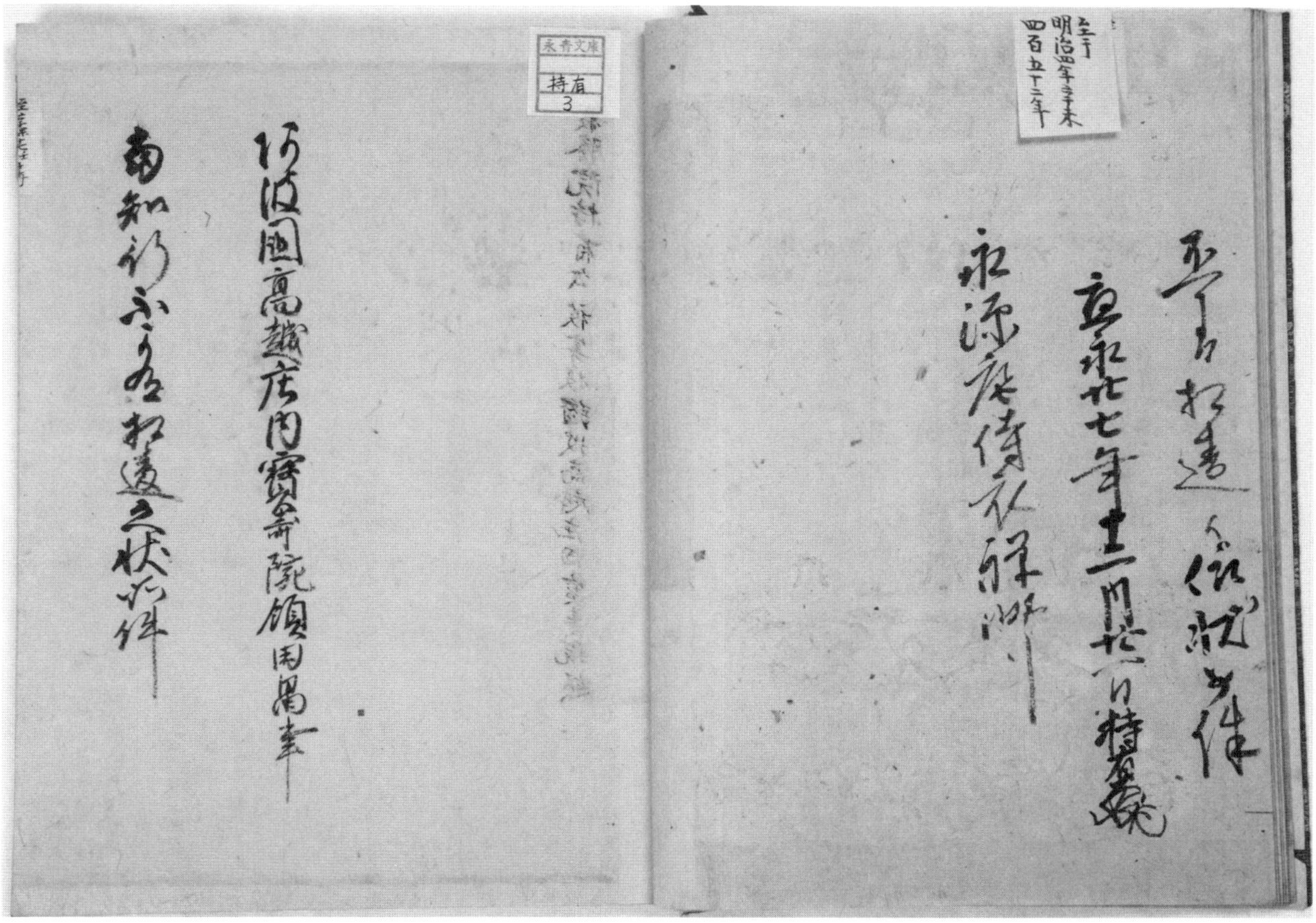

不可有相違候、依状如件、

　応永廿七年十二月廿一日　持有(細川)（花押）

永源庵侍衣禅師

(天部貼紙)「至享保十七壬子年
得三百十三年」

「至于
明治四年辛未
四百五十二年」

51号文書（持有2）
竪紙
二八五×四五〇

8　細川持有安堵状

(端裏書)「最勝院持有公被寄援阿波高越庄内宝寿院領」

阿波国高越庄内宝寿院領田畠事、

当知行不可有相違之状如件、

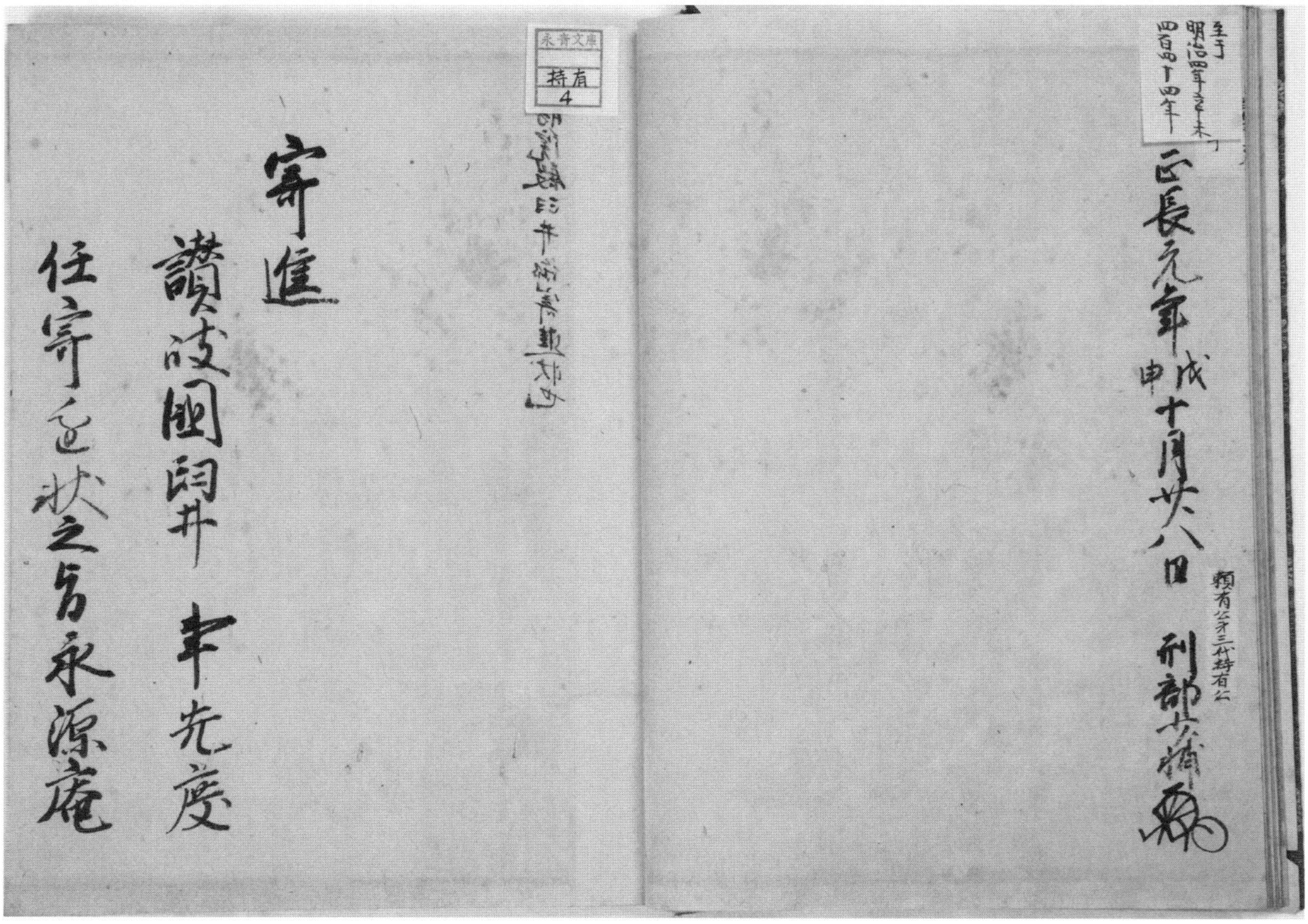

正長元年戊申十月廿八日（貼紙）「頼有公第三代持有公」刑部少輔（細川持有）（花押）

（天部貼紙）「至享保十七壬子年
得三百五年　　」

「至于
明治四年辛未
四百四十四年」

52号文書（持有3）
竪紙
三一五×四五五

9　細川持有寄進状

（端裏書）「最勝院殿臼井御寄進状也」

寄進
讃岐国臼井　事、先度
任寄進状之旨、永源庵

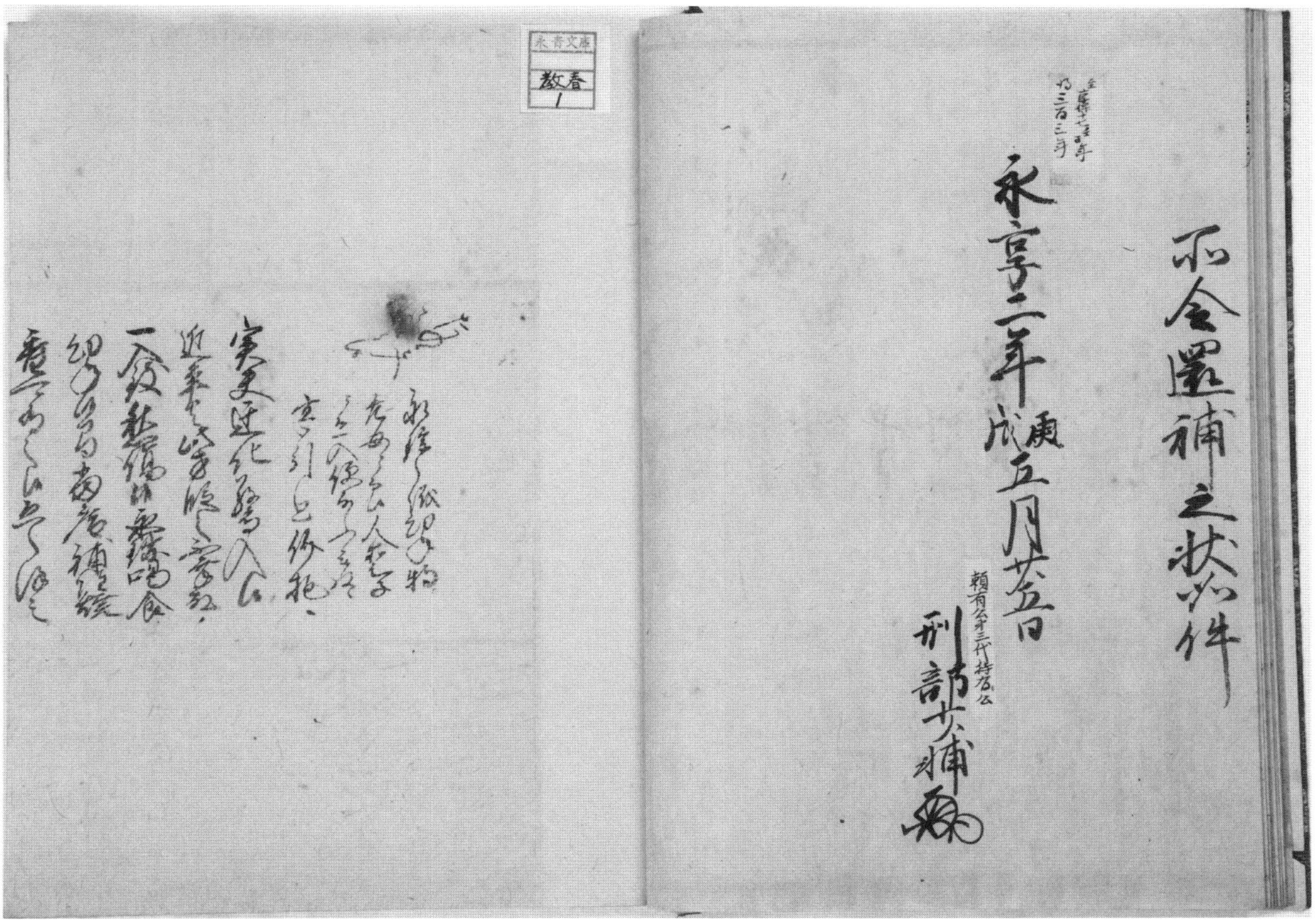

所令還補之状如件、

永享二年庚戌五月廿五日

（貼紙）「頼有公第三代持有公」

刑部少輔（細川持有）（花押）

（天部貼紙）
「至享保十七壬子年
得三百三年　」

53号文書（持有4）
竪紙
三二〇×四三五

10　細川教春書状

永琮之儀幼年、特ニ
老母ニ而候人愛子
ニ而、一入便なふ被存候、
宜御引廻介抱
たのミ入まいり候、
実夫迁化驚入候、
近年者此方段々不幸故、
一入致愁傷候、永琮喝食
幼年候間、当庵補随焼
香可有之候、恐々謹言、

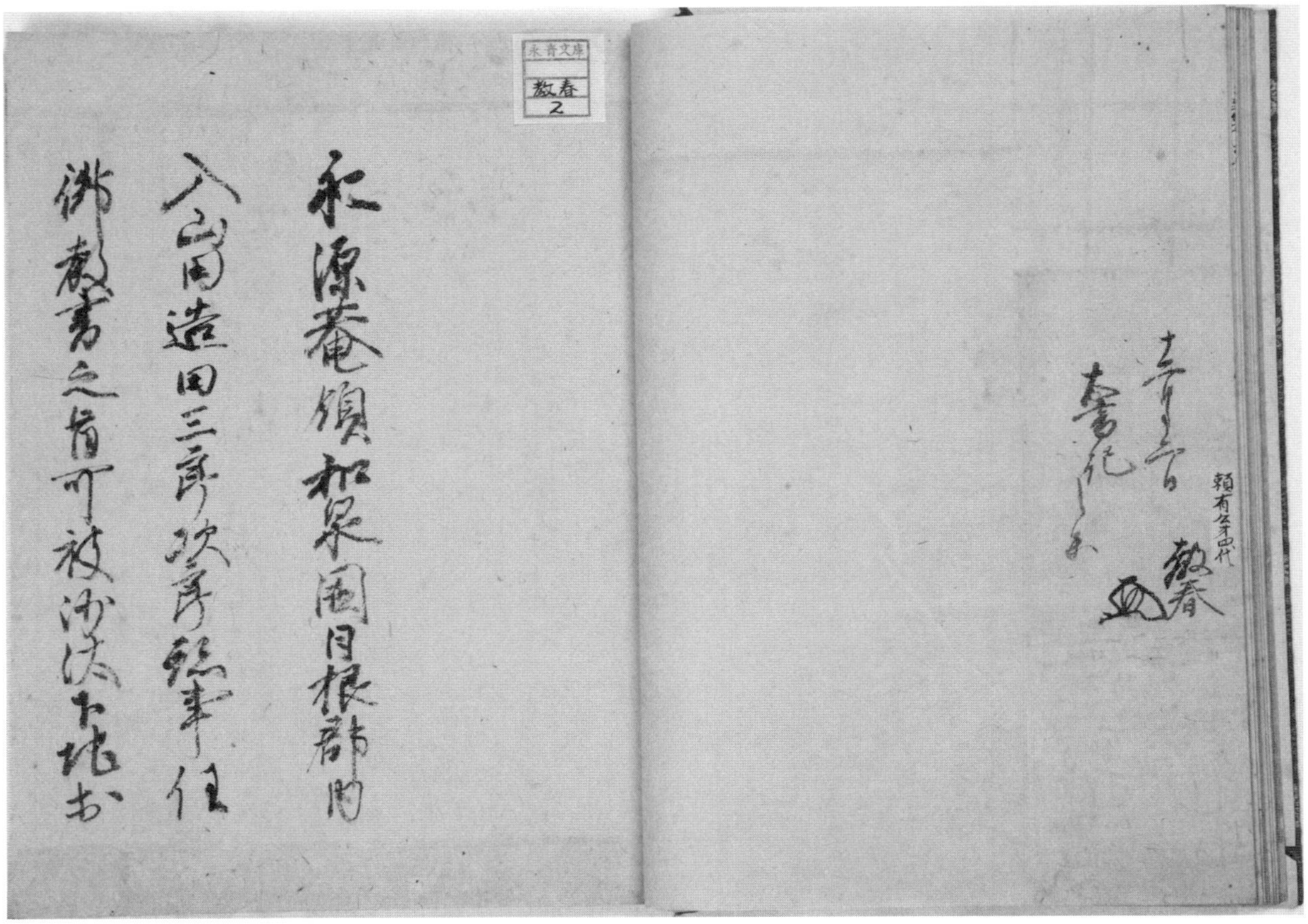

（年未詳）十二月二日 「（貼紙）頼有公第四代」教春（細川）（花押）

大書記

御参

75号文書（教春１）

切紙

一四〇×二七五

11 細川教春遵行状

永源菴領和泉国日根郡内

入山田造（加脱カ）田三郎次郎跡事、任

御教書之旨、可被沙汰下地於

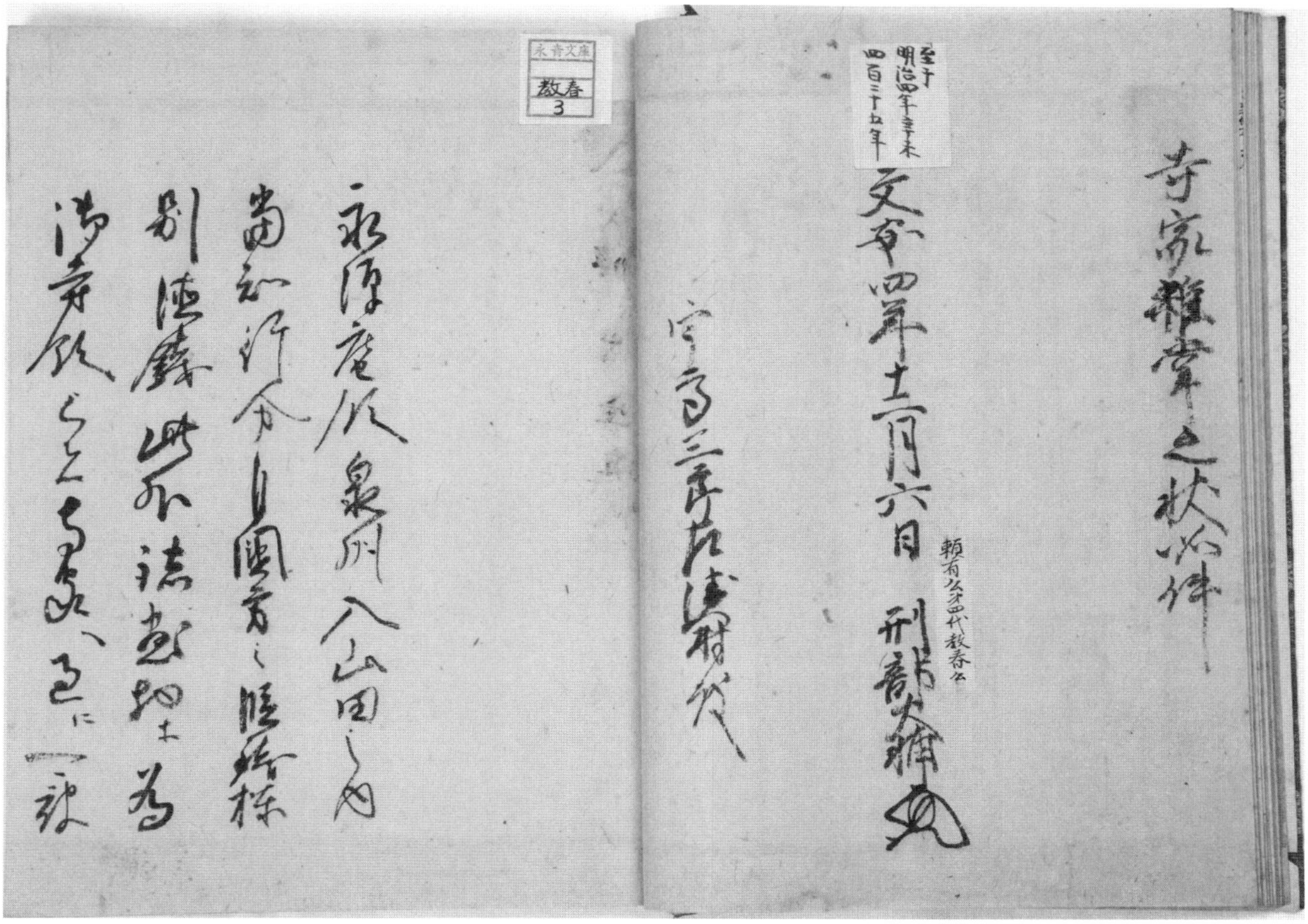

寺家雑掌之状如件、

文安四年十二月六日　(貼紙)「頼有公第四代教春公」刑部大輔(細川教春)　(花押)

宇高三郎(有光)左衛門尉殿

(天部貼紙)「至享保十七壬子年
得二百八十六年　」
「至于
明治四年辛未
四百二十五年」

70号文書(教春2)
竪紙
二九〇×四六〇

12　細川教春遵行状

(端裏書)「教春　入□□　□　寄進」

永源庵領泉州入山田之内
当知行分、自国方之段銭・棟
別徳銭、此外諸懸物等、為
御寺領上者、寺家へ過(直)に可被

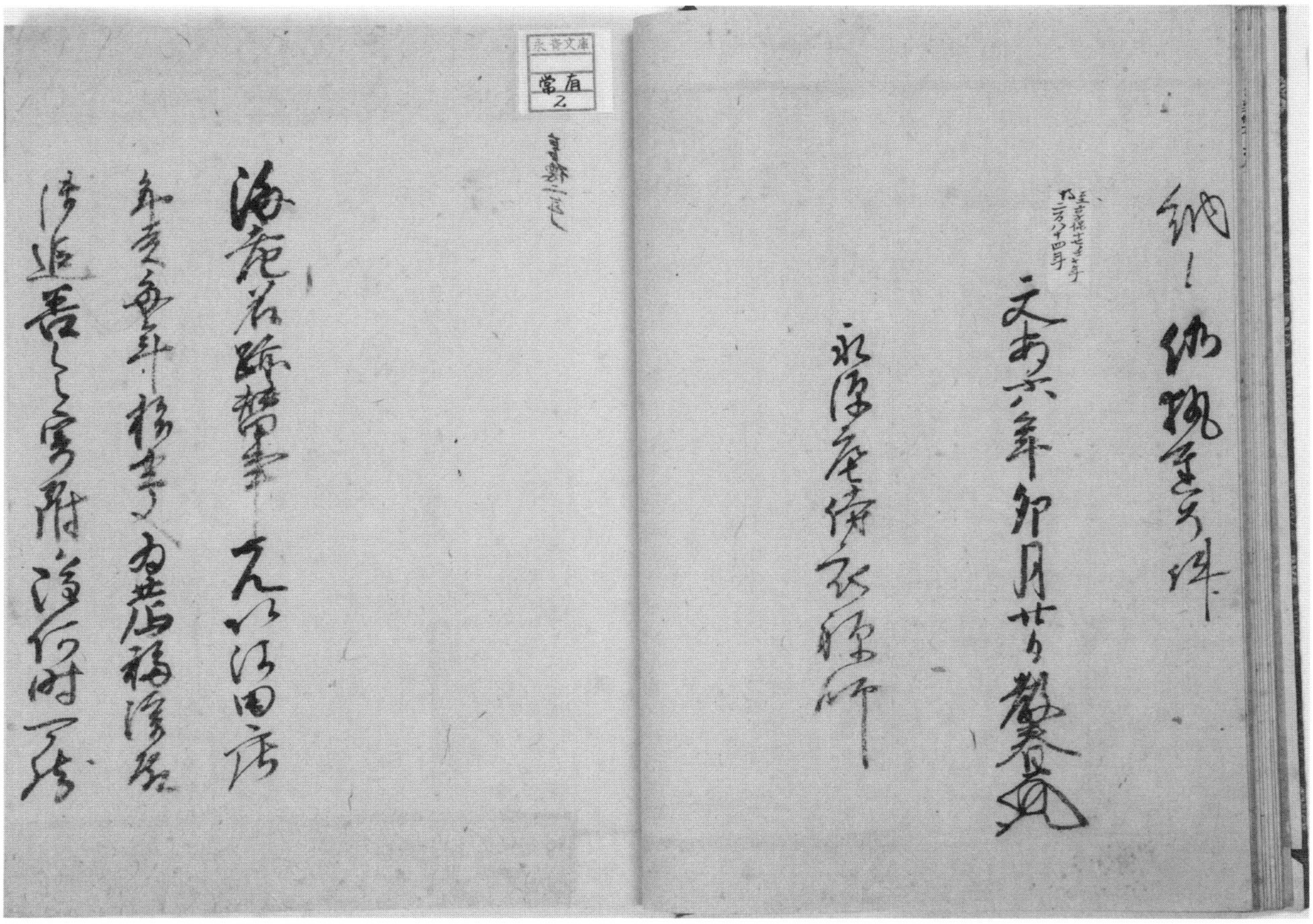

納候、仍執達如件、

文安六年卯月廿日　教春(細川)（花押）

永源庵侍衣禅師

(天部貼紙)「至享保十七壬子年
得二百八十四年」

72号文書（教春3）
竪紙
二九〇×四六五

13　細川常有書状

(端裏書)「享徳二年」

海老名跡替事、先以河田庄(阿波)
年貢毎年拾貫文、為薦福院殿(細川頼長)
御追善令寄附候、雖何時可然

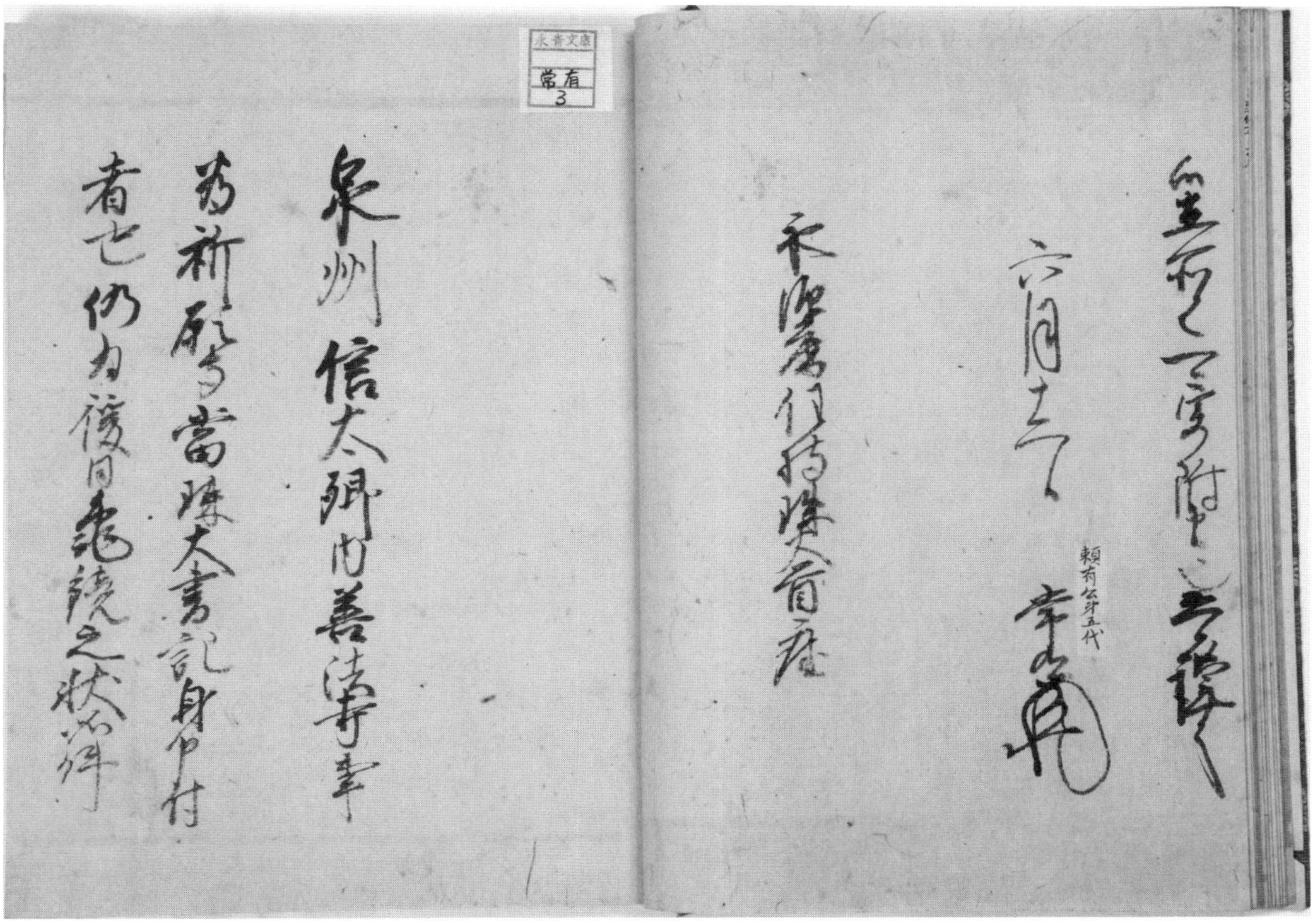

候在所候者、可寄附申候也、恐々謹言、

（享徳二年）六月十二日　（貼紙）「頼有公第五代」常有（細川）（花押）

永源庵住持珠大首座

81号文書（常有２）
竪紙
二七〇×四五〇

14　細川常有書下

泉州信太郷内善法寺事、
為祈願寺当珠大書記身申付
者也、仍為後日亀鏡之状如件、

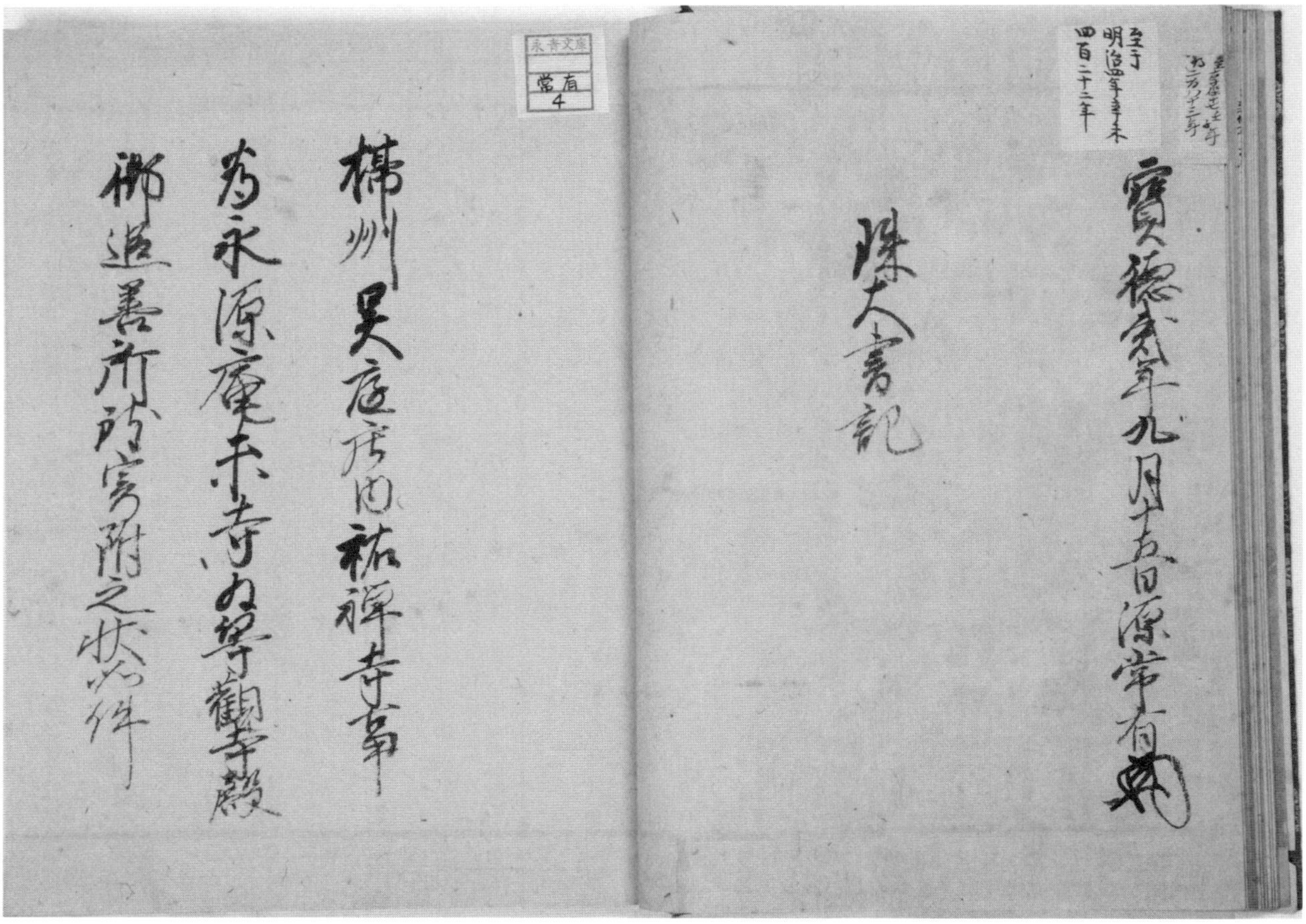

宝徳弐年九月十五日　源常有(細川)（花押）

珠大書記

(天部貼紙)
「至亨保十七壬子年
得二百八十三年　」
「至于
明治四年辛未
四百二十二年」

78号文書(常有3)
竪紙
二八五×四六五

15　細川常有寄進状

摂州呉庭庄内祐禅寺事、
為永源庵末寺、為等観寺殿(細川教春)
御追善所致寄附之状如件、

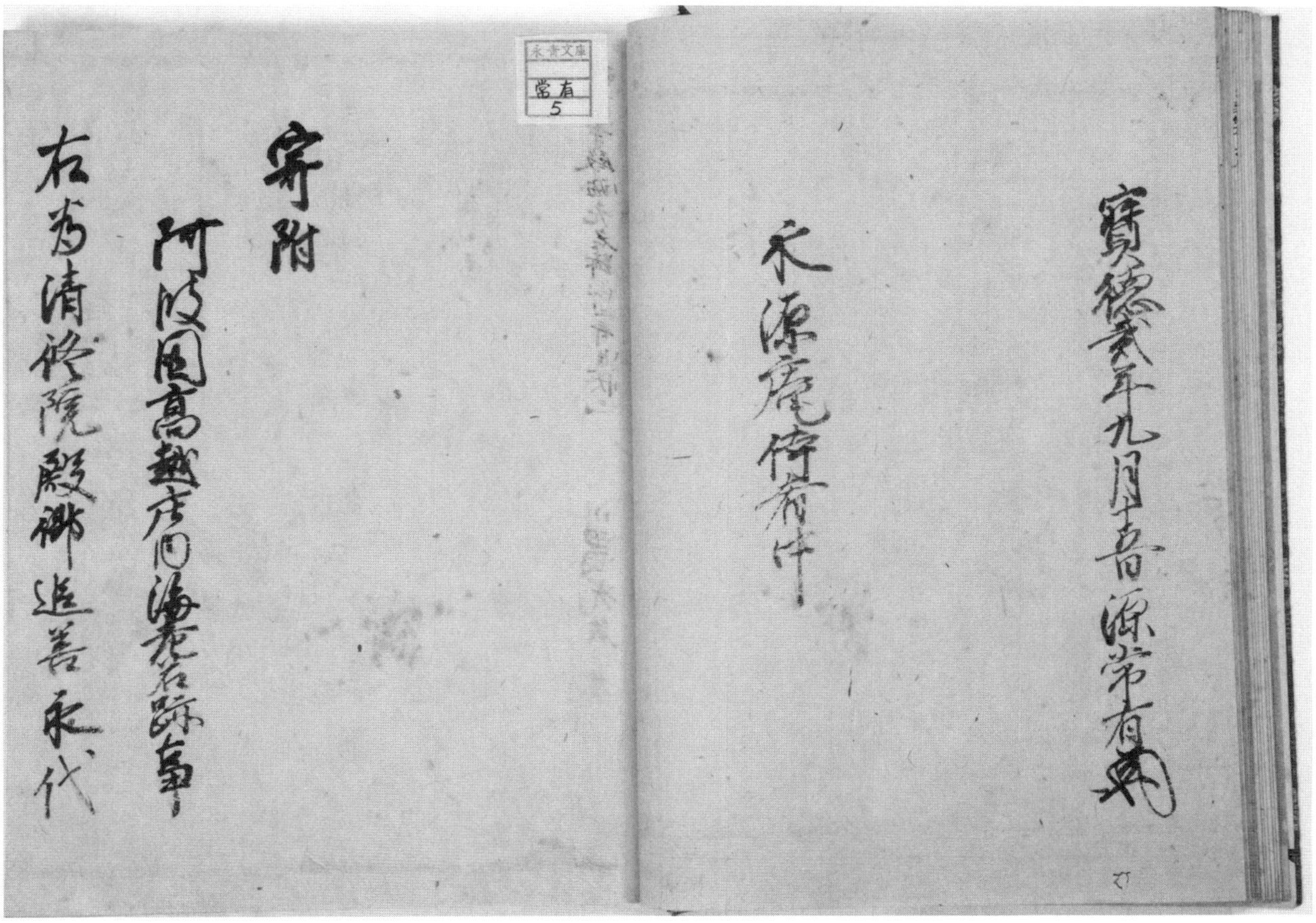

宝徳弐年九月十五日　源(細川)常有（花押）

永源庵侍者中

79号文書(常有4)
竪紙
二八五×四六〇

16　細川常有寄進状

(端裏書)「瑞高寺殿海老名跡御寄進状也　川田国光名之事」

寄附

阿波国高越庄内海老名跡事、

右、為清修院殿御追善、永代

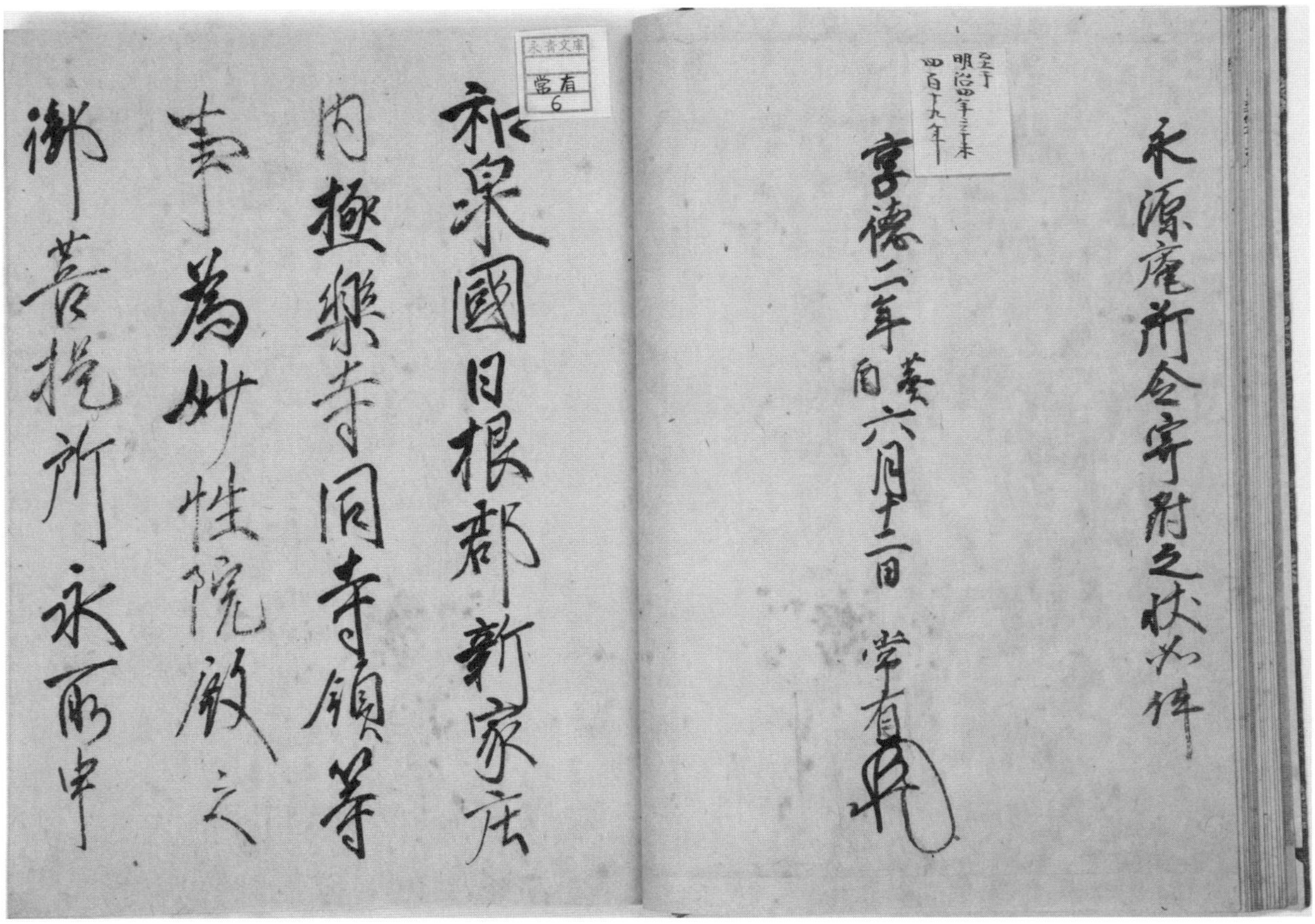

永源庵所令寄附之状如件、

享徳二年葵（癸）酉六月十二日　（細川）常有（花押）

（天部貼紙）
「至享保十七壬子年
得二百八十年　」
「至于
明治四年辛未
四百十九年　」

82号文書（常有5）
竪紙
三二〇×四七〇

17　細川常有寄進状

和泉国日根郡新家庄
内極楽寺・同寺領等
事、為（細川頼敦）妙性院殿之
御菩提所、永所申

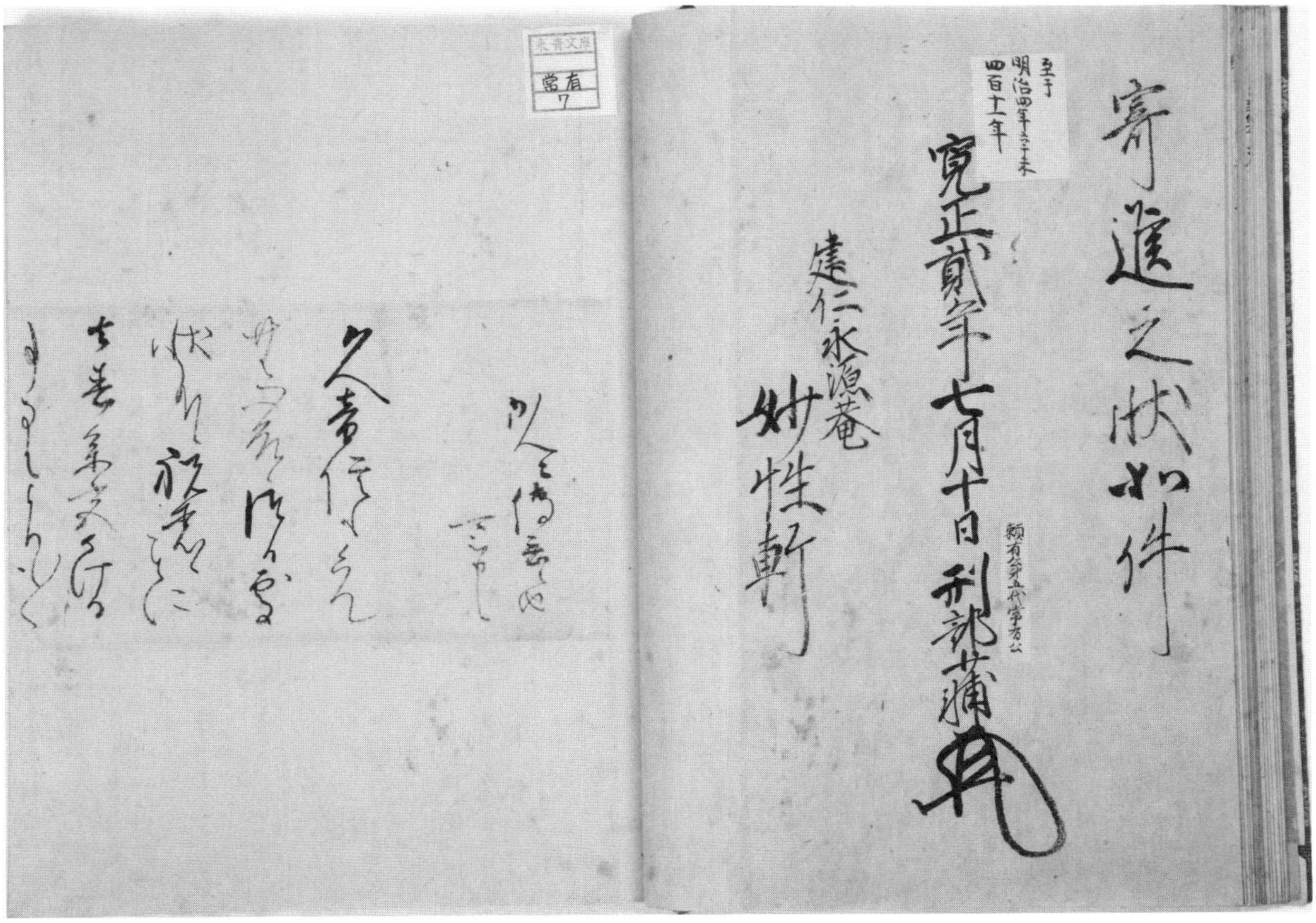

寄進之状如件、

寛正弐年七月十日 (貼紙)「頼有公第五代常有公」 刑部少輔(細川常有)(花押)

建仁永源庵

妙性軒

(天部貼紙)「至享保十七壬子年

得二百七十二年」

「至于

明治四年辛未

四百十一年」

85号文書(常有6)

竪紙

三四〇×四二〇

18 細川常有書状

かんニ伝言之由

可被申候、

久音信も候ハて、

無心元候つる処、

状給候、祝着候、ことに

去春参宮候ける

事、なによりも〱

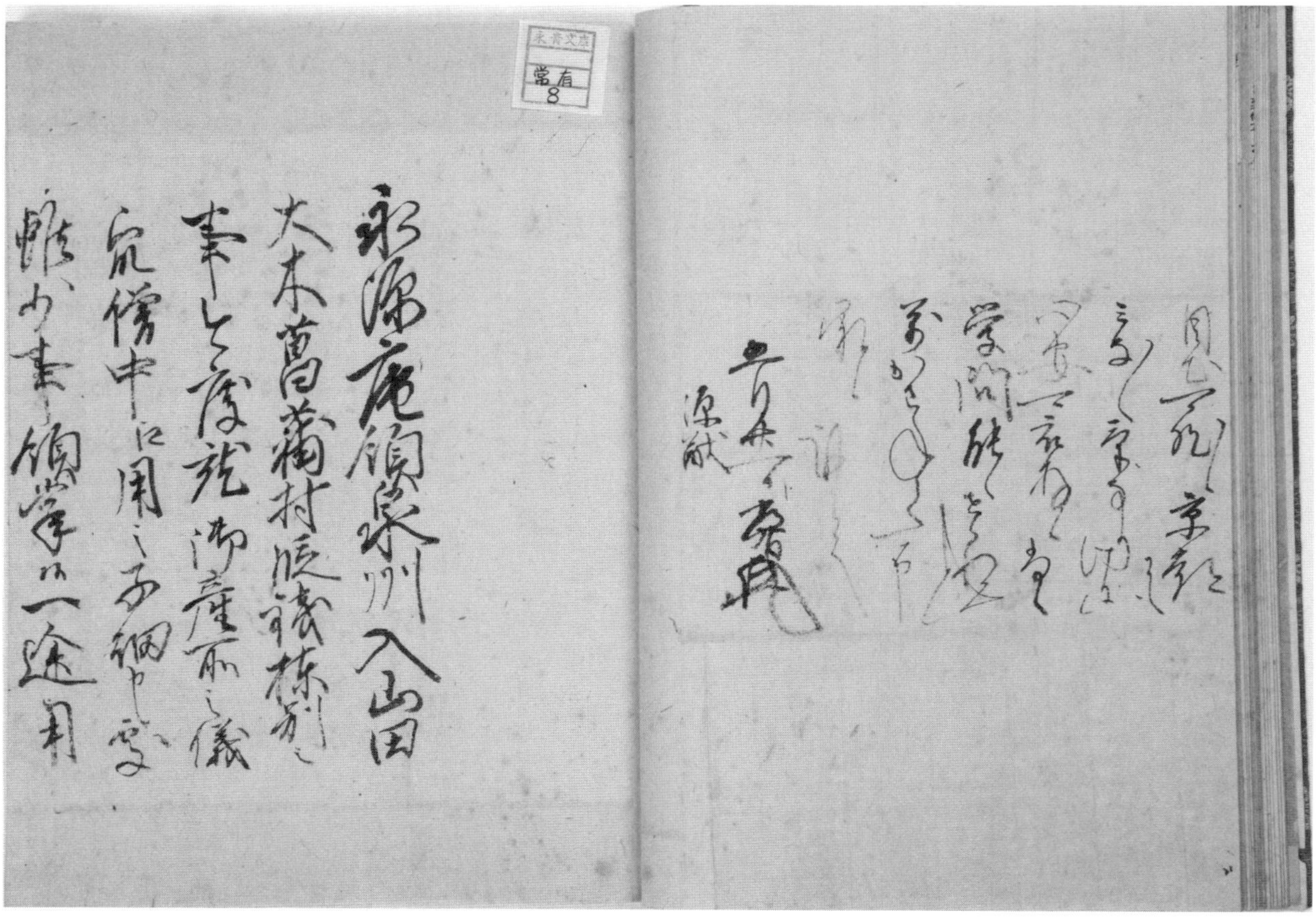

目出可然候、京都にも
ミな〳〵気なりけに候、
心安可被存候、尚々
学問能々せられ候へく候、
万かさねて可申
承候、謹言、
（年未詳）五月廿一日　（細川）常有（花押）
源猷

90号文書(常有7)
切紙
一三〇×四二五

19　細川常有書状

永源庵領泉州入山田・
大木・菖蒲村段銭・棟別之
事、今度就御産所之儀、
衆僧中江用之子細申候処、
雖少事領掌候、一途用

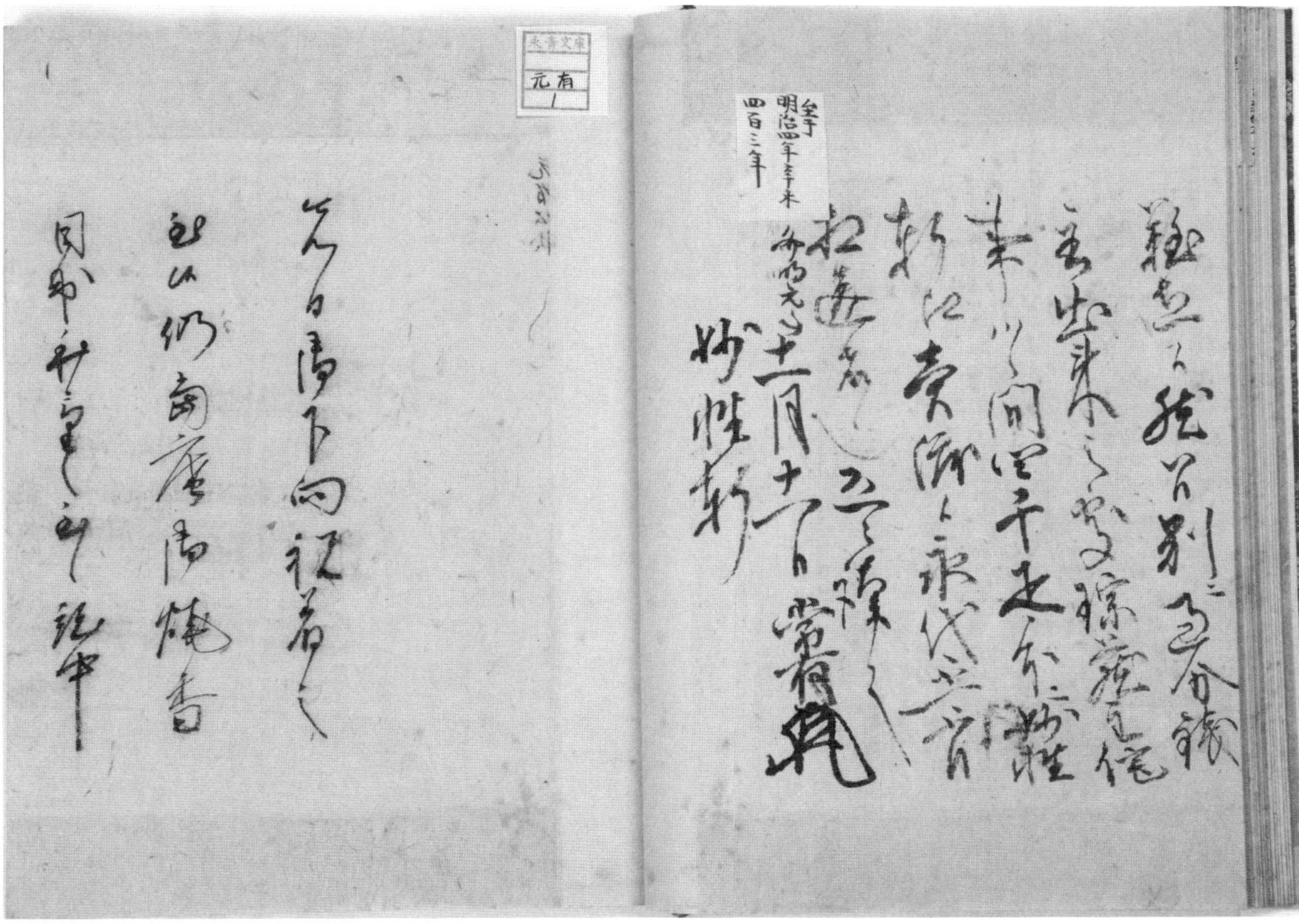

難立候、然間別ニ過分銭
主出来之処、琮蔵主侘
事候之間、四千疋分ニ妙性
軒江売渡候、永代不可有
相違者也、恐々謹言、
文明元年十一月十一日　常有（細川）（花押）
妙性軒
（天部貼紙）「至享保十七壬子年
得二百六十四年」
「至于
明治四年辛未
四百三年」

86号文書（常有8）
竪紙
二六〇×四三〇

20 細川元有書状

（端裏書）「元有公状」
先日御下向祝着之
至候、仍当庵御焼香
目出本望之至候、就中

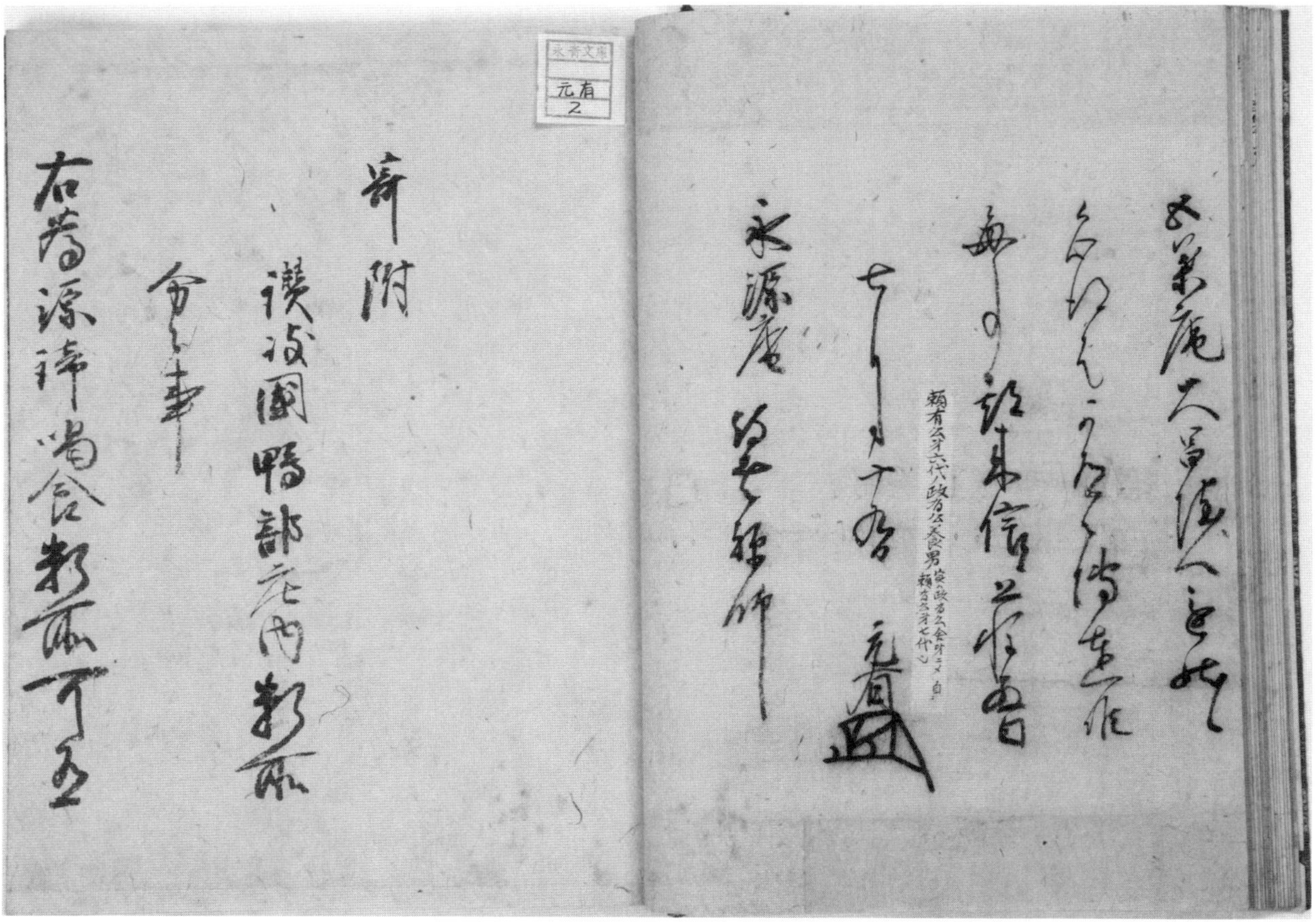

五葉庵・大昌院へ進状候、
御心得候て可有御伝達候、
毎事期来信候、恐惶敬白、
(貼紙)「頼有公第六代ノ政有公養男実ハ政有公舎弟ニメ自頼有公第七代也」
(年未詳)七月十九日　元有(細川)（花押）

永源庵侍者禅師

111号文書(元有1)
竪紙
二六〇×四四〇

21　細川元有寄進状

寄附
讃岐国鴨部庄内料所
分之事、
右、為源諦喝食料所、可有

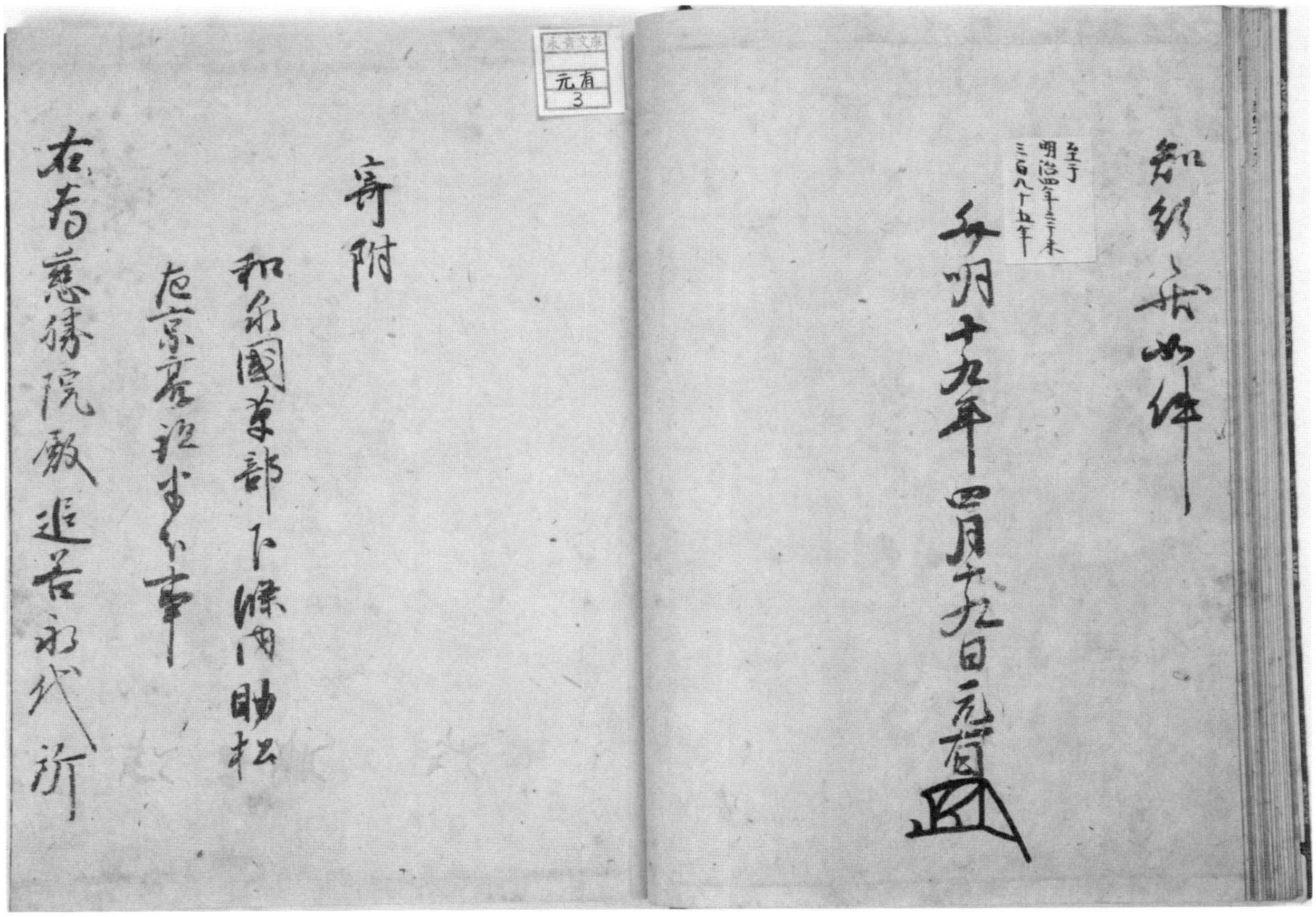

知行之状如件、

文明十九年四月十九日　（細川）元有（花押）

（天部貼紙）
「至享保十七壬子年
得二百四十六年　」

「至于
明治四年辛未
三百八十五年」

100号文書（元有2）
竪紙
三二〇×四五五

22　細川元有寄進状

寄附
和泉国草部下条内助松
左京亮跡半分事、
右為（細川政有）慈勝院殿追善、永代所

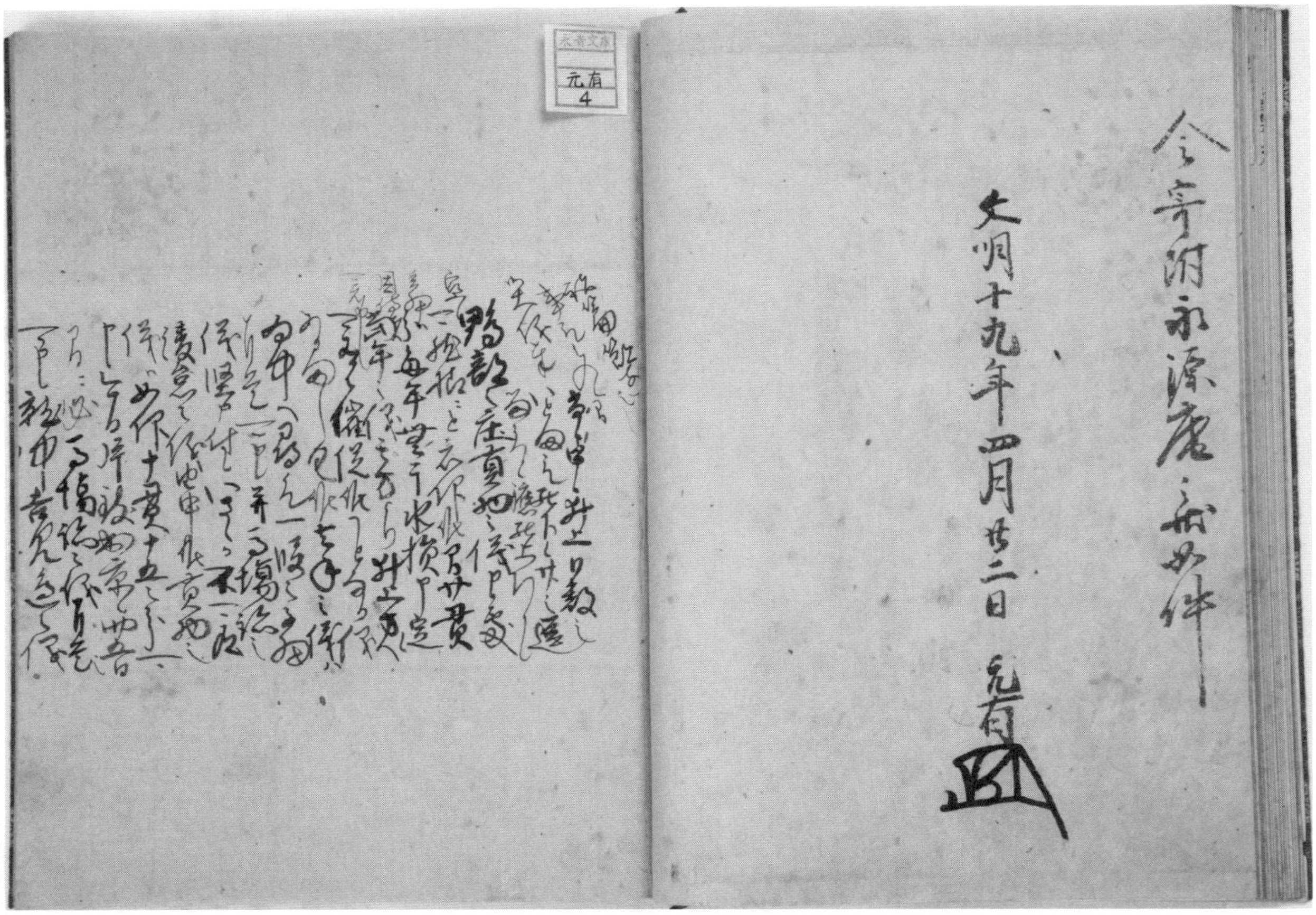

令寄附永源庵之状如件、

文明十九年四月廿二日　元有（細川）（花押）

101号文書(元有3)
竪紙
三二〇×四四七

23　細川元有書状

尚々申候、井上日数之」いとまにて罷下候、廿之逗」留にて候、聽罷上候へく候、」諸篇節なし之」事にて被入候間、」御大儀奉」察候、」委細ハ」周侍者」可被申候、

（讃岐）鴨部之庄貢物之儀申候処、」可然様ニと被仰候間、廿貫」分毎年無干水損申定候、」当年之儀、其方より井上方へ」可有御催促候、ことなる儀」あるまじく候、去年之儀ハ、」為中へ尋候て、一段之子細」自是可申候、并馬場跡之」儀、堅申付候、いさゝか不可有」緩怠之儀由申候、貫物之」儀ハ、如仰十貫十五之分可」申候、今日片致出京候、四・五日之」間ニ必馬場跡之儀、自是」可申候、就中吉見辺之儀、

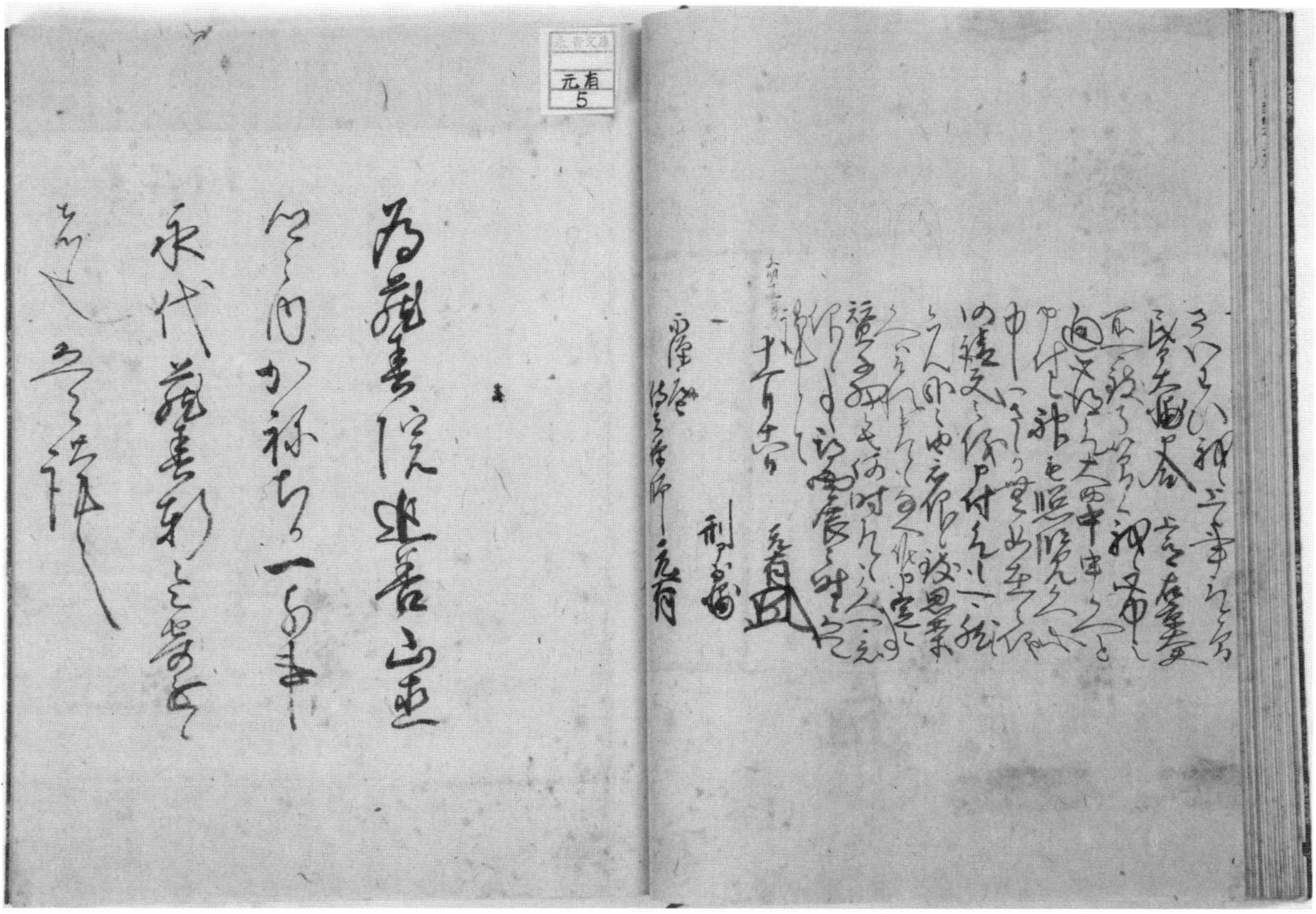

さいわひ我々上候事ニて候間、」民部大輔（細川基経カ）申合、上意右京大夫（細川政元）」所可致了簡候、我々心中之」通心得候て、大四中申候へと」申付候、神も照覧候へ、心」中いさゝか無如在之儀候、」仍請文之儀申付候ても可然」候ハん哉之由被仰候、致思案」候へハ、それまてもなく候、申定之事、」替子細候者、何時にても候へ、可被」仰候事候、期面展之時候、恐々」謹言、

（異筆）
「文明十九年」
十一月十八日　元有（細川）（花押）

（もと包紙上書）
「　　　　　　刑部少輔

永源庵

　　侍者禅師　元有」

102号文書（元有4）
切紙
一六〇×四六〇

24 細川元有書状

為蔵春院（細川政有室）追善、山直（和泉）
郷之内かねちか一分事、
永代蔵春軒令寄進候
者也、恐々謹言、

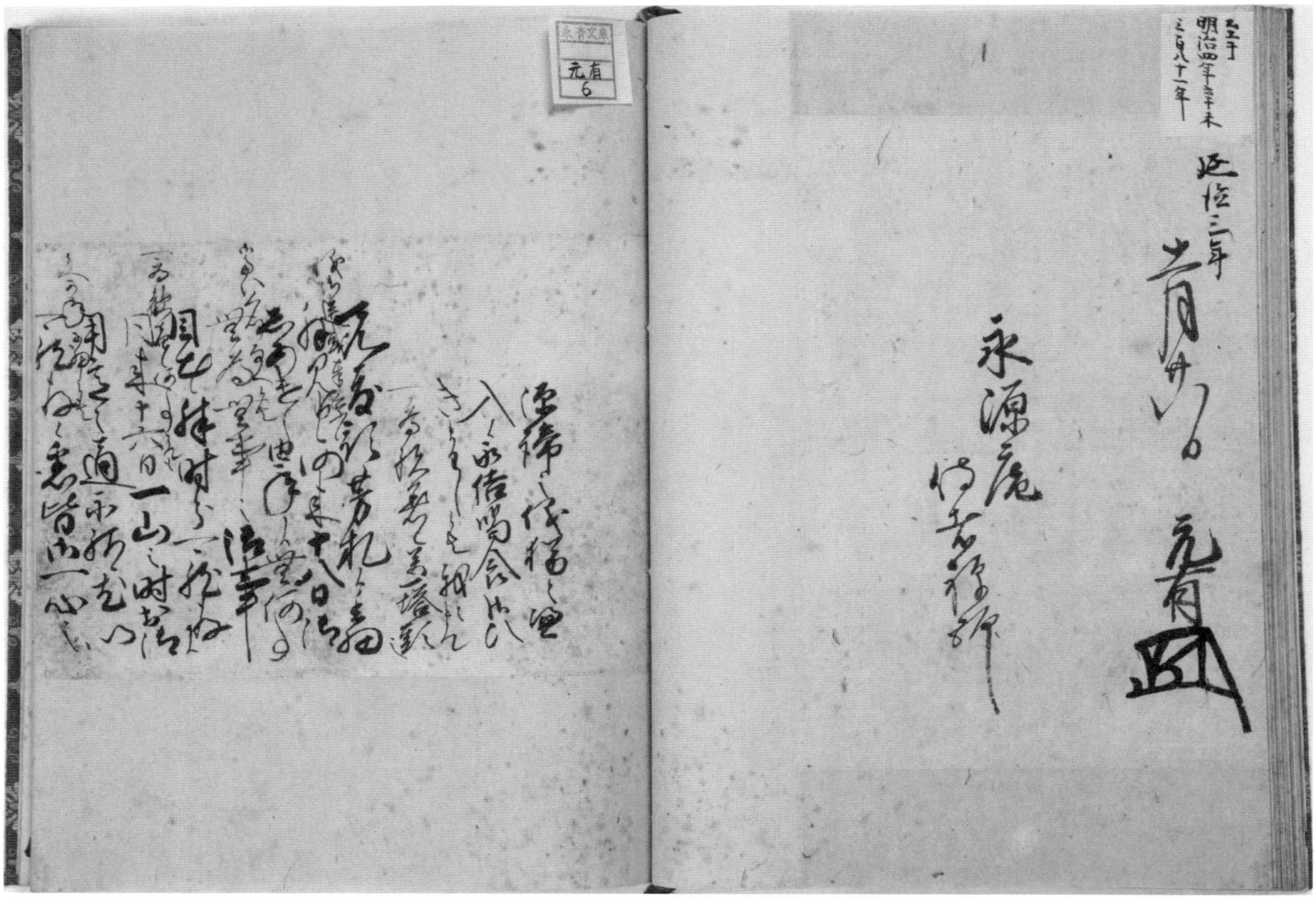

「延徳三年」《（異筆）》
十一月廿八日　元有《（細川）》（花押）
永源庵
侍者禅師

（天部貼紙）
「至亨保十七壬子年
得二百四十二年　」
「至于
明治四年辛未
三百八十一年」

104号文書（元有5）
竪紙
二五五×四〇〇

25　細川元有書状

源諦之儀、猶々憑」入候、永信喝食御ひ」きまわし候者、我々まて」可為祝着候、万塔頭之」儀、御迷惑奉察候、」御たいくつなく候者、」可為歓喜候、何事にても」候へ、可承子細候者、」御懇うけ給り申候、

先度預芳札候、委細」拝見申候、仍来十八日御」しあけ之由承候、無何事」無為無事之御事、」目出候、殊時分可然存候、」同来十六日一山之時、於御」用意之通示給候、尤以」可然存候、悉皆御一心之

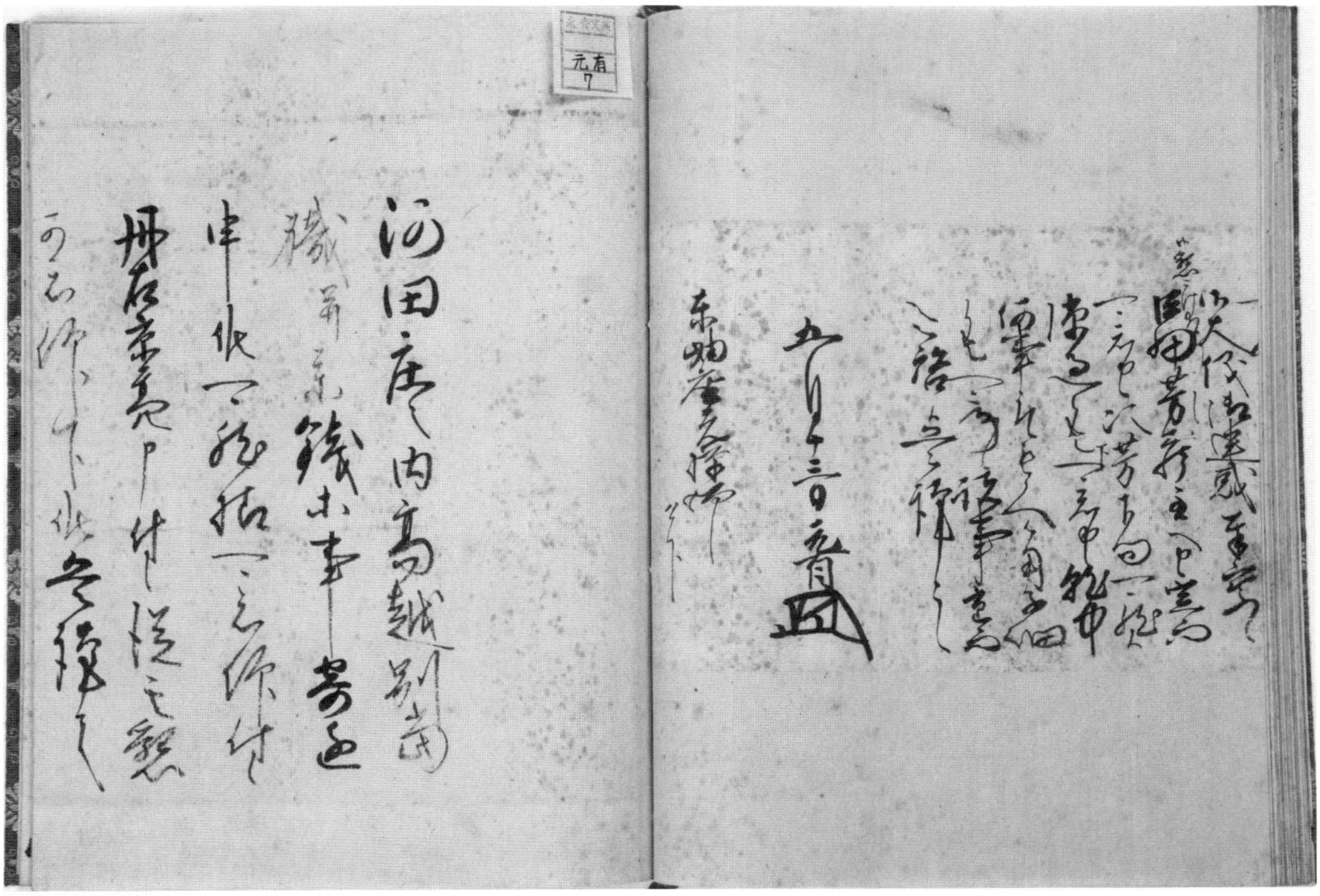

御大儀、御迷惑奉察候、」巨細芳蔵主へ申候、定而」
可被申候、次芳下向可然候、」隙過候者下可被申候、
就中」何事ニても候へ、御用子細」候者可承候、諸
事重而」令啓候、恐々謹言、

（年未詳）五月十三日　（細川）元有（花押）

東岫座元禅師
几下

110号文書（元有6）
切紙
一七二×四八〇

26　細川元有書状

（阿波）河田庄之内高越別当
職并参銭等事、寄進
申候、可然様可被仰付候、
丹右京亮申付候、従其懇
可被仰下候、恐々謹言、

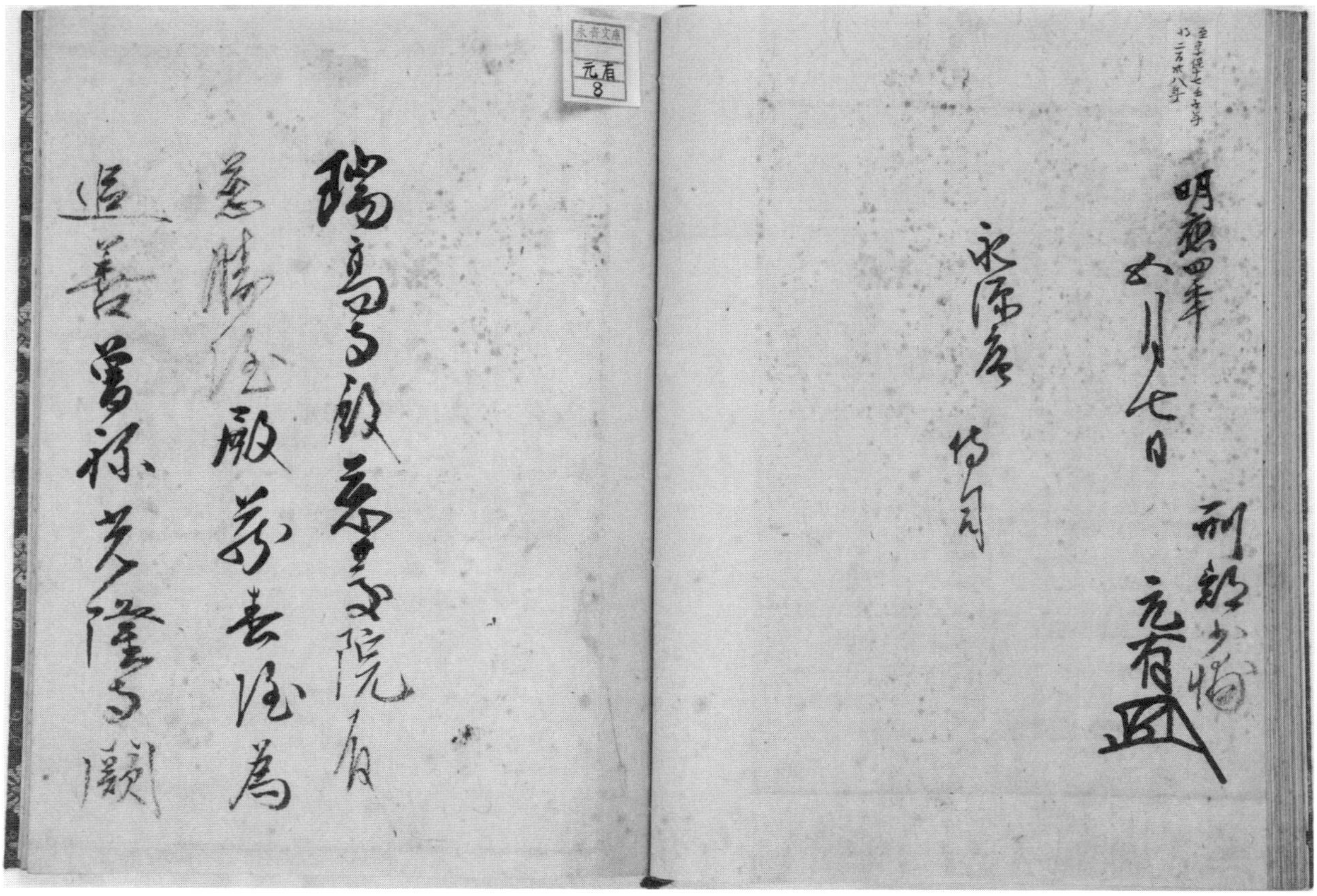

(異筆)「明応四季」五月七日　刑部少輔元有(細川)（花押）

永源庵
侍司

(天部貼紙)「至享保十七壬子年
得二百卅八年　」
「至于
明治四年辛未
三百七十七年」

105号文書（元有7）
竪紙
二七〇×四三〇

27 細川元有寄進状

(細川常有)瑞高寺殿・(細川頼常)慈慶院殿・
(細川政有)慈勝院殿・(細川政有室)蔵春院為(殿脱カ)
追善、曾祢光隆寺闕

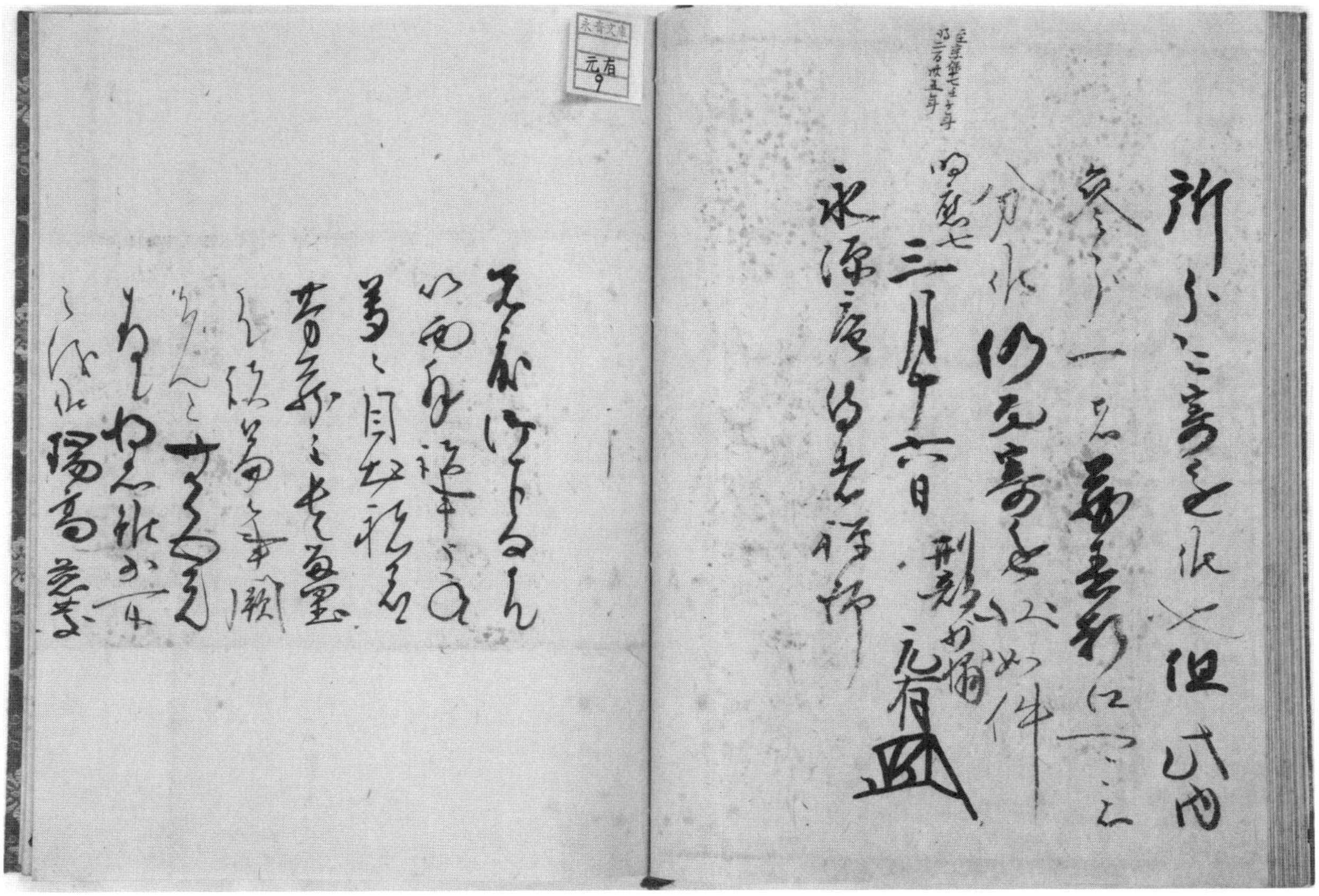

所分令寄進候也、但此内
参分一者、蔵春軒江可被
分候、仍而寄進状如件、
（異筆）「明応七」
三月十六日　刑部少輔
（細川）元有（花押）
永源庵侍者禅師
（天部貼紙）「至享保十七壬子年
得二百卅五年　」

107号文書（元有8）
竪紙
三二〇×四五〇

28　細川元有書状

（端裏墨引）
先度御下向候て、
以面拝諸事申承候、
万々目出祝着候、
芳蔵主長々留置
候て、諸篇之事闕
候ハんと無心元
存候得者、雖少所
之儀候、瑞高（細川常有）・慈慶（細川頼常）・

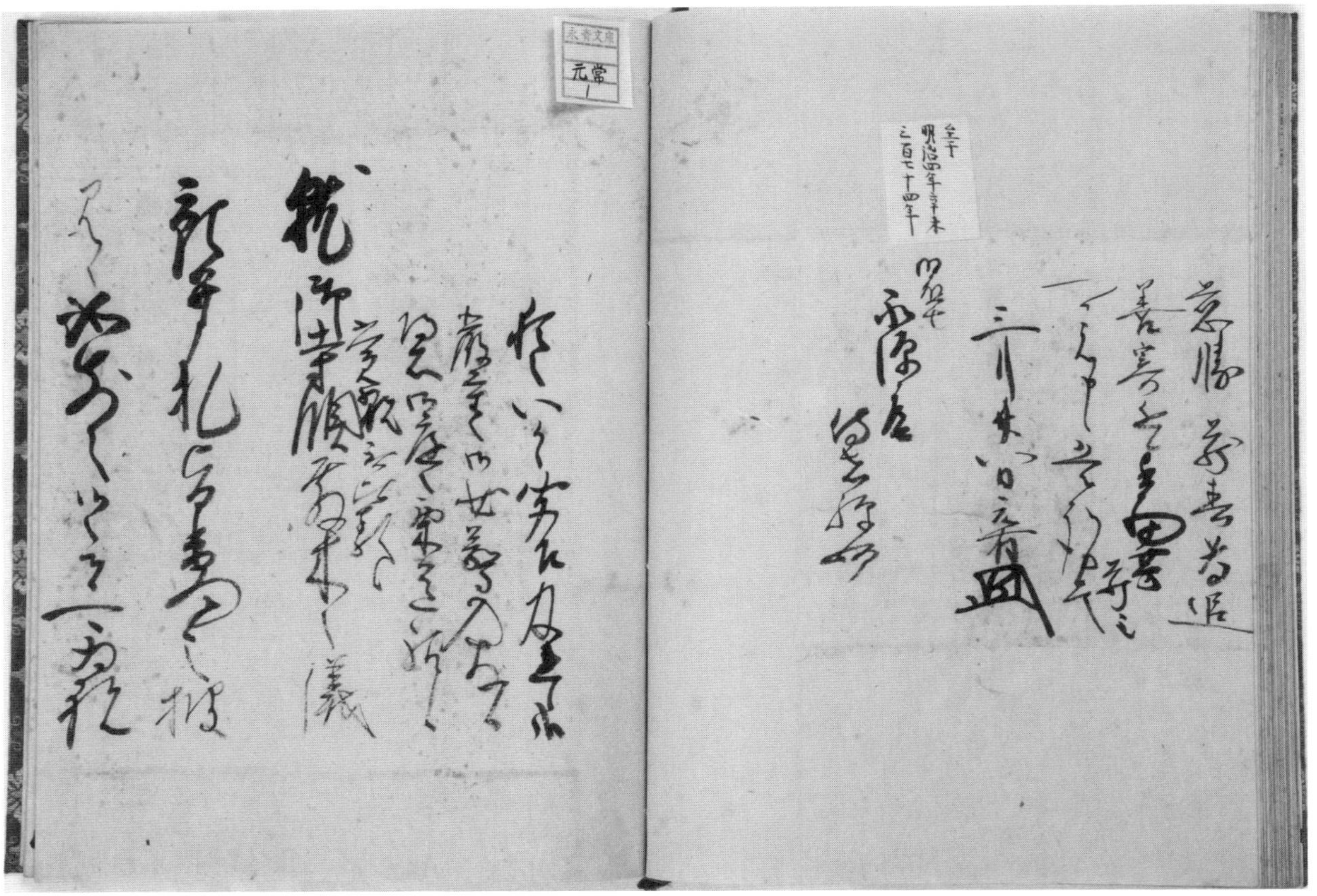

(細川政有)慈勝・(細川政有室)蔵春為追
善寄進候、委細芳蔵主
可被申候、恐々謹言、
　三月廿八日　(細川)元有（花押）
(異筆)「明応七」
　永源庵
　　侍者禅師
(天部貼紙)「至于
　明治四年辛未
　三百七十四年」

108号文書（元有9）
切紙
一六五×四一五

29　細川元常書状

猶々、いかゝ聞召及達候哉、
厳重之御状驚入存候、
侍者御庭之栗迄給候、
賞翫無比類候、
就御寺領散木之儀、
預芳札旨委細令披
見候、如前々候へ者、可為祝

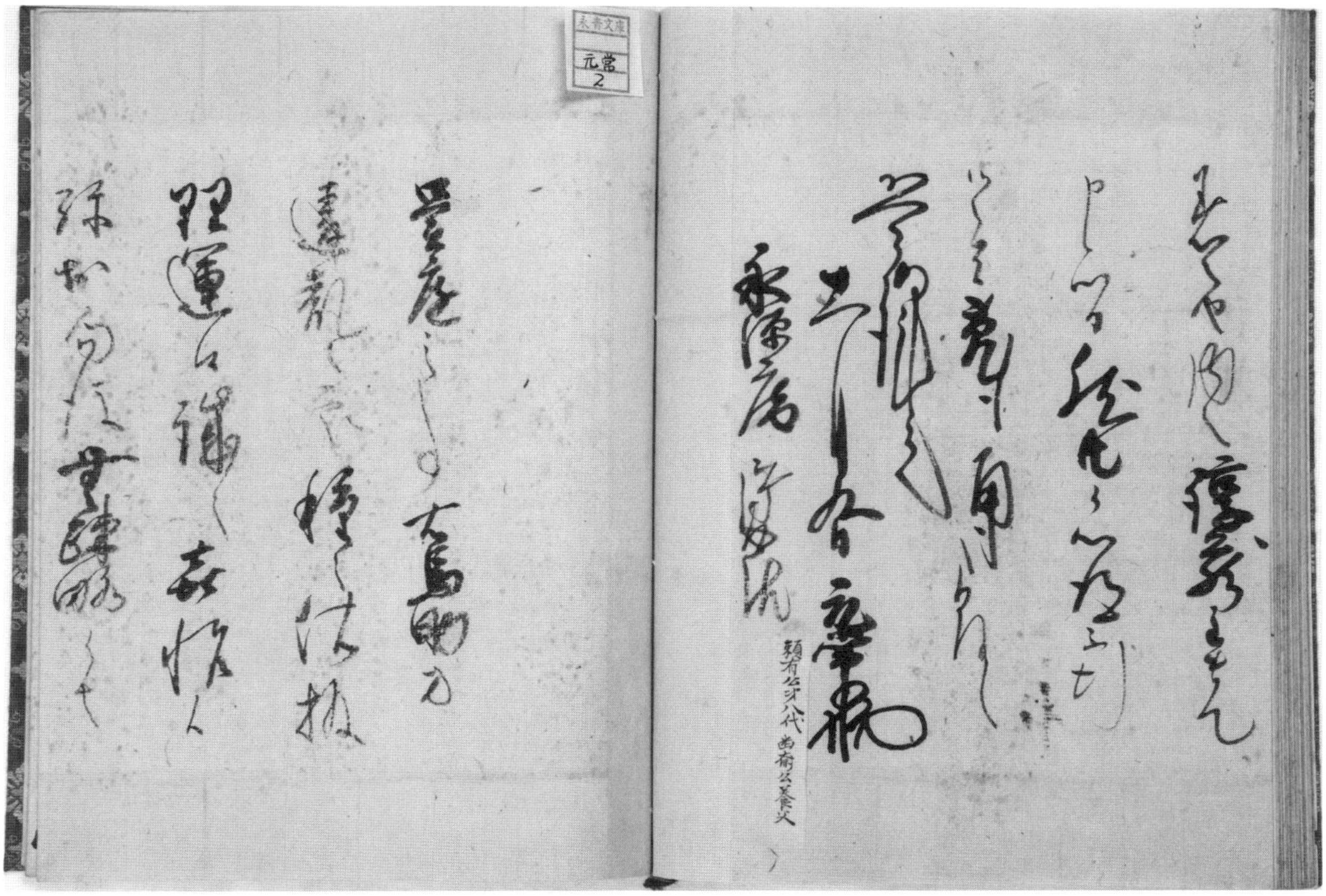

着之由、内々諄蔵主まて
申候つる、然共御心得不行
候へ者、兎も角もまいり候へく候、
恐々謹言、

（年未詳）十一月九日　（細川）元常（花押）
（貼紙）「頼有公第八代幽斎公養父」

永源庵御返報

127号文書（元常1）
竪紙
二五五×四一〇

30　細川元常書状

（摂津）呉庭之事、（細川政賢）右馬助方
違乱之節、種々依扱
理運候、誠々喜悦候、
弥於向後無疎略候者、

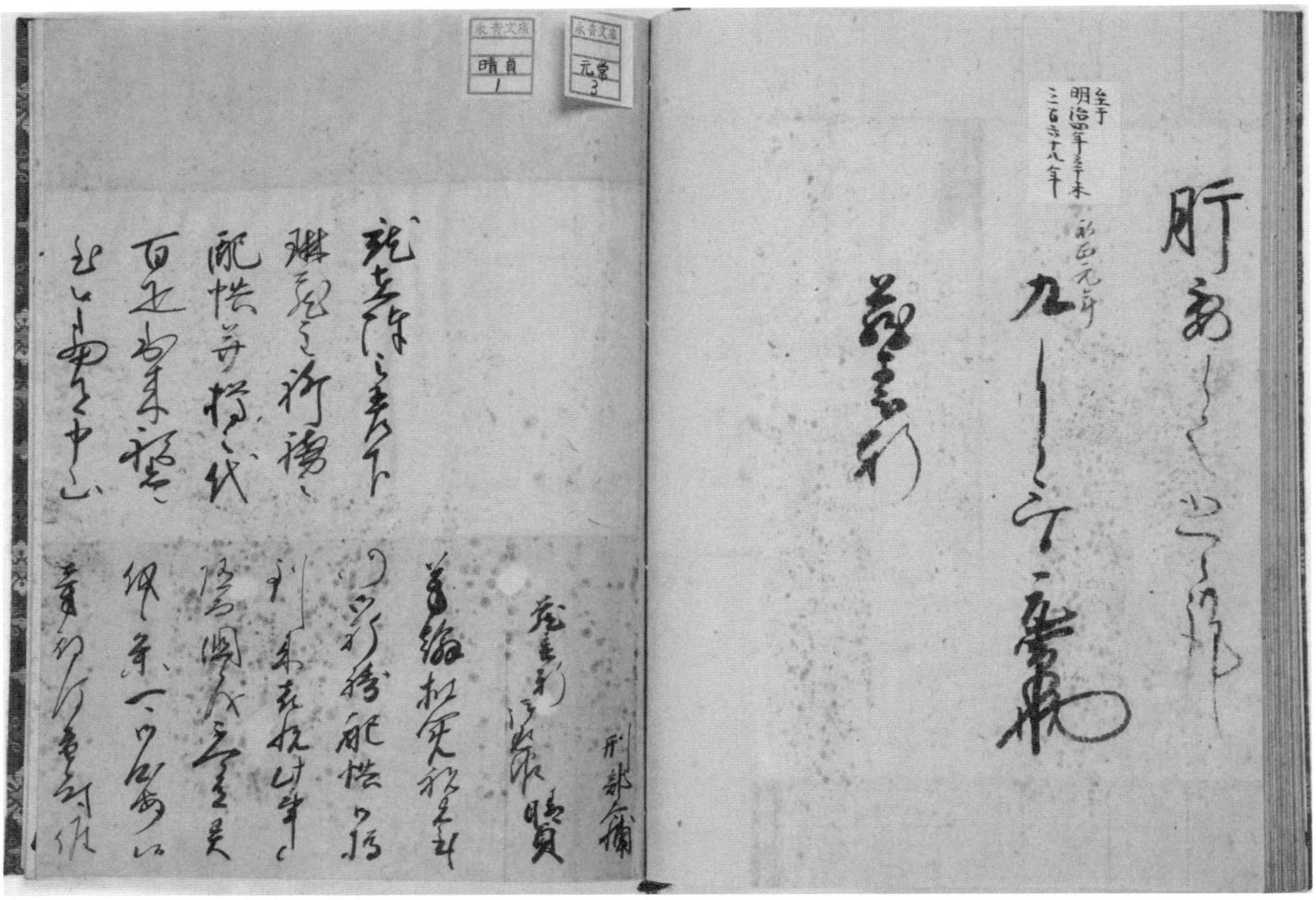

肝要候也、恐々謹言、
（異筆）「永正元年」
九月三日　（細川）元常（花押）
蔵春軒
（天部貼紙）「至于
明治四年辛未
三百六十八年」

115号文書(元常2)
竪紙
二六〇×四一〇

31　細川元常書状

就在陣被差下
琳蔵主、祈禱之
配帙并樽之代
百疋到来、祝着之
至候、子細者中山

32　細川晴貞書状

（もと包紙上書）「　　刑部大輔
蔵春軒　御返報　晴貞」

芳翰披閲、祝着之至候、
仍御祈禱配帙・御樽
到来、喜悦此事候、
随而国之義（儀）不可有異
儀候条、可御心安候、
旁期後音之時候、

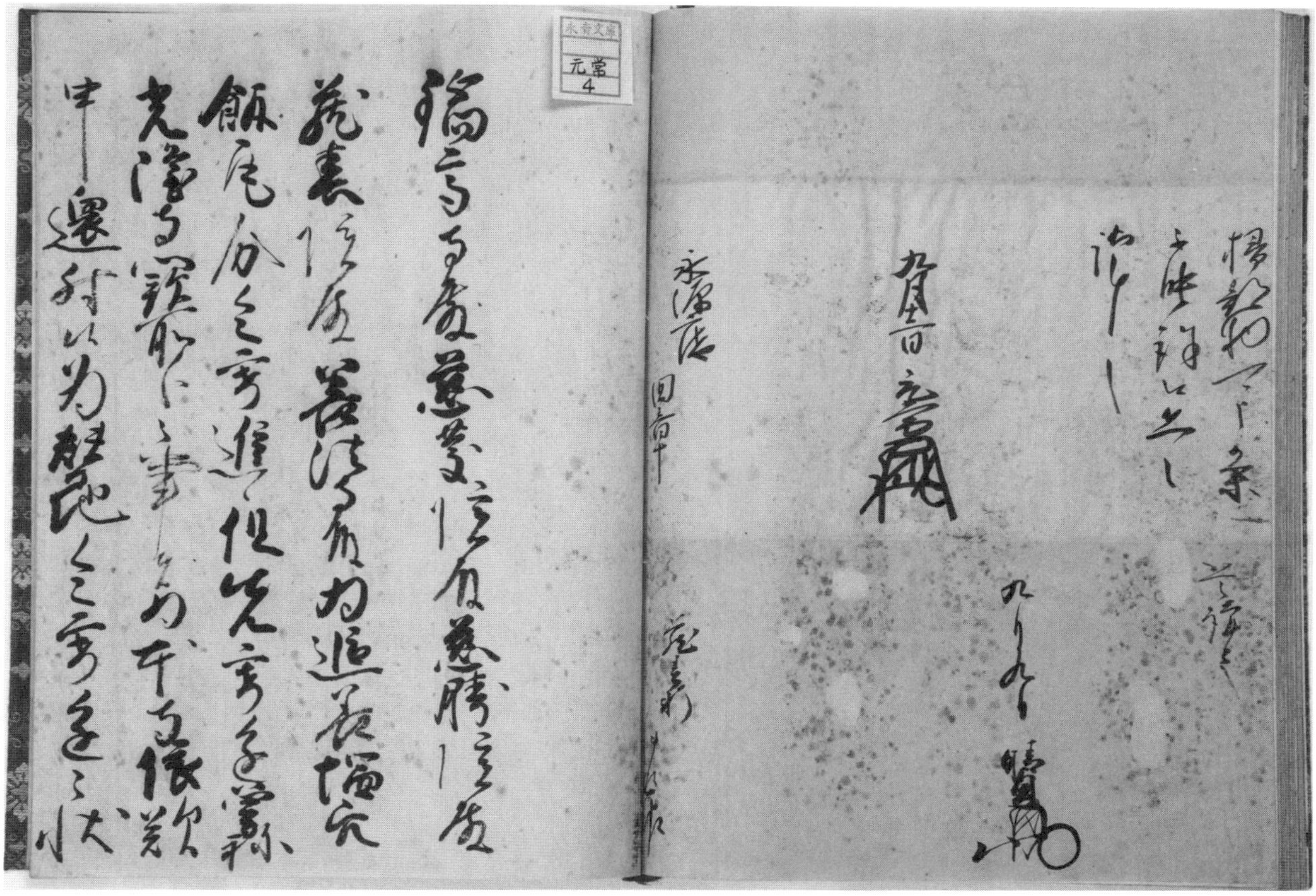

掃部助可申条、
不能詳候、恐々
謹言、
九月十二日（年未詳） 元常（細川）（花押）
永源庵
回章

126号文書（元常3）
切紙
一四〇×四七五

恐々謹言、
九月九日（年未詳） 晴貞（細川）（花押）
蔵春軒
御返報

※宛名部裏に墨引あり

123号文書（晴貞1）
切紙
一三〇×四七五

33 細川元常寄進状

瑞高寺殿（細川常有）・慈慶院殿（細川頼常）・慈勝院殿（細川政有）・
蔵春院殿（細川政有室）・善法寺殿（細川元有）為追善、塩穴（和泉）
飯尾分令寄進候、但先寄進曾祢
光隆寺闕所分之事者、為本寺依歎
申還付候、為替地令寄進之状

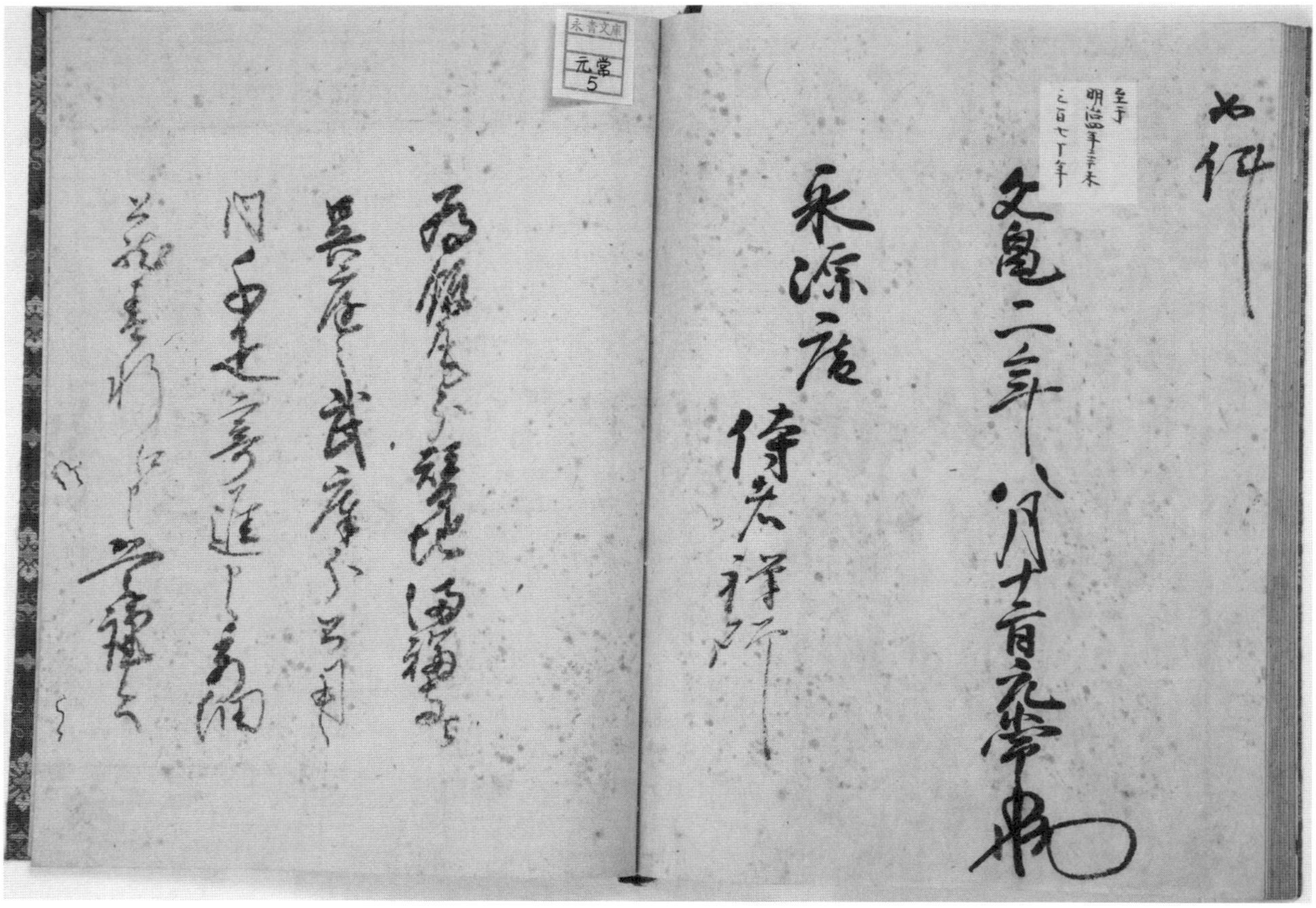

如件、

文亀二年八月十二日　（細川）元常（花押）

永源庵

侍者禅師

（天部貼紙）
「至享保十七壬子年
得二百卅一年　」
「至于
明治四年辛未
三百七十年　」

112号文書（元常4）
竪紙
三四〇×四七五

34　細川元常寄進状

為飯尾分替地、満福寺与
（摂津）呉庭之武庫分公用之
内千疋寄進申候、委細
蔵春軒江申候、恐々謹言、

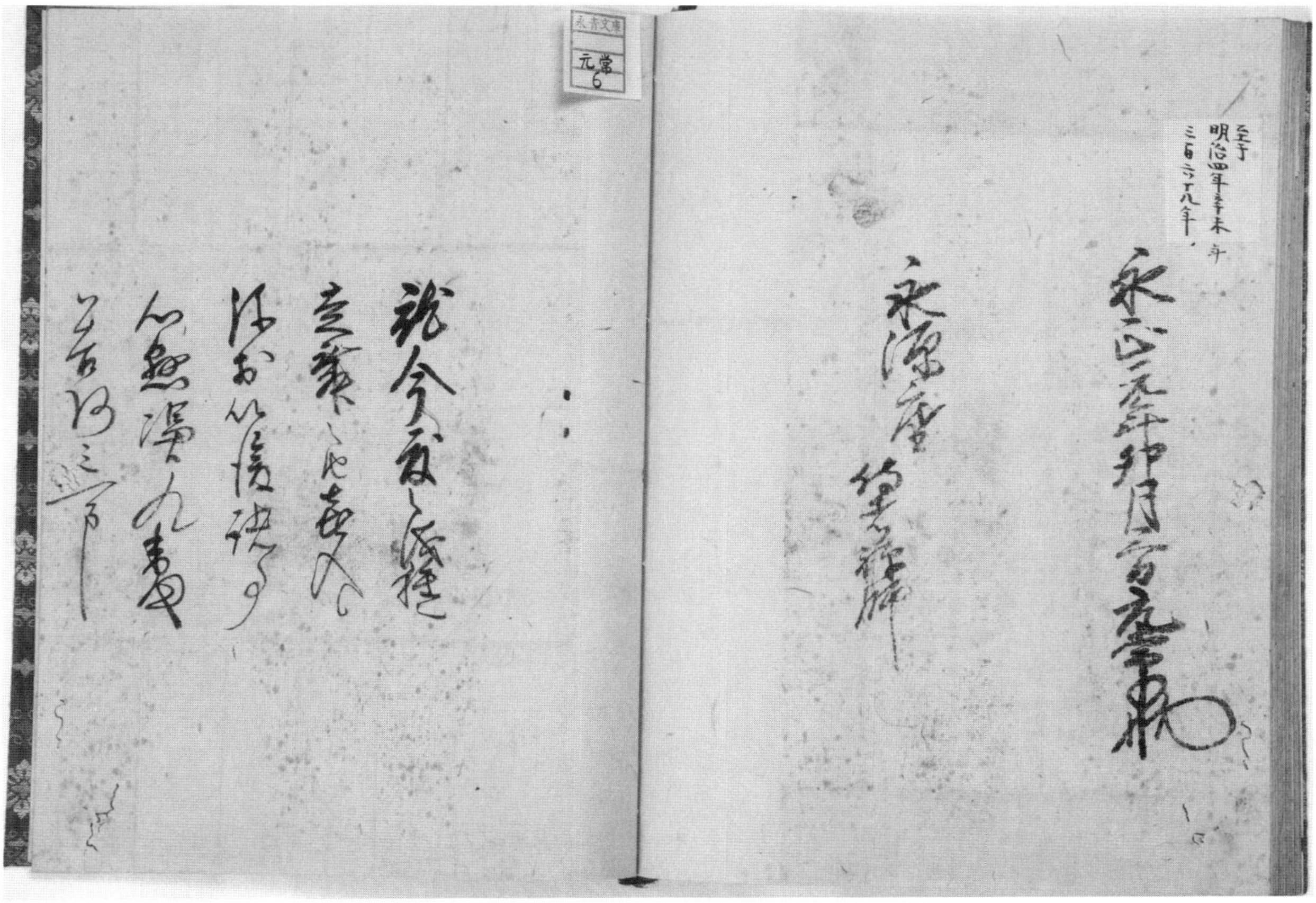

永正元年卯月三日　(細川)元常（花押）

　　永源庵
　　　侍者禅師

(天部貼紙)
「至亨保十七壬子年
　得二百廿九年　」
「至于
　明治四年辛未
　三百六十八年」

113号文書(元常5)
竪紙
二六〇×四二五

35　細川元常書状

（墨引）

就今度之儀、種々
走舞之由喜入候、
弥於以後諸事
心懸憑入候、委細
善阿ミ可申候、

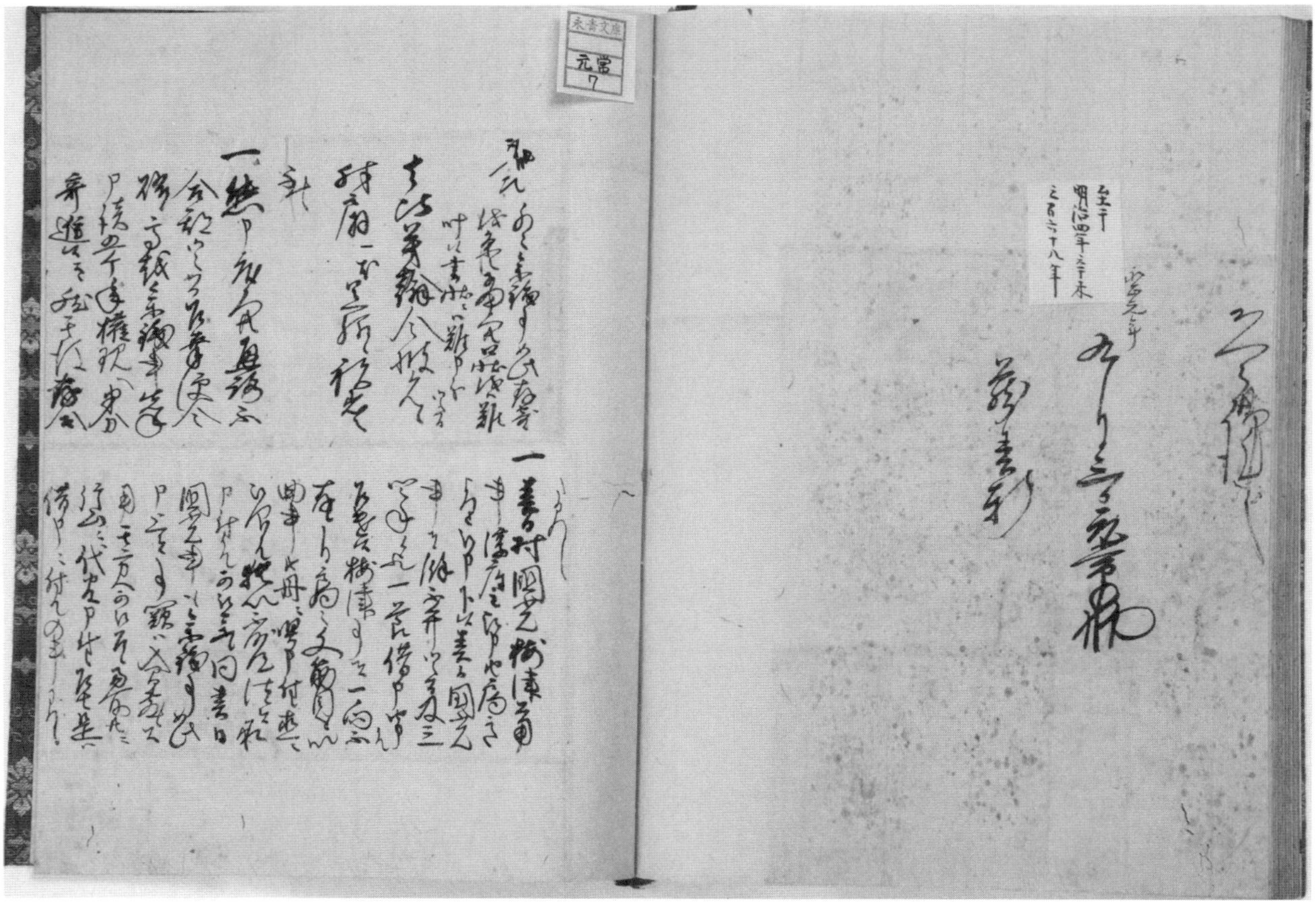

恐々謹言、

（異筆）「永正元年」九月三日　元常（細川）（花押）

蔵春軒

（天部貼紙）
「至于
明治四年辛未
三百六十八年」

114号文書(元常6)
切紙
一六〇×四〇〇

36　細川元常書状

（端裏墨引）

尚々参銭事、如此存寄
候」儀、条々子細候へ共、
御状儀ハ難」叶候、書状
ニハ難申分候之間、」不
能一二候、
去比芳翰令披見候、」殊扇
一本送給候、祝着之」至候、
一、態申度候へ共、通路不」
合期候之間、乍幸便令」啓
候、（阿波）高越参銭事、先年」
申談五ヶ年権現へ半分」寄
進候云々、然其後存合」厳
たるへく候、
一、（山城）春日村国光・梅津公用」
事、諄座主被申由、局か
た」より被申下候、春日国
光」事者余不弁候之間、及
三・」四年候歟、一節借申
由申候て」召遣候、梅津事
者一向不」存候、自局之文
筋目を以」曲事之由、丹ニ
堅申付候、直ニ」被仰候て、
猶以不沙汰仕候者承、」申
付候て可被参候、同春日」
国光事も、参銭事如此」申
上者、事闕ハ入間敷候、

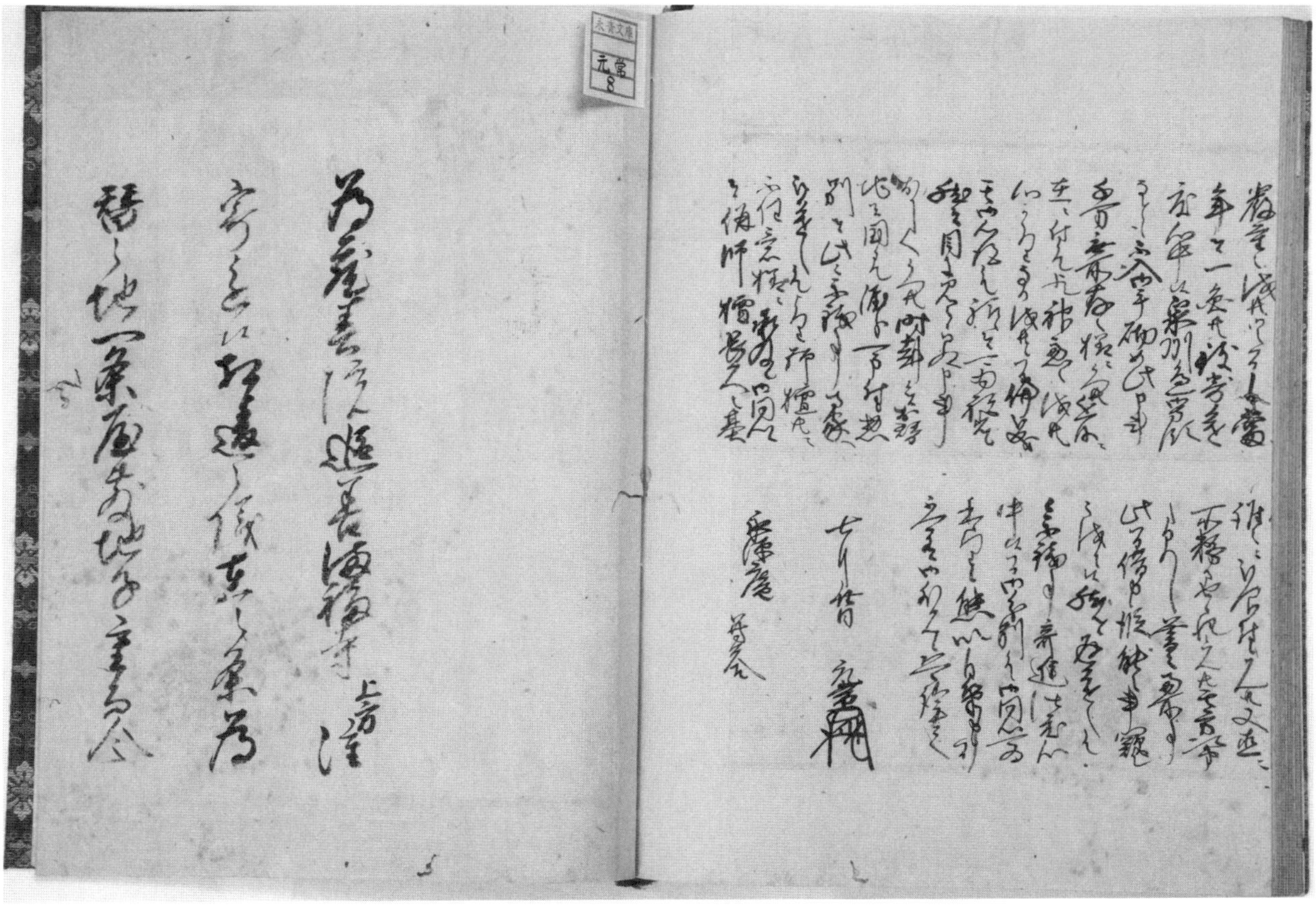

重之儀共候之間、自当」年
者一円共致寄進」度心中候、
泉州辺御寺領」なとも不入
御手砌、如此申計、」千万
無所存之様ニ候へ共、近日
ニ」在ニ付候て歟、神慮之
儀共」心かゝりなる儀共候
つる、偏被成」其御心得候
て給候者、可為祝着候、」然
者目に見候ハぬ申計」おか
しく候へ共、時赴候者、於
替」地者国にて涯分可申付
候、惣」別者此参銭事、寺
家へ」被遣候ニてより、師
檀共ニ」不任意様ニ承及候、
御同心候」者、併師檀長久
之基
公」用共方へ可被召候、両
所共ニ」片山ニ代官申付候、
乍去是ハ」借申ニ付ての事
にて候、」誰々ニ被仰付候
ハん共、又直ニ」所務させ
られ候ハん共、其方次第」
たるへく候、暮々両所事」
此間借申段、能々事闕候
て」之儀に候、然者返進之
候て」参銭事寄進仕度心」
中候間、御分別候て御同心
可為」本望候、態以自筆申
候間、」不可有御外見候、
恐々謹言、

(年未詳)七月廿日　(細川)元常（花押）

永源庵
尊答

125号文書(元常7)
切紙(2紙)
一二〇×八二〇

37　細川元常寄進状

為蔵春院(細川政有室)追善、満福寺上方雖
寄進候、相違之儀在之条、為
替之地、一条屋敷地子重而令

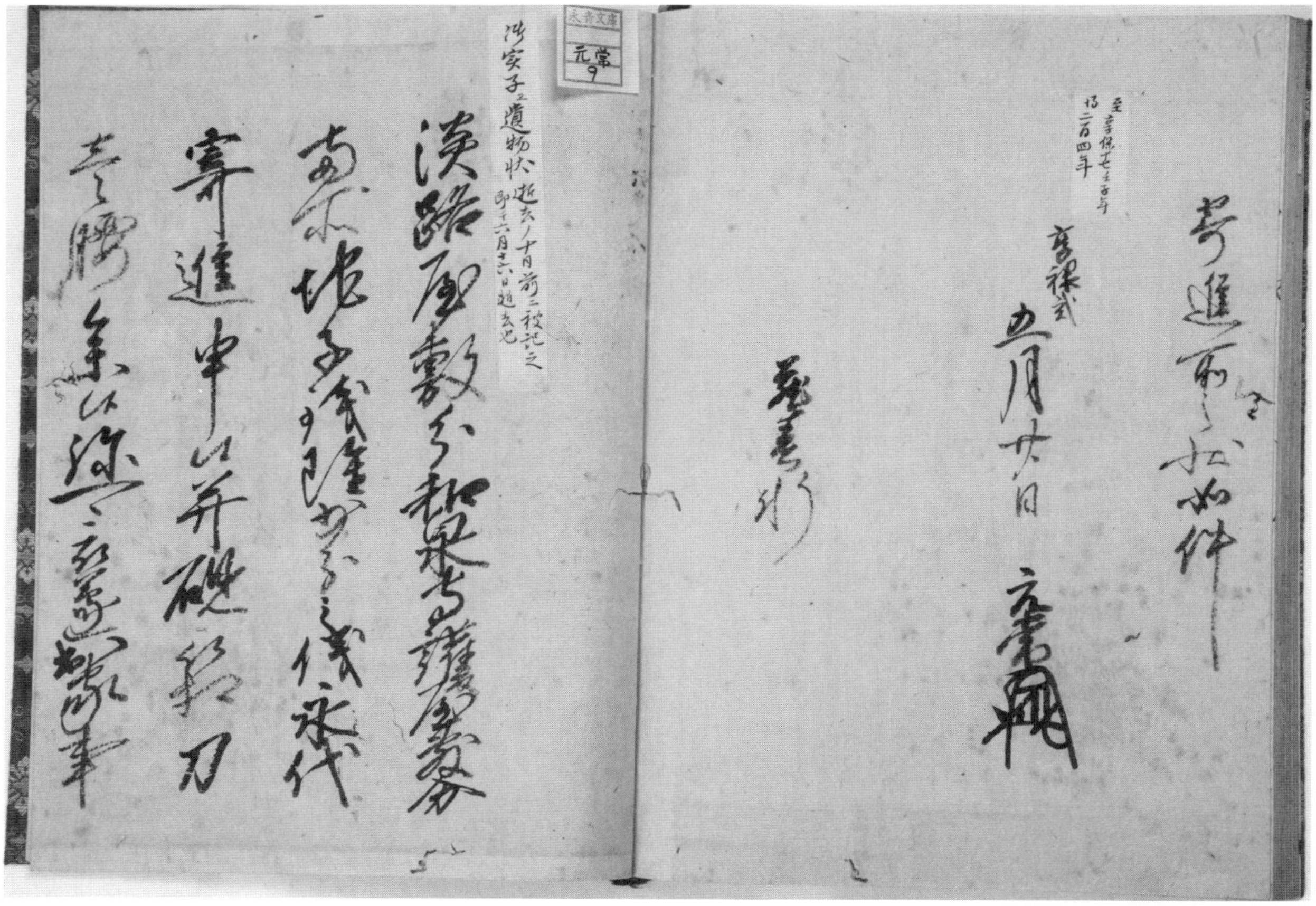

寄進所之状如件、

（異筆）「享禄弐」
五月廿日　（細川）元常（花押）

蔵春軒

（天部貼紙）「至享保十七壬子年
得二百四年　」

121号文書（元常8）
竪紙
二八〇×四四五

38　細川元常寄進状

（端裏書）「元常□遺嘱状」

（貼紙）「御実子江遺物状逝去ノ十日前ニ被記之、即チ六月十六日逝去也」

淡路屋敷分・和泉守護屋敷分
両所地子銭、雖少分之儀永代
寄進申候、并硯箱・刀
壱腰参候、弥可被遂出家事

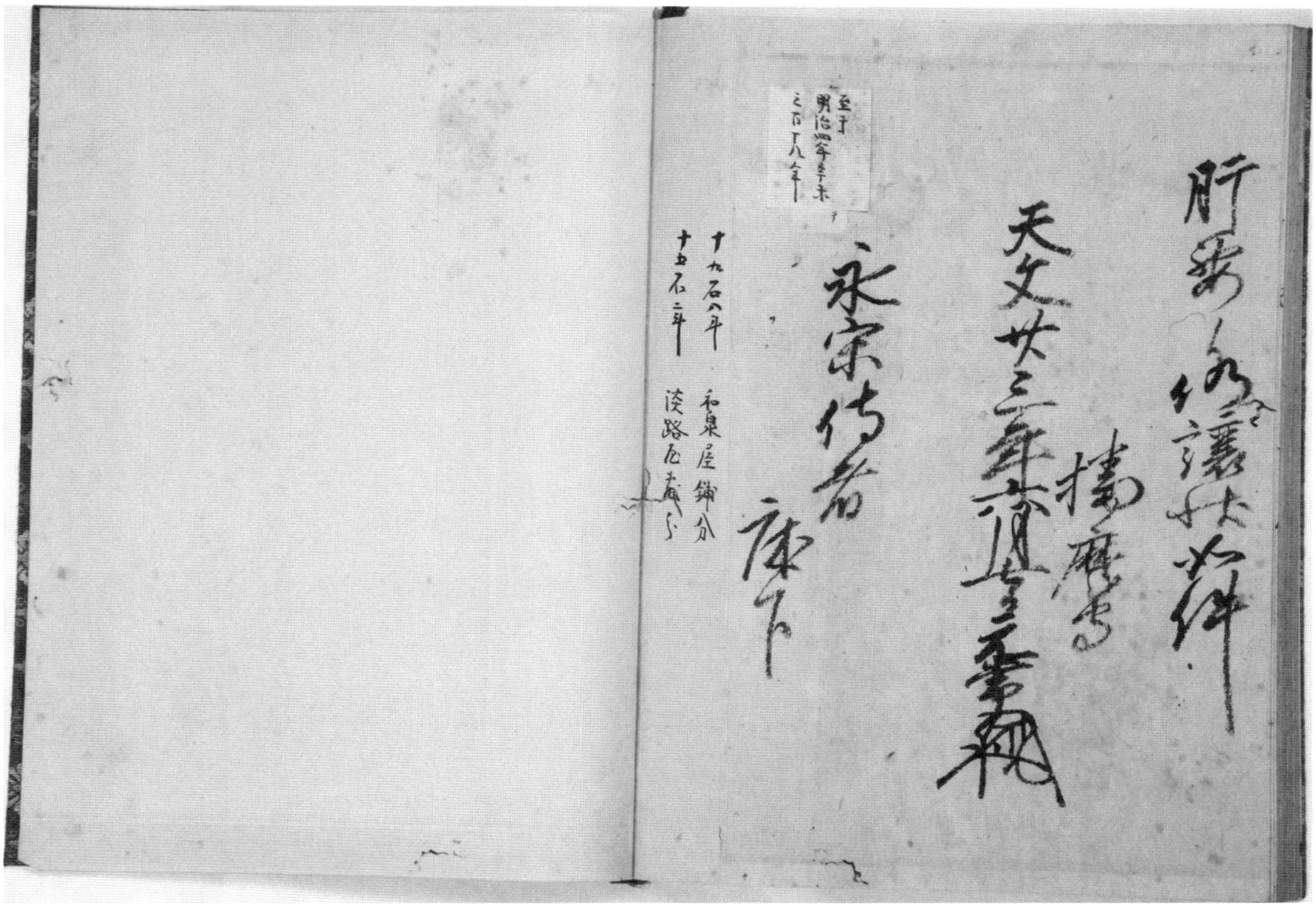

肝要候、仍譲状如件、

　　　　　　　　　　播磨守

天文廿三年六月七日　元常《細川》（花押）

　永宋侍者

　　床下

（異筆）「十九石八斗　和泉屋鋪分

　十五石二斗　淡路屋敷分」

（天部貼紙）「今享保十七壬子年マテ

　百七十九年ト成ル　」

「至于

　明治四年辛未

　三百十八年　」

124号文書（元常9）

竪紙

三二〇×四五〇

織豊期文書

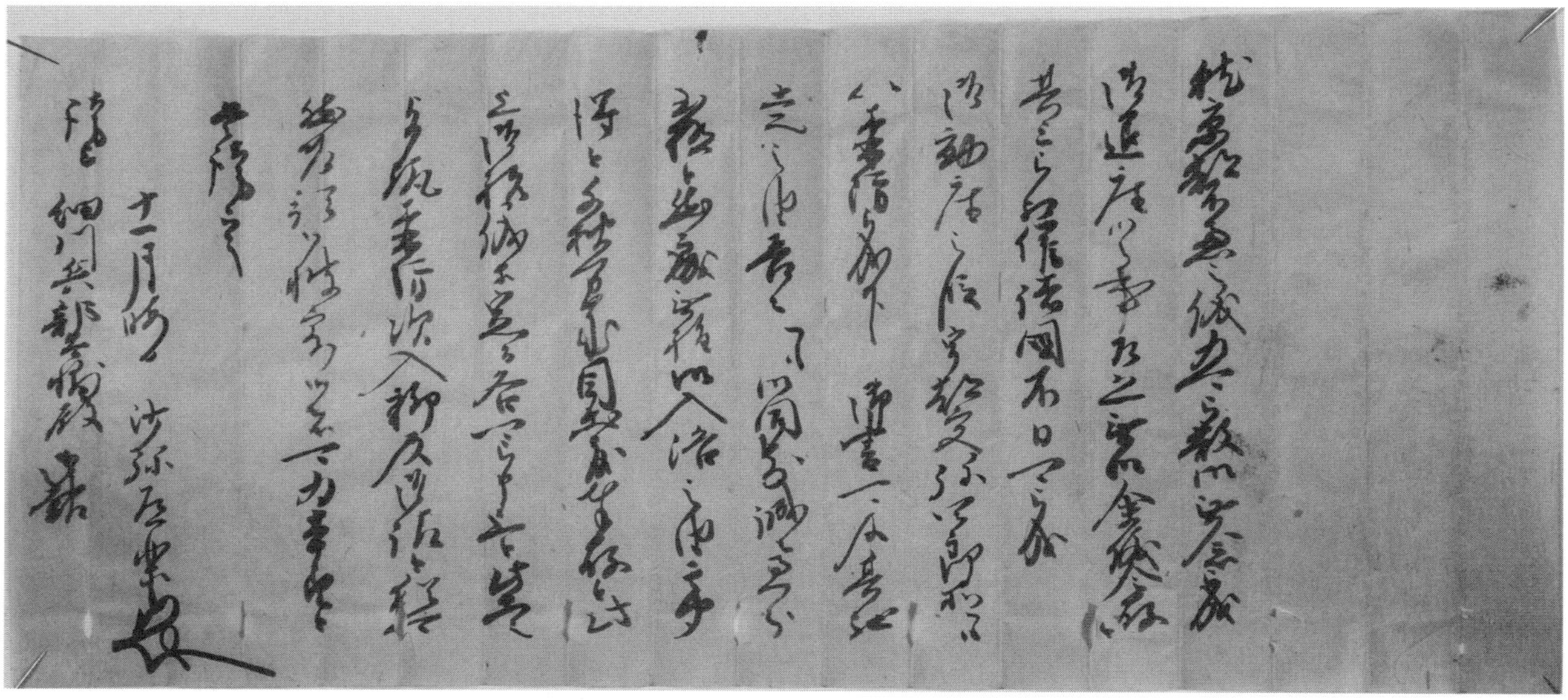

1　沙弥道楽書状写

（包紙上書）
「　　　　二ツ　　　　八徹斎
　謹上　細川兵部太輔殿　御報　沙弥道楽」

就京都不慮之儀、為可被散御無念被成
御退座候之事、乍恐無御余儀令存候、
其上被相催諸国、不日可被成
御動座之段、宇都宮弥四郎所へハ
以森坊被成下　御書、可及其馳
走之由、吾々へも御同前誠ニ過分
至極候、然処無程御入洛之由其聞
得候、千秋万歳目出度奉存候、此
上御祝儀等定而各可被申上候、此等之
旨趣、森坊次入聊及御報候、猶可
然節預御披露候者可為本望候、
恐々謹言、
　（永禄十一年カ）
　十一月晦日　　　沙弥道楽（花押影）
謹上　細川（藤孝）兵部太輔殿
　　　　　　　　御報

131号文書（戦国諸将3）
切紙　包紙あり　斐紙
二〇三×四六一

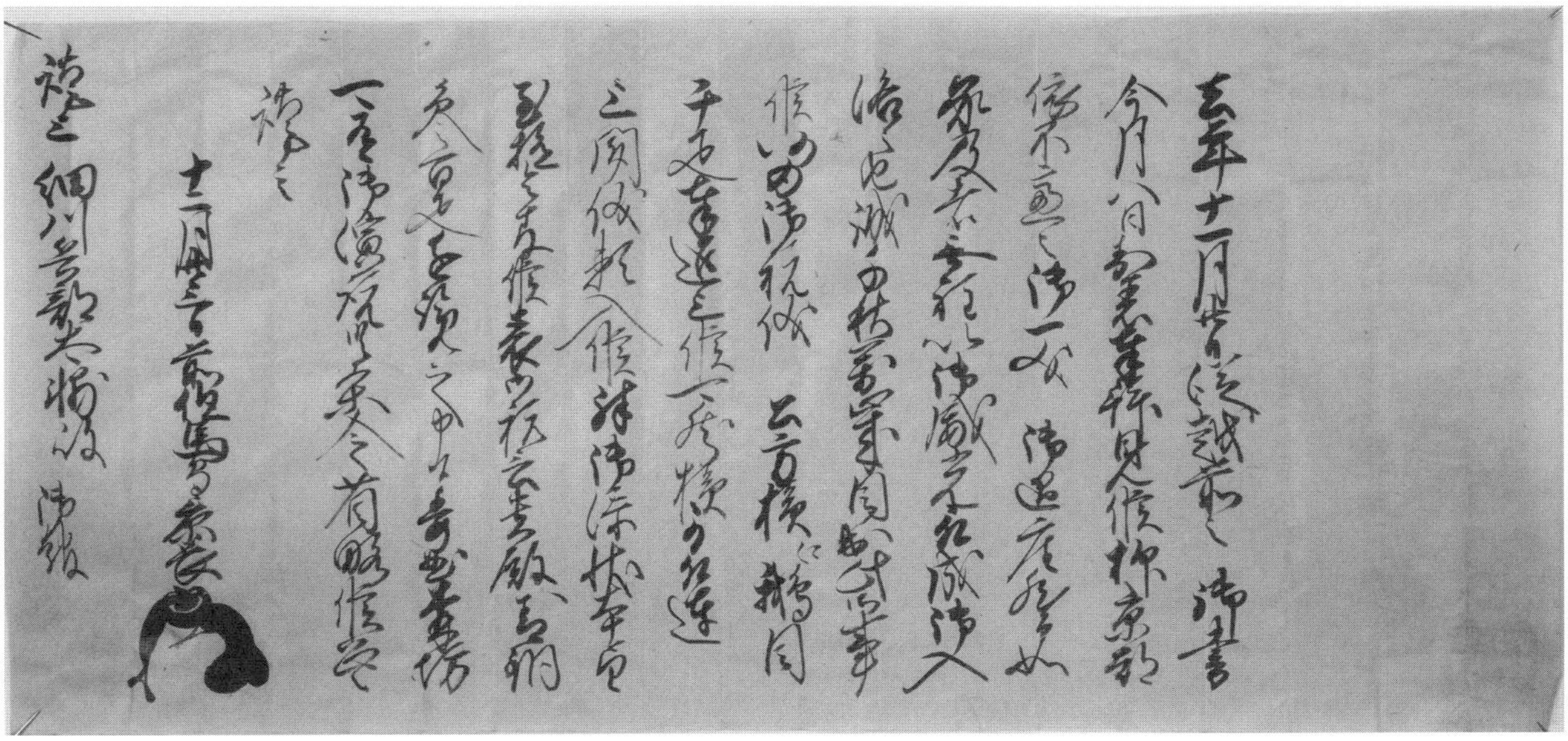

2　長尾景長書状写

（包紙上書）
「　　　　　　　　長尾
謹上　細川兵部太輔殿　御報　前但馬守景長」

去年十一月廿日従越前之　御書
今月八日到着奉拝見候、抑京都
依不慮之御一義　御退座、然而如
承及者、無程以御威光被成御入
洛之由、誠千秋万歳目出此御事
候、仍為御祝儀　公方様（足利義昭）江鵝目
千疋奉進上候、可然様可被達
上聞儀頼入候、殊御添状本望
至極令存候、表御祝言貴殿へ青銅
参百疋進覧之申候、委曲森坊
可有御演説候之条、令省略候、恐々
謹言、
（永禄十一年）十二月廿三日　　前但馬守景長（花押影）
謹上　細川兵部太輔殿（藤孝）
　　　　　　　　　御報

132号文書（戦国諸将2）
切紙　包紙あり　斐紙
二二〇×四五七

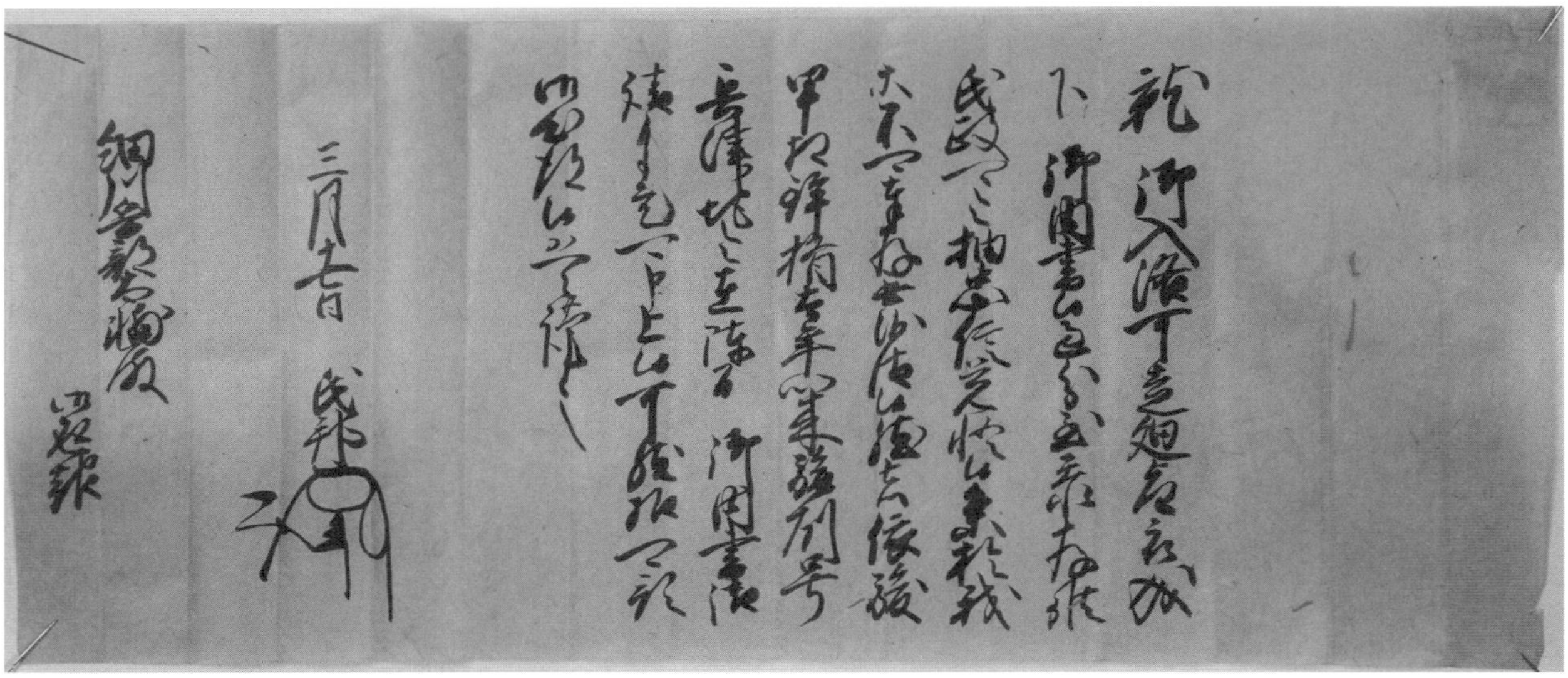

3　北条氏邦書状写

「（包紙上書）
藤田新太郎
細川兵部太輔殿　　氏邦
御返報　」

（端裏切封墨引）

就　御入洛可走廻旨被成
下　御内書候、過分至忝存候、
氏政（北条）可令抽忠信覚悟候条、於我
等不可奉存無沙汰候、然者依駿
甲相鉾楯、去年以来駿州号
興津地令在陣間、御内書御
請自是可申上候、可然様可預
御心得候、恐々謹言、

（永禄十二年）三月十七日　　氏邦（花押影）

細川兵部太輔殿（藤孝）
御返報

133号文書（戦国諸将4）
切紙　包紙あり　斐紙
一九八×四五五

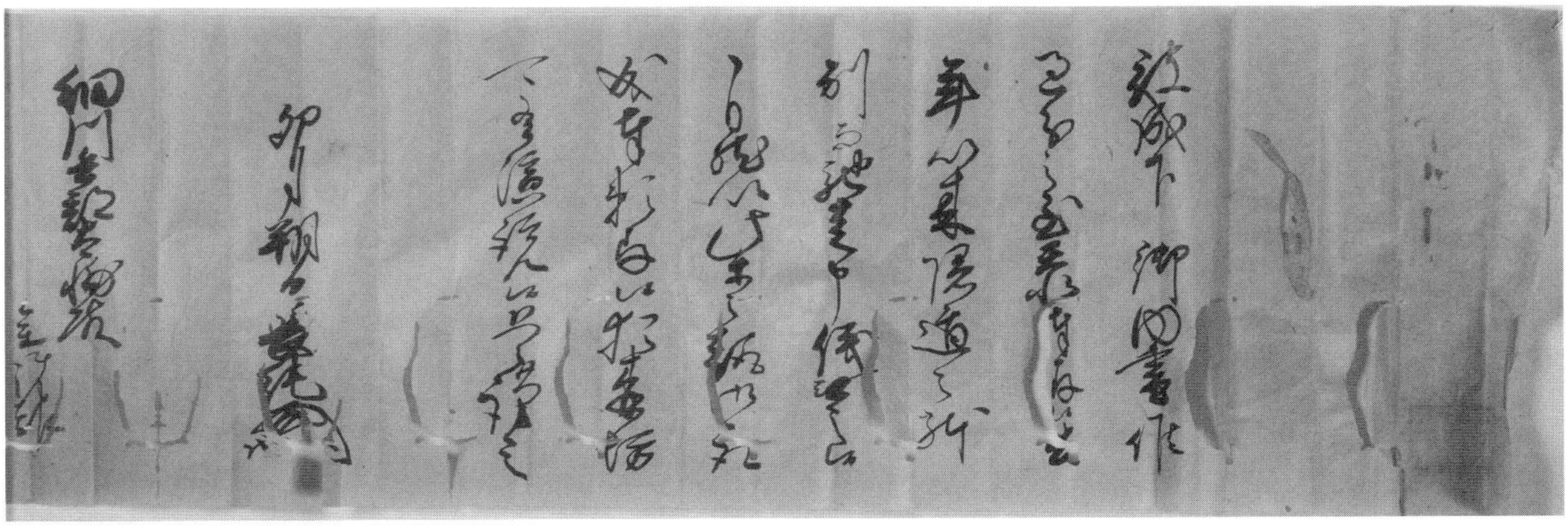

4　可直斎長純書状写

（包紙上書）
「細川兵部大輔殿
参御報　　可直斎
長純」

（端裏切封墨引）

被成下　御内書候、
過分之至忝奉存候、去
年以来隠遁之躰、
別而馳走申儀無之候、
自然以此等之趣御取
成奉頼存候、猶森坊
可有演説候、恐々謹言、

（永禄十二年カ）
卯月朔日　　長純（花押影）

（藤孝）
細川兵部太輔殿
参御報

134号文書（戦国諸将5）
切紙　包紙あり　斐紙
一四八×四六五

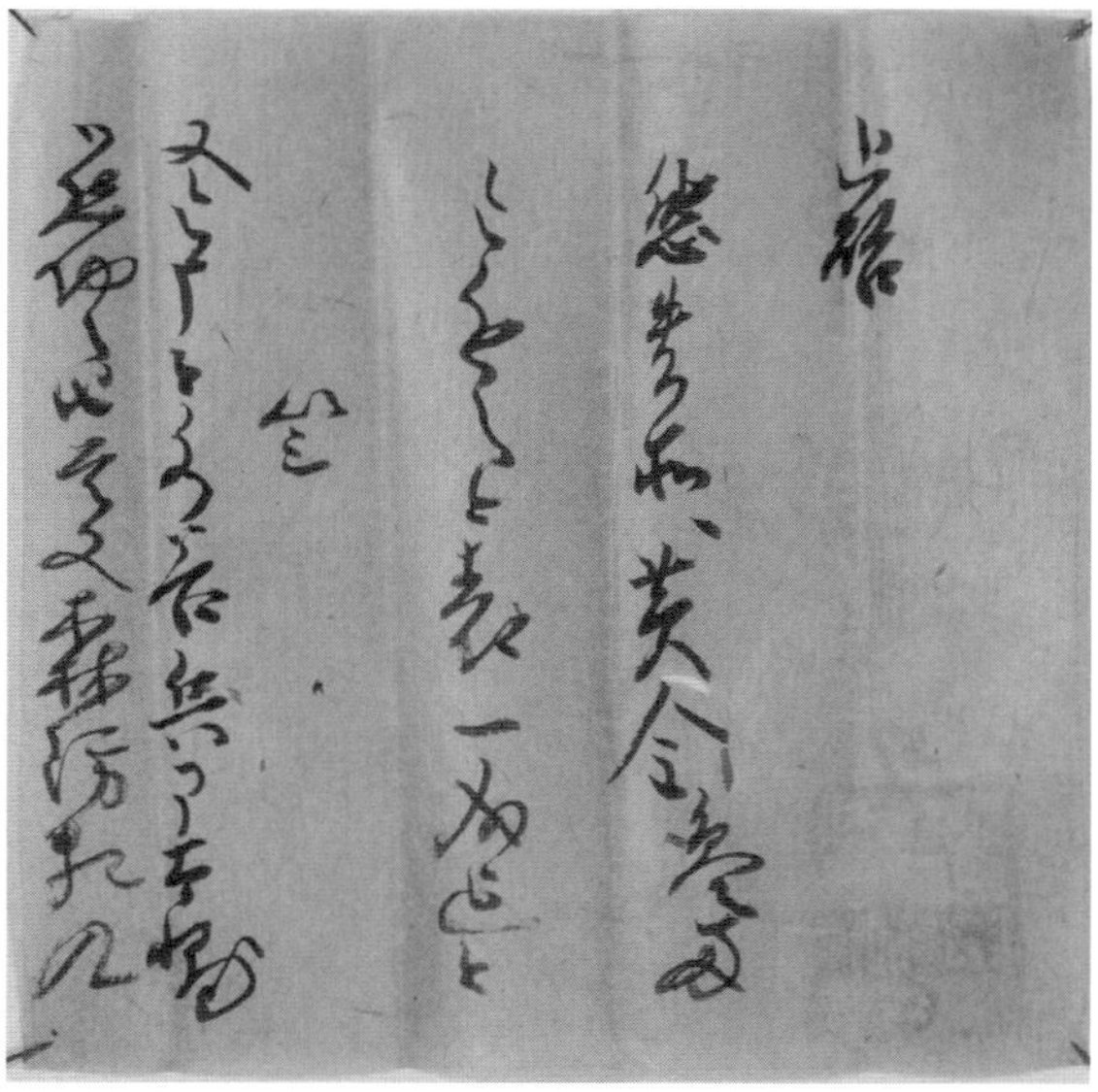

5　某書状追而書写

追啓
態貴所へ黄金参両
令進之候、表一□(成カ)迄候、
以上
又令申候、水谷兵部太輔
御懇切之由、是又森坊頼入

135号文書（戦国諸将6）
断簡　斐紙
一二五×一二八

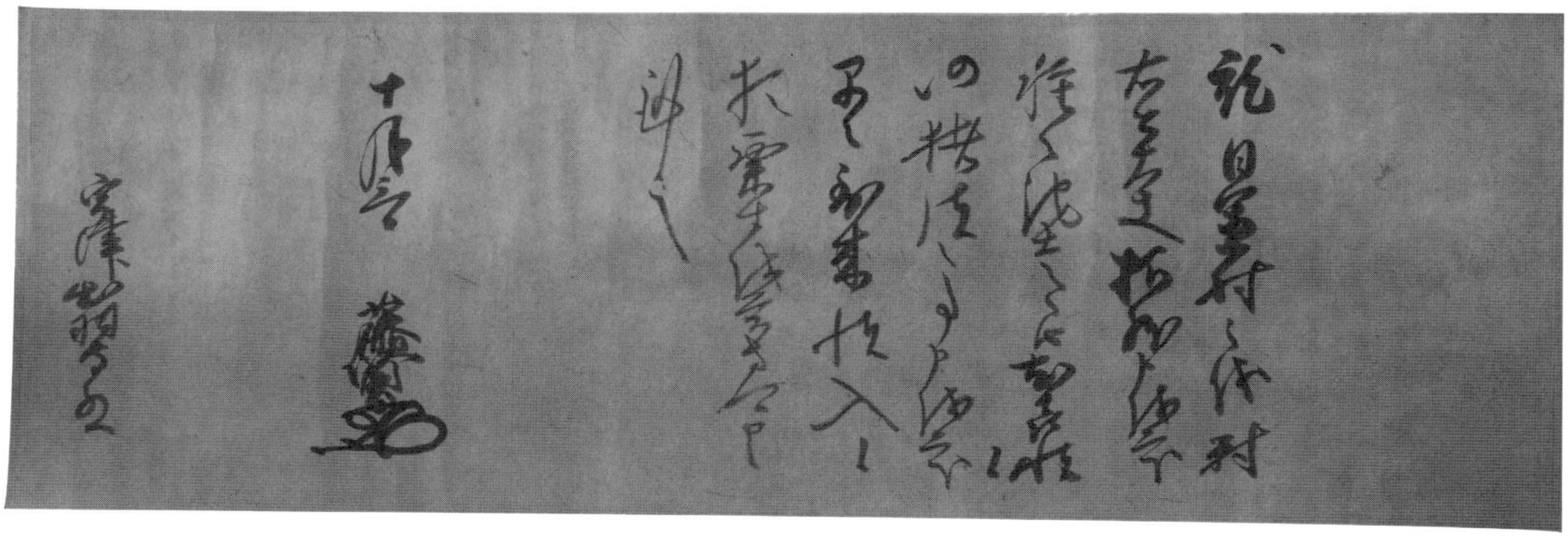

6　細川藤賢書状

就日置村（丹波国）之儀、対
右近大夫（宇津頼重）様躰申越処、
種々馳走之由、尤喜悦候、
仍猪皮之事申越処、
早々到来悦入候、
猶粟生越前守可申候、
謹言、

十月三日（永禄十二年カ）　藤賢（花押）

宇津出羽守殿

136号文書（藤賢１）
もと折紙　巻子装
一六五×四八五

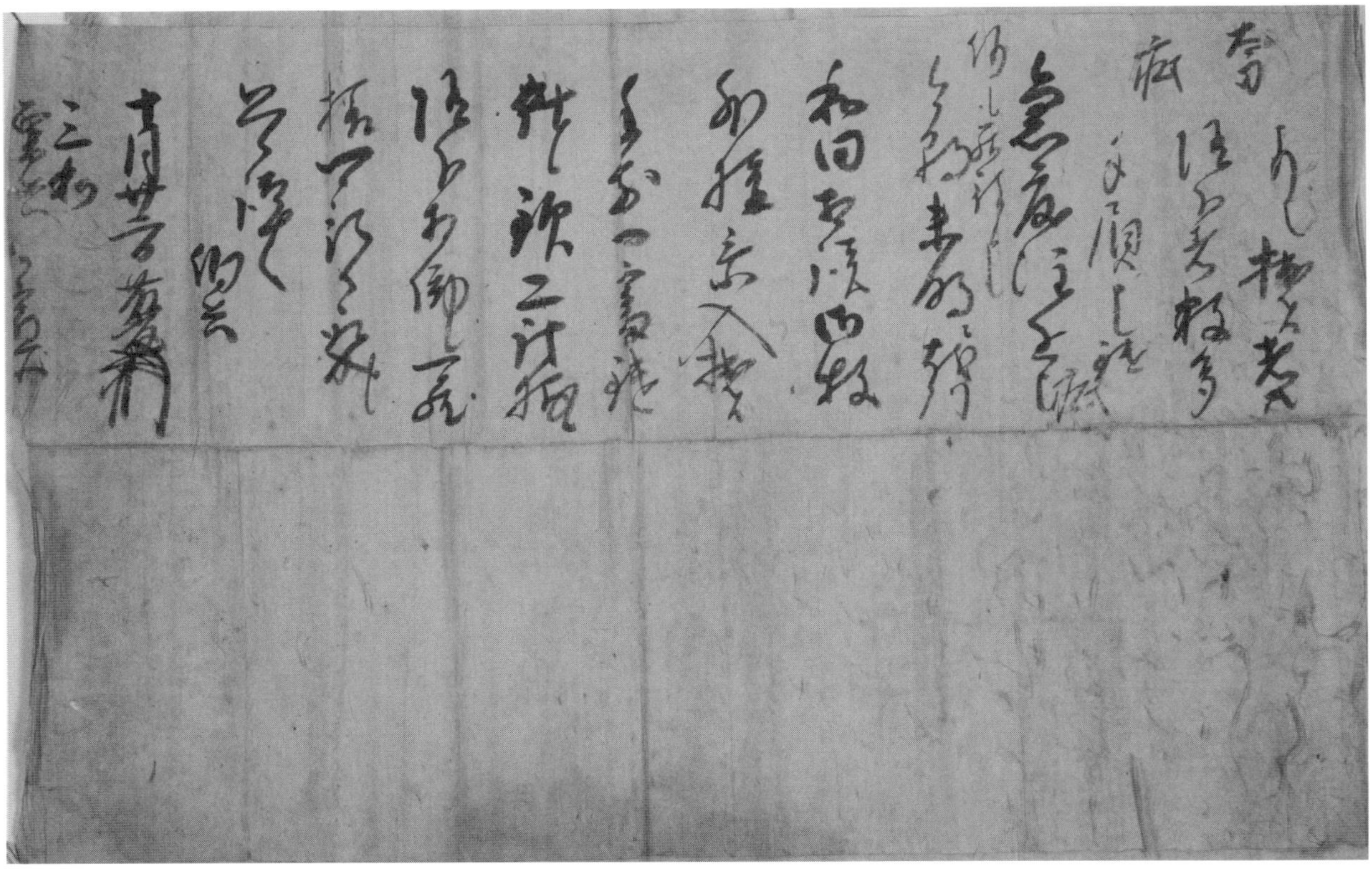

7 細川藤孝書状

尚々拙者者共
涯分者数多
手負申候、鑓疵・
太刀疵、
何も罷被申候、

急度注進申候、
今朝未明ニ越州・
和田（惟政）相談、御牧（摂津）
外構乗入、拙者
手前一番鑓
仕候、頭ニ討捕候、
随分相働候、可然
様可預御取成候、
恐々謹言、

細兵
十月廿二日（元亀元年）　藤孝（花押）
三和（曾我助乗）
曾兵　御宿所

137号文書（藤孝12）
折紙
二四三×三九〇

8　木下秀吉書状写

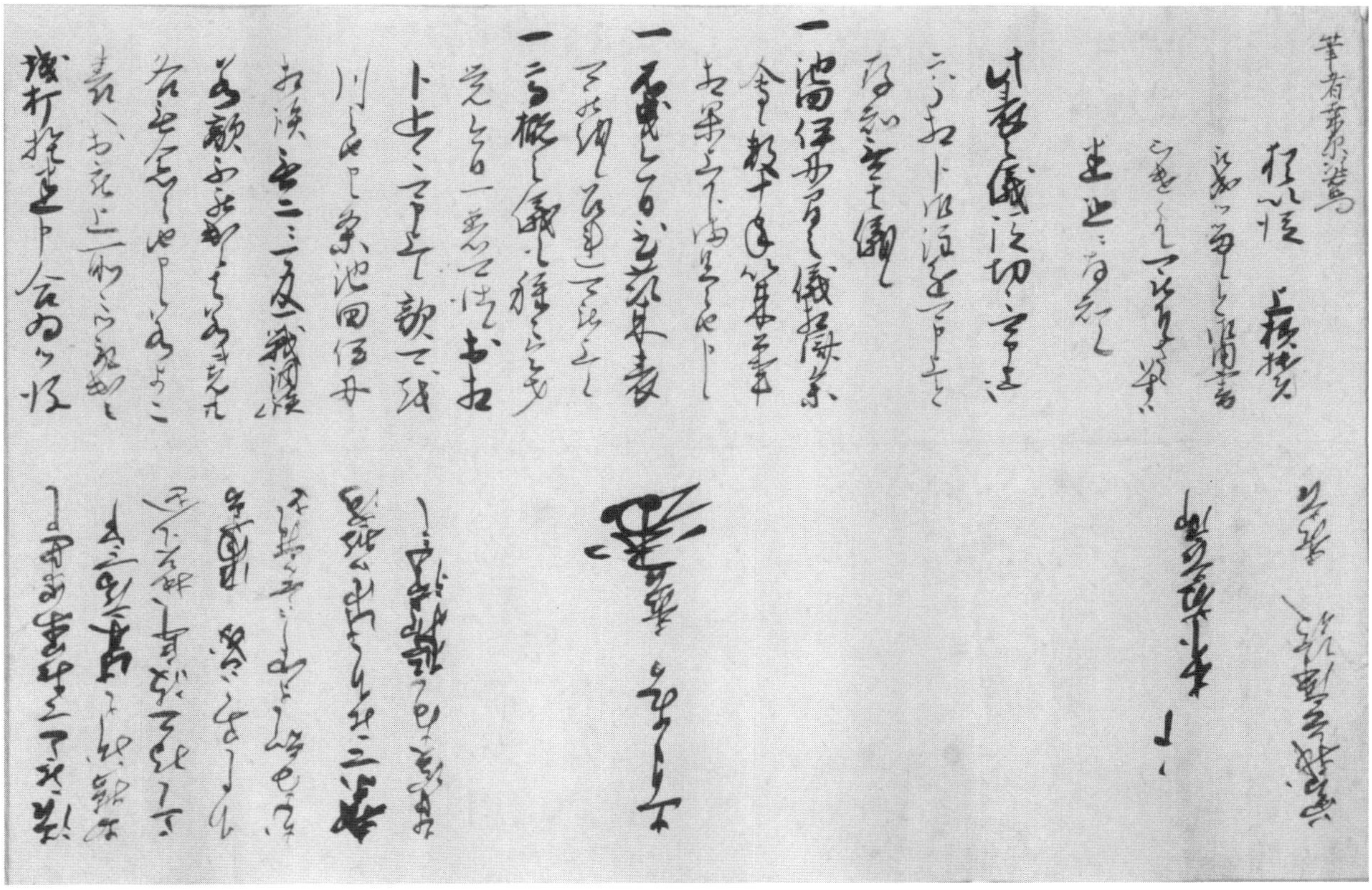

「筆者桑原次郎右衛門」(異筆端書)
猶以従　上様、拙者
被成御留候と御内書
被遣候て可被下候、さ候
ハすハ
迷惑ニ存知候、
此表之儀、従切々可申上之
処、相分御注進可申上と
存知、無其儀候、
一、池田(勝正)・伊丹(親興)間之儀相済参
会候、数十年以来公事
相果、上下満足之由申候、
一、石曳今日至茨来(摂津)表
可罷越候、召連可罷上候、
一、高槻(摂津)之儀も種々令才
覚、今日一着可仕候、於相
分追々可申上候、敵可越
川之由申候条、池田・伊丹
相談無二ニ可及一戦調談候、
若敵不罷出候者、若キ者共
各無念之由申候、若よこ
表へ於罷上所々御取出者
城打捨、悉申合為御後
詰罷上、可相果由悉申候、
於様躰者柴庵可被申
上候、将又岐阜へ拙者も人を
下申候、早々被成　御内書
尤存知候、さやうニ無御座候を
我等可罷下候、此由御披露
奉憑存候、恐惶謹言、
(元亀二年)十一月十九日　秀吉（花押影）
(切封墨引)　木下藤吉郎
(表書)「曾我兵庫頭殿(助乗)　秀吉」

138号文書(秀吉8)
折紙
二九二×四三五

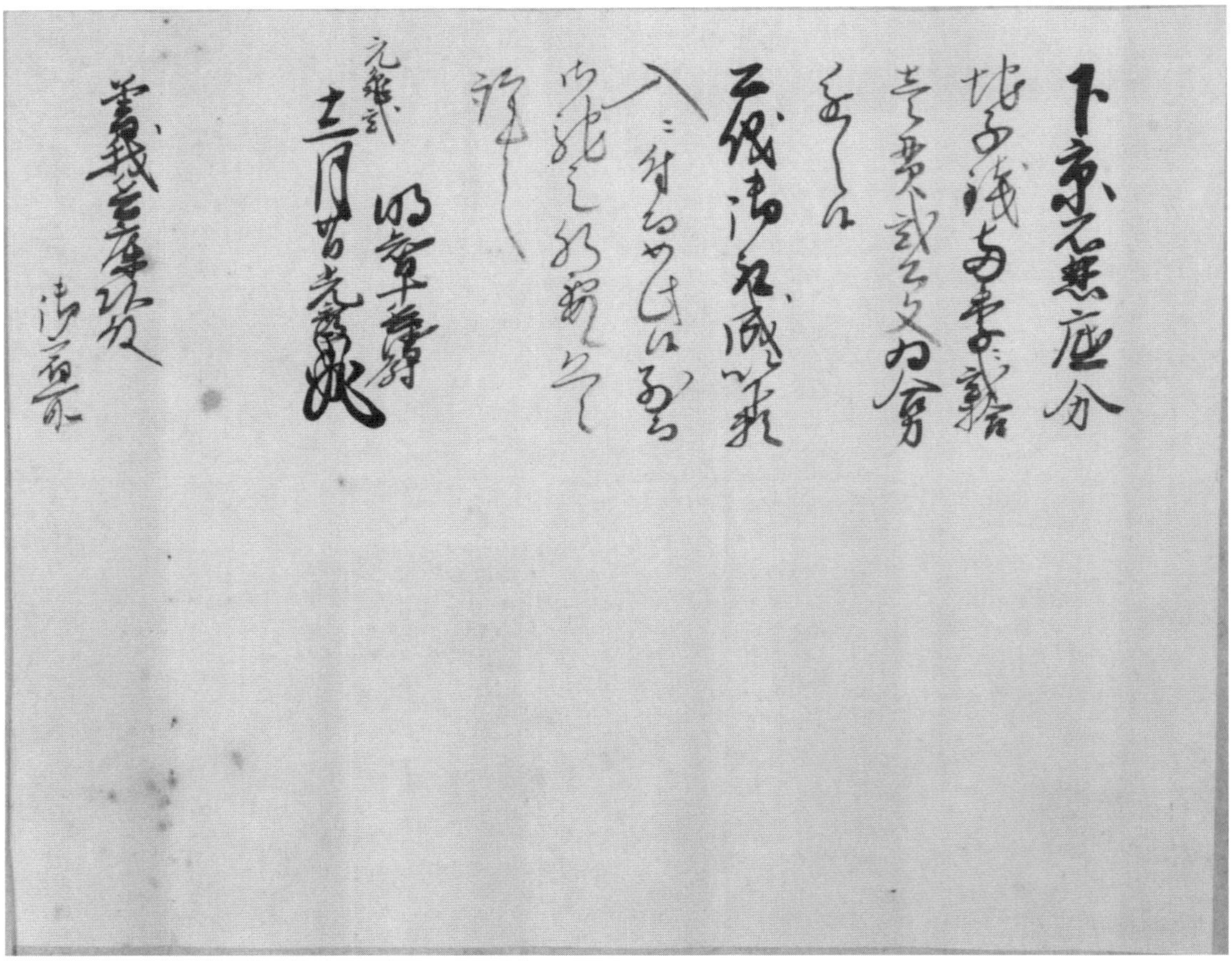

9　明智光秀書状写

下京壷底分
地子銭、両季ニ弐拾
壱貫弐百文為合力
進之候、
公儀御取成以下頼
入ニ付而如此候、別而
御馳走肝要候、恐々
謹言、

明智十兵衛尉
（元亀弐）十二月廿日　光秀（花押影）

曾我兵庫頭（助乗）殿
御宿所

139号文書（光秀2）
折紙
二六三×三三五

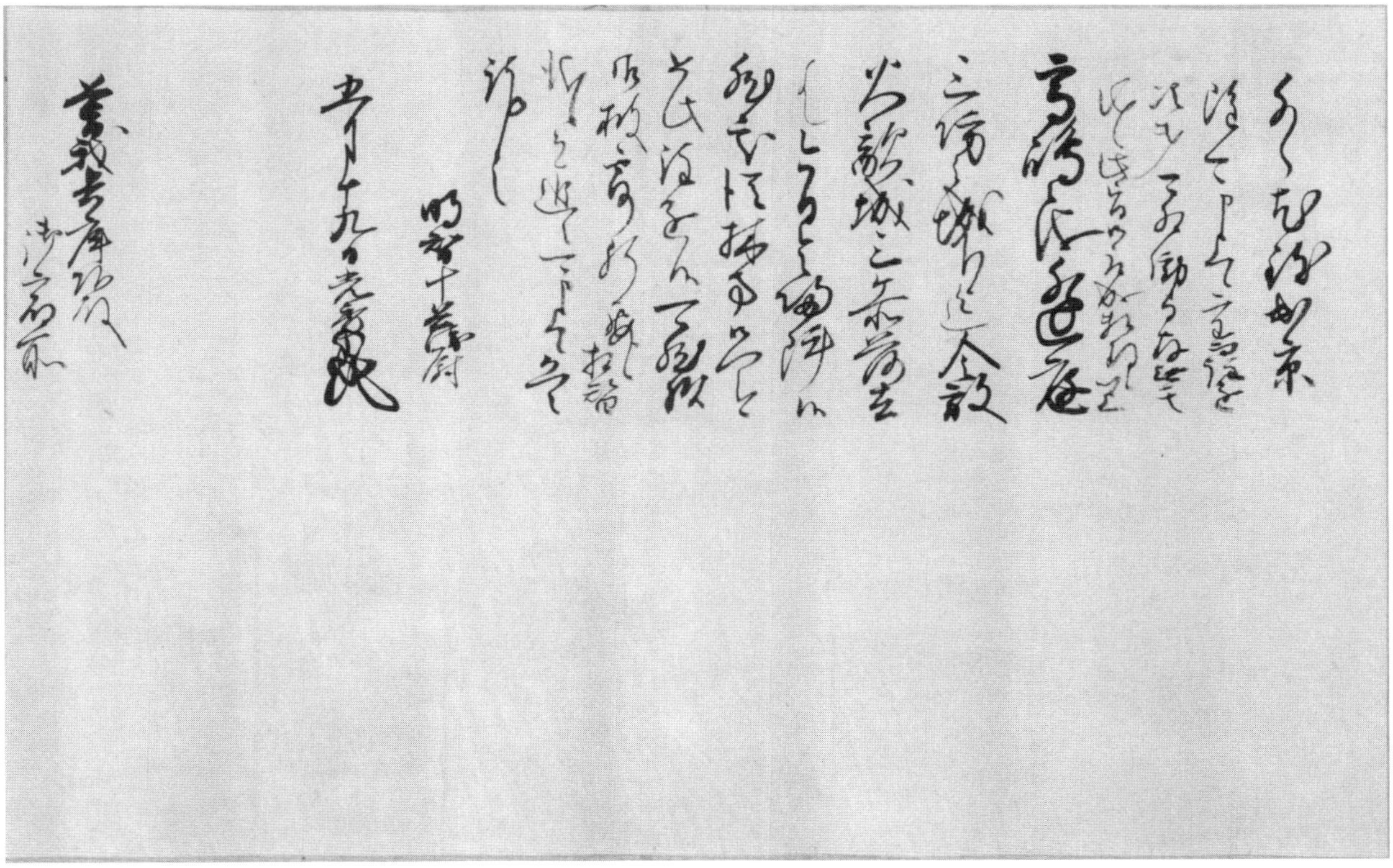

10　明智光秀書状写

尚々尤致出京
雖可申上候、重而注進
次第可相働与存、無其
儀候、此旨御取成頼存候、以上、

(近江)高嶋之儀逢庭
三坊之城下迄令放
火、敵城三ヶ所落去
候て、今日令帰陣候、
然処従林方只今
如此注進候、可然様
御披露肝要候、相替
儀候ハヽ、追々可申上候、恐々
謹言、

明智十兵衛尉
(元亀三年)五月十九日　光秀（花押影）

曾我兵庫頭(助乗)殿
御宿所

140号文書（光秀1）
折紙
二六〇×四一六

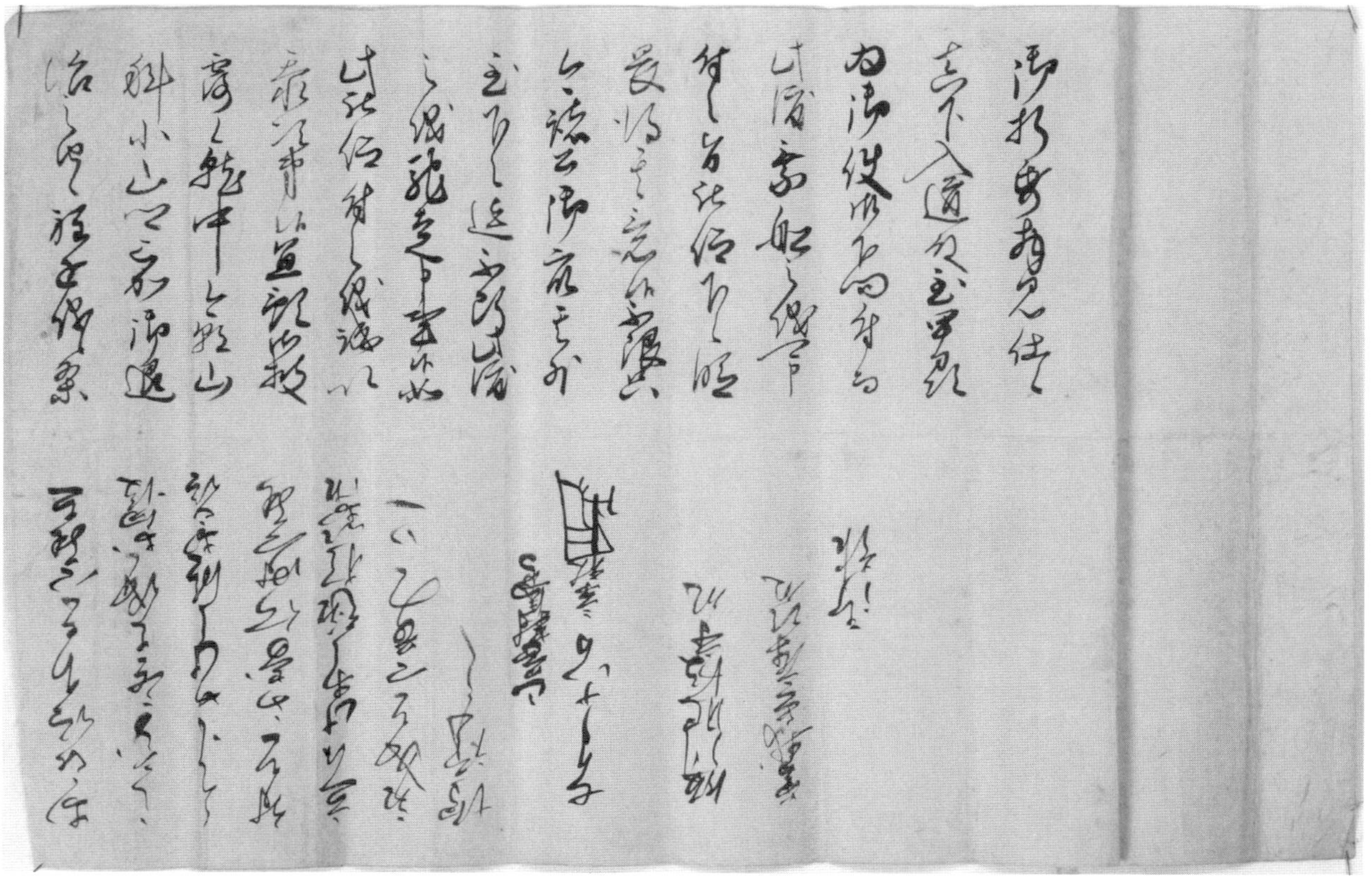

11　山岡景祐書状写

御折帋拝見仕候、
真下入道殿至甲州
為御使御下向付而、
此渡(近江瀬田)乗船之儀可申
付之旨被仰下候段、
畏得其意候、不限只
今、諸公御衆其外
至下々迄、不断此渡
之儀馳走申事候、如
此被仰付之儀、誠以
忝次第候、宜預御披
露候、就中今朝山
科小山郷被加御退
治之由候、程近儀候条、
於被仰下者、可罷立
之処、無其儀候、於向後
候ても如此之段於被仰
付者、不寄何時可罷
立候、此等之趣、猶以於御
取成者可畏入候、恐
惶謹言、
山岡対馬守
(元亀三年カ)七月十八日　景祐（花押影）
(信賢)飯川肥後守殿
(助乗)曾我兵庫頭殿
御報

141号文書（戦国諸将1）
折紙
二六二×四一七

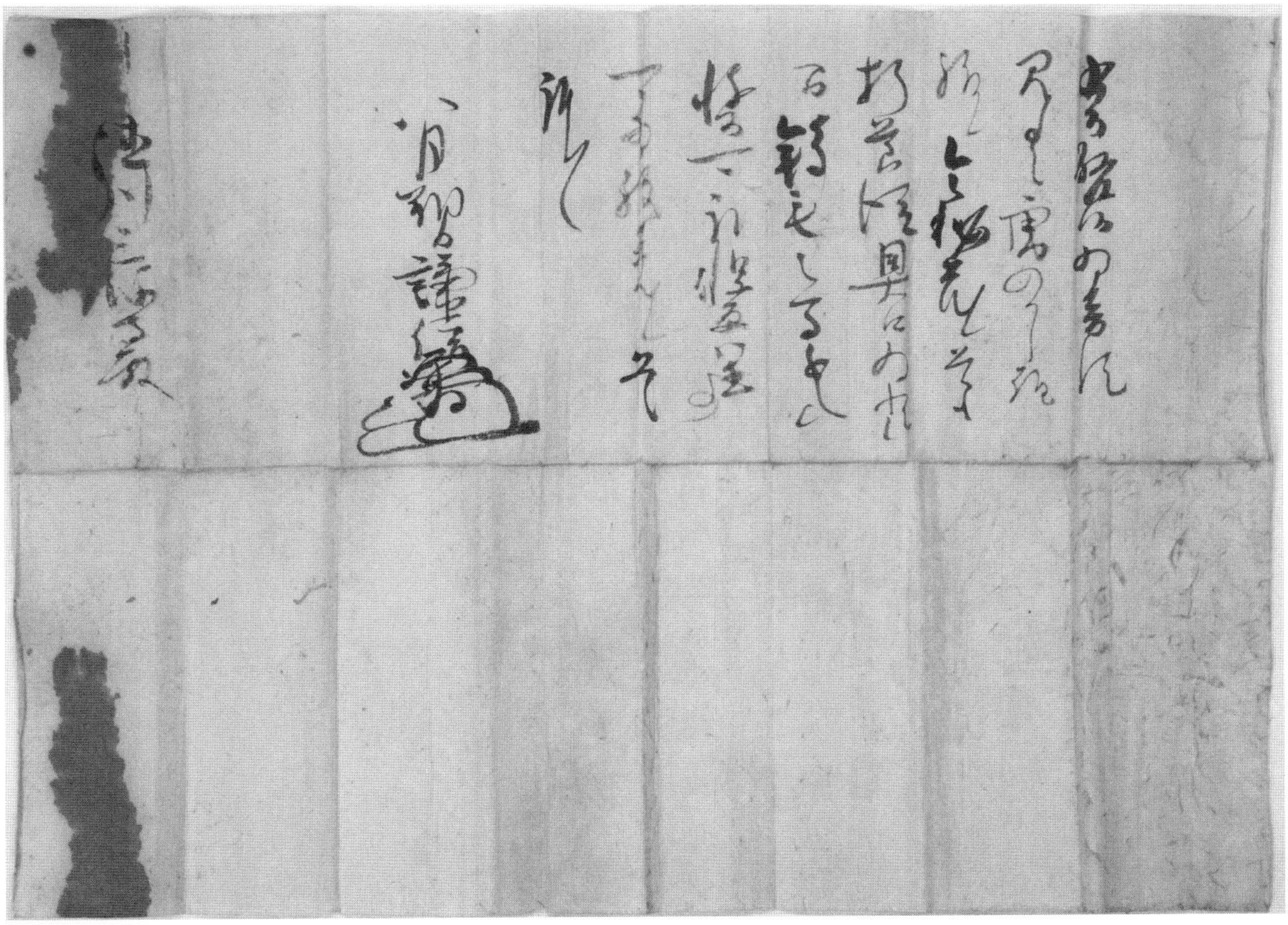

12　上杉謙信書状写

追而啓候、為音信
見事之虎のかしら
給候、令秘蔵候、是も
折節従奥口為登候
間、鴾毛之馬子共
暫可被繋置事
可為祝着候、恐々
謹言、
八月《(年未詳)》朔日　謙信（花押影）
徳川三河《(家康)》守殿

142号文書（謙信1）
折紙
三三〇×四五〇

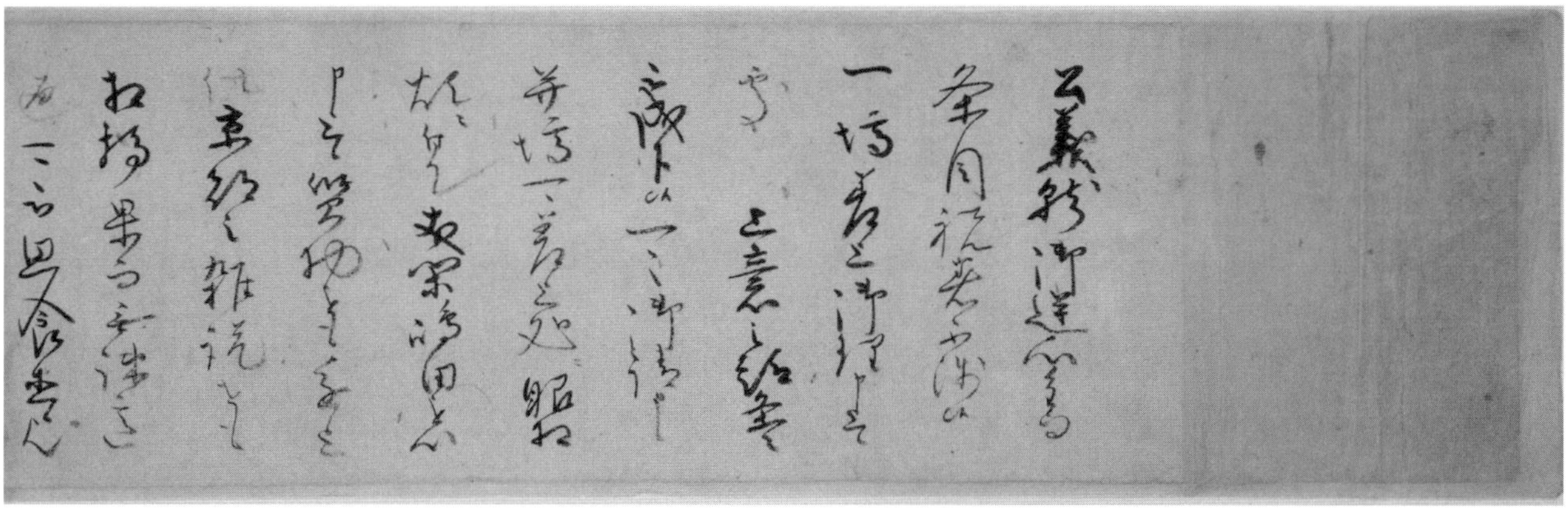

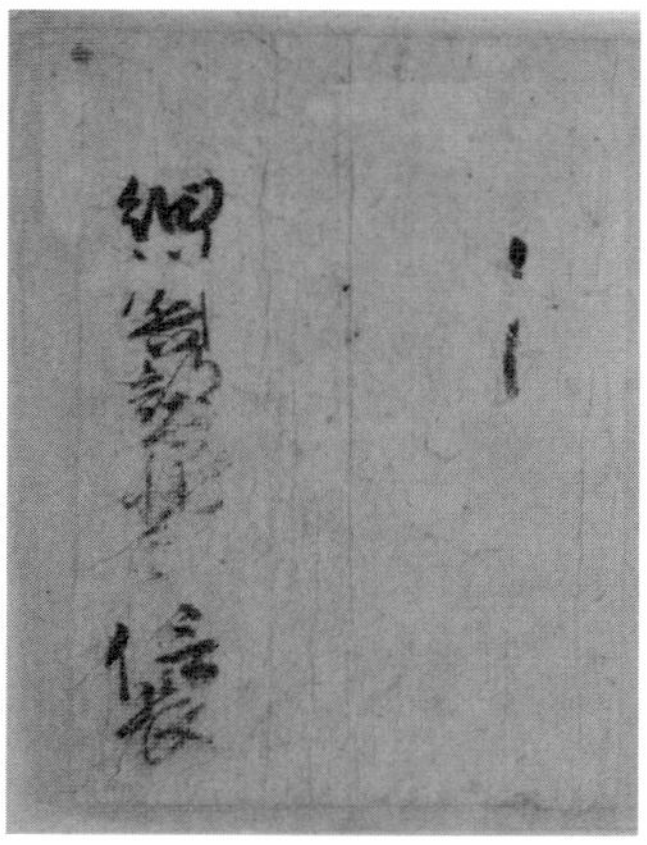

13 織田信長黒印状

（端裏切封墨引）

（端裏上書）「細川（藤孝）兵部太輔殿　信長」

公義就御逆心、重而
条目祝着不浅候、
一、塙（直政）差上御理申上候
処、上意之趣、条々
被成下候、一々御請申候、
并塙可差上処ニ眼相
煩ニ付て友閑（松井）・嶋田（秀満）を以
申上候、質物をも進上
仕、京都之雑説をも
相静、果而無疎意
通可被思食直候歟、

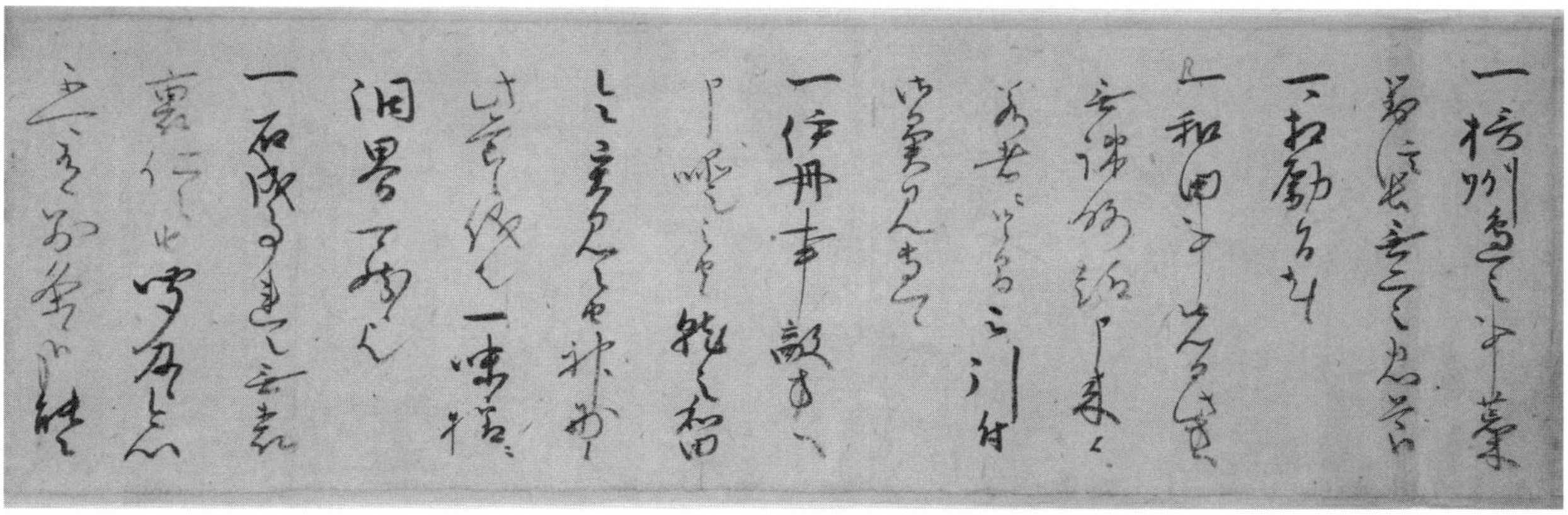

一、摂州辺之事、荒木（村重）
対信長無二之忠節
可相励旨尤候、
一、和田（惟長）事、先日此方へ
無疎略趣申来候、
若者ニ候之間被引付、
御異見専一候、
一、伊丹（親興）事、敵方へ
申曖之由候、就之和田
令異見之由神妙候、
此節之儀者、一味候様ニ
調略可然候歟、
一、石成（友通）事、連々無表
裏仁之由聞及候、今以
不可有別条候哉、能々

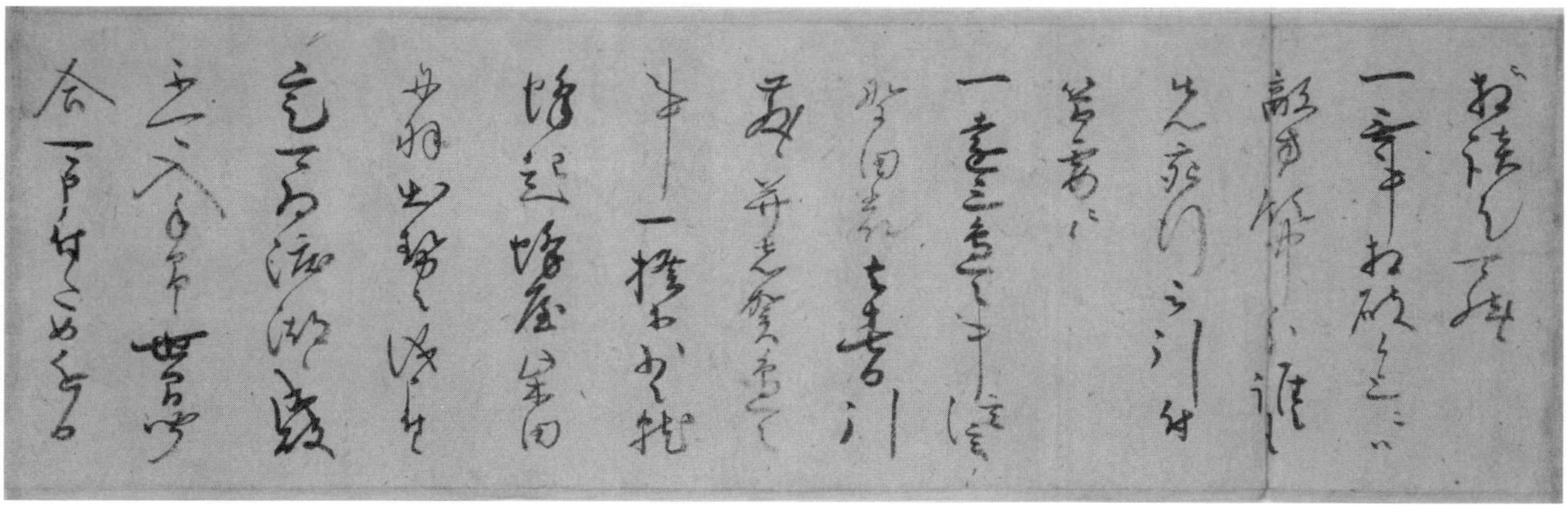

相談候て可然候、
一、無事相破候上ニハ、
敵方領中分誰々も
先宛行、被引付
簡要ニ候、
一、遠三辺之事、信玄（武田）
野田表去十七日引
散候、并志賀（近江）辺之
事、一揆等少々就
蜂起蜂屋（頼隆）・柴田（勝家）・
丹羽（長秀）出勢之儀申付候、
定可為渡湖候、成敗
不可入手間候、世間聞
合可申付ため、近日

至佐和山（近江）先可罷
越候かと存候、不図遂
上洛、畿内之事
平均ニ可相静段
案中ニ候、連綿入
魂無等閑通、此節
相見候、弥才覚不可
有御油断候、恐々謹言、
（元亀四年）二月廿三日　信長（黒印）

143号文書（信長20）
継紙
一三〇×一六六〇

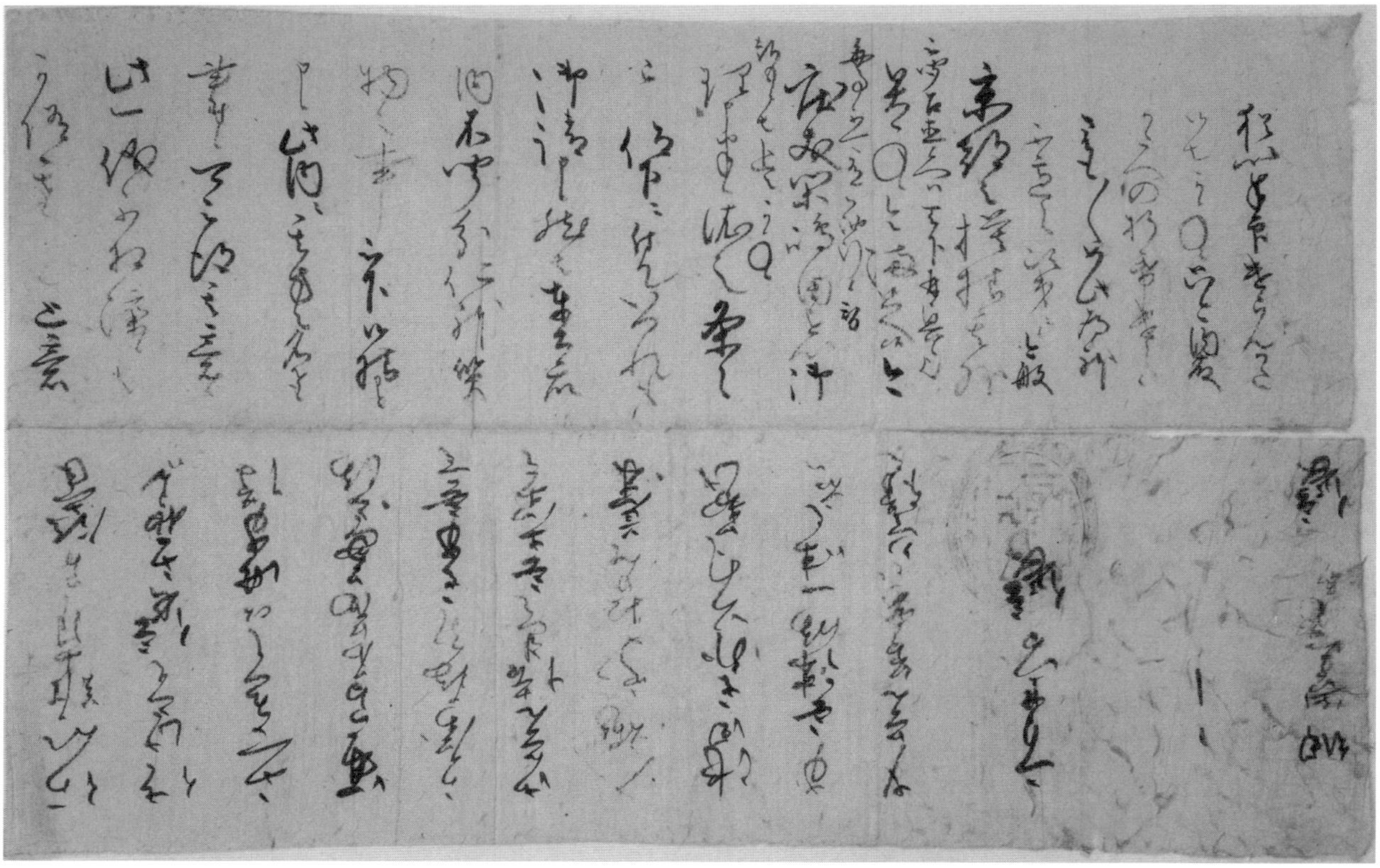

14 織田信長朱印状

猶以、朱印遣候ハんかた
候者、可承候、只今内藤
かたへの折帋遣之候、
さても／＼如此為躰
不慮之次第ニ候、今般
被聞召直候へハ、天下再
興候歟、
毎事不可有御油断候、替
趣も候者、追々可承候、

京都之模様其外
具承候、令満足候、今
度友閑(松井)・嶋田(秀満)を以御
理申半候、依之条々
被　仰下ニ付て、いつれも
御請申候、然者奉公衆
内不聞分仁躰、質
物之事被下候様にと
申候、此内ニ其方之名をも
書付候、可被得其意候、
此一儀不相済候者、
可随其　上意、

何以難背候間、領掌
仕候、此上者信長不届にてハ
不可有之候、此方隙
開候間、不図遂上洛、
可属存分候、其方無二之
御覚悟、連々無等閑令
入魂処相見候、荒木(村重)・
池田(勝正)其外いつれも対此
方無疎略、一味之衆へ
才覚簡要ニ候、恐々謹言、

(元亀四年)二月廿六日　信長（朱印）

（切封墨引）

(表書)「細□兵部大(藤孝)□□　信長」

144号文書(信長6)
折紙
二六〇×四〇五

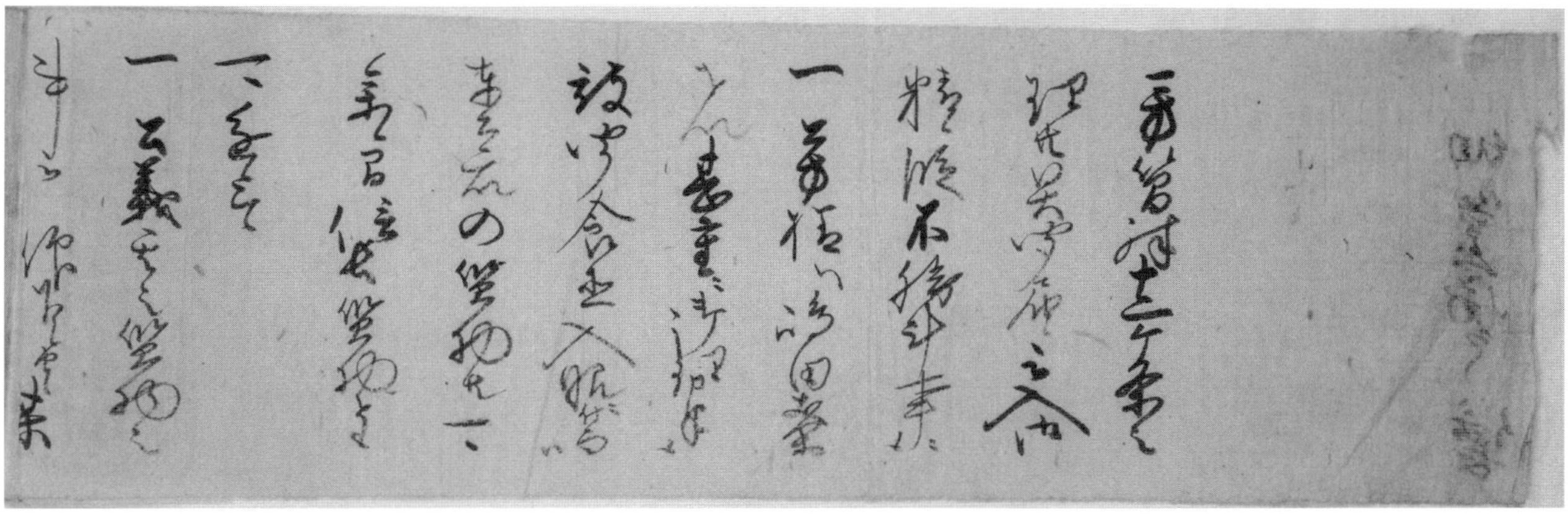

15　織田信長書状

（端裏切封墨引）

（端裏上書）「細川（藤孝）兵部太輔殿　信長」

芳簡殊十二ヶ条之
理共具聞届候、被入御
精候段不勝斗事ニ候、
一、公方様へ嶋田（秀満）・友閑（松井）
を以、甚重ニ御理申半候、
被聞食直、入眼ニ付而ハ、
奉公衆の質物共可
参候間、信長質物とも
可進上候、
一、公義其之質物之
事、被　仰下候由候、某

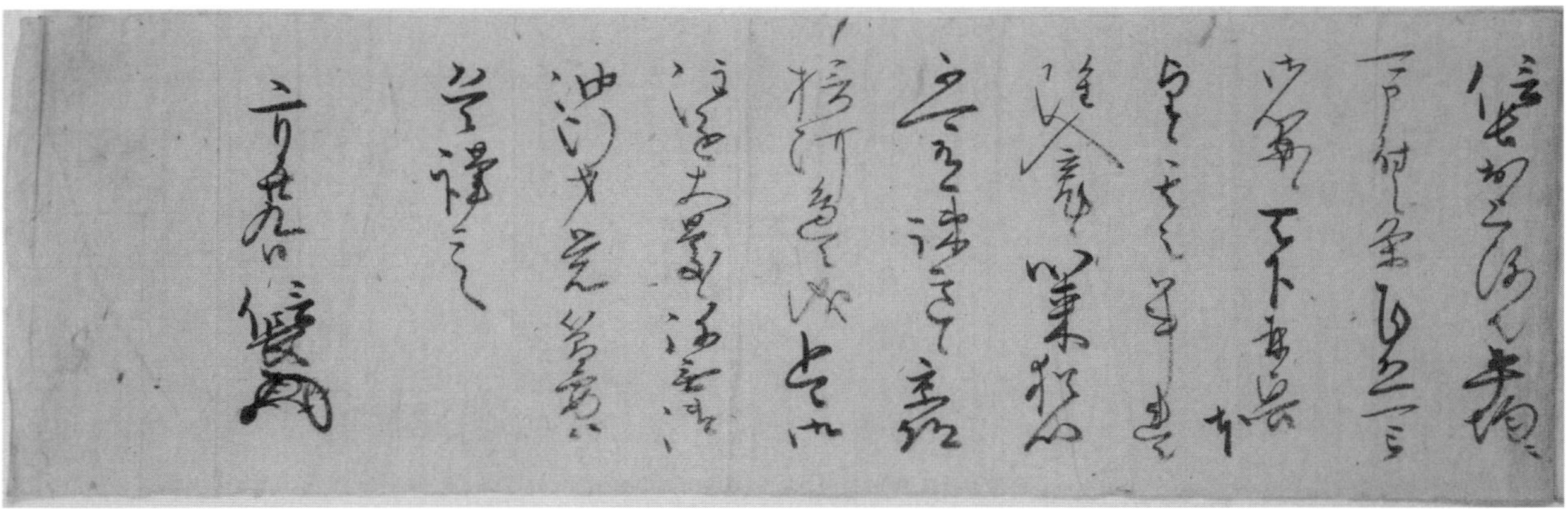

信長於上洛者、平均ニ
可申付候条、乍恐可被
御心安候、天下再興本
望候、其之御事連々
雖入魂候、以来猶以
不可有疎意候、京都・
摂・河辺之儀、追々御
注進大慶候、弥無御
油断才覚簡要ニ候、
恐々謹言、

（元亀四年）二月廿九日　信長（花押）

145号文書（信長37）
継紙
一三一×八三〇

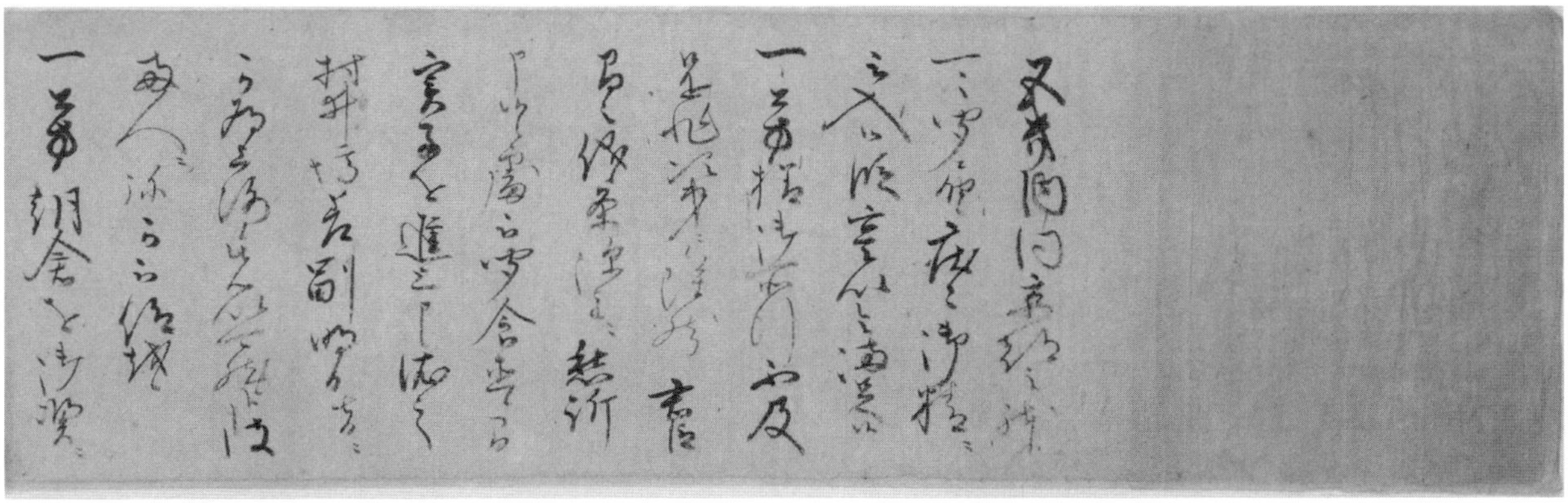

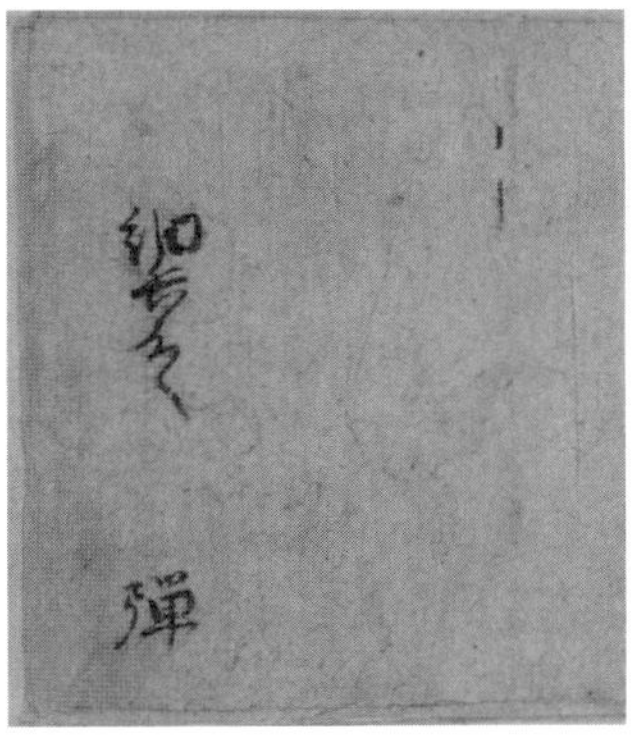

16　織田信長黒印状

（端裏切封墨引）

（端裏上書）「細兵殿（細川藤孝）　　弾」

五畿内・同京都之躰等
一々聞届候、度々御精ニ
被入候段、寔以令満足候、
一、公方様御所行、不及
是非次第ニ候、雖然　君臣
間之儀候条、深重ニ愁訴
申候之処、被聞食直候間、
実子を進上申候、依之
村井（貞勝）・塙（直政）差副、明日七日ニ
可為上洛候、先以可然候哉、彼
両人ニ弥可被仰越候、
一、公方、朝倉（義景）を御憑ニ

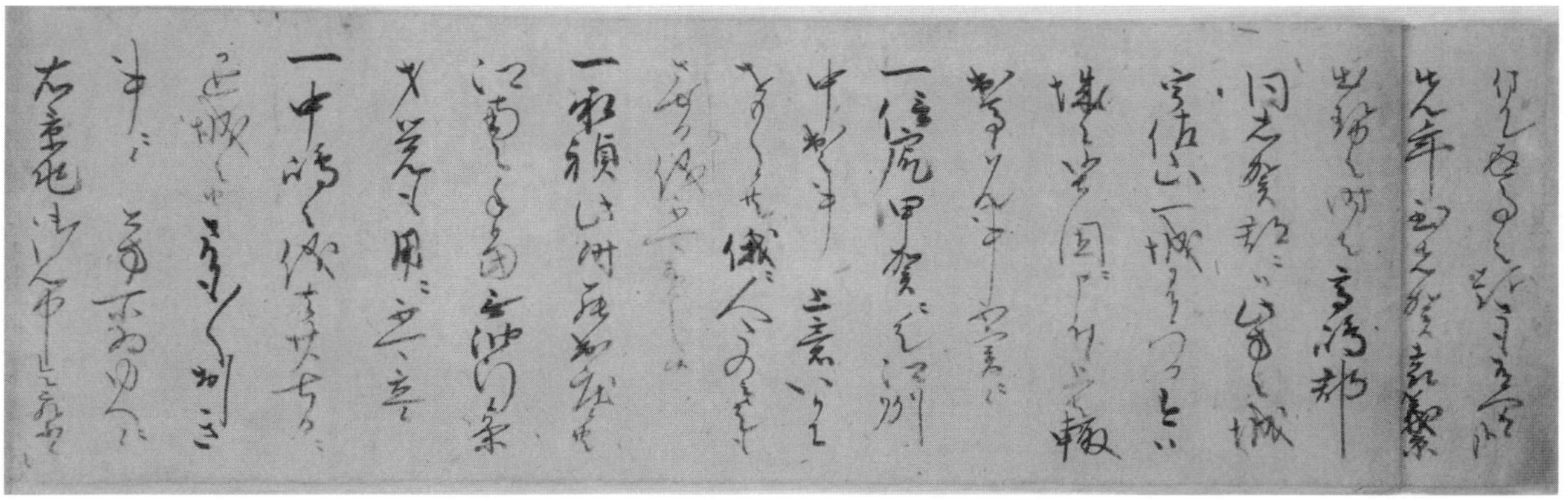

付て、返事之趣さも有へく候哉、
先年至志賀(近江)表、義景
出勢之時者、高嶋郡・
同志賀郡ニハ此方之城
宇佐山一城にて候つる、今ハ
城々堅固ニ申付候上者、輙
出馬候ハん事不実ニ候、
一、信虎(武田)甲賀ニ候て、江州
中出之事、上意いかに
をもく候共、俄ニ人たのミ候ても、
させる儀不可有之候、
一、承禎(六角)此時罷出度候共、
江南之手当無油断候条、
才覚も用ニ不可立候、
一、中嶋(摂津)之儀、去廿七日ニ
退城之由、さても〳〵おしき
事ニ候、公方所為ゆへニ候、
右京兆(細川昭元)御心中令察候、

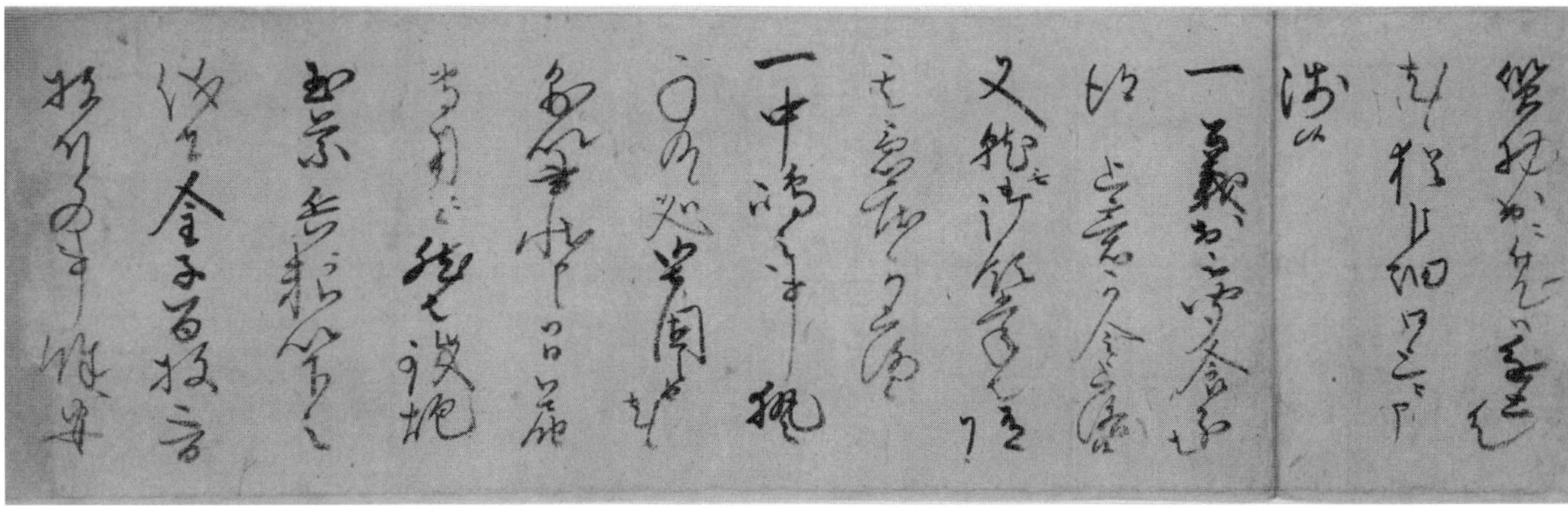

質物出ニ付てハ進上候て
尤候、猶巨細口上ニ申
渉候、
一、公義於被聞食分者、
得　上意可令上洛候、
又就無御領掌者、随
其急度可上洛候、
一、中嶋之事、執々
承及候処、堅固之由尤候、
則以書状申候間、御届
専用ニ候、然者鉄炮
玉薬・兵粮以下之
儀者、金子百枚・二百
枚ほとの事余ニ安

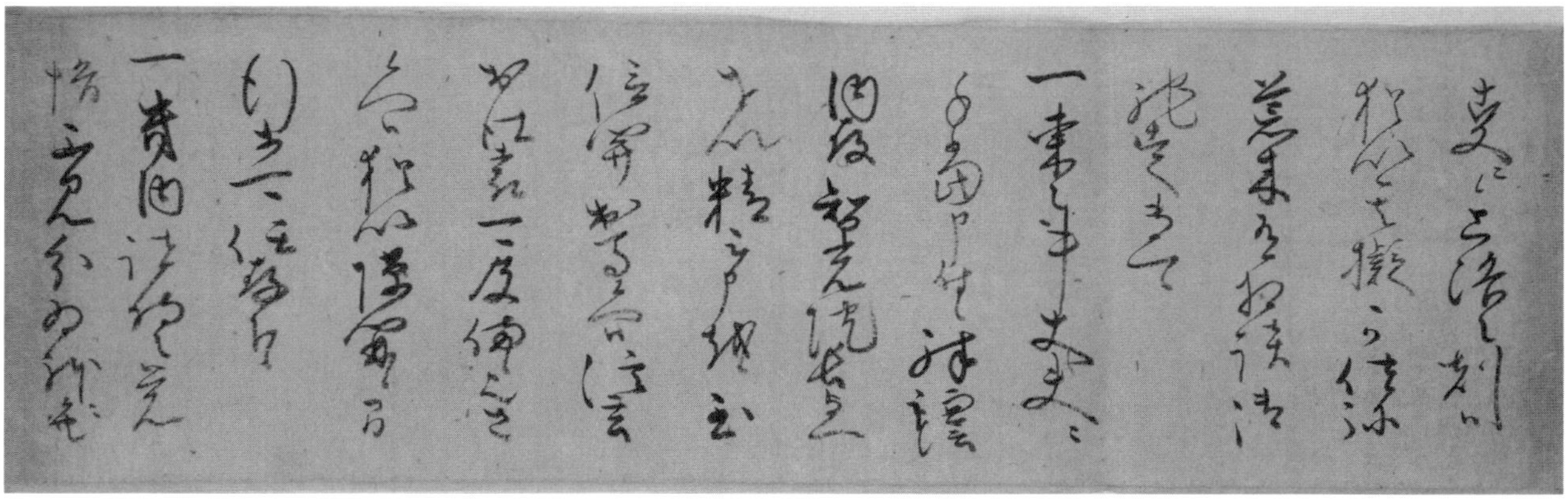

事ニ候、上洛之刻ハ
猶以其擬可仕候、弥
荒木（村重）有相談、御
馳走専一候、
一、東之事丈夫ニ
手当申付候、殊謙信（上杉）
内存、智光院・長与一（景連）
を以、精被申越候、至
信・関出馬候へハ、信玄（武田）
於彼表可及備候歟、さ
候へハ猶以隙開候間、
行等可任存分候、
一、畿内諸侍之覚
悟不見分為躰ニ候共、

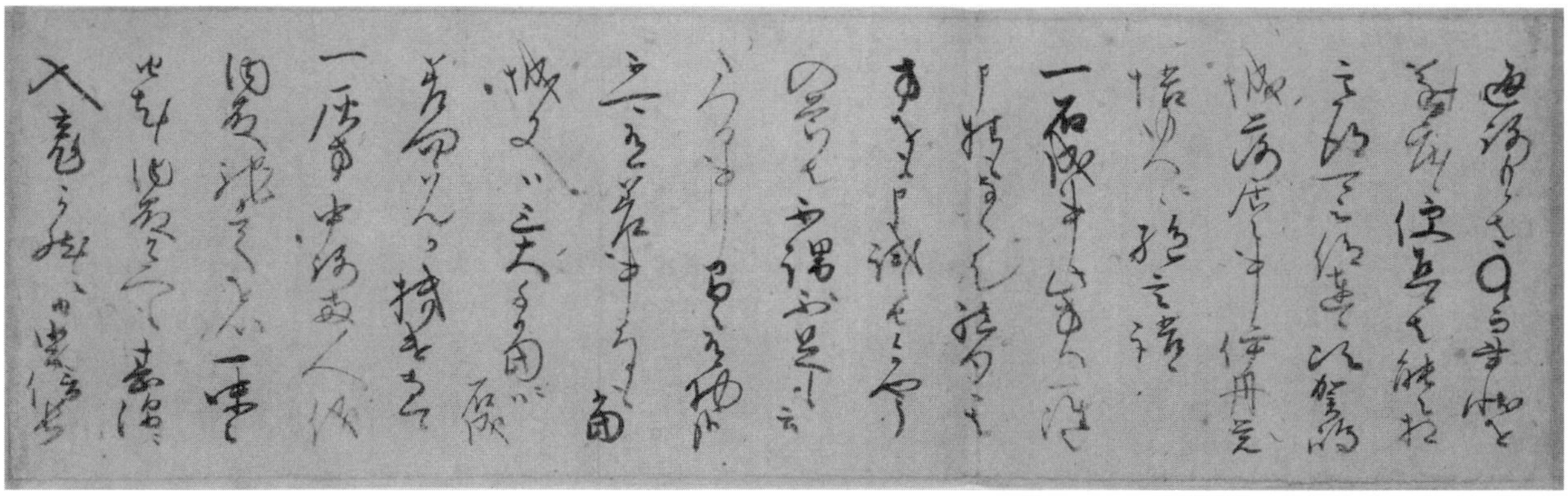

通路も候者、承候而書状を
遂度候、便宜候者、能々相
意得可被仰達候、次賀嶋(摂津)
城落居之事、伊丹(親興)覚
悟ゆへニ候、絶言語候、
一、石成(友通)事、此方へ一往之
申様もなく候て、結局其
方をも申試之由候、かやう
の節者、不謂不足も云
たつる事、間々有物候哉、
不可有差事ニ付も、当
城又ハ三大(三淵大和守藤英)手当ニハ石成
差向候ハんか、機遣専一候、
一、灰方(通能)・中嶋両人儀、
内藤馳走を以、一味之
由尤候、内藤かたへも甚深ニ
入魂可然之由、堅信長

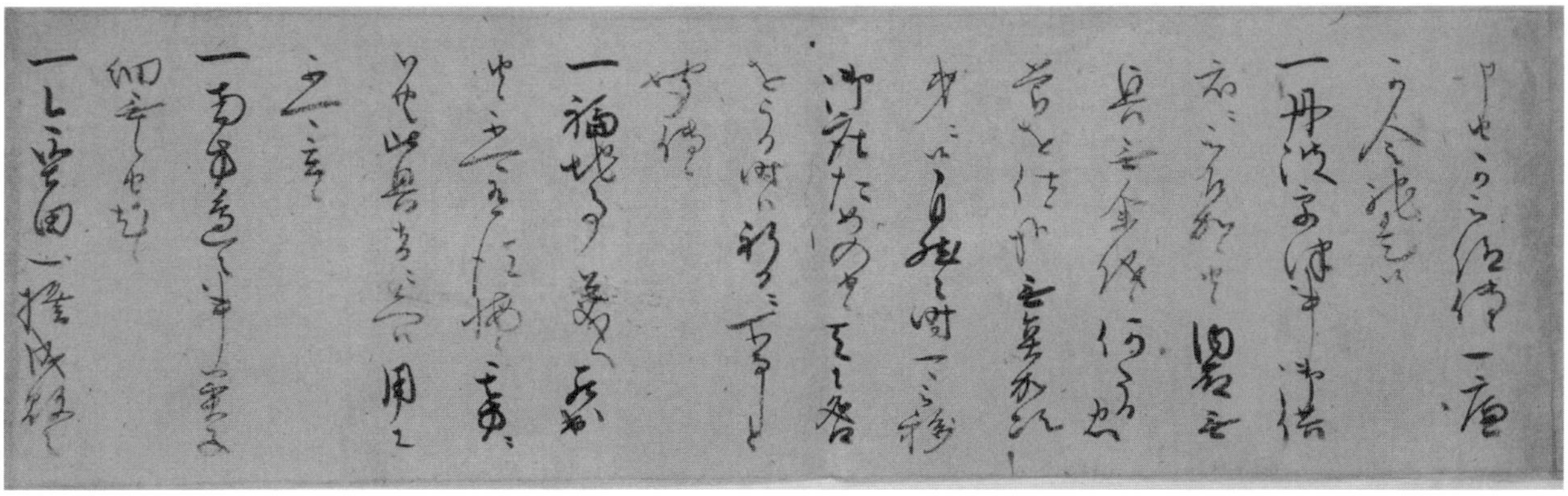

申由、可被仰伝候、一廉
可令馳走候、
一、丹波宇津（頼重）事、御供
衆ニ被召加之由候、内藤無
興無余儀候、何たる忠
節を仕候哉、無冥加次
第ニ候、自然之時可被移
御座ための由候、天ニ咎
をうる時ハ、祈るニ所なしと
聞伝候、
一、福地事、公義ヘ罷出
由候、不可有後悔候、其方ニ
候共、比興者ニ候へハ用に
不可立候、
一、南方辺之事、異子
細無之由尤候、
一、今堅田（近江）一揆成敗之

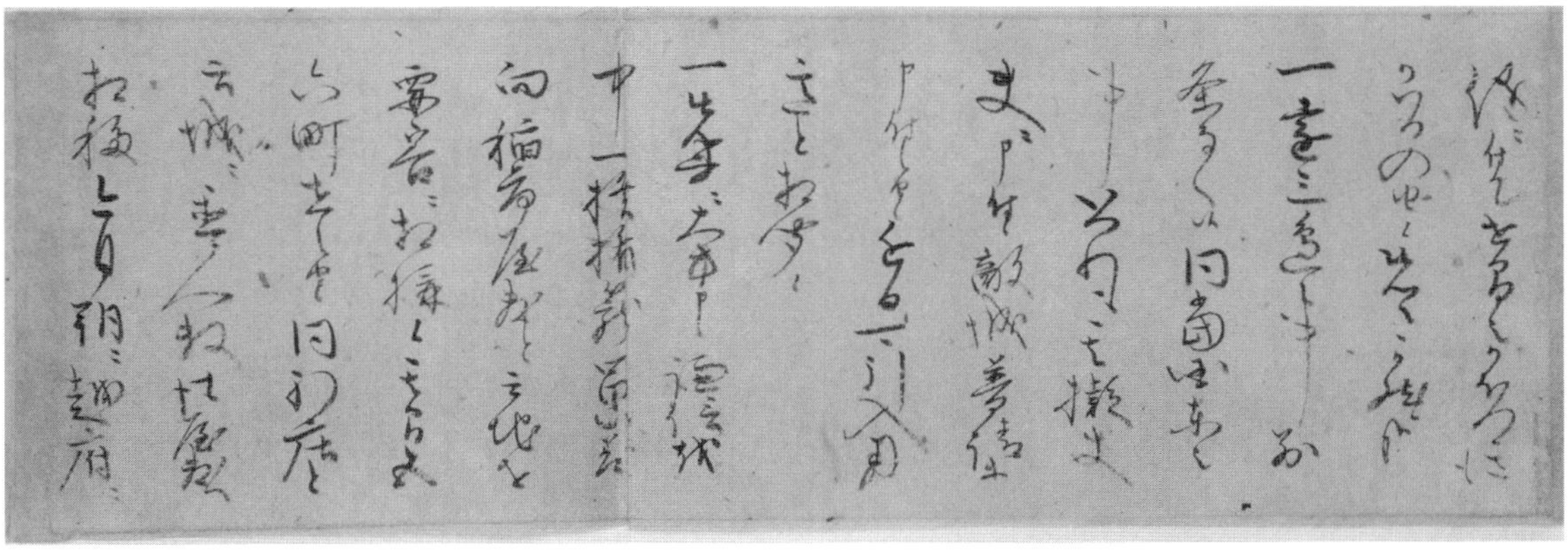

儀ニ付て、世間之かほつきも
かハるの由候、先々可然候哉、
一、遠・三辺事別
条なく候、同当国東之
事、いつれも其擬丈
夫ニ申付候、敵城普請等
申付之由候、近日可引入用
意と相聞候、
一、先書ニ大方申候、謙信越
中一揆楯籠富山ニ差
向、稲荷屋敷と云地を
要害ニ相構候、其間五
六町在之由候、同新庄と
云城ニ置候人数、彼屋敷へ
相移、今月朔ニ越府ニ

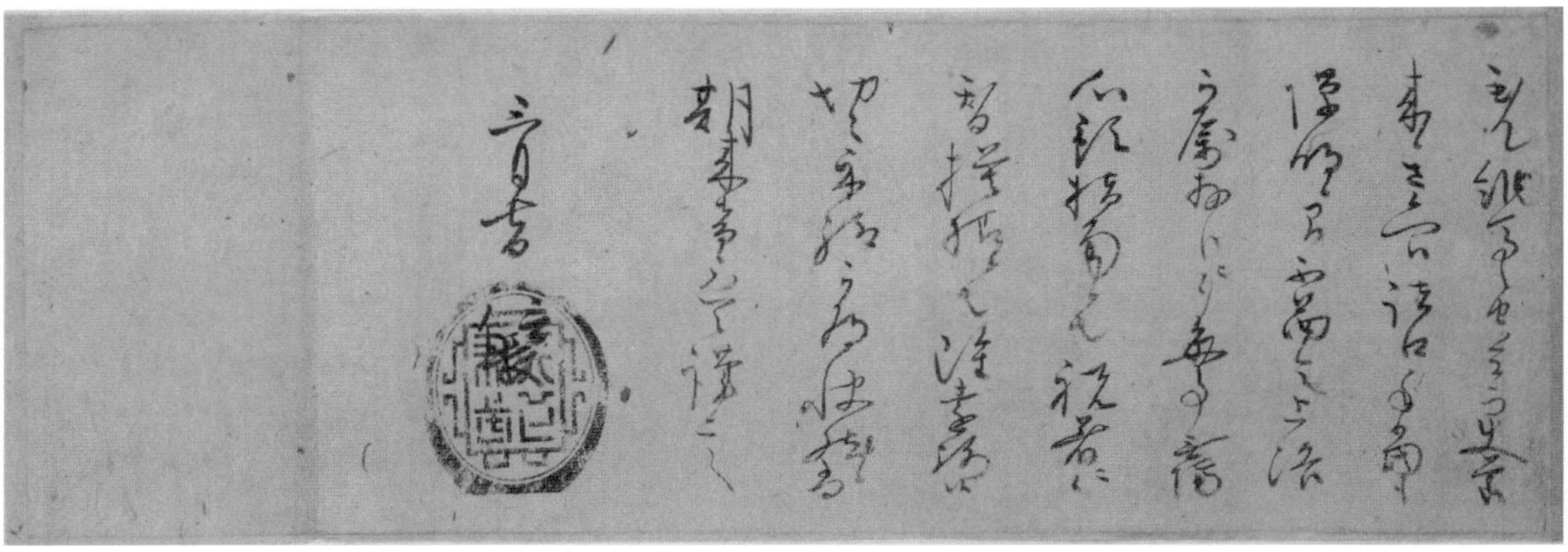

至て納馬之由、重而使節
来候、さ候へハ、諸口手当も
隙明候間、不図令上洛、
可属存分ニ候、毎事無隔
心預指南候者、祝着ニ候、
替模様候者、雖遠路候、
切々示給可為快然候、尚
期来音候、恐々謹言、

(元亀四年)三月七日　　信長（黒印）

146号文書(信長10)
継紙
一三一×三二九〇

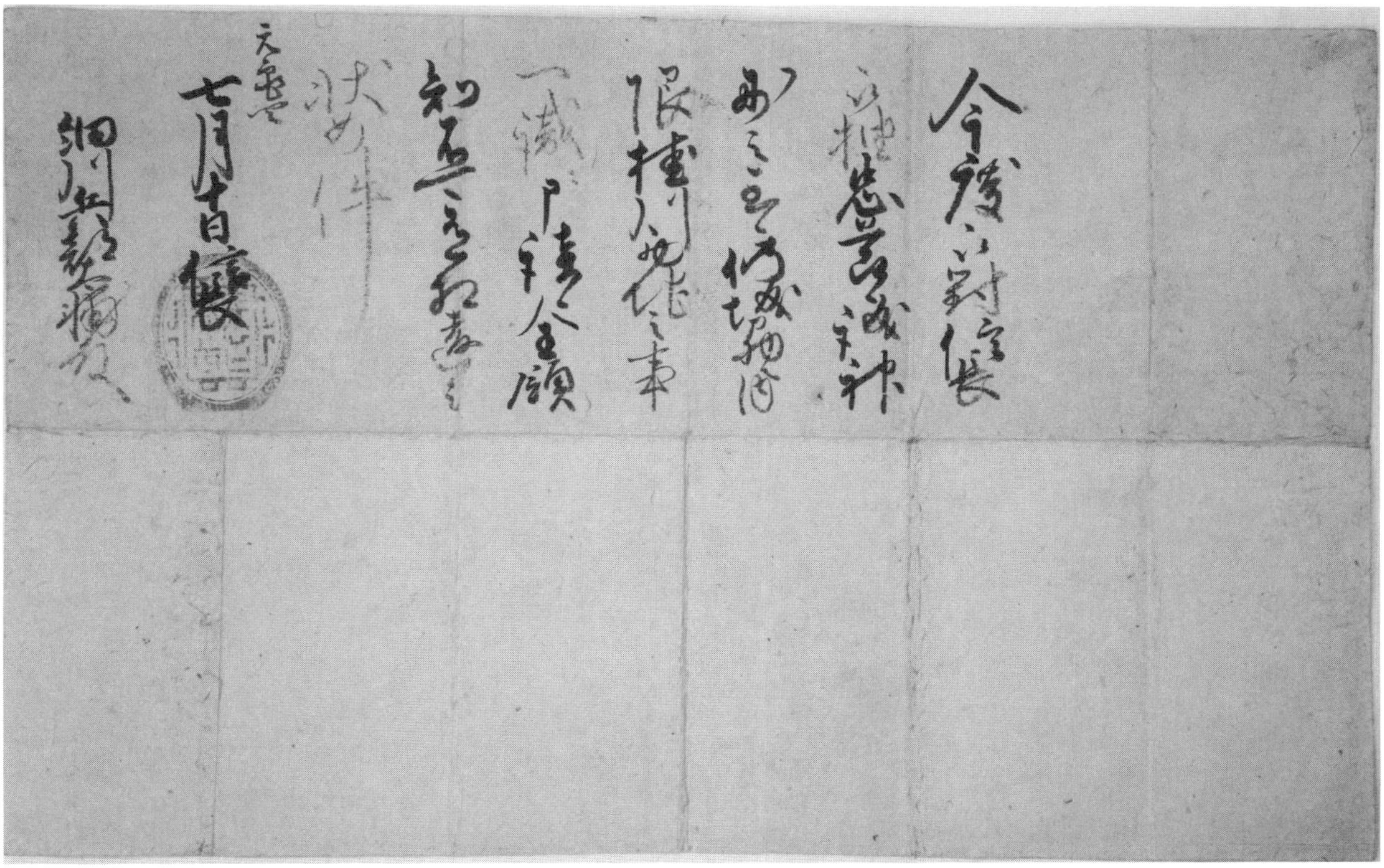

17　織田信長朱印状

今度被対信長
被抽忠節候、誠神
妙之至候、仍城州之内
限桂川西地之事、
一識（職）ニ申談候、全領
知不可有相違之
状如件、
（元亀四）七月十日　信長（朱印）
細川兵部太輔（藤孝）殿

147号文書（信長42）
折紙
二九六×四六〇

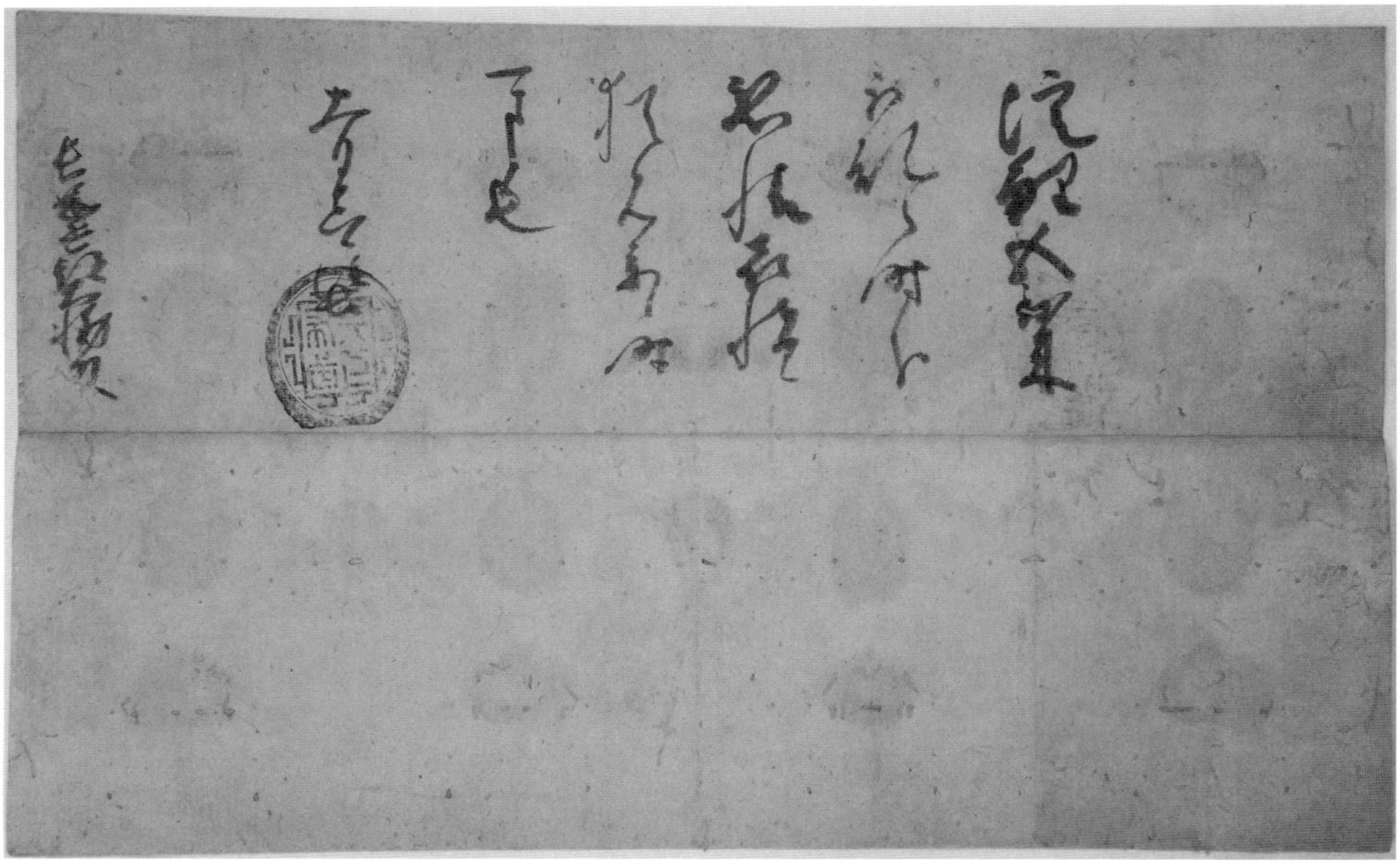

18　織田信長黒印状

淀鯉五到来、
取乱之時分
懇情喜悦候、
猶見参候時
可申候也、

十一月（天正元年カ）十六日　信長（黒印）

長岡（藤孝）兵部大輔殿

148号文書（信長54）
折紙
二九〇×四五七

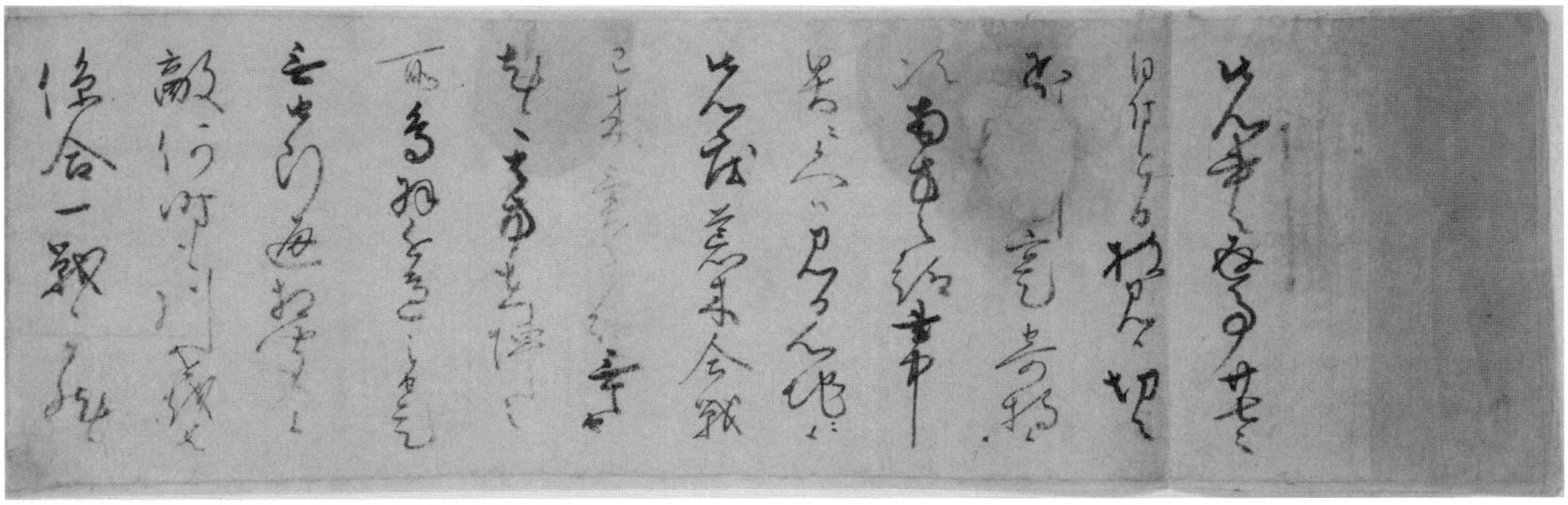

19　織田信長黒印状

（端裏切封墨引）

「（端裏上書）明智殿（光秀）　信長」

先書之返事、廿七之
日付今日披見候、切々
□□寔寄特候、
次南方之趣、書中
具ニ候へハ、見る心地ニ候、
先度荒木（村重）合戦
已来異子細無之由
尤候、其方在陣之
所、鳥羽（山城）近辺之由、是
無由断通相聞候、
敵何時も川を越候者、
係合一戦可然候、

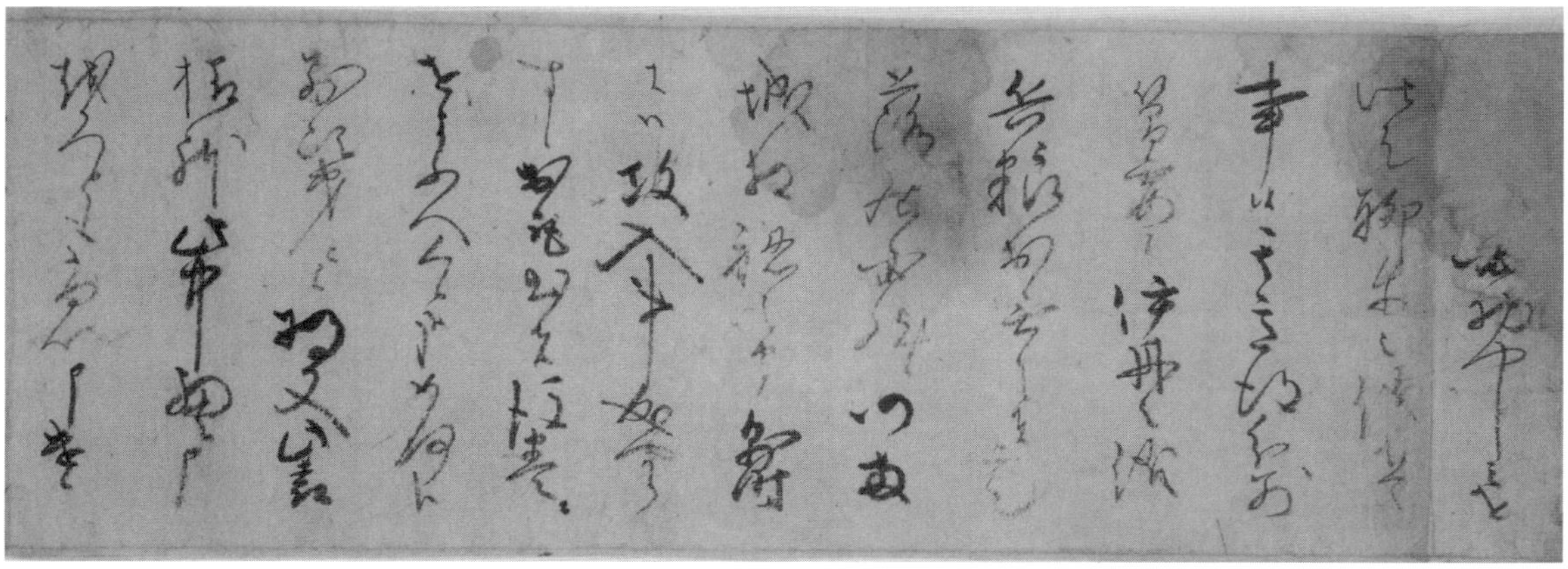

□必物やしミを
仕候て、聊爾之儀在之
事候、其意得分別
簡要候、伊丹（親興）之儀、
兵粮於無之者、定
落居必然候、仍両
城相躮之由候、則時
にハ攻入事成へから
す候、於取出者、後巻ニ
をよふへく候哉、如何、分
別次第ニ候、将又此表
様躰、此中細々申
越候へとも、尚以申遣候、

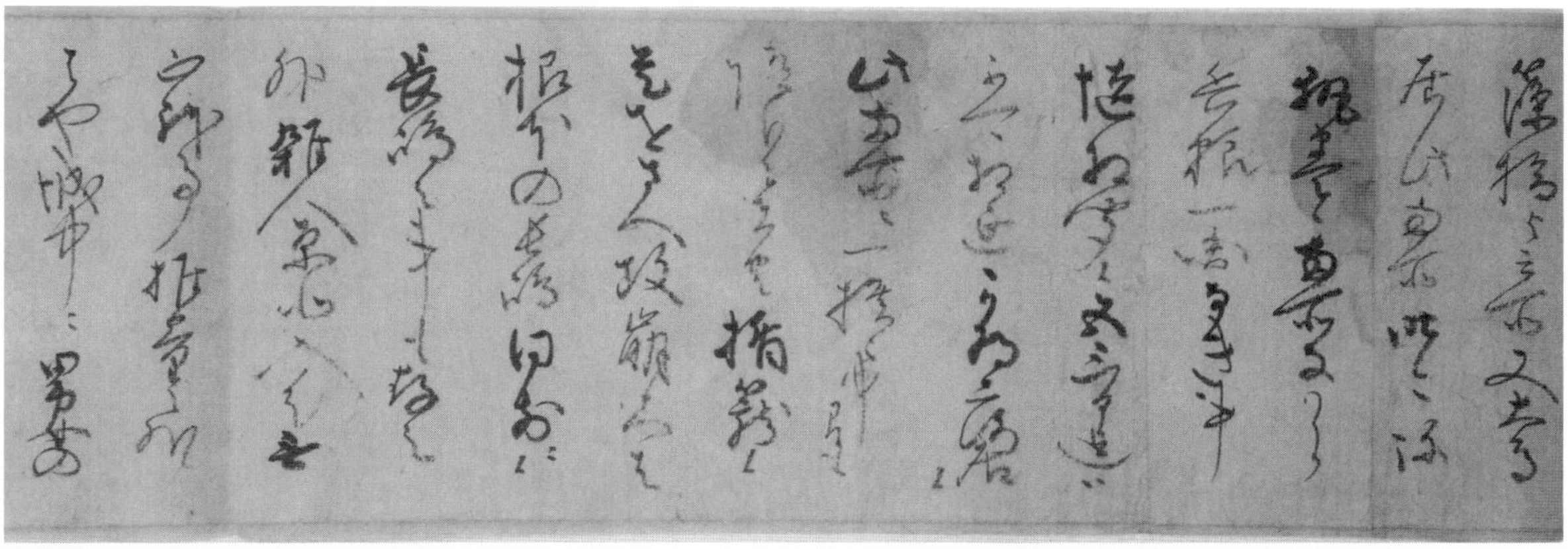

篠橋(伊勢)与云所、又大鳥(同前)
居此両所昨今弥
執巻候、両所なから
兵粮一円なき事、
慥相聞候、五三日迄ハ
不可相延、可為落居候、
此両所ニ一揆之中にても
随分之者共楯籠候、
是をさへ攻崩候へ者、
根本の長嶋(伊勢)同前ニ候、
長嶋之事も存之
外雑人原北入候て、無
正躰事推量之外候、
はや城中ニ男女の

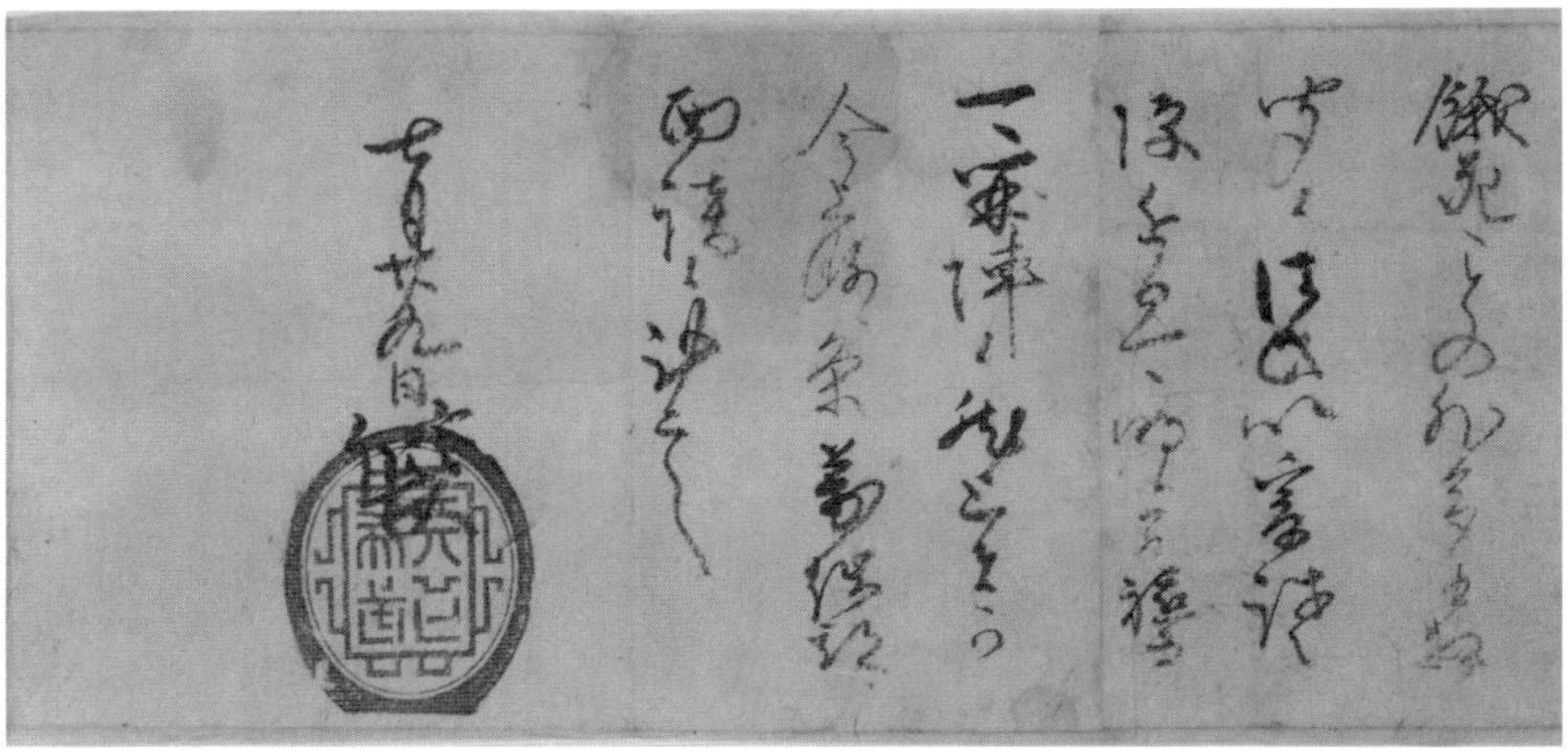

餓死ことの外多由相
聞候、彼此以爰許之
隙近日可明候間、軈而
可開陣候、然上者可
令上洛候条、万端期
面談候、謹言、

（天正二年）七月廿九日　信長（黒印）

149号文書（信長17）
継紙
一三五×一五一七

20　織田信長黒印状

折帋拝見候、仍
河内三ヶ城へ去晦
敵相働候処、及一
戦、首少々討捕之、
追散之由尤候、猶以
無由断被心懸可
然候、次此表之事、
端之一揆之楯籠
所崩出候間、追討ニ首
数多見来候、長嶋(伊勢)
一所ニ相究候、弥詰
陣申付候条、近日
可為落居候、就其
津田(信澄)事粗々承候、上
洛之砌可相談候、
委細塙(直政)可申候、恐々
謹言、
八月三日(天正二年)　信長（黒印）
長岡兵部太輔(藤孝)殿

150号文書(信長46)
折紙
二七〇×四四〇

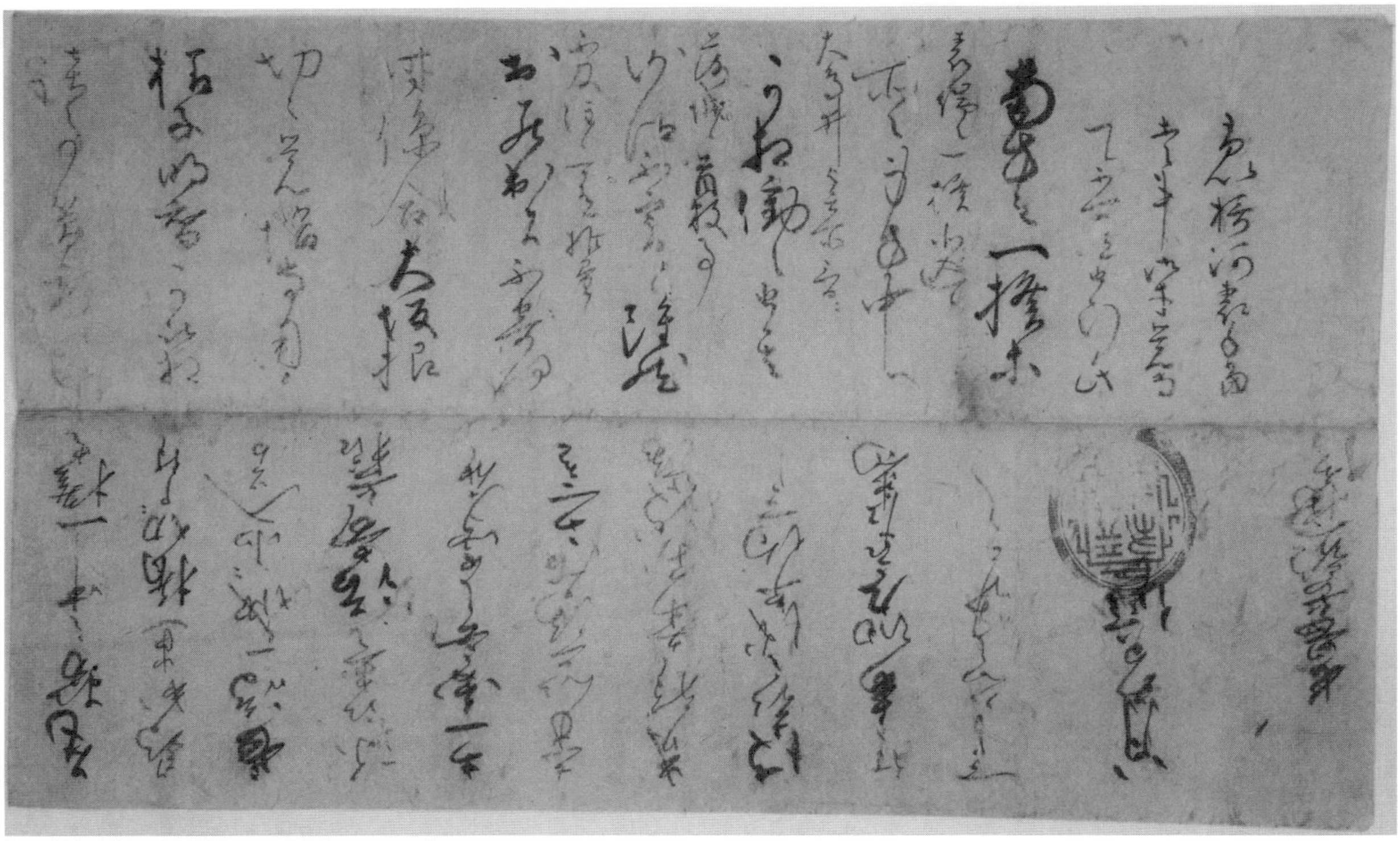

21　織田信長朱印状

尚以摂河表手当
等之事、御才覚専
一候、不可有由断候、此
表端之一揆北込候
大鳥井(伊勢)与云所、三日ニ
落城候、首数事
不及注候、可有推量候、
南方之一揆等、
所々身方中へ
可相働之由、其
沙汰不実ニ候、雖然
於罷出者、不寄何
時係合、大坂根
切之覚悟専用候、
様子明智(光秀)可被相
談事簡要ニ候、

尾・勢之中一揆由候、
尋出、悉楯切ニ申付候、
長嶋(伊勢)一城ニ北入候間、
弥取巻詰寄候、兵粮
等一円無之由聞届候、
旁以落居不可有
幾程候条、則致上洛、
彼表之儀、平均可申
付候、委細九郎(塙直政)左衛門尉
可申候、恐々謹言、

(天正二年)八月五日　信長（朱印）

長岡兵部太輔(藤孝)殿

151号文書(信長18)
折紙
二六七×四三九

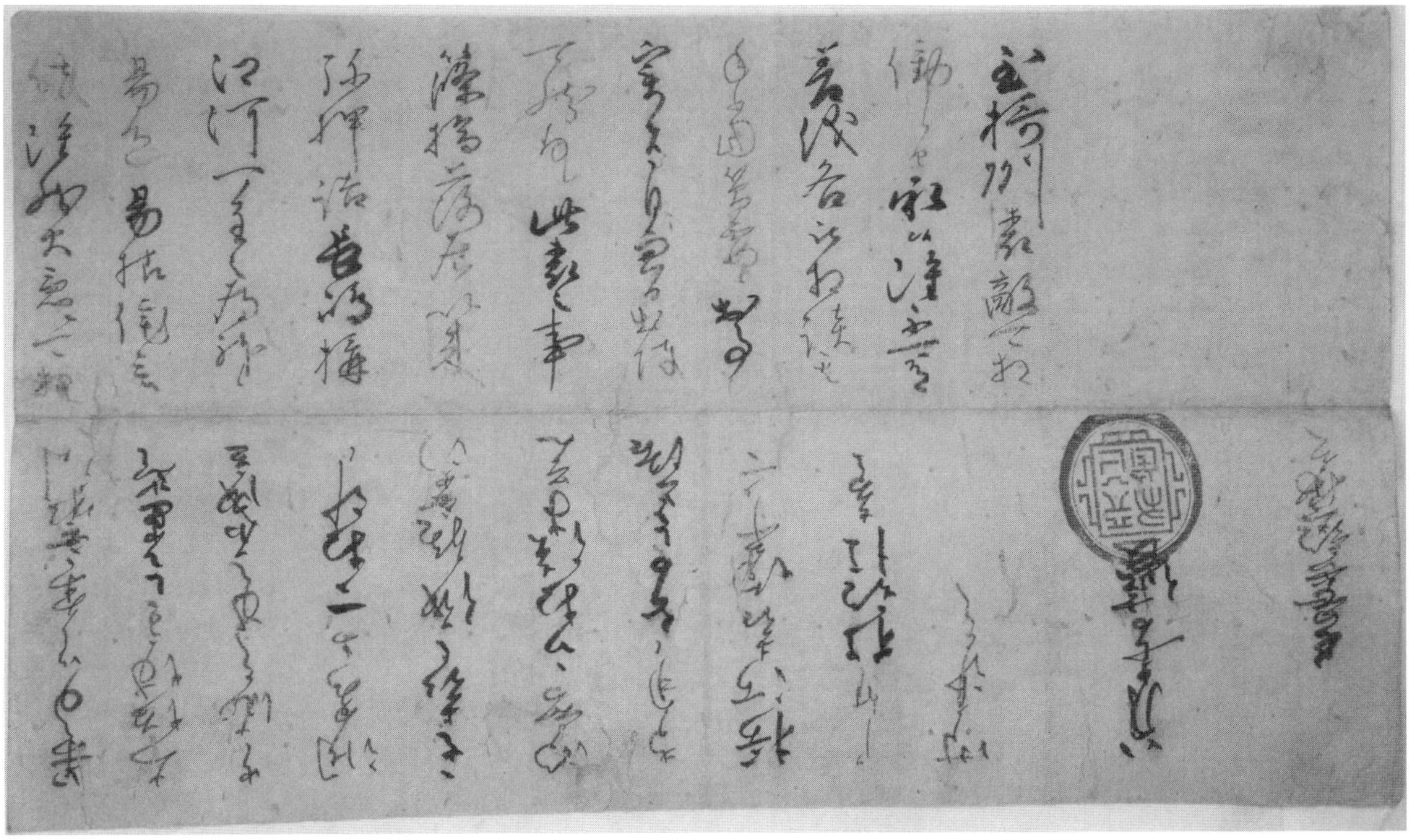

22　織田信長黒印状

至摂州表敵可相
働之由承候、雖不可有
差儀各被相談、其
手当簡要候、於事
実者、自兼日出陣
可然存候、此表之事、
篠橋(伊勢)落居以来
弥押詰、長嶋(同前)構
江河一重之為躰候、
易色易様佗言
仕候、雖然火急ニ可相
果事候之条、無承引候、
大坂坊主令迷惑之
由候、依之方々不成立、
調略等可相計候、
其表之儀聊無由断
明智(光秀)被相談、才覚
専用候、近日令上洛、
摂河表均平ニ可
申付候、猶期後音之
時候、謹言、
(天正二年)八月十七日　信長（黒印）
長岡(藤孝)兵部大輔殿

152号文書(信長13)
折紙
二八一×四六五

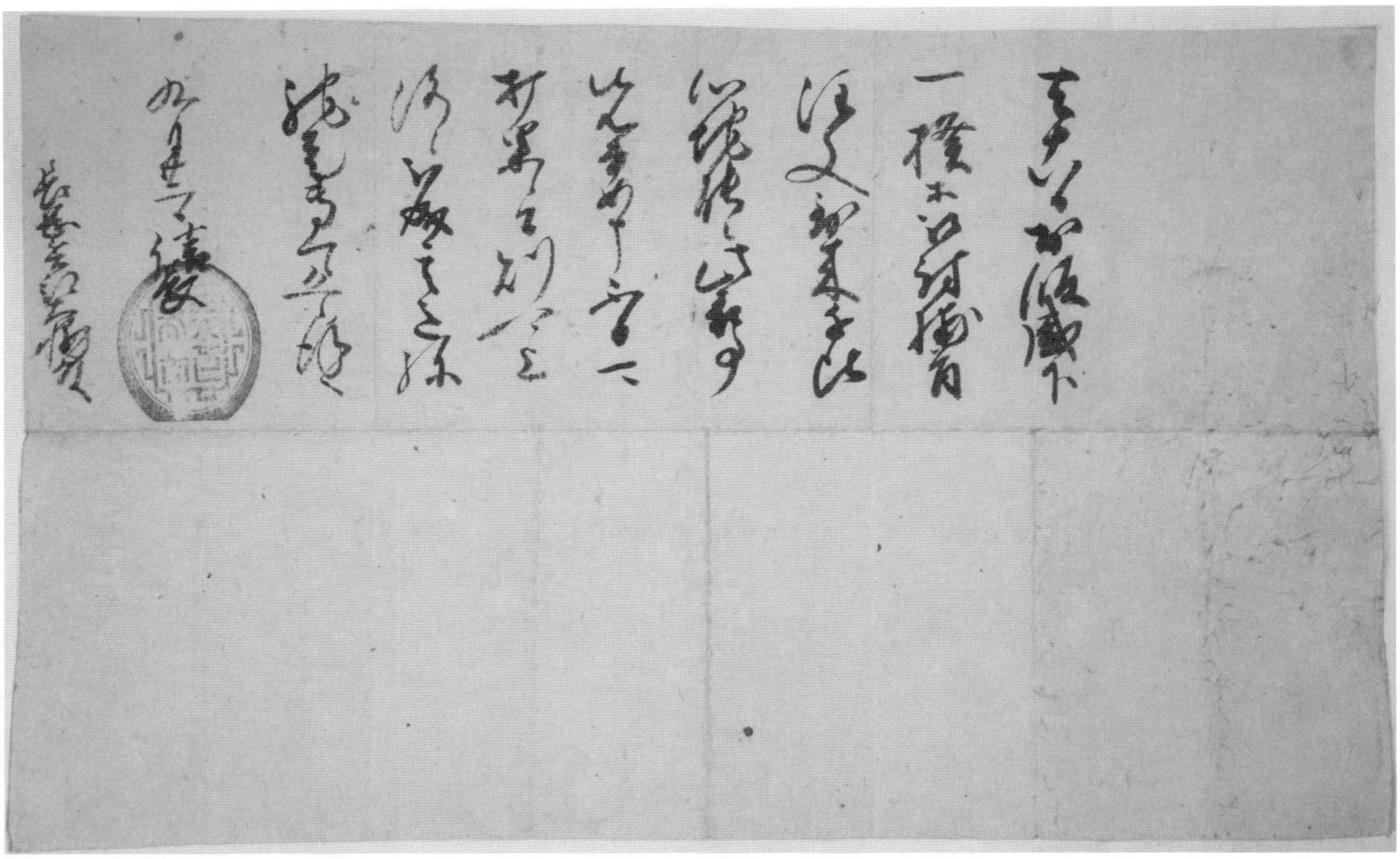

23　織田信長黒印状

去十八日於飯盛(河内)下、
一揆等被討捕、首
注文到来、近比
心地能候、此表事、
先書如申、不日可
打果候間、則可上
洛候、被成其意弥
馳走専一候、恐々謹言、

(天正二年)九月廿二日　信長（黒印）

長岡(藤孝)兵部大輔殿

153号文書(信長43)
折紙
二九〇×四六〇

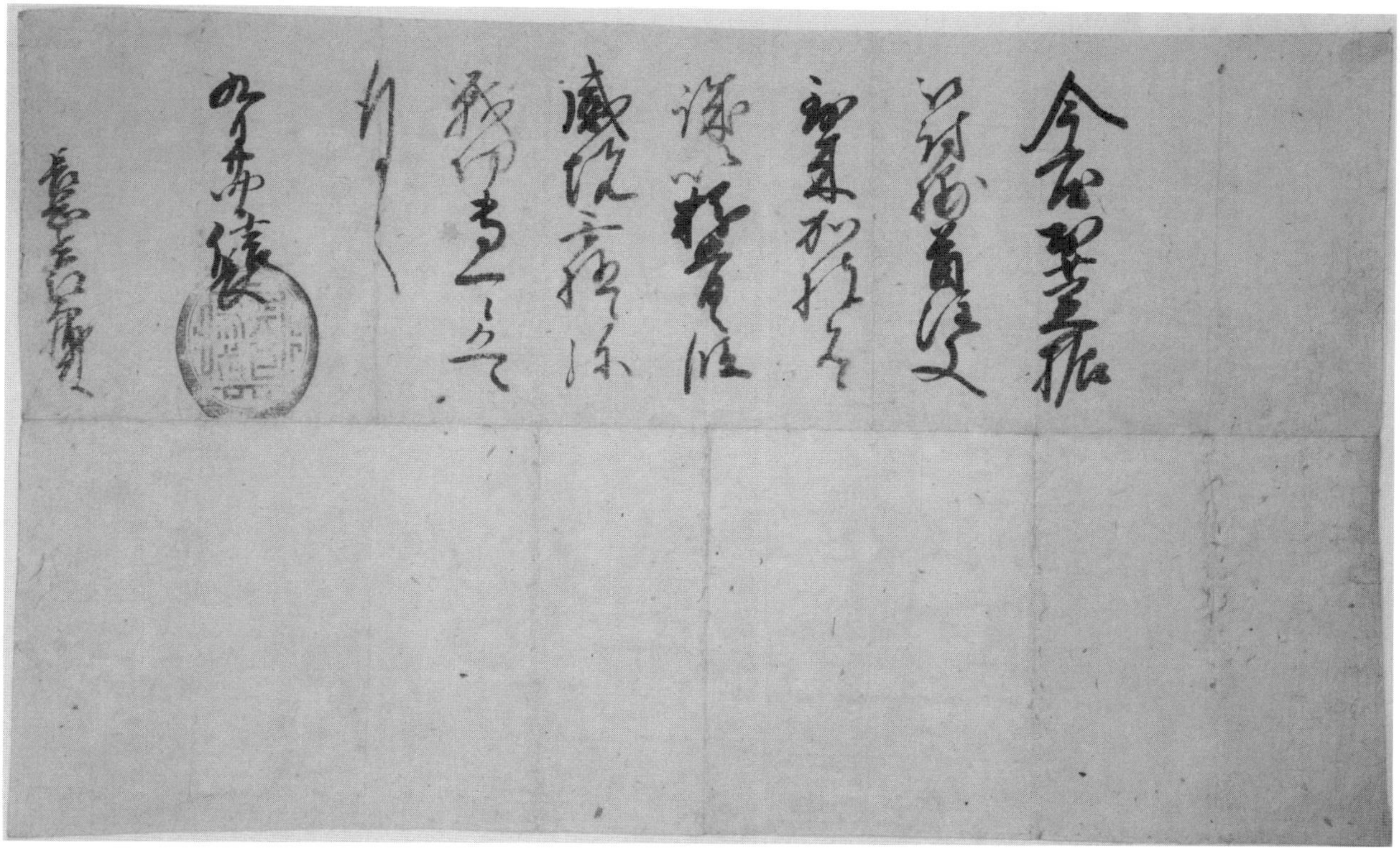

24 織田信長黒印状

今度於萱振（河内）、
被討捕首注文
到来、加披見候、
誠以粉骨之段、
感悦無極候、弥
戦功専一候、恐々
謹言、

（天正二年）九月廿四日　信長（黒印）

長岡（藤孝）兵部大輔殿

154号文書（信長44）
折紙
二八六×四〇八

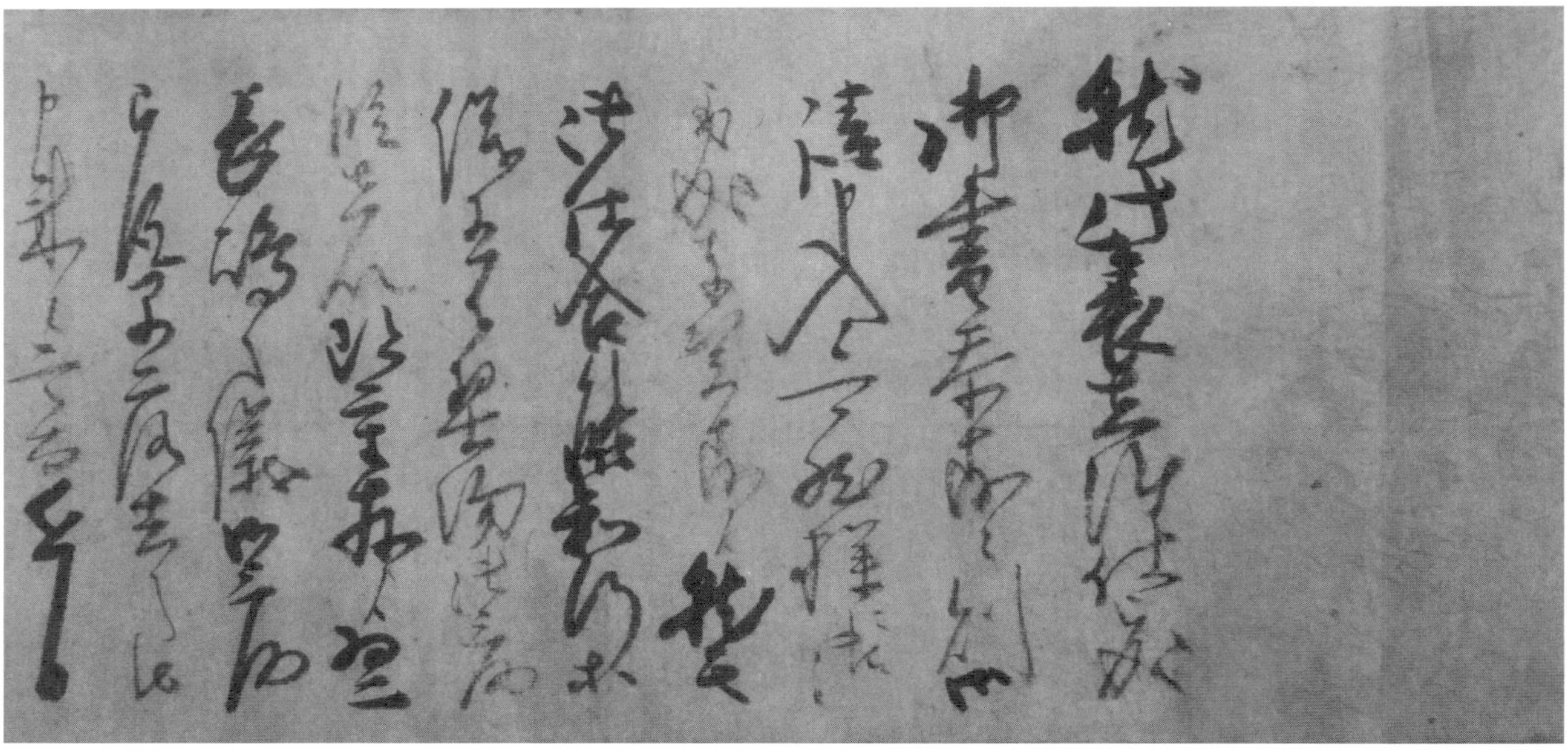

25　長岡藤孝書状

就此表在陣仕、被成
御書忝存候、則御
請申入候、可然様ニ御
取成奉憑存候、就其、
御仕合能御知行等
儀有御契約御上洛
段、先以珍重存候、将亦
長嶋《（伊勢）》之儀、御上洛
已後、早落去之由
申来候、定而近日

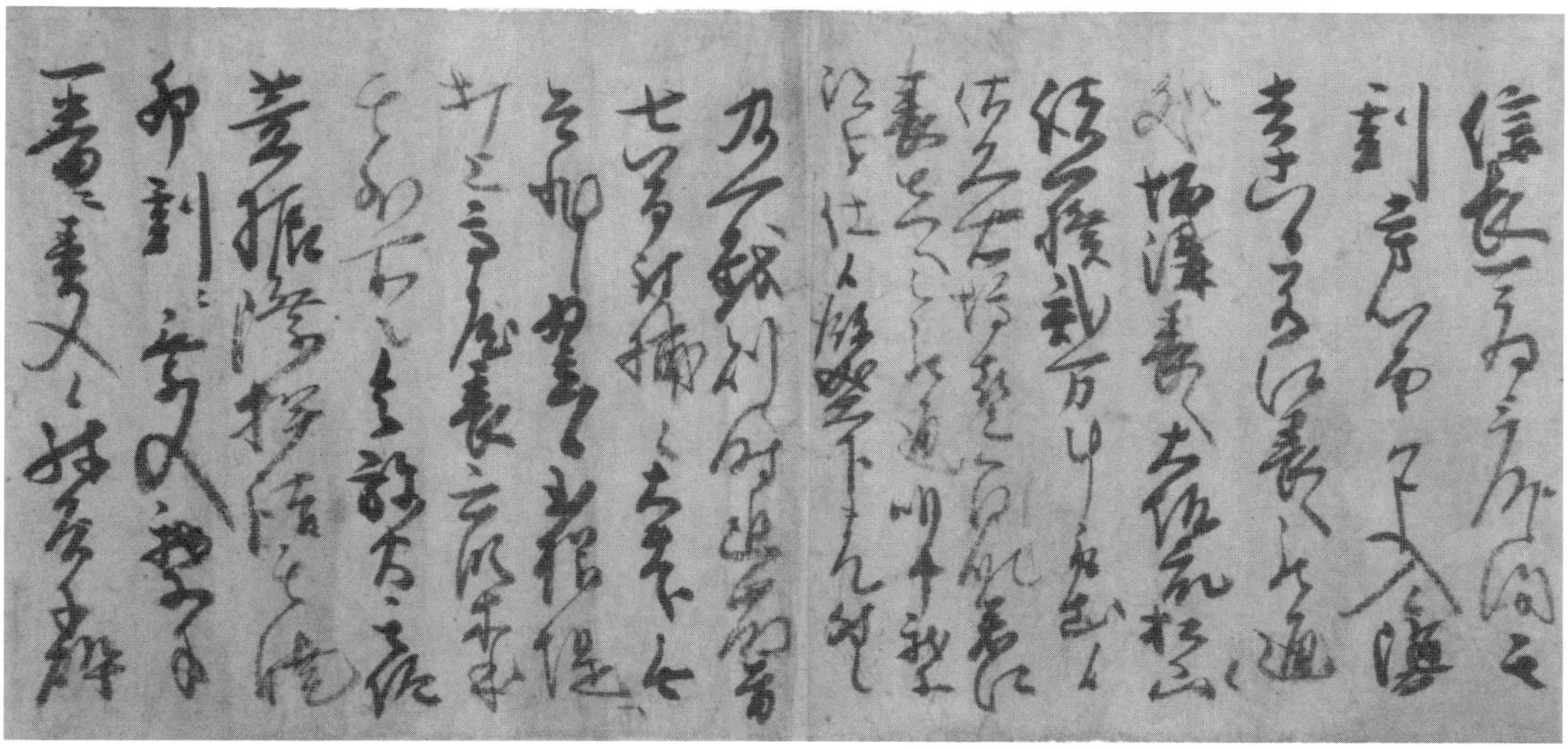

信長可為上洛候間、其
刻、旁以面可申入候、随而、
去十八日若江《河内》表ヘ罷通候
処、堀溝表へ大坂衆松山
結一揆、弐万斗取出候、
佐久右《佐久間信盛》、塙喜三《直政》、筒順《筒井順慶》若江
表先ヘ被罷通、明十《明智光秀》我等
跡を仕候、飯盛《河内》下まて付候、
及一戦、則時追崩首
七八百討捕候、大慶無
是非候、翌日、玉櫛堤ヘ
打上、高屋表、六段、木本
其外所々令放火、其侭
萱振際押詰、其暁
卯刻ニ乗入、我等手
一番ニ責入候、殊更手砕

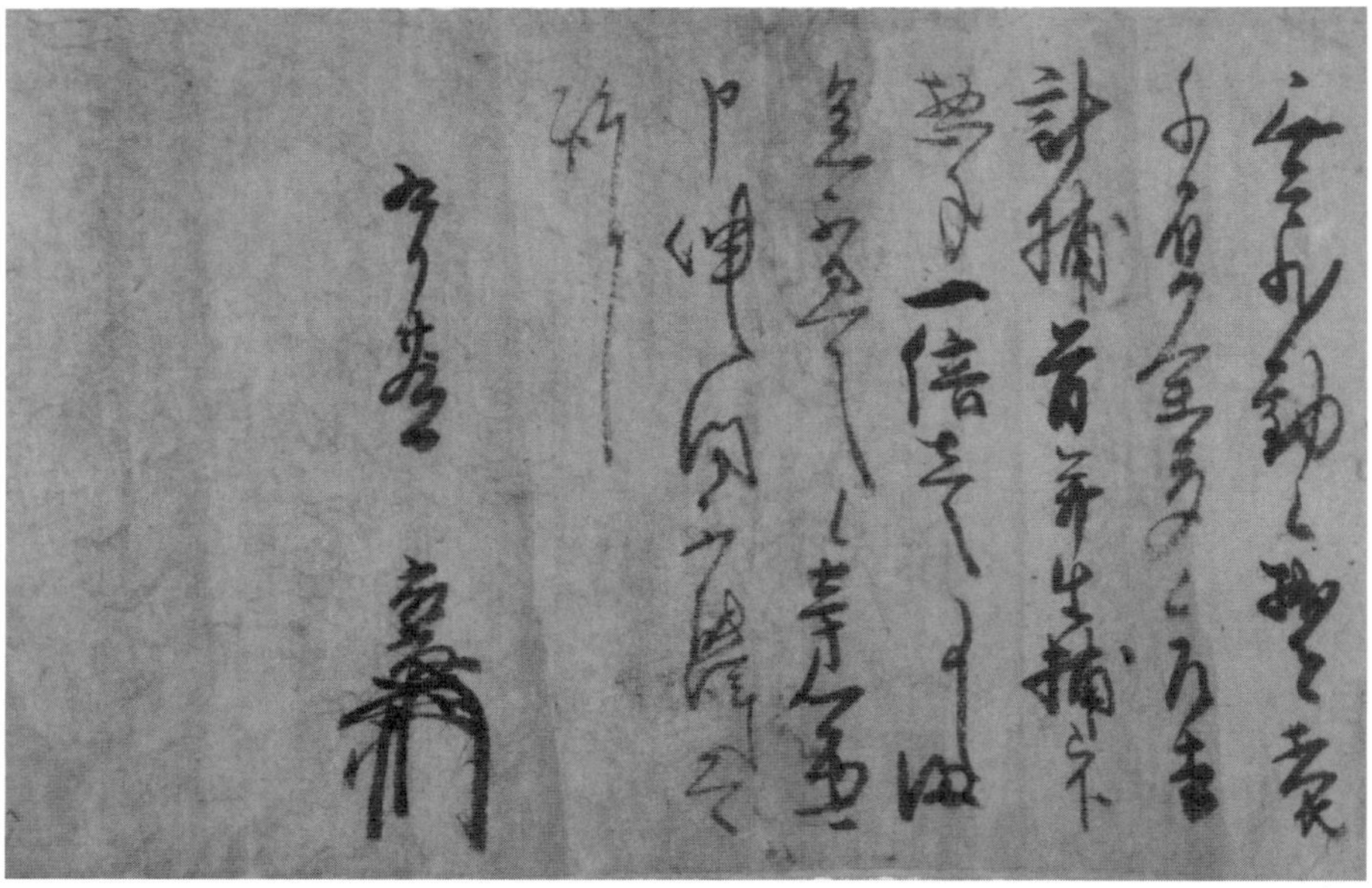

無是非動候、拙者者共、
手負余多候、乍去、
討捕首并生捕已下、
惣手一倍在之事候、満
足不過之候、旁以面
申伸候間、不能詳候、恐々
謹言、

（天正二年）九月廿九日　藤孝（花押）

155号文書（藤孝19）
もと折紙　巻子装
一二九×九三三

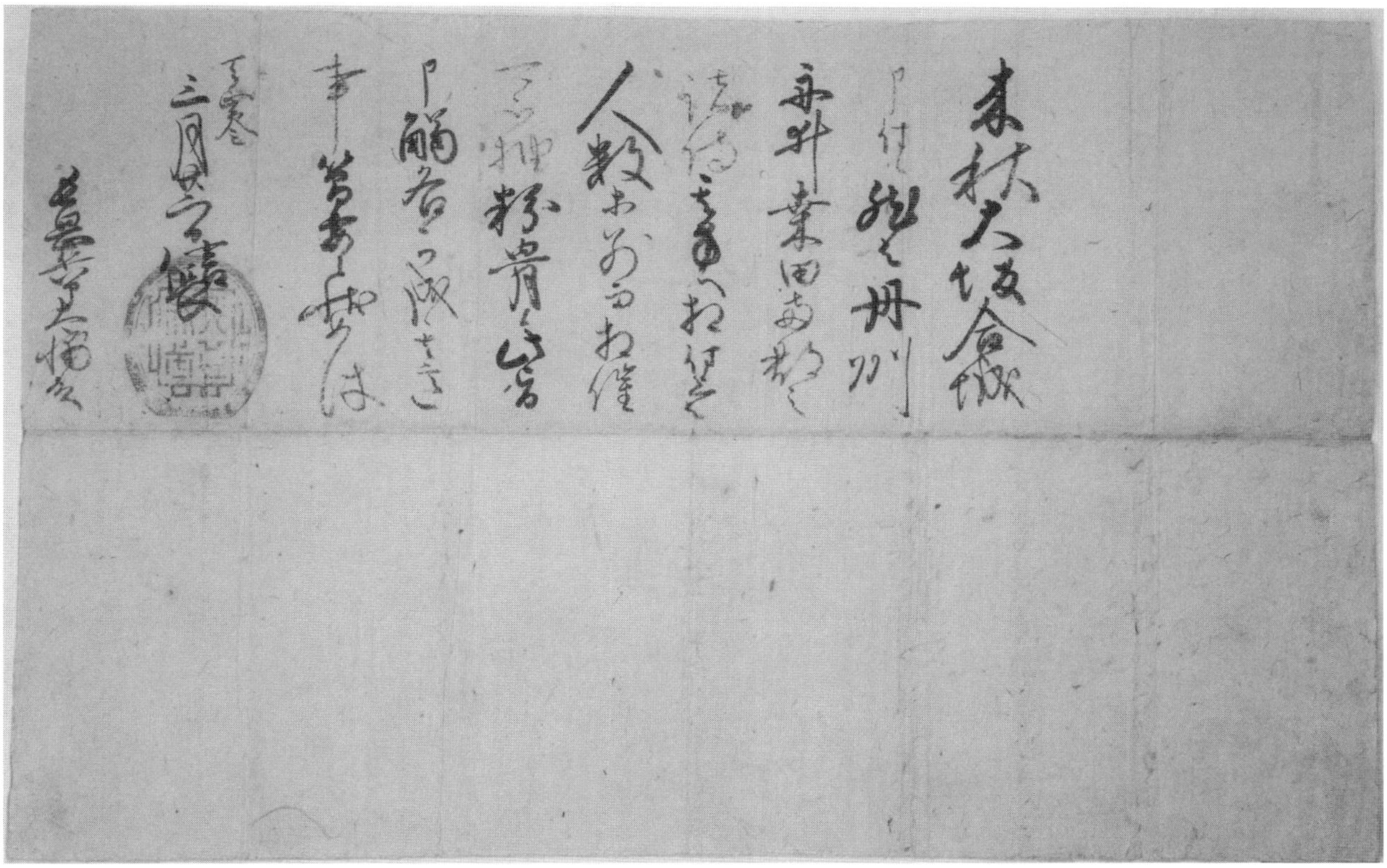

26　織田信長朱印状

来秋大坂合戦
申付候、然者丹州
舟井・桑田両郡之
諸侍、其方へ相付上者、
人数等別而相催、
可被抽粉骨候、此旨
申触、各可成其意
事、簡要之状如件、

天正参
三月廿二日　信長（朱印）

長岡（藤孝）兵部太輔殿

156号文書（信長25）
折紙
二九〇×四四五

27　織田信長黒印状

尚以雖無実子細候、
南方辺之事、心懸
専一候、
去十二日之折紙
令披閲候、鉄炮
放同玉薬之事、
被申付之由尤候、弥
家中被相改可然候、
就其此表之事、
無相替儀候、長(三)
篠(河)堅固候条、後
詰之事、丈夫ニ
令覚悟候、自兼日
申入候、十三日ニ出馬候て、
昨日十四至岡崎
着陣候、明日者、敵
陣取近所迄人数
押出、可相備候、於無
敗軍者、所与天候
条、可根切候、猶吉
左右追々可申送候、
謹言、
(天正三年)五月十五日　信長（黒印）
長岡兵部大輔殿(藤孝)

157号文書(信長8)
折紙
二八〇×四六二

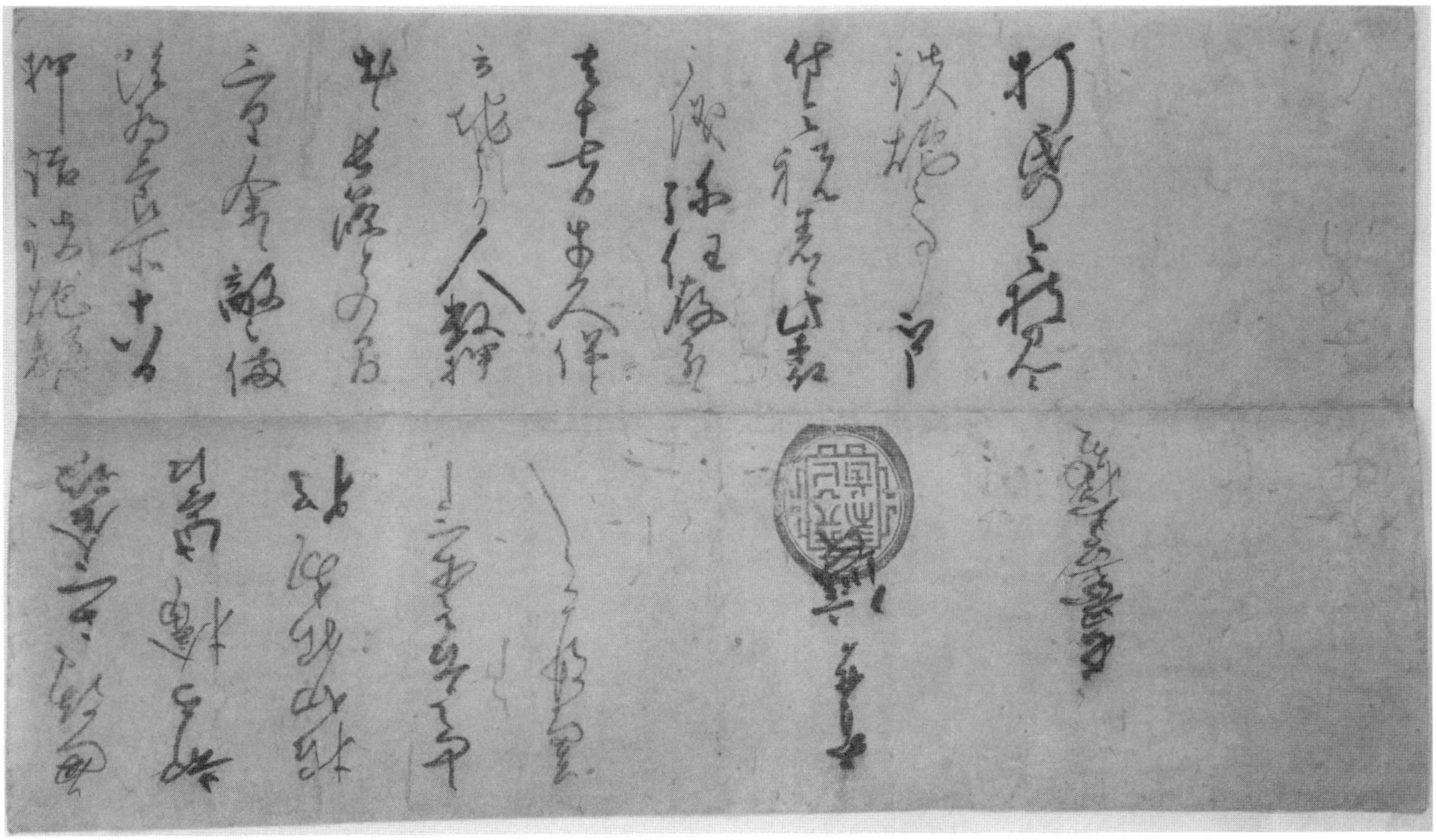

28　織田信長黒印状

折帋令披見候、
鉄炮之事被申
付、令祝着候、此表
之儀弥任存分候、
去十七日牛久保(三河)と
云地より人数押
出候、長篠との間
三里余候、敵之備
雖為節所、十八日
押詰鉄炮放候、
通路も不可合期候、
却而擒候、此節
根切眼前候、猶
追々吉左右可申
送候、謹言、
(天正三年)五月廿日　信長（黒印）
長岡(藤孝)兵部太輔殿

158号文書（信長7）
折紙
二七九×四六二

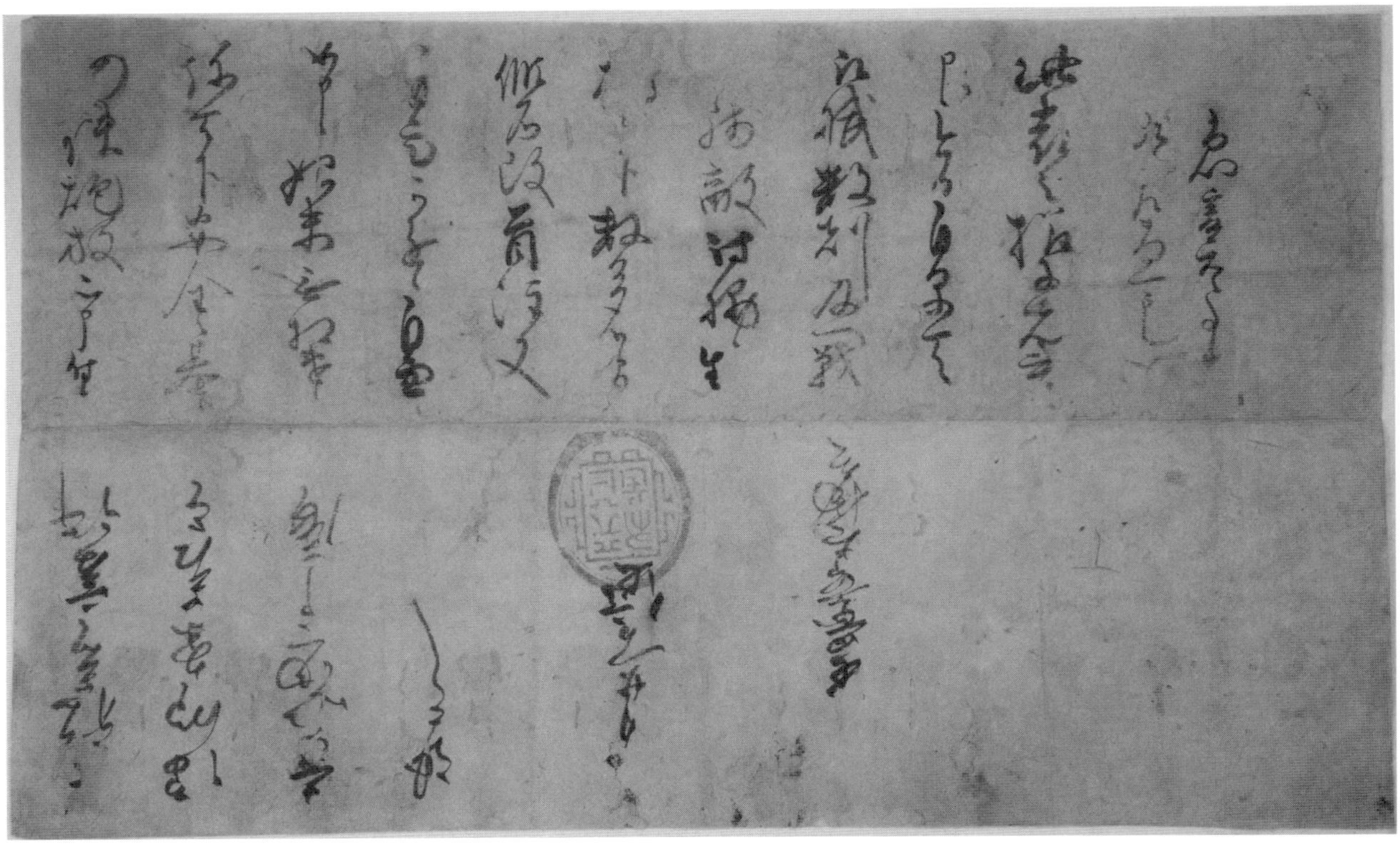

29　織田信長朱印状

尚以爰元之事、
九□(塙九郎左衛門直政)左衛門尉可申候、
此表之様子、先書ニ
申候、今日自早天
取賦、数刻及一戦、
□(不)残敵討捕候、生
□□(捕已)下数多候間、
仮名改首注文
自是可進候、自兼
如申候、始末無相違候、
弥天下安全之基候、
仍鉄炮放被申付候、
□(令)祝着候、爰許
隙明候条、差上候、
旁以面可申展候、
謹言、
(天正三年)□(五)月廿一日　信長（朱印）
長岡兵部太輔(藤孝)殿

159号文書(信長11)
折紙
二七三×四四〇

30　織田信長黒印状

去廿一日合戦之儀ニ
付而、被申越候、如相
聞候、即時切崩、数
万人討果候、四郎(武田勝頼)
首未見之候、大要
切捨、河へ漂候武者
若干之条、其内ニ
可有之歟、何篇
甲・信・駿・三之軍兵
さのミ不可残候、近
年之散鬱憤候、連々
如申候、京都幷江・越之
儀付而、手前取紛候
刻、信玄入道構表
裏、忘旧恩恣之
働候ける、四郎亦
同前ニ候、無是非候き、
何時も於手合者、
如此可得太利之由、
案ニ不違候、祝着候、
此上小坂(本願寺)一所之事、
不足数候、頓可上洛候
間、猶期面之時候、
恐々謹言、

(天正三年)五月廿六日　信長（黒印）

長岡兵部太輔(藤孝)殿

160号文書(信長14)
折紙
二八六×四五〇

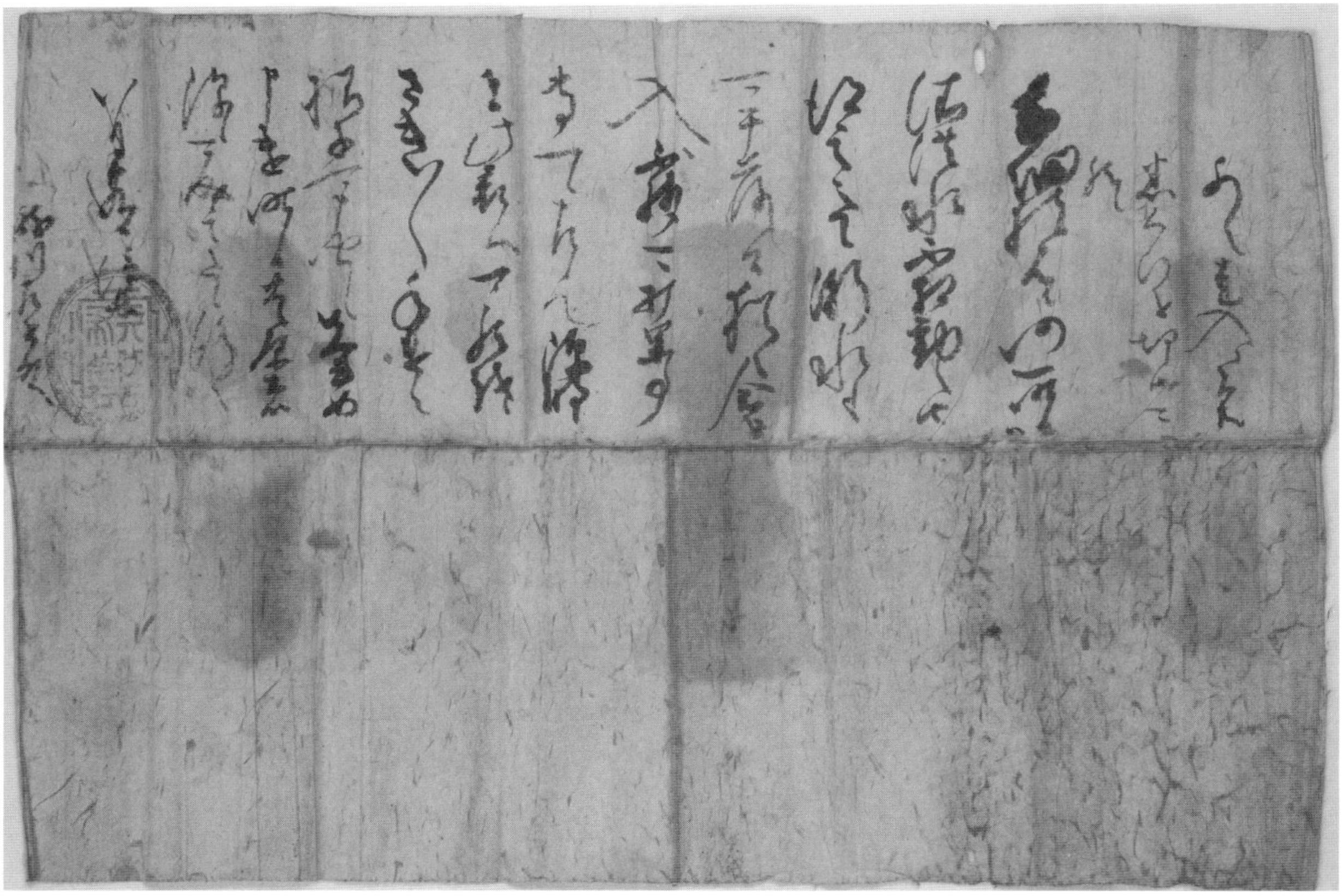

31 織田信長黒印状

尚々走入候者共、
悉くひを切由可
然候、
委細披見候、仍一昨日ハ
依洪水不相動之由、
得其意候、漸水も
可干落候間、猶々念
入、不残可打果事
専一候、左候て隙明候
者、此表へ可罷越候、
さき〳〵手遣之
様子可申聞候、先書如
申遣、昨日豊原（越前）着
陣候、可成其意候、謹言、
（天正三年）八月廿九日　信長（黒印）
瀧川左近（一益）殿

161号文書（信長57）
折紙
二九〇×四三〇

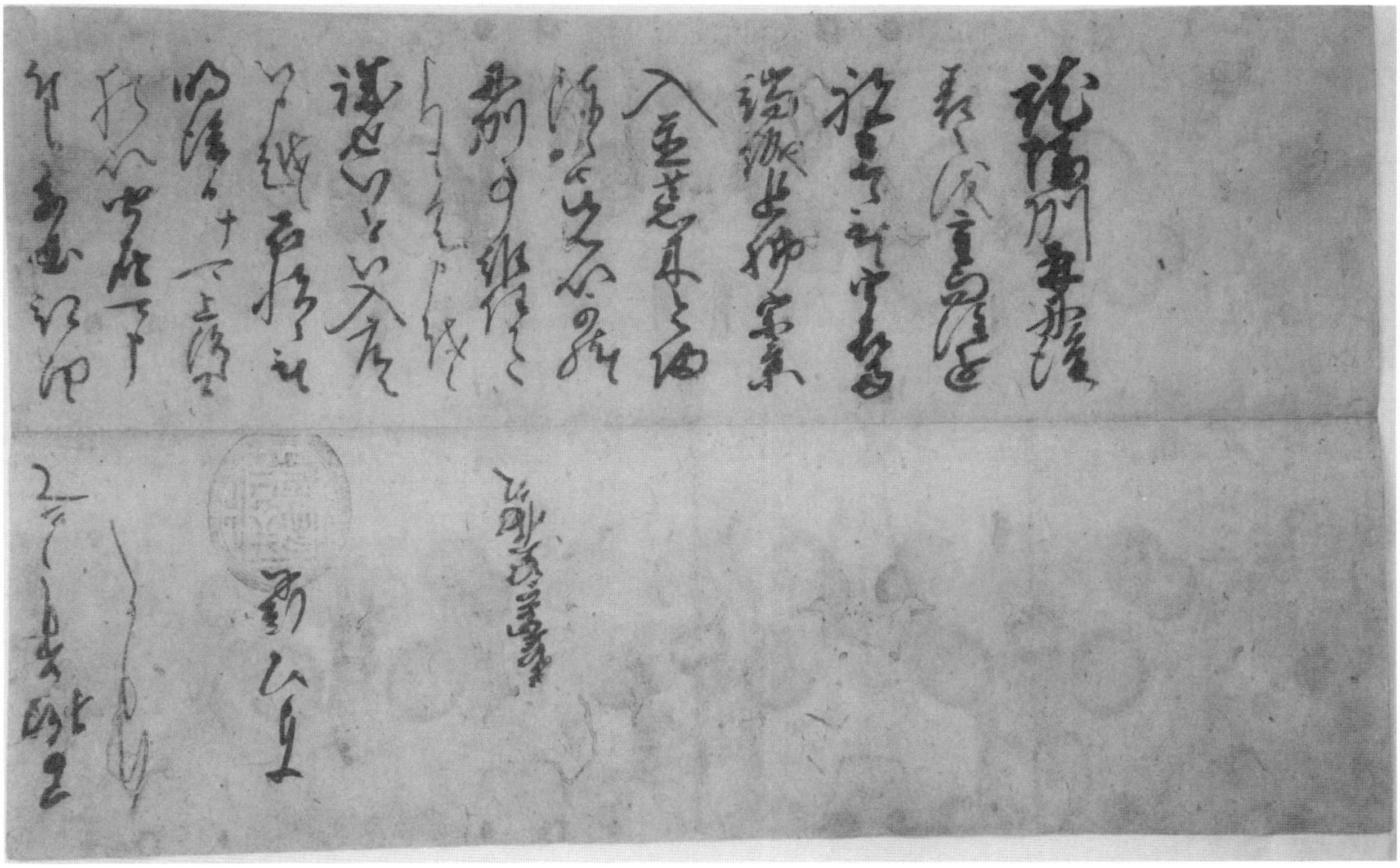

32 織田信長黒印状

就播州并丹後
表之儀、重而注進
祝着之至候、宇喜多(直家)
端城追払、宗景(浦上)
入置、荒木(村重)令帰
陣之由、先以可然候、
丹州事、維任(光秀)かた
よりも具申越候、
誠せいを被入、度々
被申越候、喜悦之至候、
明後日十、可上洛候間、
猶以聞届可申
付候、委曲期面候
間、抛筆候、恐々
謹言、
十月八日(天正三年)　信長（黒印）
長岡兵部大輔(藤孝)殿

162号文書（信長9）
折紙
二八九×四五七

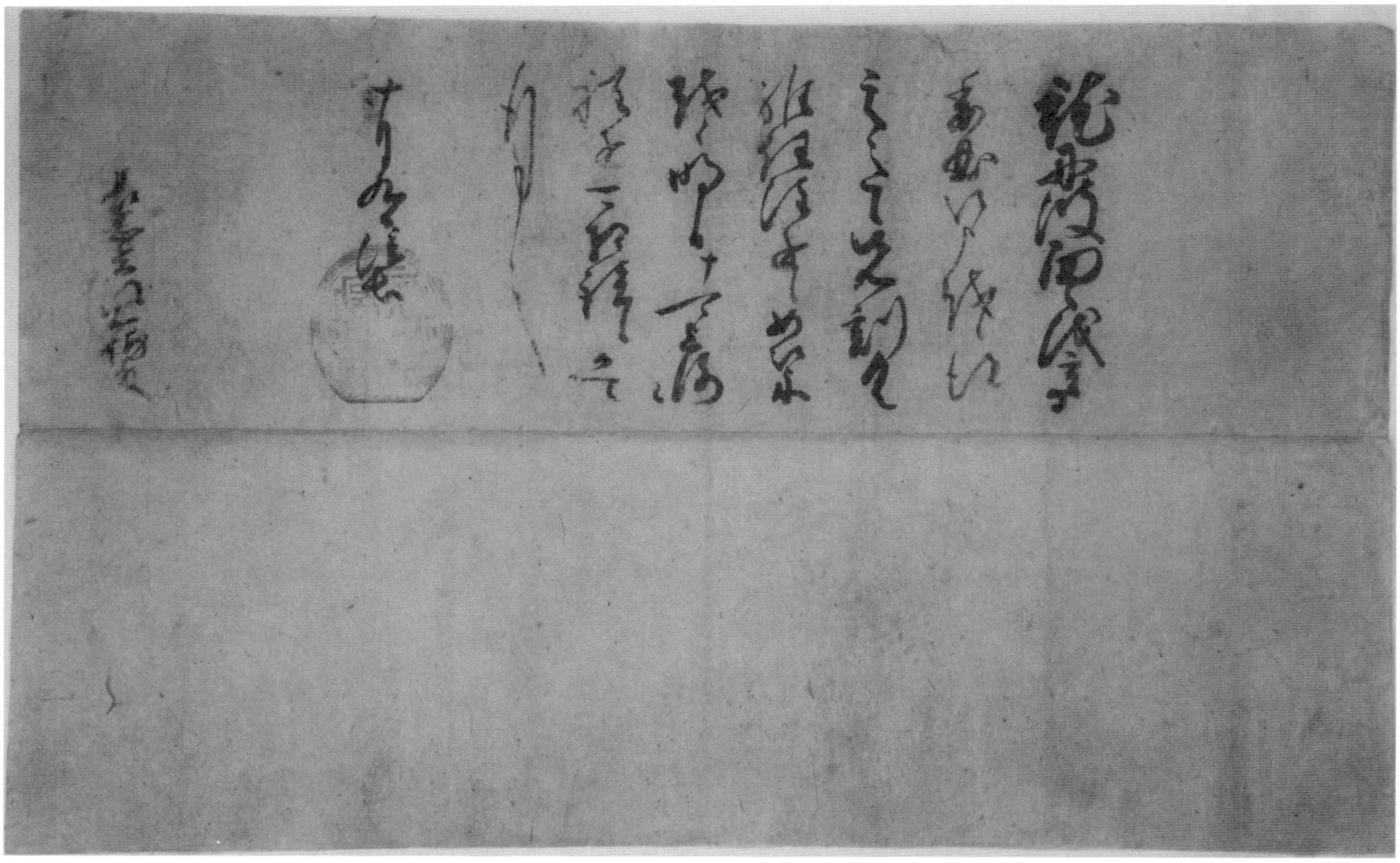

33　織田信長黒印状

就丹波面之儀、重而
委曲被申越候、得
其意候、先刻具
維任（光秀）注進候、如被示
越候、明日十、可上洛候
程、追可相談候、恐々
謹言、

十月九日（天正三年）　信長（黒印）

長岡（藤孝）兵部大輔殿

163号文書（信長19）
折紙
二八八×四五六

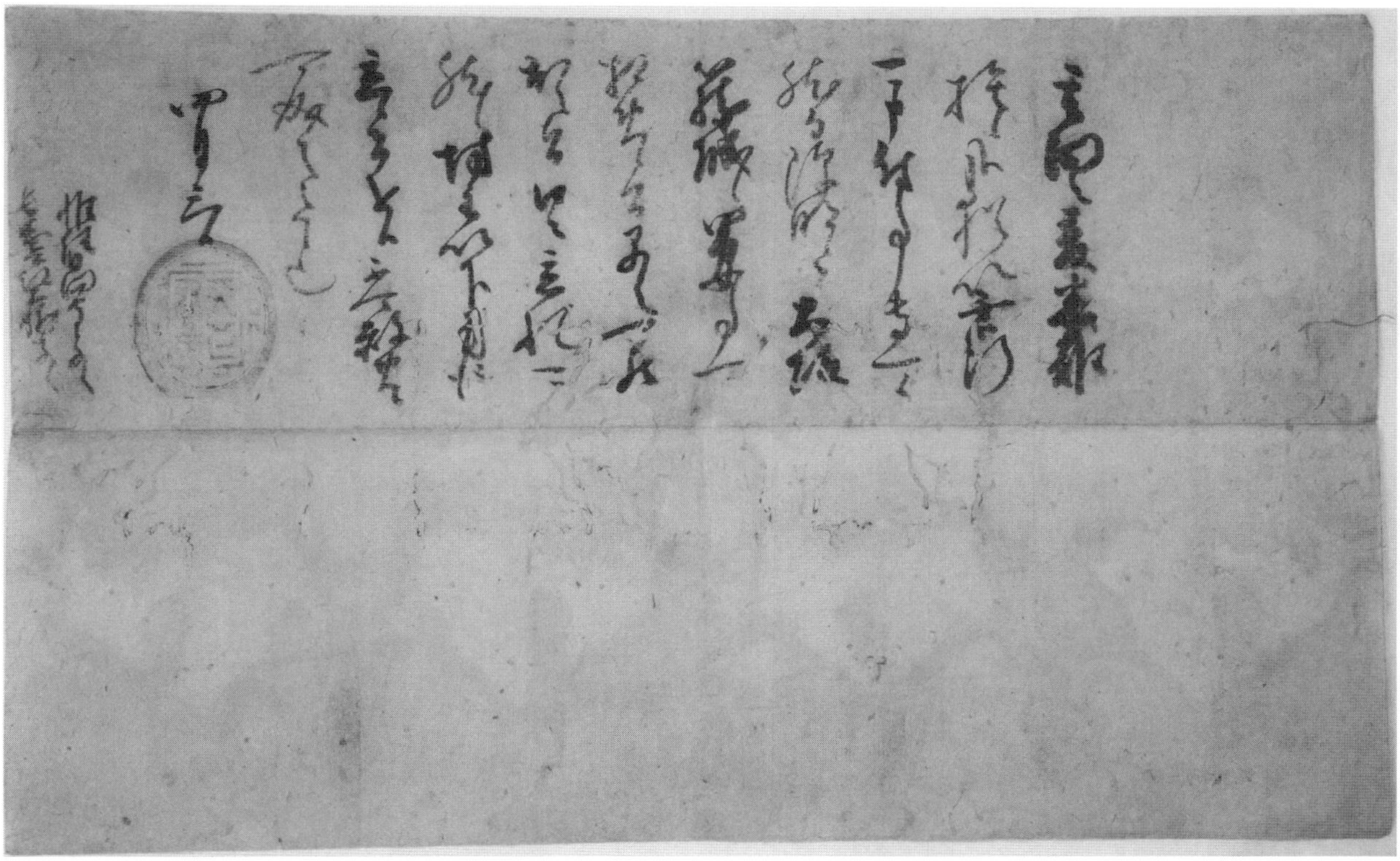

34　織田信長朱印状

其面之麦悉薙
捨候哉、猶以無由断
可申付事専一候、
然而隙明候者、大坂
籠城候男女事□（可カ）
相免候間、早々可罷
出之旨、口々立札可
然候、坊主以下用ニも
立候者をハ不可赦免候、
可成其意候也、

四月三日（天正四年）　（朱印）（信長）

惟任日向守（光秀）とのへ
長岡兵部大輔（藤孝）とのへ

164号文書（信長50）
折紙
二九二×四六三

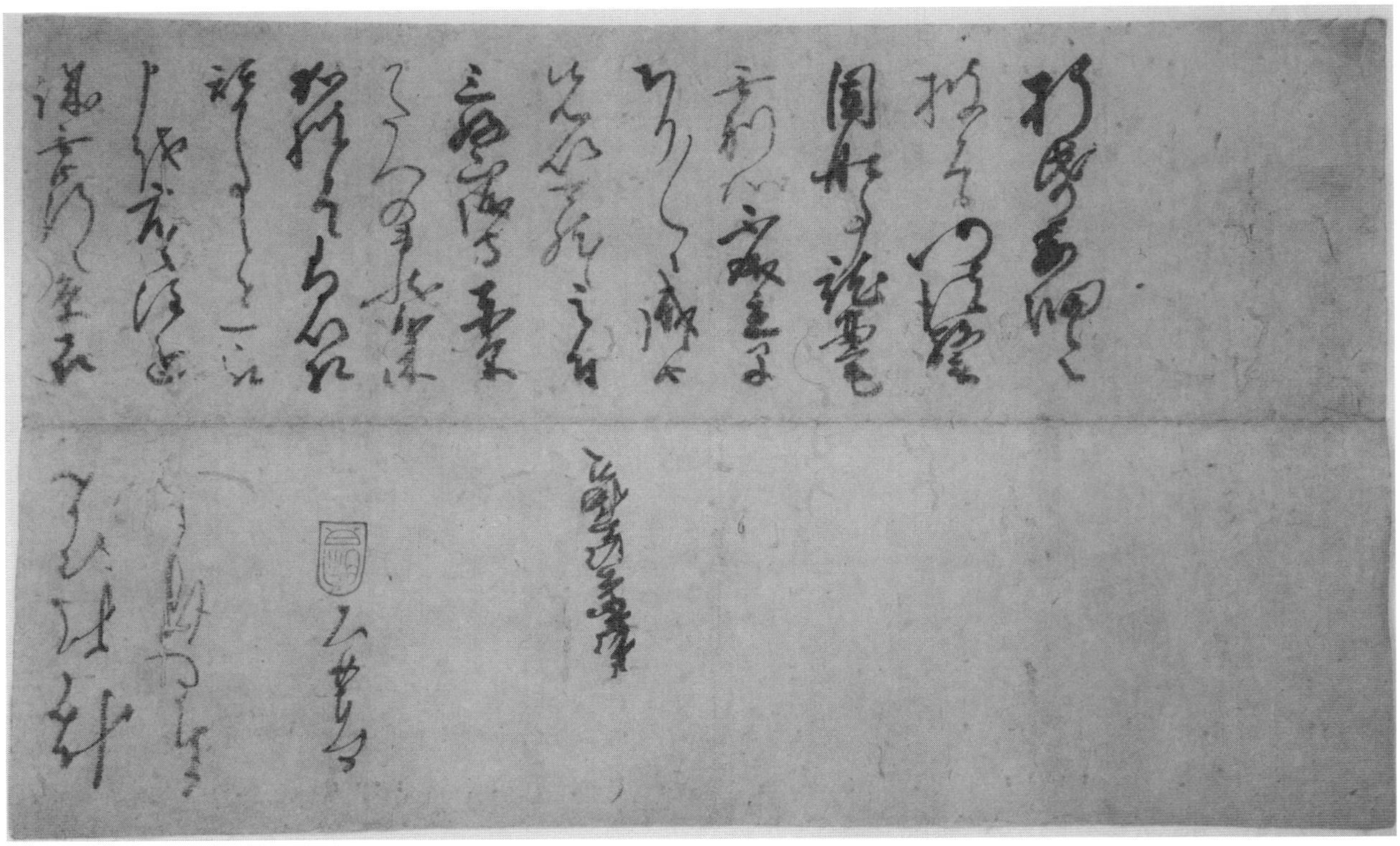

35　織田信長黒印状

折帋委細令
披見候、仍彼警
固船事、就安宅(信康)
無別心不成立、早
ちり〳〵に成候由、
先以可然候、其付、
三好山城守(康長)東条
かたへの書状到来候、
加披見候、尚以相
替事候者、可被
申越、度々注進
誠無由断候条、喜
悦候、猶期見
参候也、謹言、

(天正四年)六月廿八日　（黒印(信長)）

長岡(藤孝)兵部大輔殿

165号文書(信長55)
折紙
二八五×四五七

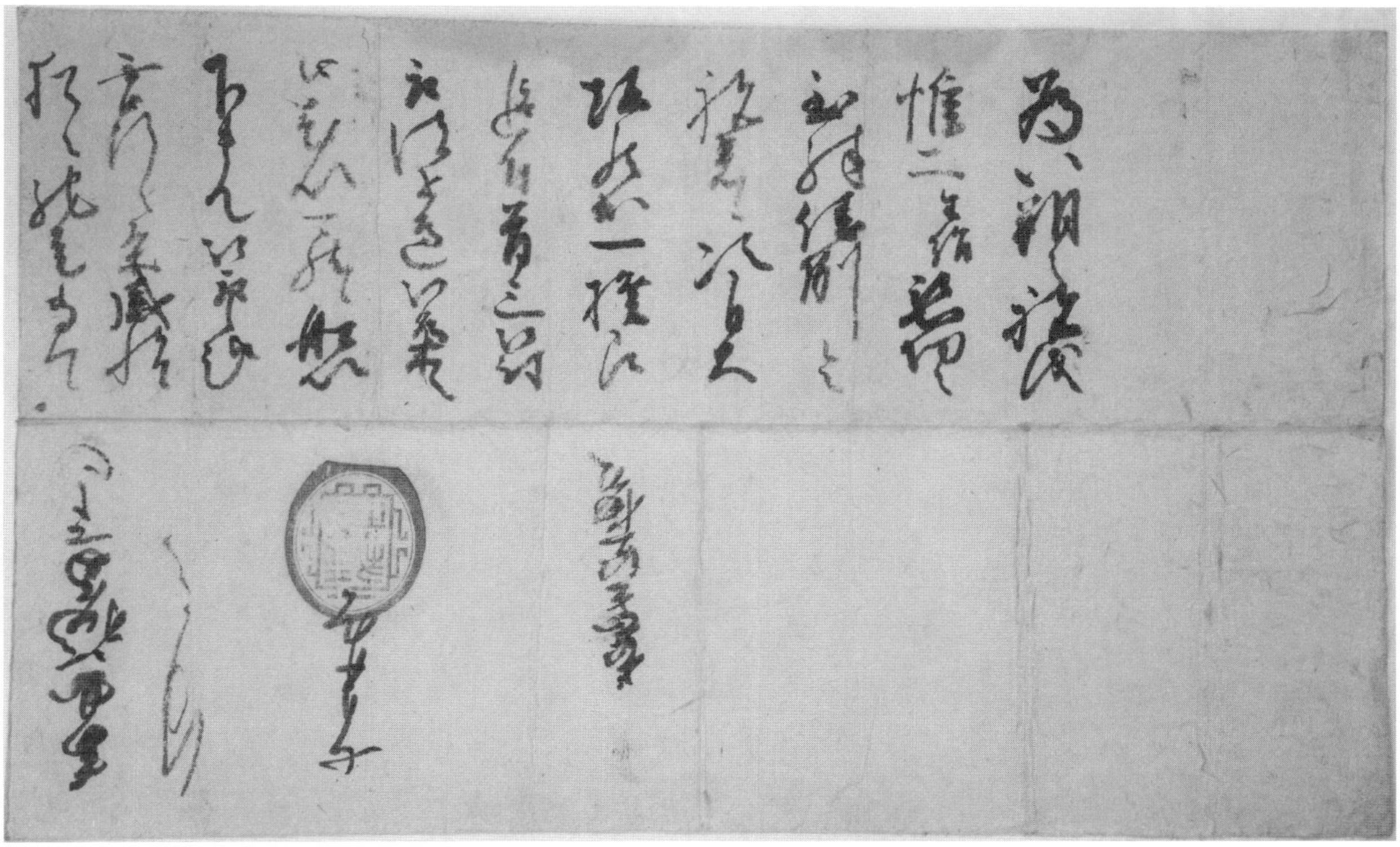

36 織田信長黒印状

為八朔之祝儀、
帷二生絹、懇切之
至、殊佳例令
祝着候、次自大
坂罷出一揆、即
追付首三被討
取、彼近辺被梟之
由、尤以可然候、船以
下まて被取候趣、
無由断之条感悦候、
猶々馳走専一候、

委曲福富(秀勝)可申候也、
謹言、
(天正四年)七月廿九日 (信長)(黒印)
長岡兵部大輔(藤孝)殿

166号文書(信長40)
折紙
二八九×四六二

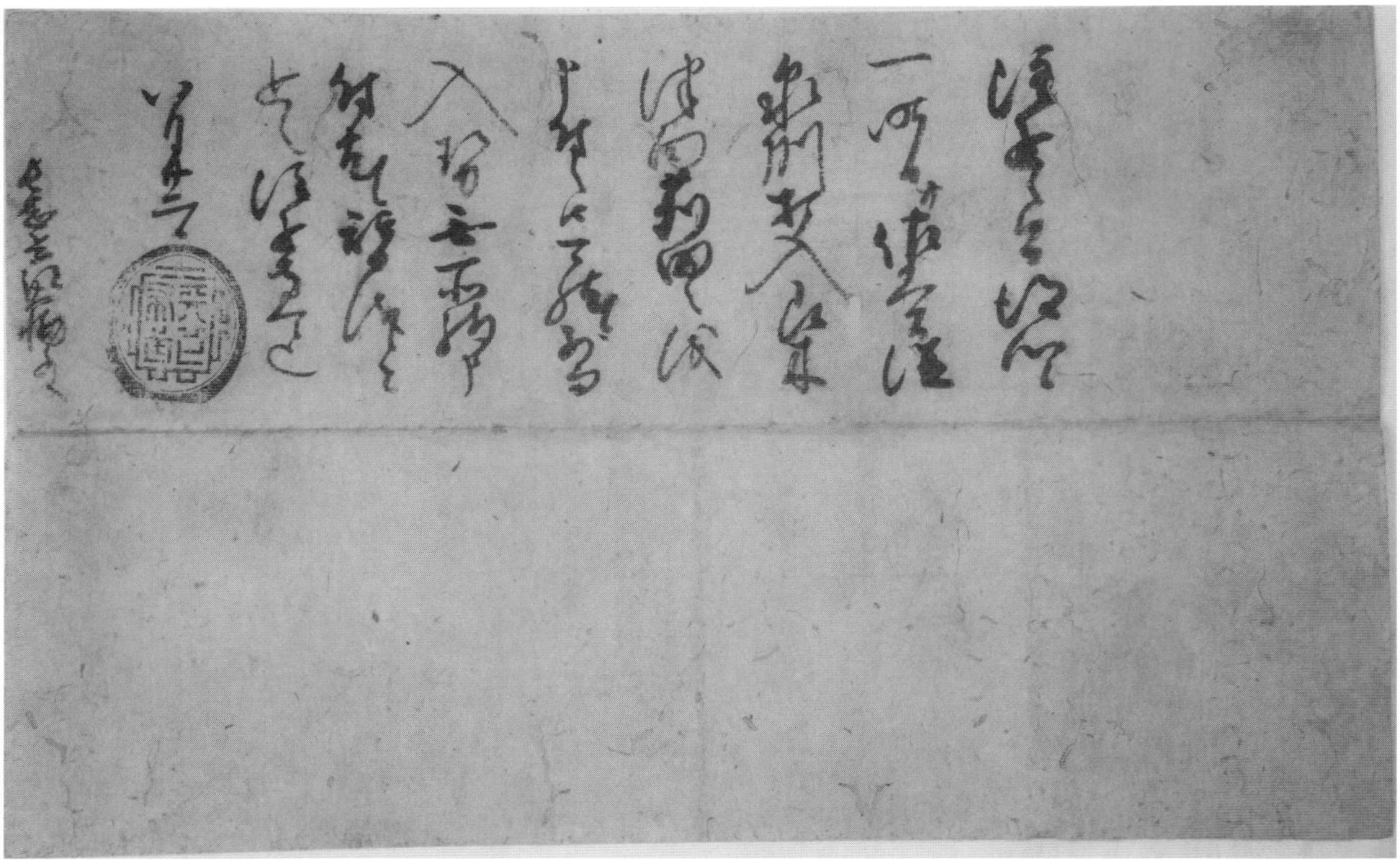

37 織田信長黒印状

注進之旨、得心候、
一昨日廿、佐久間(信盛)従
泉州打入、即木(山
城)津面苅田之儀
申付之由、可然候、別而
入勢無所残申
付尤候、替儀候者、
追々注進専一候也、

(天正四年)八月廿二日 (信長)(黒印)

(藤孝)長岡兵部大輔殿

167号文書(信長24)
折紙
二九三×四六二

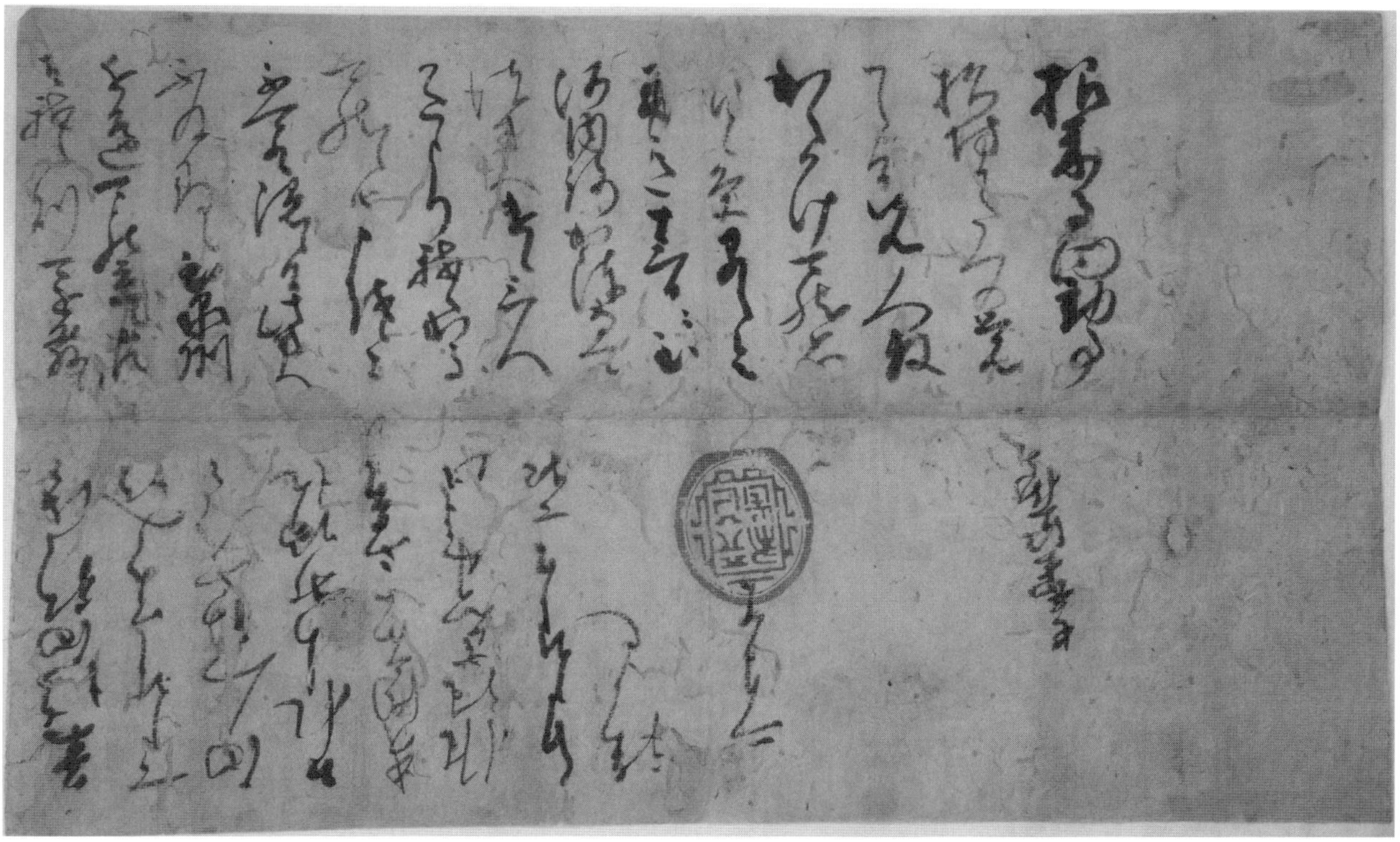

38　織田信長朱印状

根来寺向動事、
杉坊かたへの覚
候之間、先人数
出之かけ可然□(思カ)
□候条、早々令
用意、十三日ニ至
河内路出陣専一候、
彼方へ遣候三人
かたより、我々出馬
可然之由申越候者、
不可有隠候間、此方へ
不及尋候、至泉州
近辺可罷立候、左候
者、我々則可進発候
条、彼面行之儀者
可申付候、若又彼
面人数不入候者、
それより打帰候ても
幾内衆ハ不苦候、
惟任(光秀)・荒木(村重)とも此
分申付候間、可相
談候也、

(天正五年)二月十日　(信長)(朱印)

長岡(藤孝)兵部大輔殿

168号文書(信長22)
折紙
二八五×四六〇

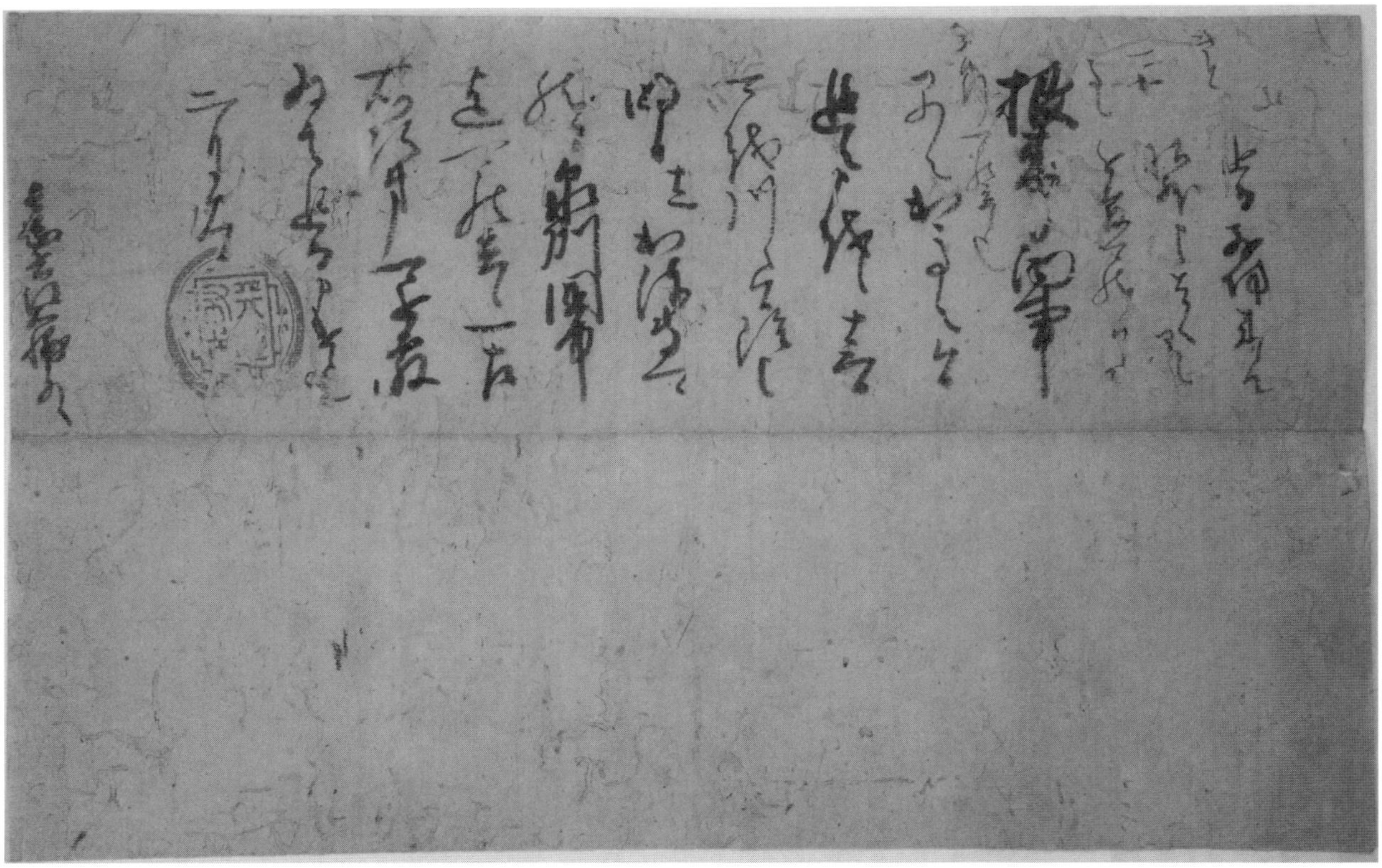

39　織田信長朱印状

追而、杉坊来候て、
様躰申候、とかく早々
進発可然にて、
きと可出馬候、
□(無)由断可罷立候也、
根来□(寺)面事、
早々出馬之旨、
追々申越候、十三日
可越川候間、雖申候
明日十二、出陣専一候、
然者、泉州国中
迄可罷立候、一左
右次第可進発候、
為其追而申遣候也、
(天正五年)二月十一日　（朱印(信長)）
長岡兵部大輔殿(藤孝)

169号文書（信長28）
折紙
二九六×四六〇

40 織田信長黒印状

昨日於長尾（和泉カ）合
戦令先駈、数
十人討取之首
到来、尤以神妙候、
粉骨之段無其類、
以無人数首数
有之条、感情不
浅候、猶以可入勢（精）
候也、

（天正五年）二月廿三日 （黒印）（信長）

長岡兵部（藤孝）大輔殿

170号文書（信長59）
切紙 掛幅装
一五〇×三九〇

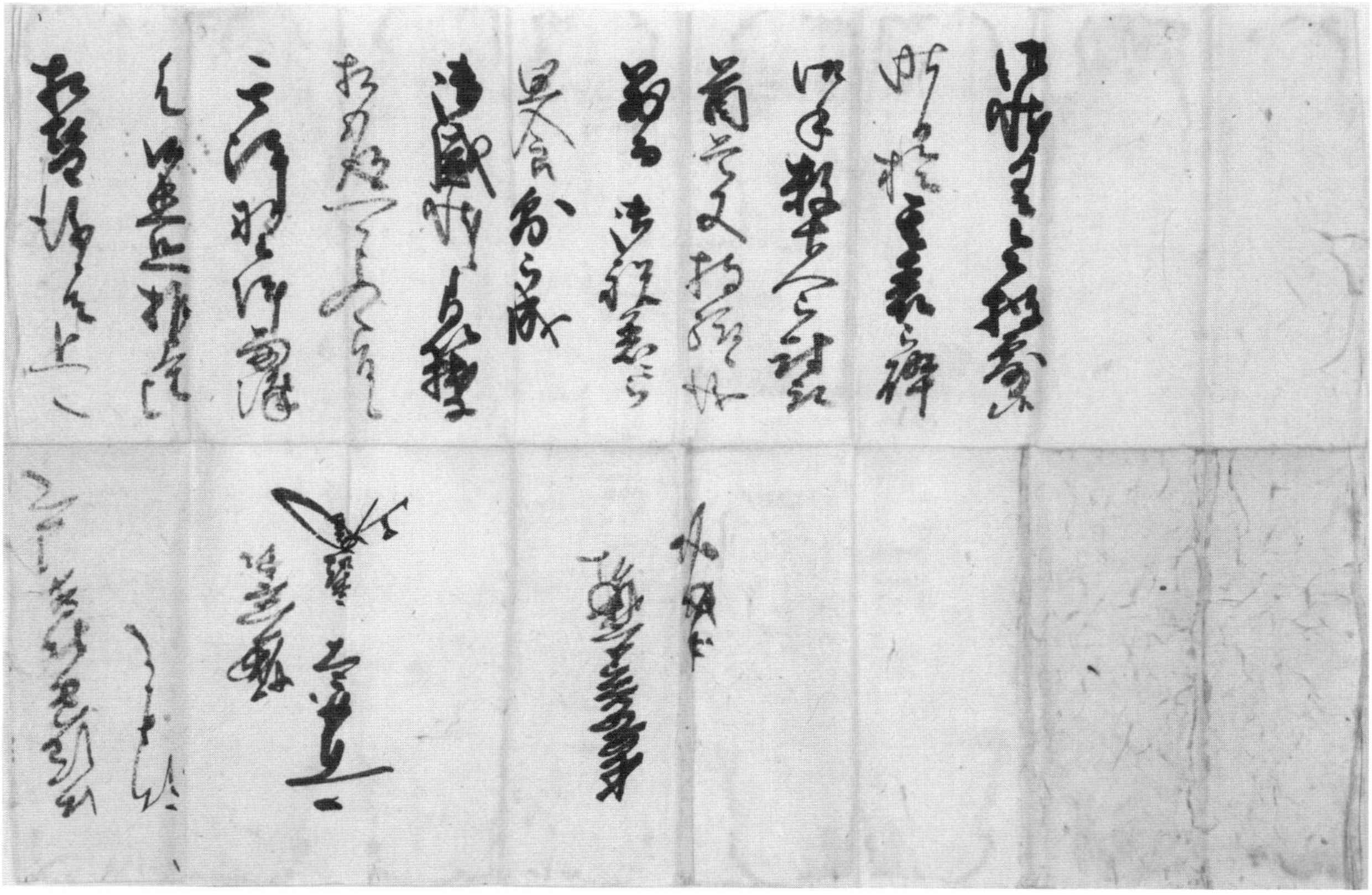

41　堀秀政添状

御状具令披露候、
昨日於其表被砕
御手、数十人被討取、
首是又持給候儀、
別而　御執着ニ被
思食、則被成
御感状候、尚以拙子
相心得可申入之旨候、
其許野陣雨降
候て御迷惑推量申候、
相替儀候者、追々
御注進肝要候、恐々
謹言、

堀久太郎
（天正五年）二月廿三日　秀政（花押）
長岡兵部太輔殿（藤孝）
御返報

171号文書（信長59の付）
折紙
二七四×四二〇

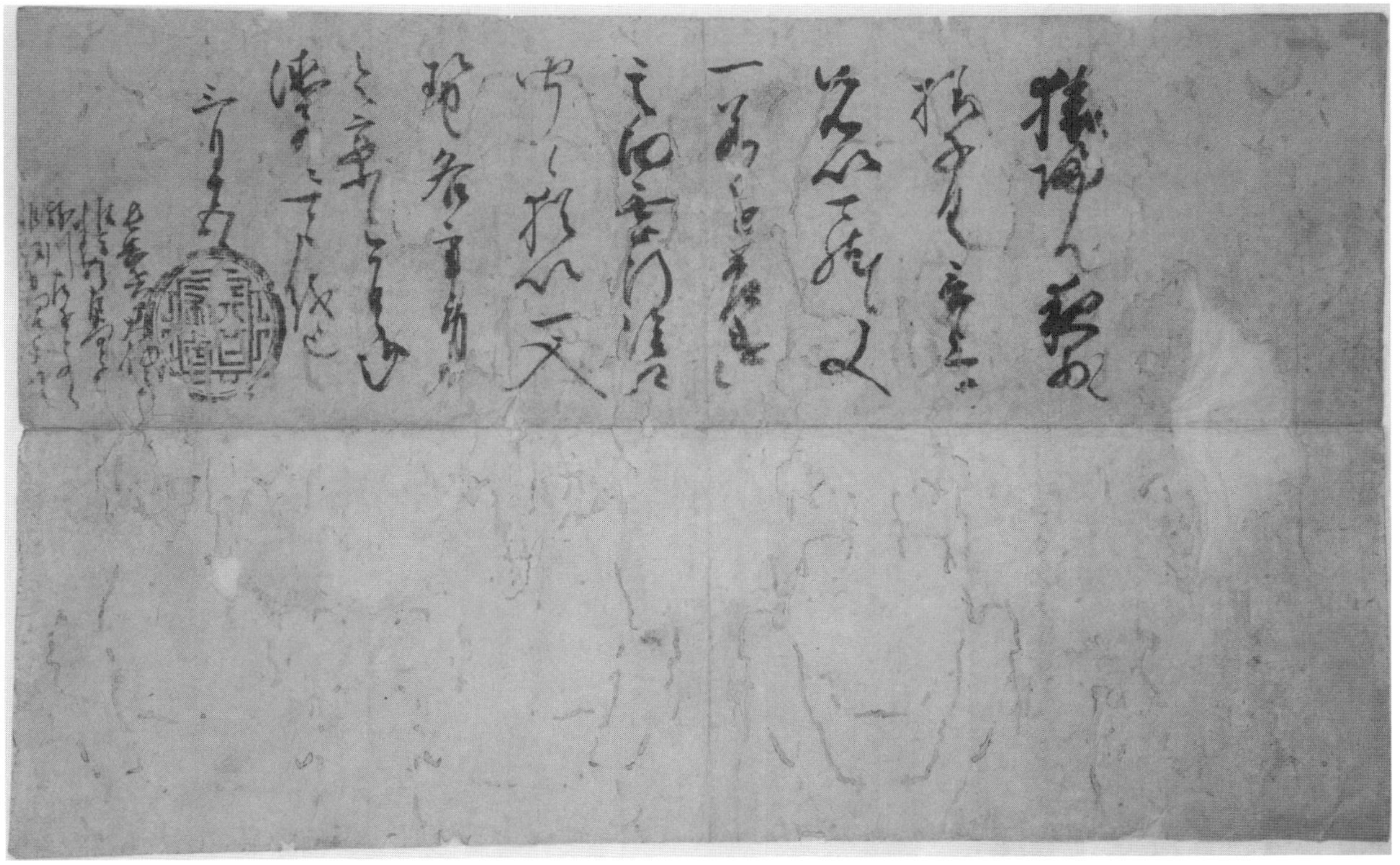

42 織田信長黒印状

猿帰候て夜前之
様子具言上候、
先以可然候、又
一若を差遣候、
其面無由断雖相
聞候、猶以可入
勢候、各辛労
令察候、今日之趣
徳若ニ可申越候也、

(天正五年)三月十五日　(黒印)(信長)

長岡兵部大輔(藤孝)殿とのへ
惟住五郎左衛門尉(長秀)とのへ
瀧川左近(一益)とのへ
惟任日向守(光秀)とのへ

172号文書(信長34)
折紙
二九五×四六五

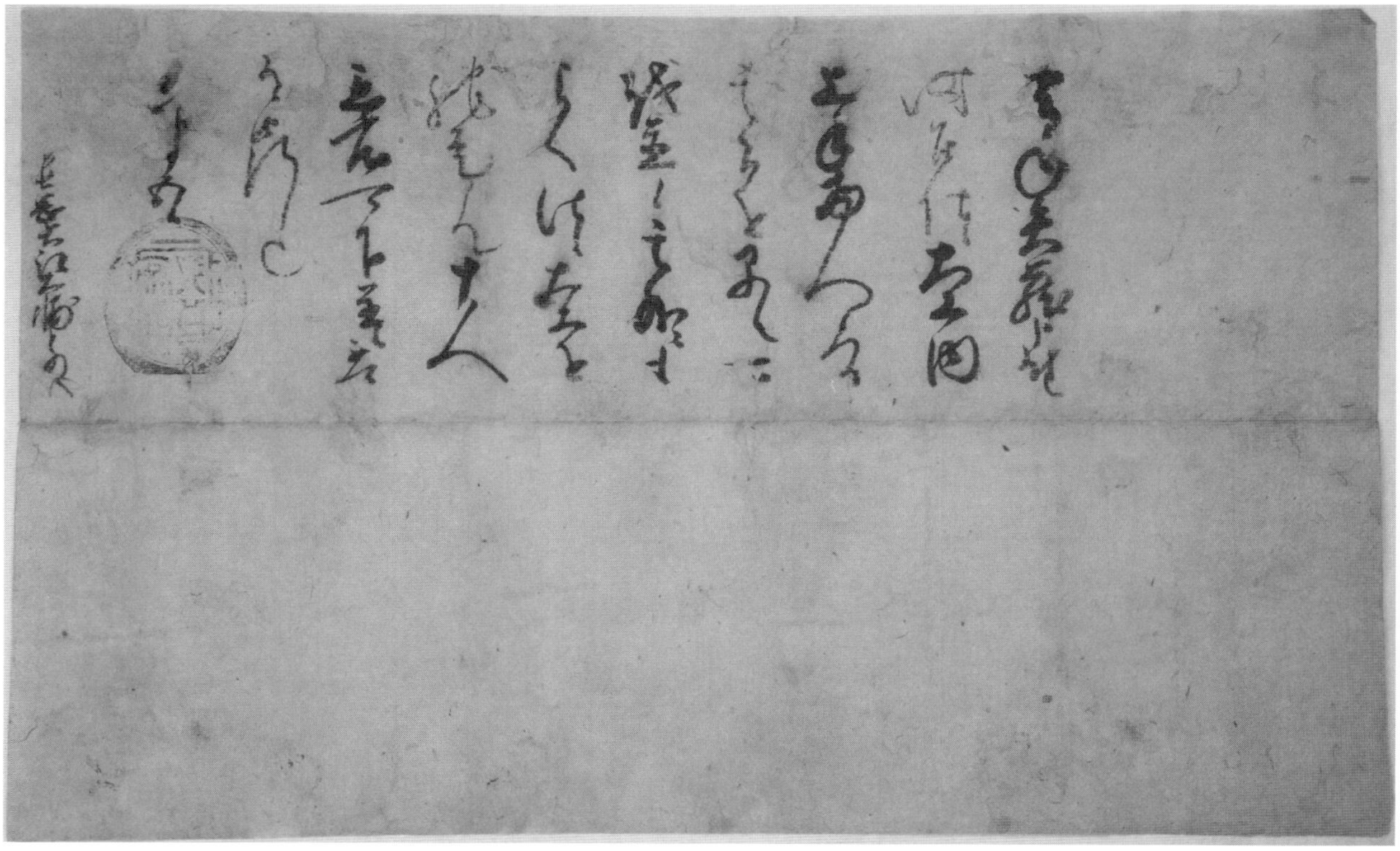

43　織田信長黒印状

去年矢蔵申付候
時、召仕候大工内、
上手両人候つる、
其者を早々可
越置候、其外ニも
よく仕候大工を
馳走候て、十人
急度可下置候、不可
有由断候也、

六月五日（天正五年カ）　（黒印）（信長）

長岡（藤孝）兵部大輔とのへ

173号文書（信長52）
折紙
二九一×四六〇

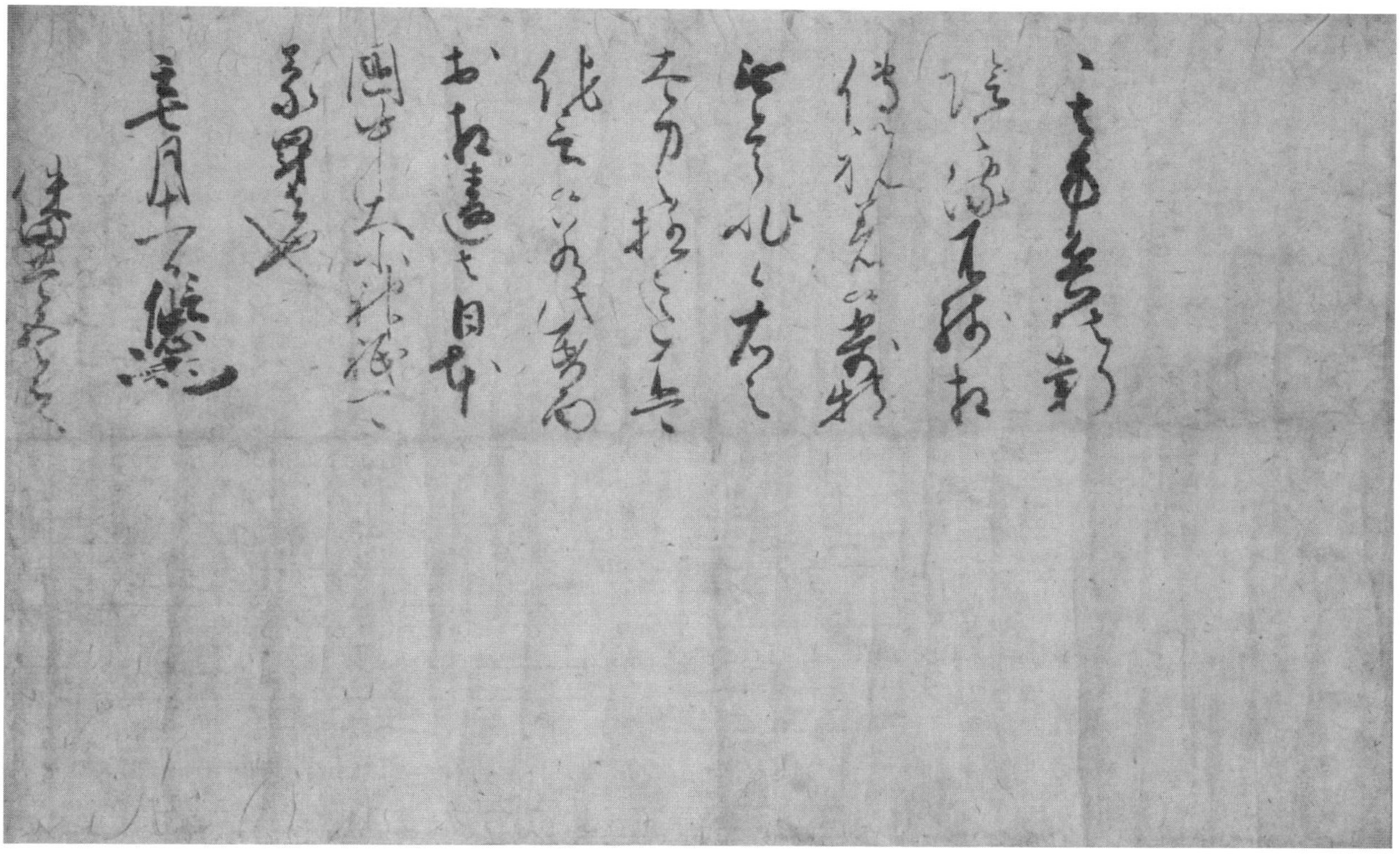

44　織田信忠起請文

其方兵法新
陰之流不残相
伝祝着候、寄特
無是非候、右之
太刀之極意不可
他言候、若此㡡面
於相違者、日本
国中大小神祇可
蒙罰者也、

（天正五年）壬七月十一日　信忠（花押）

侏田豊五郎殿

174号文書（信忠2）
折紙　巻子装
二八三×四五二

45 織田信長自筆感状

（懸紙）「与一郎」

働手から

□、

かしく

おりかミ披見候、

いよ／＼働之事候、

無油断

馳走候へく候、

かしく、

（天正五年）十月二日

（長岡忠興）与一郎殿

175号文書（信長101）
折紙　懸紙あり
二九〇×四五八

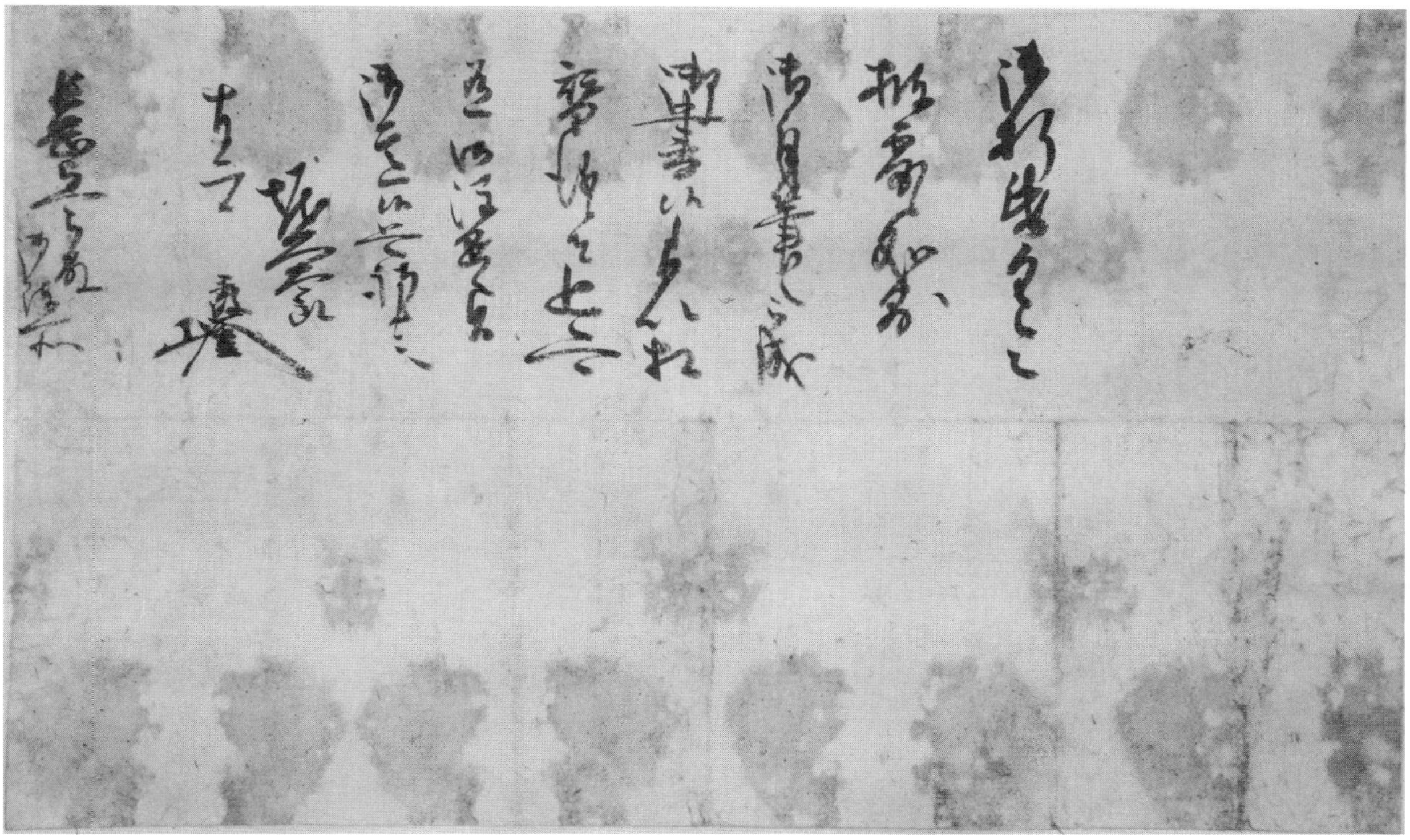

46　堀秀政添状

御折帋具令
披露候処、則
御自筆之被成
御書候、尚以相
替儀候者、追々可
有御注進候旨、
御意候、恐々謹言、

堀久太郎

（天正五年）十月二日　秀政（花押）

長岡与一郎（忠興）殿
御陣所

176号文書（信長101の付）
折紙
二七五×四四六

47　織田信長黒印状

一昨日朔、片岡（大和）城
乗崩、数多首注
文到来候、粉骨之
段神妙候、猶以
可抽戦功候也、

（天正五年）十月三日　（黒印）（信長）

長岡（藤孝）兵部大輔殿

177号文書（信長38）
切紙
一四五×四二七

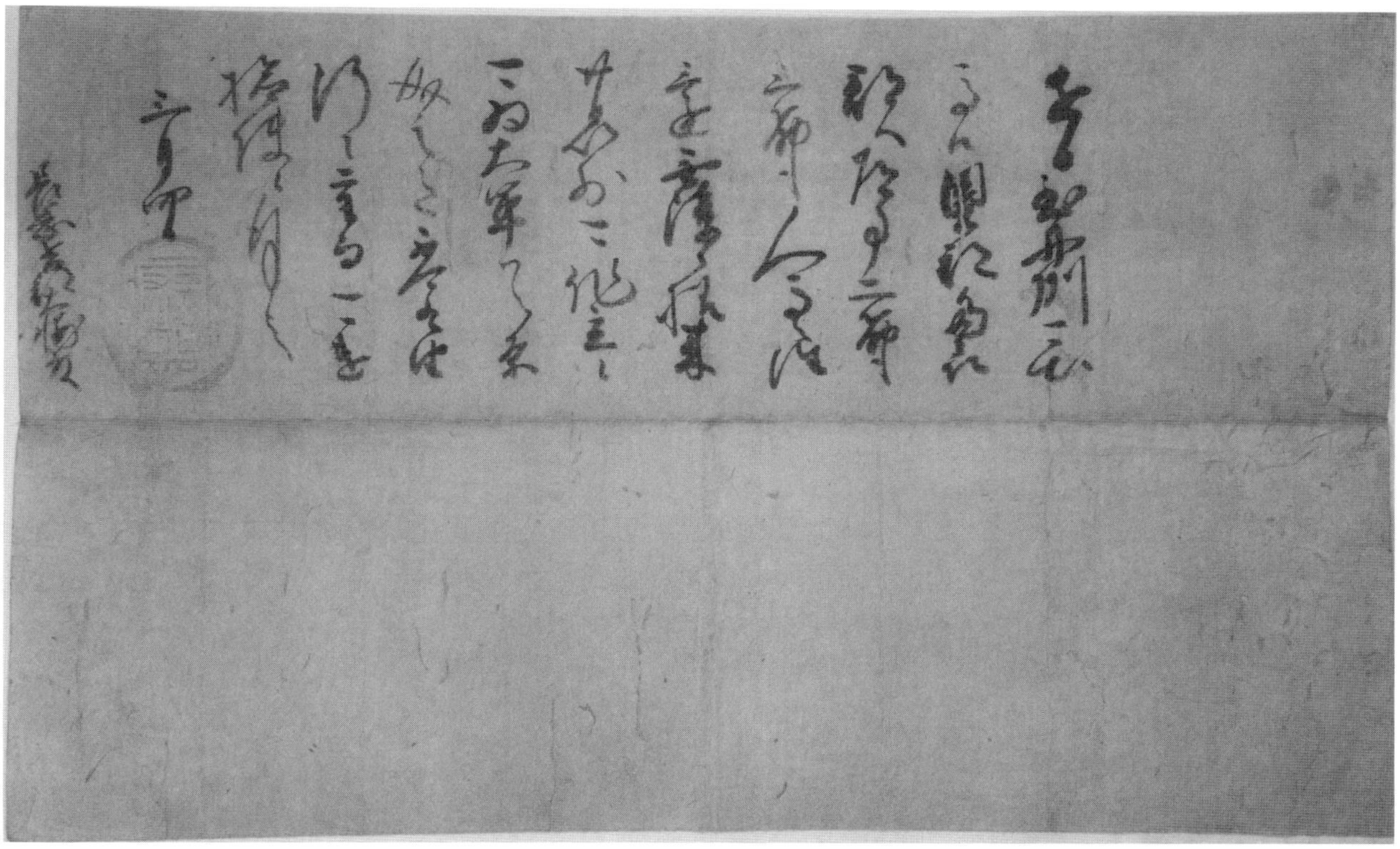

48　織田信長朱印状

近日至丹州可出
馬候、奥郡・多喜
郡へ道事、二筋も
三筋も人馬之往
還無障候様、来
廿日以前可作立候、
可為大軍候之条、
成其意、不可有由
断候、重而可遣
検使候、謹言、

三月四日《(天正六年)》　（朱印）《(信長)》

長岡兵部《(藤孝)》大輔殿

178号文書（信長29）
折紙
二八九×四六一

49　織田信長黒印状

就津国雑説、
切々様躰申越候、
懇切之儀祝着候、
其付宮内卿法印（松井友閑）・
万見仙千世（重元）遣之、
并又惟任日向守（光秀）
□（申カ）含越置候き、
相談候て外聞
可然候様気遣
専一候、猶委曲

松井可申候也、
十月（天正六年）廿五日　信長（黒印）
長岡兵部大輔（藤孝）殿

179号文書（信長12）
折紙
二八五×四五〇

50　織田信長黒印状

□□（摂津）従伊丹罷
出候者共、於尼崎（同前）
様躰申越候、委
細得其意候、猶々
聞合可被示越候、
人を付置馳
走候由、無由断之段
□可然候、尚々可入
情候也、

（天正六年）十一月廿日　信長（黒印）

長岡（藤孝）兵部大輔殿

180号文書（信長35）
折紙
二九三×四五五

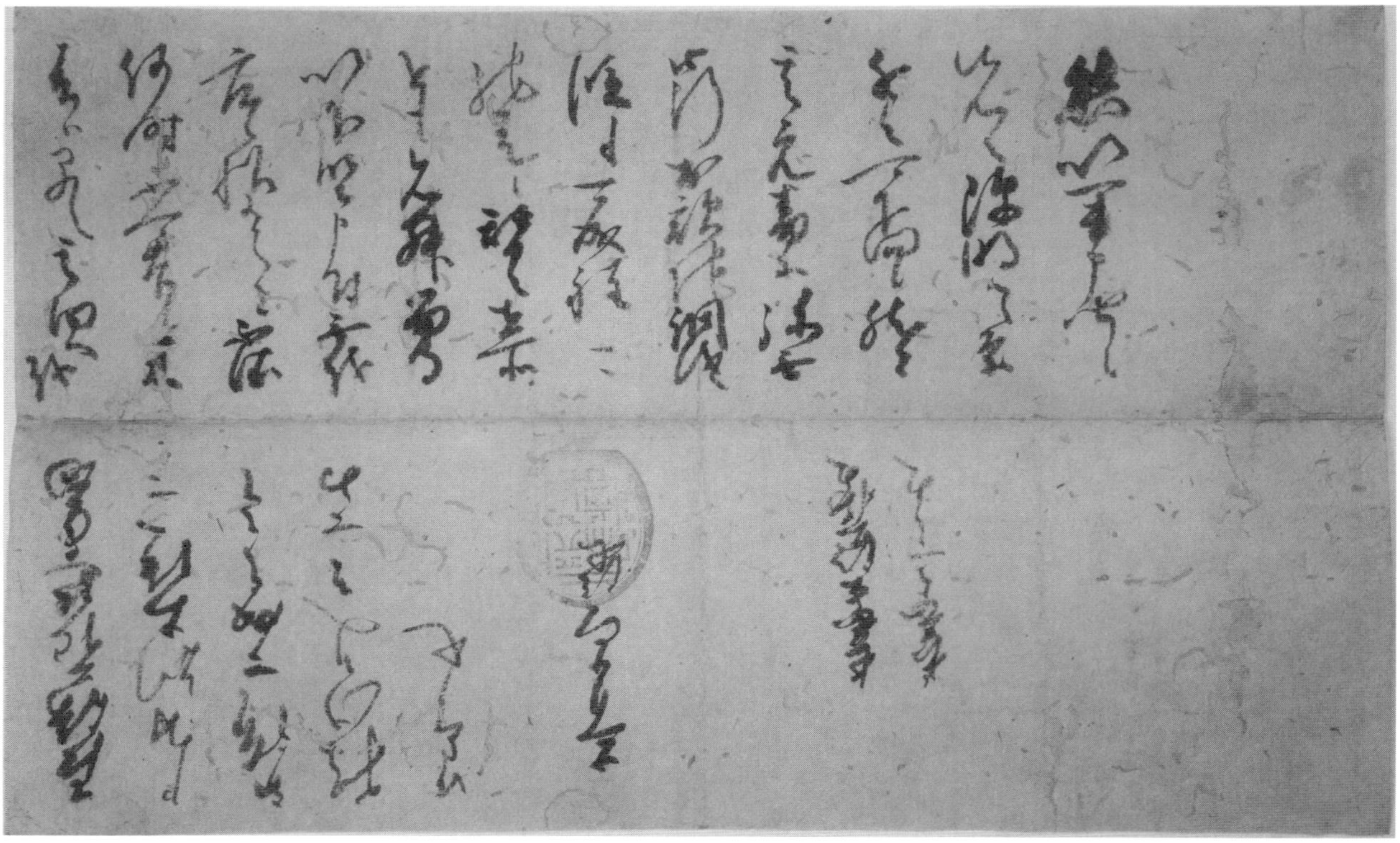

51　織田信長朱印状

態以一書申聞候、
先々隙明候之条、
近々可下向候、然者、
其元番等弥無
由断、於敵地調儀之
段も可成程可
馳走候、替之在所
をも見舞、留守
以下堅申付、無越
度之様有之者、不依
何時不可苦候、来
春ハ早々其面へ越、
尼崎(摂津)・花熊(同前)手当
申付、則大坂へ可
取詰候、可成其意候、
猶此使者可為
口上候也、

(天正六年)十二月十六日　信長（朱印）

長岡兵部大輔(藤孝)殿
長岡与一郎(忠興)殿

181号文書(信長26)
折紙
二八八×四五七

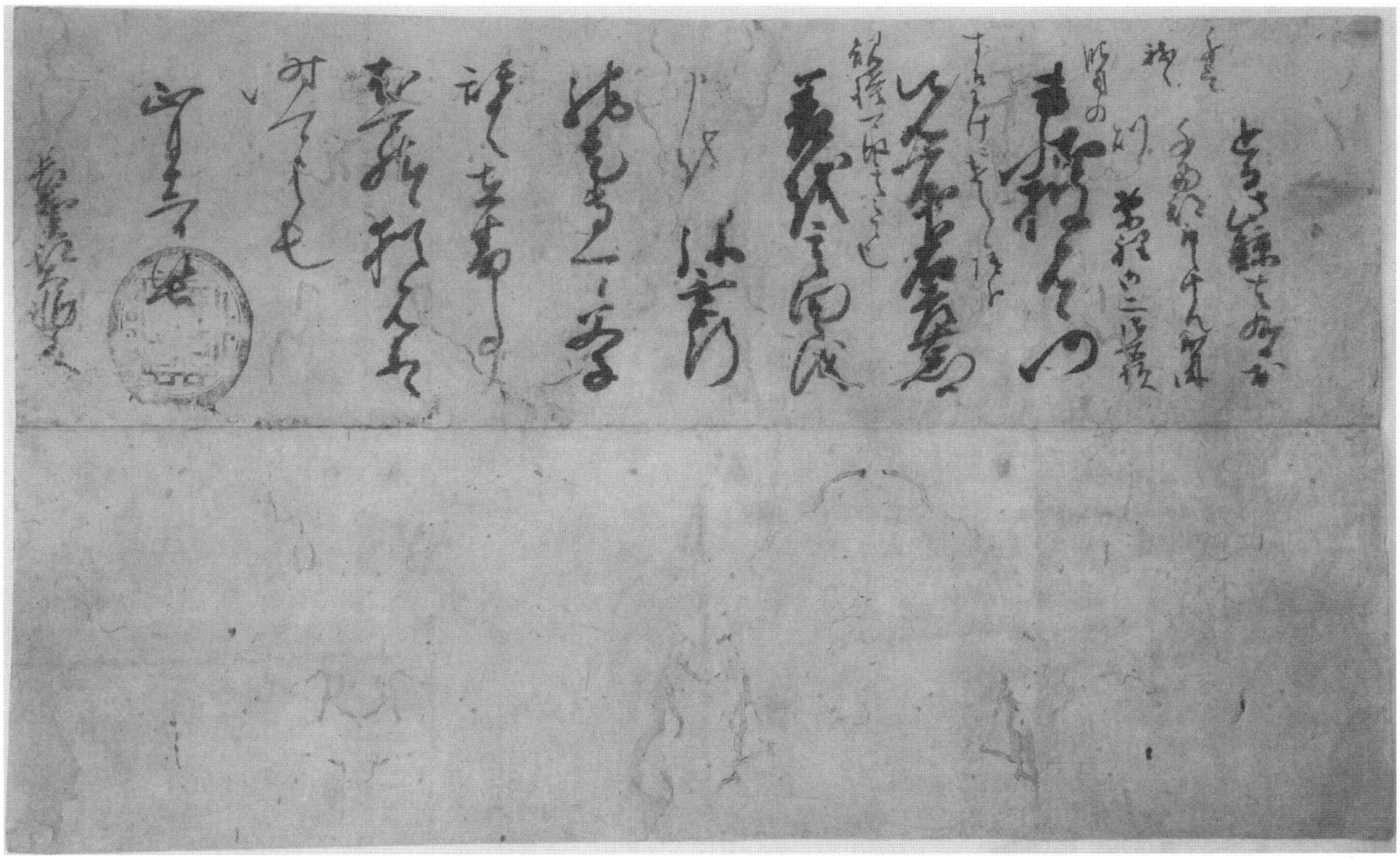

52　織田信長黒印状

追而此鯨者、九日於
千多郡(尾張)取候由候て到来候、
則　禁裏御二御所様へ
進上候、我々服用の
すそわけニ遣之候、随分
規模可得其意候也、

書状披見候、仍
先度下石彦右衛門尉
差越、其面之儀
申越□(候)、弥無由断
馳走専一候、父子
替之在番事、
尤可然候、猶見参之
時可申候也、

正月(天正七年)十二日　信長（黒印）

長岡(藤孝)兵部大輔殿

182号文書（信長33）
折紙
二九二×四六二

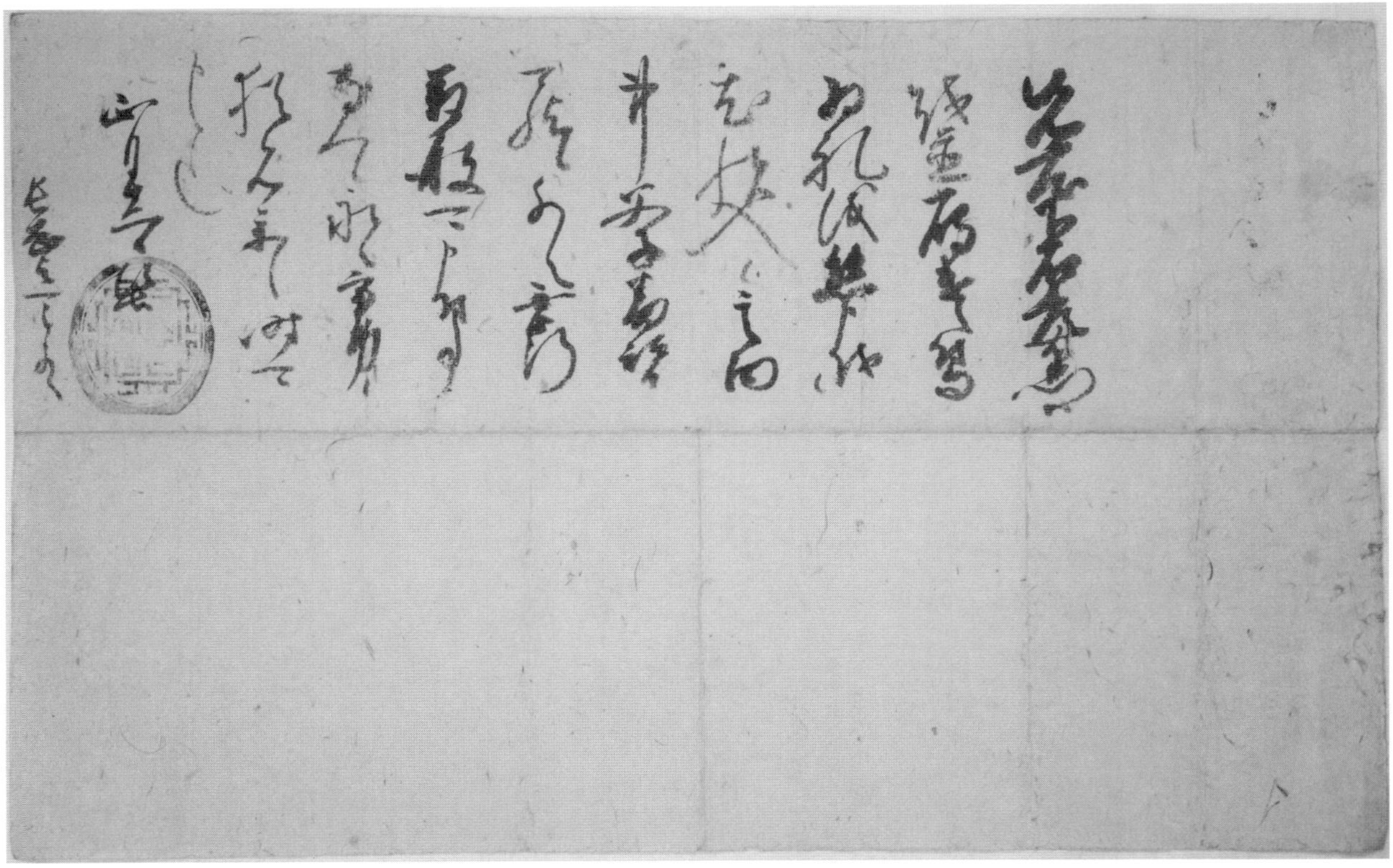

53　織田信長黒印状

先度下石彦右衛門尉
越置、鴈遣之付而、
為礼儀態申越候、
尤悦入候、其面
事、父子番替
可然候、尚々無由断
万般可申付事
専一候、永々辛労候、
猶見参之時可
申候也、

（天正七年）正月十二日　信長（黒印）

長岡与一郎（忠興）とのへ

183号文書（信長39）
折紙
二九七×四五二

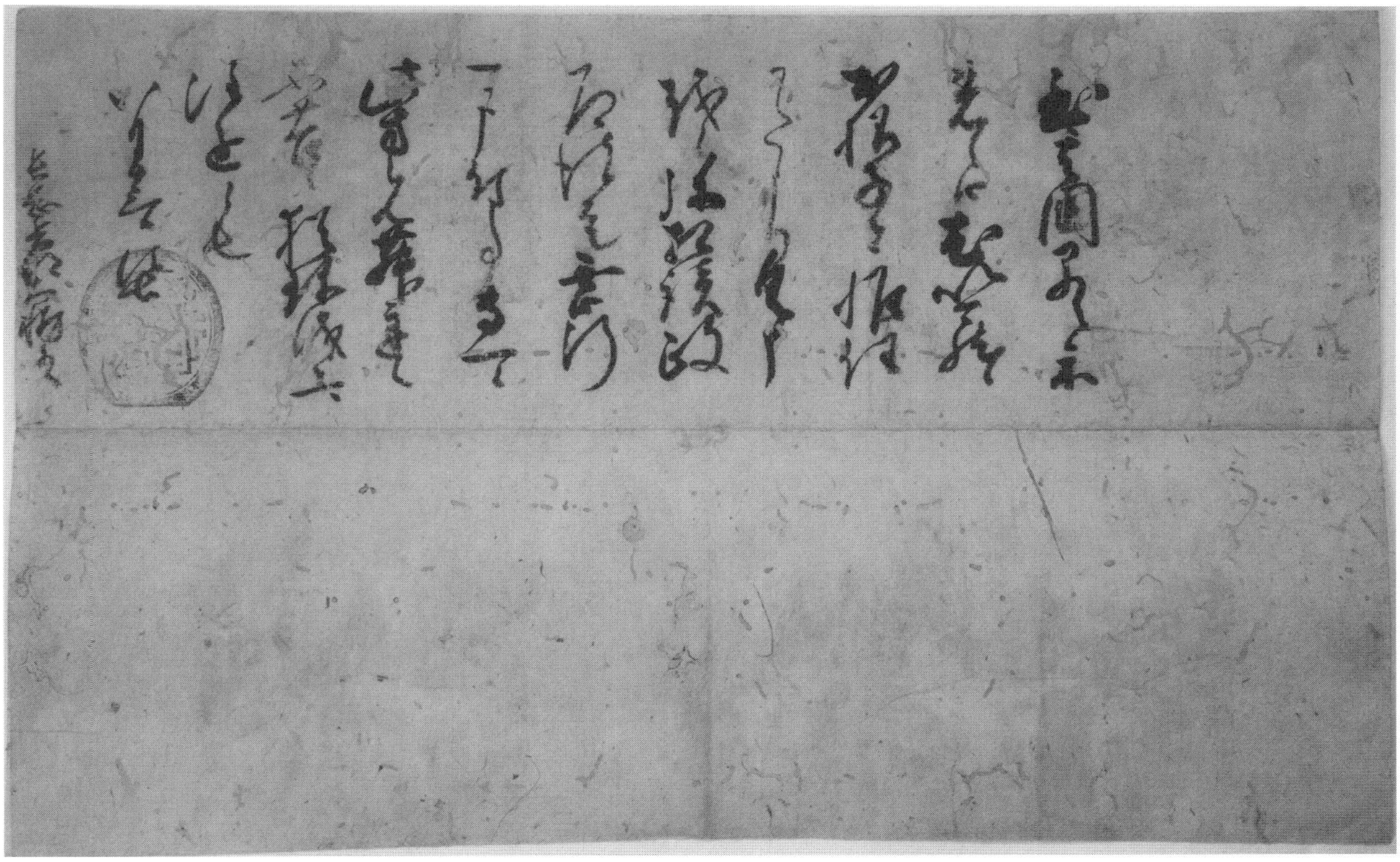

54　織田信長黒印状

至其国（丹後）早々参
着候由、尤以可然候、
於様子者、惟任（光秀）
かたより具申
越候、弥相談、政
道彼是無由断
可申付事専一候、
此方見舞遅々
不苦候、猶珍儀候者、可
注進候也、

（天正八年）八月十三日　信長（黒印）

長岡兵部大輔（藤孝）殿

184号文書（信長5）
折紙
二九六×四五八

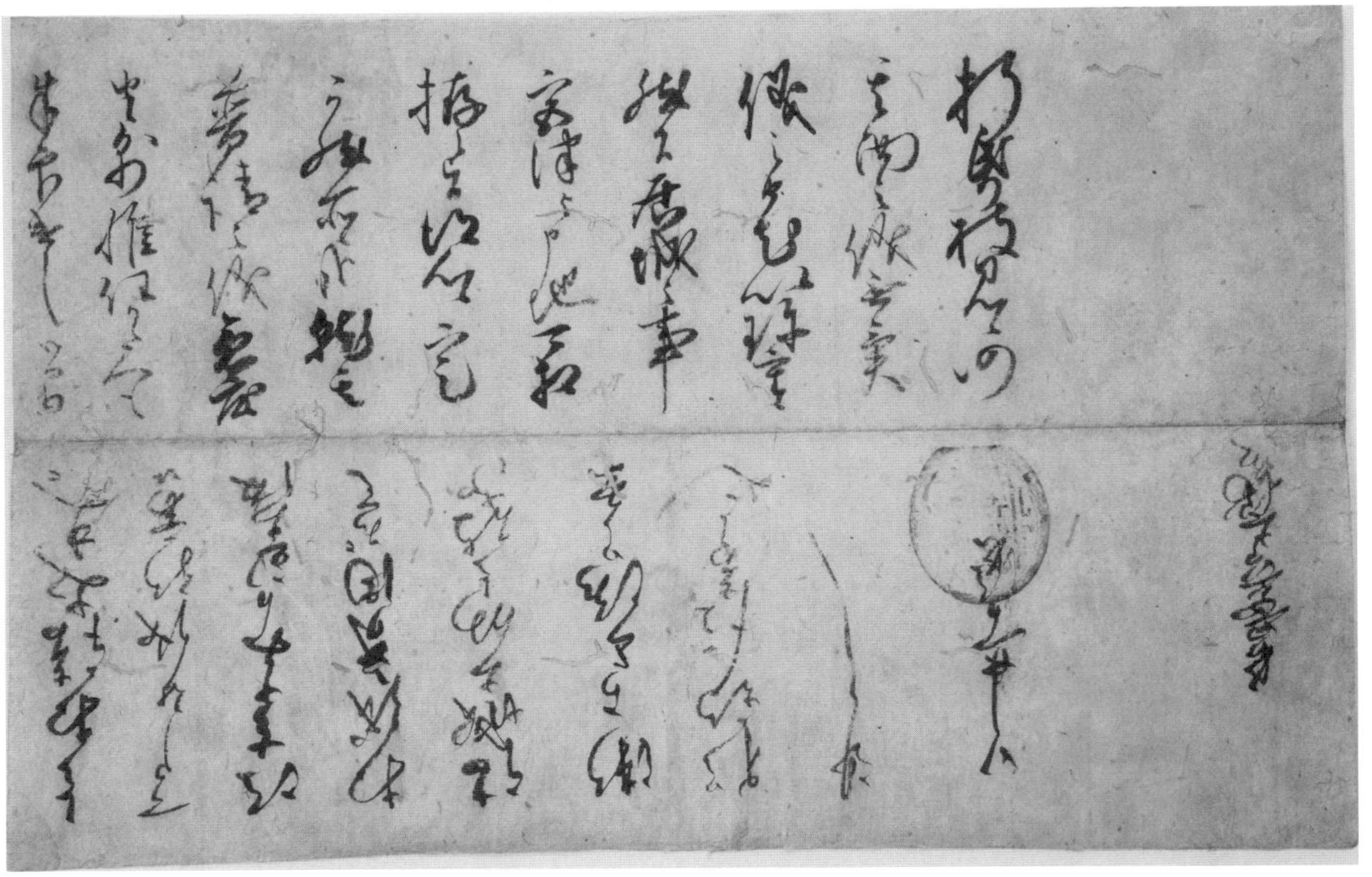

55　織田信長黒印状

折帋披見候、仍
其面之儀、無異
儀之由尤以珍重候、
然者、居城之事、
宮津与申地可相
拵之旨、得心候、定
可然所候哉、就其
普請之儀、急度
由候、則惟任（光秀）かたへも
朱印遣之候間、
令相談丈夫ニ
可申付儀肝要候、
次去十五日至大坂
相越、幾内ニ有之
諸城大略令破却候、
漸可上洛候之条、
猶期後音候也、
謹言、
（天正八年）八月廿一日　信長（黒印）
長岡兵部太輔殿（藤孝）

185号文書（信長1）
折紙
二九三×四四五

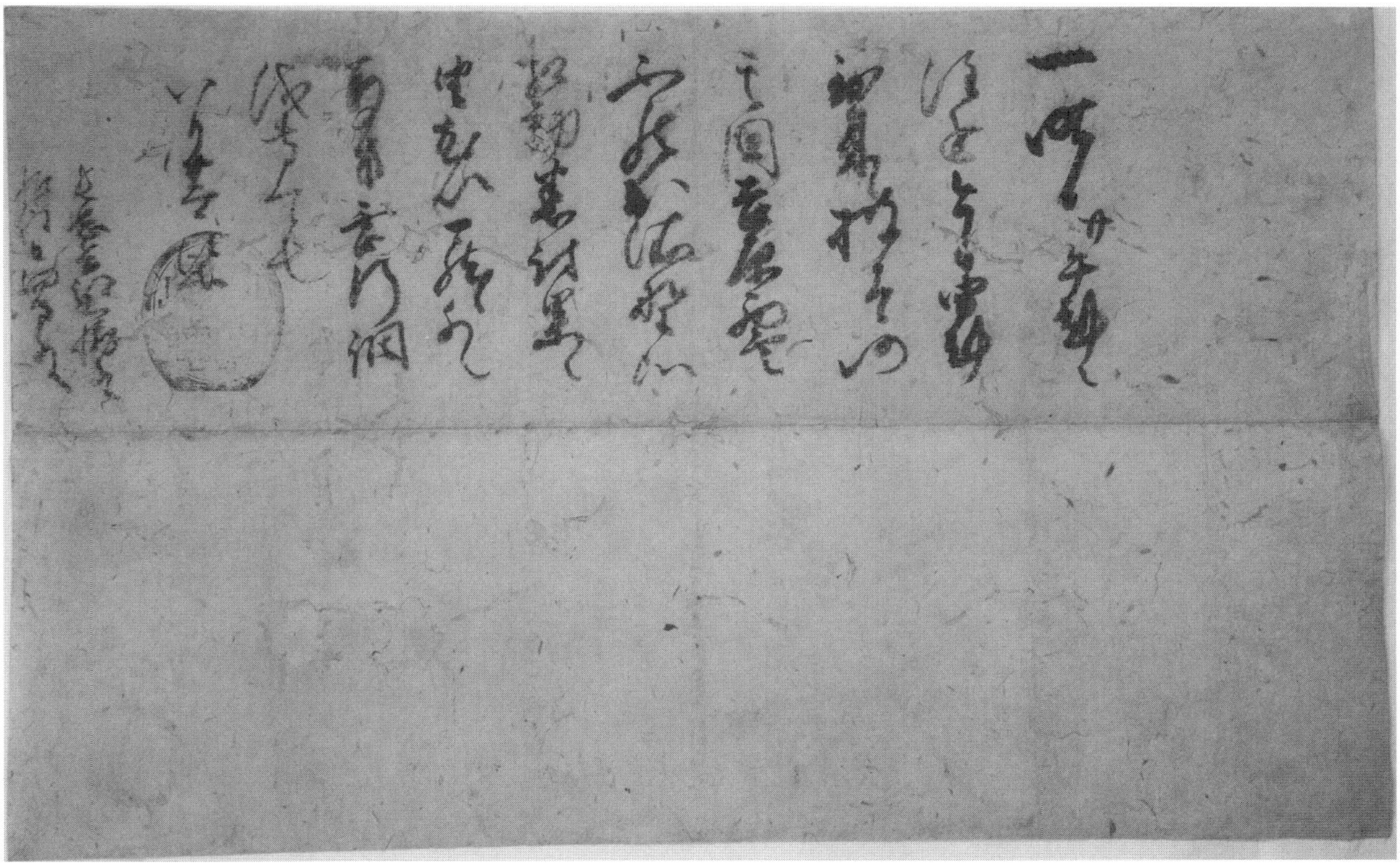

56　織田信長黒印状

一昨日廿午剋之
注進、今日申剋
到来候、披見候、仍
其国吉原西雲
不罷出、依野心
相動、悉討果候
由候、尤以可然候、尚々
万方無由断調
儀専一候也、

（天正八年）八月廿二日　信長（黒印）

長岡（藤孝）兵部大輔殿
惟任（光秀）日向守殿

186号文書（信長15）
折紙
二九二×四五八

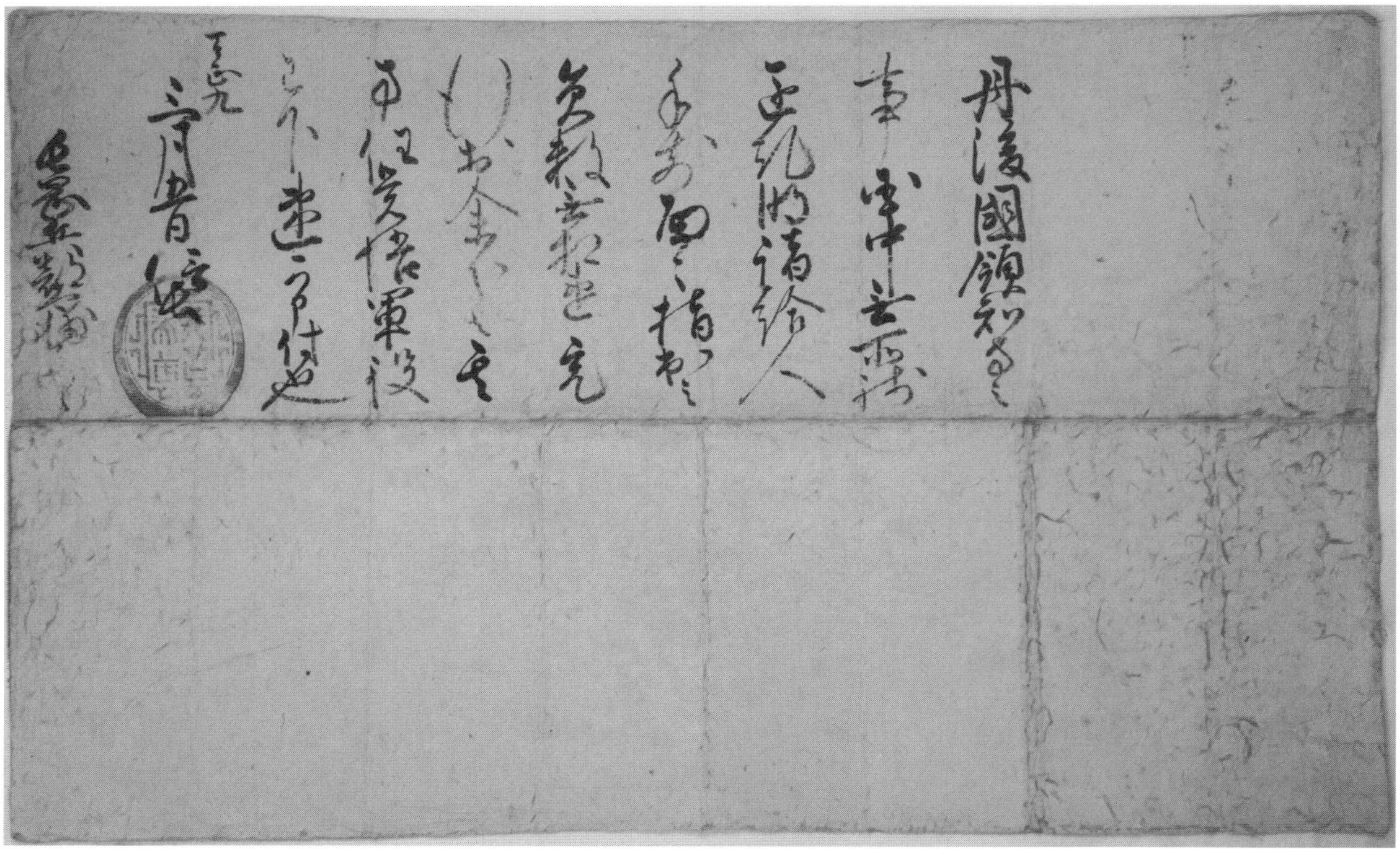

57　織田信長朱印状

丹後国領知方之
事、国中無所残
遂糺明、諸給人
手前、面々指出之
員数無相違充
行、於余分者、其
方任覚悟、軍役
已下速可申付也、

（天正九）三月五日　信長（朱印）

長岡兵部（藤孝）太輔とのへ

187号文書（信長23）
折紙
三一五×五〇四

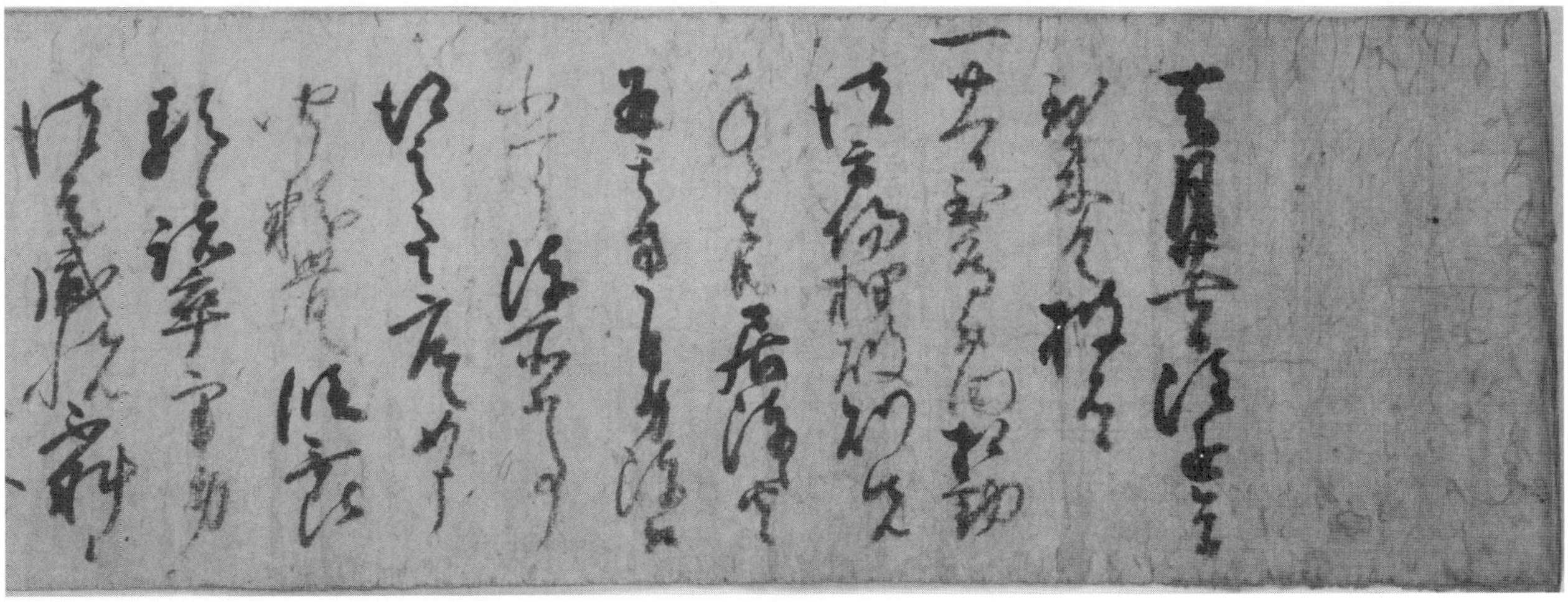

58　織田信長黒印状

去月廿七日注進旨
到来、具披見候、
一、廿一日至鳥取（因幡）面相動、
彼方備押破、則先
手之者共居陣之由候、
并其方自身陣取・
小一郎（羽柴秀長）陣所等事、
得其意候、度々如申
聞、粉骨之段無比
類候、諸卒辛労
彼是感悦不斜候、

一、南条勘兵衛尉(元続)合手
相動候由神妙候、能々
可相勇事専一候、
一、鹿野(因幡)城可打果候処、
方々人質等、相対芸
州之者共楯籠候き、彼
人質城同前相渡候
条、南条申談、可助命
由候也、侘言候間、廿六日請
取之、人数入置候由候、討
果候も同前之儀候間、
先以可然候、左候て自此
方申付城之事、番以下
聊無越度之様、堅可覚悟候、
自然由断候て、後悔不可
立先候、

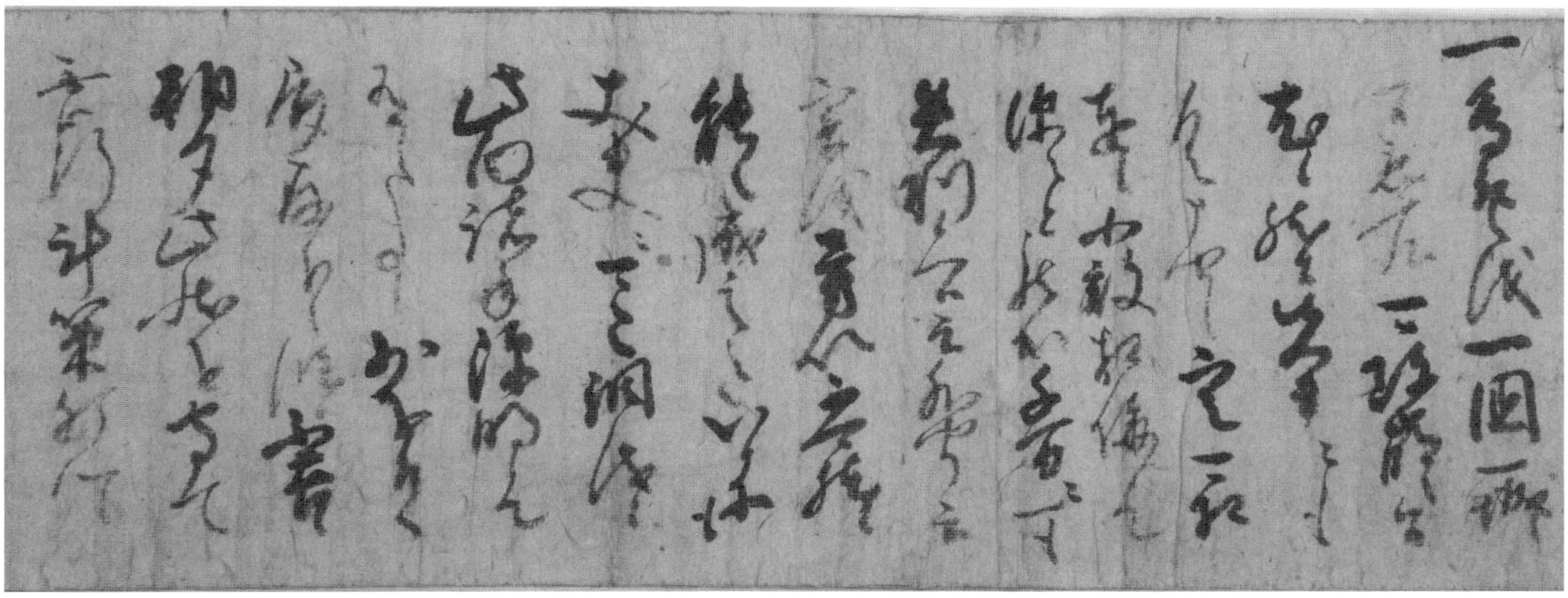

一、鳥取之儀、一国一城候
間、急度可攻崩之旨
尤候、然者先書ニも
具申聞候、定可相
達候、小敵相侮候て、
深々と罷出、千万ニ一も
失利候へハ、云外聞云
実儀旁以不可然候、
能々成其意、いかにも
丈夫ニ可令調儀候、
此面諸手隙明候て、
有之事少をそく
属存分之段、不苦候、
朝夕此状を守て
無由断計策肝心候、

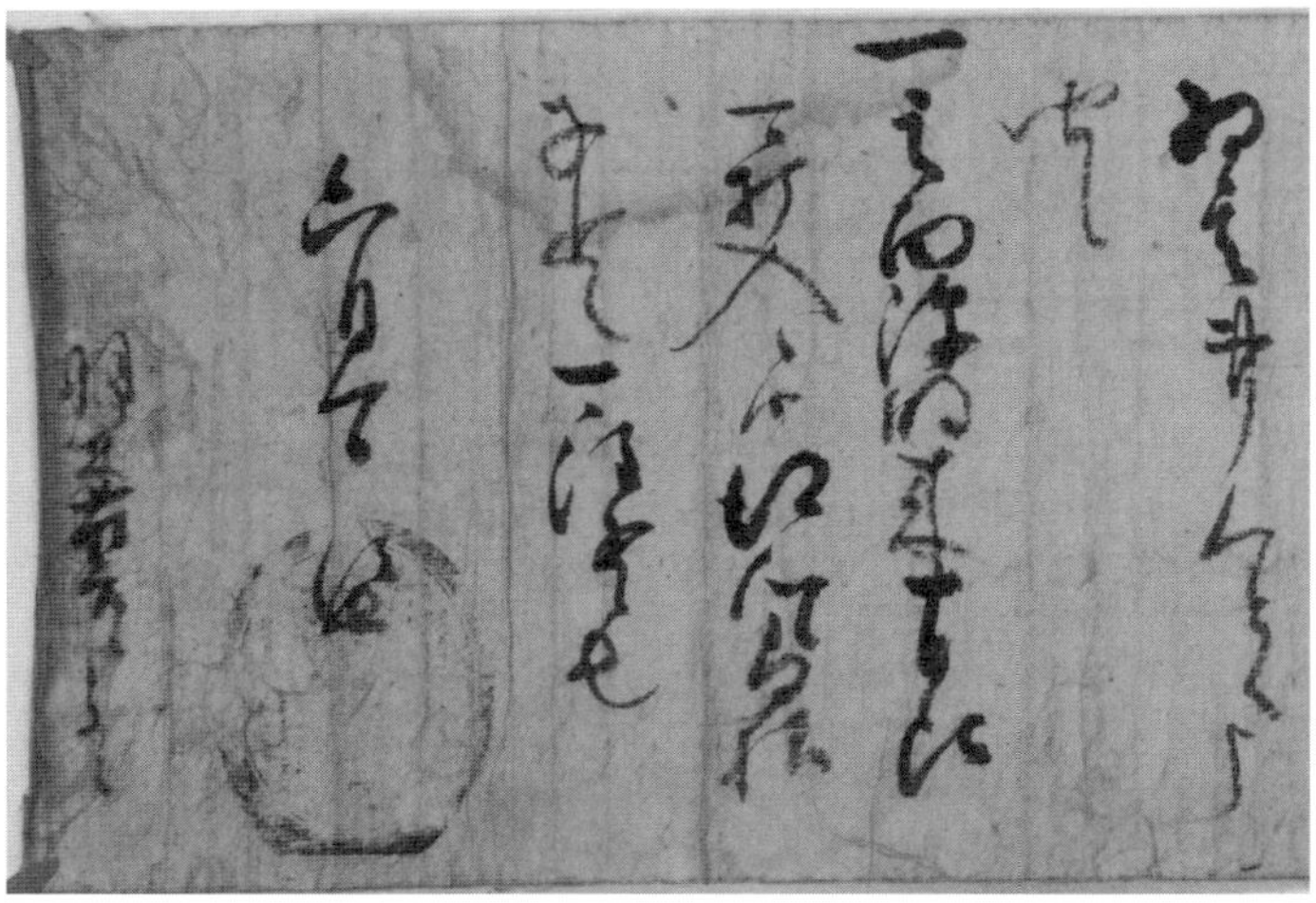

為其事くとく申
聞候、
一、其面隙明、来十日比
可打入候由得心候、尚様
子追々可注進候也、
（天正九年）六月一日　信長（黒印）
羽柴藤吉郎（秀吉）とのへ

188号文書（信長58）
継紙
一四三×一三三〇

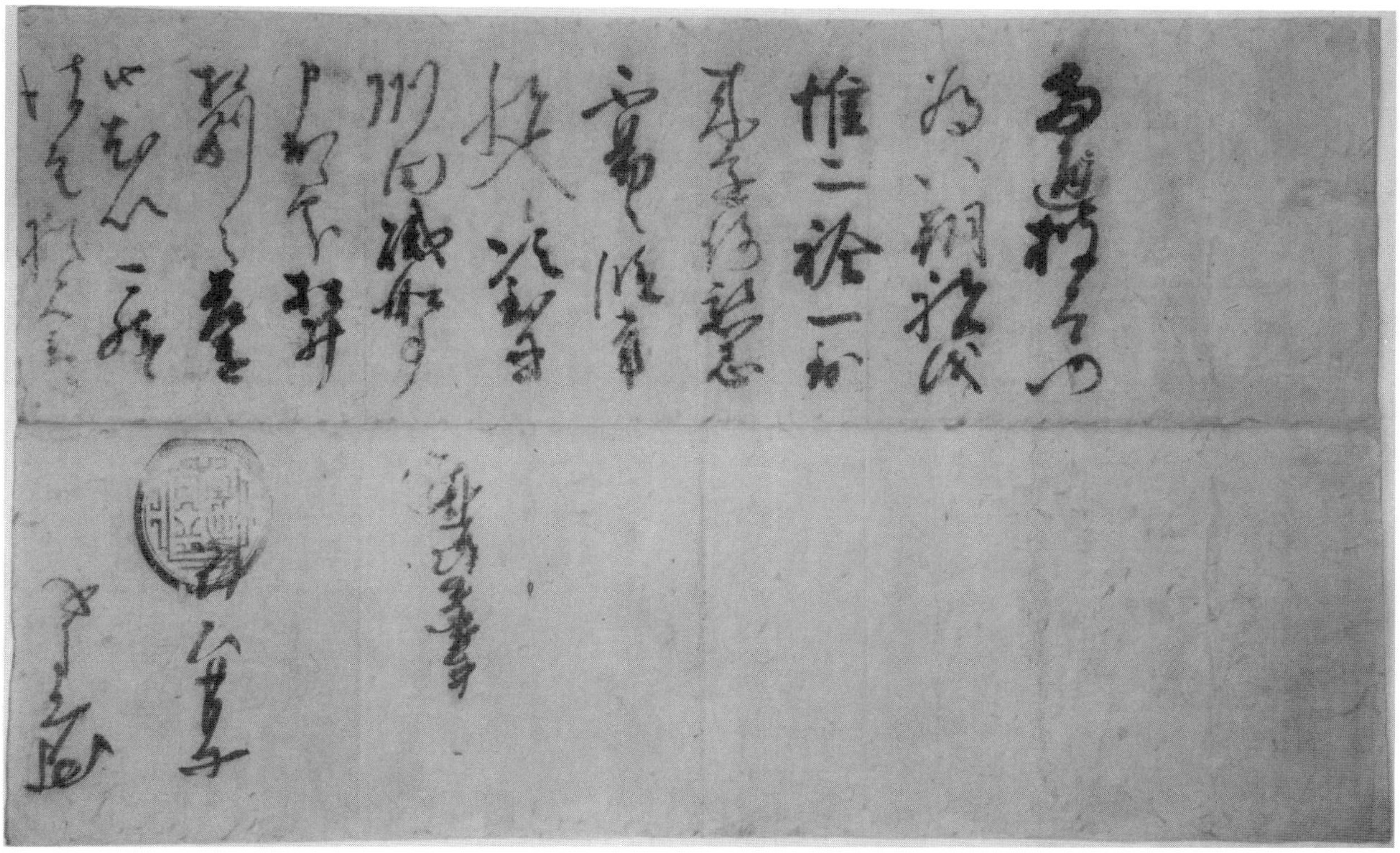

59 織田信長黒印状

両通披見候、仍
為八朔祝儀、
帷二・袷一到
来、遠路懇志
不易之段、旁
悦入候、次至丹
州面賊船事
申出候処、松井（康之）
相副之差遣
由、尤以可然候、
彼是猶見参
時可申候也、

（天正九年）七月廿八日　信長（黒印）

長岡兵部大輔（藤孝）殿

189号文書（信長31）
折紙
二九八×四七二

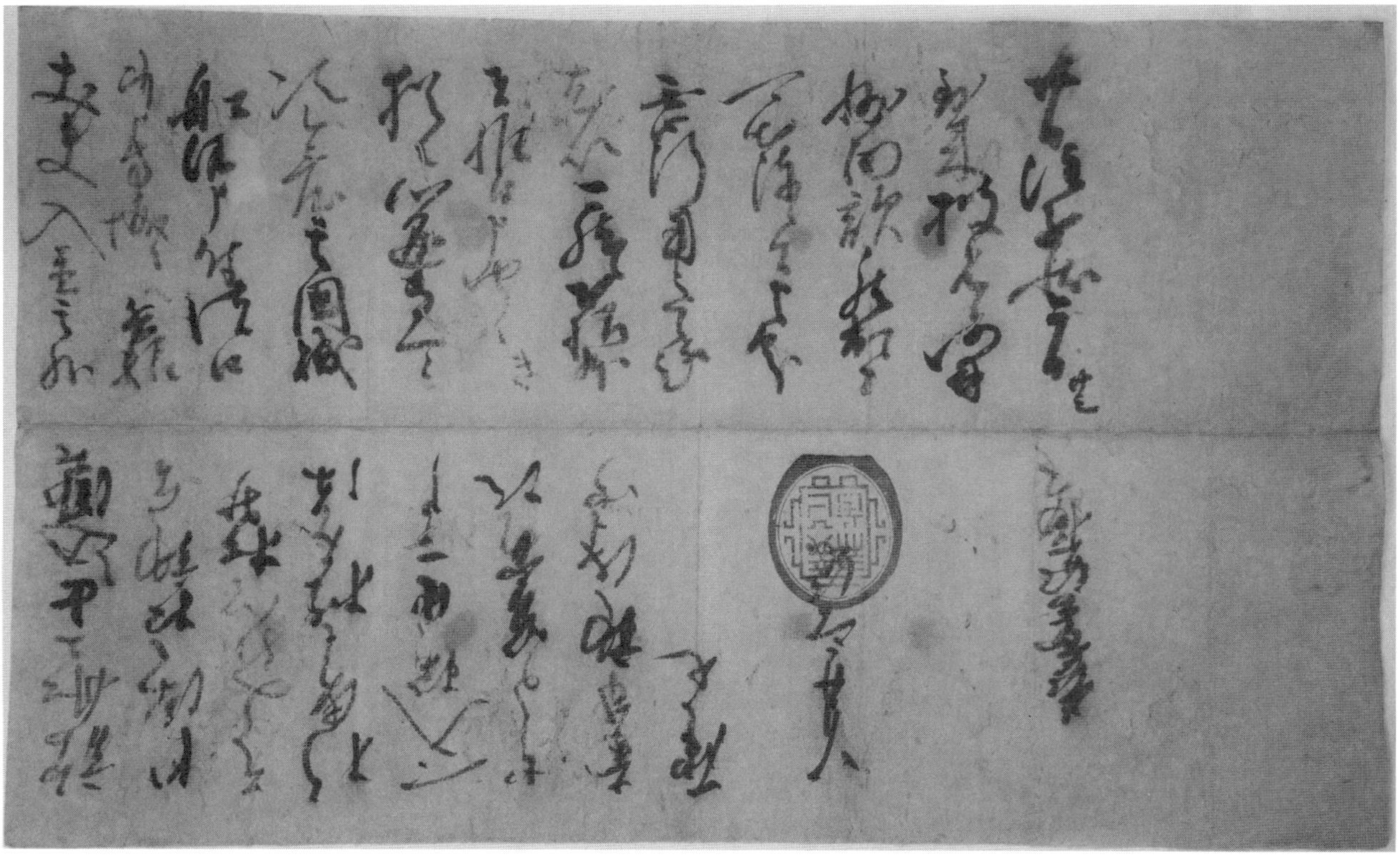

60 織田信長黒印状

廿日注進状、今日廿三
到来披見候、仍丹
州面敵罷出候者、
可出陣候旨申候処、
無由断用意之趣、
尤以可然候、於様躰
者惟日(惟任日向守光秀)申聞候き、
猶々心懸専一候、
次今度其国賊
船依申付、彼口
身方城々へ兵粮
丈夫入置、其外
敵船等追込灘太
□深々相動之旨、
是又肝心候、松井(康之)
折帋令披見候、弥
可入勢之由、可申
聞事簡要候、次
南方動之儀も聞
届候也、

(天正九年)八月廿三日　信長（黒印）
(藤孝)長岡兵部大輔殿

190号文書（信長16）
折紙
三〇〇×四七二

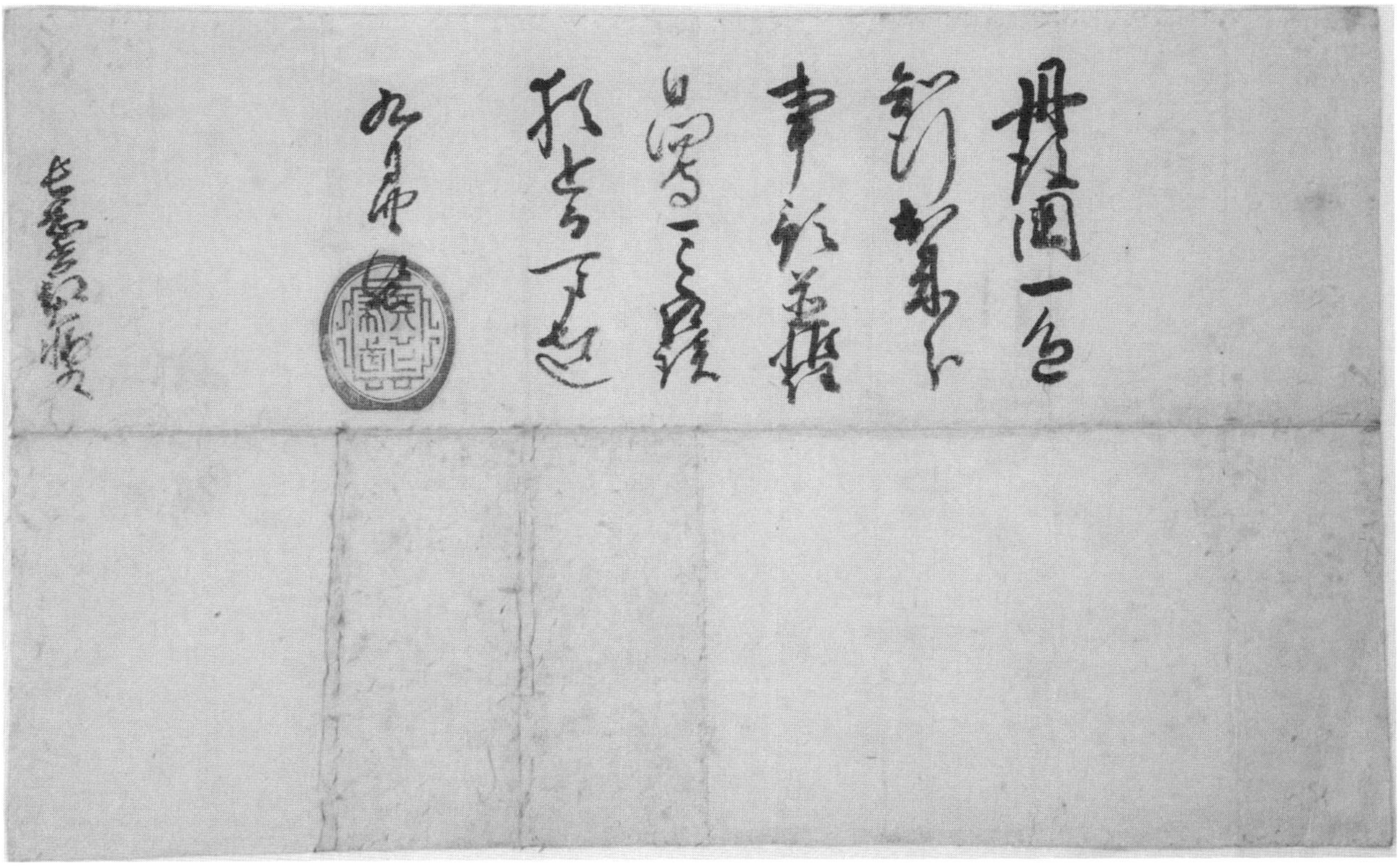

61　織田信長朱印状

丹後国一色
知行出来分
事、預置惟任
日向守、可被相談、
猶追而可申出候也、
（天正九年）九月四日　信長（朱印）
長岡（藤孝）兵部大輔殿

191号文書（信長2）
折紙
三〇一×四七五

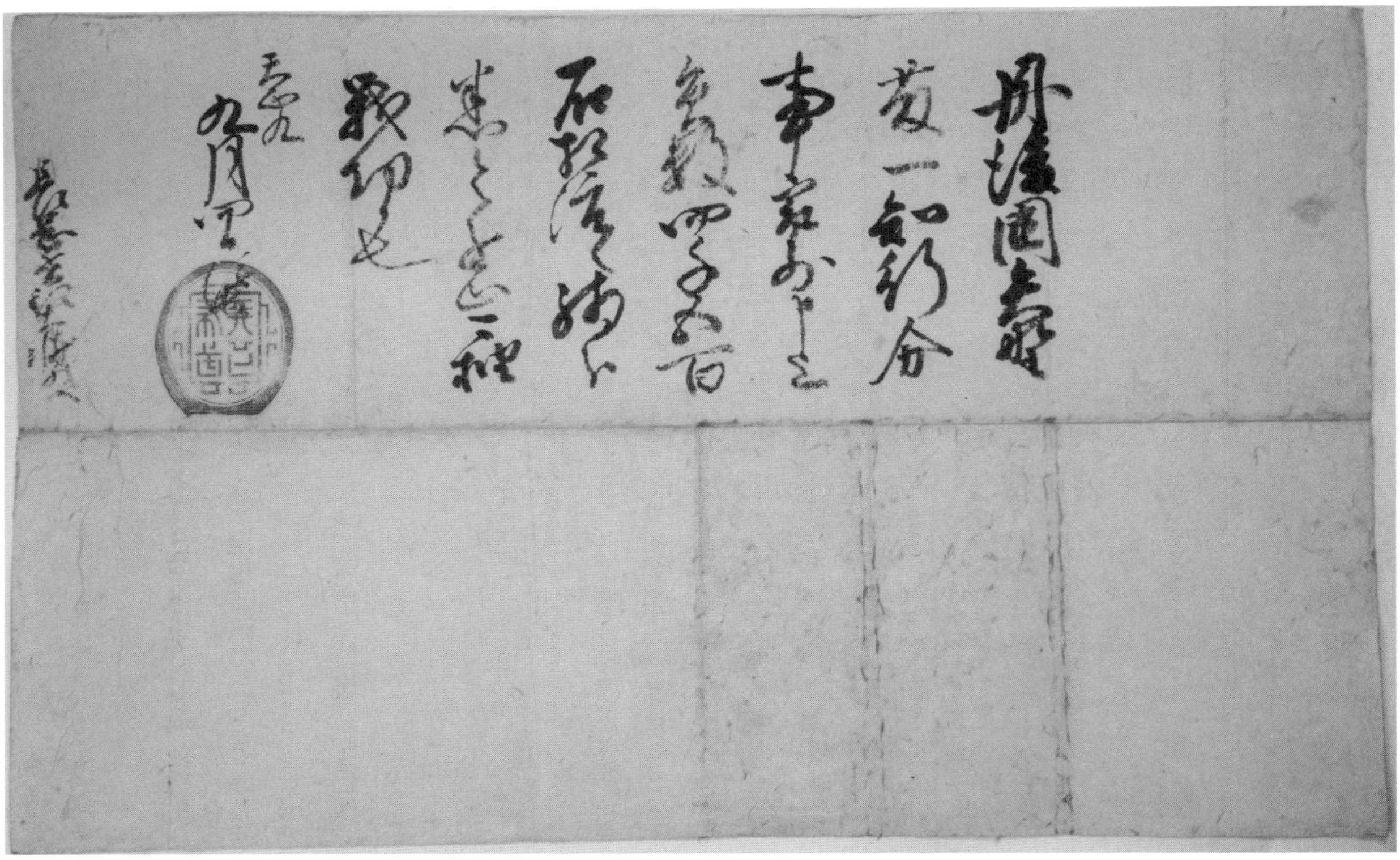

62　織田信長朱印状

丹後国矢野
藤一知行分
事、最前申上
員数四千五百
石相渡候、残分
悉令進止、可抽
戦功候也、

（天正九）
九月四日　信長（朱印）

長岡（藤孝）兵部大輔殿

192号文書（信長4）
折紙
三〇〇×四七五

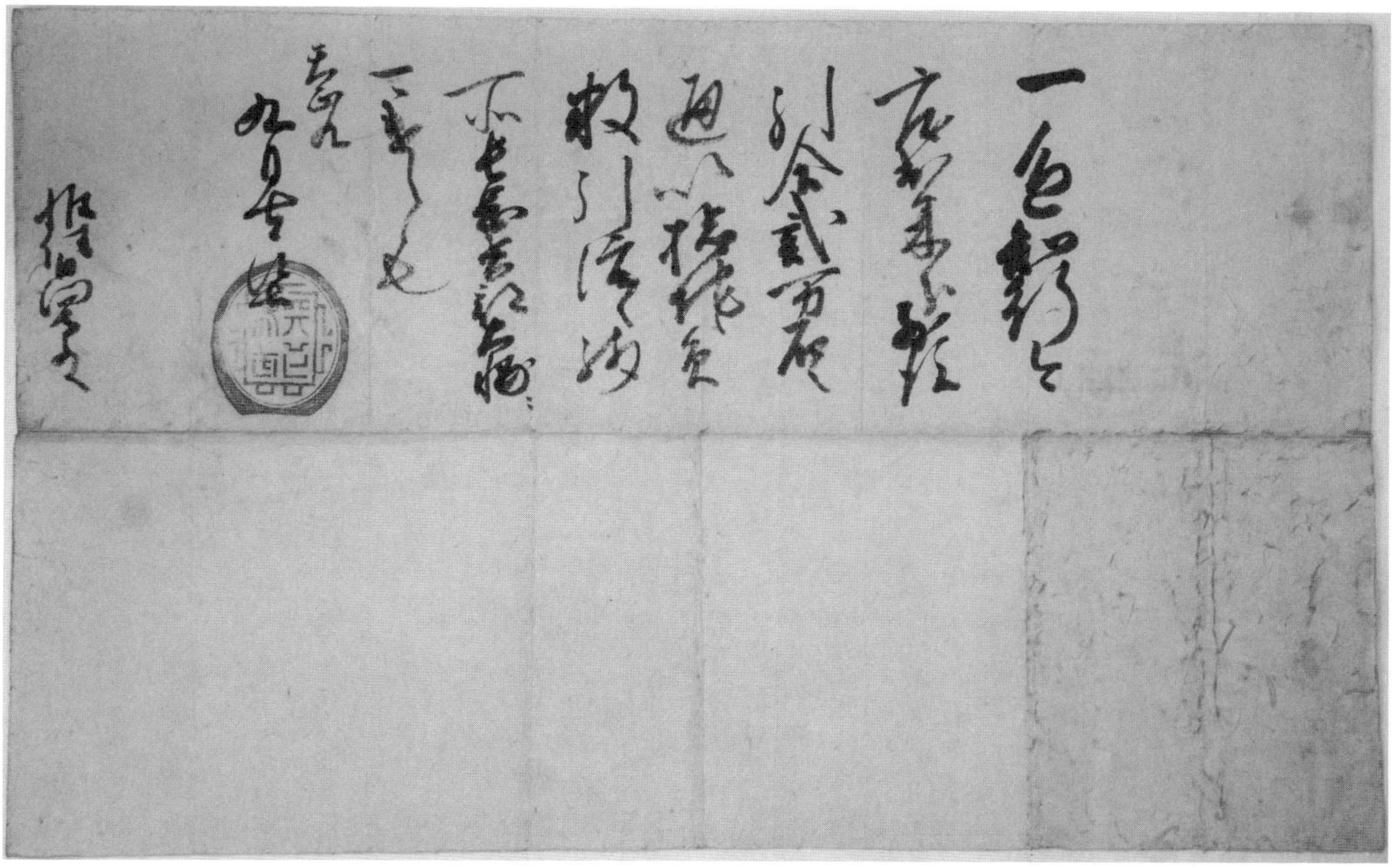

63　織田信長朱印状

一色知行今
度出来分、前後
引合弐万石之
通、以検地之員
数引渡候、残
所長岡兵部大輔（藤孝）ニ
可遣之候也、

天正九
九月七日　信長（朱印）

惟任日向守（光秀）殿

193号文書（信長30）
折紙
三〇三×四七三

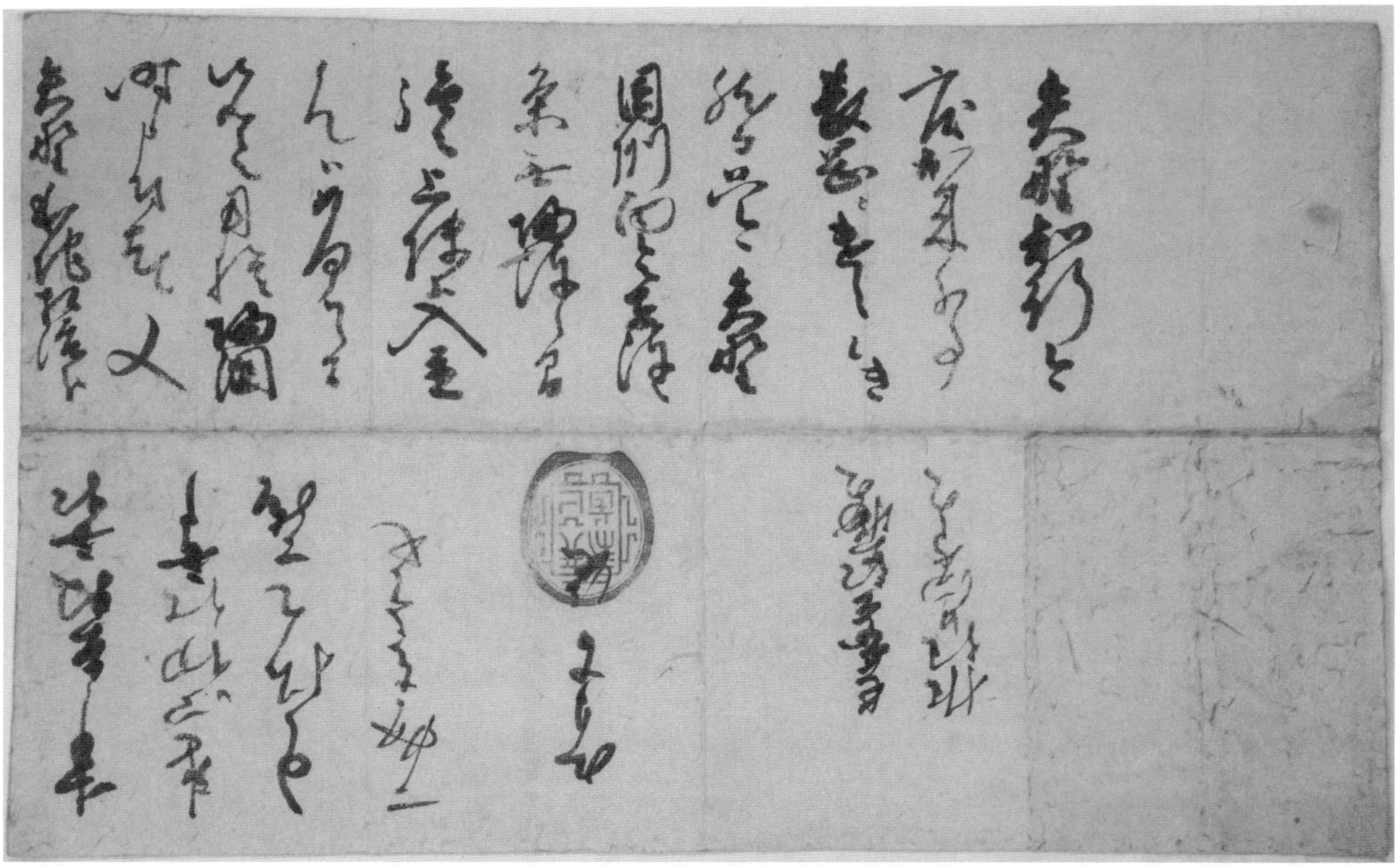

64　織田信長朱印状

矢野知行今
度出来分事、
長岡(藤孝)ニ遣之候き、
然而只今矢野(藤一)
因州面令在陣之
条、無帰陣之間、
強々上使等入置
候てハ如何候之間、
先令用捨、帰国
時申付尤候、又
矢野本地相渡分
事、員数無相
違郷切仕、無申
事候様候て可然候、
可成其意候也、
(天正九年)九月十日　信長（朱印）
長岡兵部大輔(藤孝)殿
惟任日向守(光秀)殿

194号文書(信長21)
折紙
三〇〇×四七二

65　織田信長黒印状

其国船手之輩、
伯州面動之趣、
委細聞届候、尤
以神妙候、対藤孝（長岡）
具申遣候、能々
粉骨之族可相究
事、専一候也、

（天正九年）九月十六日　信長（黒印）

長岡与一郎（忠興）とのへ

195号文書（信長41）
折紙
三一六×五〇四

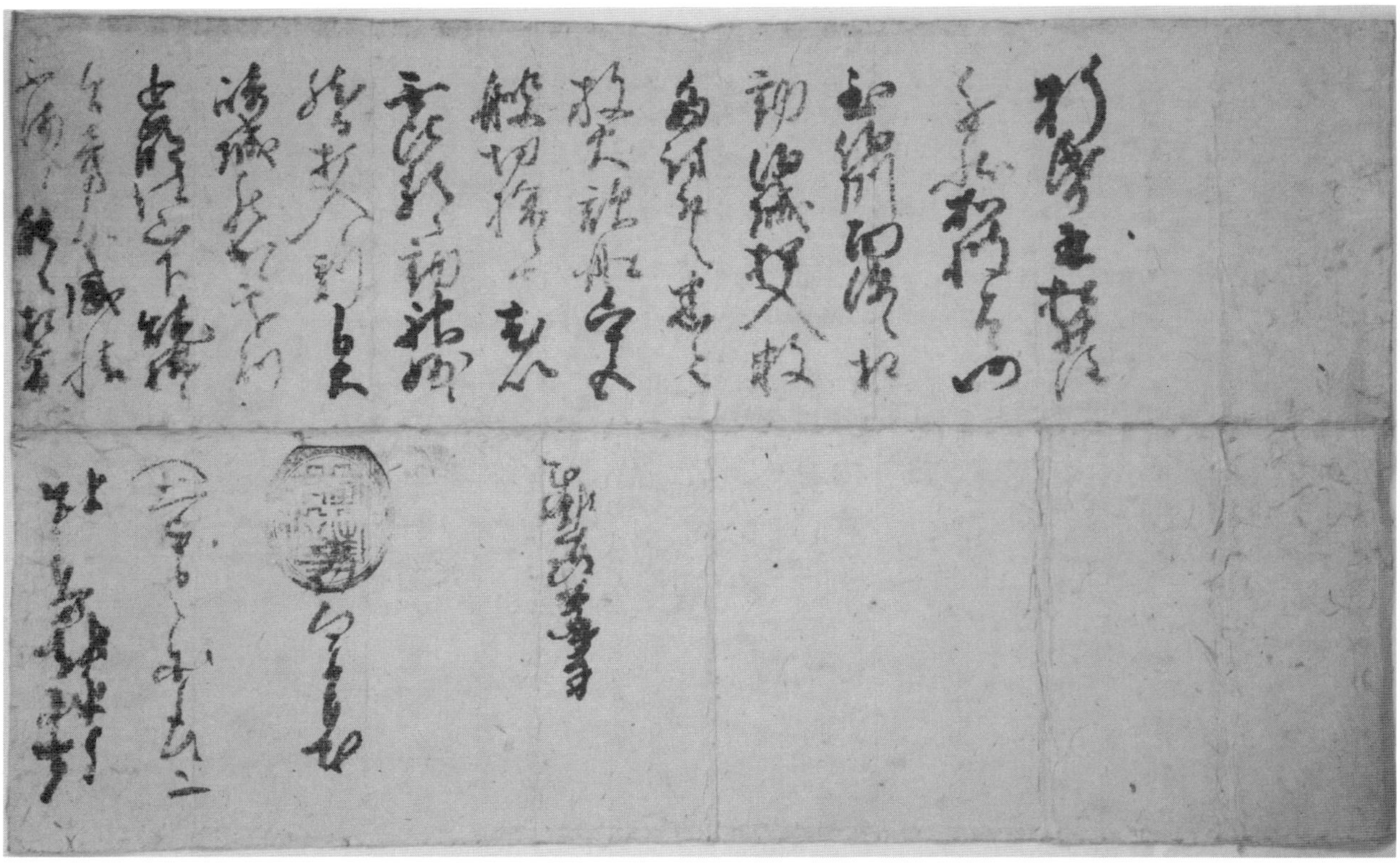

66 織田信長黒印状

折帋并松井(康之)注
進状加披見候、仍
至伯州面深々相
動、泊城押入、数
多討取之悉令
放火、敵船六十五
艘切捨之由、尤以
無比類之動、神妙候、
然而打入候刻、自大
崎城罷出候処則
追崩、彼山下焼払候
旨、旁以感情
不浅候、能々相究
弥抽粉骨之様、
可被申聞事専一也、
(天正九年)九月十六日　信長（黒印）
長岡(藤孝)兵部大輔殿

196号文書(信長45)
折紙
三一四×五〇四

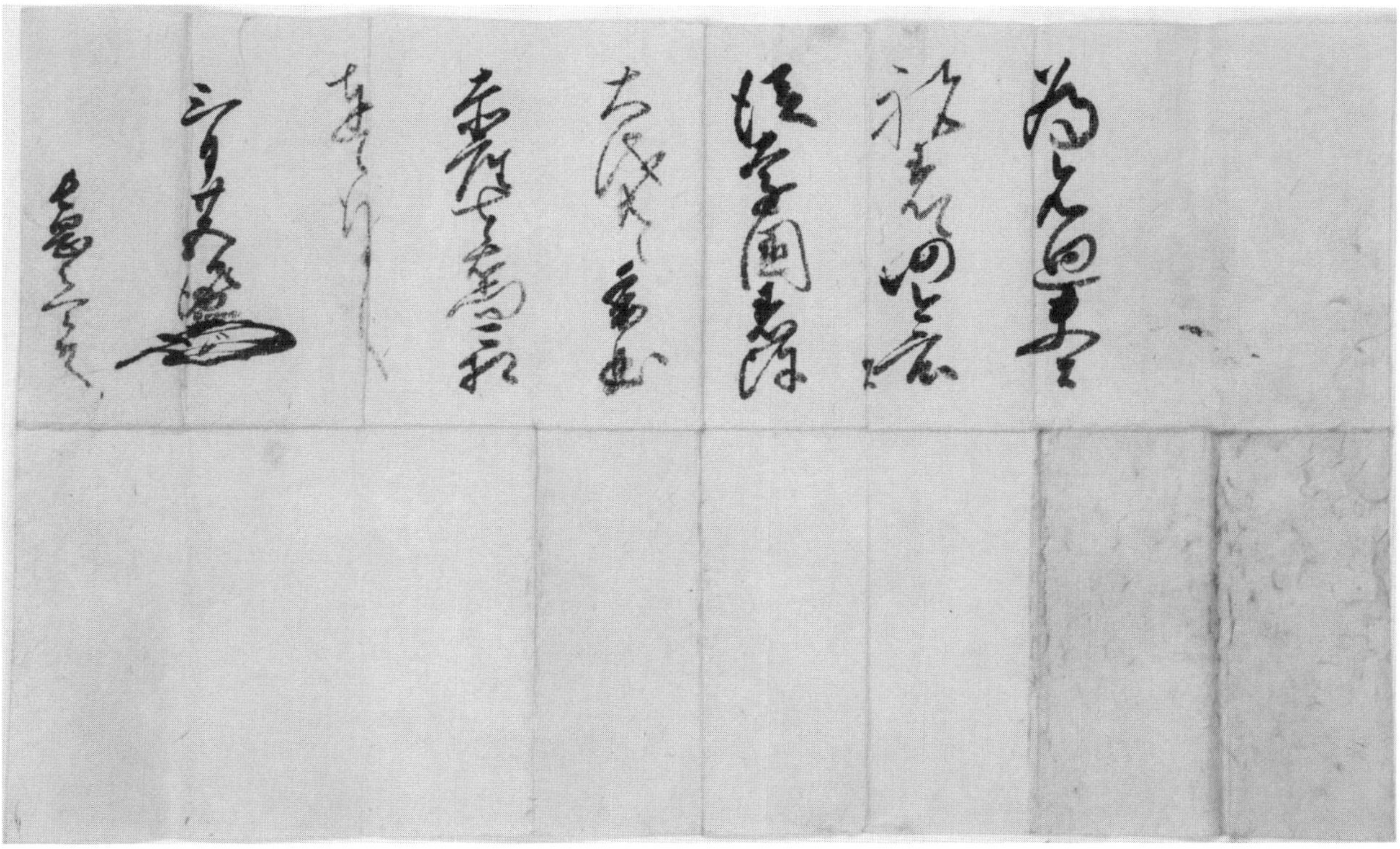

67　織田信忠書状

為見廻使者
祝着候、仍今度者
従遠国着陣
大儀共候、委曲
赤座七郎右衛門尉可相
達候、謹言、

（天正十年）三月廿五日　信忠（花押）

長岡与一郎（忠興）殿

197号文書（信忠1）
折紙
二八五×四六〇

68　織田信長黒印状

去月廿三日書状、
今日十五、至遠州
懸河披見候、仍
東夷追伐事、
如言□早々落
着、乍我驚入
計候、書中
尤候、東国無残所
属抬靡、隙明候間、
早於途中打入候、
近々安土可相着候間、
かた〳〵其刻
可申候、遥々申越候、
悦入候也、

（天正十年）四月十五日　信長（黒印）

長岡兵部大輔殿（藤孝）

198号文書（信長32）
折紙
三一三×五〇二

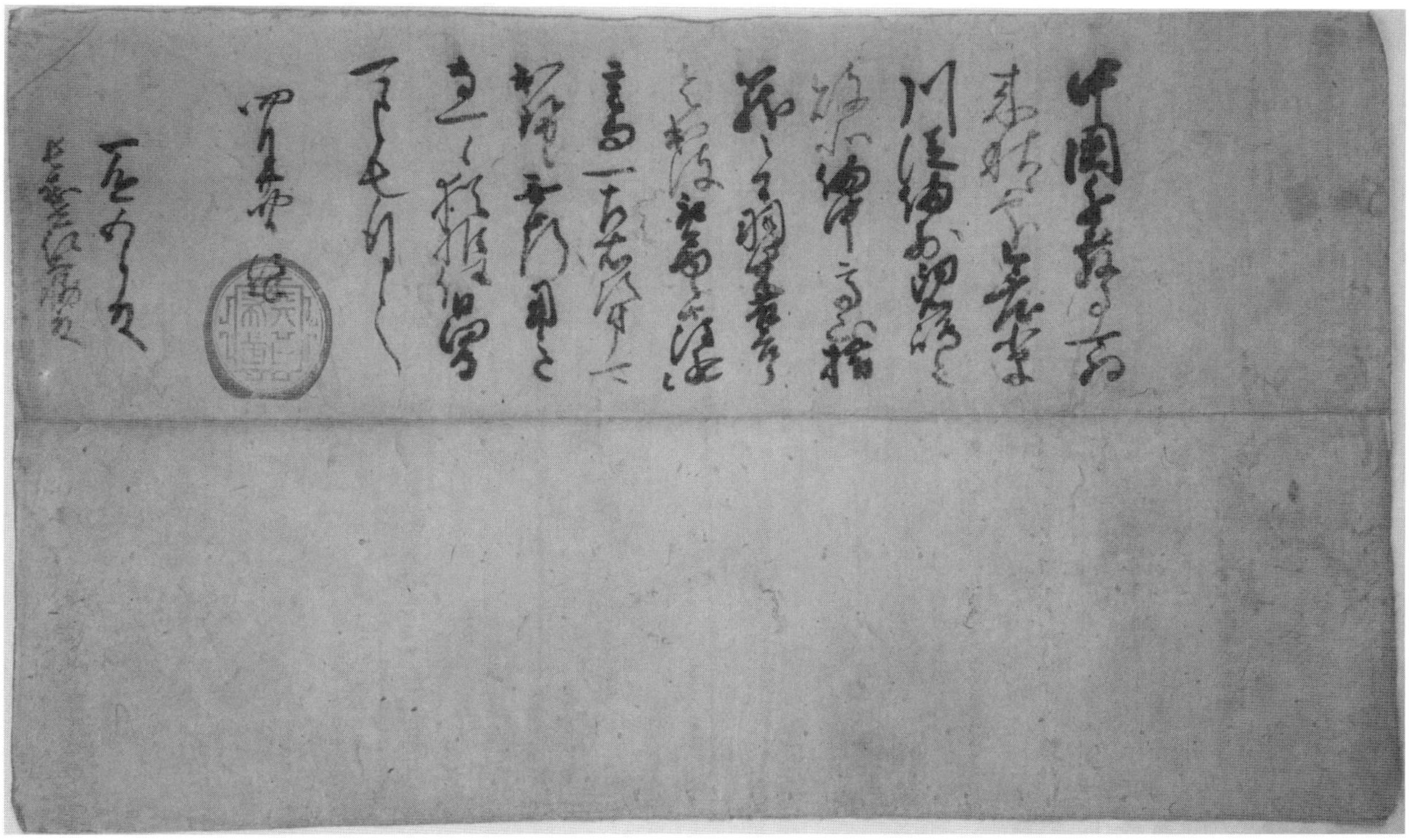

69　織田信長朱印状

中国進発事、可為
来秋之処、今度小早(隆景)
川従備前児嶋令
敗北、備中高山楯
籠之間、羽柴藤吉郎
令出陣取巻之由注進候、
重而一左右次第可
出勢候、無由断用意
専一候、猶惟任日向(光秀)守
可申候也、謹言、

(天正十年)四月廿四日　信長（朱印）

一色五郎(義有)殿
長岡兵部(藤孝)大輔殿

199号文書(信長27)
折紙
三一五×五一二

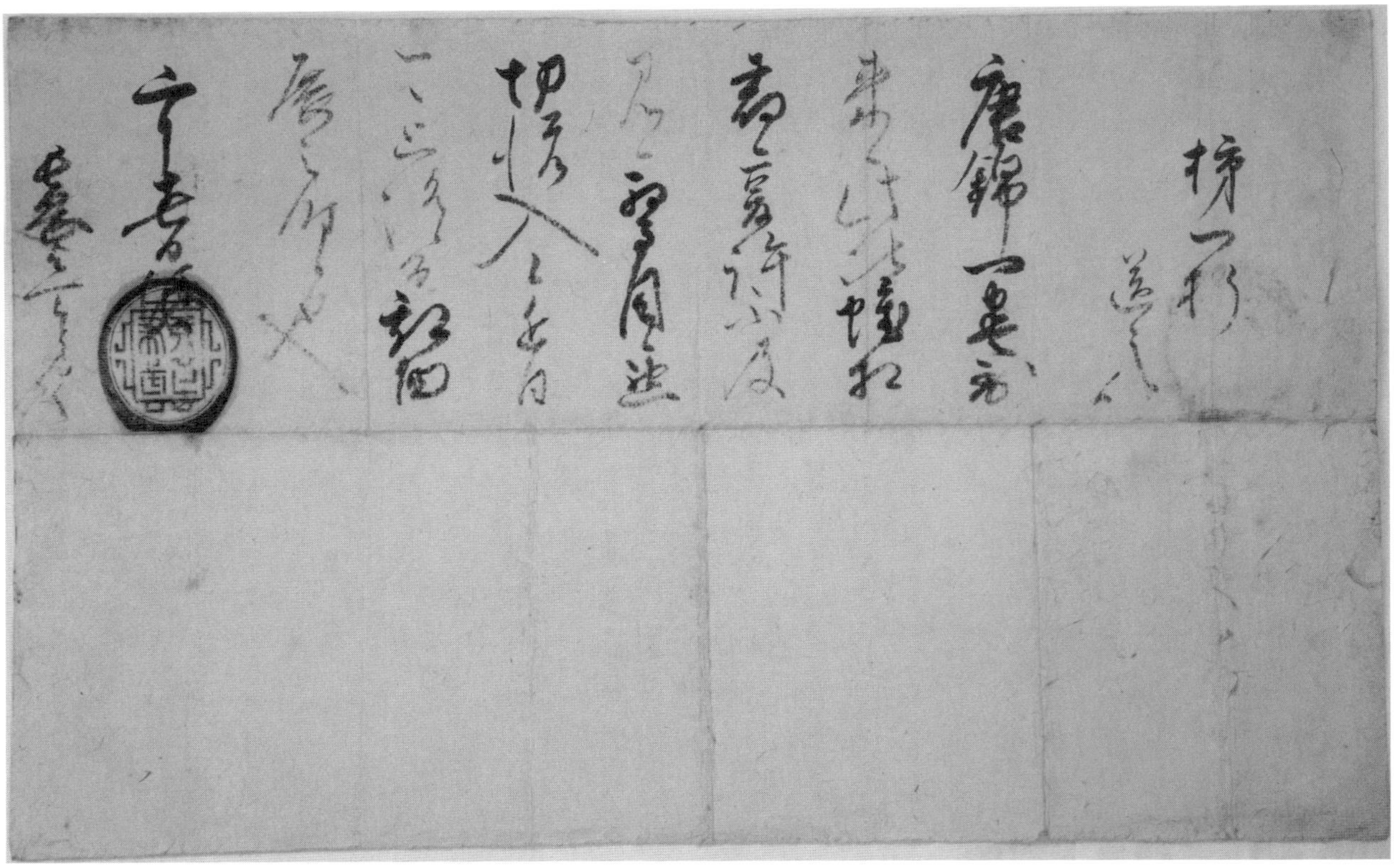

70　織田信長黒印状

柿一折
送之候、
唐錦一巻到
来候、此比雖相
尋候、爰許不及
見候、驚目候、懇
切悦入候、近日
可上洛候間、期面
展之時候也、

（年未詳）二月十七日　信長（黒印）

長岡与一郎（忠興）とのへ

200号文書（信長36）
折紙
三〇〇×四七二

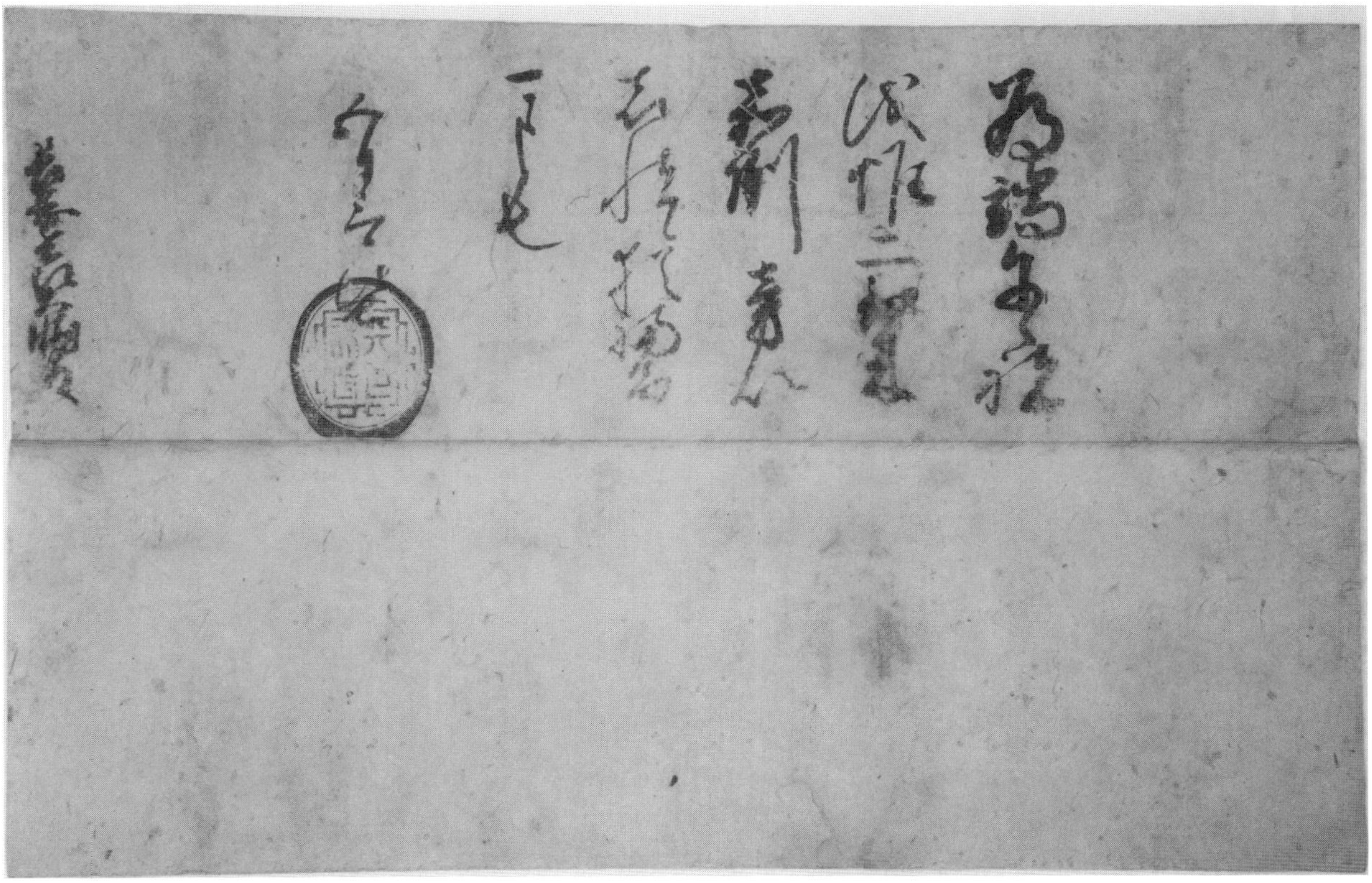

71　織田信長黒印状

為端午之祝
儀、帷二到来、
嘉例旁以
喜悦候、猶福富（秀勝）
可申候也、
（年未詳）五月三日　信長（黒印）
長岡（藤孝）兵部大輔殿

201号文書（信長51）
折紙
二九五×四五五

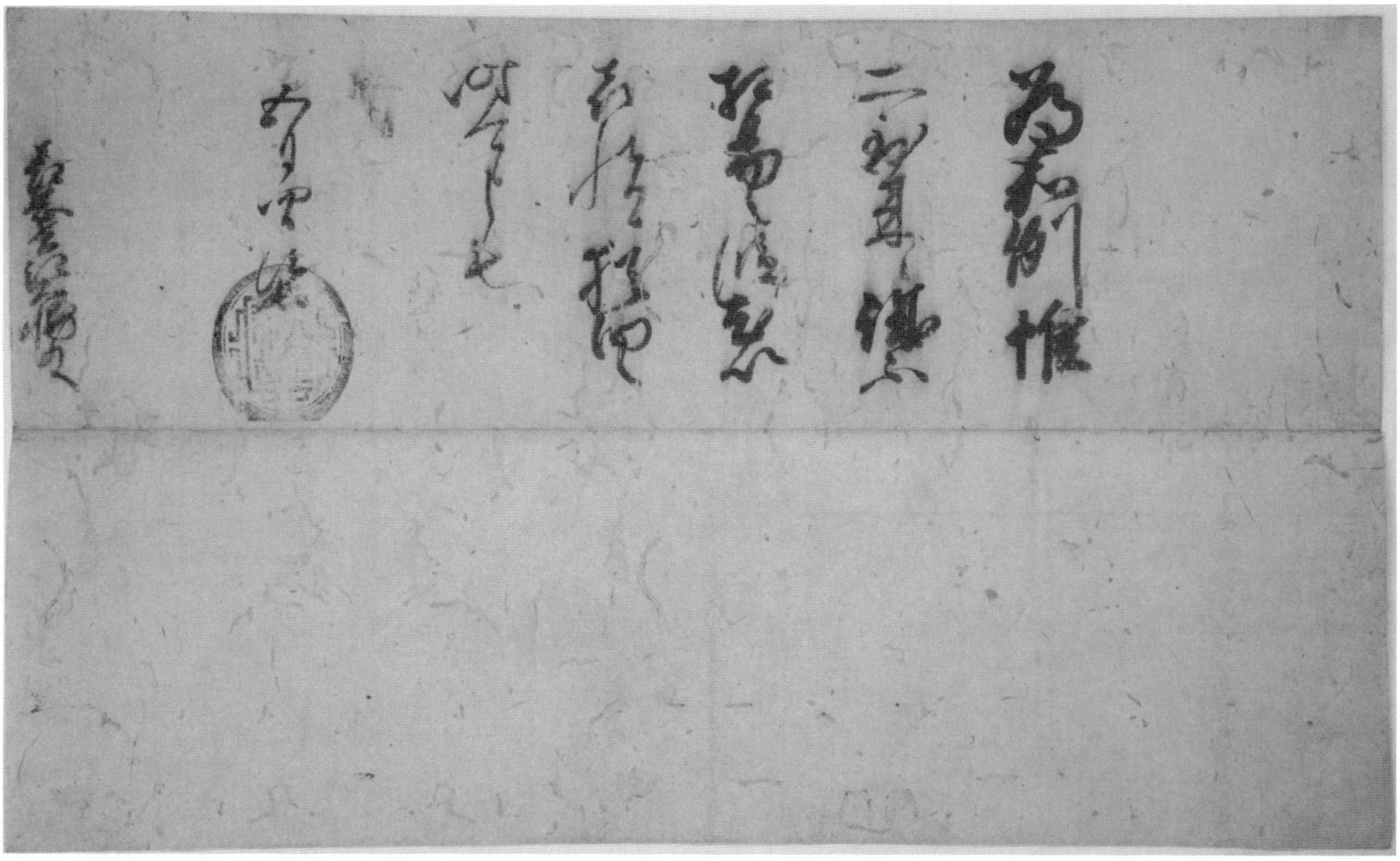

72　織田信長黒印状

為嘉例帷
二到来候、誠不
相易之段、尤以
喜悦候、猶面之
時可申候也、
（年未詳）五月四日　信長（黒印）
長岡（藤孝）兵部大輔殿

202号文書（信長49）
折紙
二九四×四六五

73　織田信長黒印状

端午之帷二
到来候、嘉例
旁以悦入候、
猶福富（秀勝）・大津（長昌）
可申候也、

（年未詳）五月四日　（信長）（黒印）

長岡（藤孝）兵部大輔とのへ

203号文書（信長53）
折紙
二八七×四五八

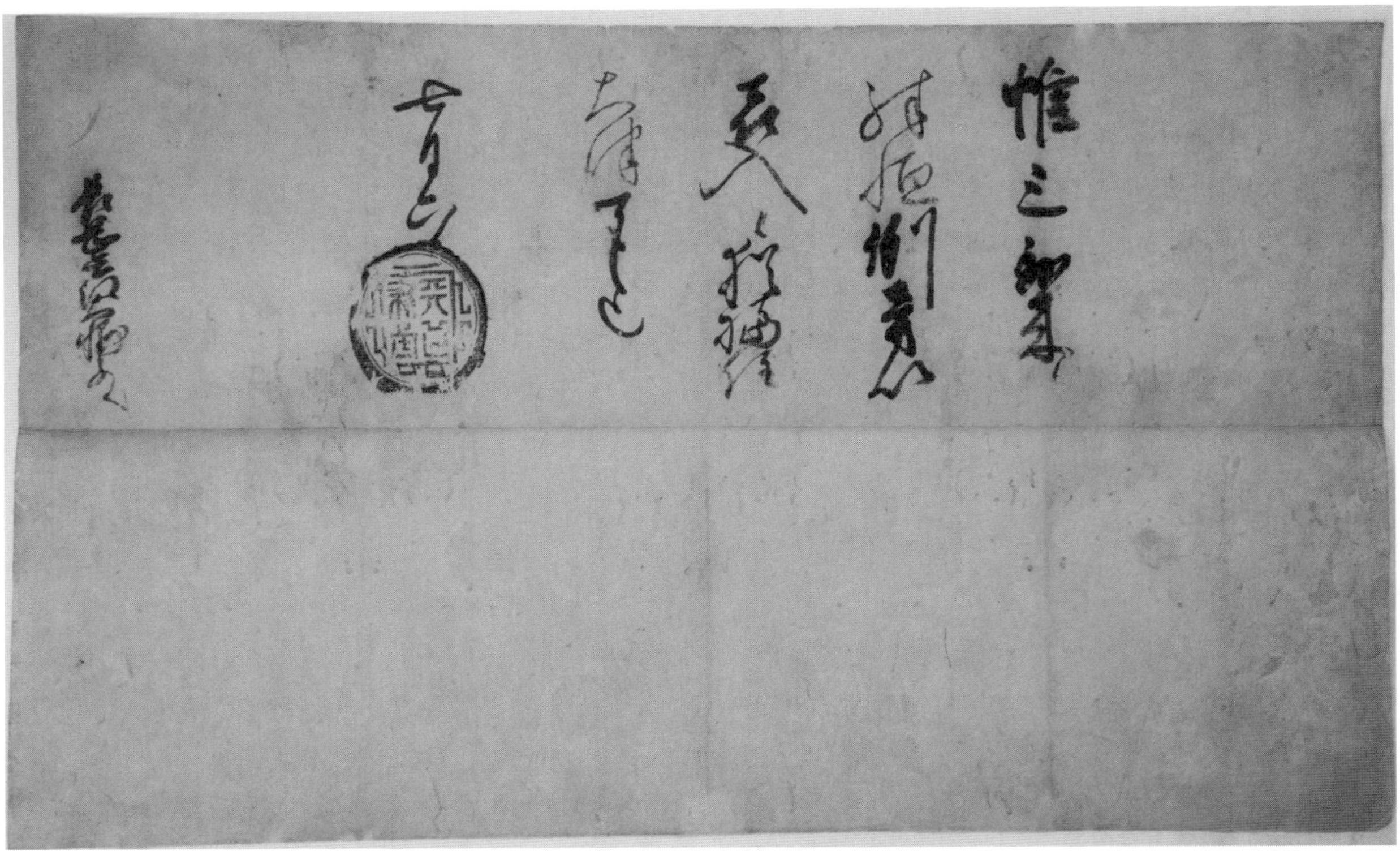

74 織田信長黒印状

帷三到来候、
殊恒例旁以
喜入候、猶福住（富）・
大津可申候也、
（年未詳）七月六日 （黒印）（信長）
長岡兵部大輔（藤孝）とのへ

204号文書（信長47）
折紙
二九二×四七〇

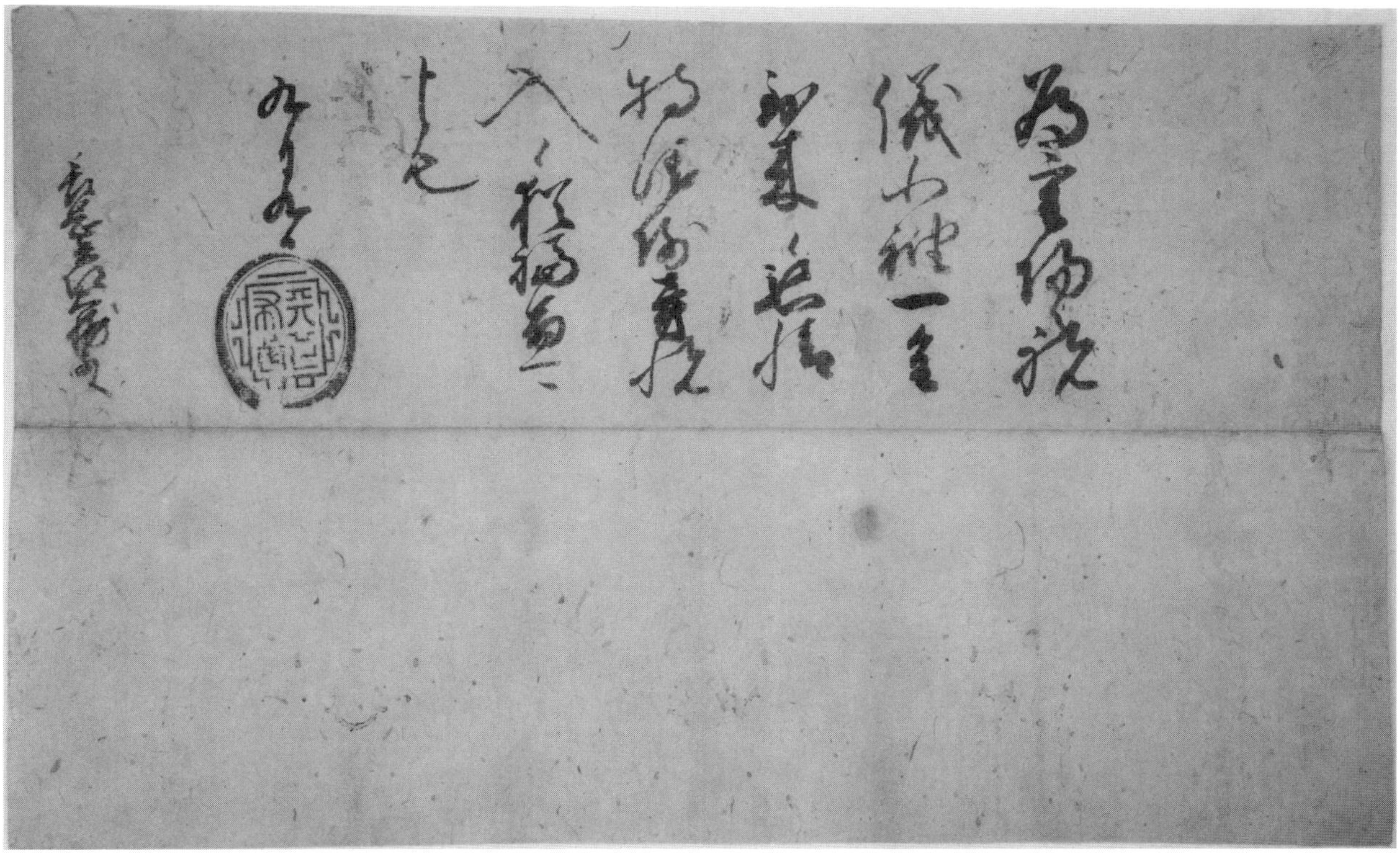

75　織田信長黒印状

為重陽之祝
儀、小袖一重
到来候、懇情
特佳例旁悦
入候、猶福富(秀勝)可
申候也、
九月九日(年未詳)　（黒印）(信長)
長岡(藤孝)兵部大輔殿

205号文書（信長48）
折紙
二九〇×四五五

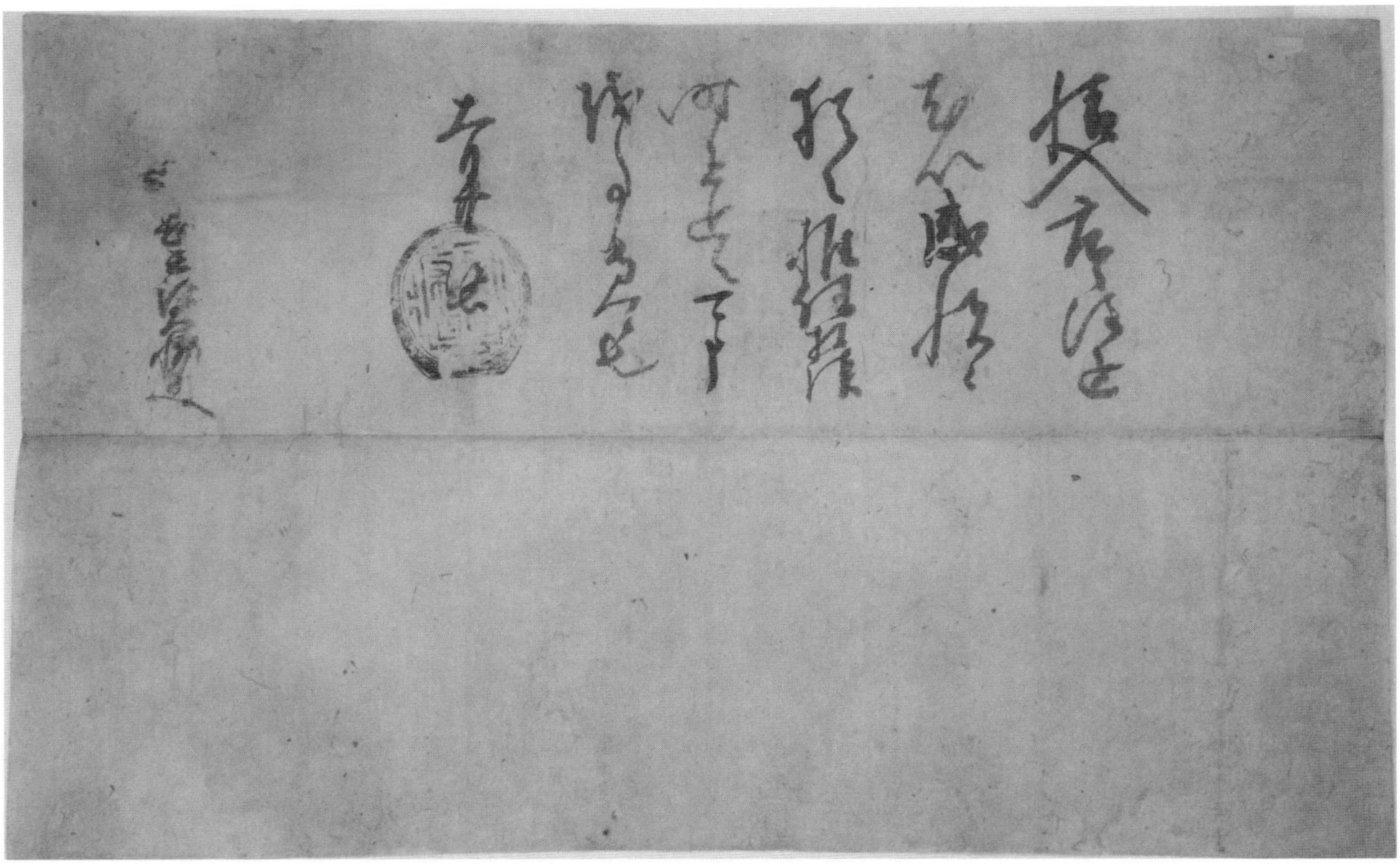

76 織田信長黒印状

精入度々注進、
尤以感悦候、
猶々惟任（光秀）相談
時者、追々可申
越事専一候也、

（年未詳）十一月廿日　信長（黒印）

長岡兵部大輔（藤孝）殿

206号文書（信長3）
折紙
二九一×四五八

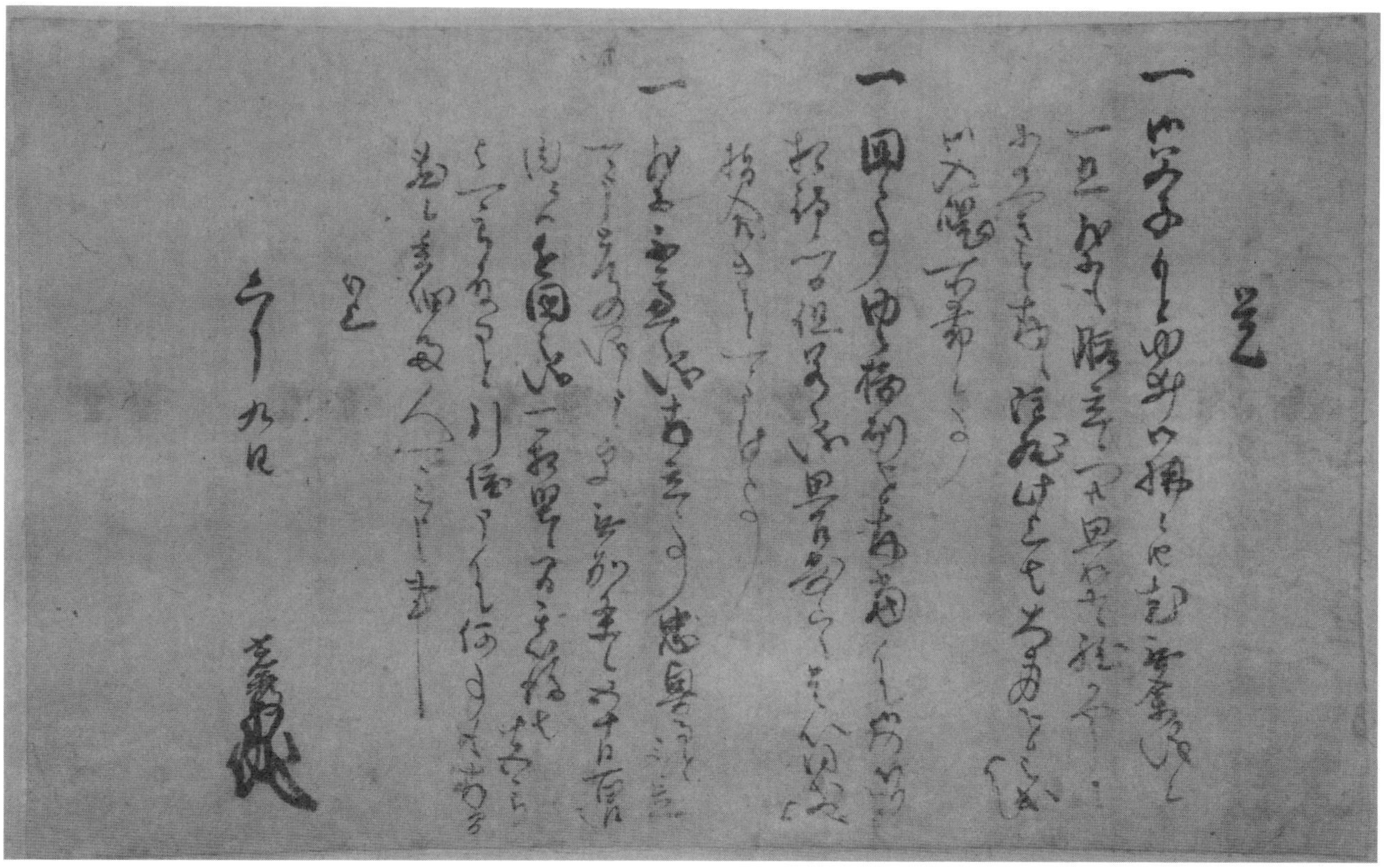

77　明智光秀覚条々

覚

一、御父子《長岡藤孝・忠興》もとゆい御払候由、尤無余儀候、一旦我等も腹立候へ共、思案候程かやうにあるへきと存候、雖然此上者、大身を被出候て御入魂所希候事、

一、国之事、内々摂州を存当候て、御のほりを相待候つる、但若之儀思召寄候ハヽ、是以同前ニ候、指合きと可申付之事、

一、我等不慮之儀存立候事、忠興なと取立可申とての儀ニ候、更無別条候、五十日百日之内ニハ近国之儀可相堅候間、其以後者十五郎《明智光慶》・与一郎《忠興》殿なと引渡申候て、何事も存間敷候、委細両人可被申候事、

以上、

六月九日《天正十年》　光秀（花押）

207号文書（光秀3）
竪紙
三一五×四八五

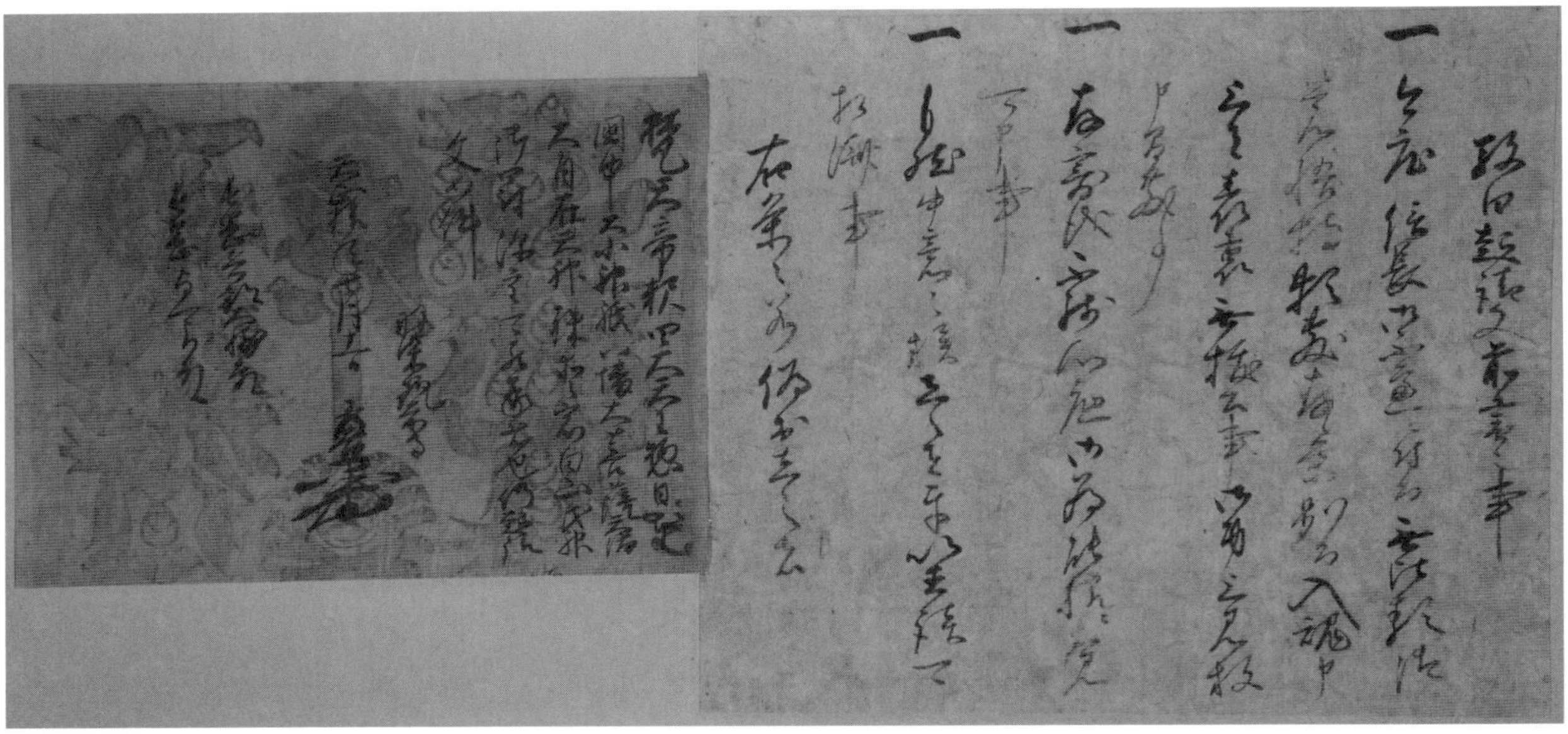

78　羽柴秀吉血判起請文

敬白起請文前書之事

一、今度信長御不慮ニ付而、無比類御覚悟持頼敷存候条、別而入魂申上者、表裏無抜公事御身上見放申間敷事、

一、存寄儀、不残心底、御為能様ニ覚可申事、

一、自然中意之族在之者、互以直談可相済事、

右条々若偽於在之者、

梵天帝釈四大天王惣日本国中大小神祇八幡大菩薩天満大自在天神殊愛宕白山氏神御罰、弥重可罷蒙者也、仍起請文如件、

羽柴筑前守

天正拾年七月十一日　秀吉（花押・血判）

長岡（藤孝）兵部大輔殿

長岡（忠興）与一郎殿

208号文書（秀吉18）

継紙

三一三×三六六（前書）

二二七×二九〇（起請文）

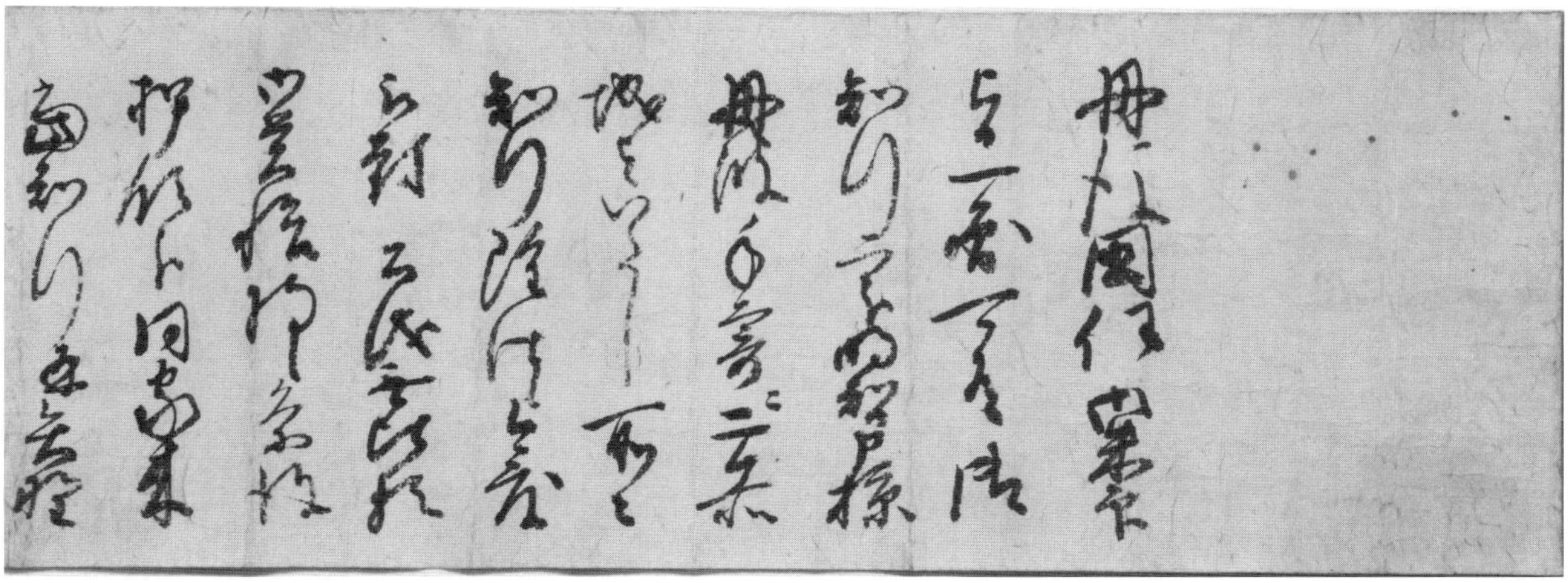

79 羽柴秀吉書状

丹後国任御朱印
旨、一円可有御
知行処、明智申掠、
丹波手寄ニ二ヶ所
城をいたし、所々
知行雖仕候、今度
被対 公儀無比類
御覚悟持候条、彼
押領分、同家来
当知行并矢野

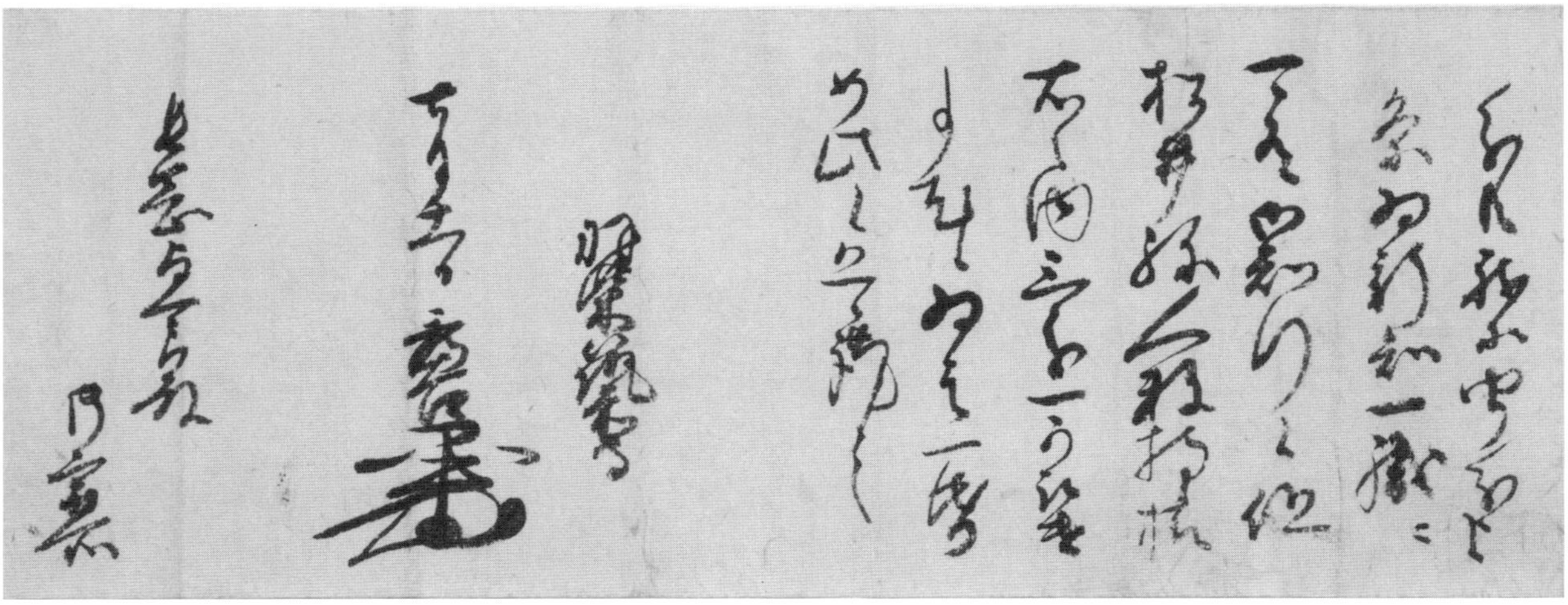

分共、我等聞分申候
条、為新知、一職ニ
可有御知行候、但
松井(康之)弥人数持候様、
右之内三分一可被遣
事尤候、為其一帋
如此候、恐々謹言、

羽柴筑前守
(天正十年)七月十一日　秀吉(花押)

長岡与一郎(忠興)殿
御宿所

209号文書(秀吉5)
もと折紙　巻子装
一五三×九四〇

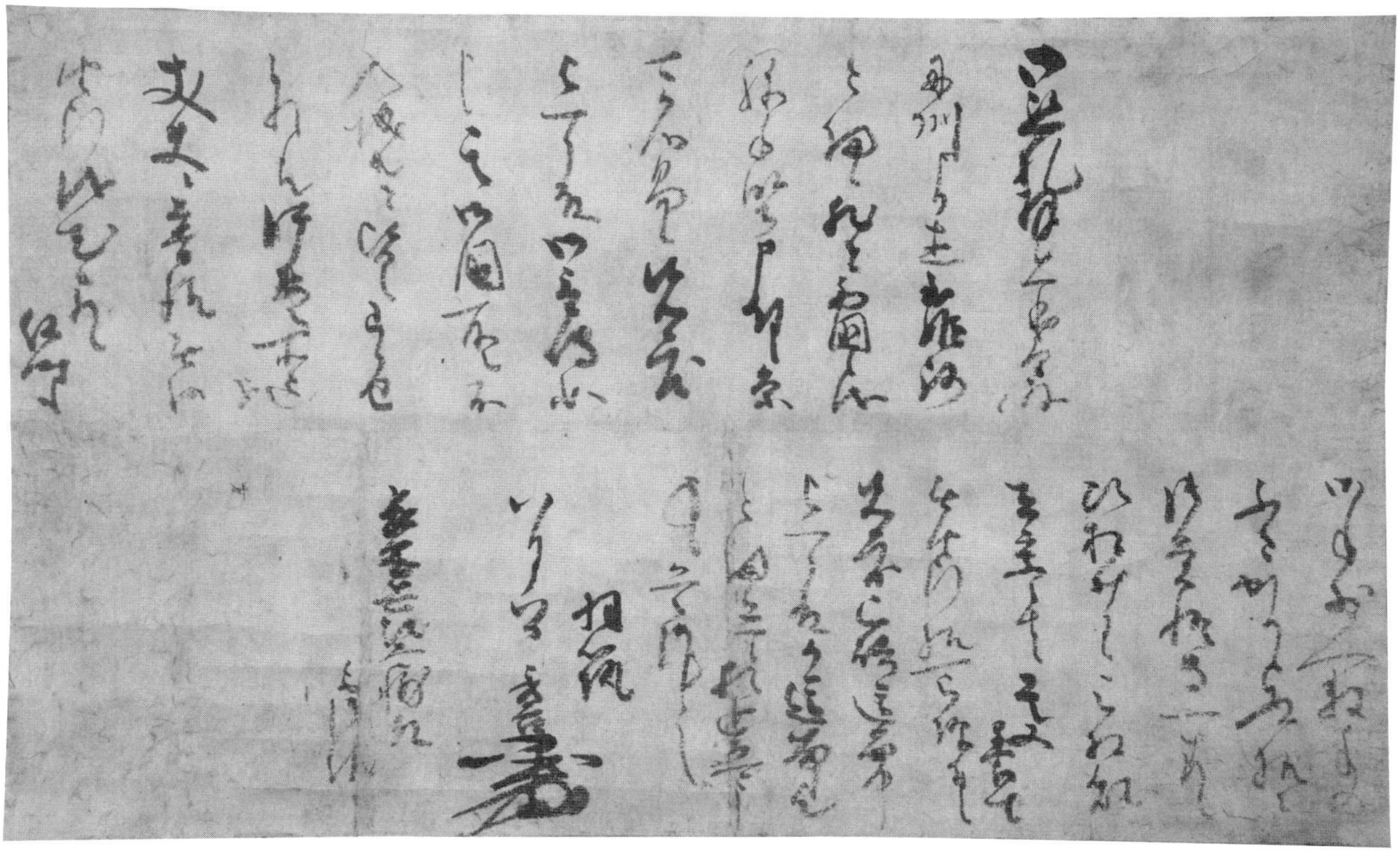

80 羽柴秀吉書状

御懇札拝見本望存候、丹州より直至姫路令帰候、然者西国之儀、弥手堅申付候条、可御心易候、先度与一郎(忠興)殿御言伝如申候、其御国(丹後)所々不入城共を皆々わらせられ候て、肝要之所迄を丈夫ニ普請無御由断儀尤にて候、何時も御手前人数手のふさかり候ぬ様に御覚悟専一存候、次松井(康之)かた被相煩在京之由候、是又養生無由断様可被仰付候、先度三嶋(摂津)逗留中与一郎殿御逗留候て、令満足候、猶追而可申承候、恐々謹言、

羽筑

(天正十年)八月八日　秀吉（花押）

長岡兵部大輔(藤孝)殿

参御報

210号文書（秀吉9）
もと折紙　掛幅装
三〇〇×四八三

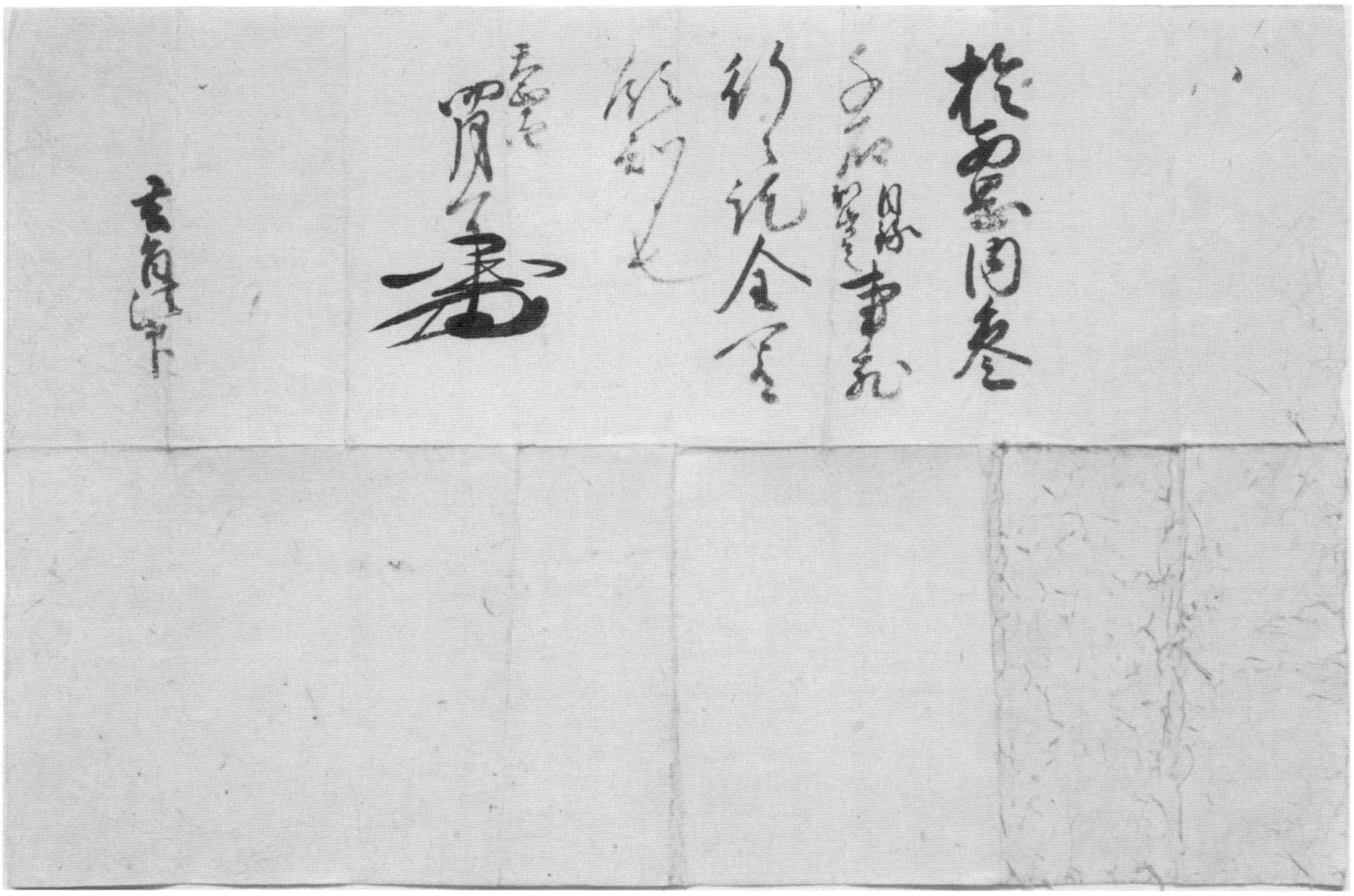

81　羽柴秀吉知行宛行状

於西岡（山城）内参
千石目録別紙有之事、宛
行之訖、全可有
領知候也、
天正十四
四月一日（花押）（秀吉）
玄旨法印（細川幽斎）

211号文書（秀吉6）
折紙
三〇二×四四五

82　羽柴秀吉知行目録

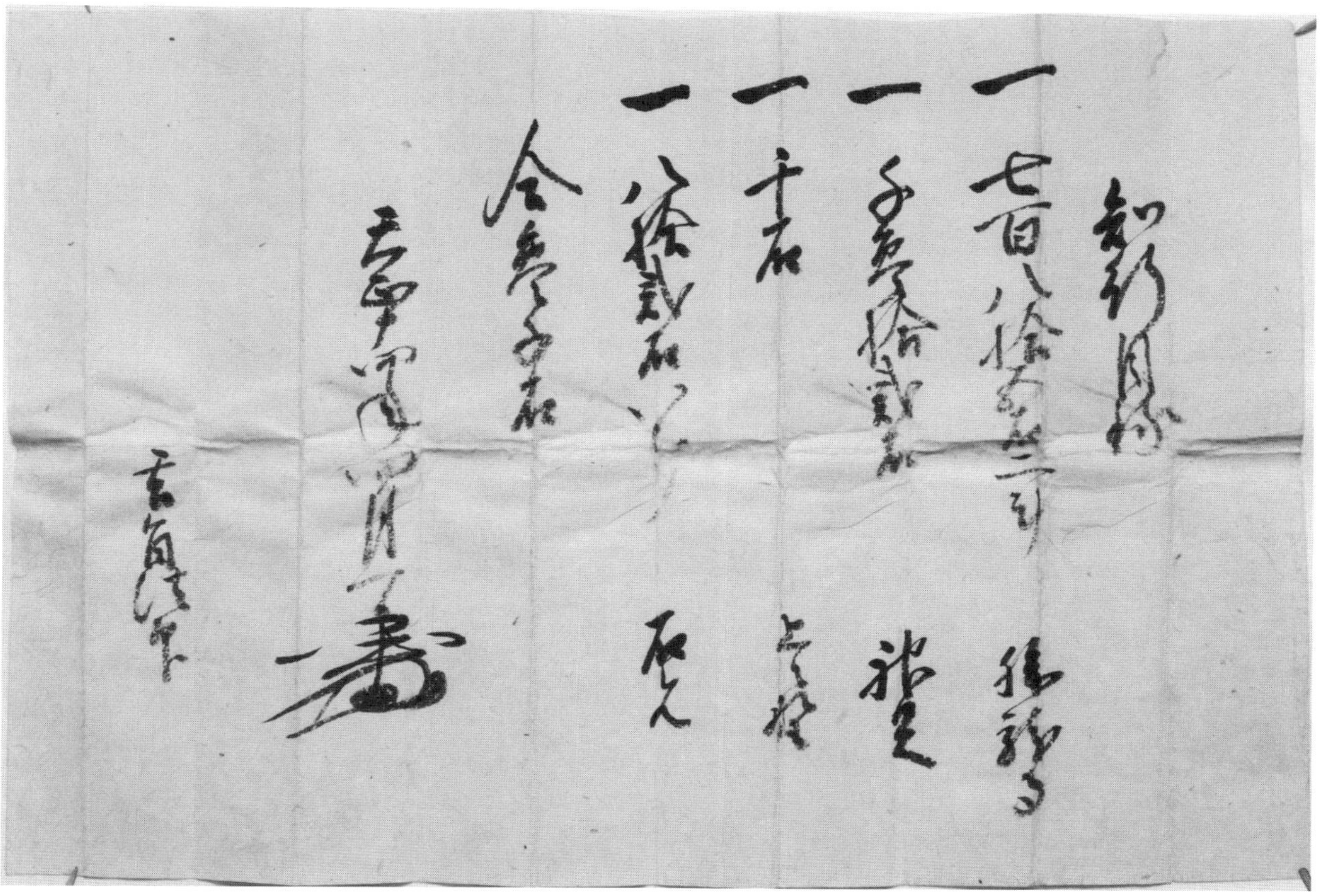

知行目録

一、七百八拾五石二斗　　勝龍寺

一、千参拾弐石　　神足

一、千石　　上之野

一、八拾弐石八斗　　石見

合参千石

天正十四年四月一日（花押《（秀吉）》）

玄旨法印《（細川幽斎）》

212号文書（秀吉6の付）

竪紙

三〇五×四五五

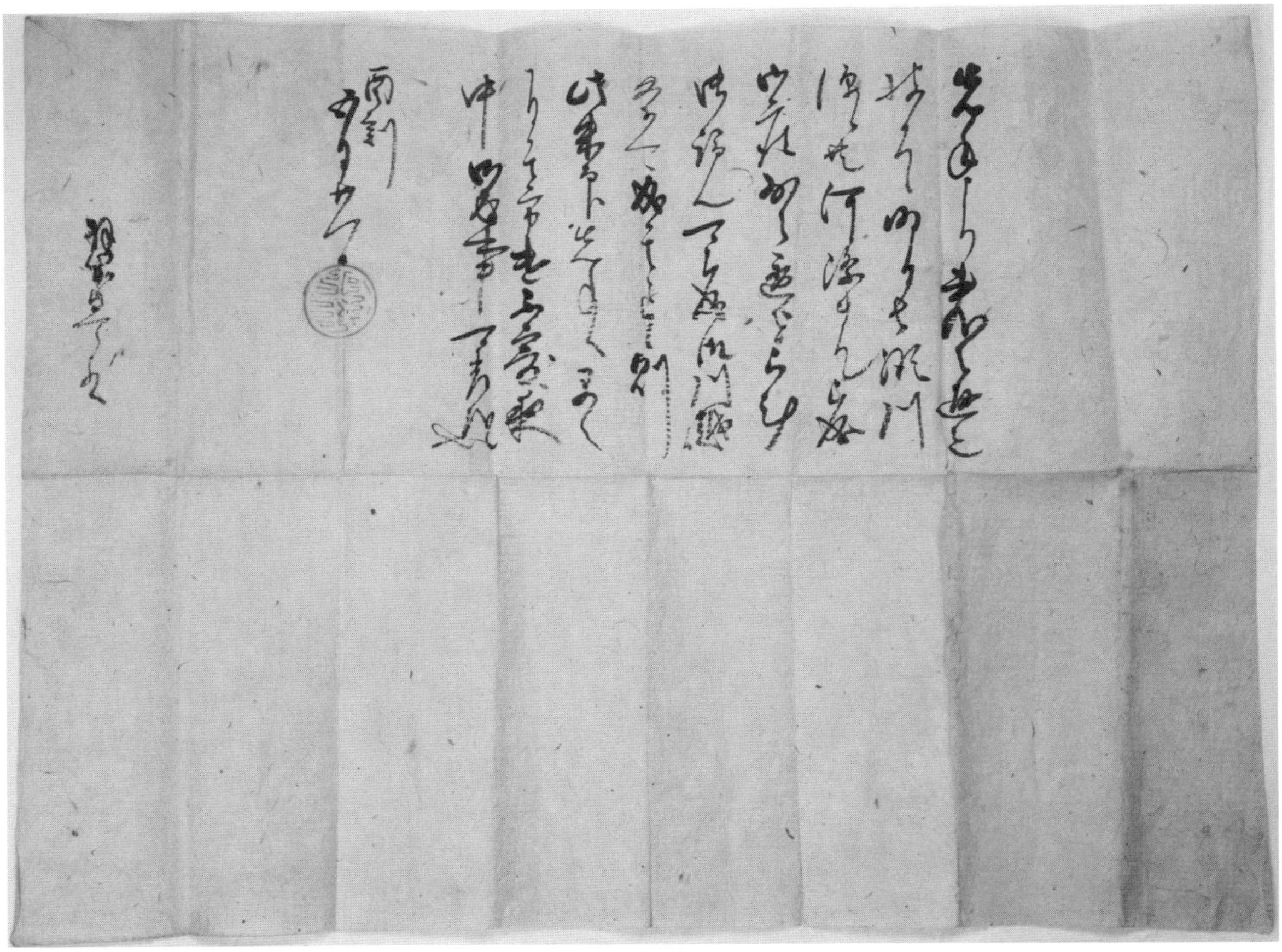

83　豊臣秀吉朱印状

先手より書状之通令
披見候、明日者縦川
深候共、河際まて被成
御座、少之透を被計
御覧可被成、御川越候
条、可成其意候、則
此朱印先手へ早々
自其方遣、不寄夜
中御返事可差越候也、

酉ノ刻
（天正十五年）五月廿一日（秀吉）（朱印）

羽柴与一郎（忠興）とのへ

213号文書（秀吉4）
折紙　檀紙
四六〇×六一〇

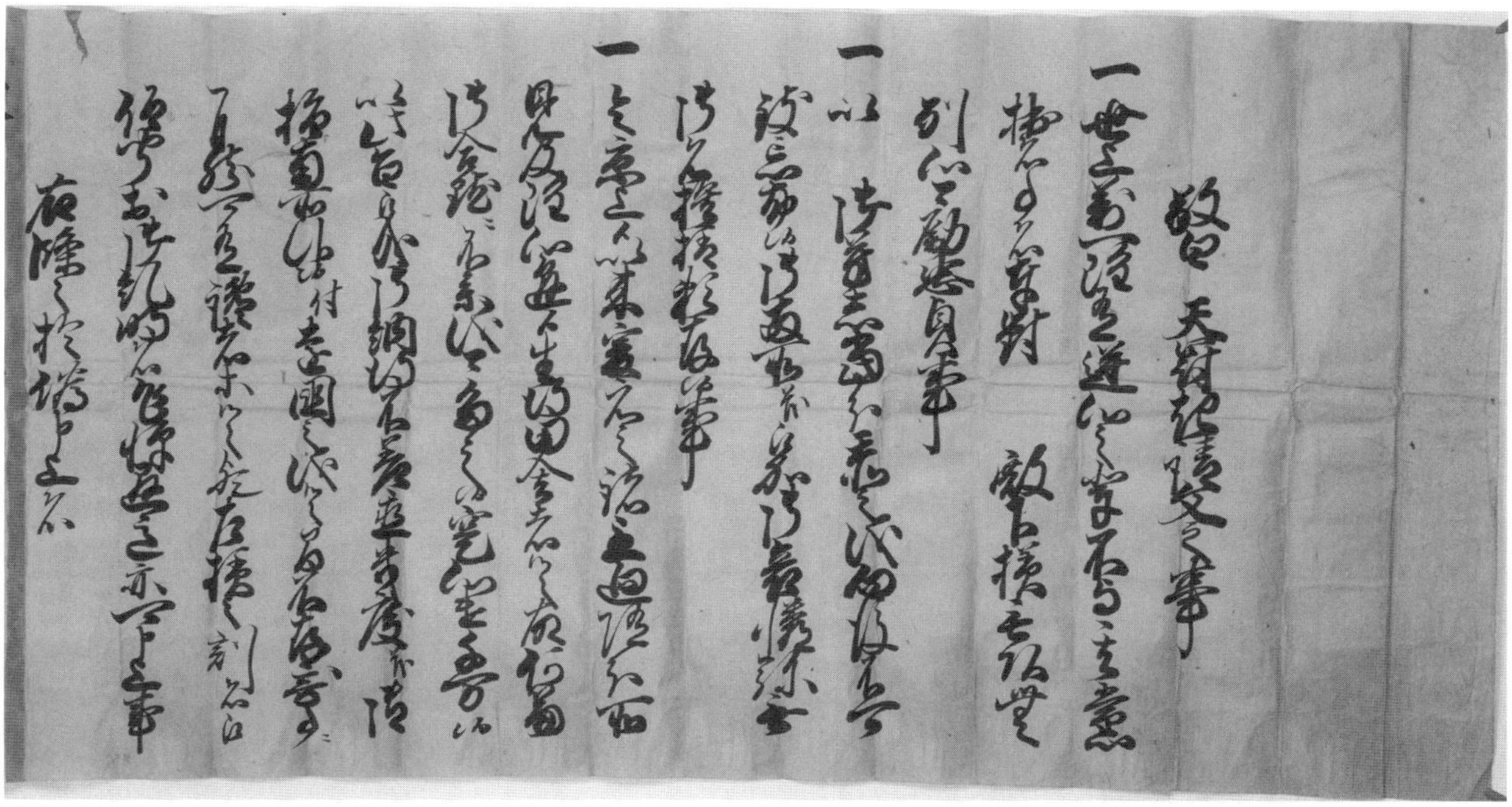

84　島津龍伯血判起請文

敬白　天罰起請文之事

一、世上万一雖有逆心之輩、不与其党、
拙者事者奉対　殿下様毛頭無
別心、可励忠貞事、

一、以　御芳志当分忝之儀向後不可
致忘却候、御両所茂被加御哀憐、弥無
御見捨様頼存候事、

一、令京上候以来、爰元之諸立廻随分所
見及、雖心懸候、生得田舎者候之故、何篇
御合点ニ不参儀可多之候、寔心遣千万候、
以此旨被成御納得、不差置幾度茂御
指南所仰候付、遠国之儀候之間、不存寄事ニ
自然可有讒者等候之歟、左様之刻者被
仰聞、於御糺明者、乍憚愚意亦可申上事、

右条々於偽申上者

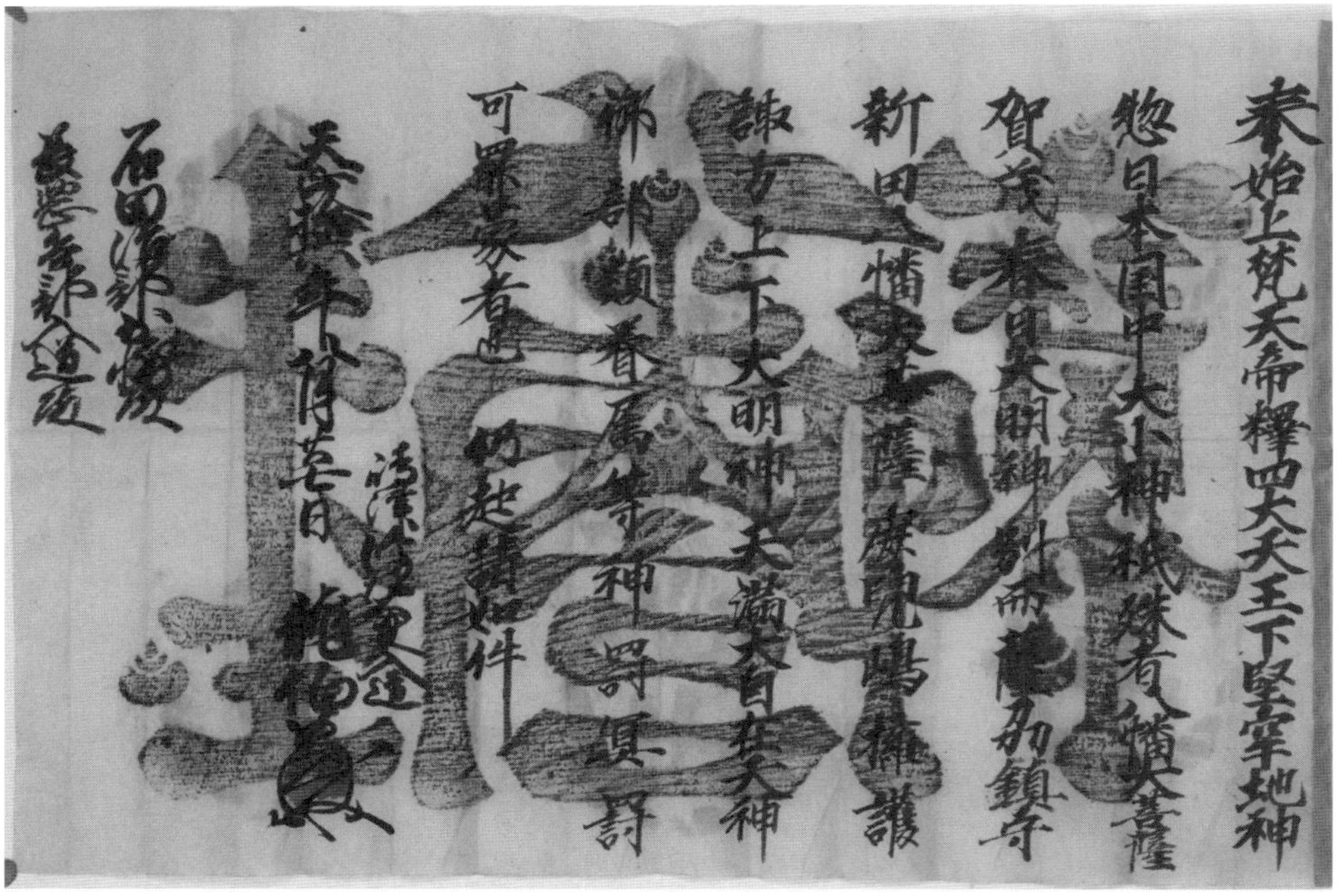

奉始上梵天帝釈四大天王下堅牢地神
惣日本国中大小神祇、殊者八幡大菩薩
賀茂春日大明神、別而薩州鎮守
新田八幡大菩薩鹿児島擁護
諏方上下大明神天満大自在天神
御部類眷属等神罰冥罰
可罷蒙者也、仍起請如件、

島津修理大夫入道

天正拾六年八月廿七日　龍伯（花押・血判）

石田(三成)治部少輔殿
長岡(幽斎)兵部入道殿

214号文書（義久1）
継紙　前書は斐紙
二七〇×九〇〇

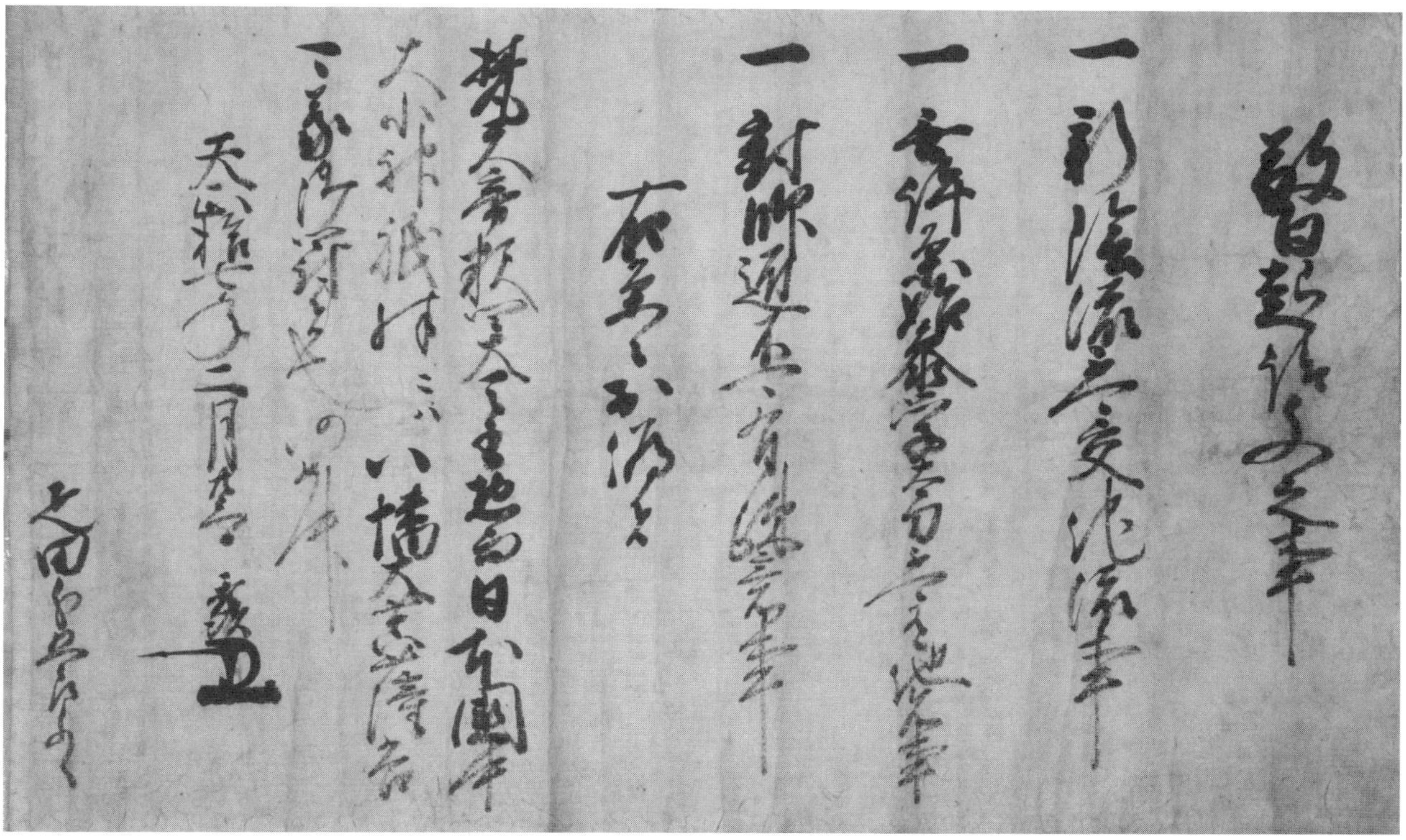

85　豊臣秀次血判起請文

敬白起請文之事

一、新陰流不可交他流事、

一、無許条始参学太刀不可有他見事、

一、対師道不可有疎意事、

右条々於偽者、

梵天帝釈四大天王惣而日本国中

大小神祇、殊ニハ八幡大菩薩各

可蒙御罰者也、仍如件、

天正拾七年二月廿三日　秀次（花押・血判）

疋田分五郎とのへ

215号文書（秀次1）

竪紙　巻子装

三一〇×五〇〇

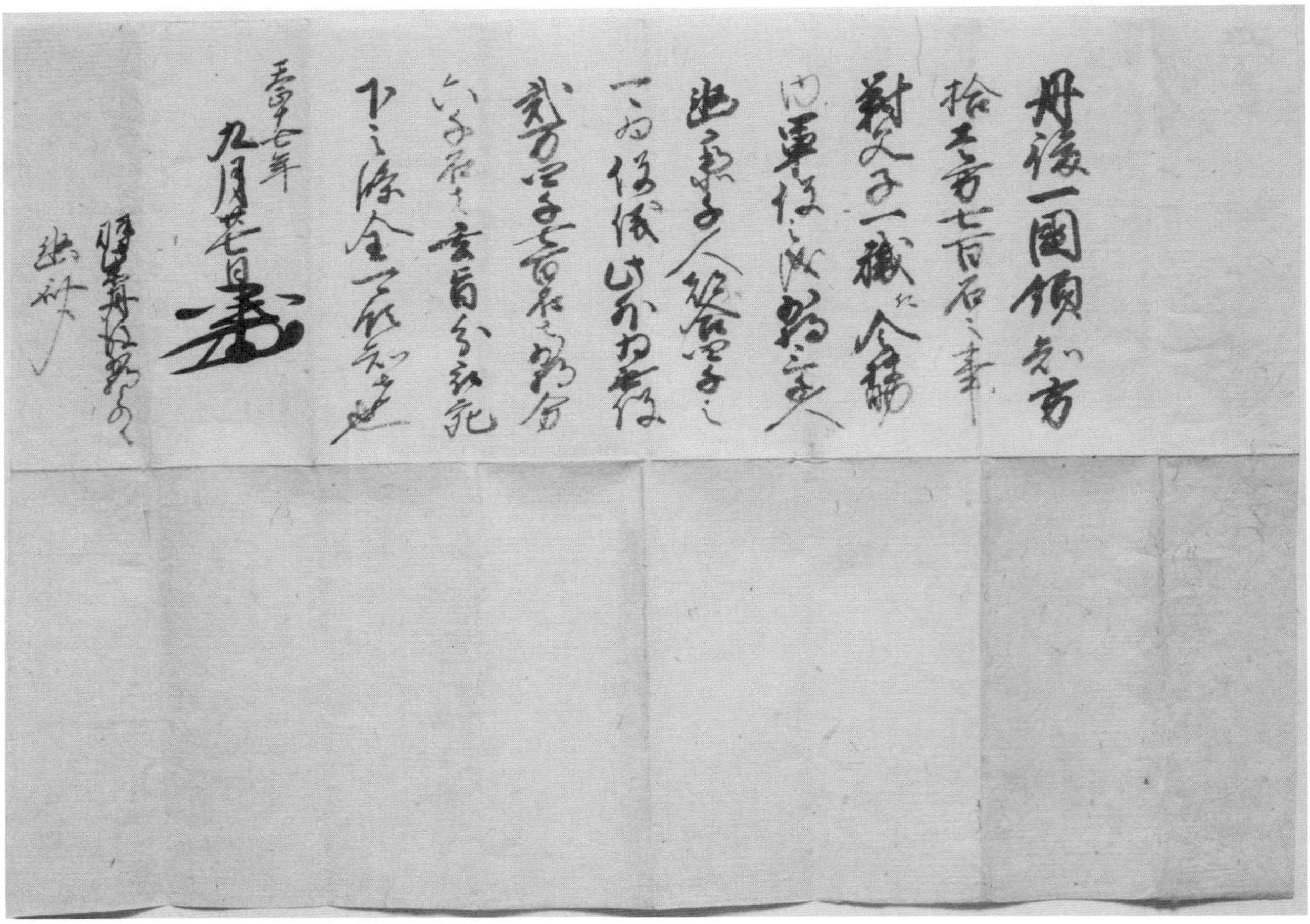

86　豊臣秀吉知行宛行状

丹後一国領知方
拾壱万七百石之事、
対父子一職ニ令扶助、
内軍役之儀、少将(忠興)三千人
幽斎千人都合四千之
可為役儀、此外為無役、
弐万四千七百石者少将分、
六千石者玄旨分、被宛
下之条、全可領知者也、

天正十七年
九月廿七日（花押(秀吉)）
羽柴(忠興)丹後少将とのへ
幽斎

216号文書（秀吉7）
折紙
四六〇×六五五

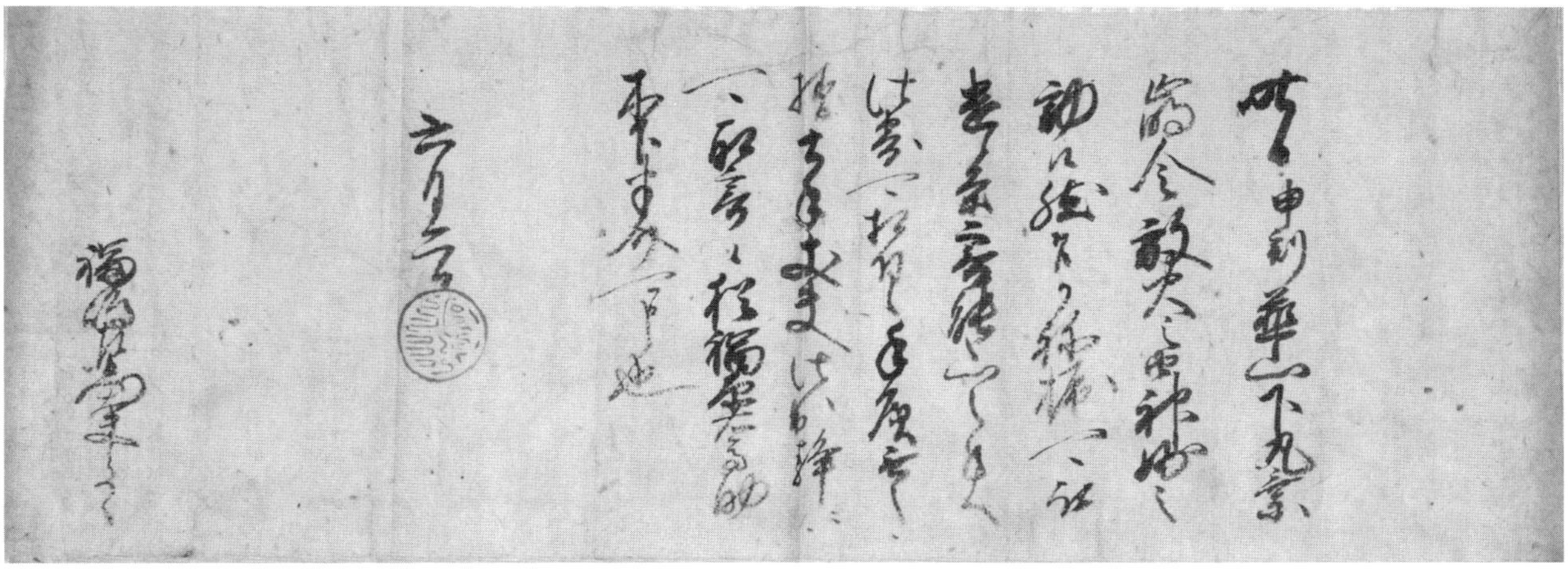

87　豊臣秀吉朱印状

昨日申刻韮山下丸乗
崩、令放火之由神妙之
動候、然者かね掘可被
遣候条、寄能山之方へ
仕寄可相付候、手負無之
様、土手丈夫仕出静ニ
可取寄候、猶福原右馬助（長堯）・
木下半介（吉隆）可申候也、

（天正十八年）六月二日　（朱印）（秀吉）

福嶋左衛門大夫（正則）とのへ

217号文書（秀吉15）
もと折紙　巻子装
二二八×六四〇

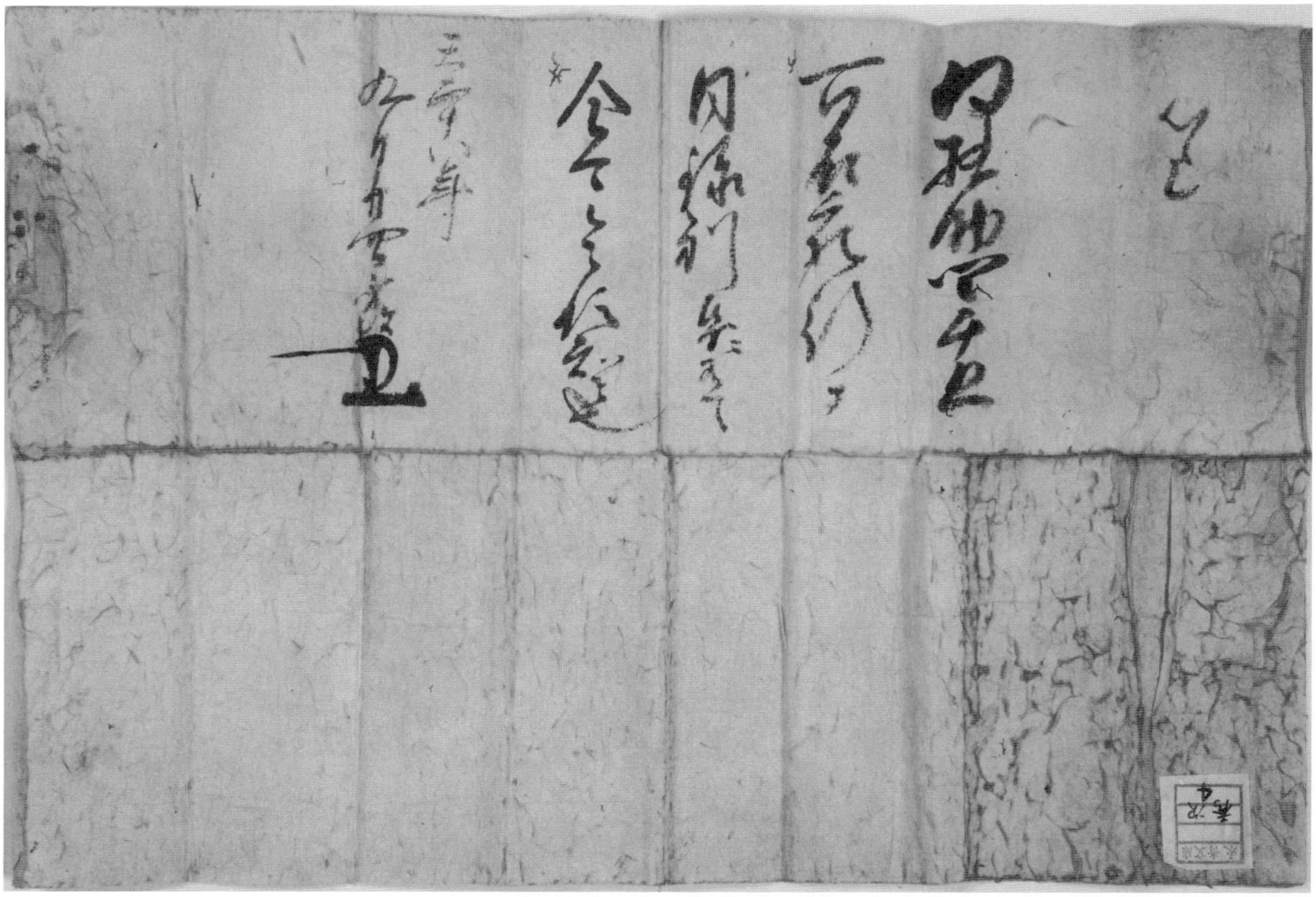

88 豊臣秀次宛行状

以上

為扶助四千五
百石宛行了、
目録別帋ニ有之、
全可令領知者也、

天正十八年
九月廿四日　秀次（花押）

（宛名擦消不明）

218号文書（秀次4）
折紙
三三〇×四九八

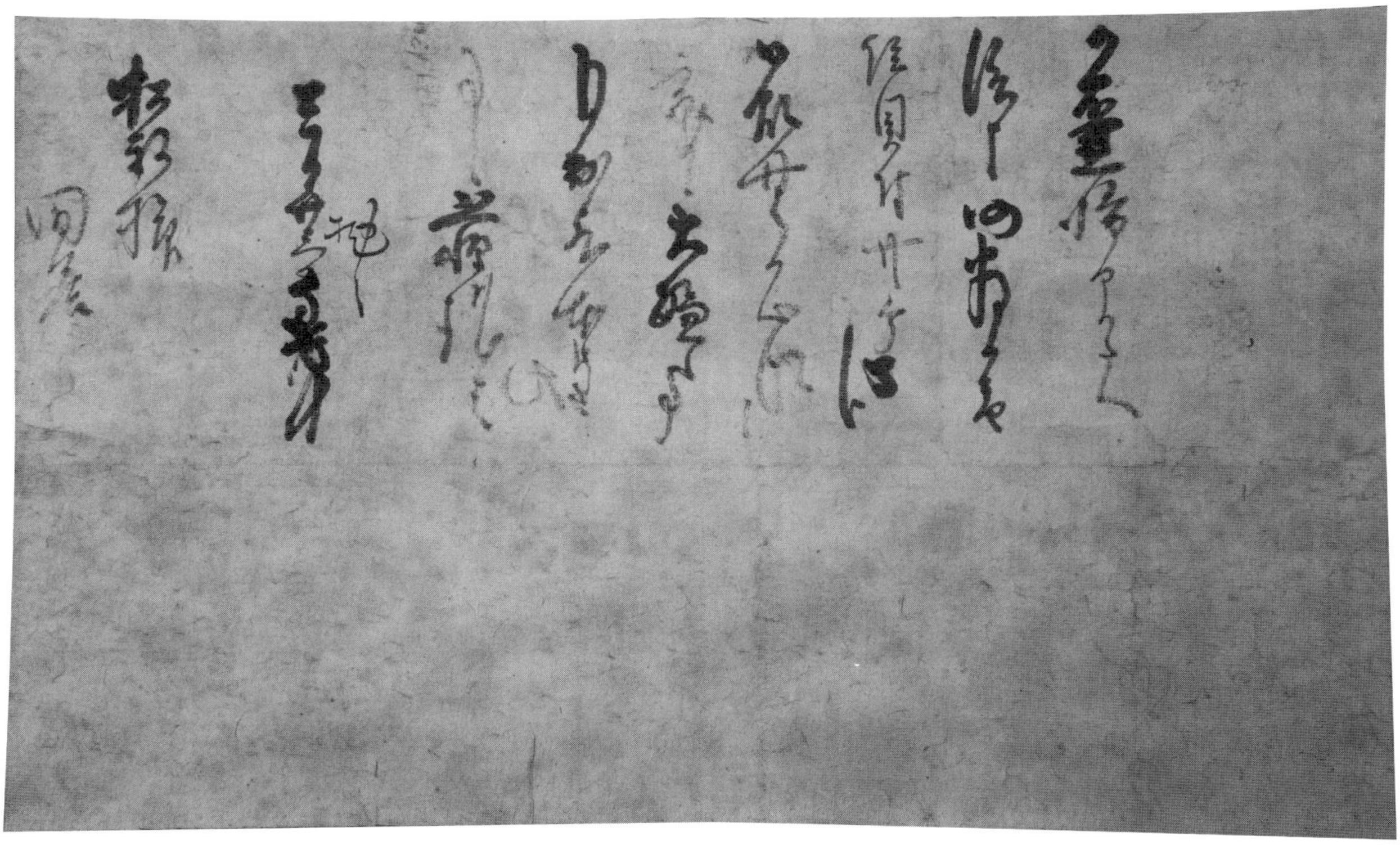

89　千利休書状

御壺掃部(上林掃部丞久茂)かたへ
渡申候、仍為御音
信貝付廿ヶ過分、
御煩無御心許候
処に、大験之事
目出度、本望此
事候、恐惶謹言、
　　　抛之
三月廿三日(年未詳)　易(宗易)（花押）
　松新様(松井康之)
　　　回答

219号文書（利休1）
折紙　掛幅装
二四七×四〇〇

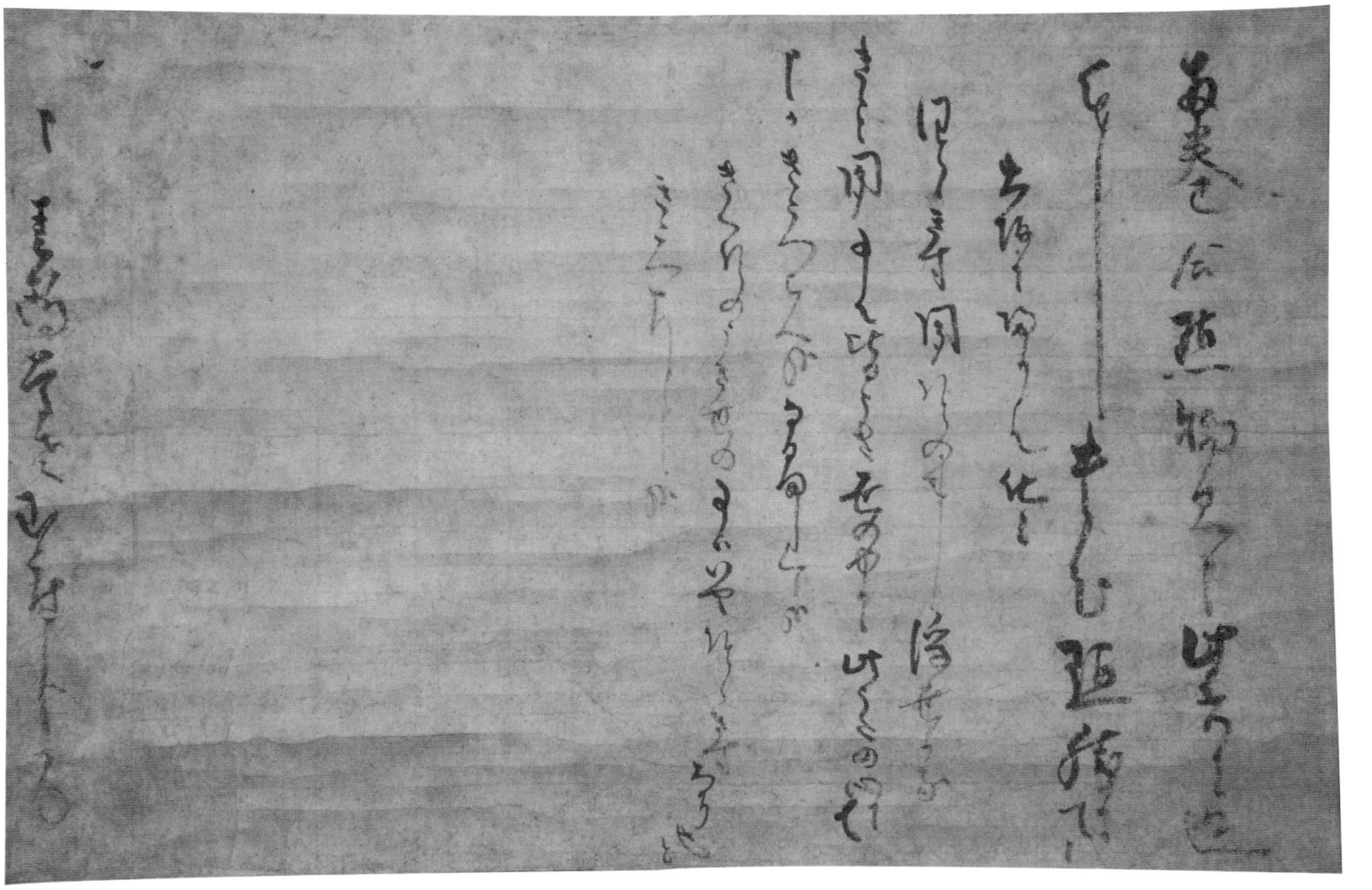

90　千利休書状

両巻合点物見申候、此者に返
進申候、貴老点勝にて候、
　大坂に帰り候て仕候、
ほとゝきす聞ほとの事浮世かな
きゝと聞事者皆うき世の中に候、此うたの心にて
申候かきこへらん哉なるましく候哉、
　きくほとのうき世の事ハいやほとときす
　　はかり也と
　きこへ参らせ候哉、

（もと包紙上書）「（墨引）春鷗尊老　玉座下　易（宗易）」

220号文書（利休4）
竪紙　掛幅装
二八〇×四一一

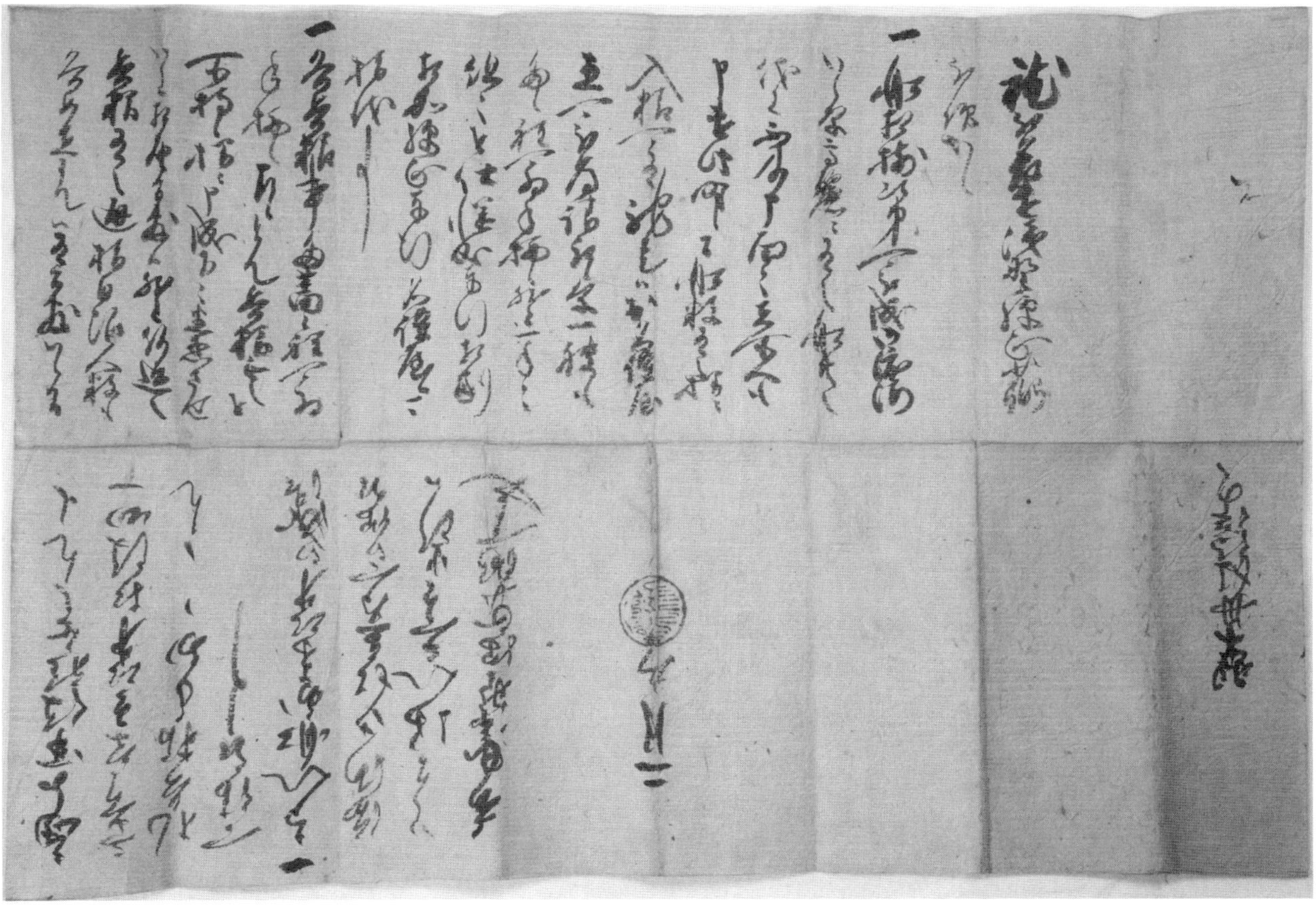

91　豊臣秀吉朱印状

就被差遣浅野(長政)弾正小弼
被仰出候、
一、船相揃次第可被御渡海
候之条、高麗ニ有之船共之
儀者不及申、面々在所へも
申遣、此時候間、船数有之様ニ
入精可有馳走候、於名護屋(肥前)
直可被為請取候条、一艘も
多候程可為手柄候、然者一手々
組々を仕、慥成奉行相副、
相加弾正奉行、名護屋へ可
指越事、
一、各兵粮事多蓄候程可為
手柄候、左候とて兵粮無之を
所持候様ニ申成、下々迷惑させ
候者相届間敷候、然者何迄之
兵粮有之通指日限、人数も
各如在にてハ有間敷候之間、
当分軍役程無之候ても
不苦候条、有次第相改出一
札兵粮手前々々にて
可請取事、
一、尚以船到来次第被成御
渡海、御仕置為可被仰付
候之間、弥以不可有由断候、
委曲浅野弾正少弼可申也、
二月九日(文禄二年)（朱印）(秀吉)
羽柴丹後(忠興)侍従殿

221号文書（秀吉3）
折紙　檀紙
四七〇×六六七

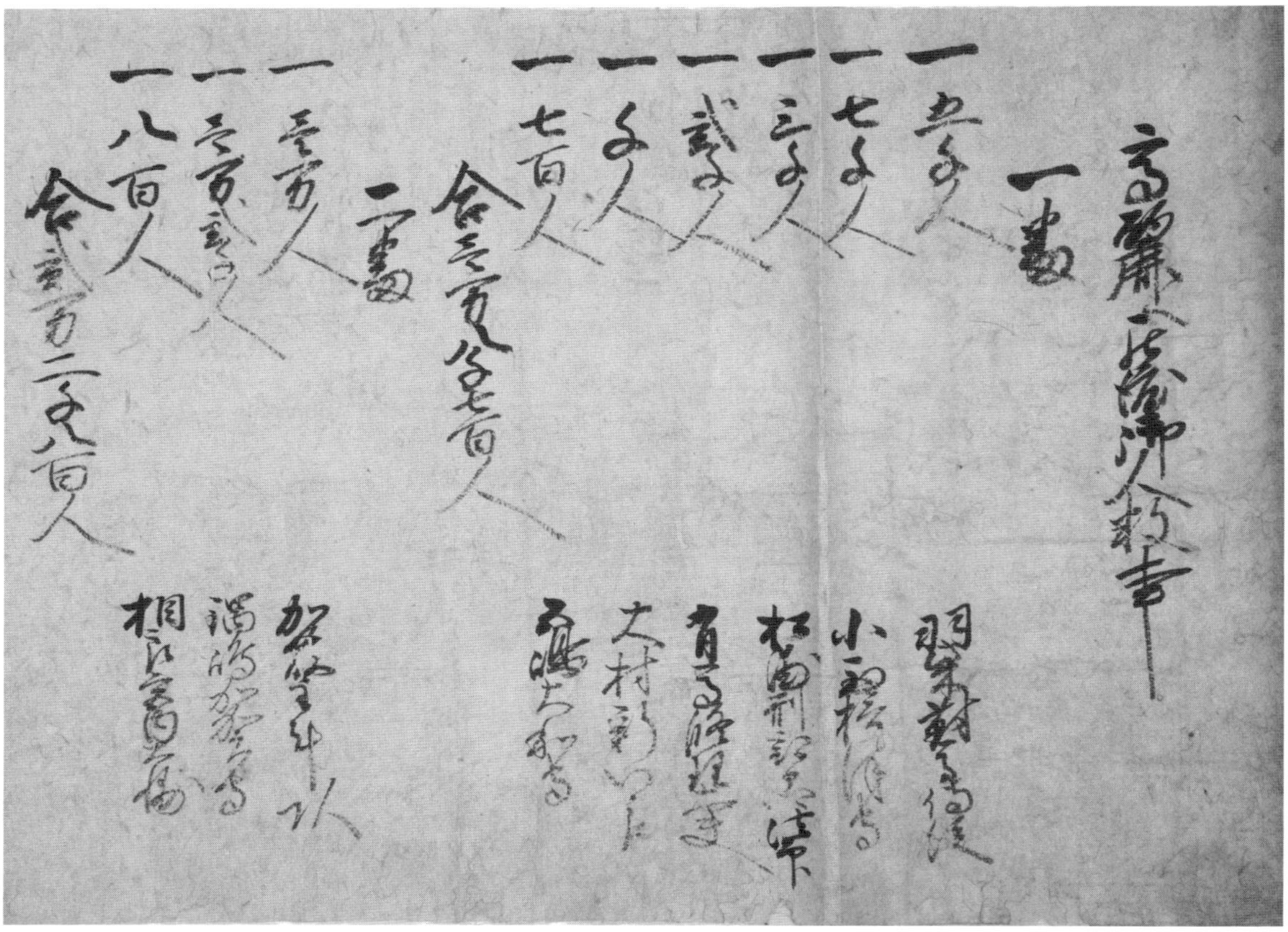

92 豊臣秀吉朱印状

高麗へ罷渡御人数事

一番

一、五千人　羽柴対馬侍従
一、七千人　小西摂津守
一、三千人　松浦刑部卿法印
一、弐千人　有馬修理大夫
一、千人　大村新八郎
一、七百人　五嶋大和守

合壱万八千七百人

二番

一、壱万人　加藤主計頭
一、壱万弐千人　鍋嶋加賀守
一、八百人　相良宮内大輔

合弐万二千八百人

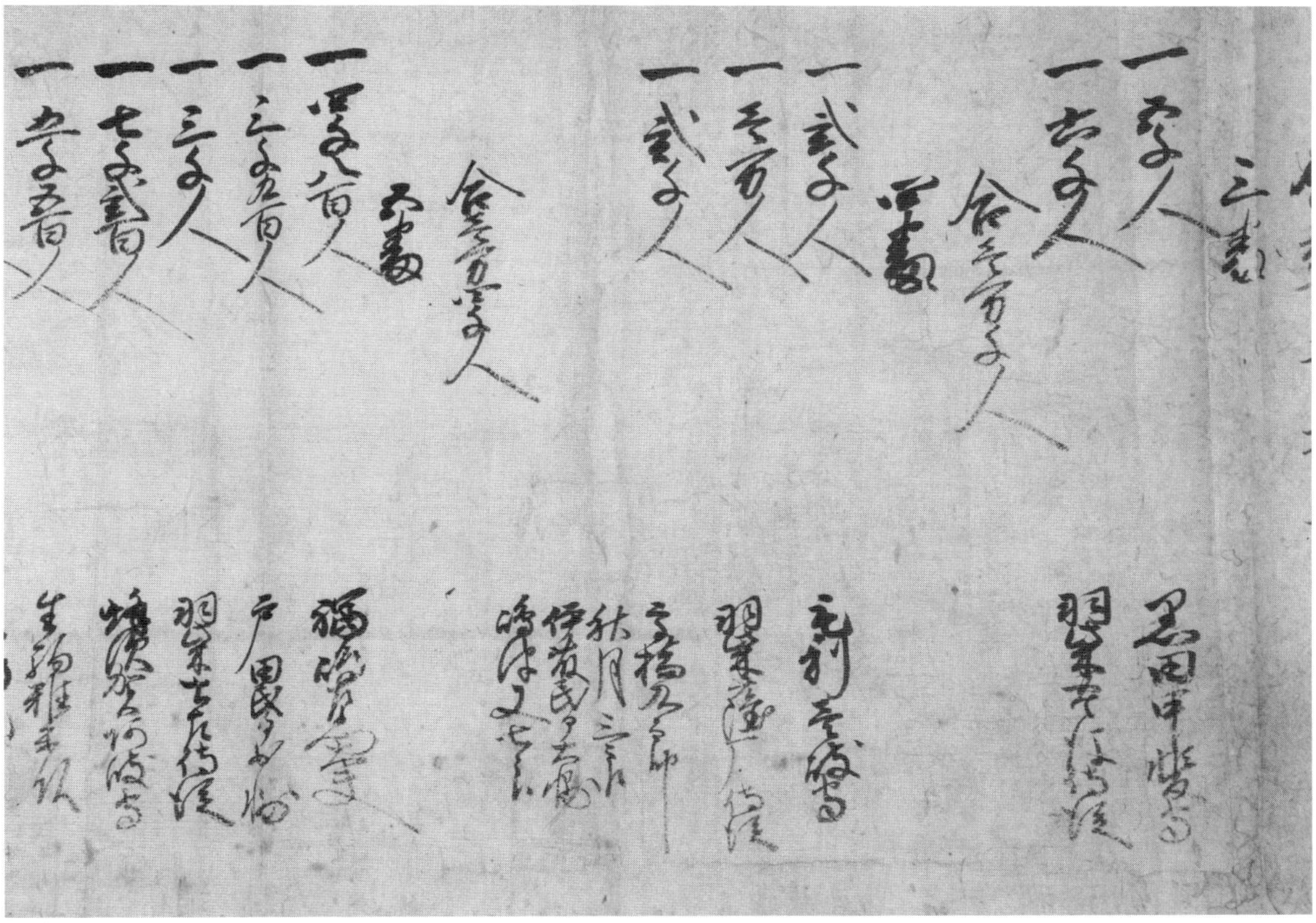

三番

一、五千人　黒田甲斐守

一、六千人　羽柴豊後侍従

合壱万千人

四番

一、弐千人　毛利壱岐守

一、壱万人　羽柴薩摩侍従

一、弐千人　高橋九郎

秋月三郎

伊藤民部大輔

嶋津又七郎

合壱万四千人

五番

一、四千八百人　福嶋左衛門大夫

一、三千九百人　戸田民部少輔

一、三千人　羽柴土左侍従

一、七千弐百人　蜂須賀阿波守

一、五千五百人　生駒雅楽頭

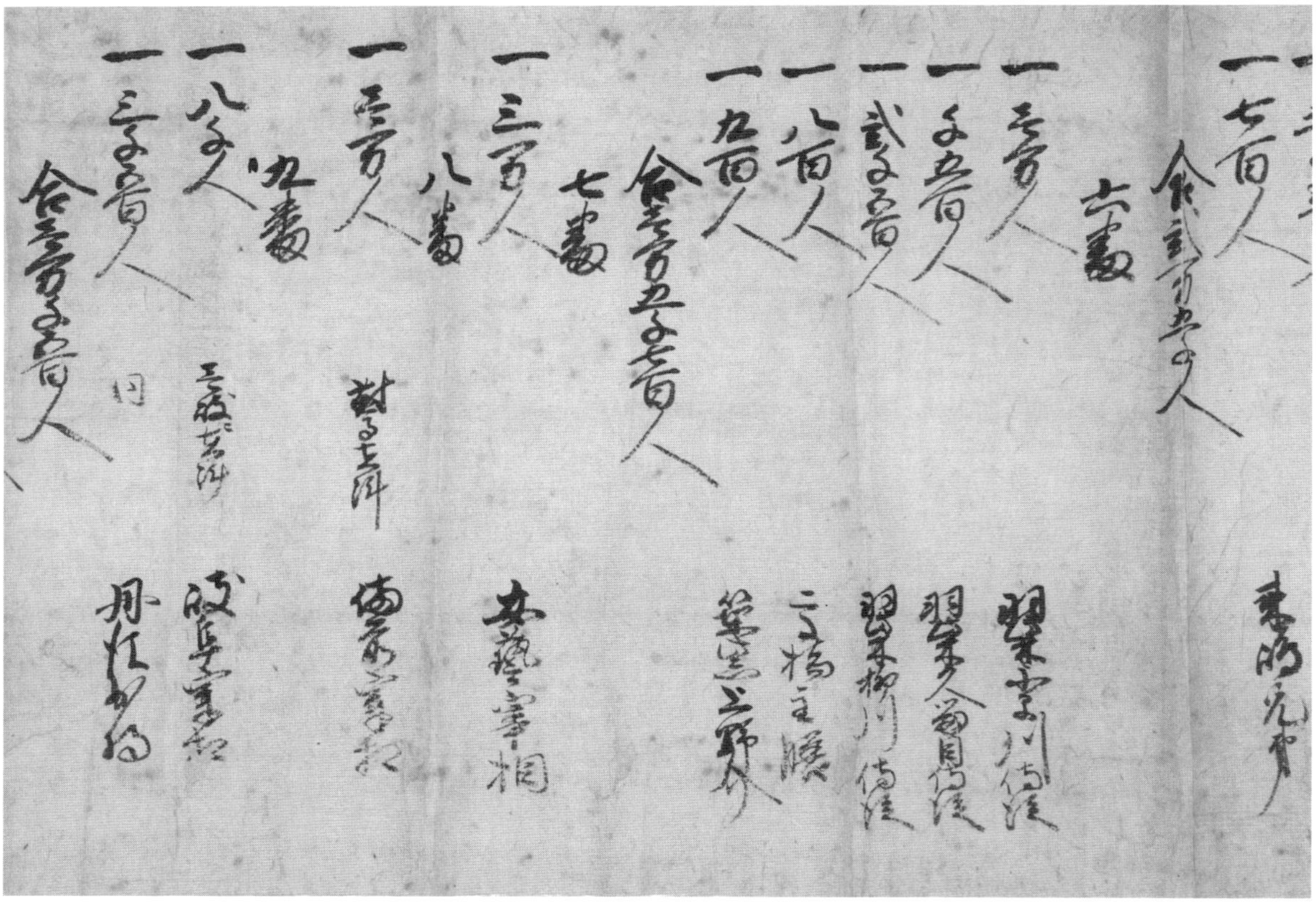

一、七百人　来嶋兄弟
合弐万五千人
六番
一、壱万人　羽柴小早川侍従
一、千五百人　羽柴久留目侍従
一、弐千五百人　羽柴柳川侍従
一、八百人　高橋主膳
一、九百人　築紫上野介
合壱万五千七百人
七番
一、三万人　安芸宰相
八番
一、壱万人　対馬在陣　備前宰相
九番
一、八千人　壱岐ニ在陣　岐阜宰相
一、三千五百人　同　（細川忠興）丹後少将
合壱万千五百人

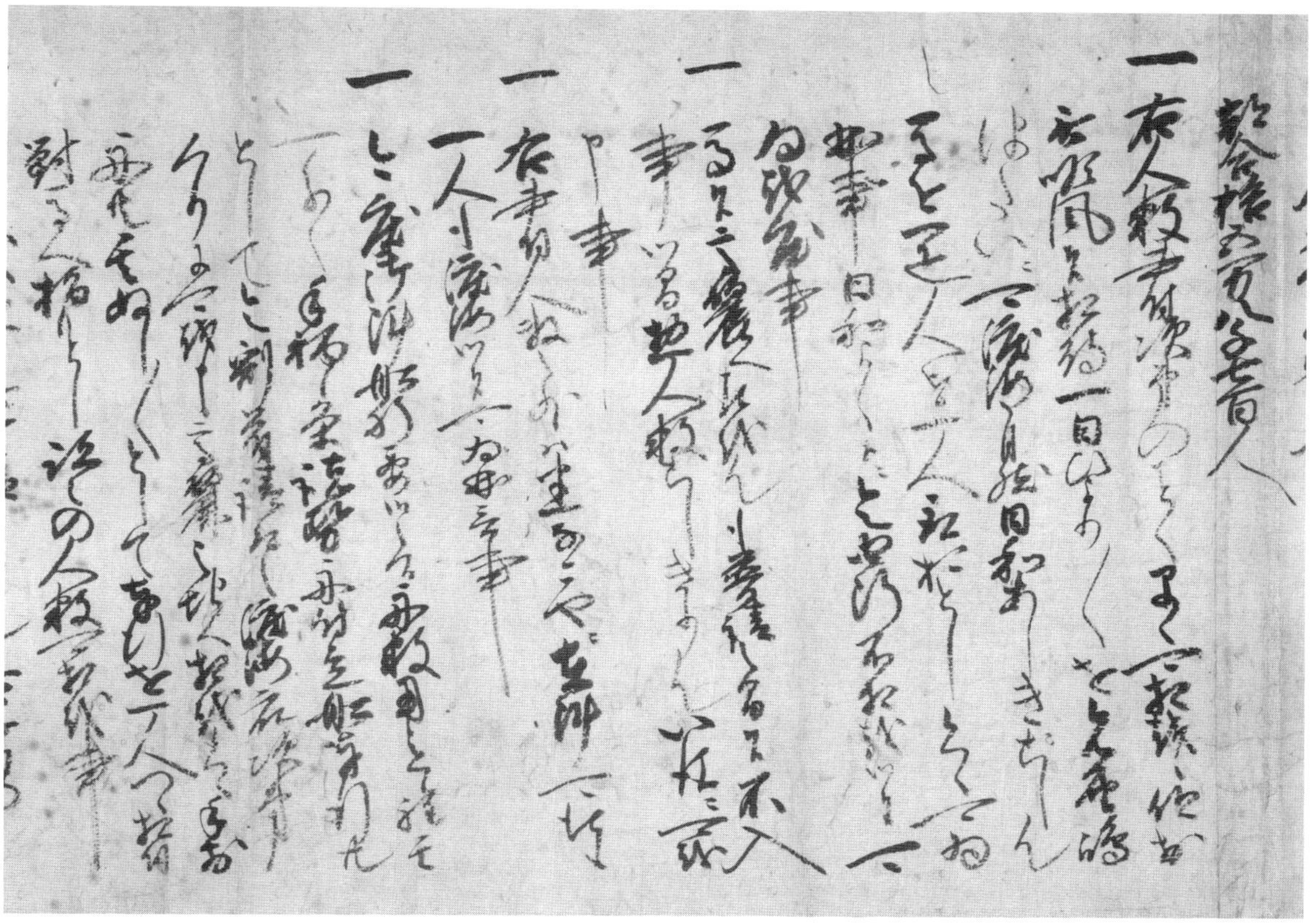

都合拾五万八千七百人

一、右人数書付次第のことく、早々可相越候、但於無順風者相待一日ひより〳〵を見届、嶋つたいニ可渡海、自然日和あしきニこし候て、馬を一疋人を一人取おとし候ハヽ、可為曲事、日和よく候ニ令由断、不相越候者可為越度事、

一、馬者高麗へ罷越候ても普請之間者不入事候間、惣人数こしきり候て以後ニ可越申事、

一、右書付人数之外ハヽ、悉なこや（肥前）ニ在陣可仕候、一人も渡海候者可為曲言事、

一、今度御陣船肝要候之間、舟数用意候程、其一分之手柄候条、諸勢舟付立船奉行共として令割符、請取之、渡海衆次第くりに可越申候、高麗之地へ相越候ハヽ、手前舟共其ぬし〳〵として奉行を一人つゝ相付、対馬へ指もとし、跡々の人数可相越事、

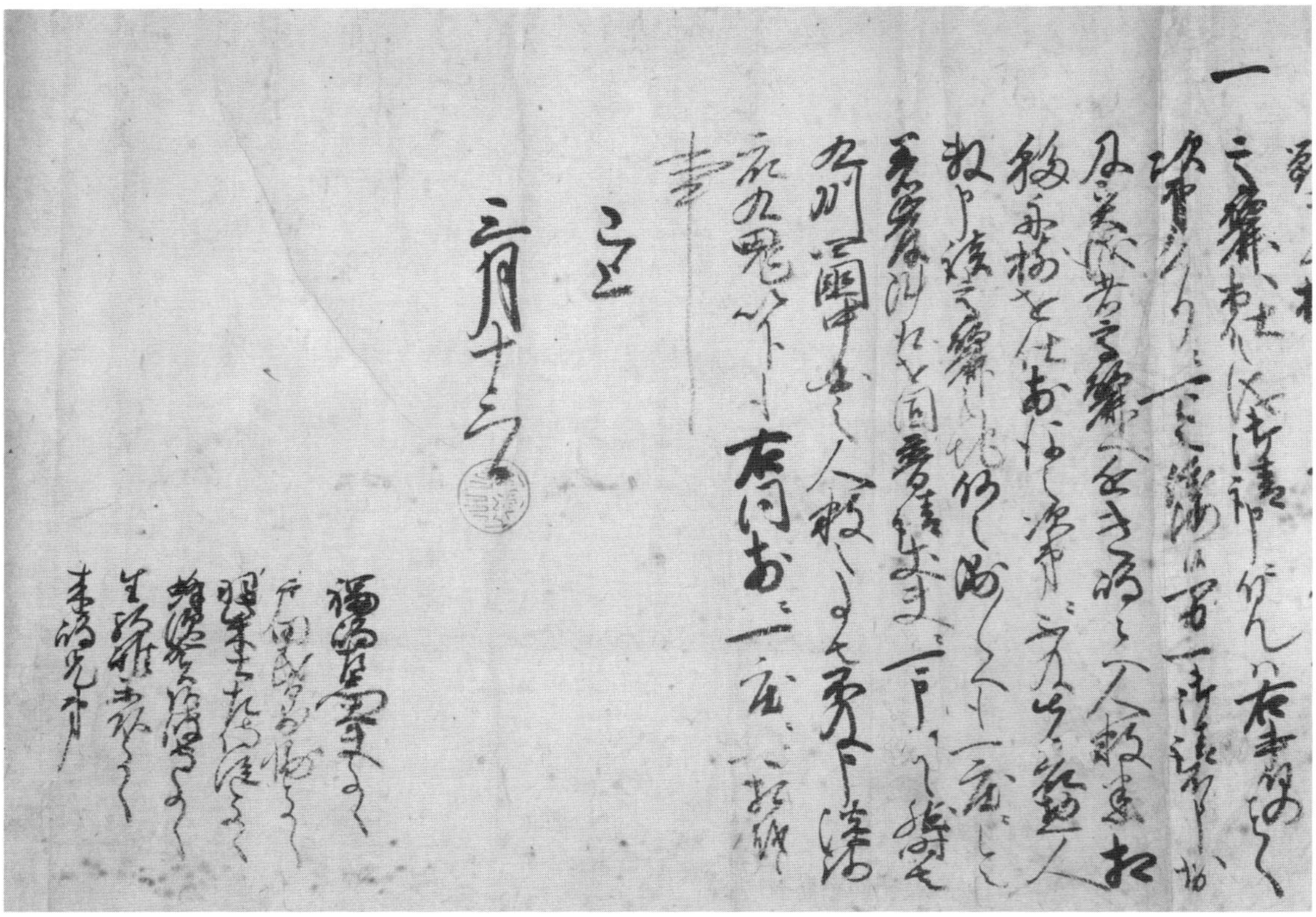

一、高麗出仕之儀、御請申ニ付てハ、右書付のことく
次第くりニ可令渡海候、万一御請不申、於
及異儀者、高麗へ近き嶋々へ人数悉相
移舟揃を仕、前後之次第ニ不及、先衆惣人
数申談、高麗之地何之浦〳〵へも、一度ニ令
着岸、陣取を固、普請丈夫ニ可申□（付）候、然時者
九州四国中国之人数之事者不及申、淡路
衆九鬼以下も右同前ニ一度ニ可相越候
事、

已上、

（天正二十年）三月十三日（朱印）（秀吉）

福嶋左衛門大夫（正則）とのへ
戸田民部少輔（勝隆）とのへ
羽柴土左侍従（長宗我部元親）とのへ
蜂須賀阿波守（家政）とのへ
生駒雅楽頭（親正）とのへ
来嶋兄弟（通之・通総）

222号文書（秀吉14）
継紙　巻子装
四六〇×三一七〇

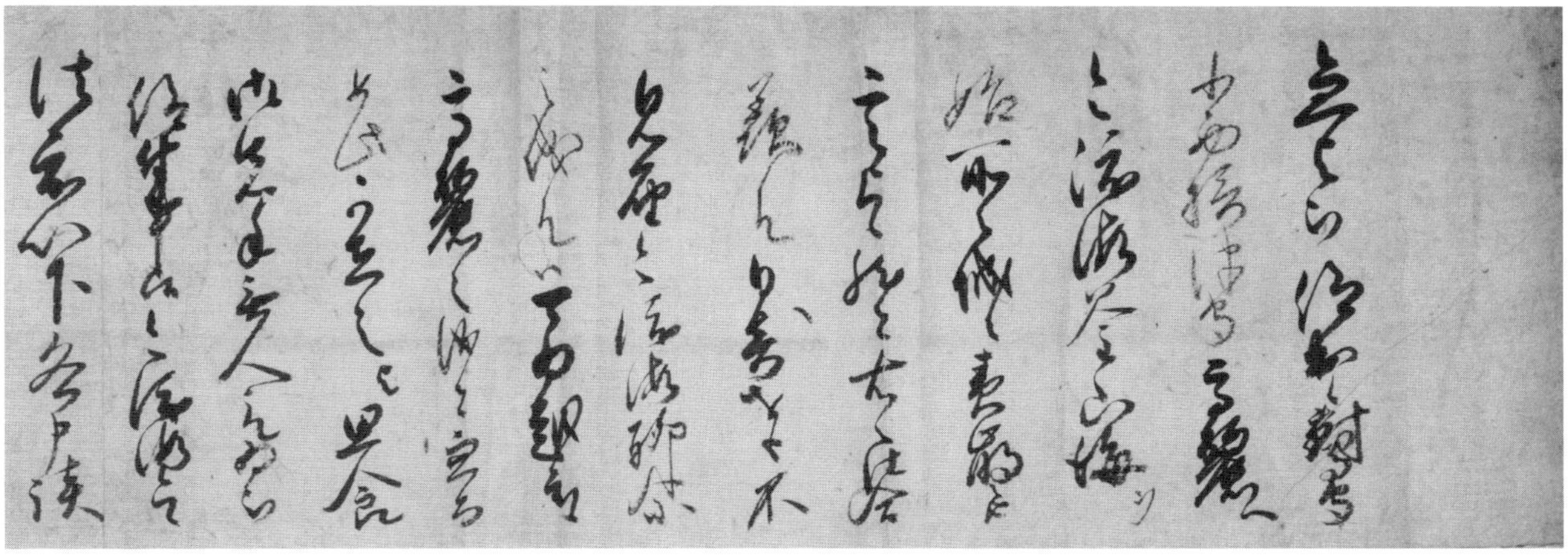

93　豊臣秀吉朱印状

急与被仰出候、対馬守（宗義智）
小西摂津守（行長）高麗へ
令渡海、釜山海ヲ
始所々城々責崩之由
言上候、然者右之仕合
羨候て、日寄をも不
見届令渡海、聊爾
之儀候てハ可為越度候、
高麗之儀者、兼而
如此可在之与思食、
御先手無人にて為被
仰付事候、令渡海候ハヽ、
法度以下各申談、

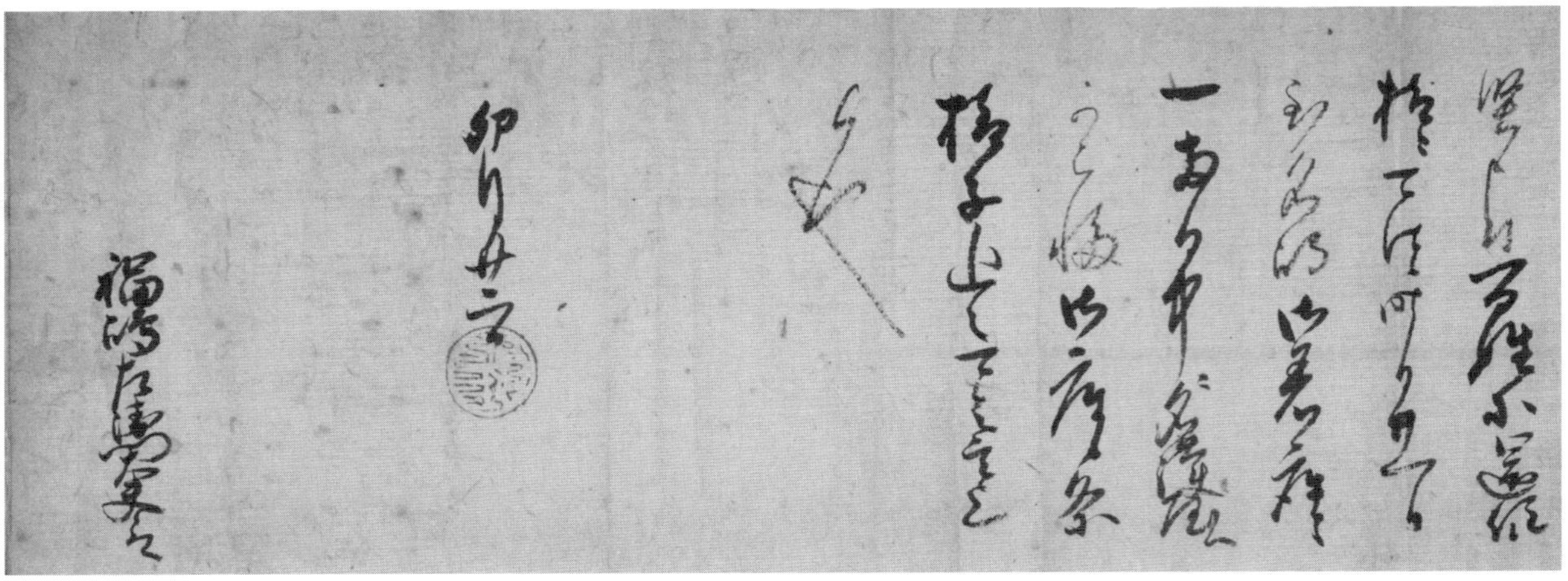

堅申付、百姓等還住候
様ニ可仕候、昨日廿一日
至名嶋(筑前)御着座候、
一両日中ニ名護屋(肥前)へ
可被移御座候条、
様子追々可令言上
候也、
卯月(天正二十年)廿二日（朱印(秀吉)）
福嶋左衛門大夫(正則)殿

223号文書（秀吉10）
もと折紙　巻子装　檀紙
二三〇×一二三五

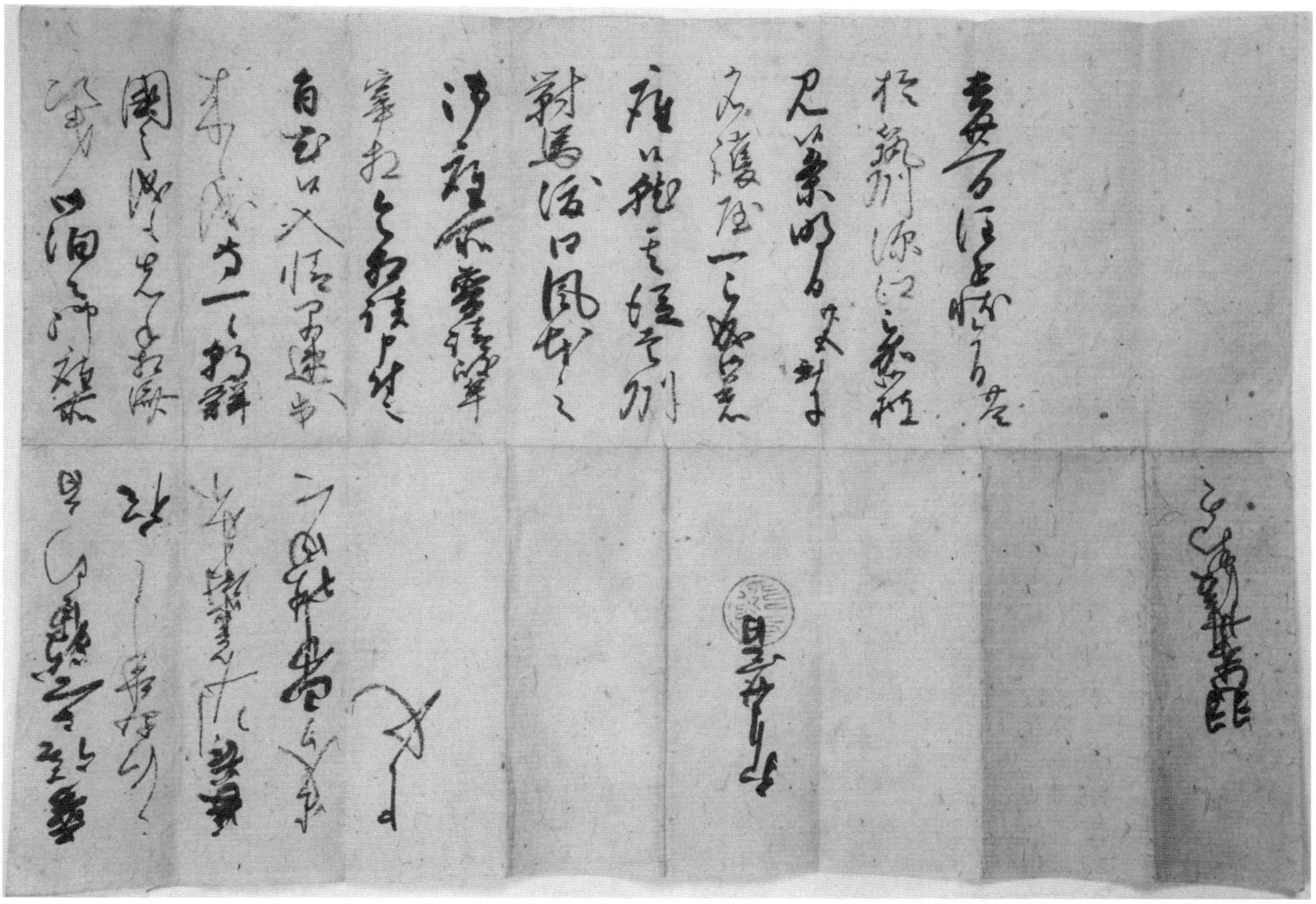

94　豊臣秀吉朱印状

去廿一日注進状、今日廿四
於筑州深江被加御披
見候条、明日廿五至于
名護屋(肥前)、可被成御着
座候、就其、従壱州
対馬渡口、風本之
御座所普請、岐阜(羽柴)
宰相(秀勝)令相談申付之
旨尤候、入情早速出
来之儀専一候、朝鮮
国之儀も先手相済
次第、御泊之御座所

普請不可致由断旨
被仰出事候、猶
長谷川右兵衛尉(守知)・木下
半介(吉隆)・山中橘内(長俊)可
申候也、
(天正二十年)卯月廿四日　(朱印)(秀吉)
羽柴丹後少将(忠興)とのへ

224号文書(秀吉2)
折紙
四六〇×六五〇

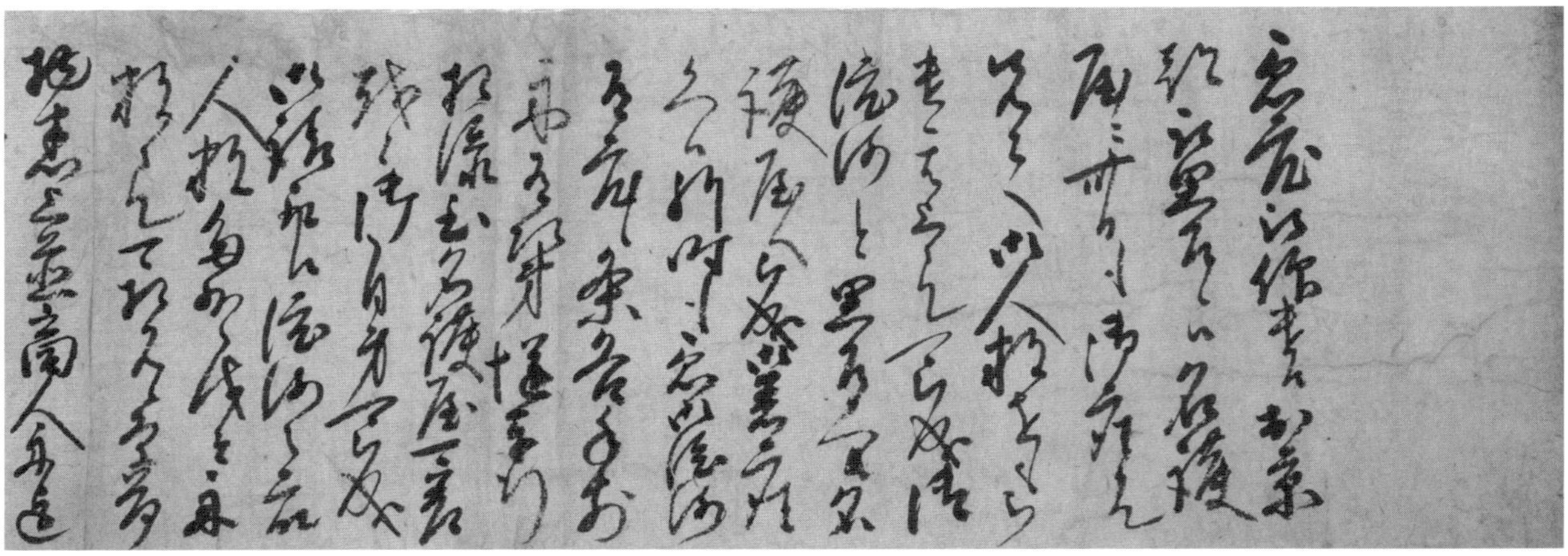

95　豊臣秀吉朱印状

急度被仰遣候、於京
都被思召候ハ、名護
屋ニ卅日も御座候て、
先々へ御人数をも被
遣、其上にて可被成御
渡海と思召候へ共、名
護屋へ被成御着座
候へハ、片時も急御渡海
有度候条、各手前
舟有次第、慥奉行
相添至名護屋可差
越候、御自身可被成
御請取候、渡海之衆
人数多少之儀者、舟
数にて可相見候条、荷
物悉上置商人舟迄、

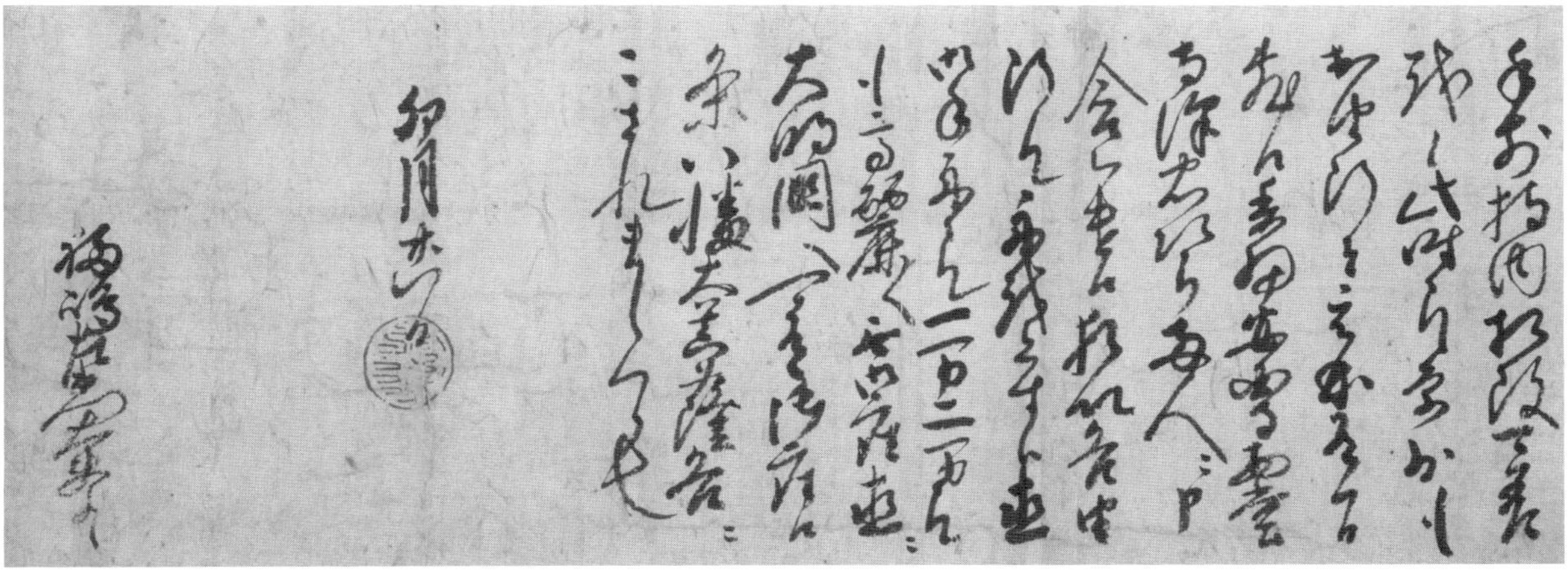

手前持内相改可差
越候、此時にて候条、少も
於由断者其曲有間
敷候、委細安国寺西堂（恵瓊）・
寺澤忠次郎（広高）両人ニ申
含被遣候、猶以各由
断候て、舟越候ハすハ、直
御手舟にて、一万二万にて
も高麗へ無御座、直ニ
大明国へ可有御座候
条、八幡大菩薩各ニ
こされましく候也、

卯月廿八日（天正二十年）（朱印）（秀吉）

福嶋左衛門大夫（正則）とのへ

225号文書（秀吉11）
もと折紙　巻子装
二三〇×一一二五〇

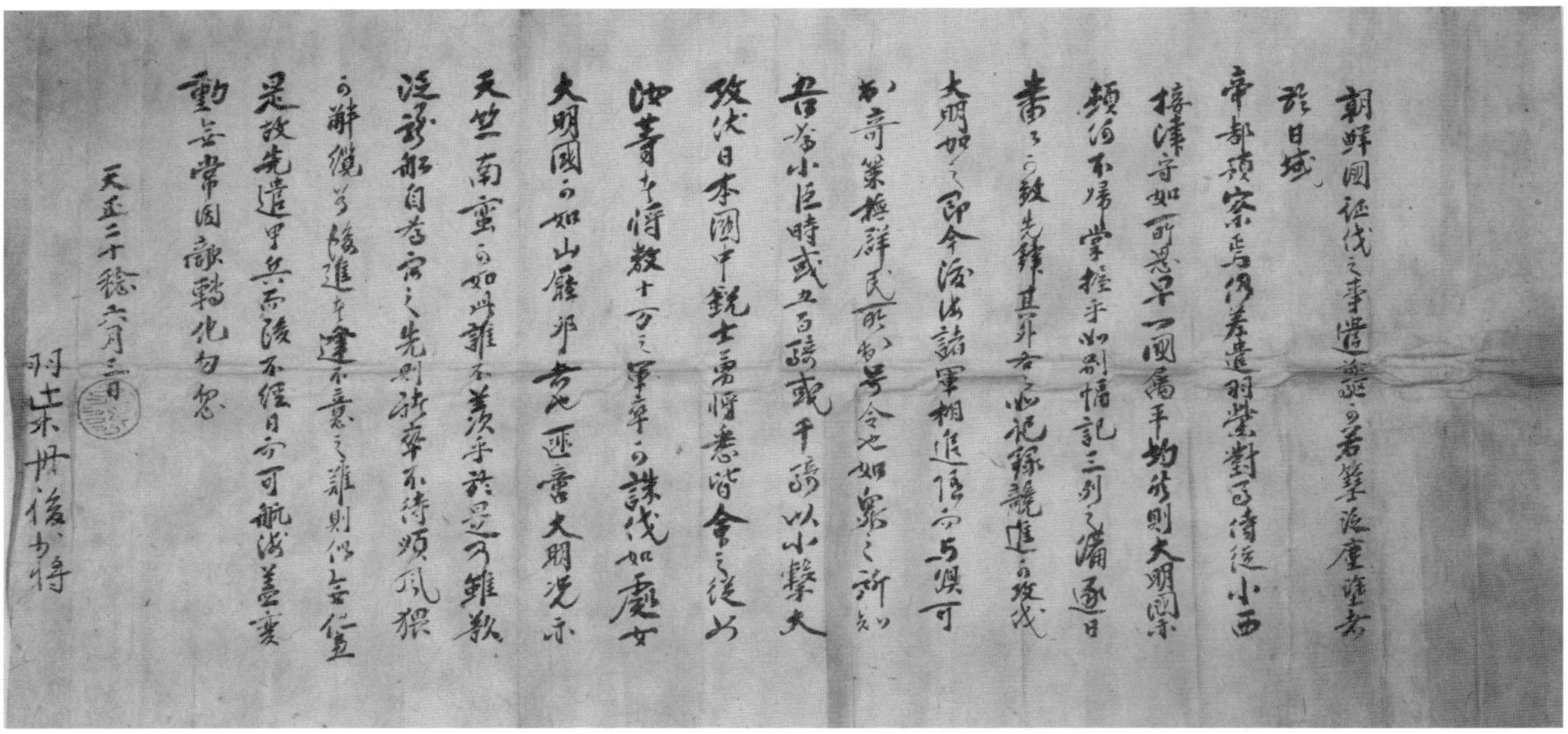

96 豊臣秀吉朱印状

朝鮮国征伐之事、遣前駆可若箄泛塵塗者、
於日域
帝都預察焉、仍差遣羽柴対馬侍従(宗義智)・小西
(行長)接津守、如所思、早一国属平均、然則大明国亦
頻何不帰掌握乎、如別幅記、三列之備、逐日
番々可致先鋒、其外各々如記録競進、可攻伐
大明、加之、即今渡海諸軍相追、随而与倶可
出奇策、撫群民所出号令也、如衆之所知、
吾為小臣時、或五百騎或千騎、以小撃大、
攻伐日本国中、鋭士勇将悉皆命之従、如
汝等者、将数十万之軍卒、可誅伐如処女
大明国、可加山壓卵者也、匪啻大明、況亦
天竺南蛮可如此、誰不羨乎、於是乃雖欲
泛龍船、自為衆之先、則諸卒不待順風、猥
可解纜、若後進者逢不意之難、則似無仁恵、
是故先遣甲兵、而雖不経日而可航海、蓋変
動無常、因敵転化勿忽、

天正二十稔六月三日(秀吉)(朱印)

羽柴丹後少将(忠興)

226号文書(秀吉1)
竪紙
四六三×九三五

97 徳川家康・前田利家連署状

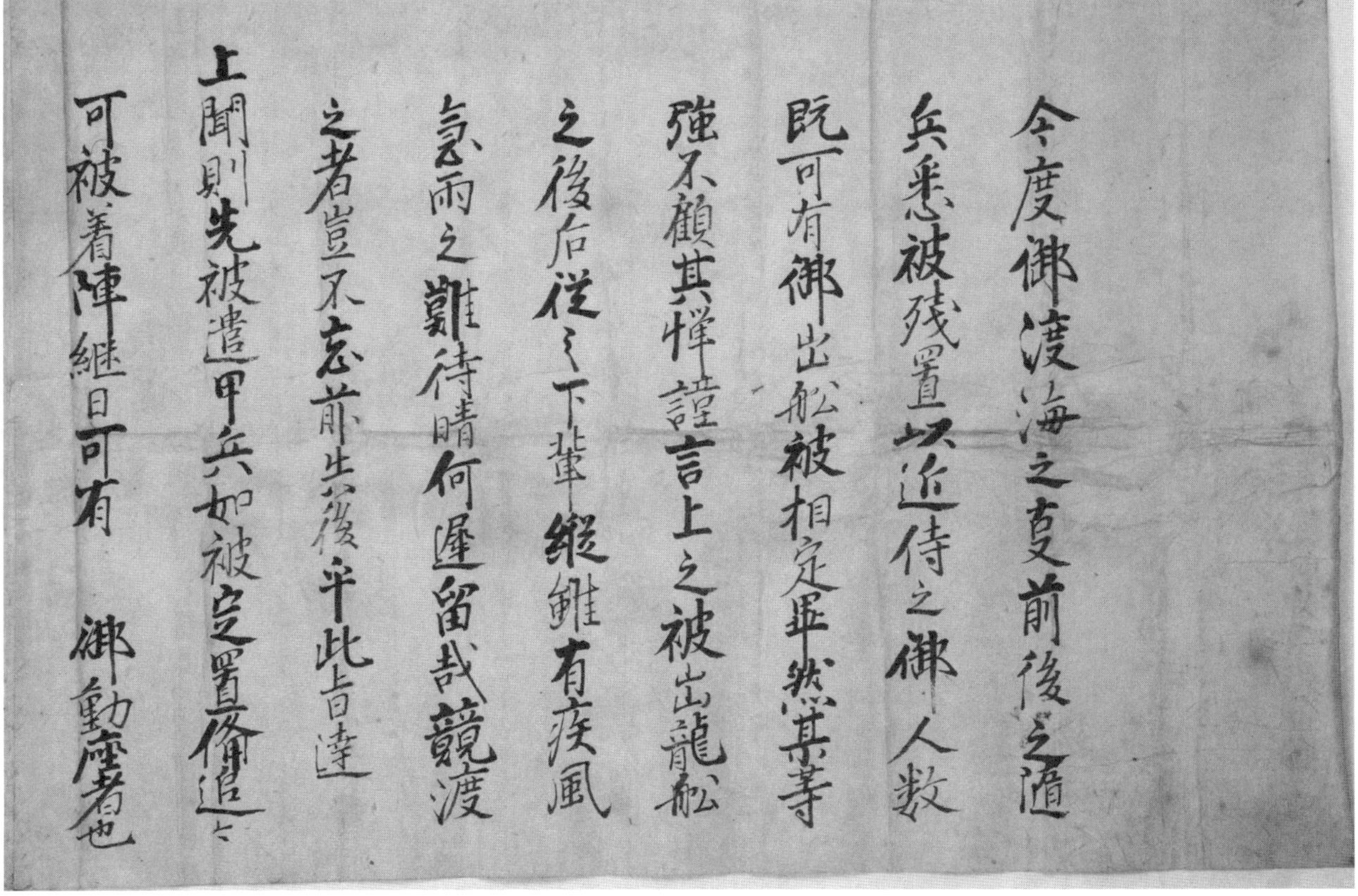

今度御渡海之事、前後之随
兵悉被残置、以近侍之御人数
既可有御出船被相定畢、然某等
強不顧其憚謹言上之、被出龍船
之後后従之下輩、縦雖有疾風
急雨之難待晴何遅留哉、競渡
之者豈不忘前失後乎、此旨達
上聞、則先被遣甲兵如被定置備、追々
可被着陣継日可有　御動座者也、

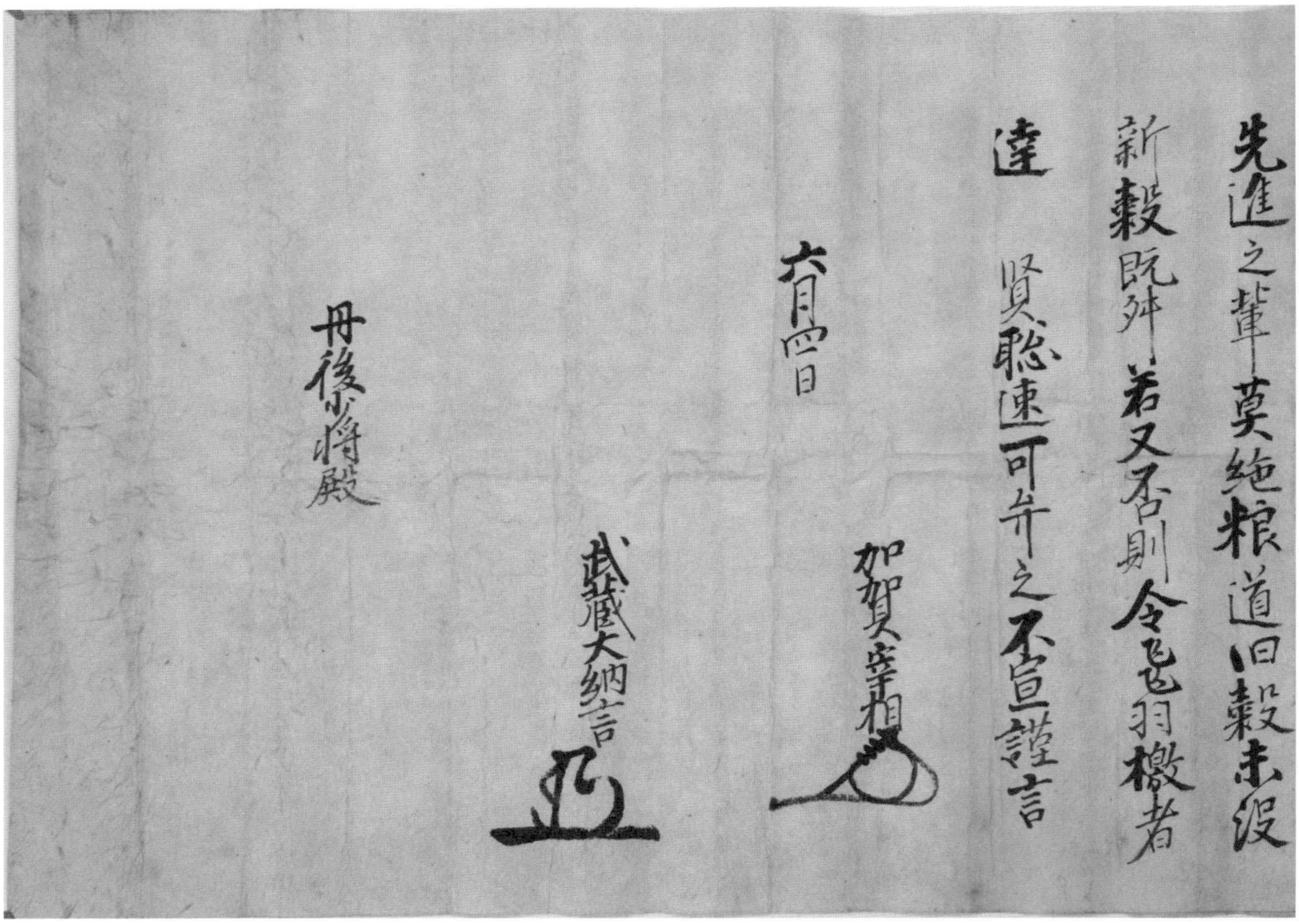

先進之輩莫絶粮道旧穀未没
新穀既升、若又否則令飛羽檄者、
達　賢聡速可弁之、不宣謹言、

（天正二十年）六月四日

（利家）加賀宰相（花押）

（家康）武蔵大納言（花押）

（忠興）丹後少将殿

227号文書（家康4）
継紙
三七〇×一〇四〇

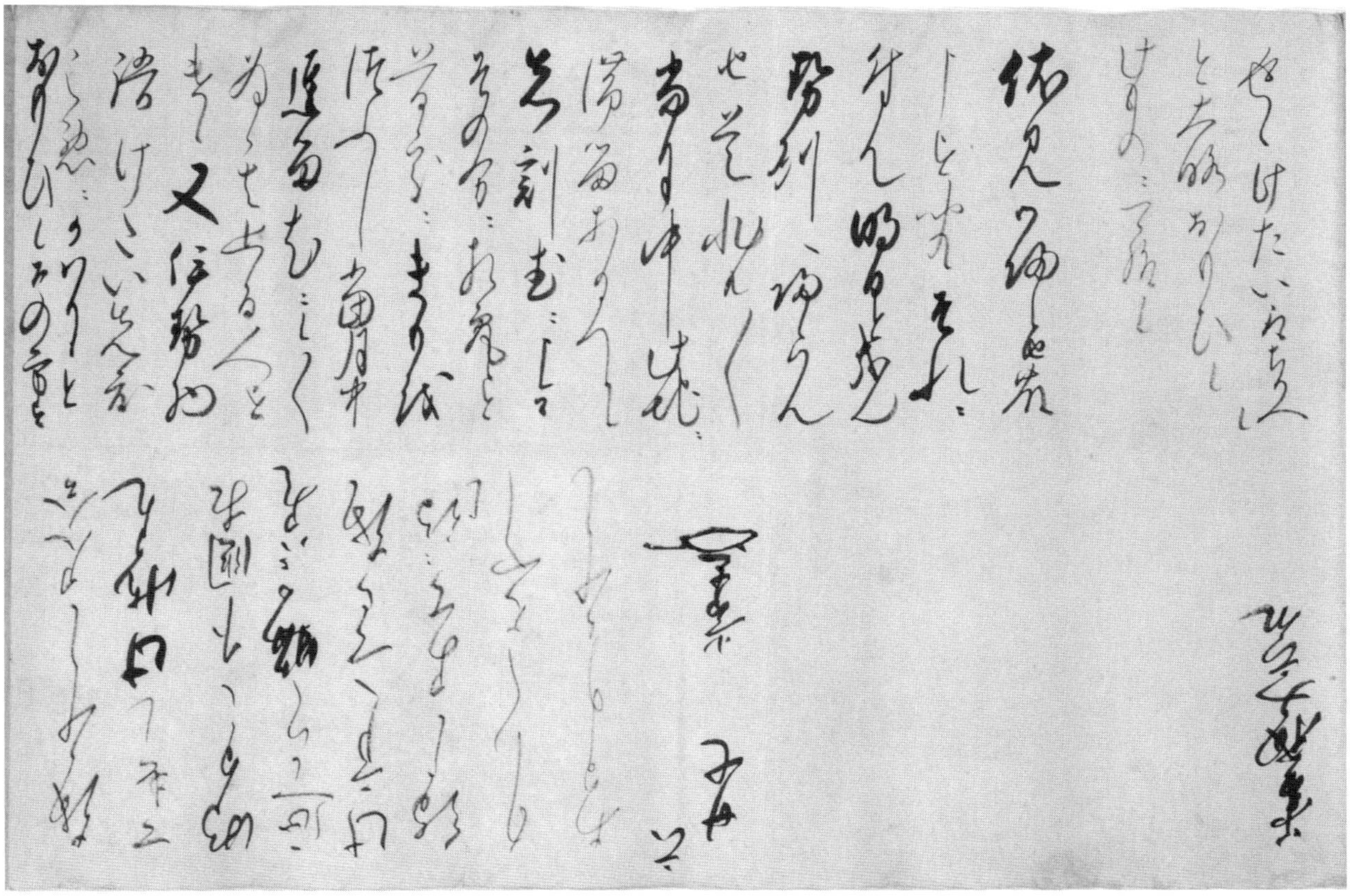

98 織田常真書状写

返々此たい取ちかへ候
と大略おもひ候、
此ものニ可給候、
伏見御帰候由藤
申候を聞候、それニ
付て明日と哉ん
勢州へ帰候ハん
由、是非共〳〵
当月中此地（名護屋カ）ニ
滞留あるへく候、
先刻直ニ申候間、
その分ニ相究候と
思召候処ニきもを
つふし、当月中
逗留尤ニ候〳〵、
為其追而人を
遣候、又伊勢物
語けたい先度
之悪ニかハり候と
おもひ候、その方を

越計候、見合
可遣候、此状にて
明日之下国相
延候ハヽ、晦日ニハ早々
此方へ可被越候、
待申候、早天ニ待申候、
もし〳〵はやし
ある事計候、

六（天正二十年カ）
廿七　常真（花押影）

曾我又六殿（尚祐）

228号文書（織田常真1）

折紙

三一七×四六四

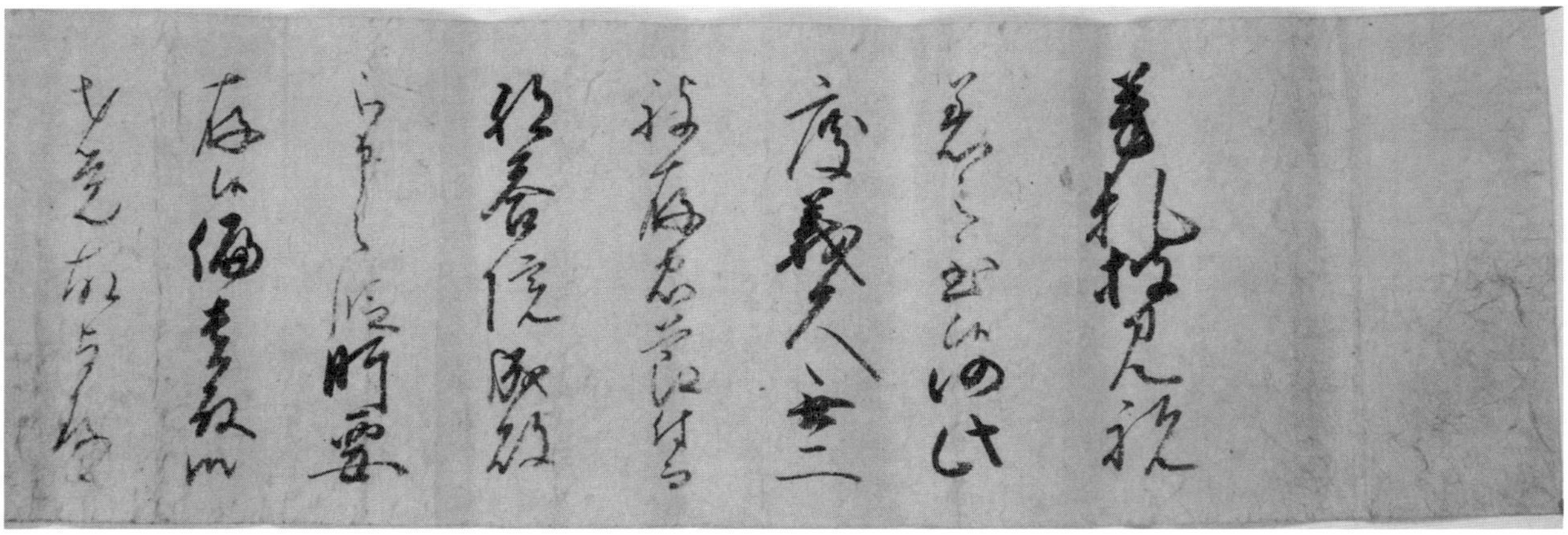

99　徳川家康書状

芳札披見祝
着之至候、仍此
度義久《（島津）》無二
被存忠節付而、
祁答院《（薩摩）》成敗
被申之段肝要
存候、偏貴殿御
才覚故与存候、

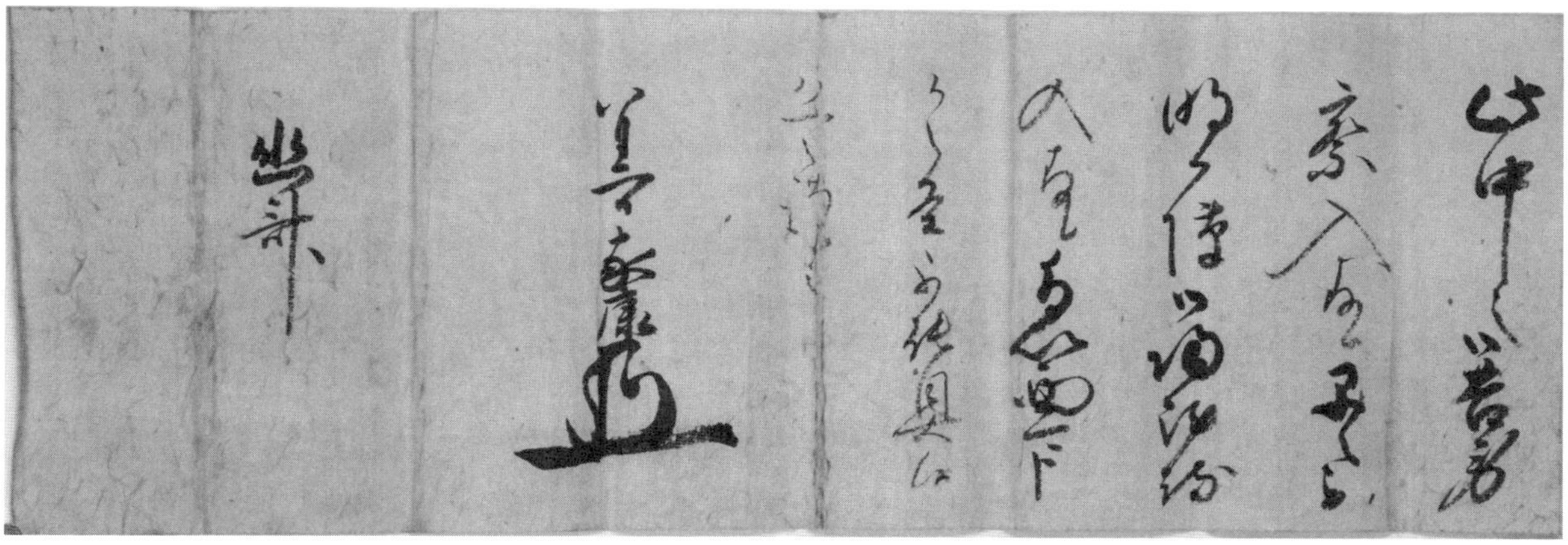

此中之御苦身
察入存候、早々被
明御隙御帰陣待
入存候、猶以面可申
候之条不能具候、
恐々謹言、
(天正二十年)八月二日　家康（花押）
幽斎

229号文書(家康2)
継紙
一五六×九二五

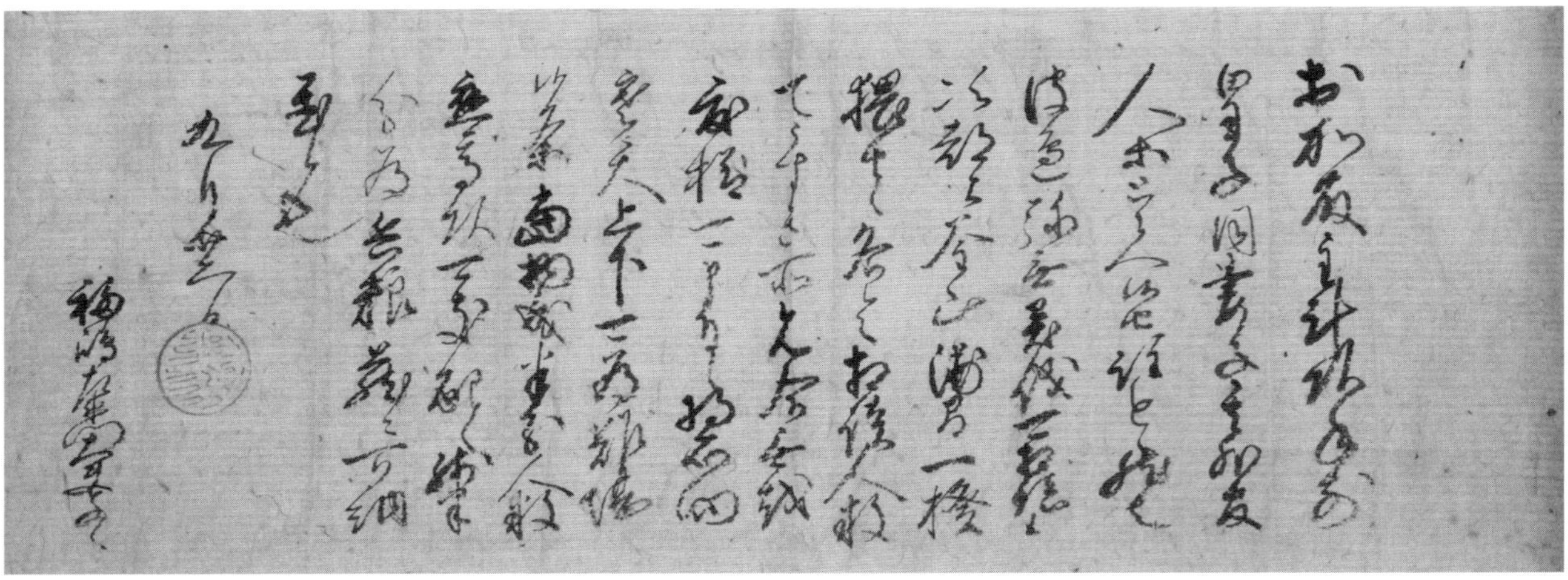

100　豊臣秀吉朱印状

於加藤主計頭（清正）手前、
皇子同妻子、其外官
人等とらへ候由注進候、然者
彼辺弥無異儀可相鎮候、
次都与釜山浦間一揆
猥由候、各令相談、人数
てうすき所見合、無越
度様可申付候、将亦向
寒天、上下可為難堪
候条、当物成半分人数
応高頭可支配候、残半
分為兵粮蔵ニ可納
置候也、

（天正二十年）九月廿二日（朱印）（秀吉）

福嶋左衛門大夫（正則）とのへ

230号文書（秀吉16）
もと折紙　巻子装　檀紙
二二八×六二五

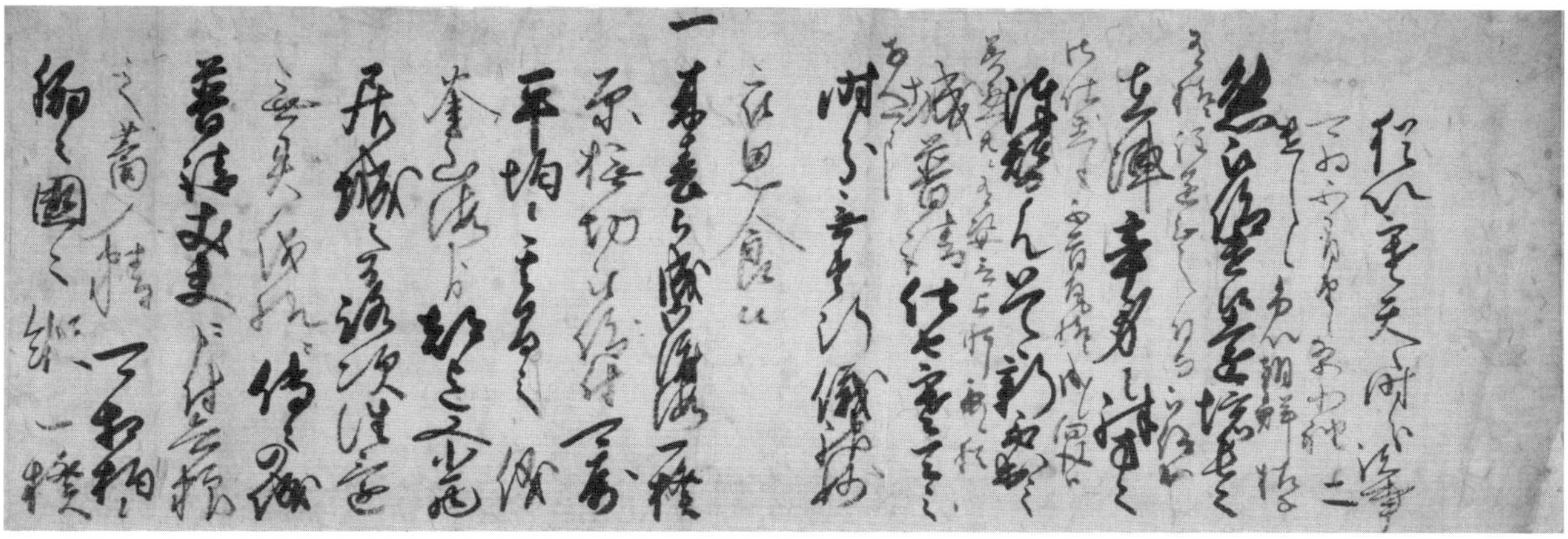

101　豊臣秀吉朱印状

猶以寒天之時分、諸事
可為不自由候条、小袖二
遣之候、尚以朝鮮様子
有様ニ注進無之付而被仰出、
御仕置も不首尾様ニ成候、向後ハ
善悪共ニ有姿言上肝要候、猶
　両人可申候、
態被仰遣候、遠境長々
在陣辛身候、殊方々
陣替候て、道新取出之
城普請仕由、寒天之
時分無由断儀、神妙
被思食候、
一、来春被成御渡海、一揆
原撫切被仰付、可属
平均候、其間之儀、
釜山海より都迄、又小西(行長)
居城之間路次往還
無異儀様ニ、伝々の城
普請丈夫ニ申付、兵粮
之蓄入精可相拘候、
脇々国々縦一揆

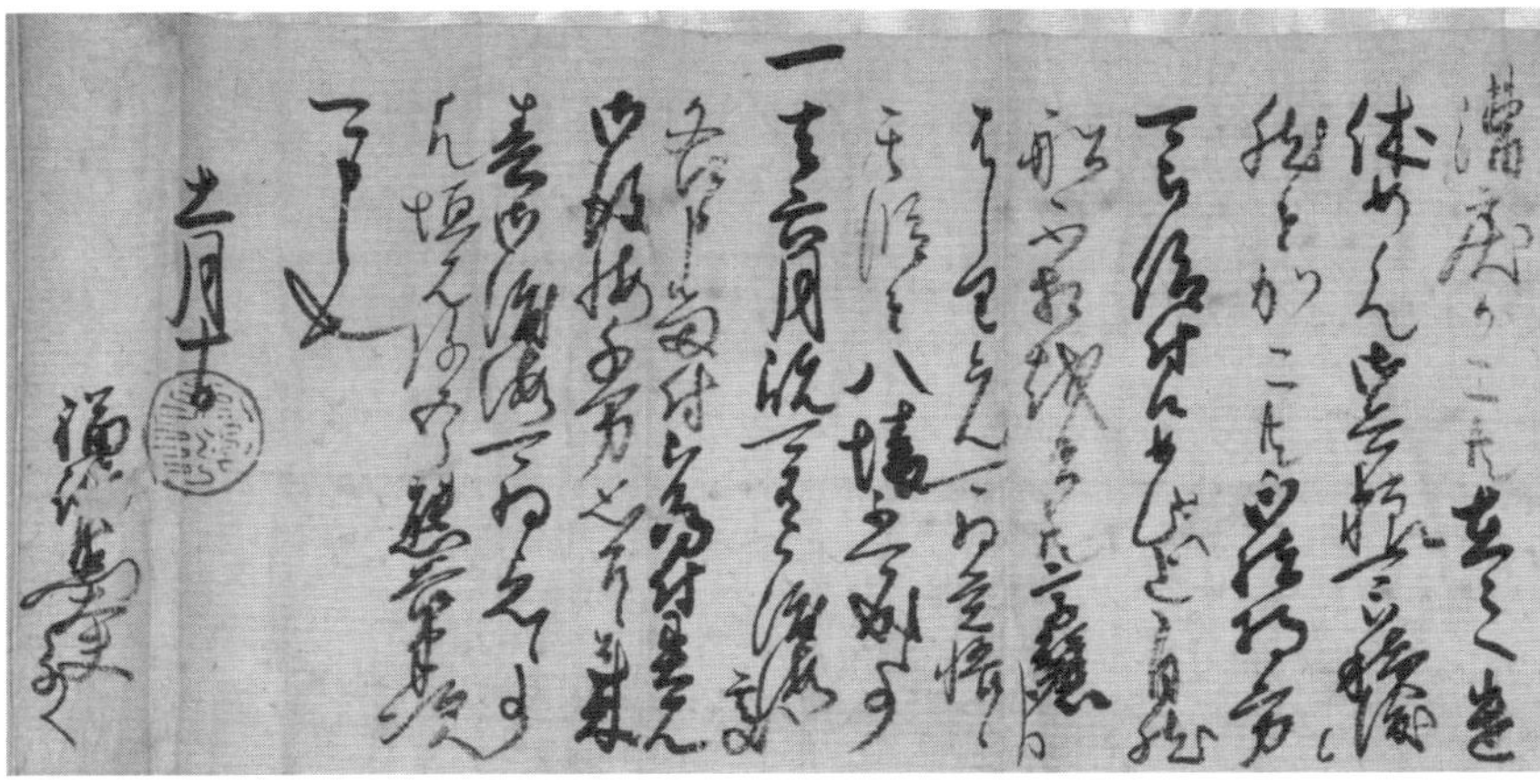

蜂起候共不苦事候
迚、来春一篇ニ可被仰付候
間、卒爾之動不可仕事、
一、手前所持之船共、こもかい口
警固船之儀者残置、
其外者慥之奉行相付
漕戻、かこ共在々へ遣
休め候て、御兵粮可被積渡候、
然者かこ共御扶持方
可被仰付候、如此上自然
船不相越者共、高麗より
はしり候ハん可為覚悟候、
其段者八幡不可成候事、
一、去六月既可有御渡海処、
各申留付被為付異見、
御渡海千万思召候間、来
春御渡海可為急候事
にて、垣見弥五郎(一直)・熊谷半次(直盛)
可申候也、
十一月(天正二十年)十日（朱印）(秀吉)
福嶋左衛門(正則)大夫とのへ

231号文書（秀吉12）
もと折紙　巻子装
二三〇×一三二五

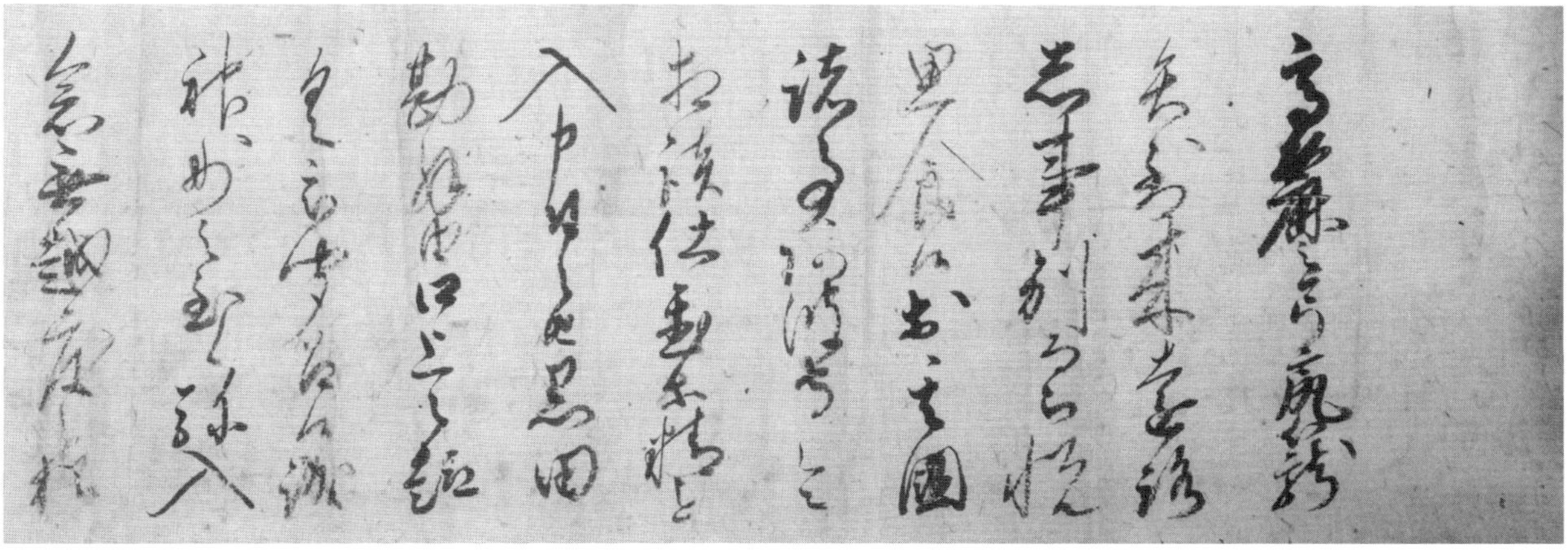

102　豊臣秀次朱印状

高麗之弓尻籠
矢到来、遠路
志事別而被悦
思食候、於其国
諸事阿波守(蜂須賀家政)令
相談、仕置等精を
入申付之由、黒田
勘解由(孝高)口上之趣
具被聞召候、誠
神妙之至候、弥入
念無越度候様

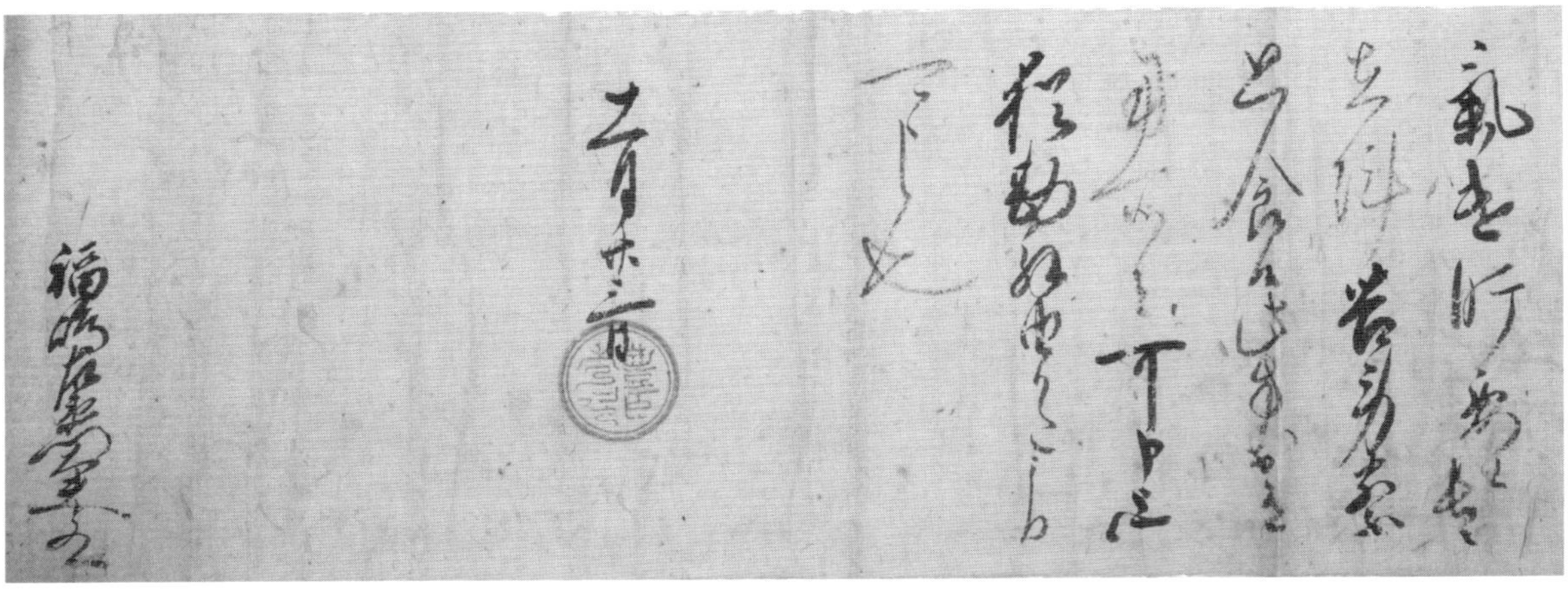

気遣肝要候、長々
在陣苦身察
思食候、此方ヘ於有
用所者可申上候、
猶勘解由かたより
可申候也、

（天正二十年）十一月廿三日（朱印）（秀次）

福嶋左衛門（正則）大夫とのへ

232号文書（秀次３）
もと折紙　巻子装　檀紙
二三〇×一一二四七

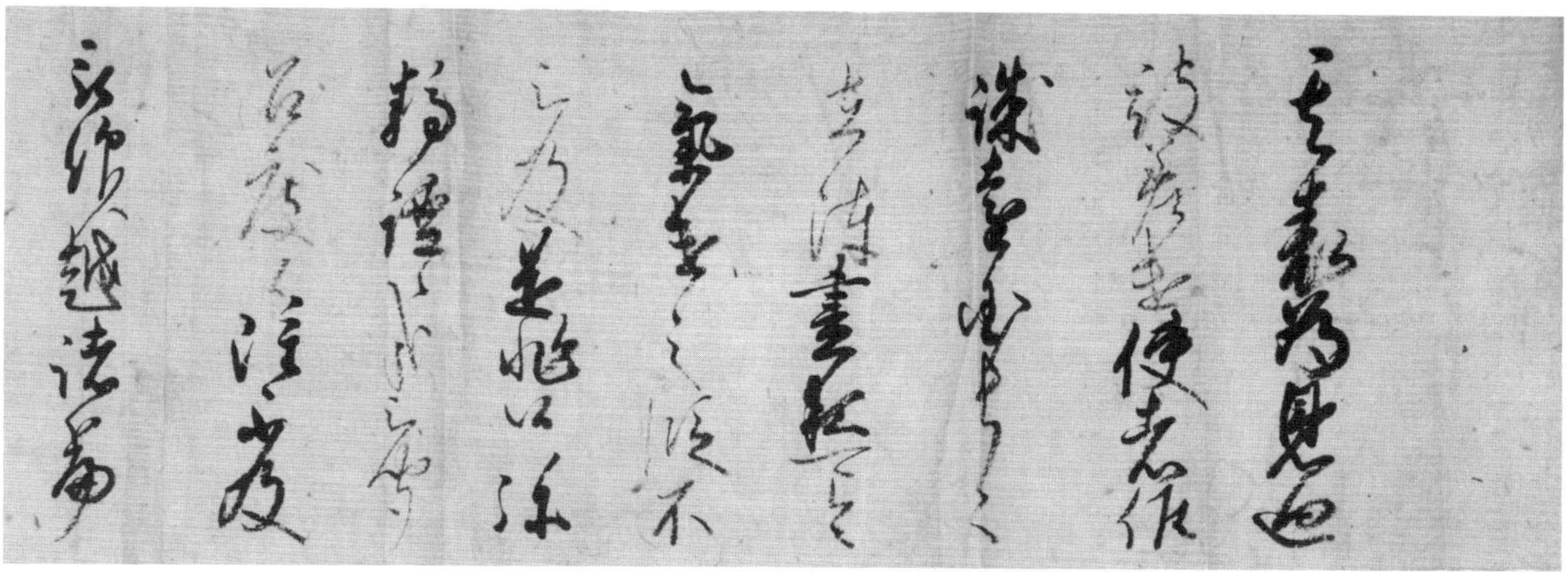

103　豊臣秀次朱印状

其表為見廻
被差遣使者候、
誠遠国長々
在陣昼夜可令
気遣之段、不
被及是非候、弥
静謐候哉、被聞
召度候、雖不及
被仰越、諸篇

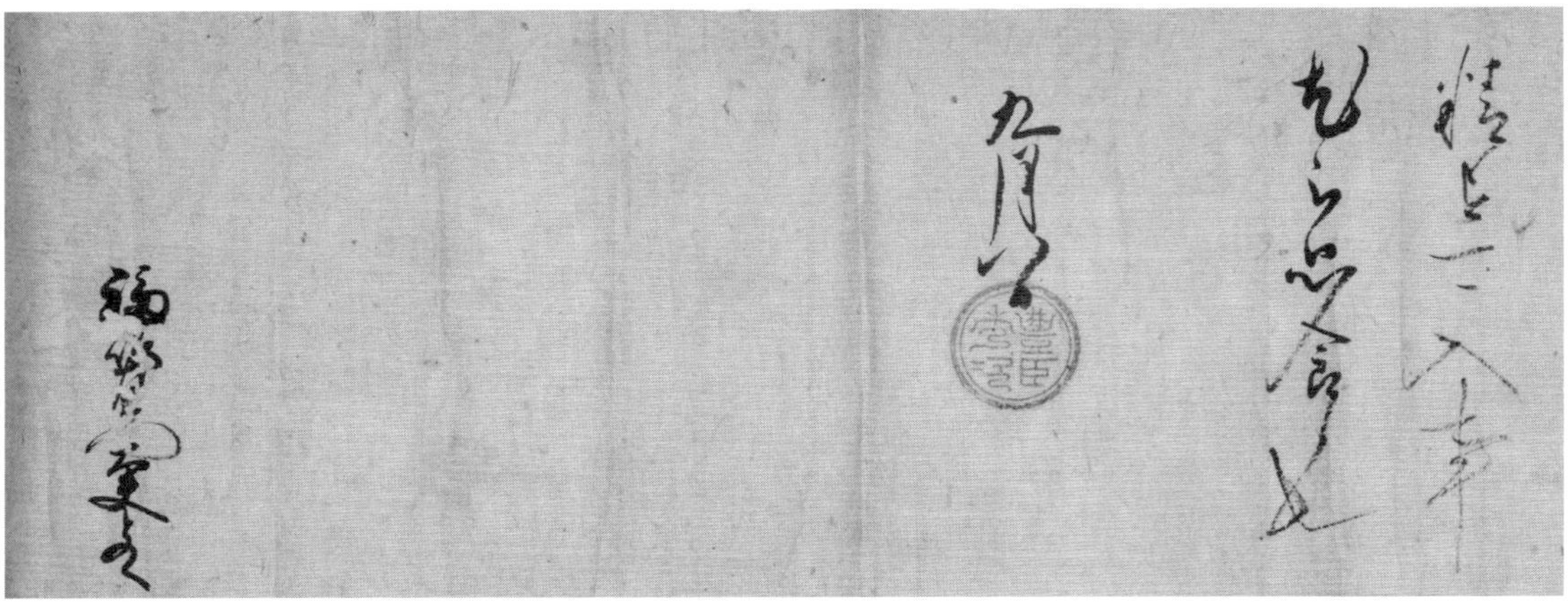

精を可入事、
尤被思食候也、
九月八日《(年未詳)》（朱印《(秀次)》）
福嶋左衛門大夫《(正則)》とのへ

233号文書（秀次2）
もと折紙　巻子装　檀紙
二二八×一一二〇五

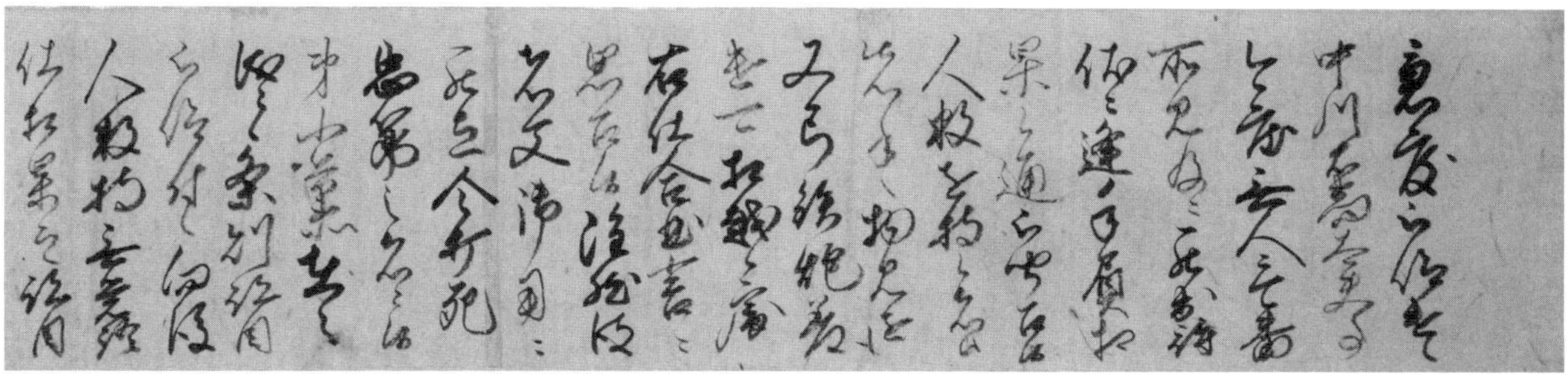

104　豊臣秀吉朱印状写

急度被仰遣候、
中川右衛門尉太夫（秀政）事、
今度無人ニて番
所見及ニ罷出、待
伏ニ逢手負相
果候通被聞召候、
人数を持候者ハ
先手之物見をも、
又弓鉄炮差
遣可相越候処、
右仕合曲言ニ
思召候、雖然彼
者父御用ニ
罷立令打死、
忠節之者ニ候、
弟小兵衛（秀成）在之
儀ニ候条、則跡目
被仰付候、向後
人数持無覚語
仕相果候ハヽ、跡目

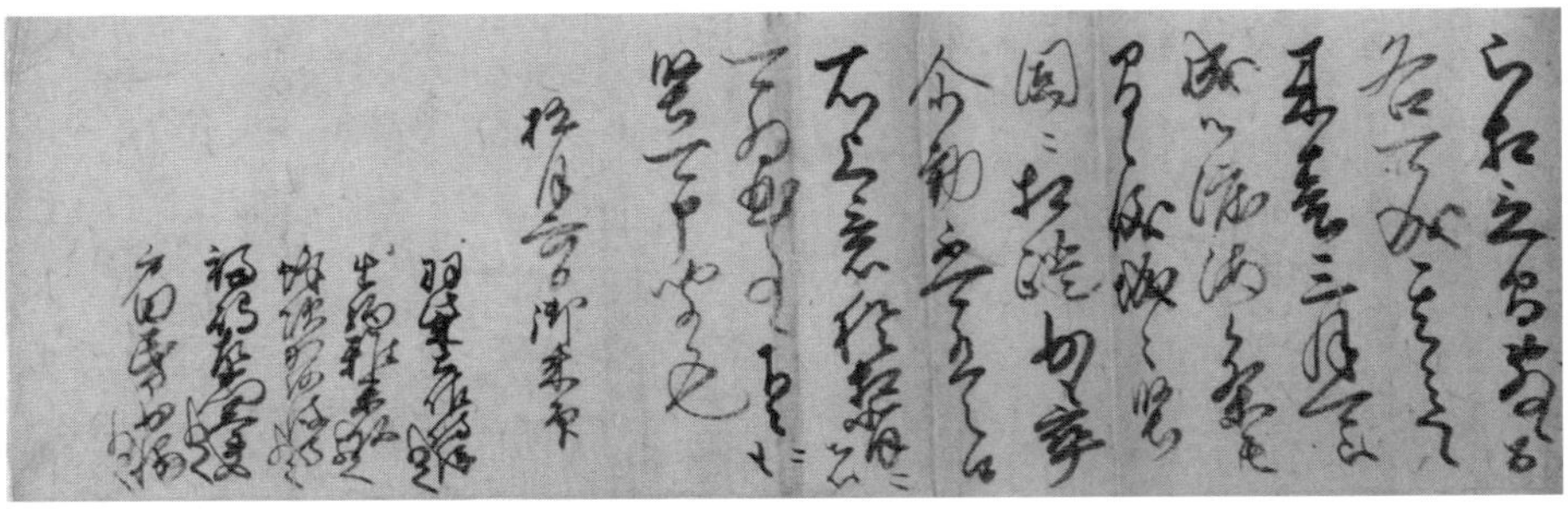

被相立間敷候間、
各可成其意候、
来春三月可被
成御渡海候条、其
間之儀、城々堅
固ニ相踏、少も卒
爾動不可有之候、
右上意於相背ニ者
可為曲事、下々ニも
堅可申聞候也、

（天正二十年）極月六日　御朱印

（長宗我部元親）羽柴土佐侍従とのへ
（親正）生駒雅楽頭とのへ
（家政）蜂須加阿波守とのへ
（正則）福嶋左衛門大夫とのへ
（勝隆）戸田民部少輔とのへ

234号文書(秀吉13)
継紙　巻子装
一三四×九七八

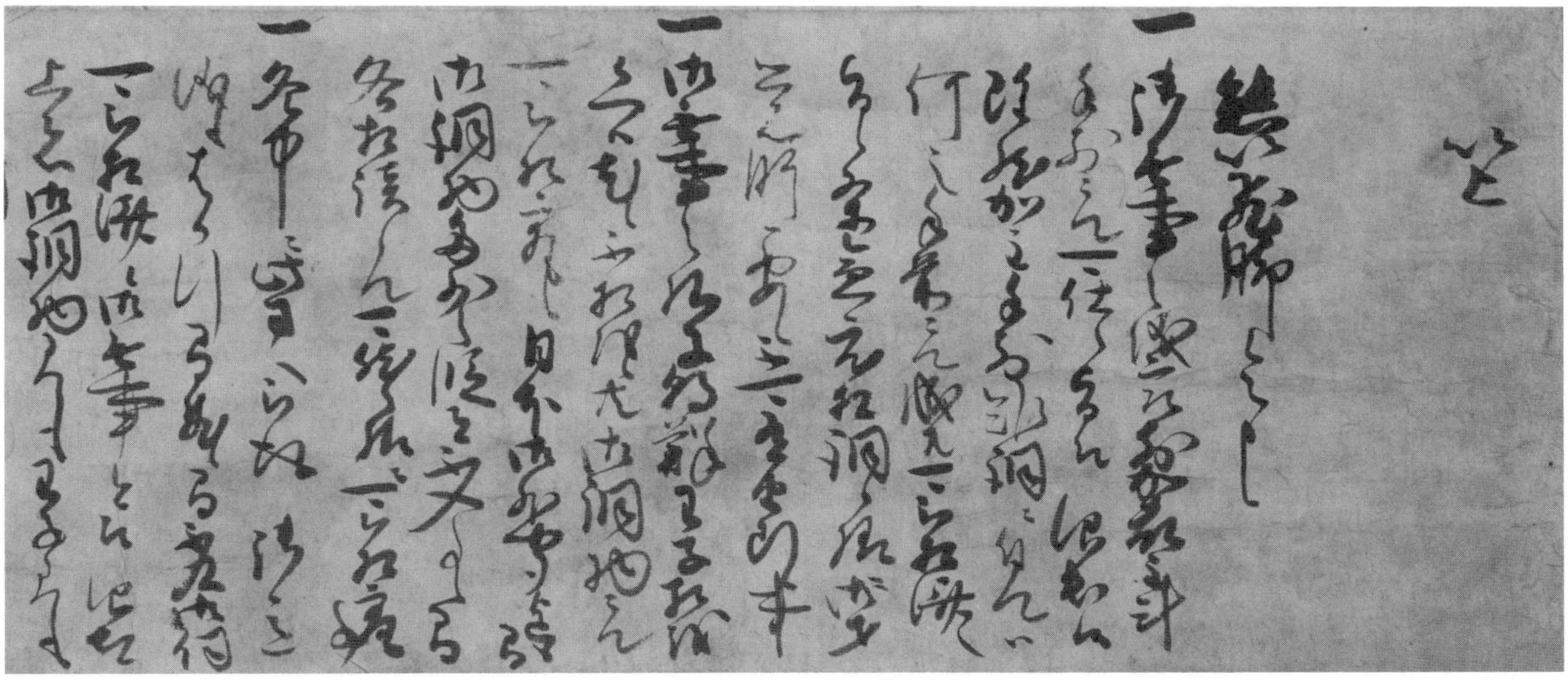

105　豊臣家大老連署書状

以上、

態以飛脚令申候、

一、御無事之儀最前加藤主計(清正)

手前ニて可仕之旨被　仰出候、

雖然加主手前難調ニ付てハ、

何之手前ニて成共、可被相済之

旨候条、急度相調候様ニ御才

覚肝要候、不可有由断候事、

一、御無事之様子、朝鮮王子相越

候へハ尤候、不相越候共、御調物ニて

可被相究候、日本御外聞迄候間、

御調物多少之段者不入事候間、

各相談候て、可然候様ニ可被相究事、

一、冬中ニ此方へ被得　御意

儀も、はか行間敷候間、不及御伺

可被相済候、御無事と被　仰出候

上者、御調物にても、王子にても

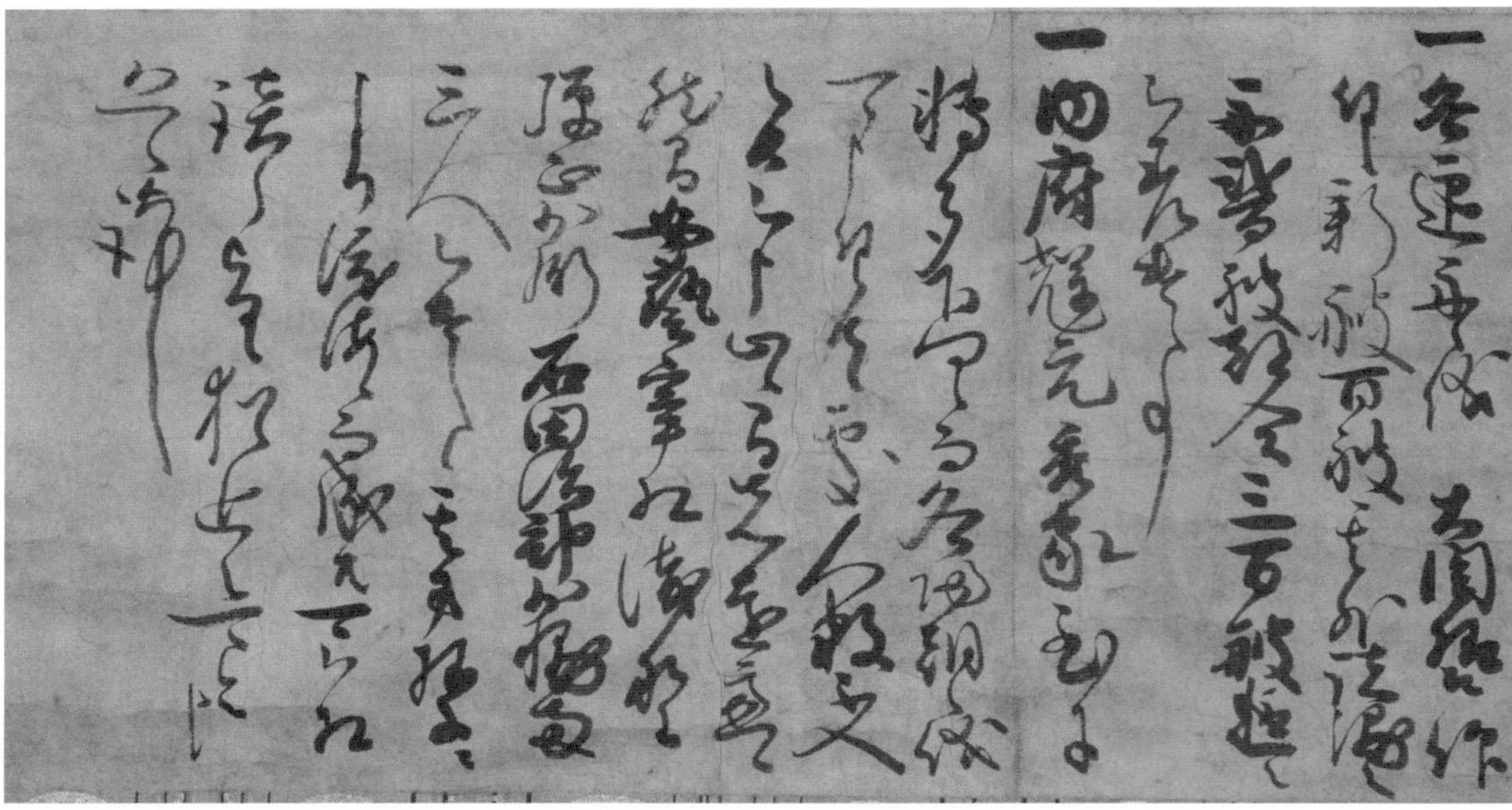

如相調可被相究事、
一、各迎舟之儀、 太閤様被 仰
付候、新艘百艘、其外諸浦之
舟弐百艘、都合三百艘追々
被差遣候事、
一、内府・輝元・秀家至に
博多下向候而、各帰朝之儀
可申付候由候処、人数不入
之由被申止候間、先遠慮候、
然間安芸宰相（毛利輝元）・浅野
弾正少弼（長政）・石田治部少輔（三成）両
三人被遣之候、其方様子ニ
より、渡海候而成共、可被相
談之旨候、猶追々可令申候、
恐々謹言、

(慶長三年)九月五日

(毛利)輝元（花押）

(宇喜多)秀家（花押）

(前田)利家（花押）

(徳川)家康（花押）

寺澤(広高)志摩守殿

235号文書（豊臣奉行2）
もと折紙　掛幅装
一七五×一〇二〇

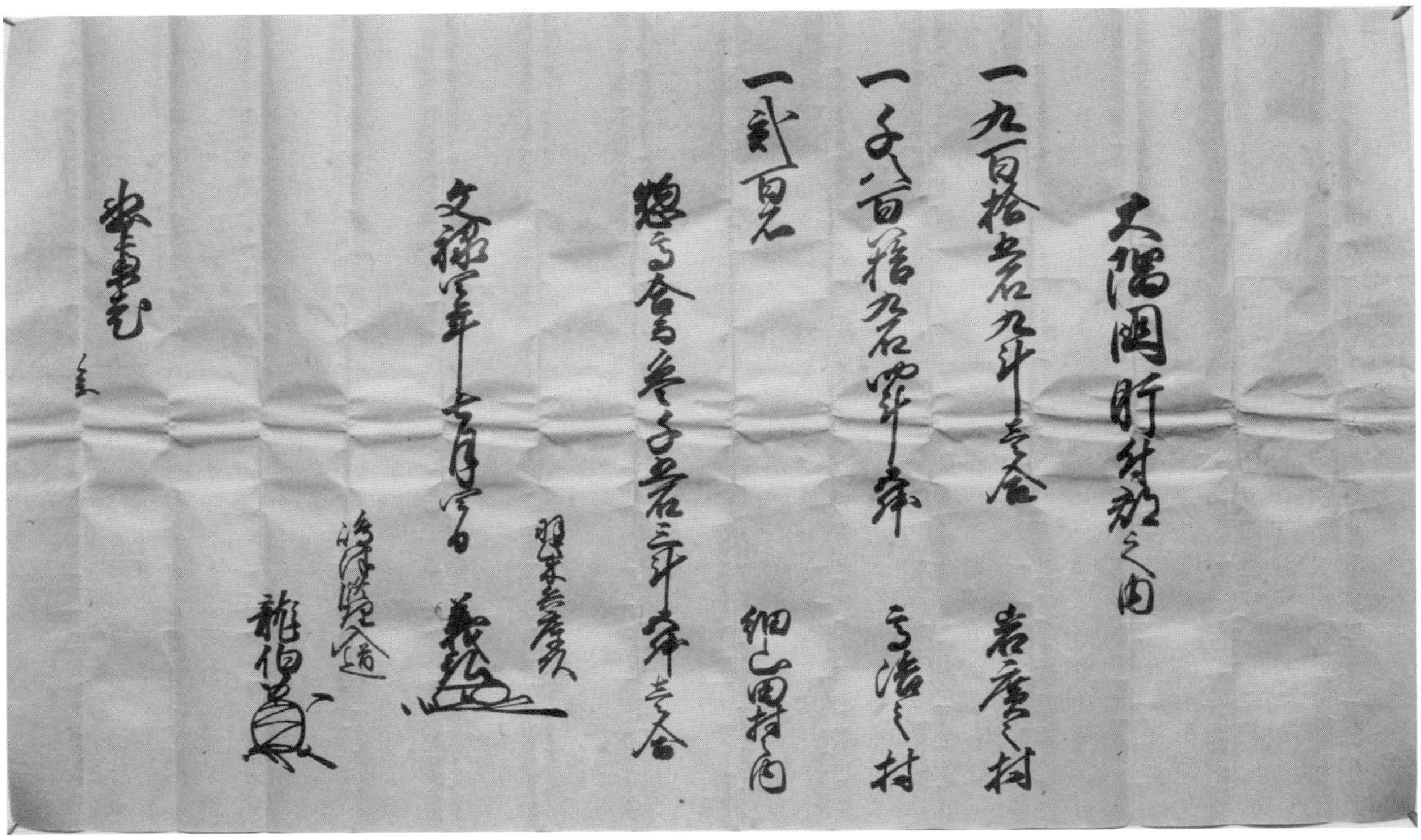

106　島津義弘・龍伯連署知行宛行目録

大隅国肝付郡之内

一、九百拾五石九斗壱合　　岩廣之村

一、千八百八拾九石四斗五升　　高詰之村

一、弐百石　　細山田村之内

惣高合而参千五石三斗五升壱合

文禄四年七月四日

羽柴兵庫頭
義弘（花押）

嶋津修理入道
龍伯（花押）

幽斎老
参

236号文書（義久2）
竪紙　斐紙
三一一×五一八

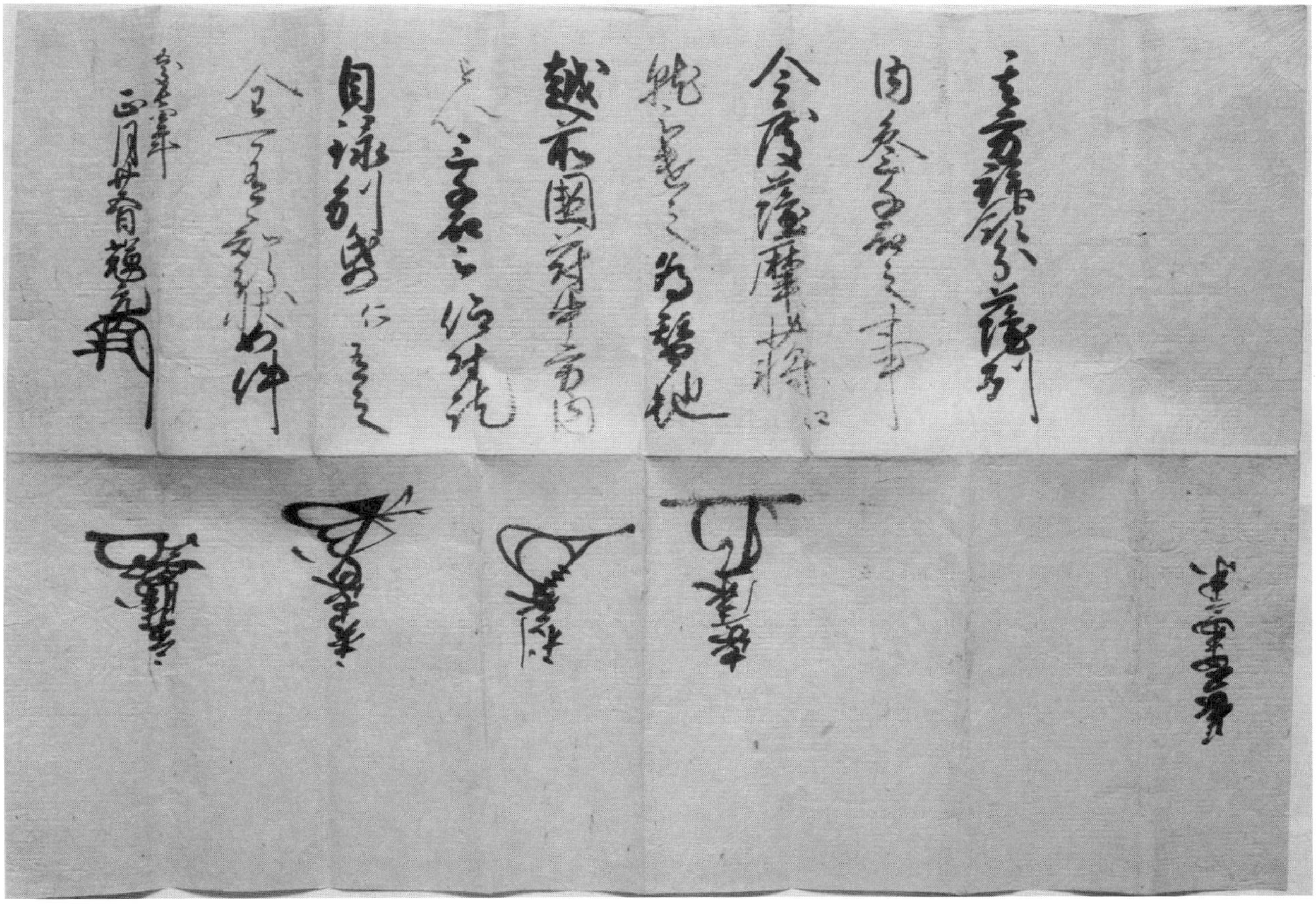

107　豊臣五大老連署知行宛行状

其方拝領分薩州
内参千石之事、
今度薩摩少将（島津忠恒）江
就被遣之、為替地
越前国府中方内
を以三千石被　仰付訖、
目録別帋仁有之、
全可有御知行状如件、

慶長四年
正月廿五日　輝元（毛利）（花押）
景勝（上杉）（花押）
秀家（宇喜多）（花押）
利家（前田）（花押）
家康（徳川）（花押）

長岡幽斎

237号文書（豊臣奉行1）
折紙
四六三×六六五

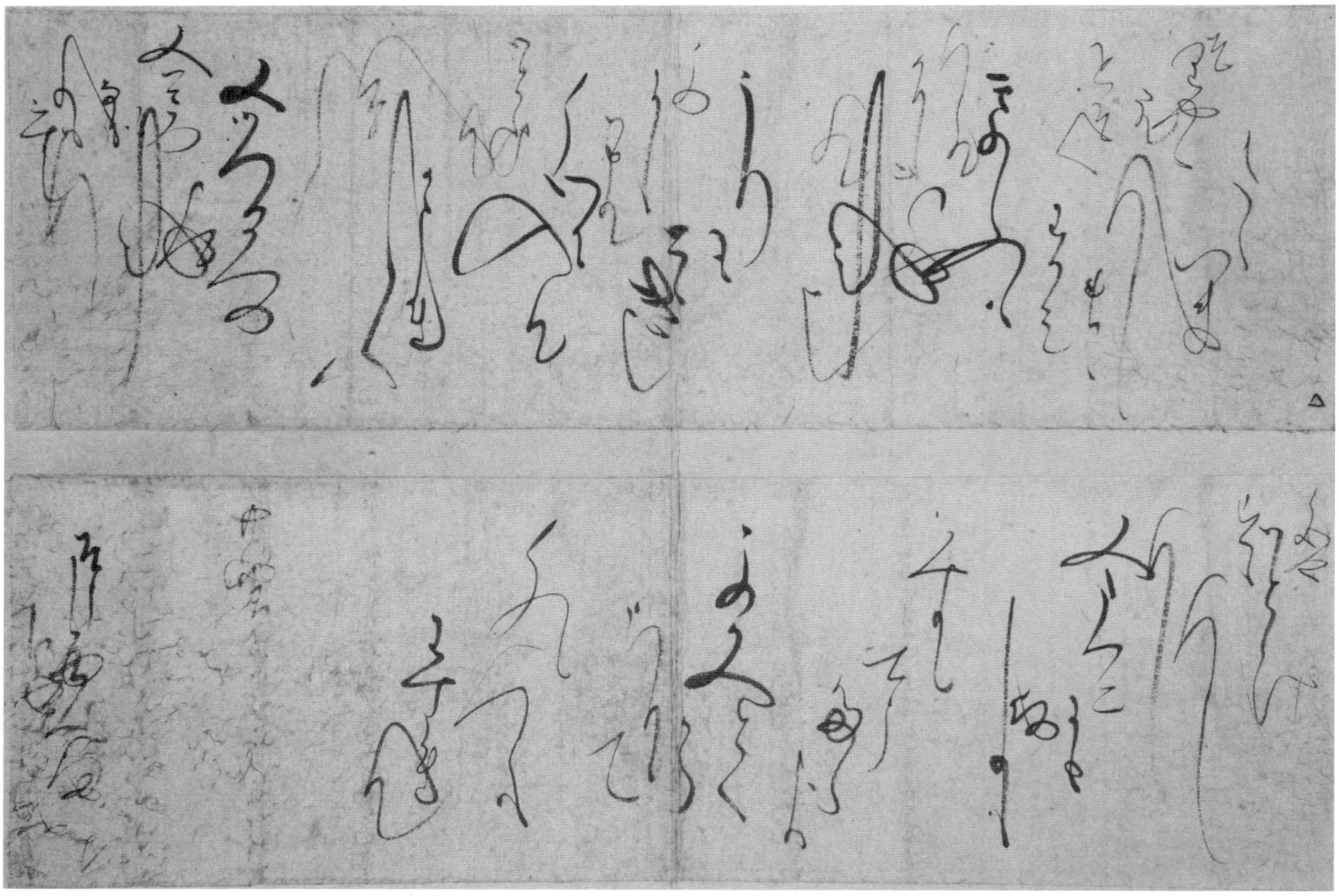

108　忠興夫人玉消息

たゝいま　まいらせ候まゝ
わかみ
そりやくにて　をそく
まいらせ候て　めもしに　御入候
このよし　御申候て
御とゝけ候て　給へく候
又御みつ(忠利)　なに事も候ハす候
御心やすく　候へく候
きのふも　御返事申候
うりも　とゝき申候
御心に入候て　御うれしく候
又御つるへの　御返事まいらせ候
御とゝけ　候へく候
又たんこ(丹後)にも　何事も　候ハす候　てう(長)　たら(多羅)より
この文とくから　まいり候て
御入候へとも　わすれ候て

廿四日(年月未詳)

そうしゆんさま　た(玉)
御返事　申給へ

238号文書(ガラシャ夫人1)
もと折紙　冊子装
一五八×二四〇(二紙とも)

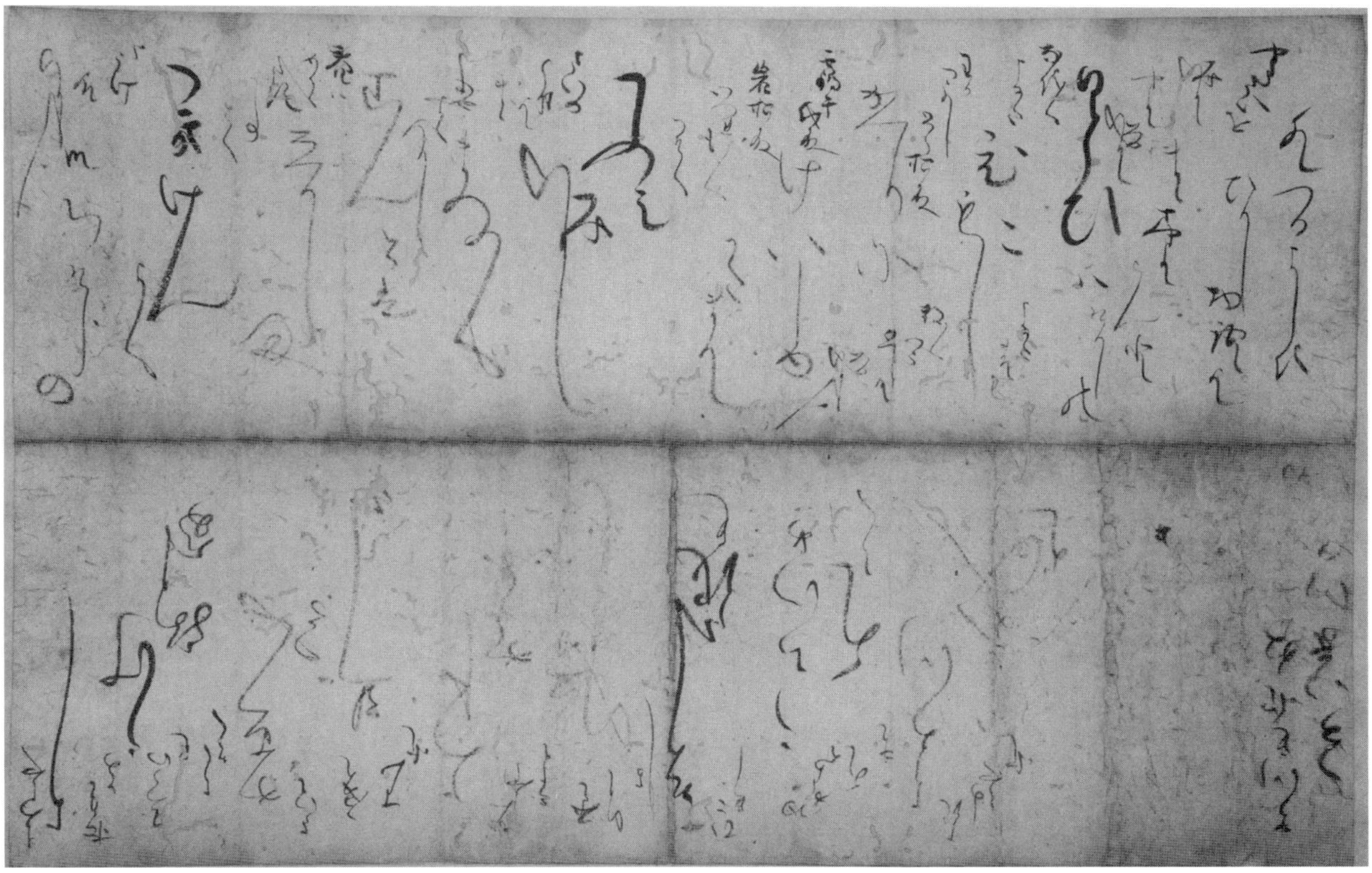

109　忠興夫人玉消息

御入候つるよしを　ひもし（松本彦之進カ）
物語にて候まゝ　さやうに
候ハんと　そもしのやうた
いをみまいらせ候　やうに
思ひ参らせ候
なを〳〵　こなた　わか□
ふし　とら松殿　靍千代殿
岩松殿　いつれも〳〵御そ
くさいの御事にて候まゝ
御心やすく候へく候
春ハめてたき御事とて申う
け給候へく候　かしく
まつ申候也　松もとのわ
つらいもよく　そくさいに
成候て　一たんとはんしや
う之事　望まいらせ候よし
ひこもし物かたりにて御入
候まゝ　よき事にやと
こなたまても　数〳〵御う
れしく思ひまいらせ候　か
しく
ひとひハ　ひこもし　かへり
に　けいしゆ　かたまて
御ふみ届まいらせ候　まつ〳〵
こんとは　ゑもし（忠興）様

御きけんよく　御ちそうの
よし　うけ給候て　かす〳〵
御うれしさ
申つくしかたふ　思ひまいら
せ候
そもしたちも　うちつめ御入
候て　よろつ御心入にて

より
まつもと殿　　た（玉）
御ないき　参る

239号文書（ガラシャ夫人2）
折紙　冊子装
三五八×五四〇

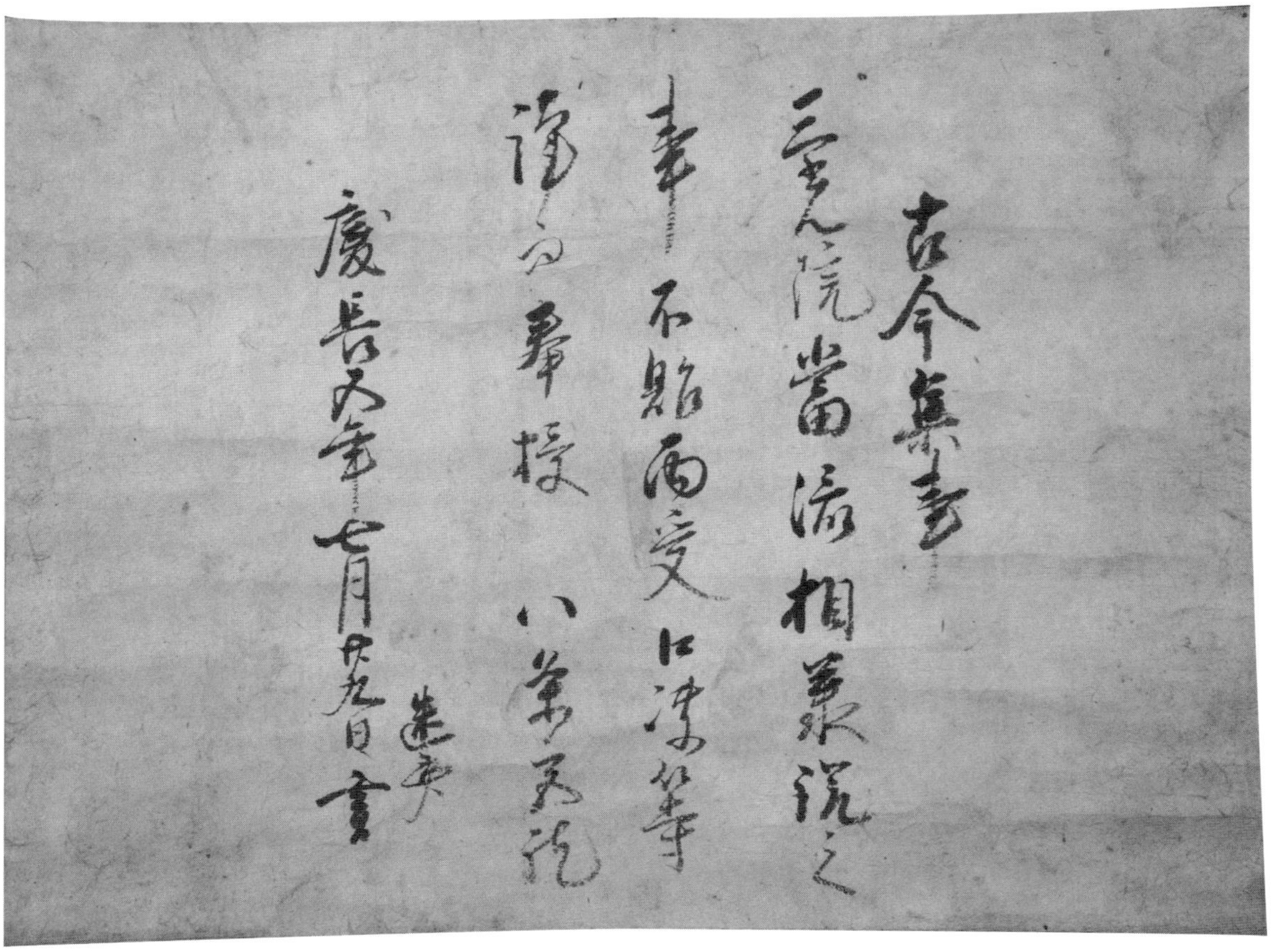

110 細川幽斎古今伝授証明状案

古今集事

三光院(三条西実枝)当流相承説之

事、不貽面受口決等、

謹而奉授　八条宮(智仁親王)訖、

幽斎

慶長五年七月廿九日　玄旨

240号文書(藤孝14)

竪紙　掛幅装

二九〇×三七八

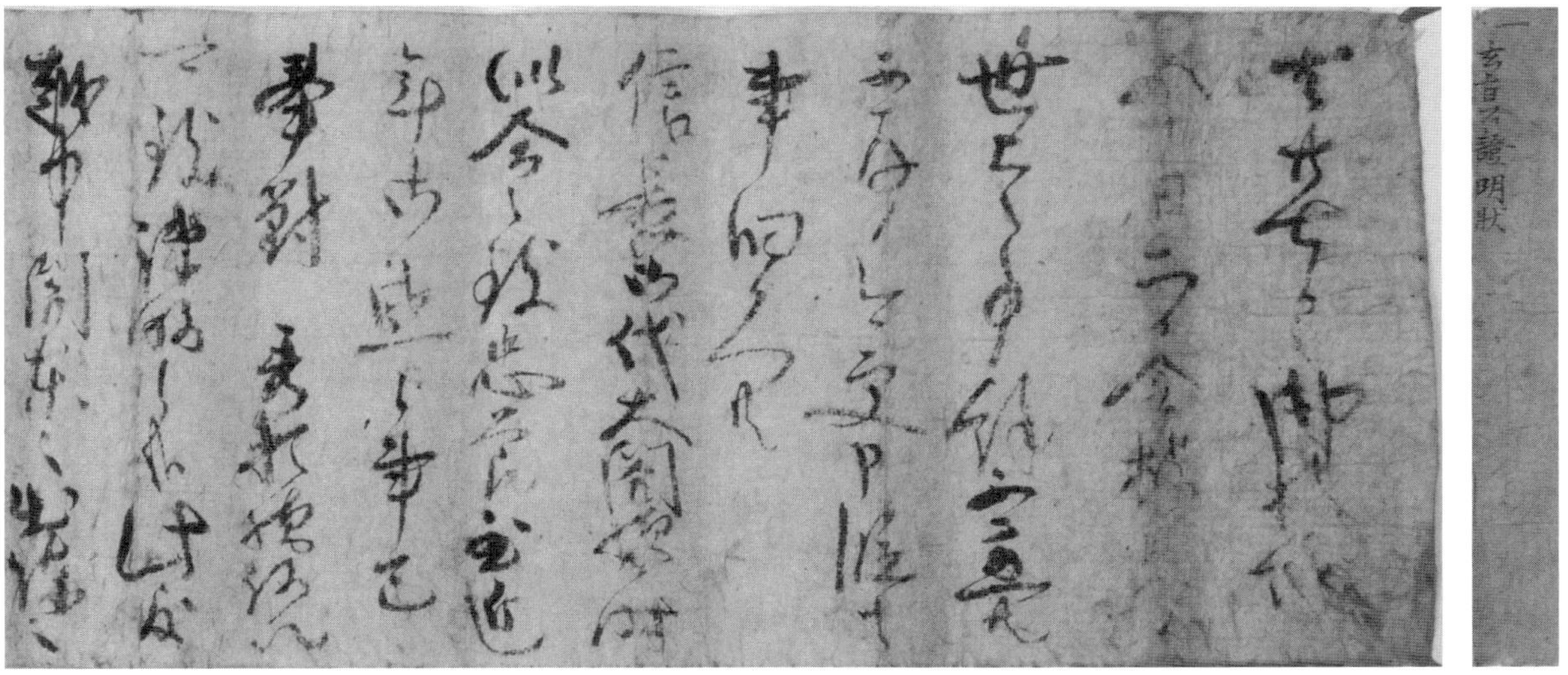

111　細川幽斎書状案

(端裏書)
「玄旨公証明状」

去廿七日之御折紙、
(慶長五年八月)
今日二日令披見候、
世上之事余不慮共
不存候、今更申段も
事旧候へ共、
信長御代太閤様御時
似合之致忠節、至近
年御懇候事、已
奉対　秀頼様、何以
可致疎略候哉、此度
(細川忠興)
越中関東へ出陣之

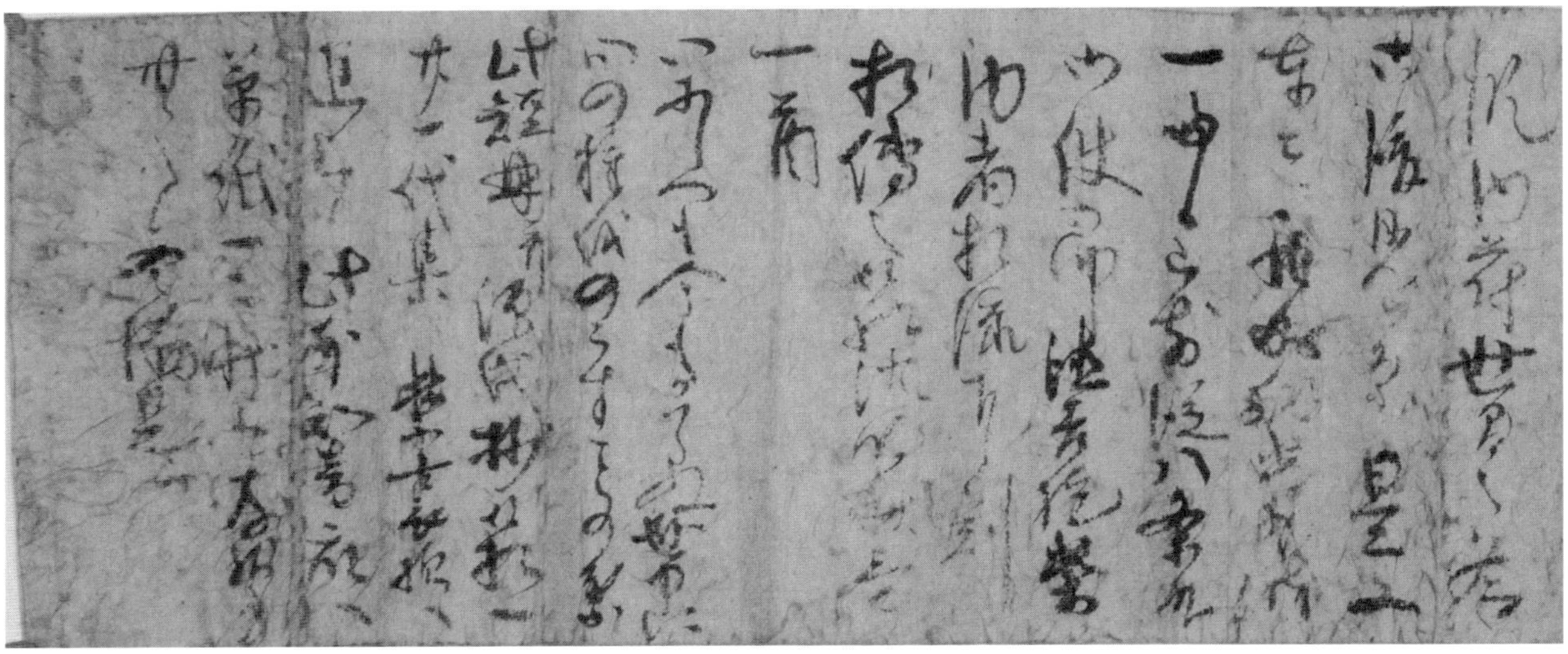

段内符(徳川家康)(府)世間之為
御後見候条、是又
奉公罷成処、安外躰、
一両日已前従八条殿(智仁親王)
御使即徳善院(前田玄以)案
内者相添下候刻、
相伝之箱、証明状、歌
一首
いにしへも今もかハらぬ世中に
心の種をのこすことの葉
此短冊并源氏抄箱一、
廿一代集、禁裏様へ
進上候、此外知音衆へ
草紙一二帖上候、存残事
無之候、令満足候、

241号文書(藤孝1)
継紙
一七〇×七一五

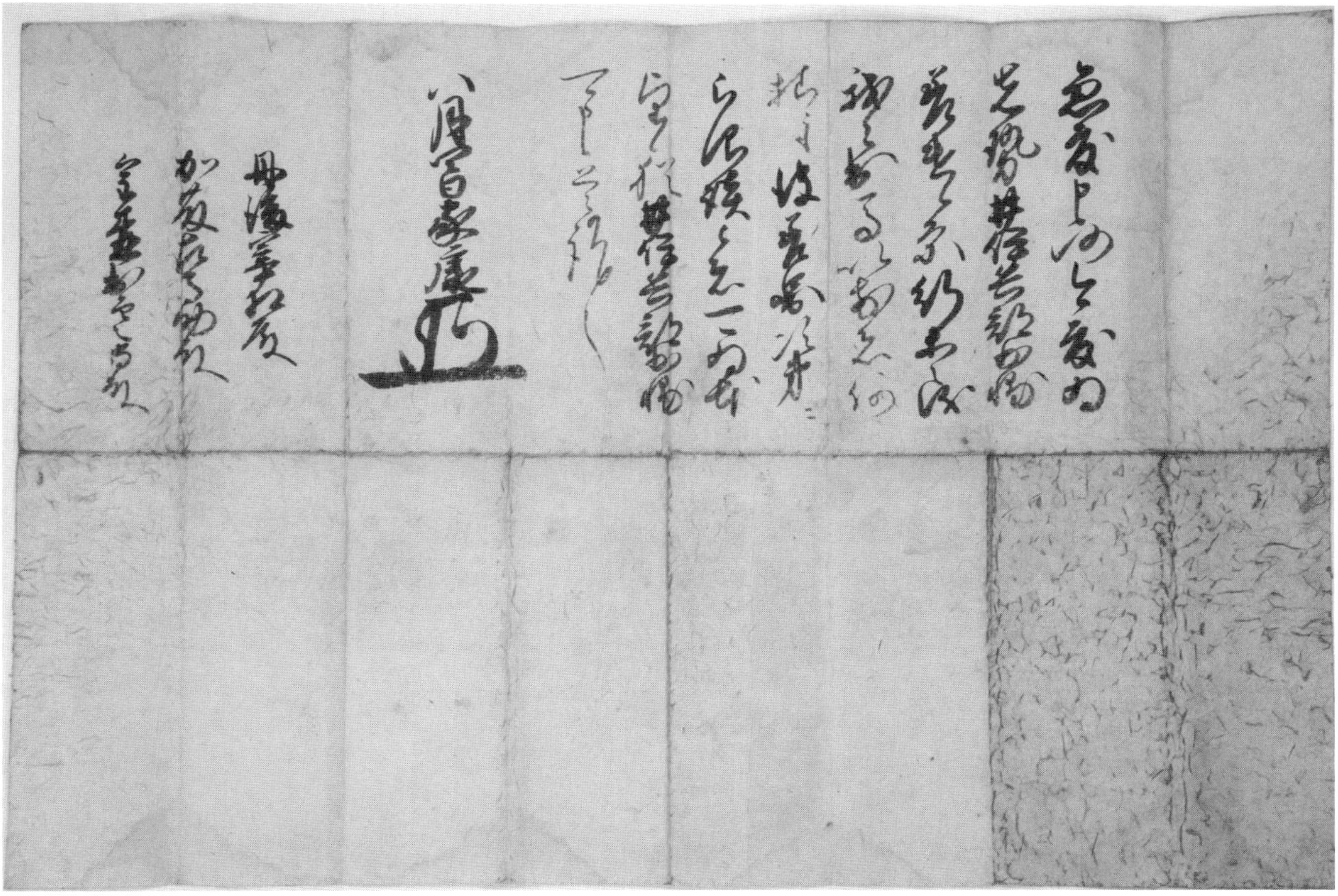

112　徳川家康書状

急度申候、仍今度為
先勢井伊兵部少輔（直政）
差遣候条、行等之儀
我々出馬以前者、何
様ニも彼差図次第ニ
被仰談候者、可為本
望候、猶井伊兵部少輔
可申候、恐々謹言、

（慶長五年）八月四日　家康（花押）

丹後宰相殿（忠興）
加藤左馬助殿（嘉明）
金森出雲守殿（可重）

242号文書（家康1）
折紙
三七〇×五三八

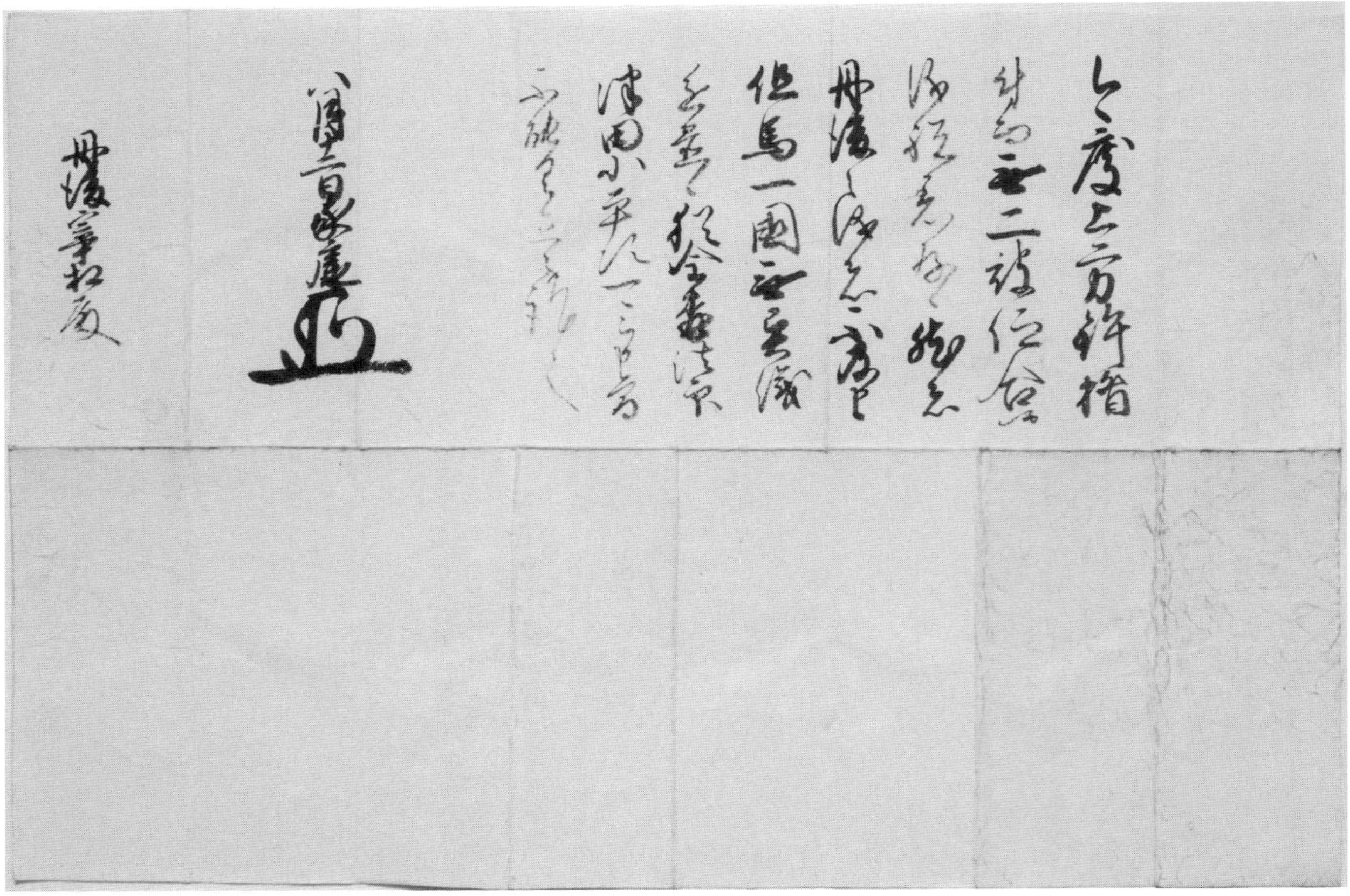

113　徳川家康書状

（包紙上書）「丹後宰相殿」

今度上方鉾楯
付而無二被仰合候
儀祝着存候、然者
丹後之儀者不及申候、
但馬一国無異儀
進置候、猶金森法印（長近）・
津田小平次（秀政）可被申候間
不能具候、恐々謹言、

（慶長五年）八月十二日　家康（花押）

丹後（忠興）宰相殿

243号文書（家康6）
折紙　包紙あり
三七八×五五五

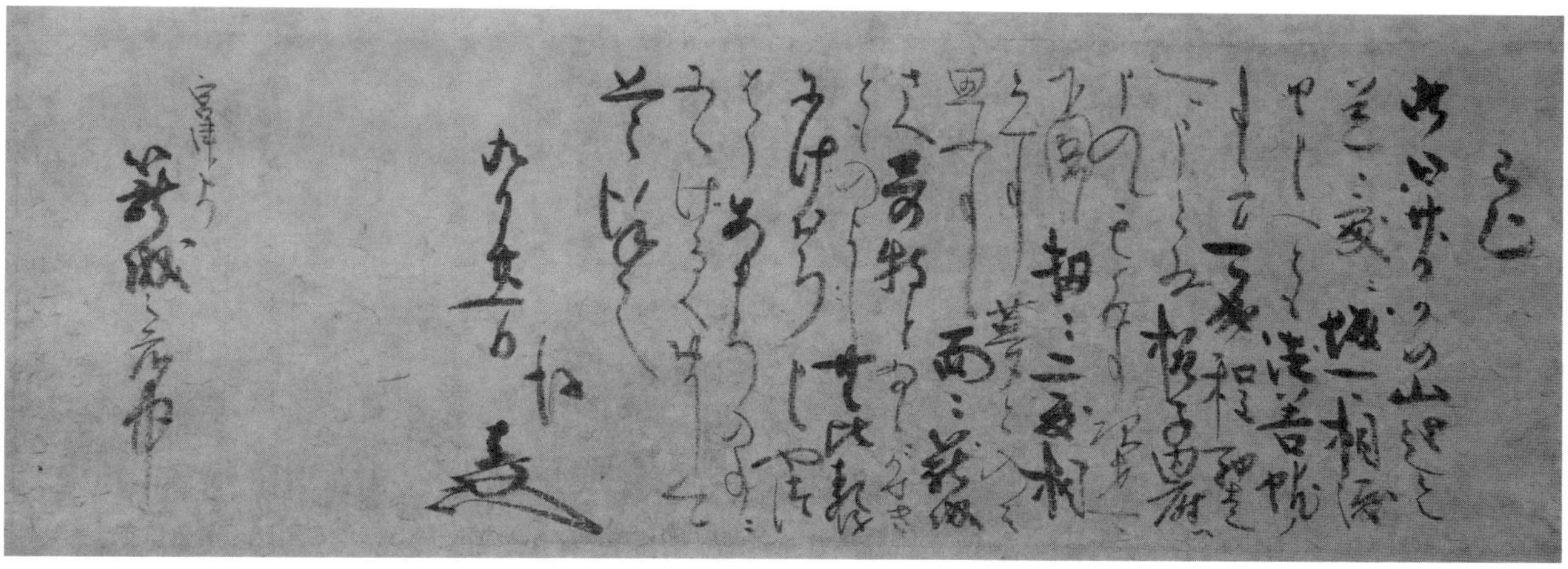

114　細川忠興書状

已上

昨日廿日かめ山迄令
着候処ニ城可相渡
由申候へとも、徳善院(前田玄以)ノ
事候間、可成程馳走
可申と存、様子内府(徳川家康)へ
申入候、其返事次第可
下国候、扨々二度相
候ハん事夢とのミ
思ふ事候、面々籠城
さへ奇特と存候ニ、かせき
とものよし無比類儀
にけおち申候、やつ
はらあまりの事ニ
にくげなくおかしく候、
恐々謹言、

(慶長五年)九月廿一日　越
忠(忠興)（花押）

宮津より
籠城之衆中

244号文書（忠興4）
もと折紙　掛幅装
一九七×四七八

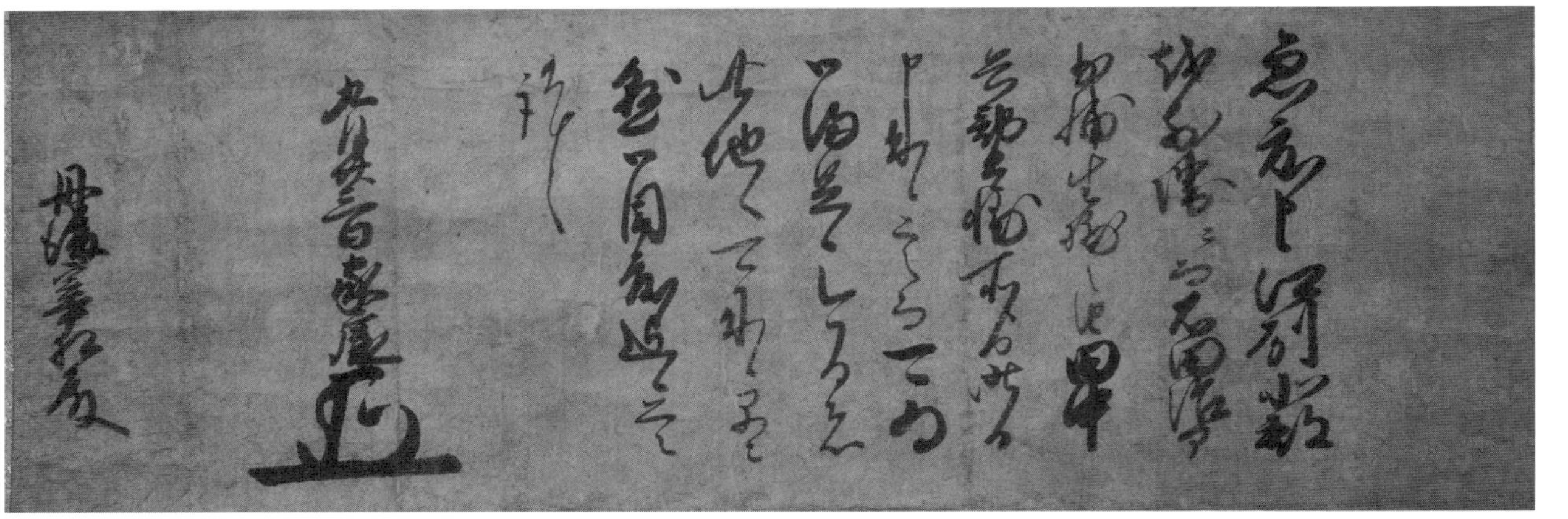

115　徳川家康書状

急度申候、江州北郡
越前堺ニ而石田治部（三成）
少輔生捕之由、田中
兵部（吉政）太輔所より昨日
申来候、定而可為
御満足候、今日者
此地へ可来候、早々
懸御目度迄候、恐々
謹言、

（慶長五年）九月廿三日　家康（花押）

（細川忠興）丹後宰相殿

245号文書（家康10）
もと折紙　掛幅装
一八〇×五一三

116 徳川家康書状

御状令披見候、
仍小野木《(公郷)》城ヘ入付而、
即被取巻之由
尤候、何様ニも可然
様可被仰付候、恐々
謹言、

十月二日《(慶長五年)》　家康（花押）

丹後宰相《(忠興)》殿

246号文書（家康３）
折紙
三六〇×五三〇

117　細川幽斎書状

為見舞態々書状
披見候、今度者、天下
不慮之仕合候つる、然共
無程相静、皆々無
何事上洛候而、令対談
満足此事候、殊仕合
無残所候、我々事も
内府様（徳川家康）一段御懇候間
可心安候、此比少相煩候而
書状不香候、委細各方より
可申下候、恐々謹言、
　　　　　　幽斎
十月廿三日（慶長五年）　玄旨（花押）
　　内記殿（細川忠利）
　　　　返事

247号文書（藤孝11）
折紙
三三〇×五〇〇

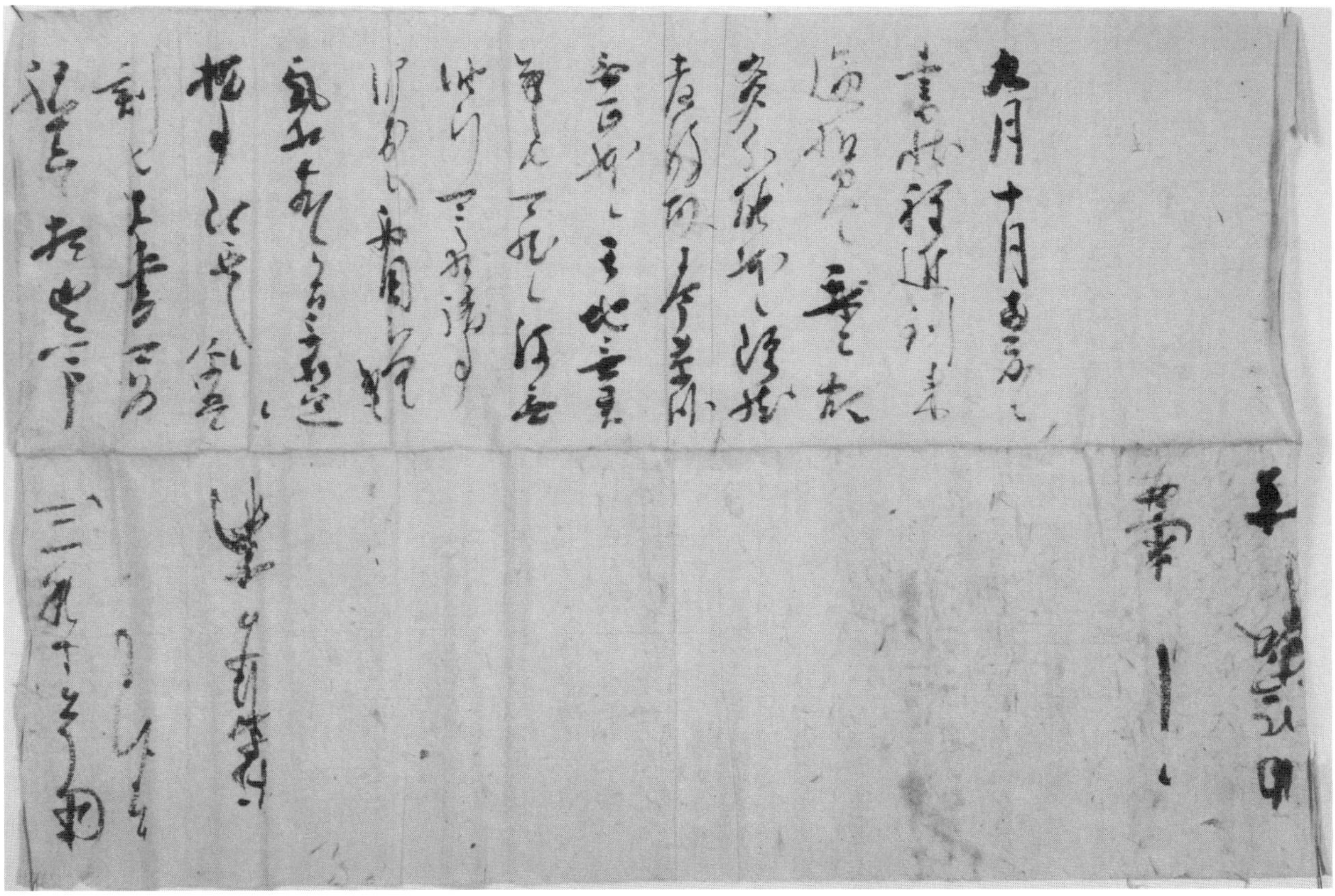

118　細川幽斎書状

九月十月両度之
書状程近到来
遂披見候、我々煩
多分能躰候、雖然
老躰故于今草臥
無正躰候、其地無異
義候由可然候、弥無
油断可被相詰事
御尤候、西国下向候義も
気相散々候間、不相定候、
指事雖無之候、便宜之
刻者上書可為
祝着候、猶追々可申
述候間、不能一二候、
恐々謹言、
（慶長六年）後霜月十日　玄旨（花押）
（表書）「（切封墨引）　幽斎
（細川忠利）内記二殿　玄旨
返事　」

折紙
248号文書（藤孝10）
三二三×四六〇

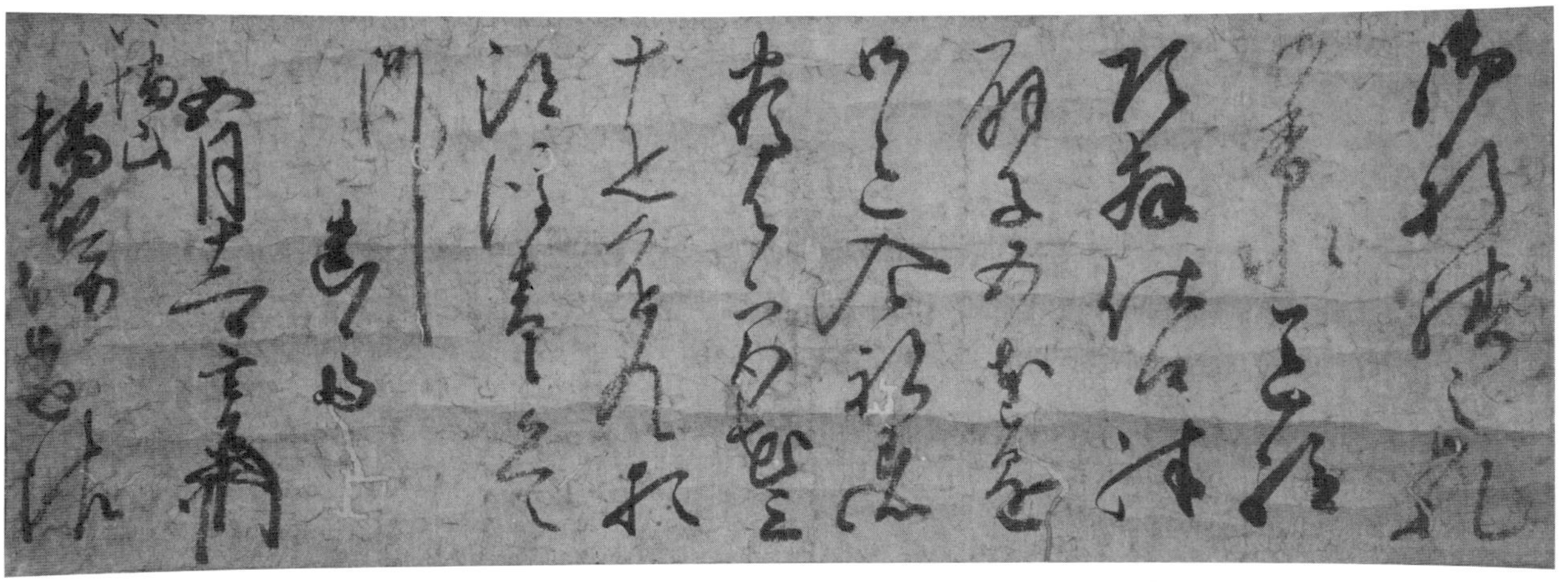

119　細川幽斎書状

御祈禱之御札
御香水送給
頂拝仕候、殊
扇子五本被懸
御意令祝着候、
為御□□花三
十疋進入候、猶
期後音候、恐々
謹言、

幽斎
（年未詳）五月十二日　玄旨（花押）

八幡山
橋本坊
御返報

※この文書には検討の余地がある

249号文書（藤孝9）
切紙　掛幅装
一四〇×三七〇

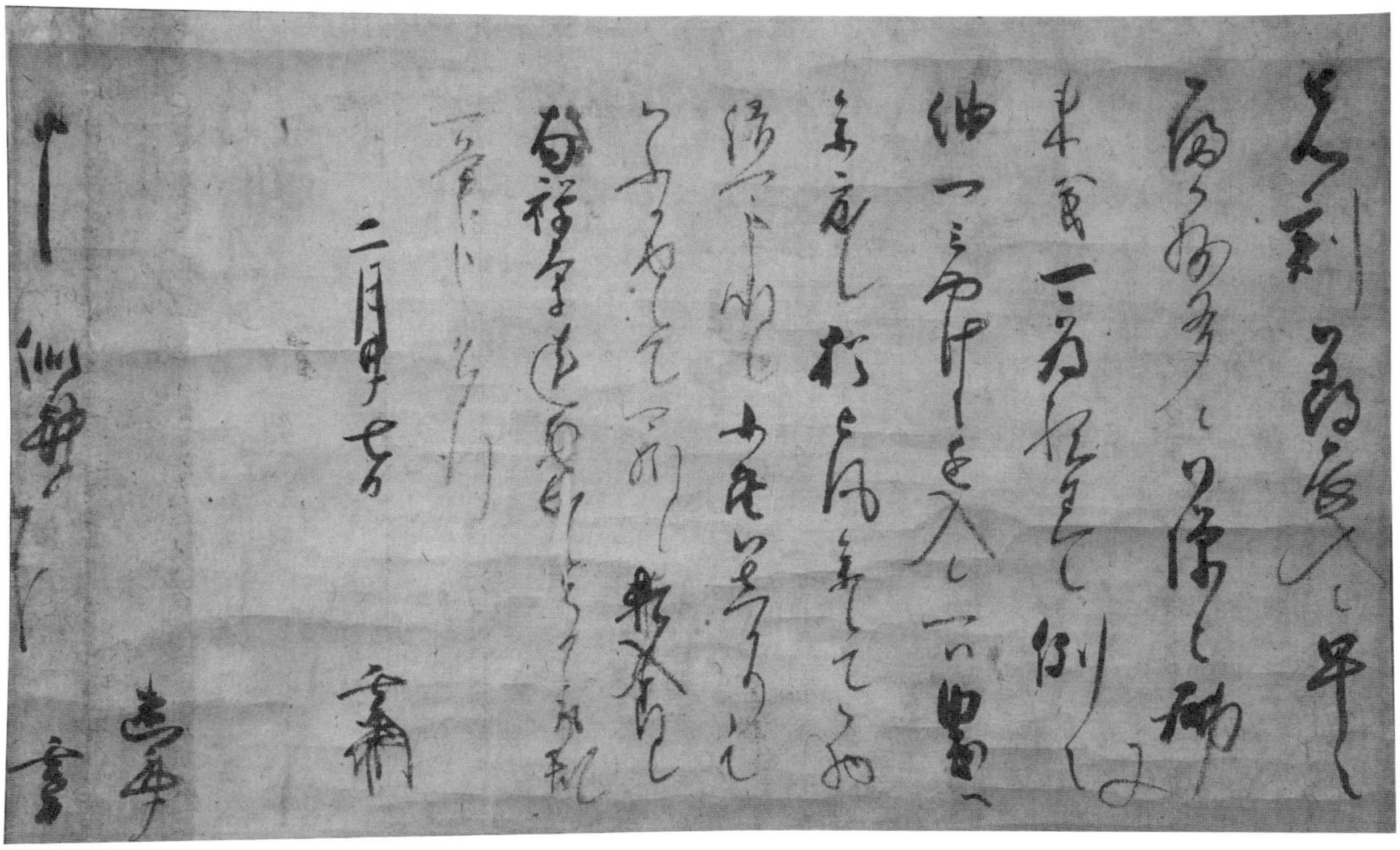

120　細川幽斎書状

先刻御尋畏入候、早々
御帰御残多候、御隙之砌又
来義可為祝着候、例之
紬一ミやけに進入候、一ハ内義へ
参度候、猶与風参候て御物
語可申承候、小笛御しかり候て
御ふかせ候て可給候、頼入存候、
南禅寺迄罷出候とて取乱
一筆申候、恐々謹言、
　二月廿七日(年未詳)　　　　玄旨（花押）

「(もと包紙上書)
（切封墨引）　似斎(一噌似斎)□(老カ)　　　　幽斎
　御報　　　　　　　　　　　　玄旨
」

250号文書（藤孝8）
竪紙　掛幅装
二八五×四六五

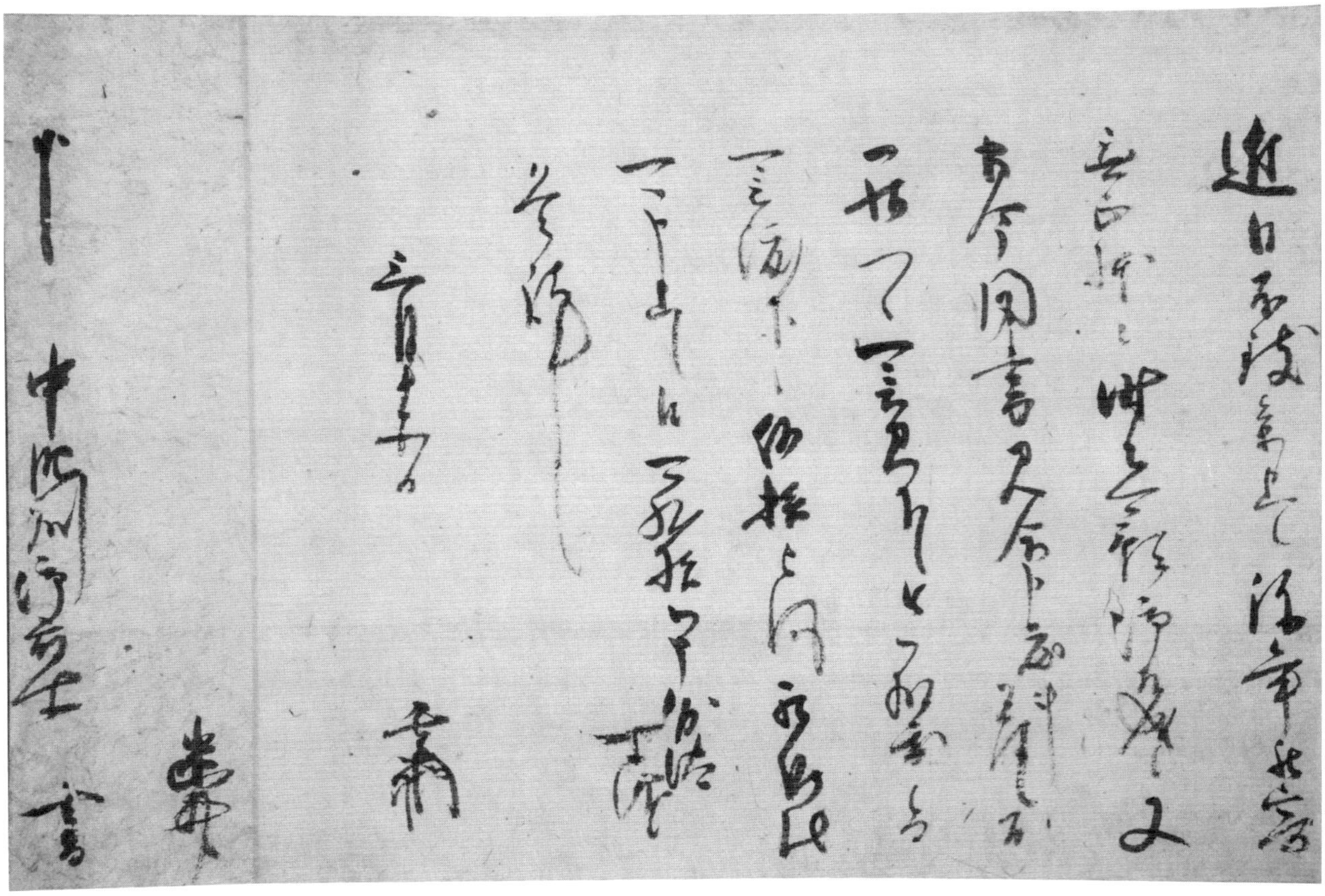

121　細川幽斎書状

近日不致参上候、弥年罷寄
無正躰候、時々可預御取成候、又
古今聞書見合申度計御座候間、
一帖つゝ可被見下候由御扣書候而
可被渡下候、何様与風罷□□
可申上候、可然様御申沙汰所仰候、
恐々謹言、

（年未詳）三月十五日　　玄旨（花押）

「（もと包紙上書）
幽斎
（切封墨引）　中肥州御宿所　　玄旨」

251号文書（藤孝2）
竪紙　掛幅装
三一七×四五五

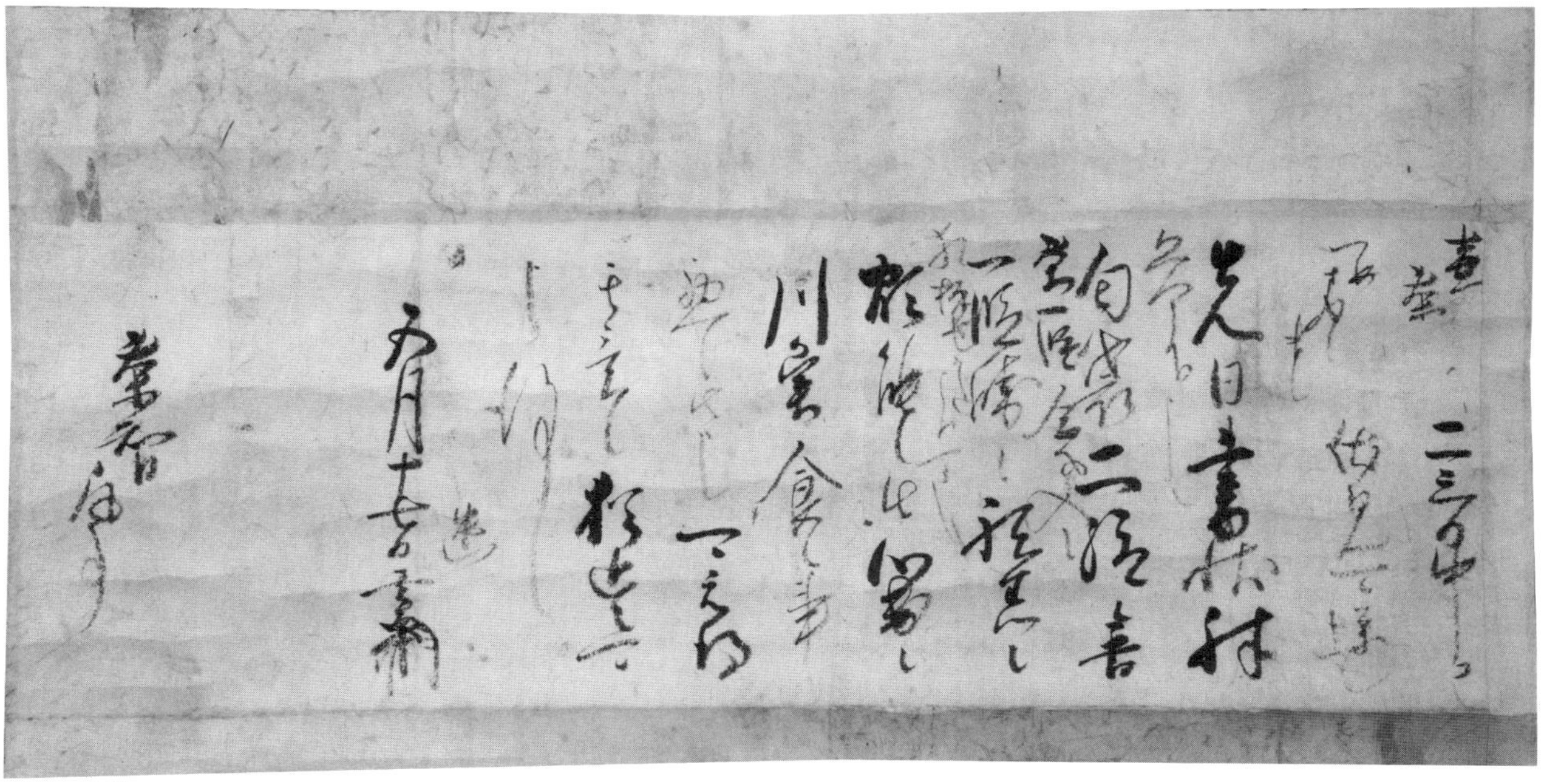

122　細川幽斎書状

二三日中ニ
伏見可参上候、
壷茶、つめさせ候まゝ、
急可下申候、
茶一段念を入候、
猶権世かたより可申候、
先日書状殊
匂袋二給候、香
一段勝候、祝着候、
煩能候由心安候、
川魚食候事
悪之由申候、可被得
其意候、猶追々可
申候、謹言、

幽

（年未詳）五月十七日　玄旨（花押）

（細川孝之）茶智
返事

252号文書（藤孝3）
もと折紙　掛幅装
二二〇×四一八

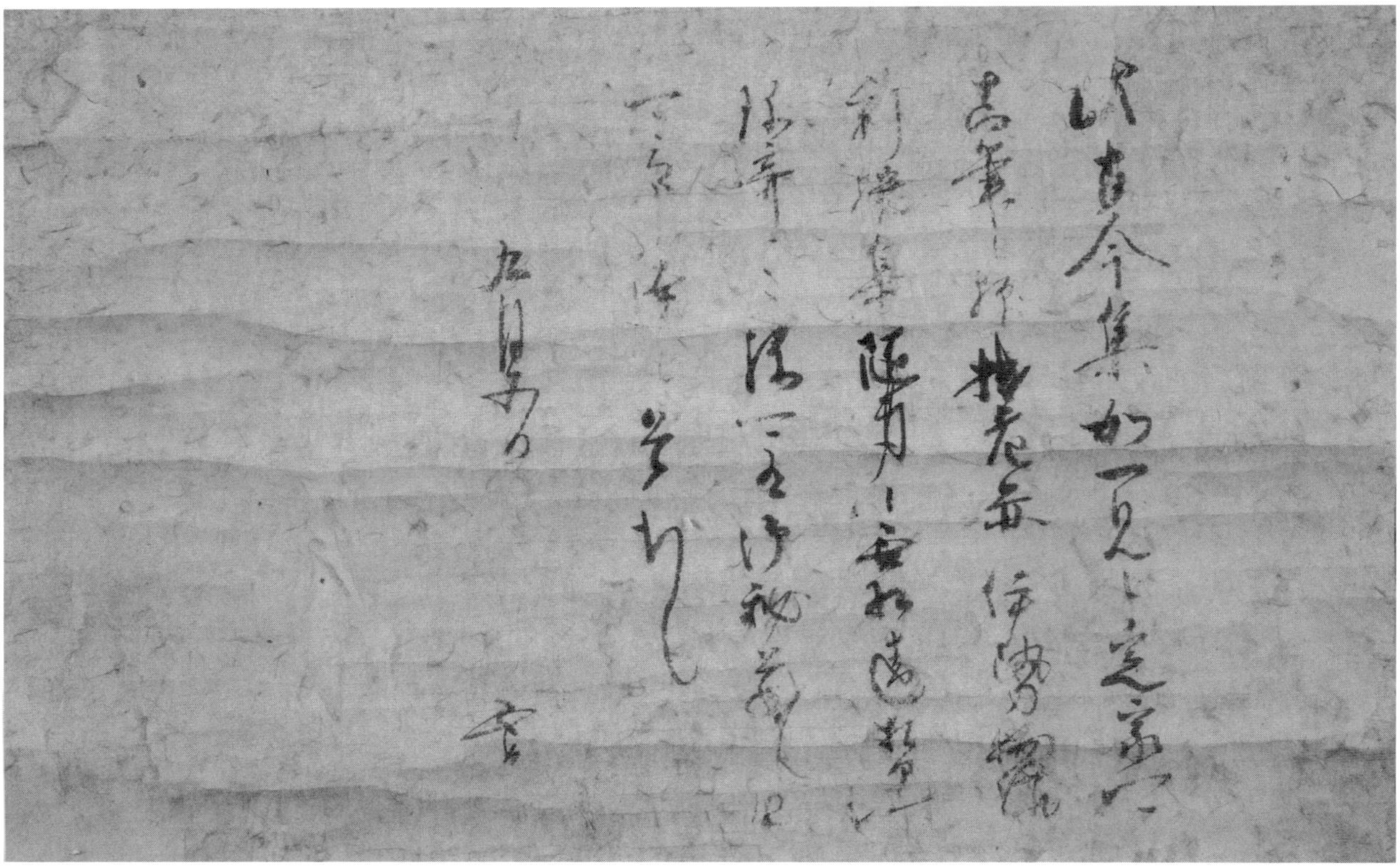

123　細川幽斎書状

此古今集加一見候、定家卿
真筆候、抑拙老亦伊勢物語
新撰集随身に無相違相見候、
珍奇々々、弥可有御秘蔵之由
可被申達候、恐々謹言、

（年未詳）九月五日　　　　玄旨

※この文書には検討の余地がある

253号文書（藤孝5）
竪紙　掛幅装
二六八×四一九

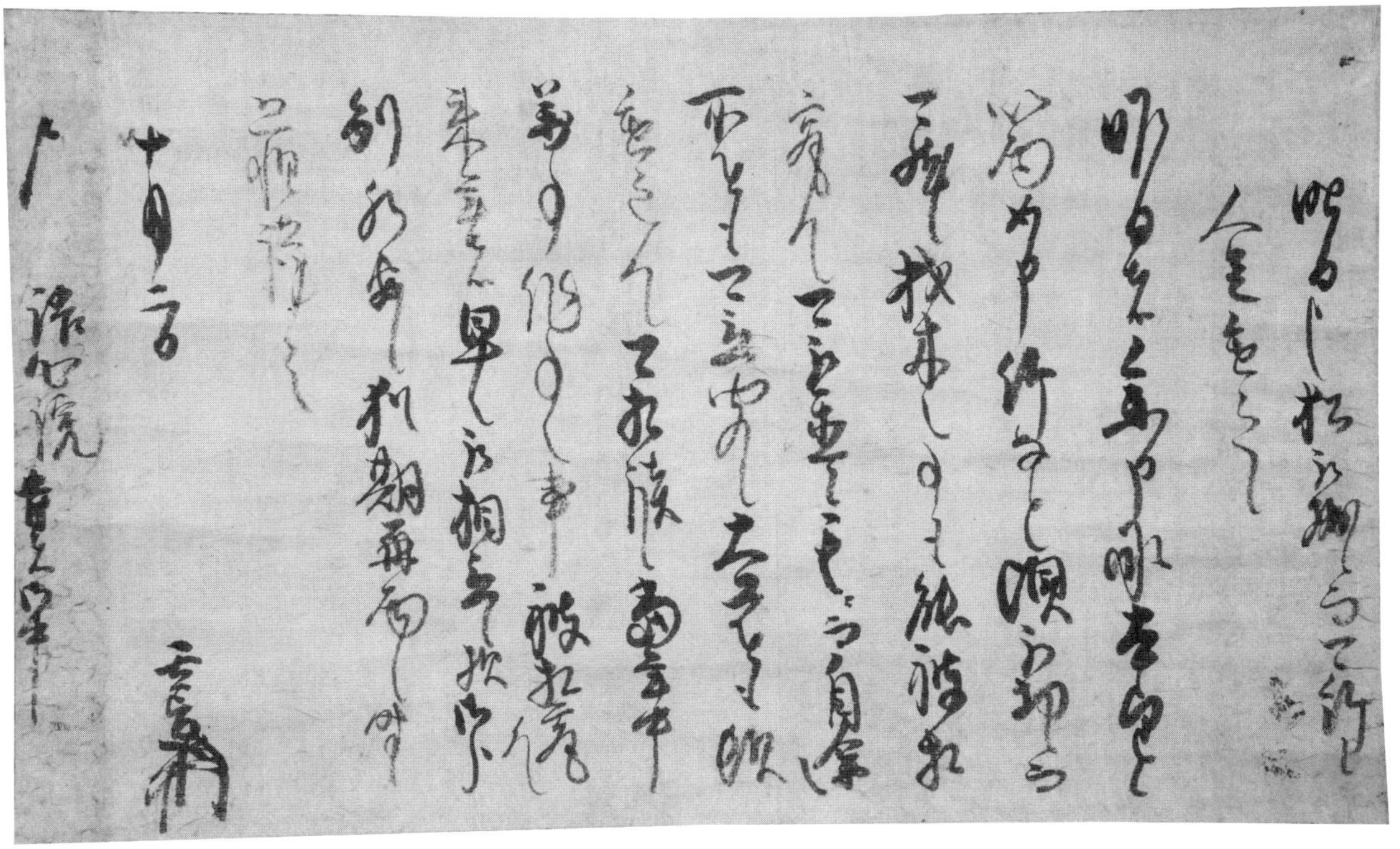

124　細川幽斎書状

昨日申候松取揃候而可給候、
人足進之候、
昨日者参申承本望候、
以面如申竹なと頃不切候而
可然候、材木之事も能被相
究候て可取置候、其ニ而自余之
所をも可急聞候、大工をも頓
進之候て可相談候、当年中
万事作事之事被相究候て、
来年者早々取相急候様御分
別肝要候、猶期再面之時候、
恐惶謹言、

（年未詳）十月二日　玄旨（花押）

（もと包紙上書）「（切封墨引）　（梅印元冲）語心院
侍者御中」

254号文書（藤孝4）
竪紙　掛幅装
二八二×四五八

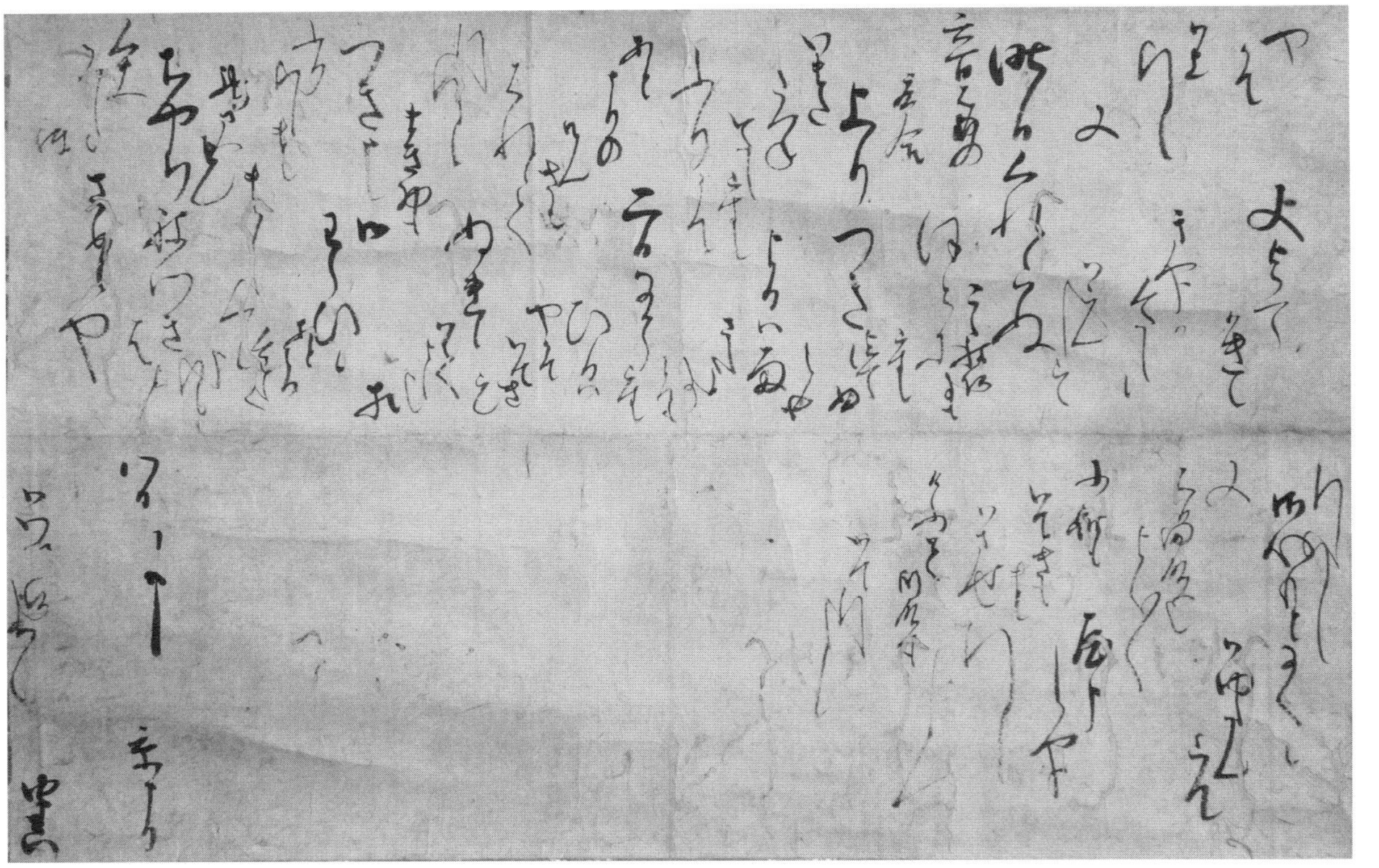

125　細川幽斎消息

昨日くれ候ハぬほとに　上り
つき候ぬ
よるハ雨ふり候て　二日なか
ら　ひるハ
はれ候て　ぬれ候ハて　相つ
き申候
御わらひ候ましく候
ちやち《茶智》ねつきは　さめ候や
御心もとなく候　御ゆたん候
ハて
よく／＼　やうしやう　御さ
せ候へく候
かしく
（表書）「八日（切封墨引）京より
御ワ□様
申給へ　ゆうさい」
又よてかき候　きやうハくた
し候
御らんし候ハヽ、やかて　御
上り候へく候
又
六百はむの歌合　いまたたつ
ねいたし候ハす候
あとよりのけんきも引まいら
せ候　まき物も

ふりまいらせ候まゝ　神さへ
もん
くにへかへし候　使
行候へく候　又　はりま殿へ
申候
ふねもいてき候まゝ　けふは
御殿へも
御て候へく候
かしく
こゝ程　何事も候ハす候
よて　申候も
さしたる事にても候ハす候
やかて　いてき候ハんよし申
候
あとより　くわしく申まいら
せ候
かしく

255号文書
もと折紙　掛幅装
二八六×四三一

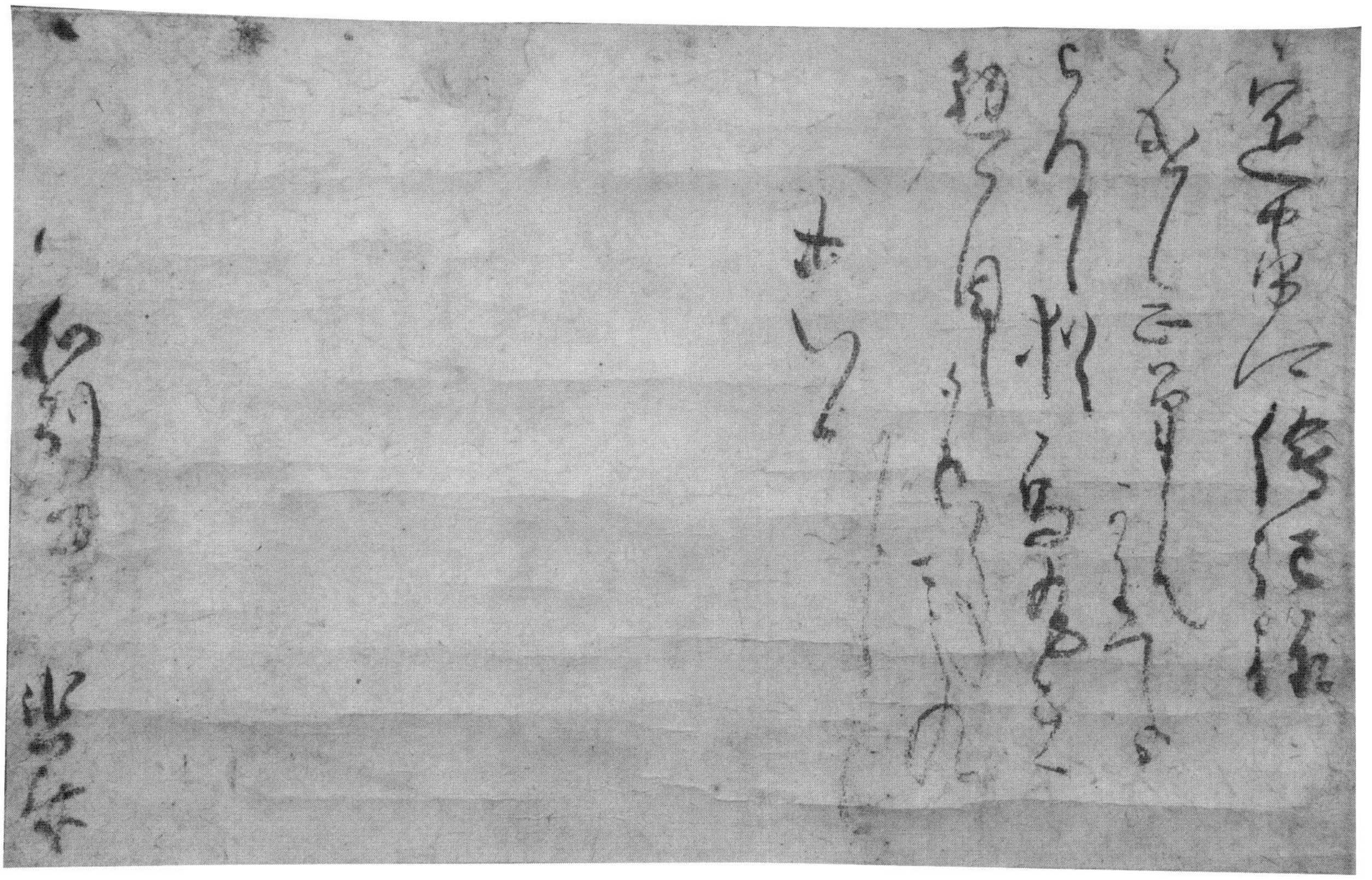

126　細川幽斎書状

定家卿絵記録
被遣候、正筆にて可有之哉
被存候、猶烏丸(光広)方へ
懸御目候、御返事可申入候、
かしく
(年月未詳)廿八日

(上書)「(切封墨付)　和州まいる　幽斎」

※この文書には検討の余地がある

256号文書(藤孝6)
竪紙　掛幅装
二六三×四〇〇

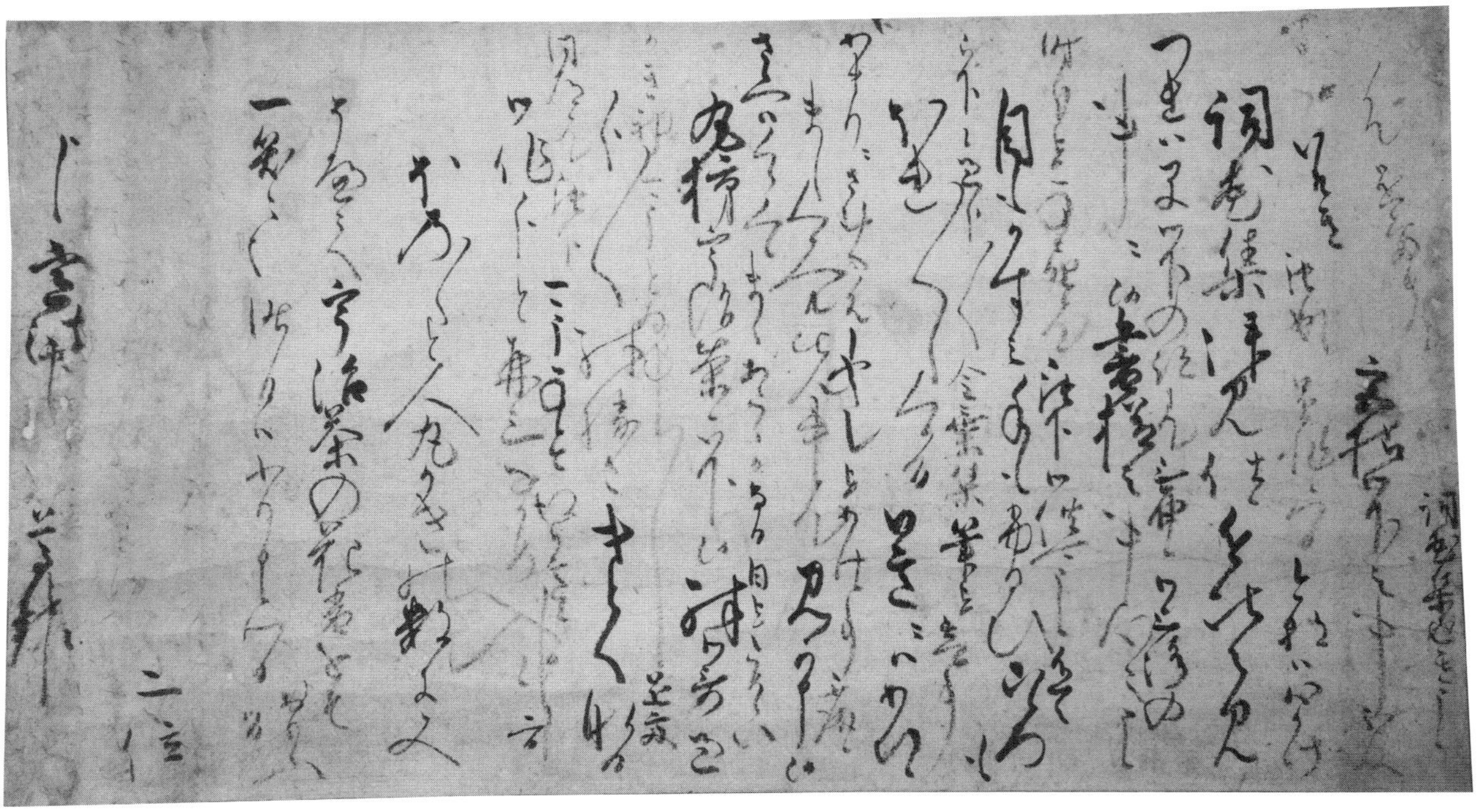

127　細川幽斎書状

宮様御下之事不及」是非候つる、今朝ハ心かけ」候て、是斎まて」いそき罷出候」つれハ、早御下の跡にて無屆候、御上洛の」時分を承届候て罷下御供可申候、色々」被下候、過分〳〵、金葉集筆を立候事、」あまりニさむく候てしやうしをあけ候事不成候、」さ候へハくらく候まゝ、あたゝかなる日をためらい」かき初可申と存計候〳〵、是斎」同道候て罷下可申承候、可得御意候、かしく、二日」詩花集返進申候、

詞花集拝見仕候、近比之見」事ニ候、書様之事心え申候、」目もかすミ手もふるひ、こゝろも」ほれ〳〵しく候間、御意ニハあひ候」ましく候へ共、先書ニて見可申候、」丸柿、宇治茶被下候、殊御歌過」分〳〵殊勝さ、きとくなる」御作分と、再三なかめ入候、」

ほの〳〵と人丸かきの数に又」そへて宇治茶の花香をそおもふ

一笑々々、昨日ハふり申候つる間、

二位（幽斎）

（もと包紙上書）
「（切封墨引）　宥法印（飛鳥井龍雲）　尊報　」

257号文書（藤孝7）
竪紙　掛幅装
二八〇×五〇〇

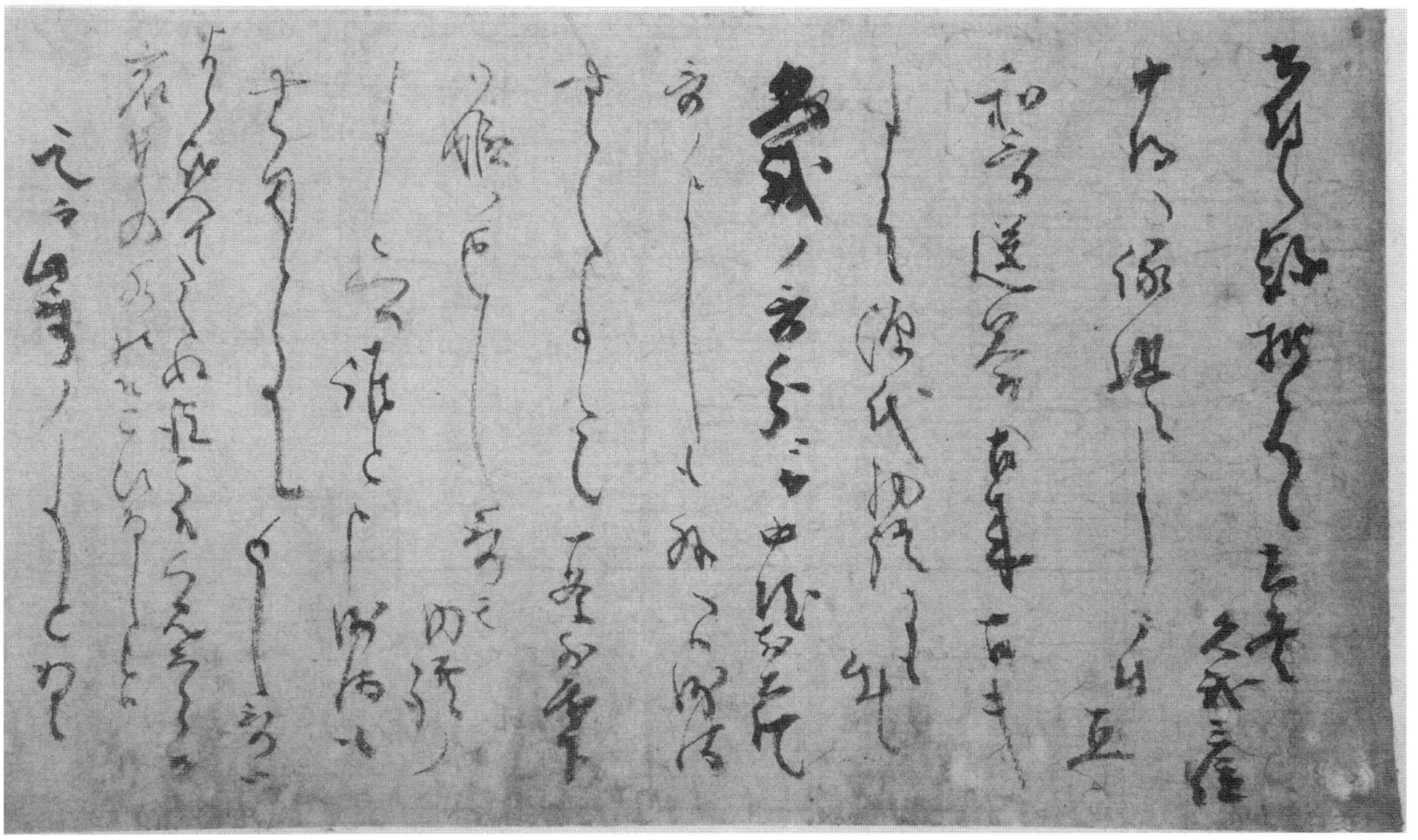

128　細川幽斎書状

書付之趣披見候、去冬久我三位(通前)
中将へ縁組之事ニ付、互
和歌送答、古来古キ
事にて候、源氏物語にも出候、
久我ノ歌分ニ而中院前大納言(通勝)
歌ノよしも外ヘ御沙汰
無之事にて候、一条前殿下
御姫ノ返し歌も内談ノ
事候へハ、誰と申沙汰も
無用之事候、返し歌ハ、
よゝ越へてたえぬ跡こそくみしらめ
岩せの水のそこひなしとハ
　定而此歌ノ事と存候、

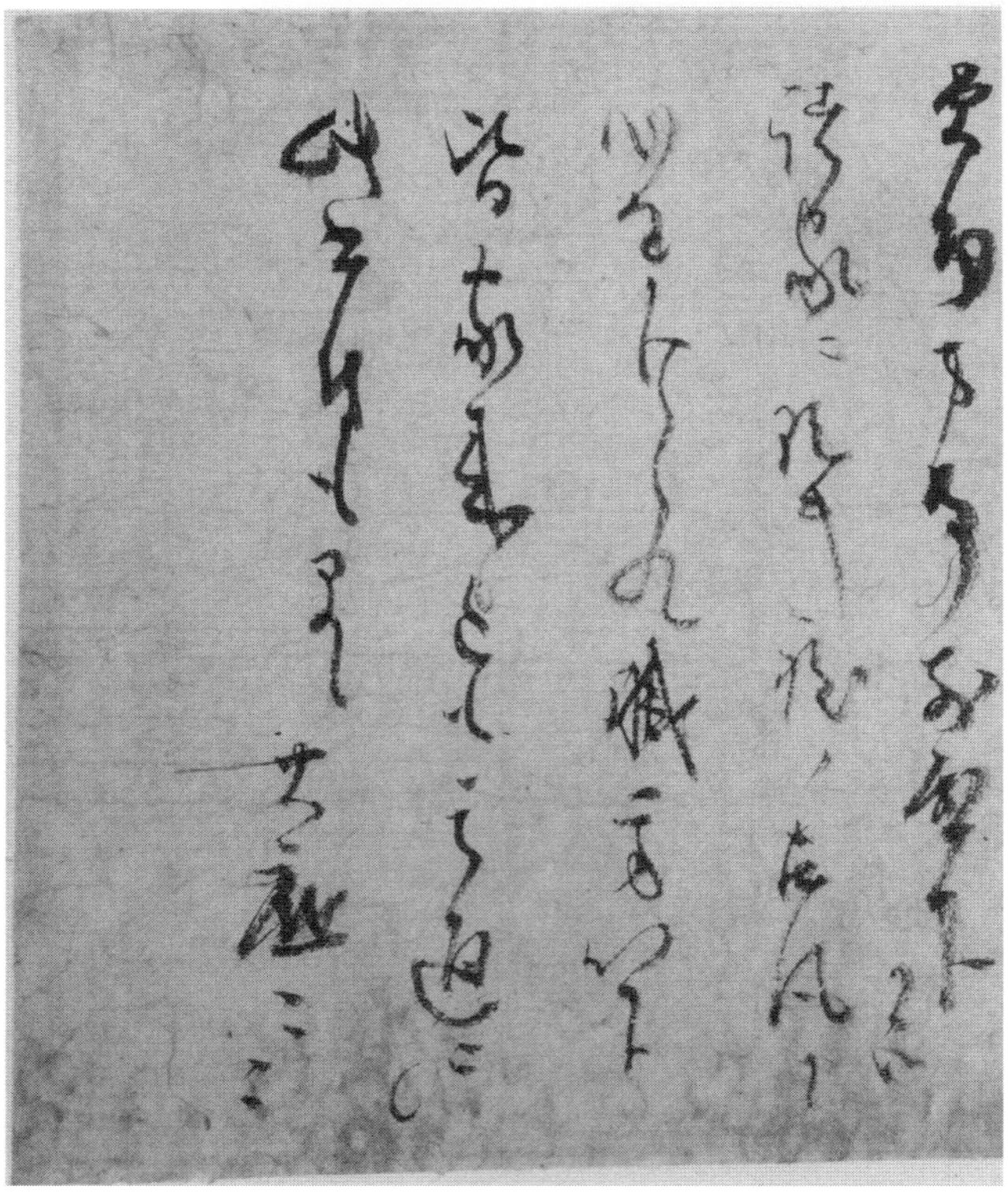

兎角万事前殿下には
諸家ニ珍キ程ノ古風ノ
心をかけられ、職方以下
皆家来迄も其通ニ候、
此書付も早々火底々々、

※この文書には検討の余地がある

258号文書（藤孝13）
切紙　巻子装
一五七×三八八

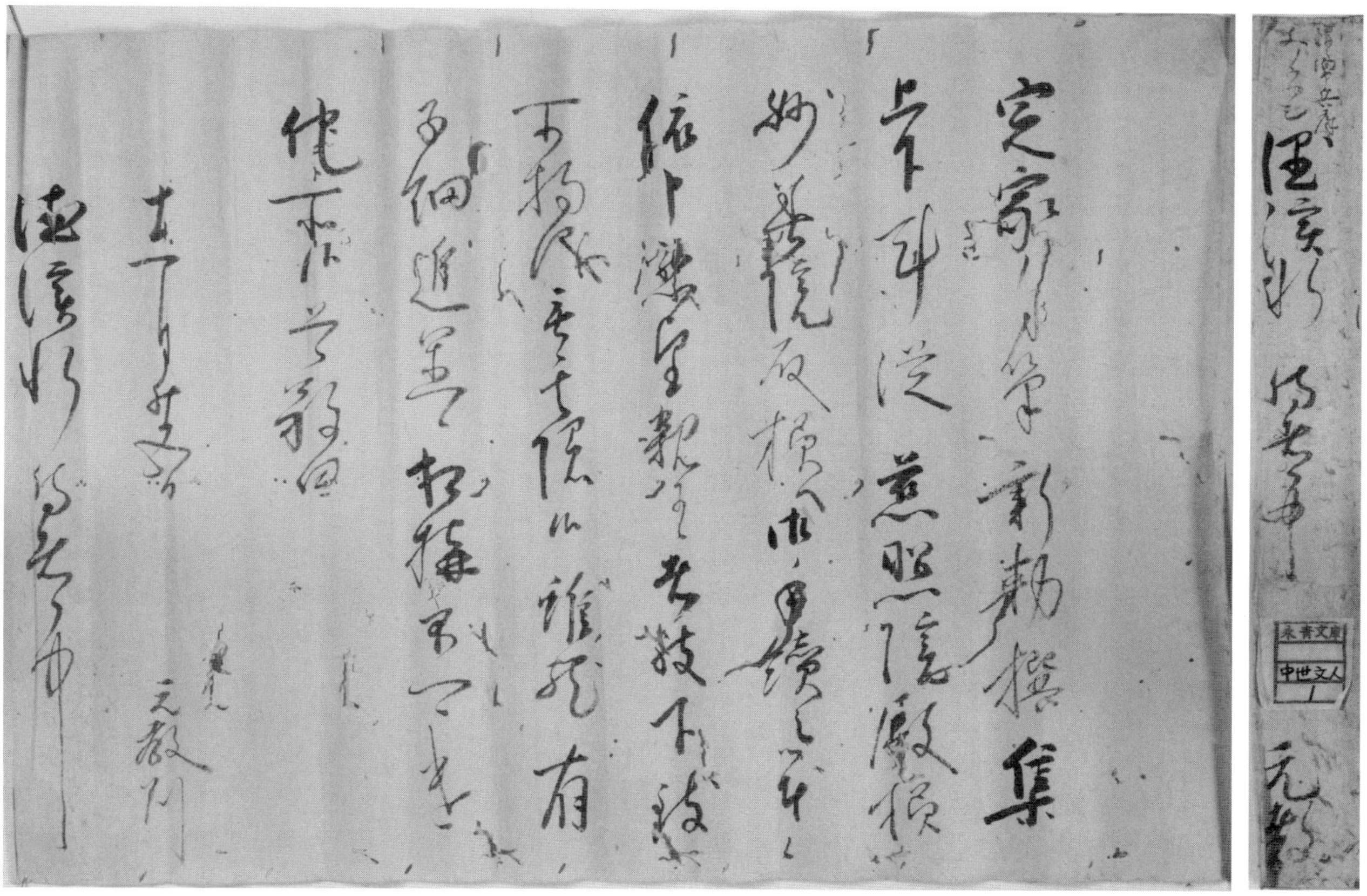

129　波々伯部元教書状写

(端裏書)「波々伯部兵庫
　文ノウツシ」
(端裏上書)「徳渓軒　侍者御中　　元教」

定家自筆新勅撰集
上下事、従　慈照院殿様(足利義政)
妙善院殿様(日野富子)へ御手続之御本候、
依中懇望親王者被下致
所持儀無其隠候、雖然有
子細進置候、相構不可遣
他所候、恐々敬白、

(年未詳)十二月廿五日　　　元教判
(相国寺)徳渓軒　侍者御中

259号文書(中世文人1)
竪紙
三二〇×四六八

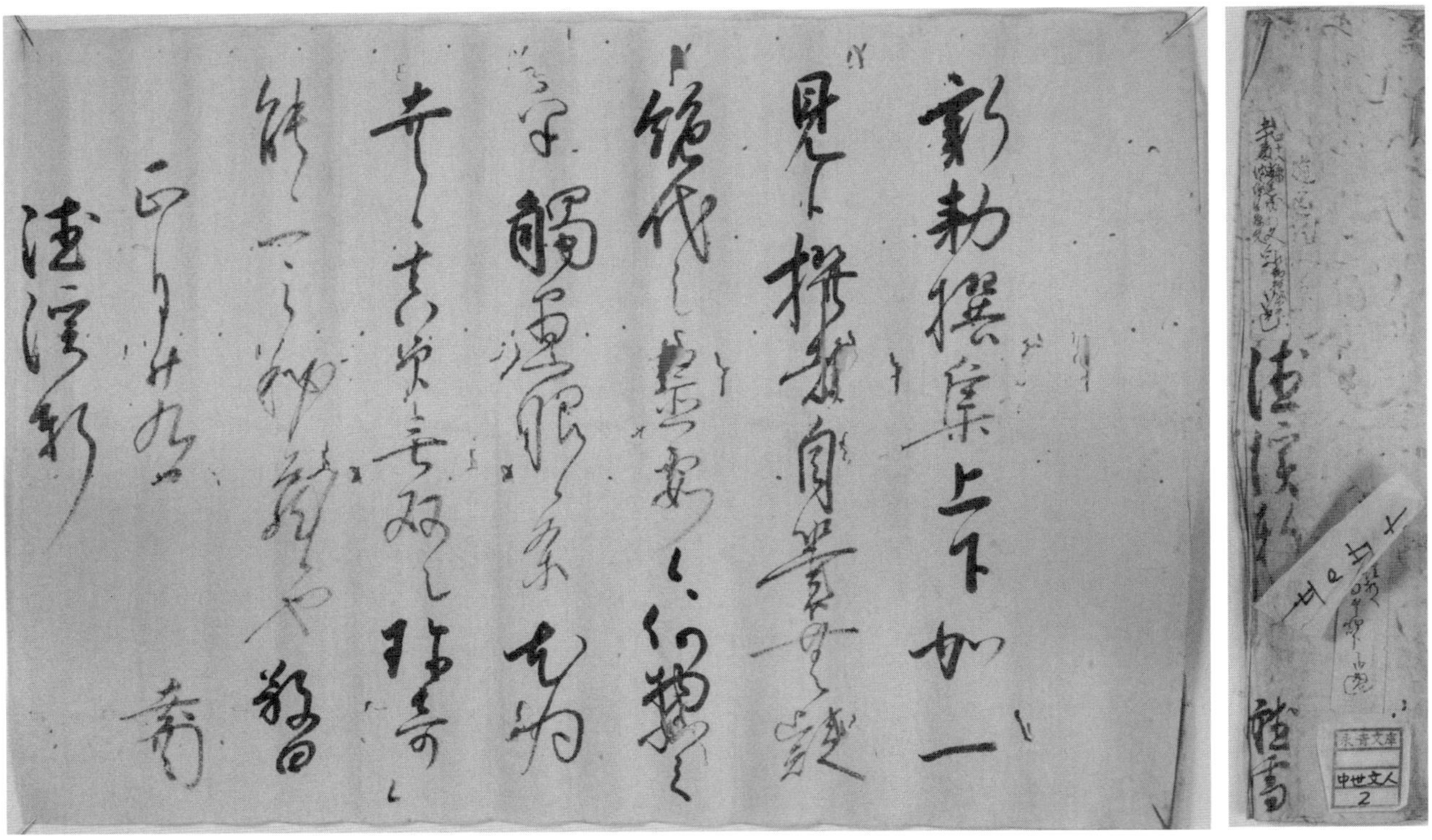

130　逍遥院聴雪書状写

(端裏書)「逍遥院文ノウツシ」
(端裏上書)「徳渓軒　聴雪(三条西実隆)」

新勅撰集上下加一
見候、撰者自筆無疑
絶代之置要候、何物如之
乎、触愚眼候条、尤為
幸候、真印無双候、珍奇候、
能々可被秘蔵候也、敬白、

(年未詳)正月廿九日　(花押影)
(相国寺)徳渓軒

260号文書(中世文人2)
竪紙
三二〇×四六六

解説編

永青文庫所蔵の「中世文書」

山田貴司

はじめに

本稿は、公益財団法人永青文庫に所蔵される「中世文書」について解説を加え、その利用と理解に資するものである。ここでいう「中世文書」とは、近世大名となった肥後細川家の初代細川幽斎より古い時代に発給・受給された文書群を指す。

「中世文書」については、熊本県教育委員会編『熊本県文化財調査報告第二十三集　古文書等緊急調査報告書　細川家文書（中世篇）』において「中世文書」がはじめて活字化された際に、工藤敬一によって大まかな概要説明と分類がなされている[1]。しかし、報告書の刊行からすでに三十年以上の月日が流れた。その後の調査・研究の進展を踏まえるなら、ここに「中世文書」に関する解説を改めて提示する意味は、決して小さくない。

かかる目的と問題意識を踏まえて本稿では、①「中世文書」の特徴と分類、②「中世文書」が肥後細川家、ひいては永青文庫に伝来した歴史的経緯を検討した上で、③「中世文書」の史料的な特質についてコメントを付し、「中世文書」の概要を述べることにしたい。

一　「中世文書」の特徴と分類

本章では、「中世文書」の特徴を把握するとともに、その分類を試みたい。

「中世文書」を一覧化した【表】に整理したように、現段階で永青文庫には「中世文書」が百三十通所蔵されている。その内容を通覧するに、なんといってもその特徴は、南北朝時代から戦国時代にかけて室町幕府の要職をつとめ、畿内近国を治めてきた細川一門にかかわるもの、なかんずく肥後細川家の遠祖と考えられ、備後・阿波・伊勢国の守護を歴任した南北朝時代の武将細川頼有と、頼有の子頼長以来、室町幕府のもとで代々和泉半国守護を務めてきた和泉上守護細川家の人々が発給・受給した文書が大半を占める点にある。

ただし、「中世文書」の大半が和泉上守護細川家の発給・受給文書によって占められるといっても、「中世文書」は現在の構成で一括して肥後細川家、そして永青文庫へと伝えられてきたわけではない点には注意したい。なぜなら、かかる文書の構成は、次章で見ていくように近世から近代にかけて歴史的に形成されたと考えられるからである。この事実を踏まえた上で、文書の発給者と受給者の関係、そして伝来経緯に着目しつつ「中世文書」を見渡すならば、それは大きくわけて三つの文書群に分類することができる。

一つは、和泉上守護細川家に相伝されてきた「和泉上守護細川家文書」である。この文書群に該当するものは、【表】の分類項に「和泉」と表記した。この文書群の大半は、和泉上守護細川家歴代当主の受給文書によって構成される。具体的には、和泉上守護細川家による所領・所職の獲得と相伝を承認した室町幕府の安堵状類、歴代当主を和泉半国守護に任じた補任状、当主やその被官の軍功に対して発給された感状類、軍事・政治的な連絡・交渉のために細川一門の人々と取り交わされた書状類などが含まれている。すなわちこの文書群は、和泉上守護細川家が相伝してきた権利・権限や家の由緒、歴代当主の事績を伝える「家文書」というべき性格を有するものといってよい。

二つ目は、和泉上守護細川家の菩提寺であった京都建仁寺の塔頭永源庵に相伝されてきた「永源庵文書」である。

永源庵とは、十四世紀前半に活躍した禅僧無涯仁浩によって開かれた寺庵である。当初は京都清水坂鷲峰下に営まれたが、のちに建仁寺に移り、その塔頭となった。永源庵と肥後細川家との関係をまとめた江戸時代の記録『永源師檀紀年録』（永青文庫所蔵、熊本大学附属図書館寄託）によれば、観応二年（一三五一）に永源庵より「首途」して軍功のあった頼有が、無涯に帰依して師檀関係を結んで以来、永源庵は菩提寺として和泉上守護細川家と密接な関係を築いてきたという。

もともと永源庵に相伝され、ある時点で肥後細川家へ伝えられたと判断される「永源庵文書」については、【表】の分類項に「永源」と表記した。通数にして四十三通伝来する文書群の内、その大半を占める和泉上守護細川家歴代当主の発給文書三十八通は、一括して冊子に仕立てられている（本書史料編の「永源庵宛寄進状」）。

ただし、『永源師檀紀年録』などをみていると、本来の「永源庵文書」は和泉上守護細川家歴代当主の発給文書のみによって構成されていたわけではなく、和泉上守護細川家の被官や室町幕府関係者の発給文書なども多数含んでいたようである。しかし、それらの原本は、永青文庫には伝えられていない。おそらく、本来の「永源庵文書」の中から和泉上守護細川家歴代当主の発給文書のみが選定され、肥後細川家に伝えられたためであろう。

また、もともとは永源庵に伝来した文書でありながら、明治時代初期の廃仏毀釈により永源庵が廃された際に、建仁寺

【表】永青文庫所蔵の「中世文書」編年一覧

編年番号	文書名	日付	分類	伝来
1	北条時頼書状案	5月7日	その他	
2	後深草上皇宸翰	(正応5年) 12月10日	〃	
3	某左兵衛少尉等連署契状	正安3年7月日	永　源	
4	沙弥孝忍奉書	正安3年7月21日	〃	
5	尼連んあ譲状	応長元年6月19日	〃	
6	某譲状	建武2年11月23日	〃	
7	足利義詮感状	正平6年12月15日	和　泉	将軍義詮公賜、御家臣之賞状八幅
8	足利直義軍勢催促状写	観応2年12月25日	その他	
9	足利義詮軍勢催促状	観応3年3月24日	和　泉	将軍義詮公賜、頼有公之状六幅
10	足利義詮感状	観応3年4月20日	〃	将軍義詮公賜、御家臣之賞状八幅
11	〃	〃	〃	〃
12	〃	〃	〃	〃
13	〃	〃	〃	〃
14	〃	〃	〃	〃
15	〃	〃	〃	〃
16	〃	観応3年5月6日	〃	将軍義詮公賜、頼有公之状六幅
17	〃	観応3年6月20日	〃	将軍義詮公賜、御家臣之賞状八幅
18	足利義詮軍勢催促状	観応3年6月27日	〃	将軍義詮公賜、頼有公之状六幅
19	〃	文和3年8月25日	〃	〃
20	室町将軍家御判御教書	文和5年3月10日	〃	〃
21	細川頼之奉書	延文2年5月18日	その他	
22	道挺譲状	貞治3年8月5日	永　源	
23	室町将軍家御判御教書写	貞治4年7月10日	その他	
24	沙弥遵行状写	貞治4年8月7日	〃	
25	室町将軍家御判御教書	貞治4年12月13日	和　泉	将軍義詮公賜、頼有公之状六幅
26	室町将軍家御教書	永和3年9月6日	〃	頼之公御自筆状二幅
27	細川頼有譲状	嘉慶元年11月26日	〃	頼有公譲領地に令嗣之状及遺属之状二幅
28	細川頼有置文	〃	〃	〃
29	細川頼有寄進状	嘉慶2年8月5日	永　源	
30	細川頼之書状	(明徳元年) 3月16日	和　泉	頼之公御自筆状二幅
31	〃	4月22日	その他	
32	足利義満御内書	(明徳3年) 閏10月14日	和　泉	将軍義満公賜、頼長公之状六幅
33	某書状断簡	□徳□□正□□□	その他	
34	備後国御料所分注文	明徳4年4月7日	和　泉	
35	細川頼長寄進状	明徳5年2月13日	永　源	
36	〃	応永7年2月9日	〃	
37	〃	〃	〃	
38	室町将軍家袖判御教書	応永7年3月23日	和　泉	将軍義満公賜、頼長公之状六幅
39	室町将軍家御教書	応永7年8月24日	〃	御下知状八幅
40	〃	〃	〃	〃
41	〃	〃	〃	〃
42	室町将軍家袖判御教書	応永15年8月29日	〃	将軍義持公所賜、安堵状三幅

43	細川頼長寄進状	応永17年9月9日	永　源	
44	足利義満御内書	4月20日	和　泉	将軍義満公賜、頼長公之状六幅
45	〃	5月24日	〃	〃
46	〃	10月15日	〃	〃
47	〃	11月8日	〃	〃
48	室町将軍家袖判御教書	応永18年8月21日	〃	将軍義持公所賜、安堵状三幅
49	〃	応永22年11月10日	〃	〃
50	細川持有寄進状	応永24年10月23日	永　源	
51	細川持有書下	応永27年12月21日	〃	
52	細川持有安堵状	正長元年10月28日	〃	
53	細川持有寄進状	永享2年5月25日	〃	
54	細川持之書状	11月11日	和　泉	持之公執達状十五幅
55	室町将軍家袖判御教書	永享10年9月17日	〃	将軍義教公所賜、安堵状及感賞状四幅
56	〃	〃	〃	〃
57	細川持之書状	(嘉吉元年) 7月20日	〃	持之公執達状十五幅
58	〃	(嘉吉元年) 8月12日	〃	〃
59	〃	(嘉吉元年) 8月19日	〃	〃
60	室町将軍家御教書	嘉吉元年9月5日	〃	〃
61	細川持之書状	(嘉吉元年) 9月6日	〃	持之公執達状十五幅
62	〃	(嘉吉元年) 9月14日	〃	〃
63	〃	(嘉吉元年) 閏9月1日	〃	〃
64	〃	(嘉吉元年) 閏9月5日	〃	〃
65	室町幕府管領下知状	嘉吉元年閏9月16日	〃	〃
66	細川持之書状	(嘉吉元年) 閏9月18日	〃	〃
67	〃	〃	〃	〃
68	細川持之遵行状	嘉吉元年10月5日	〃	〃
69	室町将軍家御教書	〃	〃	〃
70	細川教春遵行状	文安4年12月6日	永　源	
71	室町将軍家御教書	〃	和　泉	
72	細川教春遵行状	文安6年4月20日	永　源	
73	足利義教御内書	3月16日	和　泉	将軍義教公所賜、安堵状及感賞状四幅
74	〃	4月10日	〃	〃
75	細川教春書状	12月2日	永　源	
76	室町幕府管領下知状	宝徳2年4月29日	和　泉	御下知状八幅
77	室町将軍家御教書	〃	〃	〃
78	細川常有書下	宝徳2年9月15日	永　源	
79	細川常有寄進状	〃	〃	
80	室町将軍家御教書	享徳2年5月7日	和　泉	勝元公執達之状二幅
81	細川常有書状	(享徳2年) 6月12日	永　源	
82	細川常有寄進状	享徳2年6月12日	〃	
83	室町幕府奉行人連署奉書	享徳2年9月14日	和　泉	御下知状八幅
84	足利義政御内書	(享徳3年) 11月3日	〃	
85	細川常有寄進状	寛正2年7月10日	永　源	
86	細川常有書状	文明元年11月11日	〃	

87	細川勝元書状	5月25日	その他	
88	細川持久書状写	6月29日	〃	
89	足利義政御内書	(文明9年) 10月3日	和　泉	
90	細川常有書状	5月21日	永　源	
91	〃	6月28日	和　泉	常有公之状一幅
92	細川勝元書状	6月26日	〃	勝元公執達之状二幅
93	足利義政御内書	6月27日	〃	
94	〃	(文明14年) 6月19日	〃	
95	〃	(文明14年) 6月21日	〃	
96	室町将軍家御判御教書	文明14年10月20日	〃	
97	足利義政御内書	(文明15年ヵ) 8月23日	〃	
98	〃	(文明15年ヵ) 8月30日	〃	
99	〃	(文明15年) 9月23日	〃	
100	細川元有寄進状	文明19年4月19日	永　源	
101	〃	文明19年4月22日	〃	
102	細川元有書状	(文明19年) 11月18日	〃	
103	室町幕府奉行人連署奉書	延徳3年4月21日	和　泉	御下知状八幅
104	細川元有書状	(延徳3年) 11月28日	永　源	
105	〃	(明応4年) 5月7日	〃	
106	室町将軍家御判御教書断簡	明応6年12月2日	その他	
107	細川元有寄進状	(明応7年) 3月16日	永　源	
108	細川元有書状	(明応7年) 3月28日	〃	
109	足利義政御内書	3月18日	和　泉	
110	細川元有書状	5月13日	永　源	
111	〃	7月19日	〃	
112	細川元常寄進状	文亀2年8月12日	〃	
113	〃	永正元年4月3日	〃	
114	細川元常書状	(永正元年) 9月3日	〃	
115	〃	〃	〃	
116	細川成之書状	(永正5年) 3月5日	和　泉	管領代義春入道之状
117	〃	〃	〃	〃
118	足利義澄御内書写	7月21日	その他	
119	室町幕府奉行人連署奉書写	永正9年8月12日	〃	
120	〃	永正9年8月25日	〃	
121	細川元常寄進状	(享禄2年) 5月20日	永　源	
122	大内義隆書状	(天文9年) 9月30日	その他	
123	細川晴貞書状	9月9日	永　源	
124	細川元常寄進状	天文23年6月7日	〃	
125	細川元常書状	7月20日	〃	
126	〃	9月12日	〃	
127	〃	11月9日	〃	
128	某頼定書状	1月24日	その他	
129	某通門書状	8月25日	和　泉	
130	某頼定書状	12月29日	その他	

内の別の塔頭に移されたものもみられる（詳細は第二章第4節を参照）。つまり厳密にいえば、永青文庫には「永源庵文書」の一部が所蔵されている、と表現すべきなのであろう。ともあれ、現存する「永源庵文書」には、歴代当主の追善料所を寄進したものなど、永源庵の所領・所職の保証にかかわる内容の文書が多く含まれている。

三つ目は、和泉上守護細川家や永源庵との関係、さらには肥後細川家とも直接的な関係が認められない文書群である。この文書群に該当するものには、【表】の分類項に「その他」と表記した。この中には、国の重要文化財に指定されている後深草上皇宸翰も含まれる（巻末編年目録2号文書。以下、本稿で引用する文書番号は同目録による）。

大半の文書の伝来経緯はよくわからないが、頼有の兄で室町幕府の管領を務めた細川頼之の発給文書（21・31号文書）や、応仁・文明の乱に際して東軍を率いた細川勝元の発給文書（87号文書）などは、和泉上守護細川家との血縁関係から、近世から近代にかけて肥後細川家によって収集されたものと考えられる。また、室町幕府の奉公衆の出身で、細川幽斎やその子息忠興と親密な関係にあった曾我氏の所蔵文書の写など、肥後細川家との関係が伝来の背景として考えられるもの[2]（8・23・24・119・120号文書）、大内義隆書状（122号文書）のように、明治時代に熊本県庁に寄贈されながら、何らかの経緯で永青文庫へ移されたとおぼしきケースもみられる[3]。

二　「中世文書」伝来の歴史的経緯

伝来経緯に着目して分類を進めると、永青文庫所蔵の「中世文書」の大半は、「和泉上守護細川家文書」と「永源庵文書」で占められていることが明らかとなる。それでは、これらの文書群はどのような経緯で肥後細川家へ伝えられ、その所蔵に帰したのであろう。近年、新たな学説が発表された細川幽斎の養父論との関係からも[4]、この問題の解明は喫緊の課題となりつつある。以下、検討していこう。

1　永源庵における「和泉上守護細川家文書」の相伝

「中世文書」の伝来を考える際にカギとなるのは、江戸時代から明治時代にかけて結ばれた肥後細川家と永源庵との関係である。というのも、すでに高浜州賀子や岡田謙一が指摘しているように、肥後細川家に伝来した「和泉上守護細川家文書」と「永源庵文書」は、延宝元年（一六七三）以降に永源庵より肥後細川家へ譲渡されたものだからである[5]。以下、その経緯を追跡してみよう。

最初に、戦国時代に永源庵へ「和泉上守護細川家文書」が納められた経緯を確認したい。先にも述べたように、南北朝時代以来、永源庵は菩提寺として和泉上守護細川家と密接な関係を有してきた。和泉上守護細川家の子弟が、住僧として永源庵に入庵していたケースも多い（詳細は第三章第3節を参照）。このような関係を前提にしてのことであろう、『永源師檀紀年録』によれば、和泉上守護細川家の最後の当主細川元常は死去直前の天文二十三年（一五五四）六月七日に、戦乱の「世ノ危ヲ慮リ」「児孫ノ興隆ヲ期」し、古文書や家宝類を永源庵へ納めたという。この記事を裏付ける同時代史料はみあたらず、実際の経緯はよくわからないが、(6)当時永源庵に元常の子息玉峰永宋が住していたことを勘案すれば、(7)あるいはこの件は子息に対する単純な譲渡とも考えられるのかもしれない。

ともあれ、元常によって「和泉上守護細川家文書」は永源庵へ納められ、伝えられていくことになった。

2　永源庵の「発見」

こうして永源庵へ納められた「和泉上守護細川家文書」は、その後どのような経緯で肥後細川家へ伝えられることになったのか。この経緯を考える上でキーパーソンとなるのは、細川行孝という人物である。

細川忠興の四男立孝の子として生まれ、正保三年（一六四六）に新設された宇土支藩の初代藩主となった行孝は、(8)文芸を通じて肥後細川家と親密な関係にあった公家の烏丸資慶や飛鳥井雅章に対し、細川幽斎の自作和歌集『衆妙集』の編纂を依頼したり、(9)中世における細川家の歴史書『自家便覧』や藩祖の伝記『幽斎公譜』『三斎公譜』を編纂させたりと、(10)自家の歴史に強い関心を有していた。その彼が、家臣の武田玉翁なる人物に命じて畿内近国に点在する細川家ゆかりの史跡や寺院の調査を進める中で、「発見」したのが永源庵であった。(11)

「発見」以来、永源庵の由緒と所蔵品の調査を進めた玉翁は、寛文十二年（一六七二）に比定される七月二十五日付書状の中で行孝に対し、足利義政が「九郎殿」にあてた「御家之感状」など、永源庵に伝来する文書の一部概要を紹介した上で、来春行孝が上洛する際に永源庵へ立ち寄り、伝来の古文書や家宝類を一覧した方がよいこと、時の熊本藩主細川綱利の高覧にも備えるべきことを提案している。(12)永源庵に相伝された和泉上守護細川家の古文書や家宝類を目にした玉翁は、それを肥後細川家の「先祖」が残した品々と判断し、すぐさま行孝へ報告したのである。

玉翁の報告と提案を受けた行孝は、その言葉に従い、延宝元年（一六七三）春の参勤交代に際して永源庵へ立ち寄り、相伝されてきた古文書や家宝類を一覧。江戸へ到着後、綱利へその様子を報告した。(13)それを聞いた綱利は、早速行孝を通じて永源庵とコンタクトを取り、永源庵に伝えられていた「先祖」の古文書や家宝類の譲渡を受けるとともに、永源庵に対して寺領百石を寄進している。(14)

こうして永源庵にあった和泉上守護細川家関係の古文書や家宝類は、肥後細川家へ伝来したのであった。

3 「和泉上守護細川家文書」の譲渡

それではこの時、永源庵から肥後細川家へどのような古文書がどれほど譲渡されたのであろう。永源庵と和泉上守護細川家、そして肥後細川家の関係を整理した『永源庵由来略記写』（永青文庫所蔵、熊本大学附属図書館寄託）には、延宝元年（一六七三）に譲渡された古文書と家宝類のリストが記載されている。以下に掲げてみよう。

（前略）

一、延宝元年　細川丹後守殿行孝公御参勤之節、永源庵江御立寄、御先祖御納置之御品数多秘在仕候を御一覧、御先祖御代々之　御画像・御霊牌安置、且什物等秘在之訳、於江府　妙応院殿綱利公江被仰談候ニ付、依御懇望、永源菴第九世顕令通憲長老代、左之品々御家江差上候、

一、明徳年中　恩賜之錦御旗幷袋共
一、足利家所賜之　御旗
一、頼有公之御旗及竿共
一、頼有公之御甲冑
一、頼有公之御守袋
一、将軍義詮公賜　頼有公之状六幅
一、将軍義詮公賜　御家臣之賞状八幅
一、将軍義満公賜　頼長公之状六幅
一、将軍義持公所賜安堵状三幅
一、将軍義教公所賜安堵状及感賞状四幅
一、御下知状八幅
一、頼之公御自筆状二幅
一、頼有公譲領地于令嗣之状及遺属之状二幅
一、持之公執達状十五幅
一、勝元公執達之状二幅
一、管領代義春入道之状二幅
一、常有公之状一幅

一、宣案常有公政有公

（後略）

リストの内より古文書のみをピックアップして数えてみると、全部で六十一通がこの時に譲渡されたことになる。リストに書き上げられた内容を永青文庫に現存する「中世文書」とつき合わせてみると、多少の齟齬がみられるものの[15]、最後の一条「宣案」を除くほとんどが今に伝わる「和泉上守護細川家文書」と符合する（【表】伝来項）。すなわちこのことは、「和泉上守護細川家文書」の大半が、この時に永源庵より肥後細川家へ伝えられたことを意味している。

ただし、本書の史料編や編年目録を一覧すればわかるように、永青文庫にはこの六十一通以外にも「和泉上守護細川家文書」とおぼしき文書（ほとんどは、足利義政が細川元有へ宛てたもの）が十一通伝来する。それらはいつ、どのようにして肥後細川家へ伝わったのであろう。

この疑問を解明する手がかりとなるのは、細川行孝の命により編纂された『自家便覧』である。「先祖」と仰ぐ和泉上守護細川家を含め、中世における細川家の動向を客観的な立場から叙述した十五冊からなるこの書物は、前掲したリストに書き上げられていない十一通の史料をすべて永源庵所蔵として掲載している。この記載を信頼するなら、残り十一通も『自家便覧』が成立した十七世紀末の時点では、永源庵所蔵であったとみてよい。時期はわからないが、これらの文書もある時点で永源庵より肥後細川家へ譲渡されたと考えるべきであろう[16]。

このような経緯を勘案すると、今に伝わる「和泉上守護細川家文書」は、もともとすべて和泉上守護細川家から永源庵へ伝えられていたものと考えられる。『寛永諸家系図伝』の成立を画期に、肥後細川家は和泉上守護細川家を「先祖」と仰ぐことを公式見解としたが、じつは延宝元年に至るまで「和泉上守護細川家文書」を一通も手元に所持していなかったのである。

4 「永源庵文書」の譲渡

次に、「永源庵文書」についてみてみよう。第一章でも述べたように、この文書群のほとんどは、和泉上守護細川家の歴代当主が菩提寺の永源庵および関係寺院、住僧に対して宛てたもので構成される。本来は永源庵へ伝来すべきものであるから、当然のことながら、その性格は「和泉上守護細川家文書」と異なる。現存分の総数は四十三通を数え、その内和泉上守護細川家歴代当主の発給文書は裏打され、袋綴じの格好で一冊の帳面に仕立てられている。

それでは、「永源庵文書」はいかなる経緯で肥後細川家へ伝えられたのであろう。経緯を示す唯一の手がかりは、延宝元年（一六七三）に「和泉上守護細川家文書」が譲渡された際に発給された永源庵宛細川綱利書状写である[17]。この中で綱利は、永源庵に伝わる「先祖拝領之錦御旗、同時公方家御旗并御判之物数十通、且又頼有之旗・甲冑等」を残らず譲渡され嬉しく思うが、この内三十四通の古文書については「寄附之状」なので返却する、と述べている。ここで返却された「寄附之状」三十四通は、おそらく和泉上守護細川家の歴代当主が永源庵に対して発給した寄進状類とみられ、まさに「永源庵文書」のことを指すと考えられる。このことは、少なくとも延宝元年までは「永源庵文書」が永源庵に所蔵されていたこと、そしてその後も永源庵に所蔵され続けたことを示唆していよう。

ただし、延宝元年以降の状況は、今のところよくわかっていない。今後、永青文庫研究センターによって調査・研究が進められていく中で、伝来経緯を示す手がかりが発見されることを期待するより他ないが、一つだけ確実なことは、工藤敬一も推測しているように、[18]「永源庵文書」は遅くとも明治時代に肥後細川家へ伝えられたとおぼしい点である。というのも、明治時代初期に起こった廃仏毀釈によって永源庵は廃絶しており、その際に古文書や寺宝類は、本山建仁寺や建仁寺内の法灯派の塔頭霊洞院などに分配されているからである。[19]仮に、廃絶時まで「永源庵文書」が永源庵に所蔵されていたとするなら、この時に肥後細川家が「先祖」にあたる和泉上守護細川家の歴代当主の発給文書のみを選定し、これを引き取った可能性も考えられよう。

三　「中世文書」の史料的特質

最後に本章では、これまで検討してきたような分類と伝来経緯を有する「中世文書」の注目すべき史料的特質を指摘し、若干のコメントを付して中世史研究における位置づけを試みたい。

1　室町幕府の守護家の「家文書」として

ここまで述べてきたように「中世文書」の大半は、応永十五年（一四〇八）に細川頼長が任ぜられて以来、天文二十三年（一五五四）に最後の当主細川元常が死去するまで室町幕府のもとで和泉半国守護を務めてきた和泉上守護細川家の「家文書」で占められている。数こそ多くはないものの、史料編を通覧すればわかるように、その中には室町幕府や細川京兆家と和泉上守護細川家との関係、そして南北朝の動乱や嘉吉の乱、応仁・文明の乱など、その時々の政治史を物語る貴重な文書が含まれている（詳細は次節を参照）。

また、細川頼有譲状（27号文書）にみえる讃岐・阿波・伊予国にわたる所領群、和泉半国守護に補任された後に与えられた和泉国々衙職半分（49号文書）、嘉吉の乱で獲得した備前国宇治郷および摂津国呉庭庄（65号文書）、そして「永源庵文書」にみられる各地の追善料所など、「中世文書」には南北朝時代から戦国時代に及ぶ和泉上守護細川家の経済基盤とその推移を示す興味深い文書が含まれている。戦国時代に至ると和泉上守護細川家の経済基盤は縮小し、京にあった守護屋敷の地料銭まで永源庵へ寄進せざるをえない事態にまで陥るが（121・124号文書）、ともあれ各国の守護家が有した経済基盤はよくわからないケースが多く、和泉上守護細川家は史料に恵まれた格好の事例といえよう。[20]

畿内近国で守護を務めた他家に同様の「家文書」を求めてみると、宗家である細川京兆家をはじめ、「三管領」の斯波・畠山家、「四職」の一色・山名・赤松家、近江国の守護六角家などの「家文書」は、残念なことにほとんど現在まで伝来していない。[21]唯一まとまっているのは、一族の尼子家へ文書案が伝来した京極家の「家文書」であるが、現在原本は行方不明という。[22]また、他の細川家の庶子家にしても、備中国浅口郡と伊予国宇摩郡の分郡守護を務め、近世に至り長府毛利家に仕えた細川野州家の「家文書」が、比較的まとまった形で下関市に伝来しているのが目立つ程度である。[23]

かかる古文書の伝来状況に鑑みても、室町幕府において守護を務めた武家の「家文書」を含んでいること、この点は「中世文書」の持つ大きな史料的特質の一つである。中世後期における畿内近国の政治史に関する研究動向をみてみると、和泉国をフィールドとした研究の進展はとくに著しい。[24]その背景には、かかる特質を持つ「中世文書」の存在があるように思われ、本書の刊行によりさらなる研究の進展が期待される。

2 政治史を語る「中世文書」

「中世文書」の持つ史料的な特質として、次に政治史との関係に注目したい。室町幕府の守護として活動してきた和泉上守護細川家に関係する文書を中心に構成されていることもあって、「中世文書」には、各時代に起こったさまざまな政治的な事件を語る貴重な文書が多く含まれている。以下、時代ごとに、こうした観点から注目すべき文書（文書群）の一部を取り上げ、簡単に内容を紹介しよう。

①鎌倉時代の文書

鎌倉時代の文書には、和泉上守護細川家と直接関係する文書は含まれていない。ただし、間接的に関係する文書として、和泉上守護細川家の被官であった讃岐国の国人香川景義が、永徳元年（一三八一）に讃岐国葛原庄内鴨公文職を永源庵へ寄進した際に、相伝の支証を永源庵へ併せて譲ったものがみられる[25]（3〜6・22号文書）。

政治史的な観点からいうと、興味深いのはやはり後深草上皇宸翰であろう（2号文書）。この文書は、近世から近代に至るある時期に、能書家として著名な後深草上皇の書跡として収集されたものと考えられる。国の重要文化財に指定されているように、美術品としてすでに高い評価を得ているが、記載内容にも興味深い点がみられる。以下、内容を抑えていこう。

まず、この文書が発給されたのは正応五年（一二九二）のこと。二度にわたるモンゴルの襲来、文永・弘安の役の記憶も新しい時期である。記事をみると、元からのものと思われる「牒状」と「高麗等状」を披見した後深草上皇は、「牒状」の内容を補足する使者の口上の有無を確認するとともに、使者にも問答を加えること、おそらくこれまでと同様の対応となるであろうが、この件について人々の異見は聴取すべきこと、さらなる祈禱の励行を指示している。

一方、「高麗等状」については、「無文字候、不審候」と戸惑いを記し、高麗王を「無礼尾籠」と断じている。正応五年に伝えられた高麗からの国書は「高麗寄日本書」（称名寺所蔵、神奈川県立金沢文庫寄託）と呼ばれ、鎌倉の称名寺に写が伝わるが、そこには日本商人の護送を皮切りに、元への朝貢を勧める内容が記されている。[26] 後深草上皇が「高麗等状」を「無文字候」と記した事情はよくわからない。

ともあれ、かかる文面からは、当時「治天の君」であった後深草上皇、ひいては朝廷が、引き続き元や高麗の思惑や動向に不信感を抱いており、警戒していた様子がうかがえよう。

②南北朝時代の文書

南北朝時代の文書の中で目に付くのは、足利尊氏・直義兄弟の内紛により成立した正平一統が崩壊した直後、観応三年（一三五二）三月より同年六月にかけて、尊氏の嫡子足利義詮が発給した軍事関係文書がまとまって収録されている点である（9〜18号文書）。各文書の文面からは、正平七年（一三五二）閏二月二十日の父細川頼春の戦死後、[27] 政治の表舞台に登場して京都の南軍を追い落とし、四国へ転戦していった若き日の細川頼有の動向と、その旗下にあった讃岐国等の御家人たちの構成がうかがえる。正平一統の崩壊後、巻き返しを図る北朝方の鋭い反撃の様子もよく示されていよう。

また、明徳元年（一三九〇）に比定される三月十六日付細川頼之自筆書状（30号文書）も、取り上げておきたい南北朝時代の文書の一つである。この文書は、強大な勢力を誇った山名一族が室町幕府の三代将軍足利義満によって追討された明徳の乱に際し、備後国守護に任ぜられて山名攻撃の一角に据えられた頼之が、弟の頼有へ宛てたものである。四紙にわたる長文の紙面には、頼有の守護補任を本望としていたが幕閣の意向により叶わず、無念であること、備後国の支配は頼有に委任し、山名方の退治に協力を惜しまないことなど、頼有に対し、備後国守護職補任をめぐる政治状況を説明する言葉が綴られている。かなり込み入った内容の遣り取りと、率直ながら丁寧な文面には、頼有・頼之兄弟が厚い信頼関係で結ばれていた様子が端的に示されている。

一方で、紙面には将軍義満の性格に関する貴重な証言も記されており、興味深い。頼之の言葉によれば、義満は幼い頃より一度自分の意見を言い出したら、周囲の人が義満と異なる意見を何かと言っても相手にしなかった、という。本文書を詳細に検討した小川信は、この点について「いかにも嘗て多年義満を後見してその性格を知悉している頼之らしい述懐」と評している[28]。首肯すべき見解であろう。

③室町時代の文書

室町時代の文書では、嘉吉元年（一四四一）六月二十四日に時の将軍足利義教が播磨国の守護赤松満祐に殺害された事件、いわゆる嘉吉の乱の直後の状況を伝える文書群が注目される。事件の後、管領細川持之を中心に諸大名は合議を進め、播磨国へ出兵して同年九月に満祐を滅ぼしたが、「中世文書」には、この間における和泉上守護細川家当主細川教春の動向を詳細に示す文書が含まれているのである。この時の赤松追討に関して、出兵から論功行賞に至る一連の経緯を追跡できる文書は全国的にも珍しい。以下、簡単に教春の動向を追ってみよう。

教春が管領持之より出陣要請を受けたのは、嘉吉元年七月二十日以前のこと（57号文書）。しかし教春はなかなか腰を上げず、実際に出陣したのは八月半ばであった（59号文書）。播磨国へ入った教春は、同二十六日に人丸塚（現兵庫県明石市）で赤松勢と激突（60号文書）。九月半ばに播磨国内にて、満祐の籠もる城山城（現兵庫県たつの市）落城の報に接した（62号文書）。ただし、満祐の弟赤松教康が逃走していたこともあってか（63号文書）、この後も教春は播磨国内に在陣し、参洛の命を受けて京都へ戻ったのは閏九月十八日以降となった（66号文書）。なお、この間に室町幕府は論功行賞を実施し、教春には摂津国呉庭庄と備前国宇治郷預所職が宛行われている（65号文書）。

なお、この時の赤松討伐は将軍不在の中で行われたが、出陣にあたり諸大名の間には必ずしもまとまりがみられなかった。この点は注意したい。諸大名の反応はすこぶる鈍く、細川一門の教春でさえ様子をうかがう有様であった（58号文書）。持之は後花園天皇に赤松追討の綸旨を求め、必死に事態の収拾を図っている。

加えて、ここで興味深いのは、教春へ宛てた細川持之書状の中にみえる「依御無沙汰、他家面々催促無其力候」「面々さへ無御承引候てハ、自余之輩弥不可有正躰候歟」という文言である（58号文書）。ここには、細川一門の教春が討伐に参加しないようでは、他大名の参加は期待できない、換言すれば、細川京兆家の当主持之の主導する軍事行動に、「面々」すなわち細川一門は率先して参加するものだ、という持之の認識が示されている（もっとも、右に示したように教春は参加を渋っているが）。

赤松討伐の際に垣間みえるかかる認識は、かつて細川京兆家と細川一門の間に、管領と各国の守護という役職の関係では捉えきれない強い結びつきがあったことを物語っている。室町時代における権力論の一つに、四ヵ国の守護を世襲する細川京兆家を中心に、一国ないし分郡の守護職を持つ庶子家から守護職を持たない庶子家まで細川一門が族的結合を果たし、これを維持することで、他大名に対する優位を確立したとする「同族連合体制」論がある。58号文書に示された持之の認識は、この「同族連合体制」論の実態をより深く検討する一つの材料になろう[29]。

④戦国時代の文書

戦国時代の文書からは、阿波守護細川家の出身で、一六世紀初頭段階において細川一門の長老的な立場にあった細川成之（道空）が、同門の細川高国と細川政賢へ宛てた書状を取り上げたい[30]（116〜117号文書）。年号は付されていないが、いずれも永正五年（一五〇八）のものと考えられ、文面は全く同じである。

以下、本文書の内容を理解するために、当時の状況を整理しよう。明応二年（一四九三）に明応の政変を起こし、室町幕府権力の中枢を牛耳った管領細川政元が暗殺されたのは、永正四年のことである。政元の死により、細川京兆家では家督争いが勃発。政元の二人の養子、九条家出身の細川澄之と阿波守護細川家出身の細川澄元による内紛を経て、同年八月に澄元が細川京兆家の家督に就任した。

ただし、澄元政権の権力基盤は決して磐石ではなかった。阿波国出身の国衆で、澄元の軍事力を支えた三好之長の扱いに悩まされる一方[31]、政元により廃され、周防国の大内氏に庇護されていた前将軍足利義稙が上洛しはじめるという事態に直面していた[32]。116〜117号文書は、かかる政治状況のもとで澄元の祖父成之より同門の二人へ発給されたものなのである。

それでは、ここで成之は何を伝えようとしていたのか。記事をみる限り、その主張は①成之や政元、そして細川京兆家を継いだ澄元に対する之長の振舞いに大きな問題があること、②之長の違乱により、細川一門は本来あるべき姿を失っているが[33]、「一家」として「面々」は政治を行い、細川家を守っていけるように澄元を指南して欲しいこと、以上二点に整理される。すなわち成之は、細川一門が直面している課題の根源を新興勢力の之長と断じた上で、細川京兆家をはじめとする細川一門の団結、つまりは「同族連合体制」を築いていたありし日への回帰を働きかけ、澄元政権の基盤強化を図ったのであった。

これまでの研究動向に鑑みるに、ここに示された成之の主張はじつに興味深い。というのも、実際に之長のような新興勢力の台頭が「同族連合体制」を支えた内衆の地位を奪い、体制に解体をもたらしたと考えられているからである[34]。これまでほとんど研究史に登場していないが、じつはこれらの文書は「同族連合体制」解体の渦中にあった当事者成之の貴重な証言なのである。

ところで、この時に成之が働きかけた相手の一人である高国は、上洛してきた前将軍義稙と大内義興と連携して将軍足利義澄と澄元を京より追い落とし、管領に就任。以後、澄元と対立した。皮肉なことに、成之が働きかけた高国によって「同族連合体制」への回帰は幻となり、細川一門はさらなる分裂状況を迎えることになっていく。

3 守護家とその菩提寺との関係

「中世文書」の持つ史料的な特質として、最後に守護家とその菩提寺との関係、すなわち和泉上守護細川家と永源庵の関係に注目したい。各武家の菩提寺がさまざまな役割を有していたこと、その様相の解明が、武家社会のあり方を理解する上で重要な意味を持つことは論を待たない。和泉上守護細川家の場合、「中世文書」に含まれる「永源庵文書」に加え、『永源師檀紀年録』などの編纂物を用いることにより、他家に比して菩提寺との関係をより鮮明に解明しえると考えられるが、今のところこの問題に焦点をあてた研究は多くない。以下、ここでは菩提寺として永源庵が果したとおぼしい基本的な事柄をいくつか抑えてみたい。

まずは、歴代当主の法要である。先にも述べたように、細川頼有以来、和泉上守護細川家は永源庵を菩提寺としており、歴代当主の追善供養はいずれも永源庵において行われた。祖先の追善を行うために、歴代当主は各地の直轄領より料所をたびたび寄進しており、それらの寄進状類は「中世文書」に多く含まれている。

しかしながら永源庵は、単に歴代当主の法要を行い、一族の繁栄を祈願する場としてのみ機能したわけではなかった。一つ注目されるのは、永源庵に対して歴代当主が寄進状を発給する中、和泉上守護細川家の所領に所在する各地の寺院をたびたび永源庵へ寄進し、末寺化している点である。

たとえば宝徳二年(一四五〇)に家督を継いだ細川常有は、守護管国である和泉国の信太郷善法寺を祈願寺とし、時の永源庵住持殊大書記に申し付けるとともに(78号文書)、所領である摂津国呉庭庄祐禅寺を末寺として永源庵に寄進した(79号文書)。その後常有は、和泉国日根郡新家庄極楽寺を永源庵妙性軒へ寄進(85号文書)。下って明応四年(一四九五)に時の当主細川元有は、阿波国河田庄の高越寺別当職を永源庵へ寄進している(105号文書)。「中世文書」に加えて、さらに『永源師檀紀年録』などをみてみると、同様の事態は和泉国の中尾寺[35]、金躰寺、大光寺、満福寺にまで広がっている[36]。

この事実は、永源庵の経済基盤が和泉上守護細川家の盛衰とリンクするものであることを示すと同時に、永源庵を中心とする末寺とのネットワークが、散在する和泉上守護細川家の所領を結合する一つの媒介となっていた可能性をも示している。室町時代以降にみられるかかる事態をどのように評価すべきか、各時期の政治的な動向を踏まえた上での検討が待たれるところであるが、いずれにしても和泉上守護細川家による所領支配と永源庵との関係を考える上で、非常に興味深い現象といえよう。

加えて永源庵は、一族の子弟を受け入れて、これを育成する場でもあった。『永源庵由来略記写』によれば、細川頼長の子息である実父通的が永源庵第三世となって以来、第五世に細川持有の子息合浦永琮、第七世に細川政有の子息当谷源諦、第八世に細川元常の子息玉峯永宋という格好で、和泉上守護細川家の当主の子弟が軒並み永源庵の住持となっている。(37)加えて、細川常有の子息で政有の早世を受けて後継者となった細川元有は、もともと雪渓源猷と号する永源庵の喝食であった。

菩提寺ということもあってのことであろうが、歴代当主は永源庵に入庵した一族子弟の処遇にもかなり気を配っていたらしい。永源庵の大書記に対して細川教春は、幼くして入庵した合浦永琮の「引廻介抱」を依頼しているし（75号文書）、常有は孫の当谷源諦に対して「尚々学問能々せられ候へく候」と述べている（90号文書）。こうした配慮は、子弟の教育の場としての機能を示す一方で、かつて高浜州賀子が指摘したように、永源庵が「一門の家督争いを緩和する安全装置」としての機能と、「必要とあらば（出家していた子弟を）還俗させるなど家門の存続のために有効な働き」を期待されていたことの証左なのであろう。(38)

むすびにかえて

本稿では①「中世文書」の特徴と分類、②「中世文書」が肥後細川家、ひいては永青文庫に伝来した歴史的経緯、③「中世文書」の史料的な特質を論点に、「中世文書」の概要を述べてきた。その論旨をごく簡単に整理すると、以下のようになる。

・「中世文書」は「和泉上守護細川家文書」と「永源庵文書」、そして近世から近代にかけて収集された文書類に分類され、和泉上守護細川家にかかわる文書が大半を占める点に特徴がある。

・右のように分類される「中世文書」は、現在の構成で一括して肥後細川家に伝来してきたわけではない。「和泉上守護細川家文書」と「永源庵文書」は、延宝元年（一六七三）の永源庵の「発見」以来、肥後細川家に認知され、その後永源庵より譲渡されたものである。

・歴史的に形成されてきた「中世文書」には、鎌倉時代から戦国時代に至る政治史のエポックを究明しうる興味深い文書が含まれており、今後の活用が期待される。

最後に改めて「中世文書」について語るならば、「和泉上守護細川家文書」と「永源庵文書」、そして近世から近代にかけて収集されたさまざまな文書が組み合わさることによって形成されてきた点に、その面白みは見出されよう。このような伝来経緯と形成過程は、他の中世文書群にはあまり類例をみない独特のものであり、かかる経緯と過程が「中世文書」の提供する史的情報に幅の広さと奥行きを与えているように思われる。

ただし、筆者の力不足から、本稿では「中世文書」の持つ特徴と可能性を充分に紹介しきれなかった。[39] 残された課題については後日を期すより他ないが、ともあれ本書の刊行をきっかけに「中世文書」がさらに活用され、日本中世史の研究がますます進展することを期待したい。

註

（1）工藤敬一「細川家の中世文書」（熊本県教育委員会編『熊本県文化財調査報告第二十三集　古文書等緊急調査報告書　細川家文書（中世篇）』熊本県教育委員会、一九七七年）。

（2）曾我氏と肥後細川家との関係については、高木昭作「書札礼と右筆」（『書の日本史　第九巻』平凡社、一九七六年）を参照。

（3）大内義隆書状（122号文書）に添えられた明治二十一年八月十六日付佐々豊登願書によると、この文書は熊本県菊池郡木野村士族であった豊登の先代より所蔵していたもので、豊登は保存のために熊本県庁へ差し出したい、と述べている。

（4）一八世紀以来、細川幽斎の養父は、和泉上守護細川家最後の当主細川元常と考えられてきた。しかし、山田康弘「細川幽斎の養父について」（『日本歴史』七三〇、二〇〇九年）や岡田謙一「肥後熊本藩主細川家と「細川家文書」」（『日本歴史』七三七、二〇〇九年）など、近年はこの点を再検討する研究が相次いで発表されている。

（5）高浜州賀子「細川幽斎・三斎・忠利をめぐる禅宗文化（一）」（『熊本県立美術館研究紀要』一、一九八七年）、前掲註（4）岡田論文。

（6）早い時期の史料では、吉田神社の神主吉田兼見の日記『兼見卿記』（史料纂集）元亀三年九月十二日条に、「後醍醐天皇御旗」「尊氏将軍御旗」「御鎧」が永源庵に所蔵されていた様子がみえる。これらが和泉上守護細川家に伝来していたものとすれば、永源庵への収蔵は遅くともこれ以前と考えられよう。

（7）『永源師檀紀年録』（永青文庫所蔵、熊本大学附属図書館寄託）。

（8）宇土支藩の成立経緯と初代藩主細川行孝の事績については、松下宏則「宇土支藩の成立」（宇土市史編集委員会『新宇土市史　通史編第二巻　中世・近世』宇土市、二〇〇七年）を参照。

（9）『衆妙集』については、土田将雄編『衆妙集』（古典文庫、一九六九年）を参照。

（10）細川行孝の曾孫で、宇土支藩主の細川興文が記した『自家便覧　十五』の奥書によれば、行孝は侍医前田玄篤に命じて『自家便覧』および『幽斎公譜』『三斎公譜』の草稿を執筆させ、山羽平蔵に清書させたという。なお、『自家便覧』および『幽斎公譜』『三斎公譜』は、興文が書写させた写本がいずれも熊本県立美術館に所蔵されている。

（11）あえて「発見」という表現を用いたのは、①武田玉翁が細川行孝へ宛てた書状を見る限り、『寛永諸家系図伝』が成立しているこの時点で、彼らは細川頼有を祖とする和泉上守護細川家を肥後細川家の「先祖」と認識しながら、その菩提寺である永源庵の存在を知らなかったと考えられること、②そもそも『寛永諸家系図伝』に収められた「細川家系図」が、細川幽斎の養父を細川元有としていること（幽斎の生年は天文三年〈一五三四〉、元有の没年は明応九年〈一五〇〇〉であり、両者に養子関係は成立しえない。このことは、『寛永諸家系図伝』所収「細川家系図」が成立した寛永十九年〈一六四二〉の時点で、肥後細川家が元有の没年を把握しえていなかったこと、すなわち和泉上守護細川家歴代当主の年忌情報を蓄積し、法要を行う菩提寺の存在を知りえていなかったことを示す）、以上二点の要因から、永源庵とそこに相伝されていた「和泉上守護細川家文書」の存在、そして和泉上守護細川家歴代当主の事績を、延宝元年（一六七三）に至るまで肥後細川家の人々はほとんど認知していなかったと考えられるからである。

(12)（寛文十二年）七月二十五日付武田玉翁書状（九州大学附属図書館付設記録資料館九州文化史資料部門所蔵「宇土細川家文書」二〇〇六号文書）。

(13)（延宝元年）六月五日付細川行孝書状写（『永源記　御寄附状写』永青文庫所蔵、熊本大学附属図書館寄託）。

(14) ちなみに細川綱利の寄進状は、現在も建仁寺塔頭正伝永源院に伝来している（延宝元年十月二十八日付細川綱利寄進状「正伝永源院所蔵文書」）。

(15) ここでいう「齟齬」とは、リストの記載内容と文書の現存状況の相違である。具体的には、①「将軍義詮公賜、頼有公之状六幅」に該当する文書が現在五通しか確認されない、②「持之公執達状十五幅」に該当する文書が現在十四通しか確認されない、という点になる。かかる現象が起こった原因については、リストの記載ミス、譲渡後の紛失、発給者の人名比定ミス等が想定されるが、現状ではいずれとも断じがたい。

(16) なお、「和泉上守護細川家文書」とみなされる文書が一通、建仁寺の塔頭正伝永源院に所蔵されている（和泉市久保惣記念美術館特別展図録『禅院の美術―建仁寺正伝永源院の名宝―』和泉市久保惣記念美術館、二〇〇〇年）。それは、永源庵を開いた無涯仁浩が細川頼有へ宛てた九月七日付の書状で、頼有へ道号を書き進めるという内容のものである。『永源師檀紀年録』によれば、無涯は延文三年九月に頼有へ「無敵」の道号を与えており、この文書はその際の添状とみてよい。頼有宛ゆえ、当然ながら「和泉上守護細川家文書」に含まれるべき文書であるが、無涯の発給文書ということで永源庵に留められ、その後正伝永源院に伝来したのであろうか。

(17)（延宝元年）十月二十八日付細川綱利書状写（『永源記　御寄附状写』）。

(18) 前掲註（1）工藤解説。

(19) たとえば、永源庵の第二世惟忠通恕と細川持有が連署した応永二十四年十月二十三日付永源庵式目や年未詳十月朔日付永源庵宛福嶋正則書状は、現在霊洞院に所蔵されている。なお、明治時代初期における永源庵の状況については、真神仁宏「正伝永源院史」（前掲註（16）『禅院の美術』所収）を参照。

(20) なお、和泉上守護細川家の経済基盤については、藤田達生「戦国期守護支配の構造―和泉国細川氏―」（同著『日本中・近世移行期の地域構造』校倉書房、二〇〇〇年）を参照。

(21) なお、「三管領」のうち畠山家については、近世に高家として存続した子孫のもとに若干の文書が伝来しており、現在は国学院大学図書館に所蔵されている。詳細については、小川信「國學院大學図書館所蔵「畠山家文書」―翻刻と紹介―」（『國學院大學図書館紀要』一、一九八九年）を参照。

（22）京極家の「家文書」については、島根県古代文化センター編『島根県の歴史を語る古文書　戦国大名尼子氏の伝えた古文書―佐々木文書―』（島根県古代文化センター、一九九九年）を参照。

（23）細川野州家の「家文書」については、『山口県史　史料編　中世4』（山口県、二〇〇八年）を参照。

（24）中世後期の和泉国をフィールドとした政治史研究については、小山靖憲編『戦国期畿内の政治社会構造』（和泉書院、二〇〇六年）に収められた広田浩治「和泉国の戦国史研究と本編論文」などの諸論文の中に、現状と成果が整理されている。

（25）永徳元年七月日付香川景義寄進状写（『永源師檀紀年録』）。同書によれば、この時に景義は「逓代数幅ノ譲状・職状ヲ附メ寄進」したという。

（26）正応五年に高麗より使者が派遣された経緯については、佐伯弘次『日本の中世9　モンゴル襲来の衝撃』（中央公論新社、二〇〇三年）を参照。

（27）細川頼春については、小川信『細川頼之』（吉川弘文館、一九七二年）を参照。

（28）前掲註（27）小川著書。同書において小川信は、本文書に関する解釈と位置づけを詳述している。

（29）「同族連合体制」については、小川信『足利一門守護発展史の研究』（吉川弘文館、一九八〇年）、末柄豊「細川氏の同族連合体制の解体と畿内領国化」（石井進編『中世の法と政治』吉川弘文館、一九九二年）等を参照。

（30）なお、阿波守護細川家の動向については、山下知之「阿波国守護細川氏の動向と守護権力」（『四国中世史研究』六、二〇〇一年）を参照。

（31）たとえば、三好之長の専横により、細川澄元は遁世騒動を起こしている（『宣胤卿記』〈増補史料大成〉永正五年八月十三・十六日条）。

（32）細川政元の横死とその後の内紛を受けてのことであろう、足利義稙・大内義興は永正四年後半より上洛の準備を開始。細川澄元による和睦交渉が決裂した後、翌年二月に周防国山口を出発、上洛の途についていた（〈永正五年〉正月二十六日付足利義澄御内書〈「大友文書」『大分県史料　二六』大分県中世文書研究会、七一三号文書〉、〈永正五年〉二月二十四日付足利義澄御内書〈「大友文書」七一一号文書〉）。

（33）ここで細川成之が念頭においていたのは、明応の政変前後よりみられた細川京兆家と阿波守護細川家との対立などではなかったか。詳細については、前掲註（29）末柄論文を参照。

（34）前掲註（29）末柄論文。ただし、「同族連合体制」の解体時期については、前掲註（20）藤田論文や前掲註（30）山下論文により異論が唱えられている。

（35）年未詳七月二十二日付某有弘書状写（『永源師檀紀年録』）。

（36）たとえば、永正三年卯月十二日付金躰寺領名主百姓中宛江村香藤・穴吹有隆連署奉書写など（『永源記　御寄附状写』）。同書によると、同様の文書は大光寺領・満福寺領の「名主百姓中」に対しても発給されている。

（37）なお、各住持の経歴と事績については、前掲註（5）高浜論文を参照。

(38) 前掲註(5)高浜論文を参照。

(39) 紙幅の関係もあり、本稿では文書の様式や封式、料紙の問題など、古文書学的な見地からほとんどコメントを付すことができなかった。今後の課題としたい。

永青文庫所蔵の「織豊期文書」

稲葉継陽

はじめに

本稿では、永禄八年（一五六五）の将軍足利義輝殺害に際して、その弟義昭（義秋、一条院覚慶）の側近としての活動を開始した細川幽斎（長岡藤孝）が、ほどなく信長臣下として台頭する時期から、ほぼ慶長五年（一六〇〇）の「関ヶ原合戦」までの、織豊期文書群等（巻末編年目録131号文書以下）について解説する。

これらは、細川家受給文書群と同収集文書群とに大別され、それぞれの内容を示せば左のごとくである。

一　細川家受給文書群
（一）関東諸将発給文書写
（二）織田信長発給文書群
（三）明智光秀発給文書
（四）豊臣秀吉発給文書
（五）島津義久等発給文書
（六）徳川家康発給文書
（七）その他
二　細川家収集文書群
（一）藩祖細川藤孝（幽斎）発給文書群
（二）幕臣曾我家文書写
（三）新陰流疋田豊五郎関係文書
（四）その他

一の受給文書群は、永禄九年に近江・若狭から越前へと移った足利義昭のもとでの細川藤孝の活動にはじまり、信長・義昭の上洛から両者の決裂までの時期における藤孝の政治的立場、次いで信長のもとでの転戦から丹後宮津への入部の様相、「本能寺の変」に際しての藤孝父子の政治的立場、豊臣政権における細川幽斎の独自の役割、そして「関ヶ原合戦」における幽斎と忠興の動向等を伝える、当該期政治史の第一級の史料群である。

二の収集文書群は、藩祖藤孝の発給文書をはじめ、室町幕府から江戸幕府に出仕した曾我家、剣術新陰流の伝授に関わる文書等、近世・近代に何らかの所縁あって肥後細川家の所有に帰したものが大半である。

以下、右の分類に即して解説を加えよう。

なお、織豊期を通じて活躍した細川幽斎（長岡藤孝）・忠興父子の動向を知る上での基本文献には、奥野高廣の大著『増訂 織田信長文書の研究』全三巻（吉川弘文館）、林達也の労作「細川幽斎年譜稿㈠～㈢」（『青山学院女子短大紀要』二八～三〇）、同「細川幽斎ノート（その一）～（その五）」（『文学史研究』一～五）などがあり、多くを学んだ。また、一八世紀後半に肥後細川家において成立した家譜である『綿考輯録』（出水叢書、汲古書院）は藤孝・忠興の事績を家蔵の古文書・古記録や先行して成立していた家記類をもとにして、網羅的に提示しており、現存の細川家文書のみならず、近世において肥後細川家が把握していた織豊期の文書について知ることができる点で重要である。

一　細川家受給文書群

1　関東諸将発給文書写

細川藤孝は足利将軍義輝の元服（天文一五年〈一五四六〉）と同時に、側近として出仕し始めたとみられるが、しかし永禄八年（一五六五）五月、三好三人衆・松永久秀による義輝殺害事件が発生する。このとき、義輝の弟で奈良興福寺一条院にあった覚慶は幽閉されたが、藤孝らは七月二十八日にこれを救出して近江に逃れた。翌年に還俗して義秋となった覚慶は九月に藤孝らとともに越前へと移り、次いで美濃を支配下に置いた織田信長に推戴され、永禄十一年十月に入洛して将軍宣下をうけた（改名して義昭）。

本書収録の編年目録131～135号文書は、義昭が永禄十年の越前在住期から翌年の入洛直後までの間に関東の諸将に相次いで発給した御内書に藤孝が付した添状への返書の写である。いずれも斐紙の切紙で、切封・墨引の形状等も原本と同様に作られている。131号文書の差出「沙弥道楽」は下野宇都宮家中、132号文書「景長」は下野足利長尾氏、133号文書の北条氏邦は戦国大名小田原北条氏の一門にして武蔵鉢形の支城主であった。135号文書の水谷兵部大輔は下総の下館領主、134号文書の「可直斎　長純」については未詳である。これらの文書中に見られる「京都不慮之儀」とは、前代未聞と言われた将軍義輝弑逆を指し、義昭御内書が自身の入洛への助力を求めるものであったことが分かる。

なお、各文書に見える「森坊」について、『綿考輯録』巻一は次のように記す。

> 去年（永禄十年）越前国にて藤孝君より使番森右兵衛入道を森坊と唱、関東へ執行者の如くにして下され、義昭公の御書ニ藤孝君より御状を被添、猶御口上を以、密に関東之諸将に被通候、

また、『綿考輯録』の当該部分には、本書に収録した四通の返書写の他にも、北条氏康、同氏政、佐竹義重、同又七郎義斯らの藤孝宛返書八通が写されており、義昭御内書が関東の大名領主層にそれなりのインパクトをもって受け取られたことを示している。

すなわちこの時期の義昭御内書の発給は、その入洛を広く領主層に周知して助力を要請するとともに、新将軍と大名領主層とのパイプを築く手段であったと考えられるが、その際に藤孝は関東の大名領主層と義昭との取次のような役割を果たそうとしていたことがこれらの文書等から判明するのである。今後、信長・義昭連合政権[1]における藤孝の役割を検討する上で留意したい点である。

2　織田信長発給文書群

しかし、周知のように信長と義昭の関係は永禄十二年（一五六九）十月頃から悪化しはじめ、信長は義昭に対して永禄十三年正月に五ヵ条の「条々」を、元亀三年（一五七二）九月には十七ヵ条の「条々」を突き付け、翌年の義昭二度の挙兵と没落によって、信長は京都・畿内における覇権確立へと大きく前進した。

この信長・義昭決別期にあたる元亀四年二月から信長が本能寺で横死する天正十年（一五八二）に至るまでの織田信長発給文書五九通は、本書収録文書中の白眉であり、肥後細川家のルーツを示す文書群の一つとして一括して桐箱に納められて伝来している（ただし170・171・175・176号文書は現在東京の永青文庫に別置）。以下、時期を区分しながら、注目すべき点を指摘しておこう。

①元亀四年義昭没落期の文書

信長と義昭の対立が決定的段階に達した元亀四年二月から三月に、信長は藤孝に対して相次いで黒印状を発した（143～146号文書）。藤孝は遅くとも永禄十二年（一五六九）正月には山城西岡の勝（青）龍寺城に本拠を置いており、義昭に供奉し、

他の側近らとともに連歌に参加するなどしていたが（『言継卿記』）、元亀二年（一五七一）十月には「桂川より西在々所々」すなわち青龍寺城領に対する城普請夫役の賦課権を信長から付与され（『増訂 織田信長文書の研究』三〇二号）、それ以降は信長との主従関係を強めていったものと考えられる。

元亀四年二月二十三日付の143号文書の冒頭にある「公義就御逆心、重而条目祝着不浅候」なる文言は、信長・義昭の軍事衝突が避けがたい状況となったこの時点で、京都の藤孝が、岐阜にあった信長に対して京都および畿内の情勢を細かく報告する立場にあったことを示している。二月段階の143～145号文書で信長と藤孝は、義昭との和睦交渉に付随する人質交換のあり方や摂津方面の諸領主の動向等について具体的な意見・情報をやりとりしていた。しかし、義昭が信長と断交する直前の十七ヵ条に及ぶ黒印状（146号文書）になると、信長は和戦にかかわらず上洛すると宣言し、義昭が信長追討の御教書を下した畿内諸領主および朝倉・六角・上杉・武田の動静等について、藤孝から報告を受け、それらに対して詳細な指示を与えている。藤孝の立場の変化が読み取れる。この後、三月二十五日に岐阜を発ち大津に着陣した信長を藤孝は荒木村重とともに出迎えた（『信長公記』）。

同年七月三日、信長への二度目の「謀反」のために山城槙島城に入った義昭は、十八日には信長軍に包囲され、敗北・没落した（『信長公記』）。147号文書はその直前の七月十日に、信長が藤孝の「忠節」を評価し、「城州之内限桂川西地」の「一識（職）」の「領知」を保障した朱印状である。これ以後、藤孝は青龍寺城を拠点に同地域の領主層の所領を確定・安堵し、領主間相論への裁定権を行使するとともに[2]、領域支配を丹波国境にまで貫徹しようという意思を露わにしていた（『増訂 織田信長文書の研究』上巻、六四六頁）。後の肥後細川家の大名権力としての出発点を、青龍寺城を拠点にして室町将軍と決別した元亀四年の藤孝に明瞭に見出すことができよう。

②藤孝転戦期の文書

こうして信長配下の有力部将となった藤孝は、本貫地が長岡京故地であるに因んで苗字を長岡へと変え、信長の指示のもとで各地を転戦し、また信長に各地の情勢を詳細にわたって報告し、返書の黒印状を得ている。これらが信長発給文書群の中核をなす。

そのうち量的に最多なのは天正二年（一五七四）からの一向一揆（伊勢・大坂・越前等）および紀州雑賀・根来一揆との戦いに関するもので、同年には明智光秀宛の149号文書に始まり154号文書までの五通があり、天正四年から五年にかけての164号～171号文書等もこれにあたる。また、天正六年十月の179号文書から翌年の183号文書にかけては、本願寺と通謀して謀反した荒木村重の摂津有岡城攻撃に関する文書であり、長岡父子の有岡付城への在番が確認される。この他にも、天正三年の長篠合戦の状況を信長が藤孝に報じた159・160号文書等の内容も極めて興味深い。これらの文書から読み取れる京郊領主としての藤孝の存在形態や、文書の様式そのものについて注目すべき点を指摘しておこう。

第一は、天正三年の大坂攻めに際して発給された156号文書において、「丹州舟井・桑田両郡之諸侍、其方へ相付」と言われ、丹波二郡の国衆が藤孝の軍事指揮のもとに編制され、天正六年の丹波攻めに際しては178号文書で、「奥郡・多喜郡へ道事、二筋も三筋も人馬之往還無障候様、来廿日以前可作立候、可為大軍候之条、成其意、不可有由断候」と、軍道普請を命じられているように、藤孝と丹波方面との結びつきの強さが注目される。これはおそらく藤孝の本拠地西岡が、桂川（保津川）交通等によって丹波方面と強く結ばれていたことによって可能となった軍事編制策だったと考えられるのであり、183号文書で摂津有岡への長岡「父子番替」が許可されているのも、西岡の地が京都から南へ出る交通の要衝であったことと無関係ではないであろう。信長がこうした戦略上の重要拠点たる西岡青龍寺城に藤孝を入れ、西岡を含む山城国桂川以西地域の排他的支配権を付与したことは、義昭入洛以来の政治的葛藤のなかで培われた信長・藤孝の紐帯ぬきには理解し得ないだろう。藤孝は、まさに信長の京都における政治的立脚点であった。

第二は、長篠合戦に関する157〜159号文書に記されるように、藤孝が「鉄炮放同玉薬」すなわち鉄砲の射手と弾丸・火薬を調達して長篠に送っていることである。足軽的人員と弾薬の大量確保という業は、京都近郊の交通＝流通拠点にあった藤孝ならばこそ成し得たものであったろう。

このように青龍寺城時代の藤孝は、京都近郊の交通・流通拠点を掌握した信長の畿内近国軍事戦略の要たる位置にあったものとみることができる。

次に、この時期の文書の様式で注目すべきものの第一は、何といっても天正五年十月の大和松永攻めに際して藤孝嫡男の与一郎（忠興）に与えられた信長自筆感状（175号文書）であろう。信長側近堀秀政の添状（176号文書）によって自筆たることに疑問のない信長文書として、実に貴重なものである。奥野高廣はこの文書について、「与一郎の折紙の報告にたいするもので、信長その人の感情を生き生きと浮び上らせて余すところがない」と記しているが（『増訂 織田信長文書の研究』下巻、三二二頁）、同感である。

また、天正四年に比定される165号文書の黒印は印文「宝」であるが、奥野によればこれは現存唯一の例であるという（同前、二一三頁）。

さらに、「猿帰候て夜前之様子具言上候」なる文言から始まる172号文書について奥野は、天正五年三月に滝川・丹羽・明智・長岡らが従軍した紀州雑賀攻めに際して発給されたものとし、文言中の「猿」を羽柴秀吉に比定し、彼自身が前線の戦況を信長の本営に報告したことに対する藤孝らへの返書（自筆の可能性あり）だとする（同前、二七二〜三頁）。だとすれば、信長自身が秀吉を周知の仇名で呼んだ唯一の文書ということになろう。ただし、『綿考輯録』巻三は、「猿」を「信長公の忍のもの」と解釈しており、勿論、その可能性も排除し得ないだろう。後考を期したい。

③丹後移封期の文書

天正八年(一五八〇)に藤孝が山城西岡から丹後へと移封となって以降、秀吉が担当した中国攻めに関わる時期までの文書である。

同年八月に丹後国に入った藤孝(184号文書)は、同月中にはみずから居城を宮津と定めて信長もそれを追認し、城普請には丹波を支配する明智光秀と相談してあたるよう指示した(185号文書)。次いで藤孝は国内の領主層に出仕を命じて、従わない者を討ち(186号文書)、翌天正九年の勧農期と年貢収納期には信長から相次いで四通の朱印状(187・191~194号文書)を受けて、丹後領国支配の基礎を確立する。(3)

その様相は、国内諸領主からの「指出」の徴収とその安堵による「給人」(軍役衆)化、総検地の実施、「指出」の数値からの検地踏出分(「余分」)の収公であった(187・193号文書)。この、指出と検地の併用による本領安堵と検地踏出分の収公という軍役編制の基本方針は、丹後国最大の勢力であった一色氏とその家老矢野氏の所領に対しても、明智光秀の関与のもとで適用された(191~194号文書)。このようにして藤孝は、在来の丹後領主層の本領安堵を通じて軍役衆を編制し、それら本領をも対象とした石高制検地の実施と踏出分の収公とによって蔵入分を創出し、近世初期の大名たるに相応しい権力体系を丹後で構築するに至った。ただし、石高を「郷切」にといわれた(194号文書)石高制検地の施行実体が不明なことや、一色・矢野の本領からの指出分や検地踏出収公分が「四千五百石」(192号文書)、「弐万石」(193号文書)というように、検地の実高によったというより政治的に設定された高であったとみられることには注意が必要で、今後、織田検地論の達成をも踏まえた検討が俟たれる所以である。

丹後における藤孝の軍事編制で注目されるのは、老臣松井康之による丹後「賊船」「舟手」の編制と中国戦線への派遣である(189・190・195・196号文書)。『綿考輯録』巻四には、中国攻めを担当した羽柴秀吉からの報告に基づき松井らの戦功を賞した次のような藤孝宛信長感状も収録されている。

松井胃介(康之)・加悦勘十郎、重而至雲伯境目相働、敵船数艘切取、右之者共廿五人討捕、虜等之注文并羽柴藤吉郎折紙到来、披見、尤以無比類粉骨、誠以感悦不浅候、両人共忠節之旨、能々可申聞候事専一候也、

(天正九年)九月廿四日　信長　御黒印

長岡兵部大輔殿

山陰方面の制海権を確保する上で、日本海交通の要衝たる丹後の水軍をおさえることがいかに重要であったかが理解できよう。ここには、藤孝の丹後移封が信長の中国（山陰）地方に対する敵対・拡大政策との関係で企図された可能性が示唆されているとみても、あながち深読みではなかろう。

3　明智光秀発給文書

周知の如く、織田信長は天正十年（一五八二）六月二日、明智光秀の謀反によって本能寺に倒れた。207号文書は、そのわずか七日後に光秀が縁戚関係にあった「御父子」、すなわち丹後にいた長岡藤孝・忠興に差し出した三ヵ条の「覚」である。

第一条では、自分の謀反による信長の滅亡に際して長岡父子が「もとゆい」を切ったことに当初は「腹立」を覚えたが、思い直したので、今後の「御入魂」を願うとある。第二・三条は、長岡父子を味方に引き入れるために語った、光秀の将来構想ともいうべき内容である。

父子が上洛して自分に味方するなら、丹後の他に摂津を、もし希望するならそれに加えて若狭の支配権をも分与する。我々の行為は忠興などを取り立てる目的でなされたもので、近く畿内・近国の情勢が安定したら、自分の子息や忠興の世代に畿内支配権を引き渡す所存である。決して別儀はない。

よく知られるように、天正十年時点で丹波国を領知する光秀の軍事指揮権は、丹後長岡氏、山城の領主層、大和筒井氏にまで及び、隣国たる若狭の丹羽長秀や摂津の池田恒興らも光秀の少なからざる権限上の、あるいは現実の影響下にあったと推察される。丹後移封期の信長文書（184号文書以下）を見れば、城普請、検地踏出分の確定・宛行・当知行安堵などの面で、光秀の藤孝に対する軍事編制上の権限の強さは明らかである。

本文書の第一条によれば、光秀が長岡父子が自分に味方して当然と考えていたことは明らかで、第二・三条に述べられているように、彼は自身の畿内諸領主層に対する軍事指揮権およびその行使事実を背景にして信長殺害後の構想を立てていたのである。したがって、いわゆる「本能寺の変」の歴史的意味については、光秀の当該期織田権力における政治的軍事的位置と信長自身の権力的志向性との対抗関係を基軸とした分析が求められるのである。

4　豊臣秀吉発給文書

六月十三日、明智光秀は羽柴秀吉・織田信孝連合軍と山城山崎の地で合戦して敗死した。208・209号文書はその一月ほど後に秀吉が発給した起請文と書状、210号文書はさらにその一月後の書状である。

秀吉はまず藤孝父子に対して、長岡父子が光秀に与同しなかった事実を称賛して今後の入魂を誓う血判起請文（208号文書）を送り、家督を相続していた与一郎忠興に対しては同日付の書状（209号文書）で丹後の戦後処理に関して具体的な指示を与えている。その第一は、秀吉が信長の「御朱印」を尊重して忠興の丹後「一円御知行」を保障すること、第二に、明智方が丹波・丹後国境で占拠した二つの城に付属して「知行」（「押領」）した地域、および明智方に与する動きをとった丹後矢野氏の本領を、長岡側からの申請に任せて、長岡が「新知として一職に御知行」あるべし、とする。第三に、長岡重臣の松井康之に「人数」（軍団）を多く維持させるため、この新知分のうちの三分一を与えること。

信長時代の領有秩序を尊重しつつ敵方所領を没収し味方に配分するというこの方式は、中世における戦後処理法を踏襲したものである。また、松井の「人数」とは前述の丹後水軍であり、引き続き山陰方面との軍事的不安定要因が存在する状況下で、丹後を要とした松井氏統率の水軍の存在意義が依然として大きかったことが示されている。

ならんで興味深いのは、210号文書における、「其御国所々不入城共を皆々わらせられ候て、肝要之所迄を丈夫ニ普請無御由断儀尤にて候」という文言である。丹後国内諸地域で不要な城は破却して重要地域の城だけを入念に普請せよ、というこの秀吉の指示には、小林清治が、中世在地領主制の体制的否定を実現する秀吉の一国破城令の最初の事例として注目している(4)。破城の実態について検討の深化が求められる。

さて、信長の死に際して隠居・出家して幽斎玄旨と名乗った藤孝は、秀吉から天正十四年四月に青龍寺を中心とした西岡の地に三千石を宛行われ（211・212号文書）、次いで天正十七年（一五八九）九月に秀吉は「丹後一国領知方」として十一万七百石を幽斎・忠興父子に対し「一職」に宛行い、軍役を忠興分三千人、幽斎分千人の都合四千の役儀と定めている（216号文書）。ここに長岡（細川）家は名実ともに豊臣大名となった。

これ以後の秀吉発給文書は、忠興に宛てた221号文書以下の朝鮮侵略動員関係文書となる。

5　島津義久等発給文書

幽斎が丹後の所領とは別にかつて自身が拠点とした西岡の地に所領を有したことは、すでに多くの先学が指摘しているように、都＝豊臣政権中枢において歌学や能をはじめとする中世的文化を一身に集約し、秀吉や次世代の担い手にそれを伝授し継承させるという、出家後の彼の活動に対応したものであった。

豊臣政権における幽斎の活動を検討する上で極めて注目されるのが、214号文書の島津龍伯（義久）血判起請文である。起請文花押上の血痕も生々しいこの文書は、豊臣惣無事令を受け入れて在京していた島津義久が天正十六年（一五八八）八月に認めたもので、宛所は幽斎と石田三成である。

内容は、第一条でいかなる政治情勢になっても決して秀吉に別心を抱かないと誓い、第二条では幽斎・三成の義久—秀吉間の仲介者としての活動（「御芳志」「御哀憐」）に感謝し、今後も同様の処遇あるべきことを乞い、第三条では自身の在京中の「御指南」と、国元から讒言あるときの対処について懇願している。義久によるこの血判起請文の提出は島津氏の豊臣化の画期を象徴する出来事であったことは疑いなく、幽斎と三成が豊臣政権における島津氏担当の取次役をつとめながら、それが進められたことも明らかであろう。

幽斎はこの後、天正二十年（一五九二）の島津家臣梅北国兼の朝鮮出兵動員に対する反乱の事後処理のために義久とともに薩摩に下り、島津領の「仕置」を担当することになる[5]（229号文書）。文禄四年（一五九五）の島津領に幽斎の所領三千石余が設定された（236号文書）のも、彼の島津領検地活動に対応したものであった（ただし慶長四年正月には廃止、237号文書）。しかし、秀吉に対する軍役負担者であったとはいえ、隠居の身の幽斎が、ことに領国情勢が不安定だった島津氏の取次役となった理由は何か。

注目すべきは、この血判起請文が提出される直前の天正十六年八月十六日に、龍伯島津義久が幽斎に古今相伝誓文を提出していたことである（『細川家記』）。小高道子[6]が言うように、『細川家記』の記述によれば、義久が幽斎に求めたのは体系的な古今伝授の講義すべてではなく、自身が解釈疑問とする箇所を幽斎に尋ね、それが秘伝に関係する内容であったために幽斎に誓文を提出したものと考えられる。義久は幽斎の歌道の弟子となっていたのである。

『兼見卿記』等によれば、前年に上洛した義久はすでにその年の重陽の節句には幽斎から饗応を受け、和歌の贈答をするなど、歌道についての交流を深めていた。しかしそれは純粋に文化的な交流ではあり得ず、逆に言えば、この血判起請文も純粋に政治的な文書とみるべきではない。地方大名の豊臣政権への従属過程には京都から当該大名への文化の伝播過程が存在し、両者は事実上一体であったのである。こうした観点からこの時期の幽斎の行動を分析することが、中世から近世への移行期の政治過程と文化享受過程とを統一的に把握する新しい研究を拓くことにつながるのではないだろうか。

6　徳川家康発給文書

家康の文書で注目すべきは、いわゆる「関ヶ原合戦」に関する書状である。242・243号文書は有名な下野国小山の軍議の後、江戸に戻った家康が忠興らに与えた書状で、242号文書では家康自身の出馬以前は井伊直政の指示に従って軍事行動するべきことを伝えているが、重要なのは243号文書である。ここで家康は、忠興が家康方として無二の契約をしたことを理由に、本国たる丹後国の安堵は勿論のこと、隣国の但馬国の支配権をも付与しよう、と明言している。例えば九州の加藤清正に対しても家康は本文書と同日付の書状で筑後や肥後一国を与えるべき旨を伝え（中村孝也『新訂　徳川家康文書の研究』

中巻、日本学術振興会)、これをうけた清正は近隣の西軍方大名領に侵攻し、結果的に肥後南部の小西行長領を占拠して安堵され、一国大名となった。但馬国にも西軍に与した大名が多かったのであり、本文書における家康の発言は、自分に味方した大名が近隣の敵方所領を占拠=当知行した場合には、その事実を前提に当該所領を給与(実質は当知行安堵)することを約束するという、家康による決戦への大名動員の構造を示すものである。しかし、結果的に忠興は但馬国に侵攻せず、丹波国の福知山城を接収するが、九州豊前へ国替となったため、同国の細川領化は実現しなかった。

245号文書は、九月十五日の決戦の八日後、三成を近江・越前境で生捕にしたことを忠興に伝えた書状で、忠興と三成との犬猿の対立を踏まえて読めば、この結果には「定而可為御満足候」という家康の言葉は、迫真の響きをもつものとなろう。

246号文書は幽斎が籠った丹後田辺城を攻めた小野木公郷の丹波福知山城を忠興が包囲した事実を家康が認め、今後の然るべき処置を指示した書状で、小野木は十月十八日に切腹に追い込まれ、前述のように城は忠興が接収した(『綿考輯録』巻十七)。

7 その他

その他に注目したい受給文書をいくつか挙げておこう。

まずは、244号文書の忠興自筆書状である。宛所は「宮津より籠城之衆中」、すなわち、かの慶長五年の幽斎田辺籠城に加わった忠興家臣たちであり、いわば広義の細川家受給文書といえよう。日付は岐阜関ヶ原の決戦から六日後の九月二十一日、丹波亀山城から差し出したものである。

当時の状況を『綿考輯録』巻六は次のように記す。九月十二日に勅命講和を受け入れた幽斎は十八日に田辺を下城して翌十九日に亀山城に入り、関ヶ原で死闘を演じた忠興は二十日の早朝に亀山に到着した。亀山城の堀を挟んで忠興と対面した幽斎は、「何事なく帰陣、目出度」と声を掛けたが、忠興は返事をしない。そこで幽斎は次のように述べたという。

そなたハ身共か下城いたしたるを腹立と見へたり、年寄て命の惜きにも非す、三度迄勅使を受て下城せし者、我等ならて外には有間敷と被仰候時、忠興君御平伏、御落涙被成候、

近世細川家において、藩祖幽斎の田辺下城に忠興は内心立腹していたことを匂わせるストーリーが家譜に採用されていたことは注目に値するが、その根拠の一つとなったのが、この忠興書状ではなかっただろうか。書状の前段では、自分が二十日に亀山城に到着したこと、西軍方についた前田茂勝(徳善院玄以の嫡子)の亀山城の処置は家康の意向次第であることが述べられているが、問題は後半である。忠興は宛所の家臣らに対して、「籠城さへ奇特と存」じていたが、奉公人(「かせきとも」)が大量に逃亡し、結果、城を明け渡すことになったのだと論断し、末尾では怒りと呆れの感情をぶちまけ

ているように読める。

この書状から、後に嫡子を追放し、肥後入国後も八代城にあって熊本の藩主権力と鋭く対立した忠興の性格的激しさを読み取るのもあり得るが、慶長五年の内乱における忠興の軍事行動が、丹後一国および近隣敵方所領の当知行安堵を家康から獲得するという一点の目的によってなされたことが重要ではないか。忠興にとって、本領内の城が敵方に占拠された――しかも関ヶ原での大勢の帰趨までの数日間を持ちこたえられずに――という現実は、にわかには受け容れがたいものであったに違いない。

247号文書は、慶長五年の十月に京都にあった幽斎が「内記」すなわち孫の細川忠利に宛てた書状で、内乱の終結を喜ぶとともに、「我々事も内府様一段御懇候間可心安候」と述べて、戦後の徳川体制のもとでの御家存続が確定したことへの安堵感を忠利と共有している。しかし、本書状の末尾にあるように、長期籠城による心身の疲労からか、幽斎は体調を崩しており、それは翌年閏十一月の忠利宛書状（248号文書）の時点では回復に向かっていたが、忠利に対して、国替となった豊前中津に「下向候義も気相散々候間、不相定候」と述べている。しかし、同月二十六日、幽斎は初めての豊前下向の旅に京を出発、翌年三月まで九州で過ごし（『舜旧記』）、かの島津龍伯義久とも交流していた（『綿考輯録』巻六）。

二　細川家収集文書群

1　藩祖細川藤孝（幽斎）発給文書群

近世大名家文書の存在構造を分析した笠谷和比古は、その一般的特徴として、藩主の存在と活動に関して作成された「藩侯の文書」と、藩内統治活動の過程で作成蓄積された「藩庁の文書」との二元的構成を指摘し、前者には中世以来伝存してきた古文書等が含まれるが、近世・近代を通じて藩祖に関わる文書等を意図的に蒐集して、これらを組み込んで伝存させていくケースが少なくないとし、文書の帰属と伝存形態に着目する「文書存在論」の立場からは看過しえない問題だとする(7)。

笠谷の指摘を踏まえれば、本書収録の文書群自体が近世大名細川家の「藩侯の文書」の中核的存在であり、だからこそ、藤孝以降の受給文書以外の文書については、その収集・伝来事情が慎重に検討されねばならない。もとよりこの解説編にも一定の検討成果を組み込むよう努力したが、ここではまず藩祖藤孝（幽斎）の発給文書について若干検討しよう。

137号文書は、元亀元年（一五七〇）十月二十二日に藤孝が一色藤長とともに将軍義昭に敵対する摂津御牧城を攻撃し、その戦功を義昭側近に詰める曾我兵庫頭助乗（三和院）に報告した文書で、藩祖の戦功を証明する文書としては現存最古のものである。この文書は家譜『綿考輯録』巻二にも収録され、一番槍の戦功は松井康之によるものだと特記されている。曾我助乗は同じ義昭側近として藤孝とも親しく、連歌や猿楽に同席していた（『言継卿記』）。近世初期の曾我氏については次項で述べるが、この文書は曾我から義昭に披露された後、藤孝に返されたか、あるいは近世の曾我家から細川家に渡され、伝存したものと考えられる。

次いで155号文書は宛所を欠くが、153・154号文書で信長から賞されている天正二年九月の河内飯森・萱振における戦功を、藤孝自身が語った書状である。信長配下時代の藤孝の対一向一揆戦の様子を示した本文書の内容は詳細で、注目すべきものである。また、『綿考輯録』巻三には本文書の写が収録されているから、本文書は同家譜の編纂以降、おそらく一九世紀以降に細川家が入手し、「藩侯の文書」に組み入れられることになったものとみて間違いない。

出家して幽斎となって以降の収集文書に関連して注目すべきは、240号文書の細川幽斎古今伝授証明状案で、「関ヶ原合戦」に際しての丹後田辺籠城時のものである。慶長五年七月二十七日、幽斎は勅諚講和を断り、八月二日には東条・上田・三好に宛てて書状（『綿考輯録』巻五）を遣わし、「一両日以前」に八条宮・前田玄以から御使が下された刻に、「古今相伝之箱、証明状、歌一首短冊并源氏抄箱一、廿一代集」を「禁裏様」へ進上した旨を伝えていた。死を覚悟した幽斎は、四月まで古今集を講義した八条宮智仁親王[8]に古今伝授の「証明状」を交付したのである。本文書はその証明状の幽斎自筆控である。

注意すべきは、これと深く関わる241号文書が細川家「藩侯の文書」中に入った経緯である。241号文書は『綿考輯録』巻五に、幽斎籠城中の八月二日付書状の「御草案」と位置付けられて引用されており、同書の著者・小野武次郎は、この文書を入手した経緯を次のように記していた。

私曰、此御書（八月二日付幽斎書状—筆者注）世間流布之御返書として御年譜ニ出し有之候、然ニ寛政五年丑年於京都右御書之御草案ニ而も可有御座かの御筆之物、不慮ニ拝見仕、無紛御真筆かと奉伺候間、其御書之結構成事なと、段々申理則御文庫ニ納り申候、乍恐写左之通（以下、241号文書を引用—筆者注）

小野は寛政五年（一七九三）に京都で241号文書を偶然発見し、これが周知の幽斎八月二日付書状の自筆草案であると確信して入手し、細川家の御文庫に納めたというのである。本文書の筆跡・内容ともに小野の見立て通りに貴重なものであるが、右の経緯は、近世における家譜編纂の過程で藩祖の文書が蒐集されて「藩侯の文書」に組み込まれた典型的な事例を示すものということができる。

249〜258号の幽斎文書も、いずれかの時期に個別に細川家に入ったとみられる藩祖文書で、幽斎のおそらく慶長期における文化的交流を示すものが大半である。

250号文書で、南禅寺に出かけている最中に訪問を受けたため面会できなかった幽斎が、「お暇の折にまた来るとのこと、祝着です。その時はぜひ笛を聴かせてください」と伝えた相手の一噌似斎は、能楽における笛方一噌流の祖として知られ、慶長二年（一五九七）十月の丹後田辺城における式三番能で笛を吹いたことが記録に残る人物である。[9] なお、幽斎は太鼓の名人としても知られていた。

254号文書の「語心院」は南禅寺語心院住持梅印元冲である。梅印は幽斎の実父三淵晴員の子で、幽斎の弟にあたり、若くして南禅寺に出世し、わけても詩文に堪能な秀才の誉れ高く、後陽成天皇にも進講したことで知られる。[10] 作事についての細々とした配慮を幽斎が書き送ったもので、幽斎の檀越としての援助ぶりが偲ばれる書状である。

257号文書の宛所「宥法印」は飛鳥井龍雲なる人物に比定され、[11] ここでは、歌集の貸借と書写についての交流の様子が記されている。

他の文書も、歌学上の交流関係を示す状がほとんどだが、252・255号文書の「茶智」は幽斎の四男孝之で、我が子に対する細やかな愛情を窺い知ることができる。

2　幕臣曾我家文書写

中世から近世初期までの細川家文書は、近世の中期頃に五つの桐製の箱に整理・収納されて伝来しているが、そのうちには、曾我氏なる一族に関わる一〇通の文書写が伝存している（8・23・24・119・120・138・139・140・141・228号文書）。これらは近世に一括整理されて伝来しているが、うち八通は曾我氏を宛所とするか受益者とする文書であり、いわば「曾我家文書写」と呼ぶにふさわしい内容を有する。138号文書以降の宛所となる曾我兵庫頭は、足利義昭側近の曾我助乗で、228号文書の曾我又六はその子の尚祐に比定される。

この曾我氏については高木昭作[12]の詳細な検討がある。それによれば、曾我助乗は将軍義晴・義輝・義昭に、その子尚祐も義昭に側近として仕え、義昭失脚後に尚祐は織田信雄、次いで豊臣秀次に仕えたが、秀次失脚に伴い閑居した。その後、尚祐は文禄四年に幽斎の推挙によって秀吉に仕え、故実の知識を買われて、さらに徳川秀忠に仕えた。

すでに137号文書の検討の箇所でもみたように、助乗は義昭の重要な側近であり、『言継卿記』によれば、元亀の頃の京都での連歌や猿楽に藤孝と同席する間柄であった。さらに高木によれば、幽斎の死後も細川家と尚祐との関係は極めて親密で、幕藩初期の細川家（忠興・忠利）にとって、尚祐は幕府の内情を探知する上で重要な情報源であった。こうした関係を通じて、これら一〇通の写が細川家「藩侯の文書」に組み入れられることになったと推測される。また前述のように、

137号の藤孝文書も近世に曾我家から細川家に入った可能性がある。

138〜141号文書の内容は、藩祖藤孝の信長・義昭連合政権における活動時期（元亀頃）における秀吉・光秀、および近江有力国衆山岡氏の動向を伝えており、貴重である。藩祖台頭期の状況を示す史料として蒐集された文書群の一部である可能性が高いのではないか。

3　新陰流疋田豊五郎関係文書

次に注目されるのは、織田信忠の「侏田豊五郎」宛、豊臣秀次の「疋田分五郎」宛の起請文の正文（174、215号文書）で、相伝の兵法「新陰流」を師の許なくして決して他言しない、と誓約している。宛所の人物は一般に「疋田豊五郎」と表記される剣客で、新陰流の祖たる上泉伊勢守の直弟にして栖雲齋と号し、「疋田陰流」の祖となり、その流派は各地に存在するという。

同流派の刀槍術免許を得た旧熊本藩の在御家人（在郷士分）の家には、慶長六年三月の「疋田豊五郎入道栖雲齋廻国記」なる冊子の写本が流布していたことが確認されている（熊本県甲佐町甲斐家本、同富永家本など）。それによれば豊五郎は「細川兵部大夫」すなわち藤孝に仕え、後に廻国して仕合を重ねて全勝、その後、豊前に国替となっていた細川忠興に仕官して本知二百石を得たとされる。また富永家本の奥書（近世後期）によれば、豊五郎は細川家中の上野左右馬之助を門人として肥後にその流派を伝え、豊五郎自身の子孫は八代の御城附衆深野弥三右衛門であるとされるが、現在、熊本市内の泰巖寺には次のような銘文をもつ供養塔が存在する。

文禄二年六月二十八日
俗名　引田文五郎
上野左右馬之祐師也

寺伝によれば泰巖寺は、もと忠興が信長菩提のために丹後に建て、それを小倉に、次いで八代に移し、明治初期に熊本に移転したものという。[13] 銘文の没年月日には疑問があるが、細川家中の上野氏と疋田との関係を証する供養塔であることに疑問の余地はない。なお、上野家は細川家中における新陰流指南役をつとめたとされる。

以上からみて、疋田豊五郎が豊前時代の細川家に新陰流を伝え、それが近世を通じて家中の侍たちに受け継がれたことは間違いない。信忠・秀次の起請文はこうした関係によって疋田家から細川家に入ったか、あるいは細川家によって蒐集されたものであろう。なお本書に収録しなかったが、この他に年未詳霜月八日付徳川秀忠の疋田分五郎宛起請文、寛永六年七月二十六日付酒巻重勝の細川忠利宛兵法伝授書も、これら起請文と一括で伝来している。伝説的な剣豪とみられていた疋田の天下人クラスを対象とした伝授活動を証明する起請文の正文を紹介できたことの意味は、今後の研究のために大きいと思う。

二通の作成時期についてコメントしておくと、信忠起請文の作成された天正五年は、信長が岐阜城を信忠に譲って間もなく、織田軍団の統率者としての彼の活動が明確になる時期であり、秀次血判起請文の天正十七年二月は、秀吉の後継者に指名される鶴松丸が誕生する直前であった。それぞれの政権における画期に武術伝授がなされたことが分かる。なお、『信長公記』が伝える「本能寺の変」に際しての二条御所での信忠の奮戦ぶりは有名である。

4 その他

その他の収集文書についてみておこう。

136号文書の細川藤賢は幕府管領の家筋（典厩家）出身の足利義昭側近で、この文書は丹波国衆宇津頼重の所領問題に関する書状である。

217・222・223・225・230〜234号文書は、いずれも福島正則宛の秀吉朱印状で、一括して巻子装に仕立てられている。近世初期に断絶した福島家から流出し、何らかの経緯を経て細川家（永青文庫）の所有となったものであろう。すでにその時点で現在の表装がなされていた可能性が高い。内容は天正十八年の関東（小田原）出兵に際しての217号文書を除いたすべてが、朝鮮出兵に関するものである。

235号文書の豊臣家大老連署書状は寺沢広高宛、朝鮮出兵時の講和交渉に関する指示書である。

238・239号文書は忠興夫人玉（正室明智氏）消息。前者は「そうしゅん」なる人物に宛てたもので、瓜贈与のお礼を伝え、丹後にいる子どもの無事を喜ぶとともに、忠利の無事を伝えている。彼女は忠利（光千代）とともに大坂にあったものか。後者は明智氏旧臣松本氏の後家と推察される「まつもと殿御ないき」に宛てて、夫忠興とともに相手方の人々の健勝を願う気持ちを伝えている。

219号文書の利休書状の宛所「松新」は、茶人としても著名であった松井康之である。「掃部」は宇治の茶師上林掃部に比定され、おそらく康之が利休に宇治の茶葉を茶壺に詰めてくれるよう依頼したことへの返事だろう。220号文書は利休の「ほととぎすの文」として有名な書状。宛所の「春鷗」については未詳である。

末尾の259・260号文書として収めた波々伯部元教と三条西実隆の書状は、「定家自筆新勅撰集上下」とされる歌集について相国寺徳渓軒に宛てた証明書の写である。現在、永青文庫には幽斎が入手した「定家卿自筆新勅撰集」上下二冊が所蔵されており、[14]これらの文書は同本の添状として伝わったものである。

おわりに

以上、織豊期の細川家文書について検討した。

藤孝代以降の受給文書が、将軍側近から転身した細川（長岡）家が激動する政治情勢に対応しながら近世大名家として確立していく過程を示す、当該期政治史の一級史料群であることは、いくら強調しても過ぎることはない。しかし、山田貴司の解説でも検討されたように、室町期以前の文書群も含めて、収集文書部分の蓄積過程は、肥後細川家という大名家のいわば自画像が形成される過程と不可分であったと思われる。そしてそれは、織田・豊臣・徳川初期を通じて類稀な政治的・文化的足跡を残した藩祖藤孝（幽斎）の存在を核とした、肥後細川家の中世以来の「歴史」が再構成される過程でもあった。

文書蒐集の実態と家譜編纂の過程等を具体的に照らし合わせながら検討を深めることが、今後の中世細川家文書研究の大きな課題の一つとなるであろう。

註

（1）堀新「信長公記とその時代」（堀編『信長公記を読む』吉川弘文館、二〇〇九年）。
（2）吉村豊雄『近世大名家の権力と領主経済』（清文堂、二〇〇一年）第一部第一章。
（3）吉村豊雄『近世大名家の権力と領主経済』（前掲）第一部第一章。
（4）小林清治『秀吉権力の形成』（東京大学出版会、一九九四年）一五九頁。
（5）山本博文『幕藩制の成立と近世の国制』（校倉書房、一九九〇年）第二部第一章、参照。
（6）小高道子「細川幽斎の古今伝授」（『国語と国文学』一九八〇年八月号）。
（7）笠谷和比古『近世武家文書の研究』（法政大学出版局、一九九八年）第四章。
（8）小高道子「細川幽斎の古今伝授」（前掲）、参照。
（9）宮津市教育委員会・中嶋利雄・松岡心平『丹後細川能番組』（『能楽研究』八、一九八三年）。
（10）高浜州賀子「細川幽斎・三斎・忠利をめぐる禅宗文化（一）」（『熊本県立美術館研究紀要』一、一九八七年）。
（11）細川護貞『魚雁集　細川家に残っている手紙』（思文閣出版、一九九一年）、参照。
（12）高木昭作「書札礼と右筆」（『書の日本史　第九巻』平凡社、一九七六年）。
（13）泰巖寺の供養塔と寺伝については、熊本市教育委員会『熊本市中央北地区文化財調査報告書』（一九八〇年）を参照。
（14）熊本大学法文学部国文学研究室『北岡文庫蔵書解説目録―細川幽斎関係文学書―』（一九六三年）六四頁、参照。

跋文

大名細川家の資史料は、廃藩後、熊本市北岡の旧細川邸へと移されて伝存してきたが、昭和三十九年、その大部分が細川家から熊本大学附属図書館に寄託された。熊本大学文学部附属永青文庫研究センターは、この細川家史資料（総数四万三〇〇〇点以上）の調査研究を推進することを目的に、平成二十一年四月一日設置された。その目的達成のために年度計画をたて、最初の五年間は廃藩置県以前の時期の細川家に伝わる膨大な史資料の目録を作成するとともに、重要な文書類の翻刻出版を行い、それらの学問的意義を明らかにすることとした。

今回出版する永青文庫叢書『細川家文書 中世編』は、七百年に及ぶ細川家の歴史のなかで細川幽斎以前の初期段階のものをすべて集成している。これにより文芸の面でも、政治社会の面でも中世から近世への橋渡しをした細川家の担った歴史的位相の一端を垣間見ることができよう。

本書の編集は、永青文庫研究センターの研究員一同の協力のもとに、稲葉継陽と熊本県立美術館学芸員山田貴司氏が担当した。この事業を遂行するにあたり、公益財団法人永青文庫理事長細川護熙氏、学芸員阿部純子氏・三宅秀和氏をはじめとして、熊本県教育委員会文化課、熊本県立美術館、大倉隆二氏、有木芳隆氏、高森荘子氏、熊本大学附属図書館及び永村典子氏のご協力を仰ぐことが多かったことを記して謝意を申し上げたい。また細川理事長には多忙なおり序文をも賜り、今後の研究推進の大いなる励みとなりました。

永青文庫研究センターの研究推進にあたっては、吉丸良治氏を議長とする永青文庫基金運営委員会の委嘱により、熊本県文化課を経由して肥後銀行の研究基金を得ることができ、さらに熊本放送文化振興財団と小堀富夫氏よりの寄付金を充てたことを明記して感謝申し上げます。

最後に出版事情の厳しい中、出版を引き受けていただいた吉川弘文館に御礼いたします。

平成二十二年二月一日

熊本大学文学部附属永青文庫研究センター
センター長　甲　元　眞　之

永青文庫叢書

細川家文書　中世編

二〇一〇年（平成二十二）五月一日　第一刷発行
二〇一二年（平成二十四）四月十日　第二刷発行

編　者　熊本大学文学部附属
　　　　永青文庫研究センター

発行者　前　田　求　恭

発行所　株式会社　吉川弘文館

郵便番号一一三—〇〇三三
東京都文京区本郷七丁目二番八号
電話〇三—三八一三—九一五一（代表）
振替口座〇〇一〇〇—五—二四四
http://www.yoshikawa-k.co.jp/

印刷＝株式会社 精興社
製本＝誠製本株式会社

ISBN 978-4-642-01411-3

収録史料編年目録

番号	旧分類	文　書　名	差　　出
1	時頼1	北条時頼書状案	時頼
2	後深草1	後深草上皇宸翰	(後深草上皇)
3	古細川2	某左兵衛少尉等連署契状	左兵衛少尉源ヵ存守・沙弥孝忍
4	古細川5	沙弥孝忍奉書	沙弥孝忍
5	古細川1	尼れんあ譲状	れんあ
6	古細川3	某譲状	
7	義詮10	足利義詮感状	(義詮)
8	直義1	足利直義軍勢催促状写	(直義)
9	義詮1	足利義詮軍勢催促状	(義詮)
10	義詮8	足利義詮感状	(義詮)
11	義詮11	足利義詮感状	(義詮)
12	義詮7	足利義詮感状	(義詮)
13	義詮12	足利義詮感状	(義詮)
14	義詮14	足利義詮感状	(義詮)
15	義詮13	足利義詮感状	(義詮)
16	義詮6	足利義詮感状	(義詮)
17	義詮9	足利義詮感状	(義詮)
18	義詮3	足利義詮軍勢催促状	(義詮)
19	義詮2	足利義詮軍勢催促状	(義詮)
20	義詮4	室町将軍家御判御教書	(足利義詮)
21	頼之3	細川頼之奉書	右馬頭(頼之)
22	古細川4	道挺譲状	道挺
23	義詮15	室町将軍家御判御教書写	(足利義詮)
24	室町幕府8	沙弥遵行状写	沙弥(宮氏信ヵ)
25	義詮5	室町将軍家御判御教書	(足利義詮)
26	頼之2	室町将軍家御教書	武蔵守(細川頼之)
27	頼有1	細川頼有譲状	頼有
28	頼有2	細川頼有置文	頼有
29	頼有4	細川頼有寄進状	右馬頭(頼有)
30	頼之1	細川頼之書状	常久(頼之)
31	頼之4	細川頼之書状	頼之
32	義満6	足利義満御内書	(義満)
33	頼有3	某書状断簡	
34	義満2	備後国御料所分注文	(細川頼長ヵ)

宛　　所	年	西暦	月　日	形　　状	掲載頁
	（年未詳）		5月7日	竪紙　掛幅装	4
	（正応5年）	1292	12月10日	継紙　2紙　掛幅装	5
	正安3年	1301	7月　日	竪紙	6
堀江庄政所	正安3年	1301	7月21日	竪紙	7
	応長元年	1311	6月19日	竪紙	8
たうていしやう人（道挺上人）	建武2年	1335	11月23日	竪紙	9
香西彦九郎	正平6年	1351	12月15日	竪紙	10
走湯山上常行堂衆徒中	観応2年	1351	12月25日	竪紙	11
細川讃岐十郎（頼有）	観応3年	1352	3月24日	竪紙	12
羽床十郎太郎	観応3年	1352	4月20日	竪紙	13
羽床和泉	観応3年	1352	4月20日	竪紙	14
有用隼人佐	観応3年	1352	4月20日	竪紙	15
太田雅楽左近将監	観応3年	1352	4月20日	竪紙	16
大庭次郎太郎	観応3年	1352	4月20日	竪紙	17
牟礼五郎次郎入道	観応3年	1352	4月20日	竪紙	18
細川讃岐十郎（頼有）	観応3年	1352	5月6日	竪紙	19
箕田八郎	観応3年	1352	6月20日	竪紙	20
細川讃岐十郎（頼有）	観応3年	1352	6月27日	竪紙　包紙あり	21
細川讃岐十郎（頼有）	文和3年	1354	8月25日	竪紙　包紙あり	22
細川宮内少輔（頼有）	文和5年	1356	3月10日	竪紙　包紙あり	23
松田備前守（信重ヵ）	延文2年	1357	5月18日	竪紙　掛幅装	24
	貞治3年	1364	8月5日	竪紙	25
宮下野入道（氏信）	貞治4年	1365	7月10日	竪紙	26
備中守護所	貞治4年	1365	8月7日	竪紙	27
細川右馬頭（頼之）	貞治4年	1365	12月13日	竪紙　包紙あり	28
細川右馬頭（頼有）	永和3年	1377	9月6日	竪紙	29
	嘉慶元年	1387	11月26日	継紙　2紙	30
細川九郎（頼長）	嘉慶元年	1387	11月26日	竪紙　掛幅装	32
（禅勝庵）	嘉慶2年	1388	8月5日	竪紙　冊子装	104
柞田（細川頼有）	（明徳元年）	1390	3月16日	竪紙　4紙　包紙あり	33
伯二位	（年未詳）		卯月22日	竪紙　掛幅装	37
細川刑部大輔（頼長）	（明徳3年）	1392	後10月14日	竪紙	38
	明徳年間ヵ		正月ヵ	竪紙　掛幅装	39
	明徳4年	1393	卯月7日	竪紙	40

番号	旧分類	文　書　名	差　　出
35	頼長 1	細川頼長寄進状	頼長
36	頼長 3	細川頼長寄進状	刑部大輔頼長
37	頼長 2	細川頼長寄進状	刑部大輔(頼長)
38	義満 3	室町将軍家袖判御教書	(足利義満)
39	室町幕府 2	室町将軍家御教書	沙弥(畠山基国)
40	室町幕府 3	室町将軍家御教書	沙弥(畠山基国)
41	室町幕府 1	室町将軍家御教書	沙弥(畠山基国)
42	義持 1	室町将軍家袖判御教書	(足利義持)
43	頼長 4	細川頼長寄進状	刑部大輔頼長
44	義満 7	足利義満御内書	(義満)
45	義満 5	足利義満御内書	(義満)
46	義満 4	足利義満御内書	(義満)
47	義満 1	足利義満御内書	(義満)
48	義持 2	室町将軍家袖判御教書	(足利義持)
49	義持 3	室町将軍家袖判御教書	(足利義持)
50	持有 1	細川持有寄進状	刑部少輔持有
51	持有 2	細川持有書下	持有
52	持有 3	細川持有安堵状	刑部少輔(持有)
53	持有 4	細川持有寄進状	刑部少輔(持有)
54	持之11	細川持之書状	持之
55	義教 2	室町将軍家袖判御教書	(足利義教)
56	義教 1	室町将軍家袖判御教書	(足利義教)
57	持之 2	細川持之書状	持之
58	持之 5	細川持之書状	持之
59	持之 6	細川持之書状	持之
60	持之10	室町将軍家御教書	右京大夫(細川持之)
61	持之 8	細川持之書状	持之
62	持之 3	細川持之書状	持之
63	持之 7	細川持之書状	持之
64	持之 9	細川持之書状	持之
65	持之14	室町幕府管領下知状	右京大夫源朝臣(細川持之)
66	持之 4	細川持之書状	持之

宛　所	年	西暦	月　日	形　状	掲載頁
(建仁寺永源庵)	明徳5年	1394	2月13日	竪紙　冊子装	105
(永源庵)	応永7年	1400	2月9日	竪紙　冊子装	107
(永源庵)	応永7年	1400	2月9日	竪紙　冊子装	106
(細川刑部大輔頼長)	応永7年	1400	3月23日	竪紙　包紙あり	41
細川右京大夫(満元)	応永7年	1400	8月24日	竪紙	42
細川右京大夫(満元)	応永7年	1400	8月24日	竪紙	43
細川讃岐入道(義之)	応永7年	1400	8月24日	竪紙	44
(細川刑部大輔頼長)	応永15年	1408	8月29日	竪紙　包紙あり	45
(永源庵)	応永17年	1410	9月9日	竪紙　冊子装	108
細川刑部大輔(頼長)	(年未詳)		4月20日	竪紙	46
細川刑部大輔(頼長)	(年未詳)		5月24日	竪紙	47
細川刑部大輔(頼長)	(年未詳)		10月15日	竪紙	48
細川刑部大輔(頼長)	(年未詳)		11月8日	竪紙　包紙あり	49
(細川九郎持有)	応永18年	1411	8月21日	竪紙	50
(細川九郎持有)	応永22年	1415	11月10日	竪紙	51
(永源庵)	応永24年	1417	10月23日	竪紙　冊子装	109
永源庵侍衣禅師	応永27年	1420	12月21日	竪紙　冊子装	110
	正長元年	1428	10月28日	竪紙　冊子装	111
(永源庵)	永享2年	1430	5月25日	竪紙　冊子装	112
治部少輔(細川頼敦ヵ)・刑部少輔(細川持有)・阿波(細川基之)	(年未詳)		11月11日	竪紙　包紙あり	52
(細川九郎教春)	永享10年	1438	9月17日	竪紙　包紙あり	53
(細川九郎教春)	永享10年	1438	9月17日	竪紙　包紙あり	54
九郎(細川教春)	(嘉吉元年)	1441	7月20日	竪紙　包紙・礼紙あり	55
九郎(細川教春)	(嘉吉元年)	1441	8月12日	竪紙2紙　礼紙書 包紙あり	56
九郎(細川教春)	(嘉吉元年)	1441	8月19日	竪紙　包紙・礼紙あり	58
細川九郎(教春)	嘉吉元年	1441	9月5日	切紙　斐紙　包紙あり	59
九郎(細川教春)	(嘉吉元年)	1441	9月6日	切紙　斐紙　包紙あり	60
九郎(細川教春)	(嘉吉元年)	1441	9月14日	竪紙　包紙・礼紙あり	61
九郎(細川教春)	(嘉吉元年)	1441	壬9月1日	切紙　斐紙　包紙あり	62
九郎(細川教春)	(嘉吉元年)	1441	後9月5日	切紙　斐紙　包紙あり	63
(細川九郎教春)	嘉吉元年	1441	閏9月16日	竪紙	64
九郎(細川教春)	(嘉吉元年)	1441	後9月18日	竪紙　包紙・礼紙あり	65

番号	旧分類	文　書　名	差　　出
67	持之１	細川持之書状	持之
68	持之13	細川持之遵行状	（持之）
69	持之12	室町将軍家御教書	右京大夫（細川持之）
70	教春２	細川教春遵行状	刑部大輔（教春）
71	勝元１	室町将軍家御教書	右京大夫（細川勝元）
72	教春３	細川教春遵行状	教春
73	義教４	足利義教御内書	（義教）
74	義教３	足利義教御内書	（義教）
75	教春１	細川教春書状	教春
76	室町幕府５	室町幕府管領下知状	沙弥（畠山持国）
77	室町幕府４	室町将軍家御教書	沙弥（畠山持国）
78	常有３	細川常有書下	源常有
79	常有４	細川常有寄進状	源常有
80	勝元３	室町将軍家御教書	右京大夫（細川勝元）
81	常有２	細川常有書状	常有
82	常有５	細川常有寄進状	常有
83	室町幕府７	室町幕府奉行人連署奉書	左衛門尉（飯尾之種）・沙弥（飯尾貞連）
84	義政９	足利義政御内書	（義政）
85	常有６	細川常有寄進状	刑部少輔（常有）
86	常有８	細川常有書状	常有
87	―――	細川勝元書状	勝元
88	持久１	細川持久書状写	持久
	持久１の付	細川氏系図	
89	義政２	足利義政御内書	（義政）
90	常有７	細川常有書状	常有
91	常有１	細川常有書状	常有
92	勝元２	細川勝元書状	勝元
93	義政10	足利義政御内書	（義政）
94	義政６	足利義政御内書	（義政）
95	義政１	足利義政御内書	（義政）
96	義政４	室町将軍家御判御教書	（足利義政）
97	義政８	足利義政御内書	（義政）
98	義政７	足利義政御内書	（義政）
99	義政５	足利義政御内書	（義政）

宛　　所	年	西暦	月　日	形　状	掲載頁
細川九郎(教春)	(嘉吉元年)	1441	後9月18日	竪紙　包紙・礼紙あり	66
長塩備前入道(宗永)	嘉吉元年	1441	10月5日	竪紙	67
山名兵部少輔(教之)	嘉吉元年	1441	10月5日	竪紙　包紙あり	68
宇高三郎左衛門尉(有光)	文安4年	1447	12月6日	竪紙　冊子装	114
細川刑部大輔(教春)	文安4年	1447	12月6日	竪紙　包紙あり	69
永源庵侍衣禅師	文安6年	1449	卯月20日	竪紙　冊子装	115
細川九郎(教春)	(年未詳)		3月16日	竪紙	70
細川九郎(教春)	(年未詳)		4月10日	竪紙	71
大書記	(年未詳)		12月2日	切紙　冊子装	113
(細川弥九郎常有)	宝徳2年	1450	4月29日	竪紙	72
細川弥九郎(常有)	宝徳2年	1450	4月29日	竪紙	73
珠大書記	宝徳2年	1450	9月15日	竪紙　冊子装	117
永源庵侍者中	宝徳2年	1450	9月15日	竪紙　冊子装	118
山名相模守(教之)	享徳2年	1453	5月7日	竪紙　包紙あり	74
永源庵住持珠大首座	(享徳2年)	1453	6月12日	竪紙　冊子装	116
(永源庵)	享徳2年	1453	6月12日	竪紙　冊子装	119
細川弥九郎(常有)代	享徳2年	1453	9月14日	竪紙　包紙あり	75
細川弥九郎(常有)	(享徳3年)	1454	11月3日	切紙　斐紙　包紙あり	76
建仁永源庵妙性軒	寛正2年	1461	7月10日	竪紙　冊子装	120
妙性軒	文明元年	1469	11月11日	竪紙　冊子装	122
大伴豊後守(大友親繁)	(年未詳)		5月25日	竪紙　掛幅装	77
中少路五郎	(年未詳)		6月29日	切紙	78
					79
細川九郎	(文明9年)	1477	10月3日	切紙　斐紙　包紙あり	80
源猷	(年未詳)		5月21日	切紙　冊子装	121
九郎（細川）	(年未詳)		6月28日	切紙　斐紙　包紙あり	81
九郎（細川）	(年未詳)		6月26日	切紙　包紙あり	82
細川刑部少輔(常有)	(年未詳)		6月27日	竪紙　包紙あり	83
細川五郎(元有)	(文明14年)	1482	6月19日	切紙　斐紙　包紙あり	84
細川九郎(政元)	(文明14年)	1482	6月21日	竪紙　包紙あり	85
細川五郎(元有)	文明14年	1482	10月20日	竪紙　包紙あり	86
細川五郎(元有)	(文明15年ヵ)	1483	8月23日	切紙　斐紙　包紙あり	87
細川五郎(元有)	(文明15年ヵ)	1483	8月30日	切紙　斐紙　包紙あり	88
細川五郎(元有)	(文明15年)	1483	9月23日	竪紙　包紙あり	89

番号	旧分類	文　書　名	差　出
100	元有 2	細川元有寄進状	元有
101	元有 3	細川元有寄進状	元有
102	元有 4	細川元有書状	元有
103	室町幕府 6	室町幕府奉行人連署奉書	加賀守(飯尾清房)・散位(飯尾為規)
104	元有 5	細川元有書状	元有
105	元有 7	細川元有書状	刑部少輔元有
106	義澄 1	室町将軍家御判御教書断簡	左馬頭(足利義澄)
107	元有 8	細川元有寄進状	刑部少輔元有
108	元有 9	細川元有書状	元有
109	義政 3	足利義政御内書	(義政)
110	元有 6	細川元有書状	元有
111	元有 1	細川元有書状	元有
112	元常 4	細川元常寄進状	元常
113	元常 5	細川元常寄進状	元常
114	元常 6	細川元常書状	元常
115	元常 2	細川元常書状	元常
116	成之 1	細川成之書状	道空(成之)
117	成之 2	細川成之書状	道空(成之)
118	義澄 2	足利義澄御内書写	義澄
119	室町幕府 9	室町幕府奉行人連署奉書写	下野守(飯尾之秀)・散位(諏訪長俊)
120	室町幕府10	室町幕府奉行人連署奉書写	下野守(飯尾之秀)・対馬守(松田秀致)
121	元常 8	細川元常寄進状	元常
122	――――	大内義隆書状	義隆
123	晴貞 1	細川晴貞書状	(刑部大輔)晴貞
124	元常 9	細川元常寄進状	播磨守元常
125	元常 7	細川元常書状	元常
126	元常 3	細川元常書状	元常
127	元常 1	細川元常書状	元常
128	頼定 2	某頼定書状	頼定
129	室町諸将 1	某通門書状	通門
130	頼定 1	某頼定書状	頼定
131	戦国諸将 3	沙弥道楽書状写	沙弥道楽
132	戦国諸将 2	長尾景長書状写	前但馬守景長(長尾景長)
133	戦国諸将 4	北条氏邦書状写	氏邦(北条)

宛　　所	年	西暦	月　日	形　　状	掲載頁
（永源庵ヵ）	文明19年	1487	4月19日	竪紙　冊子装	124
（永源庵）	文明19年	1487	4月22日	竪紙　冊子装	125
（永源庵侍者禅師）	（文明19年）	1487	11月18日	切紙　冊子装	126
細川五郎（元有）	延徳3年	1491	4月21日	竪紙	90
永源庵侍者禅師	（延徳3年）	1491	11月28日	竪紙　冊子装	127
永源庵侍司	（明応4年）	1495	5月7日	竪紙　冊子装	129
	明応6年	1497	12月2日	竪紙	91
永源庵侍者禅師	（明応7年）	1498	3月16日	竪紙　冊子装	130
永源庵侍者禅師	（明応7年）	1498	3月28日	切紙　冊子装	131
細川五郎（元有）	（年未詳）		3月18日	竪紙　包紙あり	92
東岫座元禅師	（年未詳）		5月13日	切紙　冊子装	128
永源庵侍者禅師	（年未詳）		7月19日	竪紙　冊子装	123
永源庵侍者禅師	文亀2年	1502	8月12日	竪紙　冊子装	135
永源庵侍者禅師	永正元年	1504	卯月3日	竪紙　冊子装	136
蔵春軒	（永正元年）	1504	9月3日	切紙　冊子装	137
蔵春軒	（永正元年）	1504	9月3日	竪紙　冊子装	133
民部少輔（細川高国）	（永正5年）	1508	3月5日	切紙　斐紙　包紙あり	93
右馬助（細川政賢）	（永正5年）	1508	3月5日	切紙　斐紙　包紙あり	94
慈照院侍者	（年未詳）		7月21日	竪紙	95
曾我又次郎	永正9年	1512	8月12日	竪紙	96
曾我又次郎	永正9年	1512	8月25日	竪紙	97
蔵春軒	（享禄2年）	1529	5月20日	竪紙　冊子装	139
杉次郎左衛門尉（隆宣）	（天文9年）	1540	9月30日	切紙　包紙あり	98
蔵春軒	（年未詳）		9月9日	切紙　冊子装	134
永宋侍者	天文23年	1554	6月7日	竪紙　冊子装	140
永源庵	（年未詳）		7月20日	切紙　2紙　冊子装	138
永源庵	（年未詳）		9月12日	切紙　冊子装	134
永源庵	（年未詳）		11月9日	竪紙　冊子装	132
	（年未詳）		正月24日	竪紙　礼紙あり	99
香河修理亮	（年未詳）		8月25日	竪紙　包紙・礼紙あり	100
	（年未詳）		極月29日	竪紙　礼紙あり	101
細川兵部太輔（藤孝）	（永禄11年ヵ）	1568	11月晦日	切紙　斐紙　包紙あり	144
細川兵部太輔（藤孝）	（永禄11年）	1568	12月23日	切紙　斐紙　包紙あり	145
細川兵部太輔（藤孝）	（永禄12年）	1569	3月17日	切紙　斐紙　包紙あり	146

番号	旧分類	文　書　名	差　　出
134	戦国諸将 5	可直斎長純書状写	長純
135	戦国諸将 6	某書状追而書写	
136	藤賢 1	細川藤賢書状	藤賢
137	藤孝12	細川藤孝書状	細兵藤孝
138	秀吉 8	木下秀吉書状写	木下藤吉郎秀吉
139	光秀 2	明智光秀書状写	明智十兵衛尉光秀
140	光秀 1	明智光秀書状写	明智十兵衛尉光秀
141	戦国諸将 1	山岡景祐書状写	山岡対馬守景祐
142	謙信 1	上杉謙信書状写	謙信
143	信長20	織田信長黒印状	信長
144	信長 6	織田信長朱印状	信長
145	信長37	織田信長書状	信長
146	信長10	織田信長黒印状	信長
147	信長42	織田信長朱印状	信長
148	信長54	織田信長黒印状	信長
149	信長17	織田信長黒印状	信長
150	信長46	織田信長黒印状	信長
151	信長18	織田信長朱印状	信長
152	信長13	織田信長黒印状	信長
153	信長43	織田信長黒印状	信長
154	信長44	織田信長黒印状	信長
155	藤孝19	長岡藤孝書状	藤孝
156	信長25	織田信長朱印状	信長
157	信長 8	織田信長黒印状	信長
158	信長 7	織田信長黒印状	信長
159	信長11	織田信長朱印状	信長
160	信長14	織田信長黒印状	信長
161	信長57	織田信長黒印状	信長
162	信長 9	織田信長黒印状	信長
163	信長19	織田信長黒印状	信長
164	信長50	織田信長朱印状	(信長)
165	信長55	織田信長黒印状	(信長)
166	信長40	織田信長黒印状	(信長)
167	信長24	織田信長黒印状	(信長)

宛　　所	年	西暦	月　日	形　　状	掲載頁
細川兵部太輔(藤孝)	(永禄12年ヵ)	1569	卯月朔日	切紙　斐紙　包紙あり	147
	(年未詳)			断簡　斐紙	148
宇津出羽守	(永禄12年ヵ)	1569	10月3日	もと折紙　巻子装	149
三和曾兵(曾我助乗)	(元亀元年)	1570	10月22日	折紙	150
曾我兵庫頭(助乗)	(元亀2年)	1571	11月19日	折紙	151
曾我兵庫頭(助乗)	元亀2年	1571	12月20日	折紙	152
曾我兵庫頭(助乗)	(元亀3年)	1572	5月19日	折紙	153
飯川肥後守(信賢)・曾我兵庫頭(助乗)	(元亀3年ヵ)	1572	7月18日	折紙	154
徳川三河守(家康)	(年未詳)		8月朔日	折紙	155
細川兵部太輔(藤孝)	(元亀4年)	1573	2月23日	継紙	156
細川兵部大輔(藤孝)	(元亀4年)	1573	2月26日	折紙	160
細川兵部太輔(藤孝)	(元亀4年)	1573	2月29日	継紙	161
細兵(細川藤孝)	(元亀4年)	1573	3月7日	継紙	163
細川兵部太輔(藤孝)	元亀4年	1573	7月10日	折紙	171
長岡兵部大輔(藤孝)	(天正元年ヵ)	1573	11月16日	折紙	172
明智（光秀）	(天正2年)	1574	7月29日	継紙	173
長岡兵部太輔(藤孝)	(天正2年)	1574	8月3日	折紙	177
長岡兵部太輔(藤孝)	(天正2年)	1574	8月5日	折紙	178
長岡兵部大輔(藤孝)	(天正2年)	1574	8月17日	折紙	179
長岡兵部大輔(藤孝)	(天正2年)	1574	9月22日	折紙	180
長岡兵部大輔(藤孝)	(天正2年)	1574	9月24日	折紙	181
	(天正2年)	1574	9月29日	もと折紙　巻子装	182
長岡兵部太輔(藤孝)	天正3年	1575	3月22日	折紙	185
長岡兵部大輔(藤孝)	(天正3年)	1575	5月15日	折紙	186
長岡兵部太輔(藤孝)	(天正3年)	1575	5月20日	折紙	187
長岡兵部太輔(藤孝)	(天正3年)	1575	(5)月21日	折紙	188
長岡兵部太輔(藤孝)	(天正3年)	1575	5月26日	折紙	189
瀧川左近(一益)	(天正3年)	1575	8月29日	折紙	190
長岡兵部大輔(藤孝)	(天正3年)	1575	10月8日	折紙	191
長岡兵部大輔(藤孝)	(天正3年)	1575	10月9日	折紙	192
惟任日向守(光秀)・長岡兵部大輔(藤孝)	(天正4年)	1576	4月3日	折紙	193
長岡兵部大輔(藤孝)	(天正4年)	1576	6月28日	折紙	194
長岡兵部大輔(藤孝)	(天正4年)	1576	7月29日	折紙	195
長岡兵部大輔(藤孝)	(天正4年)	1576	8月22日	折紙	196

番号	旧分類	文　書　名	差　　出
168	信長22	織田信長朱印状	（信長）
169	信長28	織田信長朱印状	（信長）
170	信長59	織田信長黒印状	（信長）
171	信長59の付	堀秀政添状	堀久太郎秀政
172	信長34	織田信長黒印状	（信長）
173	信長52	織田信長黒印状	（信長）
174	信忠 2	織田信忠起請文	信忠
175	信長101	織田信長自筆書状	（信長）
176	信長101の付	堀秀政添状	堀久太郎秀政
177	信長38	織田信長黒印状	（信長）
178	信長29	織田信長朱印状	（信長）
179	信長12	織田信長黒印状	信長
180	信長35	織田信長黒印状	信長
181	信長26	織田信長朱印状	信長
182	信長33	織田信長黒印状	信長
183	信長39	織田信長黒印状	信長
184	信長 5	織田信長黒印状	信長
185	信長 1	織田信長黒印状	信長
186	信長15	織田信長黒印状	信長
187	信長23	織田信長朱印状	信長
188	信長58	織田信長黒印状	信長
189	信長31	織田信長黒印状	信長
190	信長16	織田信長黒印状	信長
191	信長 2	織田信長朱印状	信長
192	信長 4	織田信長朱印状	信長
193	信長30	織田信長朱印状	信長
194	信長21	織田信長朱印状	信長
195	信長41	織田信長黒印状	信長
196	信長45	織田信長黒印状	信長
197	信忠 1	織田信忠書状	信忠
198	信長32	織田信長黒印状	信長
199	信長27	織田信長朱印状	信長
200	信長36	織田信長黒印状	信長

宛　所	年	西暦	月　日	形　状	掲載頁
長岡兵部大輔(藤孝)	(天正５年)	1577	２月10日	折紙	197
長岡兵部大輔(藤孝)	(天正５年)	1577	２月11日	折紙	198
長岡兵部大輔(藤孝)	(天正５年)	1577	２月23日	切紙　掛幅装	199
長岡兵部太輔(藤孝)	(天正５年)	1577	２月23日	折紙	200
長岡兵部大輔(藤孝)・惟住五郎左衛門尉(長秀)・瀧川左近(一益)・惟任日向守(光秀)	(天正５年)	1577	３月15日	折紙	201
長岡兵部大輔(藤孝)	(天正５年ヵ)	1577	６月５日	折紙	202
侏田豊五郎	(天正５年)	1577	閏７月11日	折紙　巻子装	203
与一郎(長岡忠興)	(天正５年)	1577	10月２日	折紙　懸紙あり	204
長岡与一郎(忠興)	(天正５年)	1577	10月２日	折紙	205
長岡兵部大輔(藤孝)	(天正５年)	1577	10月３日	切紙	206
長岡兵部大輔(藤孝)	(天正６年)	1578	３月４日	折紙	207
長岡兵部大輔(藤孝)	(天正６年)	1578	10月25日	折紙	208
長岡兵部大輔(藤孝)	(天正６年)	1578	11月20日	折紙	209
長岡兵部大輔(藤孝)・長岡与一郎(忠興)	(天正６年)	1578	12月16日	折紙	210
長岡兵部大輔(藤孝)	(天正７年)	1579	正月12日	折紙	211
長岡与一郎(忠興)	(天正７年)	1579	正月12日	折紙	212
長岡兵部大輔(藤孝)	(天正８年)	1580	８月13日	折紙	213
長岡兵部太輔(藤孝)	(天正８年)	1580	８月21日	折紙	214
長岡兵部大輔(藤孝)・惟任日向守(光秀)	(天正８年)	1580	８月22日	折紙	215
長岡兵部太輔(藤孝)	天正９年	1581	３月５日	折紙	216
羽柴藤吉郎(秀吉)	(天正９年)	1581	６月１日	継紙	217
長岡兵部大輔(藤孝)	(天正９年)	1581	７月28日	折紙	221
長岡兵部大輔(藤孝)	(天正９年)	1581	８月23日	折紙	222
長岡兵部大輔(藤孝)	(天正９年)	1581	９月４日	折紙	223
長岡兵部大輔(藤孝)	天正９年	1581	９月４日	折紙	224
惟任日向守(光秀)	天正９年	1581	９月７日	折紙	225
長岡兵部大輔(藤孝)・惟任日向守(光秀)	(天正９年)	1581	９月10日	折紙	226
長岡与一郎(忠興)	(天正９年)	1581	９月16日	折紙	227
長岡兵部大輔(藤孝)	(天正９年)	1581	９月16日	折紙	228
長岡与一郎(忠興)	(天正10年)	1582	３月25日	折紙	229
長岡兵部大輔(藤孝)	(天正10年)	1582	４月15日	折紙	230
一色五郎(義有)・長岡兵部大輔(藤孝)	(天正10年)	1582	４月24日	折紙	231
長岡与一郎(忠興)	(年未詳)		２月17日	折紙	232

番号	旧分類	文　書　名	差　　出
201	信長51	織田信長黒印状	信長
202	信長49	織田信長黒印状	信長
203	信長53	織田信長黒印状	(信長)
204	信長47	織田信長黒印状	(信長)
205	信長48	織田信長黒印状	(信長)
206	信長 3	織田信長黒印状	信長
207	光秀 3	明智光秀覚条々	光秀
208	秀吉18	羽柴秀吉血判起請文	羽柴筑前守秀吉
209	秀吉 5	羽柴秀吉書状	羽柴筑前守秀吉
210	秀吉 9	羽柴秀吉書状	羽筑秀吉
211	秀吉 6	羽柴秀吉知行宛行状	(秀吉)
212	秀吉 6 の付	羽柴秀吉知行目録	(秀吉)
213	秀吉 4	豊臣秀吉朱印状	(秀吉)
214	義久 1	島津龍伯血判起請文	島津修理大夫入道龍伯
215	秀次 1	豊臣秀次血判起請文	秀次
216	秀吉 7	豊臣秀吉知行宛行状	(秀吉)
217	秀吉15	豊臣秀吉朱印状	(秀吉)
218	秀次 4	豊臣秀次宛行状	秀次
219	利休 1	千利休書状	易(宗易)
220	利休 4	千利休書状	易(宗易)
221	秀吉 3	豊臣秀吉朱印状	(秀吉)
222	秀吉14	豊臣秀吉朱印状	(秀吉)
223	秀吉10	豊臣秀吉朱印状	(秀吉)
224	秀吉 2	豊臣秀吉朱印状	(秀吉)
225	秀吉11	豊臣秀吉朱印状	(秀吉)
226	秀吉 1	豊臣秀吉朱印状	(秀吉)
227	家康 4	徳川家康・前田利家連署状	加賀宰相(利家)・武蔵大納言(家康)
228	織田常真 1	織田常真書状写	常真
229	家康 2	徳川家康書状	家康
230	秀吉16	豊臣秀吉朱印状	(秀吉)
231	秀吉12	豊臣秀吉朱印状	(秀吉)
232	秀次 3	豊臣秀次朱印状	(秀次)
233	秀次 2	豊臣秀次朱印状	(秀次)

宛　　所	年	西暦	月　日	形　　状	掲載頁
長岡兵部大輔(藤孝)	(年未詳)		5月3日	折紙	233
長岡兵部大輔(藤孝)	(年未詳)		5月4日	折紙	234
長岡兵部大輔(藤孝)	(年未詳)		5月4日	折紙	235
長岡兵部大輔(藤孝)	(年未詳)		7月6日	折紙	236
長岡兵部大輔(藤孝)	(年未詳)		9月9日	折紙	237
長岡兵部大輔(藤孝)	(年未詳)		11月20日	折紙	238
(長岡藤孝・忠興)	(天正10年)	1582	6月9日	竪紙	239
長岡兵部大輔(藤孝)・長岡与一郎(忠興)	天正10年	1582	7月11日	継紙	240
長岡与一郎(忠興)	(天正10年)	1582	7月11日	もと折紙　巻子装	241
長岡兵部大輔(藤孝)	(天正10年)	1582	8月8日	もと折紙　掛幅装	243
玄旨法印(幽斎)	天正14年	1586	4月1日	折紙	244
玄旨法印(幽斎)	天正14年	1586	4月1日	竪紙	245
羽柴与一郎(忠興)	(天正15年)	1587	5月21日	折紙　檀紙	246
石田治部少輔(三成)・長岡兵部入道(幽斎)	天正16年	1588	8月27日	継紙　前書は斐紙	247
疋田分五郎	天正17年	1589	2月23日	竪紙　巻子装	249
羽柴丹後少将(忠興)・幽斎	天正17年	1589	9月27日	折紙	250
福嶋左衛門大夫(正則)	(天正18年)	1590	6月2日	もと折紙　巻子装	251
	天正18年	1590	9月24日	折紙	252
松新(松井康之)	(年未詳)		3月23日	折紙　掛幅装	253
春鷗	(年未詳)			竪紙　掛幅装	254
羽柴丹後侍従(忠興)	(文禄2年)	1593	2月9日	折紙　檀紙	255
福嶋左衛門大夫・戸田民部少輔・羽柴土左侍従・蜂須賀阿波守・生駒雅楽頭・来嶋兄弟	(天正20年)	1592	3月13日	継紙　巻子装	256
福嶋左衛門大夫(正則)	(天正20年)	1592	卯月22日	もと折紙　巻子装　檀紙	261
羽柴丹後少将(忠興)	(天正20年)	1592	卯月24日	折紙	263
福嶋左衛門大夫(正則)	(天正20年)	1592	卯月28日	もと折紙　巻子装	264
羽柴丹後少将(忠興)	天正20年	1592	6月3日	竪紙	266
丹後少将(忠興)	(天正20年)	1592	6月4日	継紙	267
曾我又六(尚祐)	(天正20年ヵ)	1592	6月27日	折紙	269
幽斎	(天正20年)	1592	8月2日	継紙	270
福嶋左衛門大夫(正則)	(天正20年)	1592	9月22日	もと折紙　巻子装　檀紙	272
福嶋左衛門大夫(正則)	(天正20年)	1592	11月10日	もと折紙　巻子装	273
福嶋左衛門大夫(正則)	(天正20年)	1592	11月23日	もと折紙　巻子装　檀紙	275
福嶋左衛門大夫(正則)	(年未詳)		9月8日	もと折紙　巻子装　檀紙	277

番号	旧分類	文　書　名	差　　出
234	秀吉13	豊臣秀吉朱印状写	(秀吉)
235	豊臣奉行 2	豊臣家大老連署書状	輝元・秀家・利家・家康
236	義久 2	島津義弘・龍伯連署知行宛行目録	羽柴兵庫頭義弘・嶋津修理入道龍伯
237	豊臣奉行 1	豊臣五大老連署知行宛行状	輝元・景勝・秀家・利家・家康
238	ガラシャ夫人 1	忠興夫人玉消息	た(玉)
239	ガラシャ夫人 2	忠興夫人玉消息	た(玉)
240	藤孝14	細川幽斎古今伝授証明状案	幽斎玄旨
241	藤孝 1	細川幽斎書状案	
242	家康 1	徳川家康書状	家康
243	家康 6	徳川家康書状	家康
244	忠興 4	細川忠興書状	越忠(忠興)
245	家康10	徳川家康書状	家康
246	家康 3	徳川家康書状	家康
247	藤孝11	細川幽斎書状	幽斎玄旨
248	藤孝10	細川幽斎書状	玄旨
249	藤孝 9	細川幽斎書状	幽斎玄旨
250	藤孝 8	細川幽斎書状	玄旨
251	藤孝 2	細川幽斎書状	玄旨
252	藤孝 3	細川幽斎書状	幽玄旨
253	藤孝 5	細川幽斎書状	玄旨
254	藤孝 4	細川幽斎書状	玄旨
255	―――――	細川幽斎消息	ゆうさい
256	藤孝 6	細川幽斎書状	幽斎
257	藤孝 7	細川幽斎書状	二位(幽斎)
258	藤孝13	細川幽斎書状	(幽斎)
259	中世文人 1	波々伯部元教書状写	元教
260	中世文人 2	逍遥院聴雪書状写	(聴雪)

宛所	年	西暦	月日	形状	掲載頁
羽柴土佐侍従・生駒雅楽頭・蜂須加阿波守・福嶋左衛門大夫・戸田民部少輔	（天正20年）	1592	極月６日	継紙　巻子装	279
寺澤志摩守（広高）	（慶長３年）	1593	９月５日	もと折紙　掛幅装	281
幽斎	文禄４年	1595	７月４日	竪紙　斐紙	284
長岡幽斎	慶長４年	1599	正月25日	折紙	285
そうしゅん	（年未詳）		24日	もと折紙　冊子装	286
まつもと殿御ないき	（年未詳）			折紙　冊子装	287
（八条宮）	慶長５年	1600	７月29日	竪紙　掛幅装	288
	（慶長５年）	1600	（８月２日）	継紙	289
丹後宰相（忠興）・加藤左馬頭・金森出雲守	（慶長５年）	1600	８月４日	折紙	291
丹後宰相（忠興）	（慶長５年）	1600	８月12日	折紙　包紙あり	292
宮津より籠城之衆中	（慶長５年）	1600	９月21日	もと折紙　掛幅装	293
丹後宰相（忠興）	（慶長５年）	1600	９月23日	もと折紙　掛幅装	294
丹後宰相（忠興）	（慶長５年）	1600	10月２日	折紙	295
内記（細川忠利）	（慶長５年）	1600	10月23日	折紙	296
内記二（細川忠利）	（慶長６年）	1600	後霜月10日	折紙	297
八幡山橋本坊	（年未詳）		５月12日	切紙　掛幅装	298
似斎（一噌似斎）	（年未詳）		２月27日	竪紙　掛幅装	299
中肥州	（年未詳）		３月15日	竪紙　掛幅装	300
茶智（細川孝之）	（年未詳）		５月17日	もと折紙　掛幅装	301
	（年未詳）		９月５日	竪紙　掛幅装	302
語心院（梅印元冲）	（年未詳）		10月２日	竪紙　掛幅装	303
御ヮ□	（年未詳）		８日	もと折紙　掛軸装	304
和州	（年未詳）		28日	竪紙　掛幅装	305
宥法印（飛鳥井龍雲）	（年未詳）		２日	竪紙　掛幅装	306
	（年未詳）			切紙　巻子装	307
徳渓軒（相国寺）	（年未詳）		12月25日	竪紙	309
徳渓軒（相国寺）	（年未詳）		正月29日	竪紙	310